LEI DE INTRODUÇÃO ÀS NORMAS DO DIREITO BRASILEIRO INTERPRETADA

Maria Helena Diniz

Mestre e Doutora em Teoria Geral do Direito e Filosofia do Direito pela PUCSP. Livre-docente e Titular de Direito Civil da PUCSP por concurso de títulos e provas. Professora de Direito Civil no curso de graduação da PUCSP. Professora de Filosofia do Direito, de Teoria Geral do Direito e de Direito Civil Comparado nos cursos de pós-graduação (mestrado e doutorado) em Direito da PUCSP. Coordenadora do Núcleo de Pesquisa em Direito Civil Comparado nos cursos de pós-graduação em Direito da PUCSP. Professora Emérita da Faculdade de Direito de Itu. Membro benemérito do Instituto Silvio Meira. Sócia honorária do IBDFAM. Membro da Academia Paulista de Direito (cadeira 62 – patrono Oswaldo Aranha Bandeira de Mello), da Academia Notarial Brasileira (cadeira 16 – patrono Francisco Cavalcanti Pontes de Miranda), do Instituto dos Advogados de São Paulo e do Instituto de Direito Comparado Luso-Brasileiro. Membro honorário da Federação dos Advogados de Língua Portuguesa (FALP). Presidente do Instituto Internacional de Direito.

LEI DE INTRODUÇÃO ÀS NORMAS DO DIREITO BRASILEIRO INTERPRETADA

20ª edição
Revista e atualizada
De acordo com as alterações da Lei n. 13.655/2018, regulamentada pelo Decreto n. 9.830/2019
2024

Av. Paulista, 901, Edifício CYK, 4º andar
Bela Vista – São Paulo – SP – CEP 01310-100

SAC | sac.sets@saraivaeducacao.com.br

DADOS INTERNACIONAIS DE CATALOGAÇÃO NA PUBLICAÇÃO (CIP)
ODILIO HILARIO MOREIRA JUNIOR - CRB-8/9949

D585l   Diniz, Maria Helena

Lei de Introdução às Normas do Direito Brasileiro Interpretada / Maria Helena Diniz. – 20. ed. – São Paulo: SaraivaJur, 2024.

632 p.

ISBN: 978-85-5362-039-5 (Impresso)

1. Direito. 2. Direito brasileiro. 3. Leis. 4. Normas. I. Título.

2023-3090

CDD 340
CDU 34

Índices para catálogo sistemático:

1. Direito   340
2. Direito   34

Diretoria executiva	Flávia Alves Bravin
Diretoria editorial	Ana Paula Santos Matos
Gerência de produção e projetos	Fernando Penteado
Gerência de conteúdo e aquisições	Thais Cassoli Reato Cézar
Gerência editorial	Livia Céspedes
Novos projetos	Aline Darcy Flôr de Souza
	Dalila Costa de Oliveira
Edição	Deborah Caetano de Freitas Viadana
Design e produção	Jeferson Costa da Silva (coord.)
	Rosana Peroni Fazolari
	Alanne Maria
	Guilherme Salvador
	Lais Soriano
	Tiago Dela Rosa
	Verônica Pivisan
Planejamento e projetos	Cintia Aparecida dos Santos
	Daniela Maria Chaves Carvalho
	Emily Larissa Ferreira da Silva
	Kelli Priscila Pinto
Diagramação	SBNigri Artes e Textos Ltda.
Revisão	Carmem Becker
Capa	Tiago Dela Rosa
Produção gráfica	Marli Rampim
	Sergio Luiz Pereira Lopes
Impressão e acabamento	Gráfica Paym

Data de fechamento da edição: 24-1-2024

Dúvidas? Acesse www.saraivaeducacao.com.br

Nenhuma parte desta publicação poderá ser reproduzida por qualquer meio ou forma sem a prévia autorização da Saraiva Educação. A violação dos direitos autorais é crime estabelecido na Lei n. 9.610/98 e punido pelo art. 184 do Código Penal.

CÓD. OBRA 16112   CL 608803   CAE 853706

OP 231617

Ao Dr. *Ulysses Fagundes Filho, in memorian*, com a admiração que tivemos pela sua integridade como homem e advogado, com o afeto que nos unia e com o agradecimento que continuamos a lhe dever pelo constante apoio e pelos diálogos tão fecundos sobre os mais diversos temas jurídicos.

À querida tia *Walquiria Lobo Fagundes*, com imensa saudade do nosso convívio tão alegre.

"Verba legem, non in abstracto, sed in concreto, intelligi et accipi debent" (Aph. jur., in ***Phrases e curiosidades latinas***, de Arthur Rezende, Rio de Janeiro, 1952, p. 828, n. 7.024).

PREFÁCIO

Ao decidirmos escrever esta obra, *Lei de Introdução às Normas do Direito Brasileiro interpretada*, tivemos não só por fim solucionar a falta de livros sobre essa temática, em razão de estarem esgotadas as obras clássicas que a ela se referem, mas também, tendo em vista o cosmopolitismo da sociedade brasileira e o intenso relacionamento de nossos cidadãos e empresas com pessoas físicas e jurídicas estrangeiras, estudar a fascinante técnica contemporânea do direito internacional privado, apontando os princípios mais consistentes, desvendando suas premissas.

Portanto, a *intentio* na realização desse trabalho foi apresentar ao público uma substância assimilável da Lei de Introdução, facilitando o entendimento do que se encerra em seu texto. Orientamos nossa atividade intelectual no sentido de abranger, didaticamente, os principais pontos da referida norma, salientando sua importância decisiva, por conter em sua base a problemática da vigência e da eficácia legal, da hermenêutica, dos conflitos de leis no tempo e no espaço, procurando facilitar a todos uma maior compreensão do ordenamento jurídico e do direito internacional privado.

O objetivo deste estudo foi tão somente o de repensar os variados e difíceis problemas suscitados pela Lei de Introdução às Normas do Direito Brasileiro, a partir de uma noção integral do ordenamento jurídico, procurando, para tanto, fazer uma análise científico-jurídica, interpretando os seus artigos nos moldes das teorias mais modernas, sem olvidar a jurisprudência nacional e internacional e as excelentes remissões legislativas feitas por Juarez de Oliveira.

Em nossa exposição, procuramos convidar o leitor a uma reflexão que tenha sempre presente as sugestivas palavras de Jethro Brown (apud Benjamin Cardozo, *The nature of the judicial process*, p. 126): "*Law never is, but is always about to be. It is realized only when embodied in a judgement, and, in being realized, expires. There are no such things as rules or principles: there are only isolated dooms*". Deveras, o direito nunca é, mas a todo momento pode vir a ser, e, logo que é, deixa de ser; fora da decisão judicial não há direito; mas a todo momento, dessa decisão, o direito pode surgir, e, logo que surge, desaparece, porque o direito objetivo, confeccionado para o julgamento de um fato, só serve para esse julgamento; e consome-se pela aplicação. Note-se que a ordem jurídica concretiza-se caso por caso e o fato juridicamente apreciável é sempre atinente apenas às partes litigantes. Cada decisão judicial caracteriza-se pelo isolamento e pela máxima particularidade. Fora da decisão judicial não há, portanto, verdadeiro direito; daí a observação de Jethro Brown (apud Benjamin Cardozo, *The nature of the judicial process*, cit., p. 126; Amílcar de Castro, *Direito internacional privado*, Rio de Janeiro, Forense, 1968, v. 1, p. 41-2) de que "*men go about their business from day to day, and govern their conduct by an ignis fatuus. The rules to which they yield obedience are in truth not law at all*". Na realidade, os homens diariamente governam sua conduta por um *ignis fatuus*, pois as normas a que prestam obediência não constituem na verdade direito algum. Antes de lavrada a decisão judicial, existe a ordem jurídica em potencial; não existe norma individual, ou melhor, direito aplicado aos litigantes.

Oxalá esta obra possa ser útil aos alunos do curso de direito, aos advogados, aos promotores de justiça e aos aplicadores da lei na vida prática. Pois, como todo livro se escreve por alguma razão, a que nos levou a tecer estes breves comentários à Lei de Introdução às Normas do Direito Brasileiro foi a tentativa de cooperar com o intérprete e aplicador, mostrando critérios para que haja uma visão menos formal e mais concreta dos problemas jurídicos emergentes das relações sociais, delineando o perfil de uma teoria jurídica interpretativa e dos princípios norteadores do direito internacional privado. Neste trabalho de elaboração nitidamente teórica desenvolvemos técnicas de reflexão, procurando vencer os desafios oriundos da inflexibilidade dogmática, analisando o texto normativo dinamicamente, correlacionando-o com fatos sociais e valores positivos, tendo por escopo proporcionar uma visão global e coerente do ordenamento jurídico e facilitar sua aplicação ao caso concreto *sub judice*.

MARIA HELENA DINIZ

SUMÁRIO

Prefácio IX

Capítulo I — PERFIL JURÍDICO DA LEI DE INTRODUÇÃO ÀS NORMAS DO DIREITO BRASILEIRO 1
1. Natureza da Lei de Introdução 2
2. Conteúdo e funções da Lei de Introdução 4
3. Lei de Introdução e a questão da aplicação das normas jurídicas.. 5
4. Lei de Introdução e a vigência espaciotemporal da norma 12
5. Normas de direito internacional privado contidas na Lei de Introdução 18

Capítulo II — ANÁLISE TEÓRICO-CIENTÍFICA DA LEI DE INTRODUÇÃO 39

DECRETO-LEI N. 4.657, DE 4 DE SETEMBRO DE 1942 41

Art. 1º
1. Lei como fonte jurídica formal 43
2. Lei como resultado da atividade legislativa 43
3. Processo legislativo como fonte legal 45
4. Executoriedade e obrigatoriedade da lei 47
5. Aspectos essenciais da validade e delimitação conceitual de vigência, eficácia e fundamento 49
6. Princípio da vigência sincrônica e "vacatio legis" 53
7. Cômputo do prazo de "vacatio legis" 55
8. Prazo para entrada em vigor da lei brasileira no estrangeiro ... 56
9. Obrigatoriedade da lei revogada durante a "vacatio legis" ... 57
10. Sujeição à lei nova antes de finda a "vacatio legis" 59

11. Questão da aplicabilidade do prazo da "vacatio legis" a decretos, regulamentos e outras normas obrigatórias 59
12. Lei n. 2.145/53 e o art. 1º, § 1º, da Lei de Introdução às Normas do Direito Brasileiro 61
13. "Errata" 61
14. Vigência do ato administrativo e de lei tributária 64
15. Inaplicabilidade do art. 1º, § 2º 64
16. Objeto do dispositivo legal "sub examine" 64

Art. 2º
1. Hipóteses de cessação da vigência normativa 66
2. Caducidade, desuso e costume negativo 67
3. Revogação 68
4. Possibilidade da existência de antinomias aparentes e reais 73
5. Critério hierárquico 74
6. Critério cronológico 75
7. Critério da especialidade 77
8. Antinomias de segundo grau e metacritérios para sua solução 81
9. Critérios para a resolução dos conflitos entre normas de direito internacional público 83
10. Princípios solucionadores dos conflitos entre norma de direito internacional público e norma de direito interno 85
11. Repristinação 86

Art. 3º
1. Obrigatoriedade da norma 87
2. "Exceptio ignorantiae juris" 89
3. Possibilidade de escusabilidade do "error juris" 91

Art. 4º
1. Integração e o problema das lacunas no direito 95
2. Localização sistemática do problema das lacunas jurídicas 96
3. Questão da existência das lacunas 97
4. Constatação e preenchimento das lacunas 112
   A) Identificação da lacuna 112
   B) Meios supletivos das lacunas 114
      b.1) Analogia 114
      b.2) Costume 122
      b.3) Princípios gerais de direito 127
      b.4) Equidade 135

Art. 5º
1. Utilidade prática do art. 5º 141
2. Conceito, funções e caráter necessário da interpretação 148
3. Questão da vontade da lei ou do legislador como critério hermenêutico 154
4. Técnicas interpretativas 158
5. Técnica interpretativa teleológica e integração da lacuna ontológica e axiológica 165
6. Fim social 168
7. Bem comum 171
8. Efeitos do ato interpretativo 174
9. Papel da ideologia na aplicação jurídica 177
10. Discricionariedade judicial 179

Art. 6º
1. Relação entre irretroatividade das leis, eficácia e teoria dogmática da incidência normativa 182
2. Ato jurídico perfeito 189
3. Direito adquirido 191
4. Coisa julgada 198
5. Critérios para a aplicabilidade dos princípios da retroatividade e da irretroatividade 206

Art. 7º
1. Doutrina da extraterritorialidade e estatuto pessoal 213
2. "Lex domicilii" 214
3. Estado civil e lei domiciliar 234
4. "Lex loci celebrationis" e casamento 269
5. Casamento de estrangeiros perante autoridade diplomática ou consular 272
6. Invalidade de casamento de pessoas com domicílio comum ou com domicílios diferentes 274
7. Declaração da putatividade do casamento nulo ou anulável 276
8. Casamento de funcionário diplomático ou consular 278
9. Lei disciplinadora das relações patrimoniais entre cônjuges 278
10. Regime matrimonial de bens de brasileiro naturalizado 280
11. Divórcio realizado no estrangeiro e seu reconhecimento no Brasil 283
12. Domicílio internacional legal dos incapazes e exceção à unidade do domicílio conjugal 287
13. Adômide e concurso sucessivo de elementos de conexão 289

14. Alguns subsídios jurisprudenciais relativos ao art. 7º da Lei de
    Introdução 305
    A) "Lex loci celebrationis" e prova do casamento 305
    B) Casamento de brasileira com estrangeiro 305
    C) Casamento religioso de pessoas estrangeiras e seus efeitos..... 305
    D) Casamento consular 306
    E) Casamento de diplomata 306
    F) Regime matrimonial de bens 306
    G) Naturalização e pacto antenupcial 309
    H) Invalidade de casamento 309
    I) Casamento putativo 309
    J) Divórcio no exterior 310
    K) Homologação de sentença estrangeira* 310
    L) Domicílio de origem 312
    M) Lei domiciliar na Lei de Introdução 312

Art. 8º
1. Qualificação de bens e doutrina da territorialidade e da extraterritorialidade 313
2. Conflito interespacial alusivo aos direitos reais: "lex rei sitae" e "ius in re" 314
3. Extraterritorialidade e regime de bens móveis sem localização permanente 317
4. Penhor e "ius domicilii" 318

Art. 9º
1. "Locus regit actum" e "ius ad rem" 319
2. Exceções à aplicação da "lex loci celebrationis" 326
3. Exequibilidade da obrigação no território brasileiro e "lex loci executionis" 330
4. Obrigação contratual "inter absentes" e residência do proponente 331
5. Dados jurisprudenciais.. 333
    A) Contrato de trabalho em repartições diplomáticas 333
    B) Competência da lei do pavilhão no contrato de trabalho marítimo 333
    C) Prestação de serviço estrangeiro no Brasil 334
    D) Transferência de empregado para o Brasil 334
    E) Rescisão de contrato no exterior 334
    F) Competência para julgar ações trabalhistas contra empresa estrangeira em liquidação... 335

Art. 10

1. Teoria da unidade sucessória 335
2. Lei do domicílio do "de cujus" na sucessão "causa mortis" 337
3. Comoriência 341
4. Morte presumida e sucessão 341
5. Lei disciplinadora da capacidade para suceder do herdeiro e do legatário 343
6. Execução de testamento feito no exterior 347
7. Variação da ordem de vocação hereditária em benefício de cônjuge ou filhos brasileiros 353
8. Adendo jurisprudencial 357
   A) Lei aplicável à sucessão 357
   B) Juízo competente para processar inventário de estrangeiro ... 357
   C) Inventariança 358
   D) Forma de testamento 359
   E) Invalidade de testamento 359
   F) Execução de testamento no Brasil 360
   G) Herança jacente e ascendente no exterior 360
   H) Sucessão aberta no estrangeiro 360
   I) Capacidade para suceder 360
   J) Adoção do sistema da pluralidade sucessória 361

Art. 11

1. Lei do lugar da constituição da sociedade ou fundação 363
2. Condição para abertura de filiais, agências ou estabelecimentos de pessoa jurídica estrangeira no Brasil 370
3. Restrições à aquisição, ao gozo e exercício de direito real no território nacional pelas pessoas jurídicas de direito público 375
4. Exceção à incapacidade aquisitiva de imóveis por governos estrangeiros 376
5. Jurisprudência 376

Art. 12

1. Critério de determinação da competência internacional e a questão do conflito de jurisdição 377
2. Territorialidade das leis de organização e competência dos tribunais 384
3. Direito do estrangeiro ao acesso aos tribunais brasileiros e a "cautio judicatum solvi" 385
4. Competência estrangeira eventual e "forum prorrogatae jurisdictionis" 388

5. Competência geral brasileira necessária e "forum rei sitae" 390
6. "Exequatur" de "litterae requisitoriales" e cumprimento de diligências deprecadas por autoridade competente 391
7. Subsídios jurisprudenciais 396
   A) Competência recursal do Supremo Tribunal Federal e do Superior Tribunal de Justiça 396
   B) Competência internacional da autoridade judiciária brasileira 398
   C) Incompetência da justiça brasileira 399
   D) Competência de justiça de país estrangeiro 400
   E) Incompetência da justiça estrangeira 400
   F) Carta rogatória 400
   G) Revogação de "exequatur" de carta rogatória 401

Art. 13
1. Princípio da territorialidade e prova dos fatos ocorridos no exterior 401
2. "Onus probandi", meios de prova e modos de produção da prova 402
3. "Lex loci" e "lex fori" 403
4. Apreciação das provas e inadmissibilidade de prova desconhecida pelo direito pátrio 404

Art. 14
1. Princípio "iura novit curia" e "ius communis" 405
2. Meios de prova do direito estrangeiro aplicável 407
3. Teoria da remissão receptícia e teoria das normas sobre produção-jurídica 409
4. Soluções doutrinárias ante a impossibilidade de se conhecer o direito alienígena 410

Art. 15
1. Eficácia da decisão judicial limitada à jurisdição de sua prolação 413
2. Diferentes critérios sobre o problema da eficácia jurídica e da força executiva de sentença estrangeira 415
3. "Actio judicati" e "exequatur" 417
4. Requisitos para execução de sentença estrangeira no Brasil 418
5. Juízo de delibação 430
6. Questão da dispensa da homologação de sentença estrangeira meramente declaratória de estado de pessoa 434
7. Desnecessidade do juízo de delibação para o cumprimento de carta rogatória estrangeira e de título executivo extrajudicial 439
8. Jurisprudência 441

A) Indeferimento e deferimento de homologação de sentença
 arbitral 441
B) Recusa de homologação de sentença estrangeira: falta de prova
 do trânsito em julgado, citação irregular e incompetência do
 juiz 444
C) Finalidade da homologação 445
D) Homologação de sentença para execução de testamento 448
E) Homologação de sentença que decreta falência 448
F) Sentença declaratória de estado 448
G) Sentença estrangeira proferida em ação contenciosa de pesquisa
 de paternidade 449
H) Homologação e a questão de invalidade de casamento 449
I) Separação judicial e sua homologação 450
J) Homologação de sentença de divórcio 452
K) Homologação de sentença estrangeira sobre guarda provisória
 de menor e a questão da proibição da análise do mérito 454
L) "Exequatur" de carta rogatória 454

Art. 16
1. Resolução dos conflitos de qualificação de relações jurídicas 457
2. Teoria do reenvio ("Gesamtverweisung") 460
3. Teoria da referência do direito material estrangeiro ("Sachnormverweisung") e proibição do retorno 463
4. Dado jurisprudencial 466

Art. 17
1. Limites à extraterritorialidade da lei 466
2. Soberania nacional 468
3. Ordem pública 470
4. Bons costumes 476
5. Instituição jurídica desconhecida 477
6. Jurisprudência 478
   A) Efeitos de sentença estrangeira de divórcio anterior à Lei n.
    6.515/77, em atenção à ordem pública e aos bons costumes ... 478
   B) Fraude à lei ocorrida antes da Lei do Divórcio 480
   C) Inaplicabilidade de lei estrangeira contrária à nacional 480
   D) Casamento no exterior e impedimento dirimente absoluto 480

Art. 18
1. Competência do cônsul e lei reguladora dos atos por ele prati-
 cados 482

2. Celebração de casamento de brasileiros perante autoridade consular e sua prova 485
3. Subsídios jurisprudenciais 487
   A) Legalização de certidão de nascimento pelo cônsul 487
   B) Legalização de cambial no consulado 488
   C) Casamento de brasileiros perante autoridade do registro civil de país estrangeiro 488
   D) Casamento de estrangeiros no exterior e ulterior naturalização brasileira de ambos 488
   E) Casamento no exterior entre brasileiro e estrangeira 489

Art. 19
1. Validade de casamento consular de brasileiros não domiciliados no Brasil 489
2. Renovação de pedido para celebração de casamento consular de nacionais domiciliados no exterior 490

Art. 20
1. Abstenção da justificação de decisões com base em valores jurídicos abstratos 491
2. Subjetivismo das locuções "valores jurídicos abstratos" e "consequências práticas da decisão" 492
3. Vedação de motivação decisória retórica ou principiológica 492
4. Justificação da decisão 495

Art. 21
1. Decisão de invalidação e o problema de seus efeitos jurídicos 496
2. Questão das condições para regularização do ato 497

Art. 22
1. Parâmetros decisórios interpretativos 500
2. Dificuldades hermenêuticas 501

Art. 23
1. Regime jurídico de transição adequado com a modulação de efeitos ... 503
2. Papel desse regime 504

Art. 24
1. Revisão administrativa 507
2. Repúdio à aplicação retroativa 507

Art. 25 . (VETADO.)

Art. 26
1. Importância da oitiva de órgão jurídico ou de consulta pública.... 509
2. Compromisso administrativo e seus requisitos............................ 509

Art. 27
1. Acordo substitutivo como materialização da consensualidade administrativa.. 511
2. Motivação da decisão sobre compensação................................. 513

Art. 28
1. Responsabilidade subjetiva do agente público........................... 514
2. Objetivos do art. 28... 516

Art. 29
1. Edição de atos administrativos normativos pela Administração Pública... 519
2. Governança participativa e a possibilidade de prévia consulta pública para manifestação dos interessados............................... 519
3. Convocação para a consulta pública.. 520

Art. 30
1. Publicação de interpretações administrativas e controladoras como uma obrigação das autoridades públicas.......................... 521
2. Questão da força vinculante dos instrumentos previstos no *caput* do art. 30.. 521

Capítulo III — IMPORTÂNCIA DA LEI DE INTRODUÇÃO ÀS NORMAS DO DIREITO BRASILEIRO... 523

ANEXOS 533
1. Projeto de Lei n. 243, de 2002.. 533
2. Projeto de Lei n. 269, de 2004.. 543
3. Lei n. 12.376, de 2010 550
4. Lei n. 13.655, de 2018 (Antigo PLS n. 349/2015, posteriormente renumerado para PL n. 7.448/2017) 551

Referências.. 555

CAPÍTULO I

Perfil Jurídico da Lei de Introdução às Normas do Direito Brasileiro

1. Natureza da Lei de Introdução

Como em alguns ordenamentos jurídicos encontravam-se, no corpo do Código Civil de 1916, normas atinentes à revogação das leis, a sua aplicação e ao direito internacional privado, fez bem o legislador brasileiro em colocar tais disposições fora do corpo de nosso Código, precedendo-o, por se tratar de normas sobre a aplicabilidade das leis em geral, dando-lhes uma autonomia em lei destacada. A técnica legislativa brasileira inspirou-se no modelo alemão, conservando a matéria numa lei introdutória. Assim denominou *Lei de Introdução ao Código Civil* o complexo de disposições preliminares que antecedem ao Código Civil e que hoje, acertadamente, pela Lei n. 12.376/2010, passou a ter a denominação de *Lei de Introdução às Normas do Direito Brasileiro*.

A Lei de Introdução não é parte integrante do Código Civil, constituindo tão somente uma lei anexa para tornar possível uma mais fácil aplicação das leis. Estende-se muito além do Código Civil, por abranger princípios determinativos da aplicabilidade das normas, questões de hermenêutica jurídica relativas ao direito privado e ao direito público e por conter normas de direito internacional privado.

É autônoma ou independente, tendo-se em vista que seus artigos têm numeração própria. Não é uma lei introdutória ao Código Civil. Se o fosse conteria apenas normas de direito privado comum e, além disso, qualquer alteração do Código Civil refletiria diretamente sobre ela. Por tal razão, a revogação do Código Civil, de 1916, nela não refletiu. A Lei de Introdução continua vigente e eficaz. Na verdade, é uma *lei de introdução às leis*, por conter princípios gerais sobre as normas sem qualquer discriminação.

A Lei de Introdução não é, portanto, parte componente do Código Civil, pois, devido ao seu teor, é bem mais ampla do que sua antiga denominação sugeria. Não deixava de ser lei introdutória ao Código Civil porque suas normas se aplicam ao direito civil, mas, na verdade, é mais do que isso, por conter limitações específicas às leis em geral, daí ser acertada a nova nomenclatura. Seus primeiros artigos (1º a 6º) contêm normas emanadas do espírito da Constituição Federal, como, p. ex., as atinentes à publicação e à obrigatoriedade das leis. Deveras, as disposições alusivas à vigência das normas não poderão ser tidas como específicas do direito civil, e, além disso, os seus arts. 7º a 19 apontam diretrizes para a solução dos conflitos de leis no espaço e os arts. 20 a 30 (acrescentados pela Lei n. 13.655/2018) procuram apontar critérios interpretativos para aplicação do direito público, buscando uma maior segurança aos administrados.

Em nosso país, portanto, a Lei de Introdução ao Código Civil era, como já dissemos, muito mais do que sua antiga nomenclatura podia indicar. Trata-se de uma norma preliminar à totalidade do ordenamento jurídico nacional. Realmente, nenhum motivo existia para considerá-la uma Lei de Introdução ao Código Civil, pois é verdadeiramente o diploma da aplicação, no tempo e no espaço, de todas as normas brasileiras, sejam elas de direito público ou privado. Suas normas constituem coordenadas essenciais às demais normas jurídicas (civis, comerciais, processuais, administrativas, tributárias etc.), que não produziriam efeitos sem os seus preceitos. As normas da Lei de Introdução não são peculiares ao Código Civil, por serem aplicáveis a este e a quaisquer leis. Eis por que Ferrara chega a afirmar que esse título preliminar — *"vestibolo del Codice"* — é *"quasi un corpo di leggi delle leggi"*.

A Lei de Introdução é uma *lex legum*, ou seja, um conjunto de normas sobre normas, constituindo um direito sobre direito (*"ein Recht der Rechtsordenung"*, *"Recht ueber Recht" Uberrecht*, *"surdroit"*, *"jus supra jura"*), um superdireito, um direito coordenador de direito. Não rege as relações de vida, mas sim as normas, uma vez que indica como interpretá-las ou aplicá-las, determinando-lhes a vigência e eficácia, suas dimensões espaciotemporais, assinalando suas projeções nas situações conflitivas de ordenamentos jurídicos nacionais e alienígenas, evidenciando os respectivos elementos de conexão. Como se vê, engloba não só o direito civil, mas também os diversos ramos do direito privado e público, notadamente a seara do direito internacional privado, por isso exata é a denominação que lhe foi dada pela Lei n. 12.376/2010. A Lei de Introdução é o Estatuto de Direito Internacional Privado; é uma norma cogente brasileira, por determinação legislativa da soberania nacional, aplicável a todas as leis[1].

---

1. Clóvis Beviláqua, *Código Civil dos Estados Unidos do Brasil comentado*, 1916, v. 1, p. 85, e *Trabalhos da Comissão Especial do Senado*, v. 3, p. 55; Wilson de Souza Campos Batalha, *Lei de Introdução ao Código Civil*, São Paulo, Max Limonad, 1959, v. 1, p. 5 e 6; Lima Antunes, O conceito de superdireito, capítulo preliminar da *Ciência do direito internacional privado*, *Rev. da Faculdade de Direito de Pelotas*, ano 1, *1*:51-5, 1956, e Unilateralidade e omnilateralidade da norma de sobredireito, *Rev. da Faculdade de Direito de Pelotas*, ano 7, *10*:1-5, 1962; Ferrara, *Trattato di diritto civile italiano*, 1921, v. 1, p. 173; Espínola e Espínola Filho, *A Lei de Introdução ao Código Civil brasileiro comentada*, Rio de Janeiro, 1943, v. 1, p. 10; J. M. de Carvalho Santos, *Código Civil brasileiro interpretado*, Rio de Janeiro, 1934, v. 1, p. 9 e 10; José de Farias Tavares,

2. Conteúdo e funções da Lei de Introdução

O Decreto-lei n. 4.657/42, alterado pela Lei n. 12.376/2010, que revogou a antiga Lei de Introdução ao Código Civil (Lei n. 3.071/16), modificando vários princípios que haviam inspirado o legislador de 1916, contém normas relativas à aplicabilidade e incidência de outras normas, constituindo o sobredireito (*Ueberrecht*). Disciplina as próprias normas jurídicas, assinalando-lhes o modo de entendimento, predeterminando as fontes de direito positivo, a classificação hierárquica dos preceitos, indicando-lhes as dimensões espaciotemporais, por conter critérios atinentes ao conflito de leis no espaço e no tempo. Isso significa, convém repetir, que essa lei ultrapassa o âmbito do direito civil, vinculando o direito privado como um todo e alcançando o direito público, atingindo apenas indiretamente as relações jurídicas, uma vez que contém tão somente normas de apoio que disciplinam a atuação da ordem jurídica. Não estava nem mesmo incluída na Parte Geral, pois o art. 1º do Código Civil de 1916, peremptoriamente, circunscrevia a sua matéria às relações de ordem privada. Além disso, a fixação de normas desse teor em uma lei especial tem a vantagem de permitir ulteriores modificações, independentemente das transformações que se operarem nos institutos civis.

A Lei de Introdução (com alterações da Lei n. 13.655/2018, regulamentada pelo Decreto n. 9.830/2019) é um código de normas, já que tem por conteúdo a disciplina:

a) do início da obrigatoriedade da lei (art. 1º);

b) do tempo de obrigatoriedade da lei (art. 2º);

c) da garantia da eficácia global da ordem jurídica, não admitindo a ignorância da lei vigente, que a comprometeria (art. 3º);

d) dos mecanismos de integração das normas, quando houver lacuna (art. 4º);

O Código Civil e a nova Constituição, Rio de Janeiro, Forense, 1991, p. 24; Oscar Tenório, *Lei de Introdução ao Código Civil brasileiro*, Borsoi, 1955; *Direito internacional privado*, Rio de Janeiro, 1967, v. 1, p. 413-6; Haroldo Valladão, *Direito internacional privado*, Rio de Janeiro, Freitas Bastos, 1970, p. 8; Lair da Silva Loureiro Filho, *Lei de Introdução ao Código Civil interpretada*, São Paulo, Ed. Juarez de Oliveira, 2000; Florisbal de Souza Del'Olmo e Luis Ivani de A. Araujo, *Lei de Introdução ao Código Civil brasileiro comentada*, Rio de Janeiro, Forense, 2004; Zeno Veloso, *Comentários à Lei de Introdução ao Código Civil* — arts. 1ª a 6ª, Belém, Unama, 2005; Caramuru A. Francisco, *Lei de Introdução ao Código Civil comentada*, São Paulo, Ed. Juarez de Oliveira, 2005; Paulo Hamilton Siqueira Jr., Lei de Introdução ao Código Civil, in *Comentários ao Código Civil* (Coords. Camillo, Talavera, Fujita e Scavone Jr.), São Paulo, Revista dos Tribunais, 2006, p. 65-76; Norberto de Almeida Carride, *Lei de Introdução ao Código Civil anotada*, São Paulo, Ed. Juarez de Oliveira, 2004. André de C. Ramos e Erik F. Gramstrup, *Comentários à Lei de Introdução às Normas do Direito Brasileiro — LINDB*, São Paulo, Saraiva, 2016.

e) dos critérios de hermenêutica jurídica (art. 5º);

f) do direito intertemporal, para assegurar a certeza, segurança e estabilidade do ordenamento jurídico-positivo, preservando as situações consolidadas em que o interesse individual prevalece (art. 6º);

g) do direito internacional privado brasileiro (arts. 7º a 17), abrangendo normas pertinentes à pessoa e à família (arts. 7º e 11), aos bens (art. 8º), às obrigações (art. 9º), à sucessão por morte ou por ausência (art. 10), à competência judiciária brasileira (art. 12), à prova dos fatos ocorridos em país estrangeiro (art. 13), à prova do direito alienígena (art. 14), à execução de sentença proferida no exterior (art. 15), à proibição do retorno (art. 16), aos limites da aplicação de leis, atos e sentenças de outro país no Brasil (art. 17);

h) dos atos civis praticados, no estrangeiro, pelas autoridades consulares brasileiras (arts. 18 e 19).

i) das questões sobre segurança jurídica e eficiência na criação e na aplicação do direito público (arts. 20 a 30, acrescentados pela Lei n. 13.655/2018).

Como se pode verificar, a Lei de Introdução descreve as linhas básicas da ordem jurídica, exercendo a função de *lei geral*, por orientar a obrigatoriedade, a interpretação, a integração e a vigência da lei no tempo e por traçar as diretrizes das relações de direito internacional privado por ela tidas como adequadas por estarem conformes com as convenções e com tratados a que aderiu o Brasil[2].

3. Lei de Introdução e a questão da aplicação das normas jurídicas

O momento da aplicação da norma é característico do direito positivo. Isto porque as normas positivas existem, fundamentalmente, para ser aplicadas por um órgão competente, juiz, tribunal, autoridade administrativa ou

---

2. Silvio Rodrigues, *Direito civil*, São Paulo, Max Limonad, 1962, v. 1, p. 37; Wilson de Souza Campos Batalha, *Lei de Introdução*, cit., v. 1, p. 5 e 6; Enneccerus, Kipp e Wolff, *Tratado de derecho civil*, Barcelona, Bosch, 1934, v. 1; Carlos Alberto Bittar, *Teoria geral do direito civil*, São Paulo, Forense Universitária, 1991, p. 16-7; Espínola e Espínola Filho, *A Lei de Introdução*, cit., v. 1, p. 8; Bianchi, *Principii generali sulle leggi*, 1888, p. 164-5; Fiore e outros, Delle disposizioni generali sulla pubblicazione, applicazione ed interpretazione delle leggi, in *Il diritto civile italiano secondo la dottrina e la giurisprudenza*, 1915, Parte 1, v. 1, p. 108-9; M. Helena Diniz, *Curso de direito civil brasileiro*, São Paulo, Saraiva, 1992, v. 1, p. 45; Carlos Roberto Gonçalves, Análise da Lei de Introdução ao Código Civil: sua função no ordenamento jurídico e, em especial, no processo civil, *RP*, *37*:7; Luis Henrique Ventura, *Lei de Introdução ao Código Civil — perguntas e respostas*, Belo Horizonte, Del Rey, 2001; Caramuru Afonso Francisco, *Lei de Introdução ao Código Civil comentada*, São Paulo, Ed. Juarez de Oliveira, 2005.

particular. A aplicação do direito é, portanto, decorrência de competência legal. O juiz aplica as normas gerais ao sentenciar; o legislador, ao editar leis, aplica a Constituição; o Poder Executivo, ao emitir decretos, aplica norma constitucional; o administrador ou funcionário público aplica sempre normas gerais ao ditar atos administrativos; simples particulares aplicam norma geral ao fazer seus contratos e testamentos. Ater-nos-emos aqui, principalmente, à aplicação feita pelo Poder Judiciário que consiste em submeter um caso particular ao império de uma norma jurídica[3].

A norma contém, em si, uma generalidade, procede por abstração, fixando tipos, referindo-se a uma série de casos indefinidos e não a casos concretos[4].

De modo que essa abstração de normas, em virtude de seu processo generalizante, implica seu afastamento da realidade, surgindo um antagonismo entre normas jurídicas e fatos. Contudo, essa oposição não é um hiato insanável, porque os fatos individuais apresentam o geral determinado no conceito abstrato, ou seja, uma "nota de tipicidade" que permite sejam enquadrados nos conceitos normativos[5]. Deveras, a norma jurídica só se movimenta ante um fato concreto, pela ação do magistrado, que é o intermediário entre a norma e a vida ou o instrumento pelo qual a norma abstrata se transforma numa disposição concreta, regendo determinada situação individual. Assim, o dispositivo do Código Civil que estabelece a proteção possessória, garantindo o possuidor, permanece como norma abstrata até o momento em que este, alegando uma turbação da posse, pede ao órgão judicante a aplicação da norma protetora[6]. A aplicação do direito, dessa forma concebida, denomina-se *subsunção*[7].

O conceito normativo contém uma potencialidade que possibilita a subsunção dos objetos individuais por ele abarcados, excluindo os que não

---

3. Betti, *Interpretazione della legge e degli atti giuridici*, Milano, Giuffrè, 1949; Henry W. Johnstone Jr., Argumentation and inconsistency, *Logique et Analyse* (Le A) 58, 1961, p. 353; Roscoe Pound, The theory of judicial decisions, in *Lectures on legal topics*, p. 145. Sobre a tarefa de aplicação do direito realizada pelo juiz, consultar a obra de Orozimbo Nonato, Aspectos do modernismo jurídico, in *Pandectas brasileiras*, v. 8, Parte 1, p. 176 (*v.* também *RF*, *81*:262); Miguel Reale, *Lições preliminares de direito*, 1973, p. 291.

4. Alípio Silveira, *Hermenêutica no direito brasileiro*, 1968, v. 1, p. 242.

5. *Vide* Tércio Sampaio Ferraz Jr., A noção de norma jurídica na obra de Miguel Reale, separata da *Revista Ciência e Cultura*, *26*(11):1011-2; Lord Wilberforce, *Draft report for New Delhi conference*, 1975 (discurso do centenário da *International Law Association*).

6. Serpa Lopes, *Curso de direito civil*, Rio de Janeiro, 1962, v. 1, p. 123.

7. Luiz Diez-Picazo, *Experiencias jurídicas y teoría del derecho*, Barcelona, Ed. Ariel, 1973, p. 208 e s.; Enneccerus, Kipp e Wolff, *Tratado de derecho civil*, cit., p. 196 e 197; Kelsen, *Teoria generale delle norme*, Torino, 1985, p. 441-3.

o são. A subsunção revela a perseverança do juiz em se aproximar mais da realidade fática, completando o pensamento abstrativo contido na norma[8].

A norma de direito é um modelo funcional que contém, em si, o fato, pois, sendo um tipo geral oposto à individualidade concreta, pode ser adaptada a esta última[9]. Logo, o tipo contido no preceito normativo tem dupla função: é meio de designação dos elementos da hipótese de fato e forma de apreensão e exposição de relações jurídicas[10].

Esse pensamento tipológico é tarefa específica do órgão jurisdicional, que se vê na obrigatoriedade de decidir casos individuais, submetidos à sua jurisdição, mediante a aplicação de normas gerais.

Como vimos, a "subsunção" tem como problema central a qualificação jurídica dos casos *sub judice*, que apresenta dificuldades devido a dois fatores[11]:

1º) A *falta de informação* sobre os fatos do caso. Com frequência, o juiz ignora se o caso concreto pertence ou não a uma classe, a um tipo legal, porque não possui as informações necessárias. Por exemplo, mesmo sabendo que todo ato de alienação é gratuito ou oneroso, ele pode ignorar se a alienação que "A" fez de sua casa a "B" foi a título oneroso ou gratuito, simplesmente porque desconhece se "B" pagou ou não uma importância pelo imóvel. Essa dificuldade de se saber se "A" dispôs da casa a título oneroso ou gratuito pode originar-se de outra fonte, ou seja, da *indeterminação semântica*, *vaguidade* ou *ambiguidade* dos conceitos gerais contidos na norma[12]. Mesmo conhecendo todos os fatos do caso, pode o magistrado, ainda, não saber se a soma de dinheiro que "B" entregou a "A" como pagamento pelo imóvel constituía ou não um preço, em sentido técnico. Suponha-se, p. ex., que essa quantia fosse muito inferior ao valor econômico da casa, hipótese em que podem surgir dúvidas sobre o fato: trata-se de uma compra e venda ou de uma doação encoberta? Essa primeira dificuldade — falta de conhecimentos empíricos — é de uma certa forma reme-

---

8. Yonne D. de Oliveira, *A tipicidade no direito tributário brasileiro* (tese), p. 3, 16 e 17, e Engisch, *La idea de concreción en el derecho y la ciencia jurídica actuales*, Pamplona, Ed. Universidad de Navarra, 1968, p. 415 e 417.

9. Miguel Reale, *O direito como experiência*, São Paulo, 1968, p. 191, 192 e 201.

10. Larenz, *Metodología de la ciencia del derecho*, Barcelona, Ed. Ariel, 1966, p. 348-53; Yonne D. de Oliveira, *A tipicidade*, cit., p. 13-5.

11. *Vide* os comentários de Lara Campos Jr. sobre o assunto, na obra *Princípios gerais de direito processual*, cit., p. 74; Engisch, *Introdução ao pensamento jurídico*, Lisboa, 1964, p. 71 e s.

12. Bertrand Russel, Vagueness, *The Australasian Journal of Psychology and Philosophy*, p. 84 e s., 1923; Alchourrõn e Bulygin, *Introducción a la metodología de las ciencias jurídicas y sociales*, Buenos Aires, Ed. Astrea, 1974, p. 61.

diável pelas *presunções legais*, que permitem ao órgão jurisdicional suprir sua falta de conhecimento dos fatos e atuar como se conhecesse todas as circunstâncias relevantes do caso. Levam-se em conta o princípio do *onus probandi*, segundo o qual todo aquele que afirma a existência de um fato deve prová-lo, e uma série de outras presunções: a da boa-fé, a da onerosidade dos atos mercantis etc., que constituem um conjunto de regras auxiliares para a determinação da existência jurídica dos fatos. A produção da prova visa criar no juiz a convicção da existência de certos fatos, direta ou indiretamente relevantes, descobertos sempre com base nas normas que regem os meios de prova admitidos em direito (confissão, depoimento testemunhal, documentos, perícia etc.)[13].

2º) A *indeterminação semântica* dos conceitos normativos, que não pode ser totalmente eliminada, podendo, porém, em certo ponto, ser mitigada mediante a introdução de terminologia técnica, o emprego de conceitos técnicos, introduzidos por meio de definições explícitas, que estipulam suas regras de aplicação[14].

A palavra "lacuna" é, às vezes, empregada para designar esses problemas supracitados, como o faz Kantorowicz[15], causando confusões. Alchourrõn e Bulygin, por isso, introduziram algumas distinções terminológicas, diferenciando esses problemas das *lacunas normativas*, e apresentaram as expressões "lacunas de conhecimento" e "lacunas de reconhecimento" para designar as questões relativas à "subsunção".

As *lacunas de conhecimento* referem-se aos casos individuais que, por falta de informação fática, o juiz não sabe se pertencem ou não a uma determinada classe ou tipo[16]. As *lacunas de reconhecimento* concernem aos casos individuais que, em virtude da indeterminação semântica dos conceitos que caracterizam um caso genérico, o magistrado não sabe se pertencem ou não ao caso em tela[17].

---

13. *Vide* Alchourrõn e Bulygin, *Introducción a la metodología*, cit., p. 62; Perelman, *Justice et raison*, 1963, p. 206 e s.; Engisch, *Introdução ao pensamento jurídico*, Lisboa, 1964, p. 71 e s.

14. Alchourrõn e Bulygin, *Introducción a la metodología*, cit., p. 62-3.

15. Kantorowicz, La lucha por la ciencia del derecho, in *La ciencia del derecho*, Buenos Aires, Ed. Losada, 1949, p. 323. O mesmo ocorre com Krings ao falar em "lacuna interna", no caso em que a lei é obscura, ambígua e imprecisa (Les lacunes en droit fiscal, in *Le problème des lacunes en droit*, Bruxelles, Perelman (publ.), Émile Bruylant, 1968, p. 463).

16. Alchourrõn e Bulygin, *Introducción a la metodología*, cit., p. 63.

17. Alchourrõn e Bulygin, *Introducción a la metodología*, cit., p. 63.

Lacunas de reconhecimento são as oriundas do que Hart denomina *problema de penumbra*[18]. Muitos juristas que se ocupam da aplicação do direito a casos individuais, ao comprovarem a existência de penumbra, concluem que o direito é, essencialmente, incompleto, pois contém inúmeras lacunas[19]. Todavia, os casos de penumbra nada têm que ver com o problema tradicional das lacunas jurídicas, ou seja, com a completude ou incompletude. Eles não se originam de insuficiência ou defeito do sistema, mas de certas propriedades semânticas da linguagem.

A subsunção do caso individual sob um genérico encontra-se, sinteticamente, ante a questão: o caso concreto tem solução, mas o magistrado não sabe qual é, ou porque falta informação sobre algum fato relevante (lacuna de conhecimento) ou porque o caso individual cai dentro da zona de vaguidade ou de penumbra de algum conceito relevante (lacuna de reconhecimento)[20]. Na determinação do direito que deve prevalecer no caso concreto, o juiz precisa verificar se o direito existe, qual o sentido exato da norma aplicável e se esta aplica-se ao fato *sub judice*[21].

Para a "subsunção", resolvendo-se os problemas oriundos das lacunas de conhecimento e de reconhecimento, é necessária uma *interpretação* para saber qual a norma que incide sobre o caso *sub judice*, ou melhor, para determinar a qualificação jurídica da matéria fática sobre a qual deve incidir uma norma geral. Para subsumir o órgão precisa interpretar. A subsunção está condicionada por uma prévia escolha de natureza axiológica, entre as várias interpretações possíveis[22], daí a importância do art. 5º da Lei de Introdução às Normas do Direito Brasileiro.

Quando o magistrado não encontra norma que seja aplicável a determinado caso, e não podendo subsumir o fato a nenhuma norma, porque há

---

18. Hart, Positivism and the separation of law and morals, *Harvard Law Review*, *71*:593-629, 1958.

19. Hart, Positivism, *Harvard Law Review*, cit., Cap. VII; Dickinson, The problem of the unprovised case, in *Récueil in honneur de Gény*, v. 2, p. 503; *Legal rules*: their function in the process of decision, p. 79, e *Pennsylvania Law Review*, p. 833, citados por Alchourrõn e Bulygin, *Introducción a la metodología*, cit., p. 64.

20. Alchourrõn e Bulygin, *Introducción a la metodología*, cit., p. 64, 65 e 203.

21. Serpa Lopes, *Curso de direito civil*, cit., v. 1, p. 125; Ferrara, *Trattato di diritto civile italiano*, Roma, 1921, v. 1, p. 195 e s.

22. *Vide* os comentários de: Lara Campos Jr., *Princípios gerais de direito processual*, cit., p. 76; Palasi, *La interpretación y los apotegmas jurídico-lógicos*, Madrid, 1975, p. 36; Carlos Maximiliano, *Hermenêutica e aplicação de direito*, 1965, n. 8 e 10; Sternberg, *Introducción a la ciencia del derecho*, 1930, p. 137-8; Oswaldo Aranha Bandeira de Mello, *Princípios gerais de direito administrativo*, 1969, v. 1, p. 342; Limongi França, Da jurisprudência, separata da *Revista da Faculdade de Direito da USP*, p. 218; Miguel Reale, *Lições preliminares*, cit., p. 292.

falta de conhecimento sobre um *status* jurídico de certo comportamento, devido a um defeito do sistema normativo que pode consistir na ausência de uma solução, ou na existência de várias soluções incompatíveis, estamos diante de um problema de *lacuna normativa*, no primeiro caso, ou de *lacunas de conflito*, ou *antinomia real*, no segundo.

A *lacuna* constitui um estado incompleto do sistema que deve ser colmatado ante o princípio da plenitude do ordenamento jurídico. Daí a importante missão do art. 4º da Lei de Introdução, que dá ao magistrado, impedido de furtar-se a uma decisão, a possibilidade de integrar ou preencher a lacuna, de forma que possa chegar a uma solução adequada. Trata-se do fenômeno da *integração* normativa. É um desenvolvimento aberto do direito, dirigido metodicamente, em que o aplicador adquire consciência da modificação que as normas experimentam, continuamente, ao serem aplicadas às mais diversas relações da vida, chegando a apresentar, na ordem normativa, omissões concernentes a uma nova exigência da vida. O juiz tem permissão para desenvolver o direito sempre que se apresentar uma lacuna[23].

Ao lado do princípio da plenitude do ordenamento jurídico situa-se o da unidade da ordem jurídica, que pode levar-nos à questão da *correção* do direito incorreto. Se se apresentar uma *antinomia* real, ter-se-á um estado incorreto do sistema, que precisará ser solucionado, pois o postulado desse princípio é o da resolução das contradições, pois, se for aparente, será resolvida pelos critérios: hierárquico, cronológico e da especialidade. O sistema jurídico deverá, teoricamente, formar um todo coerente, devendo, por isso, excluir qualquer contradição, assegurando sua homogeneidade e garantindo a segurança na aplicação do direito. Para tanto, o jurista lançará mão de uma interpretação corretiva guiado pela interpretação sistemática (LINDB, arts. 4º e 5º), que o auxiliará na pesquisa dos critérios a serem utilizados pelo aplicador do direito para solucionar a antinomia. A este esforço os Estatutos da Universidade de Coimbra de 1772 denominavam *terapêutica jurídica*[24]. É preciso frisar que o princípio lógico da não contradição não se aplica às normas conflitantes, mas às proposições que as descrevem.

---

23. Larenz, *Metodología*, cit., p. 201.

24. Sobre *correção* do direito, *vide* Karl Engisch, *Introdução ao pensamento jurídico*, cit., p. 253; Buch, Conception dialectique des antinomies juridiques, in *Les antinomies en droit*, Bruxelles, Perelman (publ.), Émile Bruylant, 1965, p. 390 e 391; Gavazzi, *Delle antinomie*, Torino, Giappichelli, 1959, p. 166-8; Kelsen, *Teoria generale delle norme*, cit., p. 195; Perelman e Olbrechts-Tyteca, *Traité de la argumentation*, Bruxelles, 1970, § 46, p. 262; Carlos Maximiliano, *Hermenêutica e aplicação do direito*, p. 134; M. Helena Diniz, *Conflito de normas*, São Paulo, Saraiva, 1987.

Havendo lacuna ou antinomia, o jurista, ante o caráter dinâmico do direito, ao sistematizá-lo, deve apontar critérios para solucioná-las. O processo de sistematização jurídica compreende várias operações que tendem não só a exibir as propriedades normativas, fáticas e axiológicas do sistema e seus defeitos formais (antinomias e lacunas), mas também a reformulá-lo para alcançar um sistema harmônico, atendendo aos postulados de capacidade total de explicação, ausência de contradições e aplicabilidade fecunda do direito a casos concretos. Logo, havendo lacuna ou antinomia, a sua solução é encontrada no sistema jurídico elaborado pelo jurista[25].

O magistrado, como dissemos, ao aplicar as normas jurídicas, criando uma norma individual, deverá interpretá-las, integrá-las e corrigi-las, mantendo-se dentro dos limites marcados pelo direito. As decisões dos juízes devem estar em consonância com o conteúdo da consciência jurídica geral, com o espírito do ordenamento jurídico, que é mais rico de conteúdo do que a disposição normativa, pois contém critérios jurídicos e éticos, ideias jurídicas concretas ou fáticas que não encontram expressão na norma do direito. Por isso, a tarefa do magistrado não é meramente mecânica; requer certo preparo intelectual ao determinar qual a norma que vai aplicar[26].

Poder-se-á dizer, por derradeiro, que a aplicação jurídica encerra as seguintes operações técnicas[27]:

1ª) construção de conceitos jurídicos e ordenação sistemática do direito pelo jurista;

2ª) determinação da existência da norma jurídica no espaço e no tempo pelo órgão aplicador. De fato, com a positivação cresce a disponibilidade temporal do direito, pois sua validade se torna maleável, podendo ser limitada no tempo, adaptada a prováveis necessidades de futuras revisões, institucionalizando a mudança e a adaptação através de procedimentos cam-

---

25. Leo Gabriel, *Integrale logik*, 1965, p. 273; M. Helena Diniz, *As lacunas no direito*, 1980, p. 71.

26. Larenz, *Metodología*, cit., Cap. IV; M. Helena Diniz, *As lacunas*, cit., p. 232-9, 242 e 243, e *Curso*, cit., p. 46-7. Sobre a aplicação do direito, consulte: Mouchet e Zorraquín Becu, *Introducción al derecho*, 1970, p. 247-50; José M. Oviedo, *Formación y aplicación del derecho*, Madrid, Instituto de Estudios Políticos, 1972; José Castán Tobeñas, *Teoría de la aplicación e investigación del derecho. Metodología y técnica operatoria en derecho privado positivo*, Madrid, 1947; Diez-Picazo, *Experiências jurídicas*, cit., Cap. XI; Roberto José Vernengo, *Curso de teoría general del derecho*, 2. ed., p. 397-403; Pasquale Fiore, *Delle disposizioni generali sulla pubblicazione, applicazione ed interpretazione delle leggi*, 1980, v. 2, n. 932; M. Helena Diniz, *Compêndio de introdução à ciência do direito*, São Paulo, Saraiva, 1993, p. 375-8.

27. José Castán Tobeñas, *Teoría de la aplicación*, cit., p. 205, nota 161; José M. Oviedo, *Formación y aplicación del derecho*, cit., p. 100 e 147-50; Enneccerus, Kipp e Wolff, *Tratado de derecho civil*, cit., p. 196 e s.; M. Helena Diniz, *Compêndio*, cit., p. 380-1.

biáveis, conforme as diferentes situações, possibilitando com isso um alto grau de pormenorização dos comportamentos como jurisdificáveis, não dependendo mais, o caráter jurídico das situações, de algo que sempre tenha sido direito. O direito transforma-se num instrumento da modificação planificada da realidade, abarcando-a nos seus mínimos aspectos[28]. Ora, com isso surgem as condições para a colocação do problema jurídico, da possibilidade ou não de haver conflitos normativos e da existência ou não de situações pertencentes ao âmbito do não jurídico;

3ª) interpretação da norma pelo jurista e pelo órgão aplicador;

4ª) integração do direito pelo órgão judicante;

5ª) investigação corretiva do direito pelo órgão e pelo jurista;

6ª) determinação, pelo órgão, da norma ou das normas aplicáveis, por servirem de fundamento de validade à norma individual (sentença);

7ª) estabelecimento de uma relação entre a norma individual, criada pelo órgão para o caso *sub judice*, e outras do ordenamento que se sabe válidas.

4. Lei de Introdução e a vigência espaciotemporal da norma

A Lei de Introdução exerce ação disciplinadora espaciotemporal, contendo normas de direito intertemporal, que solucionam conflitos de leis no tempo, e de direito interespacial, que resolvem os conflitos de normas no espaço.

Em relação aos conflitos de leis no tempo, a Lei de Introdução visa analisar e apontar soluções para os seguintes problemas:

a) os alusivos aos princípios norteadores da efetividade das leis desde sua vigência;

b) os relativos às consequências da *vacatio legis*, que possibilita a divulgação da lei nova, sendo que, enquanto não escoar tal prazo, a norma revogada continuará em vigor, apesar de já ter sido publicada a lei que a revogou;

c) os atinentes à excepcionalidade da norma com eficácia suspensa e seus efeitos no plano hermenêutico;

---

28. Tércio Sampaio Ferraz Jr., *Função social da dogmática jurídica*, São Paulo, 1978, p. 68-9.

d) os condizentes com a permanência ou não da norma. A permanência da norma indica que a lei, uma vez promulgada e publicada, obrigará indefinidamente até que venha a ser revogada por outra lei. A revogação de uma norma pela superveniência de outra, regendo a mesma matéria, causa tríplice repercussão na antiga lei, pois poderá atingir as situações já consumadas sob sua égide, afetar os efeitos pretéritos produzidos ou incidir sobre os efeitos presentes ou futuros de situações passadas ocorridas na vigência da norma revogada;

e) os que dizem respeito à aplicação da lei nova ou da antiga já revogada aos efeitos decorrentes de relação jurídica pretérita. A Lei de Introdução procura conter normas para a solução da sucessão das normas jurídicas disciplinadoras de um dado fato de modo contraditório e dos conflitos entre a lei nova e as relações jurídicas que foram definidas sob a vigência da velha norma. Para tanto não aceitou a retroatividade ou a irretroatividade como princípios absolutos, admitindo que a lei nova retroagisse em alguns casos e em outros não, protegendo assim a estabilidade das relações jurídicas e a segurança jurídica.

Tais problemas, oriundos do conflito de leis no tempo, pertencentes ao mesmo ordenamento jurídico, constituem objeto do *direito intertemporal*[29].

Como se pode ver, três são os princípios relativos à aplicação da lei no tempo contidos na Lei de Introdução:

a) o da *obrigatoriedade*, que abrange as questões da vigência e da eficácia da lei. Cuida, portanto, do binômio da vigência e da eficácia, ordenando que todos a cumpram, de tal sorte que ninguém se escusará de obedecer a lei, alegando que não a conhece. Impossível será furtar-se ao comando de lei devidamente publicada, sob a alegação de que dela não teve ciência. Se assim não fosse, seria difícil a manutenção da ordem na vida

---

29. A denominação *direito intertemporal* é utilizada por Affolter (*Geschichte des Intertemporalen Privatrecht*, 1902, e *Das intertemporale Recht*, Leipzig, 1903) e Rubens Limongi França (*Direito intertemporal brasileiro*, São Paulo, Revista dos Tribunais, 1968). Outros preferem a designação de *direito transitório*, dentre os quais Chabot de L'Allier (*Questions transitoires sur le Code Napoléon*, 1829) e Pace (*Il diritto transitorio*, 1944). Gabba, por sua vez, prefere a expressão *retroatividade das leis* (*Teoria della retroattività delle leggi*, 1891-1898) e Roubier a de *conflito de leis no tempo* (*Des conflits des lois dans le temps*, 1929-1934); o mesmo se diga de Szasky (Les conflits des lois dans le temps, in *Récueil des Cours*, 1934, t. 47). Consulte sobre essa temática: Vicente Ráo, *O direito e a vida do direito*, São Paulo, Max Limonad, 1952, v. 2, p. 425-7; Wilson Mello da Silva, Conflito de leis no tempo, in *Enciclopédia Saraiva do Direito*, v. 18, p. 55; Mattos Peixoto, Limite temporal da lei, *Revista Jurídica da Faculdade Nacional de Direito*, 9:9-47; Pascuale Fiore, *De la irretroactividad e interpretación de las leyes*, 3. ed., Ed. Reus, p. 28; Simongelli, Sui limiti della legge nel tempo, in *Studi in onore di Vittorio Scialoja*, Milano, 1905, v. 1, p. 363; Léopold de Vos, *Le problème des conflits des lois*, Bruxelles, 1946, v. 1.

social. Tanto a vigência como a eficácia são elementos caracterizadores da lei, devendo-se lembrar que a aplicabilidade, em regra, é simultânea à incidência normativa, embora possa haver a não simultaneidade, por ser possível que a própria norma decrete sua não incidência imediata, dispondo que incidirá no momento "X";

b) o da *continuidade*, por conter a presunção de que a lei, com sua entrada em vigor, produzirá seus efeitos, até que seja revogada por outra, expressa ou tacitamente;

c) o da *irretroatividade*, ante a impossibilidade de se deixar de correlacionar a obrigatoriedade normativa com sua incidência no mundo fático. Assim sendo, estipula que a nova lei terá efeito imediato, e não retroativo, ressalvadas as hipóteses em que reconhece a sobrevivência da lei revogada para disciplinar os efeitos de situações já consolidadas na sua vigência. Consequentemente, o efeito imediato da lei nova deverá ser considerado como regra; logo deverá ser ela aplicada imediatamente, a partir da data estabelecida para sua entrada em vigor, respeitados o ato jurídico perfeito, o direito adquirido e a coisa julgada, podendo, portanto, incidir sobre os *facta pendentia*. Não há como confundir a imediatidade dos efeitos de uma lei com a sua retroatividade[30].

A Lei de Introdução contém também solução para os conflitos de leis no espaço, originários do intercâmbio entre nações, que acentua o contato com ordenamentos jurídicos estrangeiros. Deveras, pode surgir um fato jurídico interespacial em dado território, que venha a completar-se em outro. Nada obsta que dois espaços territoriais venham a mediar o surgimento e a complementação de determinado fato, que estabelece pontos de contato com diversos ordenamentos jurídicos. Por exemplo, é o que ocorrerá na sucessão testamentária em que o testamento feito na França venha a ser aberto no Brasil, onde o testador, embora francês, estava domiciliado ao tempo de sua morte. As relações jurídicas que se apresentem, interessando a duas ou mais ordens jurídicas, geram duas questões de suma importância:

a) Qual o juízo competente?

Tal problema reger-se-á pela territorialidade, por se referir à norma processual.

---

30. R. Limongi França, *Direito intertemporal brasileiro*, cit., p. 422 e s.; Miguel Reale, *Questões de direito*, São Paulo, Sugestões Literárias, 1981, p. 149-57; Piovani, *Il significato del principio di effettività*, Milano, 1953; Wilson de Souza Campos Batalha, *Lei de Introdução*, cit., v. 2, t. 1, p. 16 e s.; Espínola e Espínola Filho, *A Lei de Introdução*, cit., v. 1, p. 45 e s.; Antônio Chaves, Eficácia da lei no tempo, in *Enciclopédia Saraiva do Direito*, v. 30, p. 197-200.

b) Qual a lei aplicável ao caso?

Estabelecida a competência de um daqueles Estados para decidir a questão, o órgão judicante competente deverá verificar qual a lei substantiva que pode ser aplicada ao caso. Para tanto será preciso averiguar não só a situação a que se refere, ou seja, se alusiva à capacidade ou ao estado da pessoa, à obrigação, aos bens ou à sucessão, como também o elemento de conexão contemplado em lei (domicílio, lugar da situação da coisa ou da celebração do ato etc.).

Ter-se-á que resolver um conflito, ou melhor, um problema de qualificação da relação, isto é, delimitar qual das normas jurídicas substantivas concorrentes deve ser-lhe aplicada. Trata-se da problemática da eleição da norma substancial qualificadora da relação jurídica subjacente[31].

Claro está que a lei, por ser expressão da soberania estatal, apenas terá vigência dentro dos limites do Estado que a promulgou. Daí o célebre brocardo latino: *leges non valent ultra territorium*. Em regra, a lei não terá vigência nem eficácia fora do território do Estado de onde emanou, mas hodiernamente, devido ao grande intercâmbio internacional, muito dificilmente o cidadão se fixará numa só nação sem que mantenha contato com outras pessoas situadas em outros Estados, por ser obrigado a efetivar toda a sorte de contratos com empresas particulares ou públicas, nacionais ou estrangeiras, a fazer ajustes, a contrair vínculos de ordem pessoal ou material ou a estabelecer várias relações com pessoas domiciliadas além do território pátrio. Consequentemente, o Estado deverá proceder ao reconhecimento da validade desses atos realizados legalmente, cabendo ao direito internacional privado indicar qual ordenamento jurídico irá conter o critério para a resolução dos possíveis conflitos que advierem. Como cada país será o único árbitro para deliberar a conveniência da aplicação de sua lei em seu território, não deverá obedecer às normas alienígenas, salvo em casos excepcionais em que tenha o interesse de harmonizar tais conflitos, eliminando as controvérsias que surgirem, mediante adequada regulamentação pela Lei de Introdução e por tratados internacionais, consagrando princípios que contenham critérios de solução para os problemas de conflitos espaciais[32].

---

31. Agenor Pereira de Andrade, *Manual de direito internacional privado*, São Paulo, Sugestões Literárias, 1987, p. 20-1; J. R. Franco da Fonseca, Aplicação de lei no espaço, in *Enciclopédia Saraiva do Direito*, v. 7, p. 159-70; Gama e Silva, *As qualificações em direito internacional privado*, São Paulo, 1952; Celestino Piotti Filho, *Unidad estructural del derecho internacional privado*, 1954.

32. Antônio Chaves, Eficácia da lei no espaço, in *Enciclopédia Saraiva do Direito*, v. 30, p. 187-94.

Sabemos que, em razão da soberania estatal, a norma aplica-se no espaço delimitado pelas fronteiras do Estado[33]. Todavia esse *princípio da territorialidade* não pode ser aplicado de modo absoluto, ante o fato de a comunidade humana alargar-se no espaço, relacionando-se com pessoas de outros Estados, como seria o caso de um brasileiro que herda de um parente bens situados na Itália; do brasileiro que convola núpcias com francesa na Inglaterra; do norte-americano divorciado que pretende casar-se com brasileira no Brasil; da empresa brasileira que contrata com empresa alemã etc.[34].

Sem comprometer a soberania nacional e a ordem internacional, os Estados modernos têm permitido que, em seu território, se apliquem, em determinadas hipóteses, normas estrangeiras, admitindo assim a *extraterritorialidade*, para tornar mais fáceis as relações internacionais, possibilitando conciliar duas ou mais ordens jurídicas pela adoção de uma norma que dê solução mais justa.

A territorialidade e a extraterritorialidade correspondem a tendências legislativas contidas na Lei de Introdução. A territorialidade significa a aplicação das leis locais sem considerar as alienígenas. O juiz não poderá aplicar outras leis senão as nacionais. A extraterritorialidade corresponde aos efeitos das leis além das fronteiras do país, havendo permissão legal ao juiz para aplicar normas estrangeiras. Por exemplo, o magistrado que analisar questão de imóvel situado na Alemanha deverá aplicar a norma alemã para decidir o caso *sub judice*[35].

O Brasil adotou a *doutrina da territorialidade moderada*.

Pela *territorialidade*, a norma aplica-se no território do Estado, inclusive ficto, como embaixadas, consulados e navios de guerra onde quer que se encontrem, navios mercantes em águas territoriais ou em alto-mar, navios estrangeiros, menos os de guerra, em águas territoriais, aeronaves no espa-

---

33. A. Franco Montoro, *Introdução à ciência do direito*, 2. ed., São Paulo, Ed. Martins, v. 2, p. 156.

34. Caio Mário da Silva Pereira, *Instituições de direito civil*, Rio de Janeiro, Forense, 1967, v. 1, p. 158 e 159.

35. Caio Mário da Silva Pereira, *Instituições*, cit., v. 1, p. 160; A. Franco Montoro, *Introdução*, cit., v. 2, p. 156; Oscar Tenório, *Direito internacional privado*, 1967, v. 1, p. 392; Maria do Carmo P. Caminha, Os juízes do Mercosul e a extraterritorialidade dos atos jurisdicionais, *Revista de Direito Constitucional e Internacional*, 44:40 a 61. Observa Paulo Hamilton Siqueira Jr. (*Comentários*, cit., p. 71) que: "Os dois sistemas elencados são incompatíveis com o Estado contemporâneo, principalmente com a união entre os Estados, Mercosul e Comunidade Econômica Europeia. Nos Estados contemporâneos, a adoção absoluta de qualquer dos dois sistemas poderá levar ao isolamento de um Estado em relação à comunidade internacional, ou levar ao comprometimento da ordem jurídica interna e da respectiva soberania nacional, devido a constante aplicação de direito alienígena. O divisor de águas entre os dois sistemas é o da territorialidade moderada".

ço aéreo do Estado, assemelhando-se a posição dos aviões de guerra à dos barcos de guerra. Regula o princípio da territorialidade o regime de bens e obrigações (LINDB, arts. 8º e 9º). Já que se aplica a *lex rei sitae* para qualificar bens e reger as relações a eles concernentes — embora a Lei de Introdução ordene a aplicação da lei do domicílio do proprietário, quanto aos bens móveis que ele trouxe, ou se se destinarem a transporte para outros lugares —, a norma *locus regit actum* regula as obrigações que se sujeitam às normas do país em que se constituírem, bem como a prova de fatos ocorridos em país estrangeiro (LINDB, art. 13).

Pela *extraterritorialidade* aplica-se a norma em território de outro Estado, segundo os princípios e convenções internacionais. Classicamente denomina-se *estatuto pessoal* a situação jurídica que rege o estrangeiro pela lei de seu país de origem. Trata-se da hipótese em que a norma de um Estado acompanha um cidadão no estrangeiro para regular seus direitos. Esse estatuto pessoal baseia-se na lei da nacionalidade ou na lei do domicílio. No Brasil, em virtude do disposto no art. 7º da Lei de Introdução, funda-se na lei do domicílio. Regem-se por esse princípio as questões relativas ao começo e fim da personalidade, ao nome, à capacidade das pessoas, ao direito de família e sucessões (LINDB, arts. 7º e 10), à competência da autoridade judiciária (LINDB, art. 12). Há, apesar disso, um limite à extraterritorialidade da lei, pois atos, sentenças e lei de países alienígenas não serão aceitos no Brasil quando ofenderem a soberania nacional, a ordem pública e os bons costumes (LINDB, art. 17)[36].

Fácil é, portanto, verificar que, pela Lei de Introdução, casos existem em que as leis imperam apenas no território do Estado que as promulgou, sem olvidar que outras podem ser aplicadas no estrangeiro, mas encontram limites para atender a interesses do país que as aplica (LINDB, art. 17). Tal extraterritorialidade constitui o privilégio de certas pessoas escaparem à jurisdição do Estado, em cujo território se achem, submetendo-se apenas à jurisdição de seu país. Logo, a norma estrangeira passará momentaneamente a integrar o direito nacional, por força da norma de direito internacional privado, pois o órgão judicante a utilizará, tão somente, para solucionar determinado caso submetido a sua apreciação. A territorialidade e a extra-

---

36. Sobre o nome do estrangeiro, *vide* arts. 31 e 42 e s. da Lei n. 6.815/80. Caio Mário da Silva Pereira, *Instituições*, cit., v. 1, p. 170-2; A. Franco Montoro, *Introdução*, cit., v. 2, p. 157-9; Silvio Rodrigues, *Direito civil*, cit., v. 1, p. 53-5; M. Helena Diniz, *Curso*, cit., v. 1, p. 64 e 65; Ernst Isay, *A nova territorialidade no direito internacional público e privado*, 1943.

territorialidade constituem qualidades atinentes ao próprio conteúdo da Lei de Introdução necessárias para que haja convivência dos diferentes povos[37].

A Lei de Introdução contém, portanto, normas para a solução de conflitos de leis espaciotemporais, pois qualquer questão jurídica não poderá ser resolvida *in vacuo*, ou seja, fora do tempo e do espaço; dependerá, por conseguinte, do que estiver previsto no ordenamento jurídico-positivo.

5. Normas de direito internacional privado contidas na Lei de Introdução

Devido ao grande desenvolvimento dos meios de comunicação e de transporte, tornou-se comum o intercâmbio social, civil e mercantil entre pessoas naturais ou jurídicas domiciliadas em Estados diferentes ou que tenham nacionalidades diversas. Consequentemente, intensifica-se a vida internacional, originando fatos interjurisdicionais, que se caracterizam por seu contato com mais de um meio social, ou melhor, com mais de uma ordenação jurídica. Por exemplo, pode ocorrer que um empresário americano, por via telefônica, venha a contratar com um alemão; que um italiano se case com uma inglesa no Brasil; que uma nota promissória emitida em Viena seja executada em Buenos Aires; que uma sentença prolatada em Portugal obtenha sua homologação na Venezuela. Cotidianamente, seres humanos de várias nacionalidades ou de domicílios diferentes estão em relação com outros, efetivando atos negociais, constituindo família sob a égide de normas estrangeiras. Esta crescente facilidade de comunicação entre os povos justifica a existência do direito internacional privado, que visa apontar diretrizes para reger as atividades jurídicas no comércio extranacional e as relações jurídicas entre pessoas físicas ou jurídicas de vários Estados, proporcionando a estabilidade dessas relações. Deveras, o direito internacional privado funda-se no *mobilis in mobile*, ou seja, na assunção da pessoa em sua movimentação, deslocando-se de um local a outro. Daí ser imprescindível a criação de um direito especial que aponte critérios para regular os conflitos de leis autônomas sobre a mesma relação de vida, ante a existência de um elemento estrangeiro (*estrainetà*). Ante a ocorrência de fatos conectados com leis espacialmente autônomas e divergentes, o direito internacional privado os disciplina indiretamente, indicando tão somente o critério para solucioná-los. Daí a lição de Haroldo Valladão de que o direito internacional privado é o complexo de normas que resolve, por via

---

37. Paulo de Lacerda, *Manual do Código Civil brasileiro*, Rio de Janeiro, 1918, v. 1, p. 42; Frankenstein, *Internationales Privatrecht (Grenzrecht)*, 1926, v. 1, p. 169; Corrado, Extraterritorialità, in *Nuovo Digesto Italiano*, 1938, v. 5, p. 750; Cláudio Souto, *Introdução crítica ao direito internacional privado*, Porto Alegre, Fabris, 2000.

indireta, conflitos de leis no espaço, apontando o meio para solucionarfatos em conexão com leis divergentes e autônomas. Logo, apenas dúvidas na aplicação de várias leis divergentes numa relação jurídica, qualquer que seja sua natureza (civil, empresarial ou comercial, processual, fiscal, administrativa etc.), suscitadora de conflito de normas no espaço, entram no âmbito do direito internacional privado, que determinará a norma competente aplicável ao caso internacional.

O direito internacional privado regulamenta as relações do Estado com cidadãos pertencentes a outros Estados, dando soluções aos conflitos de leis no espaço ou aos de jurisdição. O direito internacional privado coordena relações de direito no território de um Estado estrangeiro. É ele que fixa, em cada ordenamento jurídico nacional, os limites entre esse direito e o estrangeiro, a aplicação extranacional do primeiro e a do direito estrangeiro no território nacional.

Como as normas jurídicas têm vigência e eficácia apenas no território do respectivo Estado, só produzem efeitos em território de outro Estado se este anuir. As nações consentem na aplicação de leis estrangeiras nas questões que afetam súditos estrangeiros em matéria de direito civil, comercial, criminal, administrativo etc. Logo, se houver um conflito entre normas pertencentes a dois ou mais ordenamentos jurídicos, como disciplinar as relações jurídicas privadas, constituídas no trato internacional, já que as pessoas, pelo seu estado convivencial, podem, por intercâmbio cultural, mercantil ou por via matrimonial, estabelecer relações supranacionais? O direito internacional privado procurará dirimir tal conflito entre normas, por conter disposições destinadas a indicar quais as normas jurídicas que devem ser aplicadas àquelas relações. O direito internacional privado determina que se aplique a lei competente, seja sobre família, sucessões, bens, contratos, letras de câmbio, crimes, impostos, processos, tráfego aéreo.

É preciso esclarecer que o direito internacional privado não disciplina as relações supranacionais, pois tão somente determina quais normas, deste ou daquele outro ordenamento jurídico, são aplicáveis no caso de haver conflito de leis no espaço. Daí ser considerado um direito sobre direito. Por exemplo, no casamento, no Brasil, entre uma brasileira com dezoito anos e um argentino também com dezoito anos de idade, aqui domiciliado, qual será a norma aplicável: a brasileira ou a argentina? O argentino precisaria do consentimento de seus pais, já que na legislação argentina a maioridade só se atinge aos vinte e dois anos, ou seria dispensado dessa exigência, segundo a lei brasileira (CC, art. 5º)?

Há um conflito de leis no espaço; tanto a lei brasileira como a argentina coexistem. A norma brasileira e a argentina sobre celebração de casamento emanam de poderes diversos, regulando concomitantemente, de maneiras diferentes, aquela relação jurídica. Como o casamento não pode ser disciplinado por normas diversas, uma há de prevalecer sobre a outra; assim, será o direito internacional privado que determinará qual delas deverá ser aplicada àqueles nubentes, impondo-se, no caso, a lei brasileira, já que o ato matrimonial se realizará no Brasil e o argentino aqui se encontra domiciliado.

O direito internacional privado assegura direitos do estrangeiro no Brasil, desde que: *a*) não ofendam tais direitos a soberania nacional, a ordem pública e os bons costumes; *b*) haja permissão dada pelos governos para a aplicação de norma estrangeira em seus territórios, pois se inexistisse tal anuência não haveria que se falar em conflito de normas no espaço, visto que somente vigoraria a lei nacional; *c*) exista intercâmbio cultural, mercantil etc. entre os povos submetidos aos referidos governos; e *d*) haja diversidade de leis regendo, concomitantemente, de modo diverso, a mesma relação jurídica. Isto é assim porque cada Estado corresponde a uma jurisdição na qual funcionam órgãos autóctones de interpretação e de aplicação de leis[38].

O direito internacional privado, portanto, é o ramo do direito que contém normas de direito interno de cada país, que autorizam o juiz nacional a aplicar ao fato interjurisdicional a norma a ele adequada, mesmo que seja alienígena. Logo, não é absoluto o princípio *leges non valent ultra territorium*, pois as exigências da vida internacional conduzem o Estado a aplicar em seu território leis de outros países, o que poderá criar conflitos que serão solucionados pelas normas de direito internacional privado. Realmente, as leis aplicáveis às relações extraterritoriais não são as mesmas nos diferentes países, exigindo-se a resolução dos conflitos que originam. Eis por que Raul Pederneiras[39], ao se referir ao direito internacional privado,

---

38. Osiris Rocha, *Curso de direito internacional privado*, São Paulo, Saraiva, 1975, p. 3 e 4; Lewald, *Das deutsche internationale Privatrecht auf Grundlage der Rechtsprechung*, Berlin, 1931.

39. Pontes de Miranda, *Tratado de direito internacional privado*, Rio de Janeiro, 1935, t. 1; Agenor Pereira de Andrade, *Manual de direito internacional privado*, São Paulo, Sugestões Literárias, 1987, p. 25; Asser, *Éléments de droit international privé*, Paris, 1884, p. 3; Haroldo Valladão, *Direito internacional privado*, cit., p. 4, 12, 17, 22 e 38, e O conflito de leis no espaço, *Revista Jurídica da Faculdade Nacional de Direito*, 15:219-41, 1967; Oscar Tenório, *Direito internacional privado*, cit., 1968, v. 1, p. 10 e 17; Cook, *The logical and legal bases of the conflict of laws*, 1949; Beale, *A treatise on the conflict of laws*, 1935, 3 v.; Trigueros, *Aplicación de leyes extrañas*, 1941; Íannaccone, *Concetto e sfera del diritto internazionale privato*, Roma, 1929; Batiffol, *Aspects philosophiques du droit international privé*, Paris, Dalloz, 1956; Isay, *A nova territorialidade*, cit.; Pillet, *Principes de droit international privé*, n. 3; Sulkovsky, Conception du droit international privé d'après la doctrine et la pratique en Pologne, in *Recueil des Cours*, t. 41, p. 610; Arthur Nussbaum, *Deutsches internationales privatrecht*, Tübingen, 1932; Von Bar, *Theorie und praxis des internationalen Privatrechts*, 1889; M. Helena Diniz, *Compêndio*, cit., 1992, p. 240-1; Miguel Reale, *Lições preliminares de direito*, cit., 1976, p. 348-51; Daniel Coelho de Souza, *Introdução*

recorreu a um neologismo — "nomantologia", formado pelos vocábulos gregos *nomos*, que indica norma, *ante*, que designa conflito, e *logos*, que significa estudo. Com isso "nomantologia" abrangeria o estudo da concorrência de leis no espaço para averiguar qual seria mais adequada ao caso concreto. Todavia, há quem prefira denominar *direito intersistemático* o direito internacional privado, como Arminjon, ou *direito dos limites*, como Leonhard e Frankenstein, *transnational law*, como Jessup, ou, ainda, *direito polarizado* ou *abnormal*, como Baty.

O conflito interespacial apresenta choque entre leis coexistentes em vigor, que disputam a competência para reger dada relação jurídica que contém elemento estranho (*foreign elements* — Dicey; *éléments étrangers* — Valéry).

O direito internacional privado é um direito interespacial por assegurar a continuidade jurídica de fatos ou situações que giram no espaço em torno de leis diversas. Urge, então, indagar quando uma lei pode ter ou não eficácia extraterritorial para aplicar-se, sobrepondo a sua competência à da lei do país onde o fato ocorreu. Logo o princípio determinante da lei aplicável consistirá na delimitação da competência legislativa dos Estados. O direito internacional privado será o exercício dessa competência, pois o juiz interno, para decidir, deverá consultar sua lei de direito internacional privado para averiguar se pode ou não, no caso vertente, aplicar a *lex fori*. Cada Estado, devido a sua competência legislativa, poderá adotar a norma que quiser para atender a seus interesses, exercendo, assim, seu poder de expansão e de defesa; daí a impossibilidade de se falar em *Weltrech*, como pretende Zitelmann[40], isto é, em direito mundial.

Assim sendo, entendemos que o *direito internacional privado* é o conjunto de normas especiais ditadas por um ou mais Estados (em razão de tratado), nos limites de sua competência legislativa, para resolver conflito de leis (*Kollision der gesetze*) interespacial, determinando a lei aplicável à relação jurídica que contiver um ou alguns elementos estrangeiros.

à ciência do direito, São Paulo, Saraiva, 1983, p. 375-6; A. F. Montoro, *Introdução*, cit., p. 211-2; Goffredo Telles Jr., *Introdução à ciência do direito* (postila), 1972, p. 284-92; Francisco Uchoa de Albuquerque e Fernanda M. Uchoa, *Introdução ao estudo do direito*, São Paulo, Saraiva, 1982, p. 216-7; Djacir Menezes, *Introdução à ciência do direito*, Porto Alegre, Globo, 1938, p. 131-3; D'Angelis, Direito internacional privado: fundamentos e desenvolvimento histórico. *Revista Síntese — Direito Civil e Processual civil*, 130:9 a 19 (2020); Raul Pederneiras, *Nomantologia — A concorrência das leis no espaço*, Rio de Janeiro, 1933; Oscar Tenório, *Direito internacional privado*, cit., v. 1, p. 17.

40. Haroldo Valladão, *Direito internacional privado*, cit., v. 1, p. 4; Zitelmann, Die Möglichkeit einer Weltrechts, in *Allgemeine Österreichische Gerichtszeitung*, t. 39, 1888.

As normas de direito internacional privado têm por objeto[41]:

A) Solucionar o conflito de jurisdição, por ser inegável que a determinação da jurisdição (LINDB, art. 12) precede à apuração da lei aplicável ao fato interjurisdicional (Morelli, Despagnet, Dicey, Von Bar, Anzilotti, Diena, Fedozzi, Fiore), indicando indiretamente o processo intelectual da verificação da lei competente a ser respeitada ou aplicada.

B) Estabelecer princípios indicativos de critérios para solucionar o problema de qualificação, que ocorre quando duas ordens jurídicas qualificam de modo diverso o mesmo instituto, determinando a natureza jurídica de uma instituição, verificando se a *lex fori*, ou seja, se o ordenamento jurídico-positivo do juiz competente para decidir o caso contém algum preceito que aponte a lei idônea a conferir efeitos jurídicos ao fato *sub examine*. A qualificação consiste na operação pela qual o órgão judicante, antes de prolatar a decisão, averigua, mediante a prova feita, qual a instituição jurídica correspondente ao fato interjurisdicional provado. Tal se dá devido à natural perplexidade do magistrado, causada pelas incertezas conceituais oriundas de uma mesma relação jurídica, uma vez que, conforme opte por um ou outro critério de qualificação, terá como resultado soluções diametralmente opostas.

Ensina-nos Bartin, a esse respeito, que: *a)* havendo dúvida sobre a aplicabilidade da norma nacional ou alienígena, o juiz deverá aplicar a *lex fori*, salvo no que disser respeito à qualificação dos bens móveis e imóveis, que obedecerá à *lex rei sitae*; *b)* o órgão judicante, entre duas leis estrangeiras,

---

41. Nicolau Nazo, *Objeto e método do direito internacional privado*, 1952; Gilda C. M. Russomano, *Objeto do direito internacional privado*, 1956; Makarov, *Précis de droit international privé d'aprés la législation et la doctrine russes*, 1933, p. 24; Alf Ross, *A textbook of international law*, p. 46; James Leslie Brierly, Le fondement du caractère obligatoire du droit international, in *Recueil des Cours*, v. 23, p. 546; Yntema Hessel, Les objectifs du droit international privé, *Revue Critique*, 1959; Strenger, *Teoria geral do direito internacional privado*, São Paulo, 1973; Pillet, *Principes de droit international privé*, cit., 1906, p. 27; Schaeffner, *Esplicazione del diritto privato internazionale*, Napoli, Detken, 1859; Capotorti, *Premesse e funzioni del diritto internazionale privato*, Napoli, 1961; Pierre Arminjon, Nature, objet et portée des règles de droit international privé, *Revue de Droit International Privé et de Droit Pénal International*, p. 40, 1920; Ottolenghi, *Sulla funzione e sull'efficacia delle norme interne di diritto internazionale privato*, Torino, 1913; Clóvis Beviláqua, *Princípios elementares de direito internacional privado*, Rio de Janeiro, 1934; Paulo Caliendo, Kelsen e o direito internacional, *Revista de Direito Constitucional e Internacional*, 47:297-342; Werner Goldschmidt, *La consecuencia jurídica de la norma del derecho internacional privado*, Barcelona, Bosch, 1935; Socini, *L'adequamento degli ordinamenti statuali all'ordinamento internazionale*, Milano, 1954; Louis Cremieu, *Traité élémentaire de droit international privé*, Aix-en-Provence, 1958; Betti, *Problematica del diritto internazionale privato*, Milano, 1956; Boggiano, *Derecho internacional privado*, Buenos Aires, Abeledo-Perrot, 1991, t. 1 a 3; Balestra, *Derecho internacional privado*, Buenos Aires, Abeledo-Perrot, 1978.

Vide Decreto n. 7.156/2010, que promulgou o texto do Estatuto Emendado da Conferência de Haia de Direito Internacional Privado, assinado em 30-6-2005.

deverá aplicar a *lex fori*, corresponda ela ou não a uma ou a ambas as normas conflitantes; c) na hipótese de relações sujeitas à autonomia da vontade das partes, dever-se-á aplicar a lei adotada, expressa ou implicitamente, por elas.

Em regra, o juiz, ante o conflito de leis no espaço, deverá solucionar o problema de conformidade com a *lex fori*, que contém critérios de conexão tidos como convenientes em razão de política jurídica. As normas de direito internacional privado têm, como se pode ver, aspecto sintético, visto que enunciam, genericamente, as diretrizes a serem seguidas, contendo fórmulas que abrangem as mais variadas relações, referindo-se ao problema das qualificações, ou seja, do enquadramento da questão suscitadora do conflito de leis no espaço para saber se entra em uma ou outra categoria jurídica, mediante a indicação do elemento de conexão determinante da lei a ser aplicada ao caso *sub judice*. O *elemento de conexão* (*momenti di collegamento* — Anzilotti; *circonstance de rattachement* — Arminjon, Maury; *connecting factors* — Falconbridge; *point of contact* — Lorenzen; *Anknupfungspunkt* — Kahn; *Anknupfungspunkt* ou *Anwendung der Gesetze*, como preferem os alemães) é imprescindível para determinar a lei substantiva aplicável ao fato interjurisdicional por ser um meio técnico, fático ou jurídico, prefixado pela lei interna de cada país, que constituirá a base na ação solucionadora do conflito, que, quanto: a) à pessoa, será a nacionalidade, o domicílio, a residência habitual, a permanência em um território, o local da constituição da pessoa jurídica; b) à coisa móvel ou imóvel, será a lei da situação, do local do registro ou matrícula, se se tratar de navio ou avião; do lugar do destino, se coisas em trânsito etc.; c) ao ato, será a lei do delito, da celebração, cumprimento ou execução do contrato, da efetiva prestação de serviço para o contrato de trabalho; d) à ação, será a lei do tribunal onde corre o feito. Serão circunstâncias de conexão jurídicas a nacionalidade e o domicílio, ao passo que as demais serão fáticas.

As normas de direito internacional privado têm por escopo resolver tais conflitos de leis no espaço, mediante a indicação da lei qualificadora aplicável, mediante elementos de conexão, que, nas palavras de Irineu Strenger, são "expressões legais de conteúdo variável, de efeito indicativo, capazes de permitir a determinação do direito que deve tutelar a relação jurídica em questão"[42].

---

42. Irineu Strenger, *Curso de direito internacional privado*, Rio de Janeiro, Forense, 1978, p. 386. No mesmo sentido: João Grandino Rodas, Elementos de conexão do direito internacional privado brasileiro relativamente às obrigações contratuais, in *Contratos internacionais*, São Paulo, Revista dos Tribunais, 1985, p. 2 e s.; Ludovico Bentivoglio, Sulla natura dei criteri di collegamento utilizatti dalla norma di diritto internazionale privato, in *Comunicazioni e studi*, 1957, p. 143-56; Aragão e Lima, Elementos de conexão no direito internacional privado. *Revista Síntese — Direito Civil e Processual Civil* — 130:20 a 35.

A qualificação do elemento de conexão ou referência só poderá ser fornecida pela *lex fori*, por constituir o momento interpretativo da norma de direito internacional privado do *forum*, uma vez que o fato sempre gravitará para determinada jurisdição. Assim sendo, se a lei local do magistrado, p. ex., estipular que o direito sucessório se regerá pela *lex domicilii*, o juiz que aprecia a causa, verificando que esse domicílio se situa na França, deverá, ante a proibição do retorno, consultar o direito civil francês. Tal atitude do órgão judicante poderá ser, graficamente, assim representada:

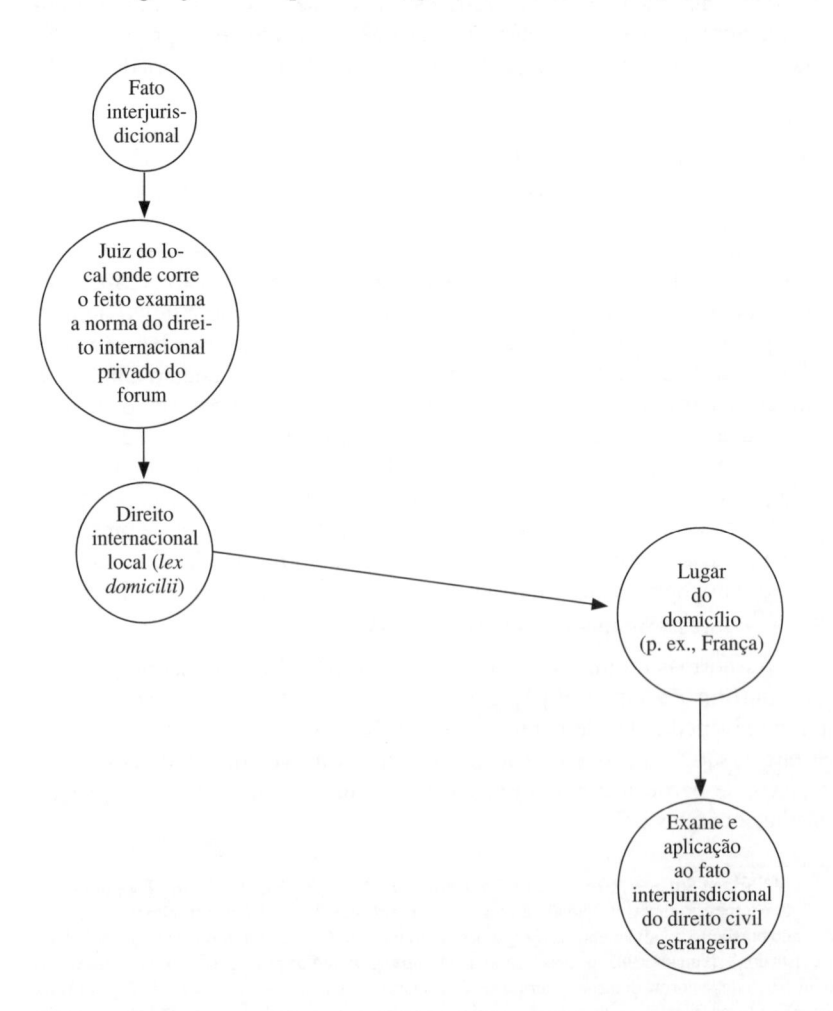

```
   ┌───────────────┐
   │    Fato       │
   │ interjuris-   │
   │   dicional    │
   └───────┬───────┘
           │
           ▼
   ┌───────────────┐
   │ Juiz do lo-   │
   │ cal onde corre│
   │ o feito examina│
   │ a norma do direi-│
   │ to internacional│
   │  privado do   │
   │    forum      │
   └───────┬───────┘
           │
           ▼
   ┌───────────────┐          ┌───────────────┐
   │   Direito     │          │    Lugar      │
   │ internacional │─────────▶│     do        │
   │  local (lex   │          │  domicílio    │
   │  domicilii)   │          │(p. ex., França)│
   └───────────────┘          └───────┬───────┘
                                      │
                                      ▼
                              ┌───────────────┐
                              │    Exame e    │
                              │   aplicação   │
                              │    ao fato    │
                              │ interjurisdicional│
                              │ do direito civil│
                              │  estrangeiro  │
                              └───────────────┘
```

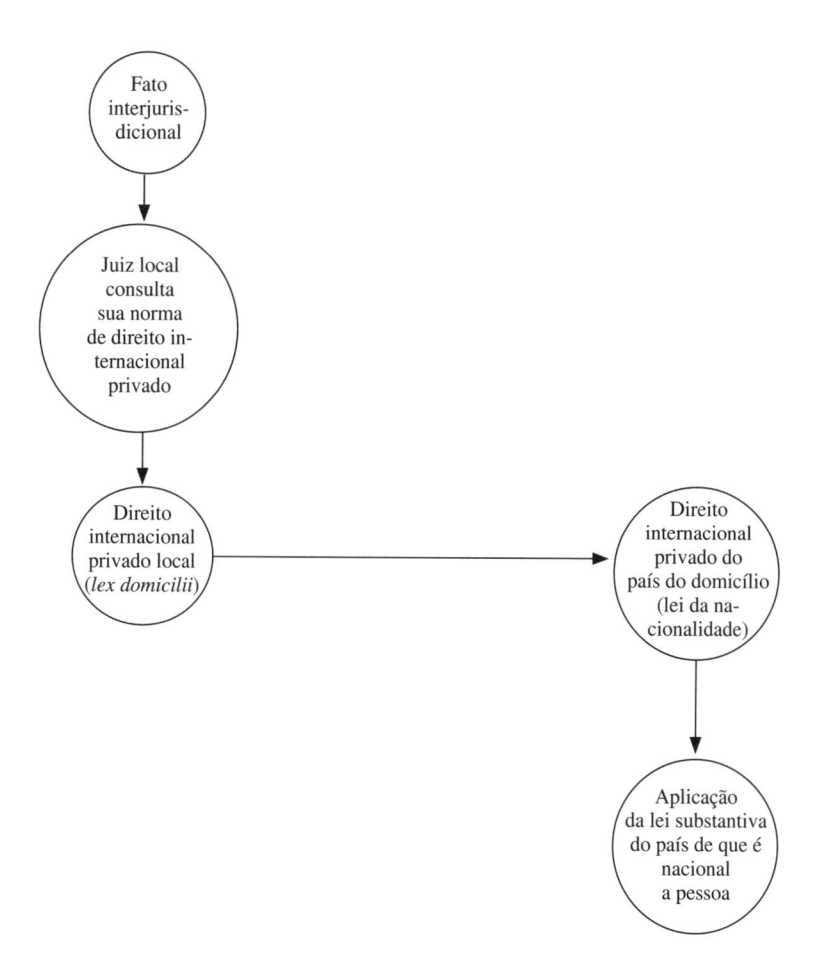

```
        ┌─────────────┐
        │    Fato     │
        │ interjuris- │
        │  dicional   │
        └──────┬──────┘
               ▼
        ┌─────────────┐
        │  Juiz local │
        │   consulta  │
        │  sua norma  │
        │ de direito in-│
        │  ternacional│
        │   privado   │
        └──────┬──────┘
               ▼
    ┌─────────────┐           ┌─────────────┐
    │   Direito   │           │   Direito   │
    │internacional│──────────▶│internacional│
    │privado local│           │ privado do  │
    │(lex domicilii)│         │país do domicílio│
    └─────────────┘           │ (lei da na- │
                              │ cionalidade)│
                              └──────┬──────┘
                                     ▼
                              ┌─────────────┐
                              │  Aplicação  │
                              │da lei substantiva│
                              │do país de que é│
                              │   nacional  │
                              │   a pessoa  │
                              └─────────────┘
```

Assim sendo, no Brasil, o órgão judicante, que deverá apreciar conflito de leis no espaço, não poderá consultar diretamente o direito substantivo estrangeiro, nem o direito internacional privado estrangeiro. Tal consulta ao direito internacional privado estrangeiro poderá acarretar dois efeitos:

1) O juiz brasileiro será remetido ao próprio direito substantivo estrangeiro, como demonstra o seguinte gráfico:

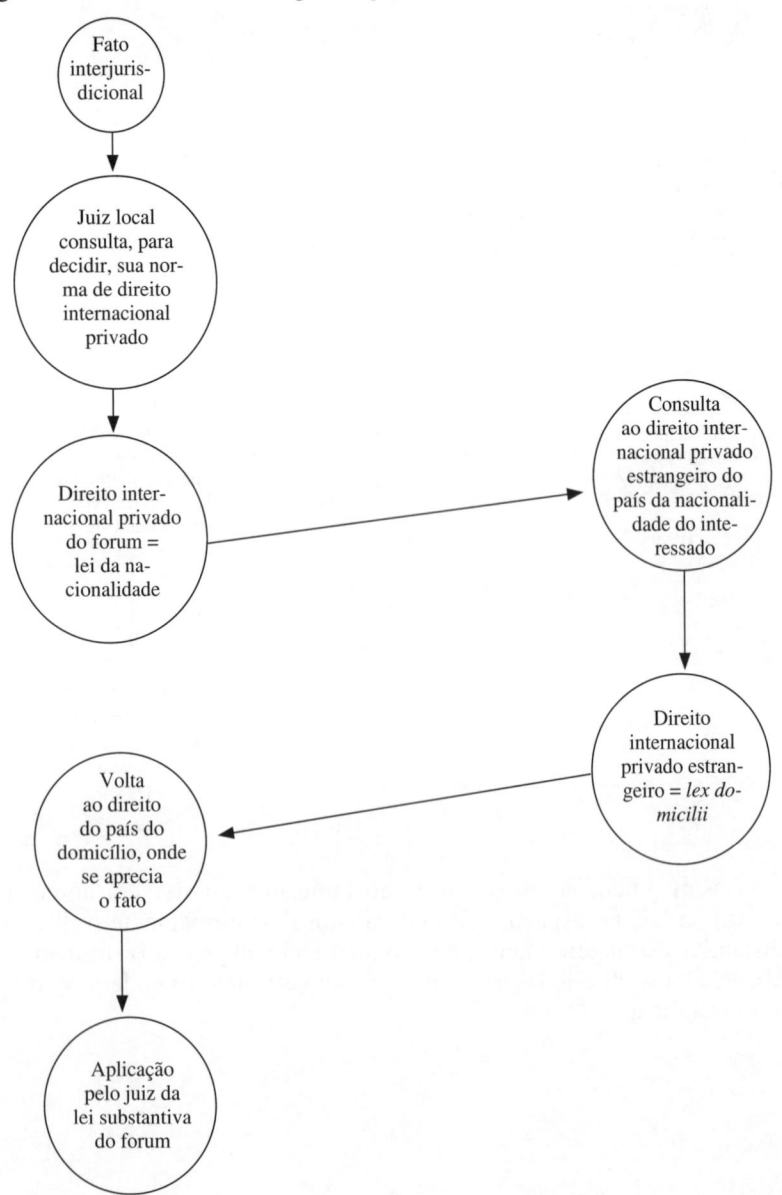

- Fato interjurisdicional
- Juiz local consulta, para decidir, sua norma de direito internacional privado
- Direito internacional privado do forum = lei da nacionalidade
- Consulta ao direito internacional privado estrangeiro do país da nacionalidade do interessado
- Direito internacional privado estrangeiro = *lex domicilii*
- Volta ao direito do país do domicílio, onde se aprecia o fato
- Aplicação pelo juiz da lei substantiva do forum

Exemplificativamente, suponha-se que no país "X", competente para decidir dado fato interjurisdicional, o direito internacional privado local ordene a aplicação da lei do domicílio; o juiz, consultando o direito internacional privado da lei do domicílio do interessado, verifica que este manda aplicar a lei da nacionalidade; como o litigante era nacional do país onde estava domiciliado, o direito substantivo deste Estado deverá ser aplicado ao caso, ocorrendo, então, um conflito de leis de segundo grau positivo, uma vez que o direito internacional privado estrangeiro veio a indicar como aplicável o seu próprio direito substantivo. Ter-se-á conflito duplo positivo quando diversas normas interespaciais intersistemáticas concorrem para regular a situação.

J. R. Franco da Fonseca ensina-nos ainda que, no plano dogmático, de conflito de normas de direito internacional privado, há *conflitos duplos positivos*, pois a mesma situação fática que, por um ou alguns de seus elementos, exista em sistemas jurídicos substanciais de dois ou mais Estados, pode ser qualificada de diversos modos pelos legisladores daqueles Estados, ante o fato de cada qual ter optado por um vínculo de conexão diferente. Por exemplo, a sucessão de um italiano domiciliado no Brasil, tendo deixado bens imóveis na Inglaterra, rege-se, segundo o direito privado brasileiro (LINDB, art. 10), pela norma substancial brasileira (a do domicílio); segundo o direito privado internacional italiano (Disposições Preliminares do CC de 1942, art. 23), pela norma substancial italiana (a da nacionalidade); e, conforme o direito privado internacional inglês (*Dicey Rule*, 127), pela norma substancial britânica (a da situação dos bens). Tais normas colisionais objetivam qualificar a mesma relação, pela aplicação de seu próprio direito substancial, ligado à espécie por vínculos diferentes. Para solucionar esse conflito ter-se-á a *obrigatoriedade imposta ao órgão judicante de aplicar a norma de direito internacional privado de seu país*, ignorando a do Estado estrangeiro, igualmente interessado. Quando se impõe ao magistrado a qualificação de uma relação segundo o direito substancial (interno) nacional, não se lhe está outorgando o direito de sobrepor-se ao legislador, que já fez sua escolha, no prévio momento valorativo, do elemento de conexão que reputou mais conveniente e justo para indicar a norma substancial qualificadora da mesma categoria de relação. O legislador de cada Estado, no momento político-jurídico da opção por um dos vínculos de conexão, tem diante de si uma relação de fato e um concurso formal de normas substanciais; logo, ao editar a norma, que considera justa, está formulando a solução do referido concurso. O aplicador da lei curva-se, portanto, ao mandamento de sua própria lei colisional, ou seja, de sua ordem jurídica nacional. Assim sendo, na aplicação da norma já positivada, não há qualquer *colisão*, pois esta é *aparente*, uma vez que inexiste conflito formal de normas, por haver, na verdade, duas normas que se integram: *a*) a norma "colisional" de direito internacional privado (interno) que faz remissão a uma norma de direito substancial (interno) para qualificar determinado fato; e *b*) a norma "substancial" (incorporada ao direito interno, se estrangeira) a que o legislador de direito internacional privado remete o aplicador. No *direito internacional privado*, portanto, só há *antinomia aparente*.

2) O juiz nacional poderá ser remetido de volta ao seu próprio direito, como, exemplificativamente, pode-se ver no seguinte gráfico:

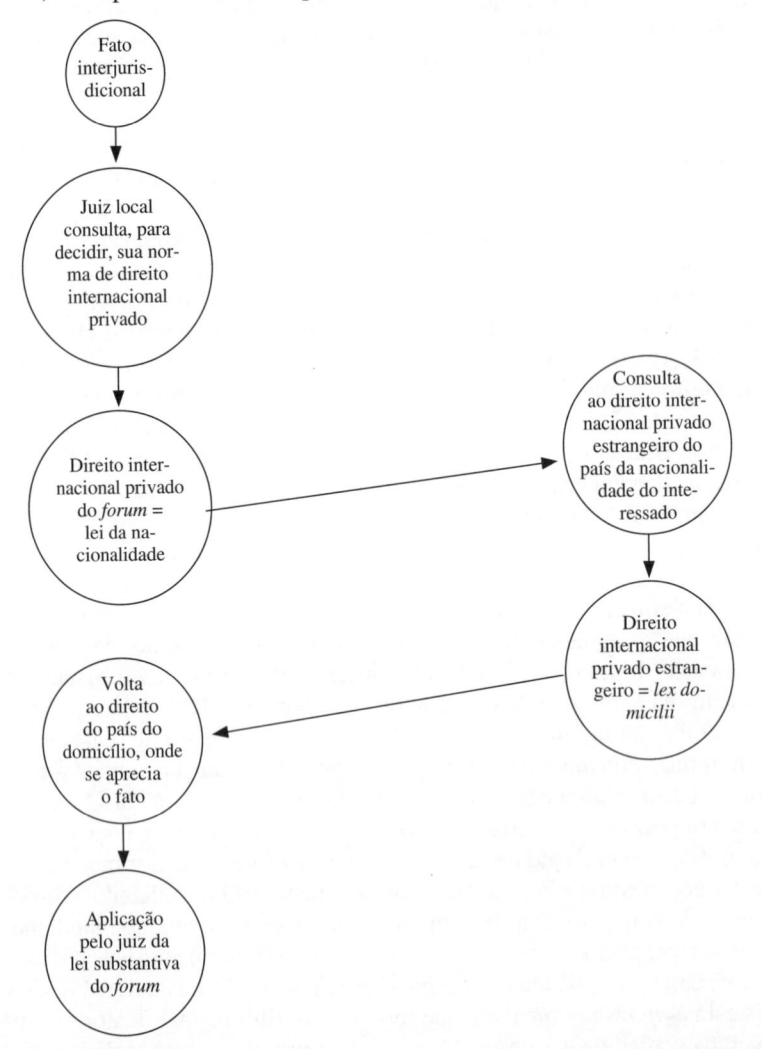

```
Fato interjurisdicional
   ↓
Juiz local consulta, para decidir, sua norma de direito internacional privado
   ↓
Direito internacional privado do forum = lei da nacionalidade
   →  Consulta ao direito internacional privado estrangeiro do país da nacionalidade do interessado
       ↓
       Direito internacional privado estrangeiro = lex domicilii
Volta ao direito do país do domicílio, onde se aprecia o fato  ←
   ↓
Aplicação pelo juiz da lei substantiva do forum
```

Logo, se o litigante é domiciliado no país "X", cuja norma de direito internacional privado ordena a aplicação da lei da nacionalidade, e o país "Y", de onde é originário, por sua vez, contém norma de direito internacional privado, exigindo que se aplique a *lex domicilii*, o órgão judicante, então, deverá aplicar o direito substantivo de seu ordenamento jurídico, uma vez que o interessado tem seu domicílio no local onde corre o feito. Ter-se-á a configuração do conflito de leis de segundo grau negativo, pelo qual o direito alienígena se nega a reger o caso, por conter norma de direito internacional privado que ordena a aplicação de outro direito substantivo, operando-se o retorno, devolução ou reenvio ao juiz nacional que aprecia a causa, que deverá aplicar ao decidir a demanda o direito de seu país. Deveras, ante a coexistência de várias ordens legislativas de *direito internacional privado*, pode acontecer que, para reger a mesma relação jurídica, os legisladores de dois ou mais Estados interessados, no momento político-jurídico colisional, a qualifiquem de modo diverso, cada qual elegendo elementos de conexão não coincidentes. Por exemplo, o estado e a capacidade de brasileiro domiciliado na Itália regem-se conforme o direito internacional privado brasileiro pela lei italiana (lei do domicílio), mas pelo direito internacional privado italiano aplica-se o direito brasileiro (lei da nacionalidade). Trata-se do chamado *conflito negativo de segundo grau*, pois as normas interespaciais intersistemáticas conferem reciprocamente uma à outra a competência para a regência da situação *sub judice*.

Na lição de J. R. Franco Fonseca, pela teoria da remissão ao direito substancial estrangeiro, entende-se que a norma de direito internacional privado, ao referir-se, para reger uma relação, à norma jurídica estrangeira, remete sempre o aplicador da lei ao direito substancial estrangeiro qualificador daquela relação e não ao direito internacional privado estrangeiro. Daí a razão pela qual esses *conflitos colisionais* são *aparentes*. As normas de direito internacional privado dão origem, por meio de uma técnica legislativa consistente em remissão a normas alienígenas, a um direito substancial especial, para regulamentar fatos, situações e relações da vida real exterior, aos quais o legislador considera injusta ou inoportuna a aplicação do direito comum nacional do foro. A norma de direito internacional privado, ao inserir na ordem nacional uma lei estrangeira para reger certo fato, só pode referir-se a uma norma material (substancial) alusiva à relação que se pretende qualificar. Além disso, assevera esse mesmo autor, o momento político, especificamente colisional, no direito internacional privado não é o da aplicação da norma pelo magistrado, mas aquele valorativo em que avulta a figura do legislador. Formulada a norma pelo órgão legiferante, não há que se falar em concurso formal, uma vez que já se efetuou a opção e, consequentemente, a solução definitiva da alternatividade de normas concorrentes. Logo, se se admitisse a aplicabilidade da norma de direito internacional privado às normas colisionais de outro Estado, estar-se-ia permitindo que o aplicador do direito exercesse função valorativa, já exaurida pelo Legislativo.

A *lex fori* é soberana para decidir da qualificação, salvo se ela mesma reconhecer esta pela lei alienígena. Para solucionar a incerteza doutrinária e a diversidade de critérios, a Lei de Introdução, às vezes, qualifica, expressamente, os fatos e as situações. Por exemplo, a nossa Lei de Introdução, no art. 8º, relativamente aos bens, sujeita-os à *lex rei sitae*, e, no art. 9º, no que atina às obrigações, qualifica-as pelo local onde se constituírem. Contém ela essas duas disposições qualificadoras, sem, contudo, formular normas sobre a qualificação propriamente dita. Por isso a doutrina tem dado preferência à *lex fori* para a qualificação. O Código Bustamante contém, no art. 6º, critério de qualificação legal ao prescrever que: "Em todos os casos não previstos por este Código, cada um dos Estados contratantes aplicará a sua própria definição às instituições ou relações jurídicas que tiverem de corresponder aos grupos de leis mencionadas no art. 3º". Adotou, portanto, o princípio da *lex fori*; logo dever-se-á fazer a qualificação segundo o direito material nacional do julgador do fato interjurisdicional, na falta de tratado ou convenção. Não se refere à instituição desconhecida, e nela a teoria das qualificações ficou limitada em sua aplicação, o que daria ao magistrado uma grande margem de apreciação. Há quem ache que o Código Bustamante possa ser invocado para suprir lacunas, por ser uma codificação que se integra no nosso ordenamento jurídico, apesar de inexistir norma que lhe dê a função de instrumento de colmatação de lacunas do direito internacional privado. Consequentemente, aplicar-se-á a *lex fori*, principalmente se o fato apreciável for instituição desconhecida, que não poderá ser admitida sob pena de reconhecer aos estrangeiros mais direitos que aos nacionais. E, além disso, se existir uma instituição numa jurisdição estrangeira e não na do *forum*, conflito algum haverá, já que, sendo os ordenamentos jurídicos independentes, as instituições só valerão relativamente a eles; portanto não há nem poderá haver conflito de instituições; consequentemente nem mesmo haverá o de qualificações, que será aparente, pois prevalecerá a da *lex fori*.

Fácil será concluir que, para resolver um caso interjurisdicional, dever-se-á encontrar a norma adequada, ou seja, a apropriada para reger a instituição e o critério de solução. Por isso a qualificação é uma questão preliminar para que se opere a concretização da ordem jurídica. Observar-se-á, convém repetir, a qualificação do *ius fori*, uma vez que, sendo a qualificação elemento indispensável para a determinação da norma de direito internacional privado a ser aplicada, óbvio está que deverá ser retirada do mesmo ordenamento jurídico a que pertence a norma.

Para a escolha da norma de direito internacional privado só se poderá levar em consideração as qualificações mantidas pela *lex fori*; logo só se terá a qualificação estrangeira se a norma de direito internacional privado do *ius fori* a admitir[43].

O valor da teoria da qualificação tem diminuído, pois se a considera como um processo interpretativo na solução dos conflitos normativos interespaciais. Por isso não se deveria falar em doutrina da qualificação, mas sim em *problemas das qualificações*, pois mesmo os juristas, que

---

43. Rigaux, *La théorie des qualifications en droit international privé*, Paris, 1956; Isabel de M. Collaço, *Da qualificação em direito internacional privado*, Lisboa, 1964; Arminjon, Les qualifications légales en droit international privé, *Revue de Droit International et de Législation Comparée*, 1923; João Dias Rosas, *As qualificações no direito internacional privado*, Lisboa, 1945; Reyan Hakki, *Les conflits des qualifications dans les droits français, anglo-saxon et italien comparés*, Paris, 1934; Piero Ziccardi, Oggetto delle qualificazioni, in *Comunicazioni e studi*, 1955, p. 367-403; Walter Wheeler Cook, *The logical and legal bases of the conflict of laws*, cit., p. 20-1; Luis A. Gama e Silva, *As qualificações em direito internacional privado*, São Paulo, 1952; Wilhelm Wengler, Réflexions sur la téchnique des qualifications en droit international privé, *Revue Critique*, 1954, p. 661-91; Joaquín Garde Castillo, *La institución desconocida en derecho internacional privado*, Madrid, 1947; Osiris Rocha, *Curso de direito internacional privado*, cit., p. 56 e s.; Agenor Pereira de Andrade, *Manual de direito internacional privado*, cit., p. 78-9; Haroldo Valladão, *Direito internacional privado*, cit., p. 252; Amílcar de Castro, *Direito internacional privado*, Rio de Janeiro, Forense, 1968, v. 1, p. 212-22; Wilson de Souza Campos Batalha, *Tratado de direito internacional privado*, São Paulo, Revista dos Tribunais, 1977, v. 1, p. 127-8; Kahn, Latenten Kollisionen, *Iherings Jahrbücher*, v. 30, 1891; Rabel, Il problema della qualificazione, *Rivista di Diritto Internazionale Privato e Procedurale*, 1932, p. 97 e 156; Bartin, *Études de droit international privé*, Paris, 1897, e La doctrine des qualifications, in *Recueil des Cours*, v. 31, p. 567-8; Léa Meriggi, Saggio critico sulle qualificazioni, *Rivista Italiana di Diritto Internazionale Privato e Procedurale*, 1932, e Les qualifications en droit international privé, *Revue de Droit International Privé*, 1933; Vicente Ráo, *O direito e a vida do direito*, cit., v. 1, p. 536-40; Despagnet, Des conflits des lois relatifs à la qualification des rapports juridiques, *Clunet*, 1898, p. 253 e s.; J. R. Franco da Fonseca, Conflitos duplos negativos (de leis no espaço), in *Enciclopédia Saraiva do Direito*, v. 18, p. 121-33; Conflitos duplos positivos (de leis no espaço), in *Enciclopédia Saraiva do Direito*, v. 18, p. 134-47; Ago, Règles générales des conflits de lois, in *Recueil des Cours*, Paris, 1936, t. 58, p. 394; Savatier, *Cours de droit international privé*, t. 2, p. 619 e s.; Graulich, *Les conflits de lois en droit international privé*, 1956, p. 209 e s.; M. Helena Diniz, *Conflito de normas*, São Paulo, Saraiva, 1987, p. 46-8; Adaucto Fernandes, *Teoria geral dos conflitos de leis*, Rio de Janeiro, 1964; Henri Batiffol, *Aspects philosophiques du droit international privé*, cit.; R. Quadri, *Studi critici di diritto internazionale*, Milano, Giuffrè, 1958, v. 1; Morelli, *Elementi di diritto internazionale privato italiano*, Napoli, Jovene, 1955; Emilio Betti, *Problematica del diritto internazionale privato*, Milano, Giuffrè, 1956; Goldschmidt, *Suma del derecho internacional privado*, Buenos Aires, 1961; Celestino Piotti Filho, *Unidad estructural del derecho internacional privado*, 1954; Surville, *Du conflit des lois personnelles*, Clunet, 1912, p. 23 e s.; Goldschmidt, *Derecho internacional privado*, Buenos Aires, Depalma, 1977; Oscar Tenório, *Direito internacional privado*, cit., p. 304-14; Fedozzi, *Il diritto internazionale privato*, p. 186; Verplaetse, *Derecho internacional privado*, Madrid, 1954; Henri Batiffol, *Aspects philosophiques du droit international privé*, Paris, Dalloz, 1956; Raymond Vander Elst, Antinomies en droit international privé, in *Les antinomies en droit*, Perelman (publ.), Bruxelles, Bruylant, 1965, p. 138-76. Os gráficos foram baseados em Osiris Rocha, *Curso de direito internacional privado*, cit., p. 54 a 56.

apresentam a *lex fori* como uma fórmula geral, percebem as dificuldades de qualificação, segundo o direito material nacional do magistrado, propondo uma adaptação dos conceitos à sua função internacional e, ainda, uma comparação entre eles e os conceitos do direito estrangeiro, demonstrando que a matéria deverá ser solucionada caso por caso, de conformidade com a norma do juiz nacional, porque este poderá ter a tarefa de aplicar ou não o direito estrangeiro, segundo uma norma interna de direito internacional privado[44].

O direito internacional privado visa resolver conflitos de leis no espaço, por serem emanadas de soberanias diferentes; logo escapam à sua órbita os conflitos de direitos locais ou interprovinciais, os conflitos de jurisdição intercantonais, os conflitos de leis coloniais decorrentes de regime instituído pela metrópole. Portanto, a *lex fori*, ao escolher o critério para solucionar aquele conflito, poderá não aplicar a norma estrangeira competente se esta ferir a soberania nacional e a ordem pública (LINDB, art. 17).

C) Determinar o efeito dos atos realizados no exterior.

D) Reger a condição jurídica do estrangeiro, protegendo o exercício de direitos pelo estrangeiro, apontando diretrizes para o estudo da sua situação jurídica, que dependerá ora da *lex fori*, ora da lei estrangeira segundo o direito internacional do *forum*.

E) Tratar da eficácia internacional de um direito legitimamente adquirido em um país que poderá ser reconhecido e exercido em outro. Para isso o magistrado, ante o fato regido pelo direito internacional privado, deverá verificar o direito indicado pelo elemento de conexão, e se for o caso poderá até mesmo haver uma recepção formal de norma estrangeira, uma vez que a norma de direito internacional privado poderá até mesmo autorizar o órgão judicante a aplicar, se for preciso, lei de outra jurisdição para atender às peculiaridades do fato interjurisdicional e para respeitar o direito já adquirido pelo interessado, inclusive em outro Estado. O Estado apenas não poderá admitir no seu território o reconhecimento de direito, que, apesar de legalmente adquirido de conformidade com a norma alienígena, for incompatível com sua ordem legal. Assim sendo, para que se considere um direito como adquirido será preciso que: *a*) o direito invocado no território de um Estado

---

44. Jacques Maury, Règles générales des conflits de lois, in *Recueil des Cours*, 1936, t. 57, p. 512; Oscar Tenório, *Direito internacional privado*, cit., v. 1, p. 313-4; Roberto Ago, Règles générales des conflits de lois, in *Recueil des Cours*, t. 58, p. 247-468; Ernst Rabel, *The conflict of laws. A comparative study*, Chicago, 1945, 3 v.; Eliesco, *Essai sur les conflits de lois dans l'espace, sans conflit de souveraineté*, Paris, 1925; Gilda M. C. Meyer Russomano, *Conflito de leis no espaço*, 1957; Consacchi, Le choix et l'adaptation de la règle étrangère dans le conflit des lois, in *Recueil des Cours*, 1953, t. 83, p. 79-162.

seja, em razão de lei do país de origem, um direito adquirido e não simples expectativa de direito; *b*) o direito alegado tenha sido validamente adquirido do ponto de vista internacional, isto é, que tenha nascido de acordo com a norma que, internacionalmente, era competente para presidir sua formação⁴⁵. Logo o reconhecimento de direito resolver-se-á pela lei alienígena se nasceu ligado a ela e pela norma de direito internacional privado do país do reconhecimento se originariamente estivesse conectado a várias leis.

O direito internacional privado não soluciona diretamente a questão, devendo ser visto, portanto, como uma técnica de aplicação jurídica por terem suas normas por finalidade apontar a lei adequada a apreciar fato relacionado com duas ou mais jurisdições, sem suprimir as divergências, porventura, existentes entre as leis e jurisprudências vigentes nessas jurisdições⁴⁶.

Será preciso não olvidar que as normas de direito internacional privado e as do direito intertemporal são conexas, pois a noção de espaço dilui-se na de tempo quando surgem questões do passado, como a da incidência da *lex fori* ou da lei vigente em fatos e efeitos produzidos sob a égide da lei estrangeira num ato já realizado; e a noção de tempo dilui-se na de espaço, quando surgem problemas do tempo presente de incidência em fatos ou em efeitos a ocorrer ou pendentes, num contrato ou ato ainda não concluído ou numa prescrição a completar-se. De modo que o direito internacional privado seria o gênero e o direito intertemporal a espécie, uma vez que o direito internacional privado abrange questões intertemporais e interespaciais⁴⁷. Poder-se-á, então, ter concurso intersistemático bidimensional no plano dúplice da dimensão espaciotemporal, que poderá consistir em: *a*) concurso de normas interespaciais no tempo, sendo objeto do direito internacional

---

45. Cremieu, *Traité élémentaire de droit international privé*, cit., p. 233-41; Oscar Tenório, *Direito internacional privado*, cit., v. 1, p. 378 e 384; Pillet, La théorie générale des droits acquis, in *Recueil des Cours*, v. 8, p. 489; Niboyet, Droits acquis, in *Répertoire de droit international*, t. 5, p. 709, n. 3; Tiret, *Essai sur la notion de droit internationalement acquis et sur son domaine d'application*, Aix, 1930; Georges Kaeckenbeeck, La protection internationale des droits acquis, in *Recueil des Cours*, 1937, t. 59, p. 323; José E. Amorim Pereira, *Dos direitos adquiridos em direito internacional privado*, Belo Horizonte, 1965.

46. Amílcar de Castro, *Direito internacional privado*, cit., v. 1, p. 60; M. Cavers, A critic of the choice of law problem, apud Batiffol, Les tendences doctrinales actuelles en droit international privé, in *Recueil des Cours*, v. 72, p. 58; Cheshire, *Private international law*, 1938, p. 157-8; George Melchior, *Die Grundlagen des deutschen internationalen Privatrechts*, 1932, p. 16-7.

47. Neste sentido: Haroldo Valladão, *Direito internacional privado*, cit., p. 10; Gaetano Pace, *Il diritto transitorio*, Milano, 1944, p. 120 e s.; Gavalda, *Les conflits dans le temps en droit international privé*, Paris, Sirey, 1955, p. 14 e s.

intertemporal; e *b*) concurso de normas intertemporais no espaço, objeto do direito intertemporal internacional[48].

No direito internacional privado o escopo primordial é obter a harmonia das legislações alienígenas colidentes, apontando *in abstracto* a norma aplicável à relação jurídica vinculada, por alguns de seus elementos, a duas ou mais ordens jurídicas. O direito internacional privado, portanto, desempenha nítida função auxiliar no *forum*, indicando como aquela relação pode ser apreciada, de conformidade com a lei nacional ou com a estrangeira.

As normas da Lei de Introdução (arts. 7º a 19), o Código Bustamante, a Convenção Panamericana de Direito etc. constituem as coordenadas essenciais das demais normas jurídicas (civis, comerciais, processuais etc.) que não poderiam produzir efeitos relativamente ao fato interjurisdicional sem os preceitos daquelas.

As normas de direito internacional privado, por não se aplicarem ao caso de modo direto, agem indiretamente sobre ele, uma vez que procuram a qualificação direta e mediata da situação, ante a possibilidade do conflito de qualificações, pela decorrência eventual de inconsistência de normas substanciais, determinando a lei competente a ser aplicada. Por isso o direito internacional privado pertence à categoria do *ius supra iura* ou sobredireito, auxiliando a apreciação de uma relação jurídica anormal, apontando o critério para solucioná-la. Assim sendo, a solução será dada pela norma de direito substantivo indicada por ele. Ordena, tão somente, a aplicação de outra lei que incide no fato em causa, caracterizando-se pela indicação do direito aplicável a um fato interjurisdicional, não regendo, portanto, tal fato nem se destinando à apreciação do litígio. Isto é assim porque o fato interjurisdicional não possui direito aplicável próprio, sendo necessário que a norma de direito internacional privado prescreva ao juiz local qual o critério imediato para a apreciação daquele fato, permitindo ou não a aplicação da norma alienígena. O problema do direito internacional privado é a determinação, para cada relação jurídica, da legislação mais consentânea à natureza e ao fim social daquela relação[49].

O direito internacional privado é um direito sobre direito, ou super- direito, o que não significa que seja um direito supraestatal ou cosmopolita, ou seja, não limitado ao âmbito estatal, embora tal sobreposição circunscreva-se à ordem jurídica interna. Nas questões de direito internacional privado não há relações jurídicas entre Estados, nem concurso de ordens jurídicas; logo as

---

48. É a lição de J. R. Franco da Fonseca, Extraterritorialidade da lei civil e comercial, in *Enciclopédia Saraiva do Direito*, v. 36, p. 6.

49. Rodrigo Otávio, *O direito positivo e a sociedade internacional*, 1917, p. 91-2.

suas normas referem-se às relações de subordinação entre governantes e governados e não às relações de coordenação entre Estados soberanos[50].

O direito internacional privado é direito interno, pois cada Estado tem liberdade para definir, conforme sua ordem jurídica, as normas que disciplinam as relações entre nacionais e estrangeiros, sem qualquer vinculação a uma ordem internacional. É de direito público porque, apesar de suas normas regularem relações de direito privado, elas são inderrogáveis pelas partes, no direito brasileiro. O juiz deverá aplicar as normas de direito internacional privado de ofício, sem necessidade de provocação dos interessados, por serem tais normas cogentes e obrigatórias, e, além disso, as partes não poderão socorrer-se de outra norma que não a Lei de Introdução existente no direito brasileiro, que, na sua elaboração legislativa, não sofre qualquer outra influência que não sejam as determinações da Constituição Federal[51]. O direito internacional privado é um ramo do *direito público interno*, tendo natureza similar ao direito processual, por não conferir direitos nem impor deveres, nem resolver conflitos, servindo tão somente de instrumento para que se aplique a norma substantiva. As normas de direito internacional privado têm, portanto, a função instrumental de indicar a lei, que irá solucionar dada relação jurídica, mediante o elemento de conexão, por ela apontado, que estabelecerá o nexo entre o fato e a norma que o regerá ou, então, indicará se a referida relação deverá ser disciplinada pela lei estrangeira.

Portanto, se a jurisdição é limitada a seu próprio território, nenhum governo poderá legislar *extra territorium*, uma vez que cada ordem legal ou judicial deve ser estritamente construída, tendo efeito exclusivamente nacional. Se a solução da questão de direito internacional privado somente vale na jurisdição onde o fato foi apreciado (*forum*), e se o efeito internacional da apreciação depende do direito do *forum* e não do direito das jurisdições estranhas, fica evidente que o direito internacional privado é parte integrante da ordem jurídica nacional, sendo um autêntico direito interno de cada país, contendo normas *sui generis*, cuja finalidade é estabelecer critérios de aplicação no espaço de leis de certo Estado em razão da presença de um elemento internacional (*estrainetà*)[52].

---

50. Amílcar de Castro, *Direito internacional privado*, cit., v. 1, p. 83.

51. É o que nos ensina Nicolau Nazo, *Direito internacional privado* (apostila), PUCSP, 1970, p. 11.

52. Clive M. Schmitthoff, *A textbook of the English conflict of laws*, 1948, p. 56 e 379; Pierre Lepaulle, *Le droit international privé*, Paris, 1948, p. 48-9; Wilson de Souza Campos Batalha, *Tratado de direito internacional privado*, cit., Cap. IX, p. 177; Adolfo Miaja de la Muela, *Derecho internacional privado*, 1966; Elmo Pilla Ribeiro, *Contribuição ao estudo da norma de direito internacional privado*, Porto Alegre, 1951; Carlos Alberto Lazcano, *Derecho internacional privado*, 1965; Clóvis Beviláqua, *Princípios elementares de direito internacional privado*, Rio de Janeiro, 1938; Tito Fulgêncio, *Direito internacional privado*, Rio de Janeiro, 1979; Lima Antunes, O conceito de superdireito, *Rev. da Faculdade de Direito de Pelotas*, cit., p. 51-5; Unilateralidade

O jurista ou aplicador, preocupado em analisar as normas de direito internacional privado, está autorizado a utilizar qualquer método, seja ele dedutivo ou indutivo, para atingir as soluções concretas que delas decorrem, não podendo olvidar a teoria trialística de Goldschmidt, que considera tais normas numa tríplice dimensão: *a*) a *normológica*, ao estudar as fontes formais do direito internacional privado (as convenções internacionais e as normas jusprivatistas internacionais internas); *b*) a *sociológica*, ao considerar as fontes sociológicas, os costumes e os casos que ensejaram certos problemas e determinadas soluções; e *c*) a *dikelógica*, ao examinar os variados problemas sob o prisma valorativo, procurando a justiça nas suas soluções[53].

O jurista, para construir seu sistema de direito internacional privado, deverá seguir o método que lhe parecer mais seguro ou que atenda ao seu posicionamento filosófico, procurando sempre o fim social das leis conflitantes interespacialmente, atendo-se à valoração vigente na sociedade atual. O magistrado, por sua vez, usando de prudência objetiva, deverá, ao decidir um fato interjurisdicional, aplicando a norma adequada, sopesar fatos e valores, para que a solução encontrada venha a atender às finalidades sociais almejadas e ao bem comum (LINDB, art. 5º)[54].

---

e omnilateralidade da norma de sobredireito, *Rev. da Faculdade de Direito de Pelotas*, cit., p. 1-5; Werner Goldschmidt, *Suma del derecho internacional privado*, Abeledo-Perrot, 1961; Léopold de Vos, *Le problème des conflits des lois*, cit., Bruylant, 1947; Hans Dolle, De l'application du droit étranger par le juge interne, *Revue Critique*, p. 233-49, 1955; Diena, *Principi di diritto internazionale*, Napoli, 1910; René Savatier, *Cours de droit international privé*, Paris, LGDJ, 1953; José Luiz Siqueiros, *Síntesis del derecho internacional privado*, México, 1971; Gérard Vivier, Le caractère bilateral des règles de conflits des lois, *Revue Critique*, p. 655 e s., 1953; sobre as normas de direito internacional privado, consulte, ainda: André Weiss, *Traité théorique et pratique de droit international privé*, 1907-1913, t. 1 a 6; Von Bar, *Theorie und praxis der internationalen Privatrechts*, cit., v. 1 e 2; Jules Valéry, *Manuel de droit international privé*, 1914; Lerebours-Pigeonnière, *Précis de droit international privé*, 1962; Ernst Frankenstein, *Internationales Privatrecht (Grenzrecht)*, cit., 1926-1935, v. 1 a 4; Contuzzi, *Diritto internazionale privato*, 1905; Raape, *Internationalen Privatrecht*, 1931; Anzilotti, *Corso di diritto internazionale privato*, 1933; Cheshire, *Private international law*, 1952; Manlio Udina, *Elementi di diritto internazionale privato*, 1937; Jitta, *La rénovation du droit international sur la base d'une communauté juridique du genre humaine*, Haia, 1919; Roberto Ago, *Teoria del diritto internazionale privato*, 1934; Manuel Lasala Llanas, *Sistema español de derecho civil internacional e interregional*, 1933.

53. Werner Goldschmidt, *Derecho internacional privado*, 1950; *Sistema y filosofía del derecho internacional privado*, 1948; e *Introducción al derecho*, 1962, p. 577; Wilson de Souza Campos Batalha, *Tratado de direito internacional privado*, cit., v. 1, p. 37-41.

54. *Vide* Paul Arminjon, L'objet et la méthode du droit international privé; in *Recueil de Cours*, t. 21, p. 446 e 460; Pillet, La méthode en droit international privé, in *Les méthodes juridiques*, Paris, 1911, p. 153-71; Josephus Jitta, *La méthode du droit international privé*, Haye, 1890. *Vide*, ainda, Decreto n. 1.979/96, que promulgou a seguinte Convenção Interamericana sobre Normas Gerais de Direito Internacional Privado:

"Os Governos dos Estados Membros de Organização dos Estados Americanos, desejosos de concluir uma convenção sobre normas gerais de Direito Internacional Privado, convieram no seguinte:

Artigo 1

A determinação da norma jurídica aplicável para reger situações vinculadas com o direito estrangeiro ficará sujeita ao disposto nesta Convenção e nas demais convenções internacionais assinadas, ou que venham a ser assinadas no futuro, em caráter bilateral ou multilateral, pelos Estados Partes.

Na falta de norma internacional, os Estados Partes aplicarão as regras de conflito do seu direito interno.

Artigo 2

Os juízes e as autoridades dos Estados Partes ficarão obrigados a aplicar o direito estrangeiro tal como o fariam os juízes do Estado cujo direito seja aplicável, sem prejuízo de que as partes possam alegar e provar a existência e o conteúdo da lei estrangeira invocada.

Artigo 3

Quando a lei de um Estado Parte previr instituições ou procedimentos essenciais para a sua aplicação adequada e que não sejam previstos na legislação de outro Estado Parte, este poderá negar-se a aplicar a referida lei, desde que não tenha instituições ou procedimentos análogos.

Artigo 4

Todos os recursos previstos na lei processual do lugar do processo serão igualmente admitidos para os casos de aplicação da lei de qualquer dos outros Estados Partes que seja aplicável.

Artigo 5

A lei declarada aplicável por uma convenção de Direito Internacional Privado poderá não ser aplicada no território do Estado Parte que a considerar manifestamente contrária aos princípios da sua ordem pública.

Artigo 6

Não se aplicará como direito estrangeiro o direito de um Estado Parte quando artificiosamente se tenham burlado os princípios fundamentais da lei do outro Estado Parte.

Ficará a juízo das autoridades competentes do Estado receptor determinar a intenção fraudulenta das partes interessadas.

Artigo 7

As situações jurídicas validamente constituídas em um Estado Parte, de acordo com todas as leis com as quais tenham conexão no momento de sua constituição, serão reconhecidas nos demais Estados Partes, desde que não sejam contrárias aos princípios da sua ordem pública.

Artigo 8

As questões prévias, preliminares ou incidentes que surjam em decorrência de uma questão principal não devem necessariamente ser resolvidas de acordo com a lei que regula esta última.

Artigo 9

As diversas leis que podem ser competentes para regular os diferentes aspectos de uma mesma relação jurídica serão aplicadas de maneira harmônica, procurando-se realizar os fins colimados por cada uma das referidas legislações. As dificuldades que forem causadas por sua aplicação simultânea serão resolvidas levando-se em conta as exigências impostas pela equidade no caso concreto.

Artigo 10

Esta Convenção ficará aberta à assinatura dos Estados Membros da Organização dos Estados Americanos.

Artigo 11

Esta Convenção está sujeita a ratificação. Os instrumentos de ratificação serão depositados na Secretaria-Geral da Organização dos Estados Americanos.

Artigo 12

Esta Convenção ficará aberta à adesão de qualquer outro Estado. Os instrumentos de adesão serão depositados na Secretaria-Geral da Organização dos Estados Americanos.

Artigo 13

Cada Estado poderá formular reservas a esta Convenção no momento de assiná-la, ratificá-la ou a ela aderir, desde que a reserva verse sobre uma ou mais disposições específicas e que não seja incompatível com o objeto e fim da Convenção.

Artigo 14

Esta Convenção entrará em vigor no trigésimo dia a partir da data em que haja sido depositado o segundo instrumento de ratificação. Para cada Estado que ratificar a Convenção ou a ela aderir depois de haver sido depositado o segundo instrumento de ratificação, a Convenção entrará em vigor no trigésimo dia a partir da data em que tal Estado haja depositado seu instrumento de ratificação ou adesão.

Artigo 15

Os Estados Partes que tenham duas ou mais unidades territoriais em que vigorem sistemas jurídicos diferentes com relação a questões de que trata esta Convenção poderão declarar, no momento da assinatura, ratificação ou adesão, que a Convenção se aplicará a todas as suas unidades territoriais ou somente a uma ou mais delas.

Tais declarações poderão ser modificadas mediante declarações ulteriores, que especificarão expressamente a ou as unidades territoriais a que se aplicará esta Convenção. Tais declarações ulteriores serão transmitidas à Secretaria-Geral da Organização dos Estados Americanos e surtirão efeito trinta dias depois de recebidas.

Artigo 16

Esta Convenção vigorará por prazo indefinido, mas qualquer dos Estados Partes poderá denunciá-la. O instrumento de denúncia será depositado na Secretaria-Geral da Organização dos Estados Americanos. Transcorrido um ano, contado a partir da data do depósito do instrumento de denúncia, cessarão os efeitos da Convenção para o Estado denunciante, continuando ela subsistente para os demais Estados Partes.

Artigo 17

O instrumento original desta Convenção, cujos textos em português, espanhol, francês e inglês são igualmente autênticos, será depositado na Secretaria-Geral da Organização dos Estados Americanos, que enviará cópia autenticada do seu texto para o respectivo registro e publicação à Secretaria das Nações Unidas, de conformidade com o artigo 102 da sua Carta constitutiva. A Secretaria-Geral da Organização dos Estados Americanos notificará aos Estados Membros da referida Organização, e aos Estados que houverem aderido à Convenção, as assinaturas e os depósitos de instrumentos de ratificação, de adesão e de denúncia, bem como as reservas que houver. Outrossim, transmitirá as mesmas as declarações previstas no artigo 15 desta Convenção.

Em fé do que, os plenipotenciários infra-assinados, devidamente autorizados por seus respectivos Governos, firmam esta Convenção.

Feita na Cidade de Montevidéu, República Oriental do Uruguai, no dia oito de maio de mil novecentos e setenta e nove".

CAPÍTULO II

Análise Teórico-Científica da Lei de Introdução

DECRETO-LEI N. 4.657, DE 4 DE SETEMBRO DE 1942[1]

Lei de Introdução às Normas do Direito Brasileiro.

O Presidente da República, usando da atribuição que lhe confere o art. 180 da Constituição, decreta:

---

1. Publicado no *Diário Oficial da União*, de 9 e retificado em 17 de setembro de 1942, e alterado pela Lei n. 12.376/2010. Entrou em vigor no dia 24 de outubro de 1942, em razão do disposto no Decreto-lei n. 4.707, de 17 de setembro de 1942. A Lei de Introdução às Normas do Direito Brasileiro alude à aplicação de todas as normas jurídicas, sejam elas da seara do direito privado ou do direito público.

Art. 1º Salvo disposição contrária, a lei começa a vigorar em todo o País 45 (quarenta e cinco) dias depois de oficialmente publicada.

- Com relação aos atos administrativos, admite-se a obrigatoriedade a partir da publicação, de acordo com o art. 5º do Decreto n. 572, de 12 de julho de 1890, que, nesta parte, não se pode considerar revogado pelo Código Civil (conforme Vicente Ráo, O direito e a vida dos direitos, p. 378, nota).
- Sobre vigência de leis tributárias, dos atos administrativos, decisões normativas de órgãos administrativos, convênios tributários, vide Lei n. 5.172, de 25 de outubro de 1966 (Código Tributário Nacional), arts. 101 a 104.
- Vide Constituição Federal de 1988, arts. 59 a 62, §§ 3º, 4º, 6º e 7º, e 63 a 69 (com a redação da EC n. 32/2001); Lei Complementar n. 95/98, art. 8º, §§ 1º e 2º, e Decreto n. 4.176/2002, arts. 19 e 20.

§ 1º Nos Estados estrangeiros, a obrigatoriedade da lei brasileira, quando admitida, se inicia 3 (três) meses depois de oficialmente publicada.

- Lei n. 1.991/1953
- Lei n. 2.145/55
- Lei n. 2.770/1956
- Lei n. 3.244/1957
- Lei n. 4.966/1966
- Decreto-lei n. 333/1967
- Lei n. 2.807/1956
- Lei n. 4.820/1965

§ 2º A vigência das leis, que os governos estaduais elaborem por autorização do Governo Federal, depende da aprovação deste e começará no prazo que a legislação estadual fixar.

- Esta norma, elaborada sob o regime constitucional de 1937, já não tem aplicação desde a Constituição de 1946 e foi revogada pela Lei n. 12.036/2009.

§ 3º Se, antes de entrar a lei em vigor, ocorrer nova publicação de seu texto, destinada a correção, o prazo deste artigo e dos parágrafos anteriores começará a correr da nova publicação.

§ 4º As correções a texto de lei já em vigor consideram-se lei nova.

- Lei Complementar n. 95/98, art. 18.
- Decreto n. 4.176/2002, que estabelece regras para a redação de projetos de atos normativos de competência dos órgãos do Poder Executivo Federal.

1. Lei como fonte jurídica formal

A legislação, nos países de direito escrito e de Constituição rígida, é a mais importante das fontes formais estatais. Nos Estados modernos, em sua maioria, a formulação do direito é obra exclusiva do legislador. Apenas nos países anglo-saxões, como, p. ex., a Inglaterra, há forte predominância do costume; realmente, a experiência jurídica desses países encontra-se vinculada aos usos e costumes e à atividade jurisdicional. Todavia, é preciso lembrar que mesmo nesses Estados vem crescendo, paulatinamente, a influência do processo legislativo. No Estado moderno há uma supremacia da lei ante a crescente tendência de codificar o direito para atender a uma exigência de maior certeza e segurança para as relações jurídicas, devido à possibilidade de maior rapidez na elaboração e modificação do direito legislado, permitindo sua adaptação às necessidades da vida moderna e pelo fato de ser de mais fácil conhecimento e de contornos mais precisos, visto que se apresenta em textos escritos. Grande é a importância da lei no Estado de Direito. Hodiernamente, ela vem adquirindo um predomínio crescente, obtendo amplitude e desenvolvimento que nunca teve em épocas passadas. A legislação é o processo pelo qual um ou vários órgãos estatais formulam e promulgam normas jurídicas de observância geral. A legislação, ou melhor, a atividade legiferante, é tida, portanto, como a fonte primacial do direito, a fonte jurídica por excelência. A fonte formal seria o processo ou meio pelo qual a norma jurídica se positiva com legítima força obrigatória, ou seja, com vigência e eficácia. O direito resulta de certos fatores sociais e valores, mas se manifesta, como ordenação vigente e eficaz, mediante certas fontes formais que são o processo legislativo, a atividade jurisdicional, a prática consuetudinária e o poder negocial; logo a lei, a sentença, o costume e o contrato constituem formas de expressão jurídica resultantes daquelas atividades[2].

2. Lei como resultado da atividade legislativa

A grande maioria dos autores, ao se referirem ao problema das fontes jurídicas formais, mencionam dentre elas a *lei, lato sensu*, mas ao fazê-lo

---

2. R. Limongi França, *Formas e aplicação do direito positivo*, São Paulo, Revista dos Tribunais, 1969, p. 32; M. Helena Diniz, *Compêndio de introdução à ciência do direito*, São Paulo, Saraiva, 1993, p. 255-60; Abelardo Torré, *Introducción al derecho*, Buenos Aires, 1972, p. 288; Francisco Uchoa de Albuquerque e Fernanda Maria Uchoa, *Introdução ao estudo do direito*, São Paulo, Saraiva, 1982, p. 177; Miguel Reale, *Lições preliminares de direito*, São Paulo, Bushatsky, 1973, p. 153-4; Eduardo García Máynez, *Introducción al estudio del derecho*, México, Porrúa, 1972, p. 53. É preciso esclarecer que o termo "formal" não está aqui sendo empregado na acepção filosófica de causa essencial, mas sim na forma externa, da aparência.

não estão olvidando que não é fonte de direito, mas sim o *produto* da legislação. A esse respeito Du Pasquier, com muita propriedade, utiliza-se de uma metáfora que vem a esclarecer a questão, afirmando que, assim como a fonte de um rio não é a água que brota do manancial, mas é o próprio manancial, a lei não representa a origem, porém o resultado da atividade legislativa.

Julgamos conveniente verificar as *acepções* do vocábulo *lei*, que podem ser:

a) *Amplíssima*, em que o termo *lei* é empregado como sinônimo de norma jurídica, incluindo quaisquer normas escritas ou costumeiras. Hipótese em que, segundo Vicente Ráo, a palavra *lei* possui o sentido compreensivo de toda norma geral de conduta que define e disciplina as relações de fato incidentes no direito e cuja observância é imposta pelo poder do Estado, como são as normas legislativas, as consuetudinárias e as demais, ditadas por outras fontes do direito, quando admitidas pelo legislador.

b) *Ampla*, sendo o vocábulo *lei* entendido como oriundo do verbo *legere* (ler), concebendo-se, portanto, que a lei é, etimologicamente, aquilo que se lê. Tal etimologia se explica porque, na época da República romana, enquanto o costume não era escrito (*jus non scriptum*), conservando-se na memória dos homens, a lei estava escrita (*jus scriptum*), gravada em tábuas de mármore, de bronze etc., que se fixavam em locais públicos. Por exemplo, no *tabularium* do Capitólio, em Roma, para que o povo a lesse e, conhecendo-a, a cumprisse. Em sentido amplo, designa todas as normas jurídicas escritas, sejam as leis propriamente ditas, decorrentes do Poder Legislativo, sejam os decretos, os regulamentos, ou outras normas baixadas pelo Poder Executivo. Assim sendo, a legislação, nas palavras de François Gény, compreende todos os atos de autoridade cuja missão consiste em editar normas gerais, sob forma de injunções obrigatórias, como são as leis propriamente ditas, os decretos, os regulamentos etc.

c) *Estrita ou técnica*, em que a palavra *lei* indica tão somente a norma jurídica elaborada pelo Poder Legislativo, por meio de processo adequado[3].

---

3. Du Pasquier, *Introduction à la théorie générale et à la philosophie du droit*, Neuchâtel, Ed. Delachaux & Niestlé, 1967, p. 34; Vicente Ráo, *O direito e a vida do direito*, São Paulo, Max Limonad, 1952, n. 202; Legaz y Lacambra, *Filosofía del derecho*, Barcelona, Bosch, 1972; Abelardo Torré, *Introducción*, cit., p. 283; André F. Montoro, *Introdução à ciência do direito*, São Paulo, Livr. Martins Ed., 1970, v. 2, p. 58; Arturo Orgaz, *Diccionario elemental de derecho y ciencias sociales*, Córdoba, 1941, p. 324-5; Francisco Uchoa de Albuquerque e Fernanda Maria Uchoa, *Introdução*, cit., p. 176; A. L. Machado Neto, *Compêndio de introdução à ciência do direito*, São Paulo, Saraiva, 1984, p. 199; Gény, *Méthode d'interprétation et sources en droit privé positif*, Paris, s.d., p. 54; M. Helena Diniz, *Compêndio*, cit., p. 260-1.

3. Processo legislativo como fonte legal

A rigor, a fonte jurídica formal é o processo legislativo, que compreende a elaboração de leis, ou melhor, de todas as categorias normativas referidas no art. 59 da nova Carta. Como o direito regula sua própria criação ou elaboração, o processo legislativo está previsto na Constituição Federal.

O *processo legislativo* vem a ser um conjunto de fases constitucionalmente estabelecidas, pelas quais há de passar o projeto de lei, até sua transformação em lei vigente.

A obra legislativa compreende, portanto, várias operações previstas constitucionalmente e levadas a efeito pelo órgão competente.

Em regra, os trâmites constitucionalmente previstos são: iniciativa, discussão, deliberação, sanção, promulgação e publicação.

A *iniciativa* não é propriamente a fase inicial do processo legislativo, mas apenas o ato que o desencadeia, surgindo com a apresentação de um projeto de lei propondo a adoção de direito novo. Competirá ao Legislativo ou ao Executivo, ou a ambos, dependendo da matéria (CF, arts. 61, § 1º, e 84, III e XXIII). Há hipóteses em que ela compete ao STF, aos tribunais superiores e aos tribunais de justiça para propor ao Legislativo a alteração do número de membros dos tribunais inferiores; a criação e a extinção de cargos e a remuneração dos seus serviços auxiliares e dos juízos que lhes forem vinculados, bem como a fixação do subsídio de seus membros e dos juízes, inclusive dos tribunais inferiores, onde houver, ressalvado o disposto no art. 48, XV; a criação ou extinção dos tribunais inferiores; e a alteração da organização e da divisão judiciárias (CF, art. 96, II, *a*, *b*, *c* e *d*). Casos há, ainda, em que a iniciativa é popular, cabendo à totalidade ou fração do eleitorado (CF, arts. 61, § 2º, 27, § 4º, e 29, XIII).

Logo a seguir vem a *discussão*, pelos corpos legislativos, do projeto, que está sujeito, na forma regimental, ao pronunciamento de comissões especializadas na matéria sobre a qual versa, podendo receber emendas da sua substância ou de redação, desde que não resultem em aumento da despesa prevista no projeto (CF, art. 63). Após essas emendas, modificativas ou substitutivas, o projeto será objeto de discussão e aprovação.

A *deliberação* ou votação ocorre conforme o processo de aprovação ou rejeição por parte de cada assembleia. O plenário manifesta-se contra ou a favor do projeto. A aprovação deverá ser por maioria simples, se se tratar de lei ordinária, ou absoluta, em se tratando de lei complementar.

Aprovado pelo Legislativo, o projeto é remetido à *sanção* ou *veto* do Executivo, que exerce uma tarefa legislativa. O veto é a oposição ou recusa ao projeto (CF, art. 66, § 1º), por inconstitucionalidade ou inconveniência, podendo ser total, se atingir todos os dispositivos, ou parcial, se abranger apenas certas disposições. Se se vetar o projeto, este volta ao Legislativo, que poderá aceitar ou rejeitar o veto. Se o acatar, finda-se o processo legislativo; se o recusar por maioria qualificada, o projeto volta ao titular da função executiva para promulgá-lo. O veto, portanto, apenas alonga o processo legislativo, impondo a reapreciação do projeto pelos parlamentares. A sanção ou aquiescência do Executivo pode ser expressa, quando se manifesta por despacho, ou tácita, quando este se omite, deixando que se esgote o prazo constitucional de quinze dias, sem decisão (CF, art. 66, § 3º). Com a sanção, o projeto transforma-se em lei, que é promulgada pelo Executivo, imprimindo-lhe obrigatoriedade.

A *promulgação* é o ato pelo qual o Executivo autentica a lei, atestando sua existência, ordenando sua aplicação e cumprimento, uma vez que passará a pertencer ao ordenamento jurídico. A promulgação sucede à sanção ou à recusa do veto. Por força do art. 66, §§ 5º e 7º, da nova Carta, o Executivo deve promulgar o ato dentro de quarenta e oito horas decorridas da sanção, expressa ou tácita, ou da comunicação de rejeição do veto.

Após a promulgação, vem a sua *publicação* no *Diário Oficial*, visando tornar pública a nova lei, possibilitando seu conhecimento pela comunidade e pelos destinatários (LINDB, art. 1º)[4]. "A vigência da lei pressupõe sua publicação, que integra o processo legislativo e há de ser feita em órgão

---

4. A. L. Machado Neto, *Compêndio*, cit., p. 202; Manoel Gonçalves Ferreira Filho, *Curso de direito constitucional*, São Paulo, Saraiva, 1973, p. 182-99; *Do processo legislativo*, 1995; Nelson de Sousa Sampaio, *O processo legislativo*, 1996; Hugo R. Subiabre, *La promulgación y la publicación de la ley*, 1941; Jean Jacques de Pury, *De la publication des lois*, 1945; Oswaldo Aranha Bandeira de Mello, *Princípios gerais de direito administrativo*, Rio de Janeiro, Forense, 1969, p. 232-43; Carlos Mouchet e Ricardo Zorraquin Becú, *Introducción al derecho*, Buenos Aires, Abeledo-Perrot, 1970, p. 195-6; A. F. Montoro, *Introdução*, cit., p. 70; García Máynez, *Introducción*, cit., p. 53-61; Abelardo Torré, *Introducción*, cit., p. 289-97; M. Helena Diniz, *Compêndio*, cit., p. 264-5; Goffredo Telles Jr., *Iniciação na ciência do direito*, São Paulo, Saraiva, 2001, p. 175-92. *Vide* Portaria n. 189/97 do Diretor-Geral da Imprensa Nacional, que dispõe sobre normas complementares para publicação nos Diários Oficiais da União e da Justiça, Lei Complementar n. 95/98 e Decreto n. 4.176/2002, sobre elaboração, redação, alteração, consolidação e o encaminhamento ao Presidente da República de projetos de atos normativos de competência dos órgãos do Poder Executivo Federal. Consulte: Decreto n. 2.954/99, ora revogado, que estabelecia regras para a redação de atos normativos de competência dos órgãos do Poder Executivo, com a alteração do Decreto n. 3.495, de 30 de maio de 2000; Resolução do Senado Federal n. 23/2007 que altera o Regimento Interno do Senado Federal sobre processo de apresentação, tramitação e aprovação dos projetos de lei de consolidação.

oficial, sendo irrelevante a publicidade extraoficial. A data da publicação da lei não é a do órgão oficial que a veicula, mas a da efetiva circulação deste" (*Bol. AASP, 1.868*:321).

4. Executoriedade e obrigatoriedade da lei

Ter-se-á a existência jurídica da lei se esta for emanada por poder competente e se preenchidas as formalidades necessárias. A executoriedade da lei dependerá da ordem dada pelo Executivo para que se observe e faça observar o preceito legal. A promulgação, por ser ato da competência do Executivo, é que dará força executória à lei, que tenha sancionado, dando-lhe autenticidade. A publicação é o ato pelo qual a lei é levada ao conhecimento de todos os que lhe devam obediência, tornando-se obrigatória. A obrigatoriedade, portanto, supõe a publicação, sendo que a lei só a adquirirá após a *vacatio legis*, como logo mais veremos. A lei tornar-se-á obrigatória, repetimos, só após a sua publicação, por gerar a presunção de que a norma jurídica, já formada e declarada em execução, chegou ao conhecimento daqueles que são adstritos a obedecer ao seu comando e dos que devem executá-la e aplicá-la. A publicação da lei deverá ser oficial (*RF, 33*:352), ou seja, feita sob a responsabilidade do governo, no *Diário Oficial*, para que mereça fé e tenha autenticidade a fim de ser conhecida pela sociedade e obedecida pelos seus destinatários, embora sua vigência não se inicie desde logo, exceto se o legislador assim o determinar.

Para que a lei tenha autoridade, preciso será que seja elaborada por poder competente, com observância das normas da Constituição Federal; para que a obrigação de obediência possa tornar-se efetiva, preciso será que se torne conhecida pelas pessoas que devem cumpri-la ou aplicá-la.

A *executoriedade* é, portanto, o efeito da *promulgação*, por isso é, repetimos, o ato que atesta sua existência, e a *obrigatoriedade*, da *publicação*.

Com a promulgação e consequente publicação, a lei converte-se em querer autônomo, desligando-se de seu elaborador. Realmente, a lei não tem caráter puramente volitivo, por ser sempre a versão ou veste racional de um valor reconhecido como motivo determinante da conduta nela prescrita. Poder-se-á dizer, como Miguel Reale, sem dúvida, que "o 'querer' que se manifesta na norma jurídica não é um querer psicológico, mas um querer deontológico, expressão de fins que nascem do reconhecimento de valores como razão da conduta social". Isto porque a norma, antes de ser "querer querido", é "querer valorado". Ao sentido de um "querer" desligado de sua base psicológica é o que chamamos "dever ser", assim como ao conteúdo do respectivo imperativo, inteiramente desligado do processo psíquico do ato de mandar ou de vontade, é o que chamamos "norma". A norma jurídica é imperativa porque é prescritiva, porque impõe um dever, regulamentando a conduta social. A norma jurídica apresenta-se na vida social como uma ordem de conduta, como uma ordem de "dever ser", que indica que os comportamentos devem ser de determinada maneira. Dirige-se, portanto, à conduta social do homem, apontando-lhe como agir no complexo da realidade social a que se ajusta, sob a inspiração de valores, cuja fonte comum axiológica é o próprio homem. O elaborador da norma intervém para legitimar as faculdades humanas e não para interditá-las. Nas normas jurídicas há assim "um contínuo de licitudes e um descontínuo de ilicitudes", ou melhor, como observa Machado Neto, "sobre o *prius* da liberdade humana, esse contínuo de licitudes, a determinação normativa, vai estabelecendo as ilicitudes". Vai autorizando ou não autorizando o uso das faculdades humanas. A norma jurídica traça objetivamente as fronteiras entre o lícito e o ilícito. É, portanto, a norma jurídica que autoriza o lesado a coagir o violador da norma a cumpri-la ou a reparar o dano causado. Tais são os motivos pelos quais definimos a norma jurídica: "imperativo autorizante", que é a definição que lhe foi dada por Goffredo Telles Jr. A norma jurídica é imperativa porque prescreve as condutas devidas e os comportamentos proibidos, procurando, por outro lado, assegurar de modo efetivo o fato de que se hão de realizar as condutas obrigadas e de que não se produzirão os comportamentos vedados, pois é autorizante, uma vez que autoriza o lesado, pela sua violação, a exigir seu cumprimento, a reparação do mal causado ou ainda a reposição das coisas ao estado anterior[5].

---

5. Machado Neto, *Teoria da ciência jurídica*, São Paulo, Saraiva, 1974, p. 151; Goffredo Telles Jr., *O direito quântico*, São Paulo, Max Limonad, 1971, cap. 6; Paulo de Lacerda, *Manual do Código Civil brasileiro*, Rio de Janeiro, 1918, v. 1, p. 71-2; Wilson de S. Campos Batalha, *Lei de Introdução ao Código Civil*, São Paulo, Max Limonad, 1959, v. 1, p. 425-7; Salvatore Bartholini, *La promulgazione*, Milano, Giuffrè, 1955; Oswaldo A. Bandeira de Mello, *Princípios*, cit., v. 1, p. 264 e s.; Miguel Reale, *O direito como experiência*, São Paulo, Saraiva, 1968, p. 248; Leonardo van Acker, Sobre um ensaio de jusnaturalismo fenomenológico-existencial, *Revista Brasileira de Filosofia*, 20(78):186, 1970; M. Helena Diniz, *Conceito de norma jurídica como problema de essência*, São Paulo, Revista dos Tribunais, 1976, p. 56-64, 133 e s.; Gustav Radbruch, *Filosofia do direito*, São Paulo, Saraiva, 1937, p. 111; Carvalho Santos, *Código Civil brasileiro interpretado*, Rio de Janeiro, 1934, v. 1, p. 13-4; Huc, *Droit civil*, v. 1, n. 44; Espínola e Espínola Filho, *A Lei de Introdução ao Código Civil brasileiro comentada*, Rio de Janeiro, Freitas Bastos, 1943, v. 1, p. 42-5; Saverio Bianchi, *Corso di diritto civile italiano*, 1888, v. 1, p. 167 e s.; Beaudant, Lerebours & Pigeonnière, *Introduction et explication du titre préliminaire du Code Civil*, 1934, v. 1, p. 132; Serpa Lopes, *Curso de direito civil*, Rio de Janeiro, Freitas Bastos, 1962, v. 1, p. 4-8; Weinert, A lei: sanção e executoriedade, *RDC, 50*:119; Celso Hiroshi Iocohama, *A obrigatoriedade imediata das leis ordinárias federais*, São Paulo, Editora de Direito, 1997.

5. Aspectos essenciais da validade e delimitação conceitual de vigência, eficácia e fundamento

Na seara da teoria geral do direito discute-se o problema da delimitação conceitual de "validade", "vigência", "eficácia" e "fundamento", que, por serem conceitos interligados, geram grande confusão terminológica.

Como uma construção linguístico-jurídica mais apurada cientificamente requer rigor conceitual, importante será estabelecer a nítida diferenciação desses conceitos básicos, decompondo-os analiticamente.

Tomando o conceito *validade* em sentido amplo, urge distinguir entre validade constitucional, formal e fática, de um lado, e vigência e eficácia, de outro, por serem comumente empregados, indistintamente, por alguns autores.

A *validade constitucional*, intimamente relacionada com a eficácia constitucional, indica que a disposição normativa é conforme às prescrições constitucionais; assim, nesse sentido, válida é a norma que respeita um comando superior, ou seja, o preceito constitucional.

A *validade formal*, ou técnico-jurídica (vigência em sentido amplo), de uma norma significa que ela foi elaborada por órgão competente em obediência aos procedimentos legais. Logo a norma formalmente válida é a promulgada por um ato legítimo da autoridade, de acordo com o trâmite ou processo normativamente estabelecido, que lhe é superior, não tendo sido ela revogada. A norma será vigente, portanto, mesmo que não tenha sido aplicada ou ainda que seu criador não mais exista. O órgão que criou a norma não precisa continuar a querer a conduta normada para que ela seja vigente. Logo a validade da norma independe do ato volitivo de seu elaborador, que é tão somente condição de existência. Será imprescindível, para que tenha vigência (sentido amplo), a presença de alguns requisitos, como:

a) elaboração por um órgão competente, que é legítimo por ter sido constituído para tal fim;

b) competência *ratione materiae* do órgão, isto é, a matéria objeto da norma deve estar contida na competência do órgão;

c) observância dos processos ou procedimentos estabelecidos em lei para sua produção, que nos EUA se denomina *due process of law*.

Vigência (sentido lato) não é uma qualidade própria da norma de direito, pois ela não é válida em si por depender de sua relação com as demais normas jurídicas. Poder-se-ia, estudando a lição de Kelsen, vislumbrar na validade das normas uma relação internormativa. Assim, uma norma só será válida se se fundar em norma superior, reveladora da competência do órgão emissor e do processo para sua elaboração.

Terminada a fase constitutiva do processo de produção normativa, a norma já é válida; no período que vai de sua publicação até sua revogação, ou até o prazo estabelecido para sua validade, diz-se que a norma é vigente. O âmbito temporal de validade constitui o período durante o qual a norma tem *vigência* (sentido estrito).

Vigência temporal é uma qualidade da norma atinente ao tempo de sua atuação, podendo ser invocada para produzir, concretamente, efeitos (eficácia). *Vigência* (sentido estrito) designaria a existência específica da norma em determinada época, caracterizando o preceito normativo que rege relações sociais aqui e agora (*hic et nunc*). A vigência, como diz Paulo Hamilton Siqueira Junior, equivale ao período de vida da norma, desde o início de sua obrigatoriedade até sua revogação. É, portanto, o interregno entre o início e o fim da obrigatoriedade da norma. Seria, então, como diz Arnaldo Vasconcelos, um prazo com o qual se demarcaria o tempo de validade da norma.

A vigência (sentido estrito) poderá coincidir com a validade formal, mas nem sempre, pois nada obsta que uma norma válida, cujo processo de produção já se aperfeiçoou, tenha sua vigência postergada. Realmente, dispõe a Lei de Introdução, em seu art. 1º, que a norma entra em vigor, a um só tempo, em todo o País, quarenta e cinco dias após sua publicação. Embora válida, a norma não vigorará durante aqueles quarenta e cinco dias, só entrando em vigor posteriormente.

Vigor normativo é a qualidade do preceito legal relativa à força vinculante, pois não haverá, então, como subtrair-se ao seu comando. O vigor decorre da vigência da norma, uma vez que sua obrigatoriedade só surgirá com seu nascimento, perdurando enquanto a norma tiver existência específica.

É preciso não olvidar, ainda, que uma norma não mais vigente, por ter sido revogada, poderá continuar vinculante, tendo *vigor* para casos anteriores à sua revogação, produzindo seus efeitos, ante o fato de que se deve respeitar o ato jurídico perfeito, o direito adquirido e a coisa julgada (CF, art. 5º, XXXVI; LINDB, art. 6º, §§ 1º a 3º). A norma pode ser eficaz mesmo já revogada. Percebe-se que a norma revogada continuou a produzir efeitos apenas porque outra assim o estabeleceu, ordenando que se respeitem situações jurídicas já constituídas, ou aperfeiçoadas, sob a égide do preceito anterior, mas se poderia dizer também, como Miguel Reale, que, para tanto, não seria necessário outro comando normativo, obrigando a aplicação da norma vigente numa época, para dirimir conflito que nela se configure, por ser isso uma questão subjacente ou uma decorrência lógica da historicidade da vigência.

Poderá, portanto, suceder, ainda, que uma norma inválida, por ter sido elaborada, por exemplo, por órgão incompetente, e tecnicamente impossibilitada de atuar, por não ser vigente, possa ter *vigor*, sendo convalidada *a posteriori*. Existe, na verdade, o fenômeno da inobservância normativa pelos órgãos que aplicam os preceitos (autoridades administrativas, legisladores e juízes), gerando a produção de normas inválidas ante outra hierarquicamente superior, que são efetivamente observadas, não obstante sua invalidade ou inconstitucionalidade, por serem convalidadas pelo tempo, em razão de certas disposições contidas no próprio ordenamento jurídico. O que lhes determina o vigor é o respeito a certos princípios, como o da legalidade, em período de normalidade, e o de que se deve admitir normas excepcionais.

O conceito de vigência, em sentido estrito, está relacionado com o de eficácia, uma vez que da existência (vigência) da norma depende a produção de seus efeitos.

A *validade fática* de uma norma significa que ela é efetiva, ou seja, quando ocorrem o comportamento, que ela configura (hipótese de incidência), e a consequência jurídica (sanção), que ela prevê. A norma de validade fática expressa, portanto, a atividade do aparelho sancionador do Estado. Tal se dá porque toda norma jurídica caracteriza-se por ser imperativo-autorizante, isto é, acompanhada da autorização do emprego da coação (aplicação da sanção) pelo órgão competente. Por razões didáticas poder-se-á identificar validade fática com eficácia, mas teoricamente não há identidade entre esses dois conceitos. A validade fática indica a efetividade normativa pela atuação coercitiva do Poder Público, em caso de violação de norma.

A *eficácia* vem a ser a qualidade do texto normativo vigente de poder produzir, ou irradiar, no seio da coletividade, efeitos jurídicos concretos, supondo, portanto, não só a questão de sua condição técnica de aplicação, observância, ou não, pelas pessoas a quem se dirige, mas também de sua adequação em face da realidade social, por ele disciplinada, e aos valores vigentes na sociedade, o que conduziria ao seu sucesso.

A eficácia diz respeito, portanto, ao fato de se saber se os destinatários da norma poderão ajustar, ou não, seu comportamento, em maior ou menor grau, às prescrições normativas, ou seja, se poderão cumprir, ou não, os comandos jurídicos, se poderão aplicá-los ou não. Casos há em que o órgão competente emite normas que, por violentarem a consciência coletiva, não são observadas nem aplicadas, só logrando, por isso, ser cumpridas de modo compulsório, a não ser quando caírem em desuso; consequentemente, têm vigência, mas não possuem eficácia (eficácia social).

A eficácia de uma norma, por sua vez, indica, em sentido técnico, que ela tem possibilidade de ser aplicada, de exercer ou de produzir seus próprios efeitos jurídicos, porque se cumpriram as condições para isto exigidas (eficácia jurídica), sem que haja qualquer relação de dependência da sua observância, ou não, pelos seus destinatários. Por exemplo, a norma que determina o reconhecimento da união estável entre o homem e a mulher como entidade familiar, devendo a lei facilitar sua conversão em casamento (CF, art. 226, § 3º), é vigente, mas sua eficácia depende de lei que delimite a forma e os requisitos para aquela conversão. Isto nos coloca diante do que se denomina, no plano teórico-científico, *lacuna "intra legem"*, ou *técnica*, que ocorre quando houver ausência de uma norma cuja vigência é condição da eficácia de outra. A constatação dessa lacuna ultrapassava, na égide da antiga Constituição Federal, os limites de preenchimento possível, porque só o legislador podia colmatá-la; hodiernamente, ante a nova Constituição, tal não se dá, pois no art. 5º, LXXI, havendo lesão ao direito individual pela inexistência de normação ulterior requerida constitucionalmente, contemplado está o remédio do *mandado de injunção* (CF, arts. 102, I, *q*, II, *a*, e 105, I, *h*), que tem por escopo o cumprimento daquela prestação pelo Judiciário, preenchendo a lacuna no caso *sub judice*. E, além disso, a iniciativa legislativa popular viria também a suprir essa ausência de legislação (CF, arts. 14, III, 27, § 4º, 29, XIII, e 61, § 2º).

A eficácia, observa Georgakilas, que implica a produção de efeitos, supõe a existência jurídica da norma (vigência em sentido estrito), requerendo seu nascimento em certa data, que é a de sua publicação, a partir da qual se pode dizer que ela entra em vigor, ou seja, tem força vinculante.

É necessário, ainda, lembrar que, embora vigência, eficácia e vigor estejam em estreita conexão, a norma pode ter vigência e não ter eficácia; a recíproca é também verdadeira, pois pode às vezes ter eficácia sem ter vigência, mas a ineficácia, por sua vez, não afeta a vigência, e, além disso, a norma pode estar em *vigor* e não ter eficácia.

A *validade ética* ou *fundamento* axiológico do direito visa implantar uma ordem justa na vida social. A justiça, que compendia todos os valores jurídicos, é a *ratio juris*, ou seja, a razão de ser ou fundamento da norma, ante a impossibilidade de se conceber uma norma jurídica desvinculada dos fins que legitimam a sua vigência e eficácia. Pode-se dizer que a ideia de justiça contida na norma, além de ser um valor, é ideológica, por assentar-se na concepção do mundo que emerge das relações concretas do social, já que não pode, indubitavelmente, subsistir desconectada da história. Deveras, uma norma jurídica não pode ser, em si mesma, justa ou injusta, por depender do ângulo histórico sob o qual se a considera, pois o que pode parecer legítimo a uma civilização em determinada época pode ser ilegítimo em outra.

Ante o exposto, poder-se-á concluir que na norma haveria uma relação necessária entre vigência, eficácia e fundamento. Esses três aspectos essenciais da validade, por apresentarem, na lição de Miguel Reale, correlação dialética, são requisitos para que a norma seja legitimamente obrigatória[6].

6. Princípio da vigência sincrônica e "vacatio legis"

Nem sempre a data de publicação da lei é coincidente com a do início de sua vigência, que pode ser postergada para data posterior. Deveras, o art. 8º da Lei Complementar n. 95/98 assim reza: "A vigência da lei será indicada de forma expressa e de modo a contemplar prazo razoável para que dela se tenha amplo conhecimento, reservada a cláusula 'entra em vigor na data de sua publicação' para as leis de pequena repercussão".

A obrigatoriedade da norma de direito, portanto, não se inicia no dia da sua publicação, salvo se ela assim o determinar, pois poderá estipular sua imediata entrada em vigor (Dec. n. 4.176/2002, art. 19, § 1º). A escolha de uma ou de outra determinação é arbitrária, pois o legislador poderá fazer

---

6. Miguel Reale, *O direito como experiência*, cit., 1968, p. 218; *Lições preliminares de direito*, cit., p. 105-16; *Teoria tridimensional do direito*, São Paulo, 1968, p. 28 e s.; Eficácia (Filosofia do direito), in *Enciclopédia Saraiva do Direito*, v. 30, p. 183-7; Larenz, *Metodologia da ciência do direito*, Lisboa, 1978, p. 143; Tércio Sampaio Ferraz Jr., *Teoria da norma jurídica*, Rio de Janeiro, Forense, 1978, p. 96, 97, 105 e s.; ICM sobre bens importados: constitucionalidade da lei, *Revista Jurídica da Faculdade de Direito de Curitiba*, 4:178 e 180, 1985; *A ciência do direito*, São Paulo, Atlas, 1977, p. 57-67; *Introdução ao estudo do direito*, São Paulo, Atlas, 1988, p. 181; M. Helena Diniz, *Compêndio*, cit., p. 353-67; *Norma constitucional e seus efeitos*, São Paulo, Saraiva, 1989, p. 22-33; Norberto Bobbio, *Studi per una teoria generale del diritto*, Torino, Giappichelli, 1970, p. 89; Kelsen, *Teoria pura do direito*, Coimbra, 1962, v. 2, p. 111-2; Amedeo Conte, *Saggio sulla completezza degli ordinamenti giuridici*, Torino, Giappichelli, 1962, p. 43 e 67; Paul Foriers, Les lacunes du droit, in *Le problème des lacunes en droit*, Bruxelles, Perelman (publ.), Émile Bruylant, 1968, p. 23; Georgakilas, *Da eficácia das normas jurídicas*, dissertação de mestrado apresentada na PUCSP, em 1987, p. 134; Paul Bastid, L'idée de légitimité, *Annales de Philosophie Politique*, 7:17-28, 1967; Arnaldo Vasconcelos, *Teoria da norma jurídica*, 1978, p. 316; Fausto E. Vallado Berrón, *Teoría general del derecho*, México, 1972, p. 10-2, 162 e 167-8; Roberto A. R. Aguiar, *O que é a justiça: uma abordagem dialética*, São Paulo, Alfa-Omega, 1982, p. 19, 23, 27, 65 e 117; Solberg e Cross, *Le droit et la doctrine de la justice*, Paris, 1936; Perego, *Dinamica della giustizia*, Milano, Giuffrè, s.d.; Ascoli, *La giustizia*, Padova, CEDAM, 1930; Max Ernst Mayer, *Filosofía del derecho*, Labor, 1937, p. 128-30; Goffredo Telles Jr., *Iniciação*, cit., p. 161-74, 193 e 355-72; Paulo Hamilton Siqueira Jr., *Comentários*, cit., p. 64.

com que a data da publicação e a entrada em vigor coincidam se julgar inconveniente ao interesse público a existência de um tempo de espera; poderá, ainda, estipular data precisa e mais remota quando verificar que há necessidade de maior estudo e divulgação devido à importância da norma (Dec. n. 4.176/2002, art. 19, § 2º, I e II), possibilitando aos órgãos incumbidos de aplicar a lei a oportunidade de se prepararem, familiarizando-se com o seu teor, desvendando seu sentido e alcance, como ocorreu, p. ex., com o Código Civil, promulgado a 1º de janeiro de 1916, com início de vigência estabelecida para 1º de janeiro de 1917 (CC, art. 1.806), e com o novo Código Civil (art. 2.044), que, publicado em 11 de janeiro de 2002, entrou em vigor um ano depois. Faltando disposição especial sobre o assunto, vigora o princípio que reconheça a necessidade de decurso de um lapso de tempo entre a data da publicação e o termo final da obrigatoriedade. O intervalo entre a data de sua publicação e sua entrada em vigor chama-se *vacatio legis*. Com o término da *vacatio* ter-se-á o início da obrigatoriedade da lei nova. Mesmo depois de publicada, a lei só adquirirá real obrigatoriedade, ou melhor, apenas terá autoridade após o decurso do período da *vacatio legis*. Portanto, para que a lei tenha completa autoridade imperativa, desenvolvendo força obrigatória adquirida, precisará aguardar o prazo fixado para sua entrada em vigor. Logo, o transcurso da *vacatio legis* é o complemento da publicação, imprescindível para que a lei faça atuar sua autoridade. Antes do decurso da *vacatio* a lei nova não terá efetiva força obrigatória nem autoridade imperativa, mesmo que promulgada e publicada, por ainda estar em vigor a lei antiga. A contagem do prazo para entrada em vigor das leis que estabeleçam período de vacância far-se-á com a inclusão da data da publicação e do último dia do prazo, entrando em vigor no dia subsequente à sua consumação integral (art. 8º, § 1º, da Lei Complementar n. 95/98 e art. 20 do Dec. n. 4.176/2002). As que estabelecerem período de vacância deverão utilizar a cláusula "esta lei entra em vigor após decorridos (o número de) dias de sua publicação oficial" (Lei Complementar n. 95/98, art. 8º, §§ 1º e 2º, com a alteração da Lei Complementar n. 107/2001, e Dec. n. 4.176/2002, art. 19, § 2º, II).

 A duração da *vacatio legis*, se, porventura, não houver estipulação de data para sua entrada em vigor, sujeita-se ao critério de prazo único ou isócrono, por ter a Lei de Introdução (norma especial, aplicada supletivamente) adotado o *princípio da vigência sincrônica*, ou seja, simultânea em todo o território nacional. Pelo prazo único a obrigatoriedade da lei é simultânea, porque a norma, salvo disposição contrária, entrará em vigor a um só tempo em todo o país, quarenta e cinco dias após a sua publicação. Tal prazo é bastante dilatado devido à vastidão territorial do Brasil e à existência de regiões em que os meios de comunicação ainda são morosos. Todavia, esse princípio comportará exceção, uma vez que há norma que não se sujeita a ele, quando por sua natureza ânua, como a lei orçamentária por exemplo, não poderá criar nem aumentar impostos, por consistir tão somente no cômputo da receita provável a arrecadar ou da despesa a fazer no ano em exercício. A lei de vigência temporária, como a orçamentária, estabelece implicitamente a época em que entra em vigor, tornando-se obrigatória no dia em que começa o período determinado em que vigorará, sem qualquer dependência da *vacatio legis*. Trata-se de lei anual que vigora a partir do primeiro dia do ano, ainda que em nenhum de seus artigos haja estipulação a respeito, pouco importando a data de sua publicação oficial[7].

7. Cômputo do prazo de "vacatio legis"

O prazo de *vacatio legis* contar-se-á de acordo com o art. 8º, § 1º, da Lei Complementar n. 95/98, com a redação da Lei Complementar n. 107/2001 e do art. 20 do Decreto n. 4.176/2002, incluindo-se o *dies a quo*, o da publicação oficial, e incluindo-se o *dies ad quem*, em que se vence o prazo, não mais prevalecendo a velha parêmia romana: *Dies a quo non computatur in termino, dies termini computatur in termino*. Conta-se o dia da publicação (*dies a quo*), e se inclui o último dia (*dies ad quem*). Por exemplo, se a lei for publicada oficialmente no dia 2 de janeiro, o primeiro dia do prazo será 2 de janeiro e o último, sendo o prazo de quinze dias, 16 de janeiro, e a norma entrará em vigor no dia 17 de janeiro. Se, porventura, o *dies ad quem* cair em feriado ou domingo, não se considerará prorrogado o prazo até o dia útil seguinte por não se tratar de cumprimento de obrigação, mas de início de vigência da lei, que deve ser obedecida mesmo nos domingos e feriados. Portanto, a prorrogação para o dia útil imediato, quando o

---

7. Espínola e Espínola Filho, *A Lei de Introdução*, cit., v. 1, p. 47-8, 59 e 60; R. Limongi França, *Instituições de direito civil*, São Paulo, Saraiva, 1988, p. 19; Caio M. S. Pereira, *Instituições de direito civil*, Rio de Janeiro, Forense, 1967, v. 1, p. 110-1; M. Helena Diniz, *Curso de direito civil brasileiro*, São Paulo, Saraiva, 1991, v. 1, p. 63; Fiore, Delle disposizioni generali sulla pubblicazione, applicazione ed interpretazione delle leggi, in *Il diritto civile italiano secondo la dottrina e la giurisprudenza*, de Fiore, Brugi e outros, 1915, Parte 1, v. 1, p. 123-4; Goffredo Telles Jr., *Iniciação*, cit., p. 196. Lair da Silva Loureiro Filho (*Lei de Introdução ao Código Civil interpretada*, São Paulo, Ed. Juarez de Oliveira, 2000, p. 2) observa que a publicação oficial deverá ser feita no órgão de imprensa oficial onde existir (p. ex. Diário Oficial), pois em pequenos municípios inexistem tais órgãos, caso em que poderá ser feita por meio de afixação em local de costume na prefeitura. Não há que falar mais, no Brasil, de *vigência diacrônica*, como outrora, em que a lei entrava em vigor em momentos diferentes conforme os Estados depois de sua publicação: 3 dias no Distrito Federal, 15 dias no Estado do Rio de Janeiro, 30 dias nos Estados marítimos e em Minas Gerais e 100 dias nos demais (LICC/1916, art. 2º).

dies ad quem for domingo ou feriado, não será aplicável ao cômputo da *vacatio legis*, pois só se refere ao adimplemento obrigacional[8].

8. Prazo para entrada em vigor da lei brasileira no estrangeiro

No que concerne à obrigatoriedade da norma brasileira no exterior, não havendo prazo para sua entrada em vigor, o prazo é de três meses depois de oficialmente publicada (LINDB, art. 1º, § 1º), pois há hipóteses em que ela obriga em países estrangeiros no que atina às atribuições dos ministros, embaixadores, cônsules e demais funcionários de nossas representações diplomáticas, aos princípios e convenções internacionais e aos interesses não só de brasileiros, no que se refere ao seu estatuto pessoal e aos atos regidos pela norma brasileira, como também de estrangeiros em relação aos atos destinados a produzir efeitos no Brasil. A lei brasileira terá obrigatoriedade no estrangeiro após o decurso da *vacatio legis*, ou seja, do prazo de três meses contado da sua publicação no *Diário Oficial*, passando a ser reconhecida pelo direito internacional público e privado. A lei antiga, portanto, subsistirá no exterior até três meses depois da publicação oficial da lei nova no Brasil. Antes de escoado o prazo trimestral, a nova norma brasileira não terá incidência em país estrangeiro. Se, porventura, o comando legal vier a fixar prazo superior a três meses para o início da vigência da nova lei no Brasil (como se deu com o Código de Defesa do Consumidor), sem fazer qualquer referência à data da entrada em vigor dessa referida lei no exterior, impor-se-á o prazo de vigência interna à do exterior, pois incompreensível seria que uma norma vigorasse no estrangeiro antes de ter vigência no país de origem. Quanto às circulares e instruções dirigidas a autoridades e funcionários brasileiros no exterior, convém lembrar que serão aplicáveis assim que chegarem ao conhecimento dessas pessoas de forma autêntica.

Dentre os efeitos do início da obrigatoriedade da lei brasileira no estrangeiro, podemos citar, seguindo a esteira de Vicente Ráo:

---

8. Wilson de S. Campos Batalha, *Lei de Introdução*, cit., p. 46; Vicente Ráo, *O direito*, cit., v. 1, p. 372; Paulo de Lacerda, *Manual*, cit., v. 1, p. 77; Espínola e Espínola Filho, *A Lei de Introdução*, cit., v. 1, p. 55-6. Reza o art. 8º, § 1º, da Lei Complementar n. 95/98, com a redação da Lei Complementar n. 107/2001: "A contagem do prazo para entrada em vigor das leis que estabeleçam período de vacância far-se-á com a inclusão da data da publicação e do último dia do prazo, entrando em vigor no dia subsequente à sua consumação integral". E acrescenta no § 2º que "As leis que estabeleçam período de vacância deverão utilizar a cláusula 'esta lei entra em vigor após decorridos (o número de) dias de sua publicação oficial'". *Vide* arts. 19 e 20 do Decreto n. 4.176/2002.

a) a lei brasileira passará a ter vigência três meses depois de sua publicação oficial, desde que não haja estipulação do prazo para sua entrada em vigor;

b) os atos levados a efeito no exterior de conformidade com a velha norma revogada serão válidos, porque, embora essa lei já estivesse revogada no Brasil, continuará vigorando em território alienígena até findar-se o prazo de três meses;

c) os regulamentos internos, as portarias, os avisos e circulares alusivos à organização e funcionamento dos órgãos e serviços administrativos terão vigência perante as autoridades e funcionários brasileiros no exterior a partir do instante em que lhes forem, autenticamente, comunicados;

d) o contrato celebrado no Brasil de acordo com a nova lei alcançará os que se encontrarem fora do país, mesmo que aquela norma ainda não tenha entrado em vigor no exterior;

e) a pessoa que for parte numa relação jurídica, ao regressar ao Brasil, antes do término do prazo de três meses, sujeitar-se-á, no momento de sua chegada, à nova lei já vigente em nosso país, respeitando-se os atos já praticados no exterior segundo a lei brasileira lá vigorante[9].

9. Obrigatoriedade da lei revogada durante a "vacatio legis"

No período que decorre entre a publicação da lei nova e o início de sua vigência subsistirá a velha lei revogada, que ainda estará em vigor, enquanto não se vencer o prazo de *vacatio legis*, pois a lei nova ainda não produziu quaisquer efeitos, visto que não tem força obrigatória. Consequentemente, os atos praticados nesse lapso temporal de conformidade com a antiga lei, cuja obrigatoriedade está prestes a cessar, terão validade. A jurisprudência e a doutrina têm admitido *a una voce* que, durante a *vacatio legis*, a nova lei não teria eficácia, logo atos praticados conforme a antiga norma revogada serão tidos como válidos. Assim sendo, mesmo que se pratiquem atos nesse período para evitar os efeitos da lei nova, ainda não vigorante, não se terá fraude à lei, que só se configurará quando se procura impedir a incidência da lei aplicável em vigor, por não se poder considerar aplicável a lei nova que, apesar de sua existência, não se encontra ainda em

---

9. Vieira Ferreira, Obrigatoriedade das leis, *Revista de Crítica Judiciária*, *1*:119; Espínola e Espínola Filho, *A Lei de Introdução*, cit., v. 1, n. 19, p. 49; Vicente Ráo, *O direito*, cit., v. 1, p. 240-2 e 373-4; Caio M. S. Pereira, *Instituições*, cit., v. 1, p. 111-2; M. Helena Diniz, *Curso*, cit., v. 1, p. 64; Oscar Tenório, *Direito internacional privado*, Rio de Janeiro, Freitas Bastos, 1967, p. 52.

vigor, estando, portanto, no período de *vacatio legis*, apesar de já estar publicada oficialmente. Portanto, não há como negar que nesse espaço entre a publicação e o início da vigência da nova lei a relação jurídica ficará sob a égide da norma vigente anteriormente. Daí a acertada observação de Pacifici-Mazzoni de que, "no intervalo da publicação até o dia da atuação da nova lei, permanece em pleno vigor a lei antiga, que, por isso, deve continuar a ser observada, mesmo quando as suas disposições forem incompatíveis com a lei nova; isto porque a sua revogação não pode ocorrer senão por esta, ao se tornar obrigatória. Cometeria um erro de direito o magistrado que aplicasse a lei nova antes de sua atuação"[10].

---

10. Vicente Ráo, *O direito*, cit., v. 1, p. 371-2; Wilson de S. Campos Batalha, *Lei de Introdução*, cit., v. 1, p. 41; Serpa Lopes, *Comentário teórico e prático da Lei de Introdução ao Código Civil*, 1944, v. 1, p. 46-7; Pacifici-Mazzoni, *Istituzioni di diritto civile italiano*, v. 1, n. 14, p. 62. Observa Zeno Veloso (*Comentários à Lei de Introdução ao Código Civil* — arts. 1º a 6º, Belém, Unama, 2005, p. 22-3): "Se o veto for parcial, a parte da lei que recebeu sanção já entra em vigor na data da publicação ou na data em que a própria lei prevê, esgotada a *vacatio legis*. A parte vetada, obviamente, fica suspensa, não entra em vigor, aguardando reexame, a decisão final do Parlamento. Alguns autores, particularmente Manoel Gonçalves Ferreira Filho, apontam inconvenientes nesta solução: uma lei passa a vigorar com um texto (excluída a parte vetada) e, posteriormente, vai passar a vigorar com outro texto, se o Congresso rejeitar o veto e incluir a parte que fora vetada. Na Argentina, o veto, igualmente, pode ser total ou parcial e, com a reforma constitucional de 1994, admite-se, naquele país, como exceção, que o projeto seja promulgado parcialmente, se a parte não vetada tem autonomia normativa e sua aprovação parcial não altera o espírito nem a unidade do projeto aprovado pelo Congresso. Salvo neste caso, se ocorrer veto parcial, *todo* o projeto fica suspenso e é enviado para reexame do Congresso, não se transformando ainda em lei ou não entrando ainda em vigor as disposições não vetadas (Constituição da Argentina, art. 80). Há doutrinadores que dão opinião diferente da minha, quanto à questão do início da vigência da parte da lei que havia sido vetada e o veto foi rejeitado, afirmando que esta parte da lei integra-se ao restante do texto, considerando-se que começou a vigorar na mesma ocasião. Entretanto, como se pode admitir que a parte vetada tenha começado a viger, com efeito retroativo, na mesma época passada em que a parte não vetada — que foi sancionada, promulgada e publicada — tornou-se obrigatória? O veto é *suspensivo*, a parte da lei vetada não ingressou no mundo jurídico como ato acabado e perfeito, encontrando-se numa situação instável, de pendência, sujeita a reexame, à nova deliberação do Poder Legislativo. Só com a rejeição do veto, a promulgação e publicação como lei do segmento que havia sido vetado, é que se pode cogitar de início de vigência. Não sendo assim, teria começado a vigorar em todo o território nacional, obrigando os governados, impondo deveres, preceitos que ninguém conhecia — e nem tinha podido conhecer —, normas que, como tais, não haviam sido definitivamente aprovadas e nem publicadas, o que seria insensatez, despautério, um atentado gravíssimo à segurança jurídica, uma violação dos direitos individuais".

Interessante é o seguinte julgado:

Lei — Revogação das disposições em contrário — Antecedência de uma norma sobre outra que deve se deduzir da data da sanção, e não da data em que entrou em vigor — Lei emitida durante a *vacatio legis* que revoga a norma de eficácia suspensa naquilo em que dispuser diversamente.

A antecedência de uma lei sobre a outra no tempo deve-se deduzir da data da sanção, e não da data em que entrar em vigor. Se no período da *vacatio legis* uma lei dispuser de maneira diversa da que estiver submetida apenas ao decurso do prazo da *vacatio legis*, é incontestável sua revo-

10. Sujeição à lei nova antes de finda a "vacatio legis"

Não há submissão à novel norma antes de sua obrigatoriedade, embora seja permitido a alguém dela usar, mediante convenção, que constitui lei entre as partes, desde que não contrarie os princípios de ordem pública em que se funda a antiga lei, nem fira os interesses e direitos de terceiros. Contudo, será mister esclarecer que não será a lei nova que obrigará os contratantes, mas sim o contrato feito por eles, que é lei entre as partes. Eis por que para Venzi seria lícito, se a nova lei não contiver derrogação de preceito imperativo da lei anterior, ou de princípios gerais de direito consagrados pela velha lei, cumprir-se essa lei nova ainda não obrigatória, pois incide na livre vontade de cada um aquilo que não é ordenado nem proibido legalmente, e dentro destes limites, portanto, não se pode vedar, como já dissemos alhures, a observância da lei nova pelos contratantes apesar de não ser obrigatória. Assim, se um contrato for estipulado na vigência da lei não revogada, conforme os preceitos da lei futura ainda não vigente, possível será admiti-lo desde que não fira as normas cogentes da lei em vigor que continua eficaz[11].

11. Questão da aplicabilidade do prazo da "vacatio legis" a decretos, regulamentos e outras normas obrigatórias

A doutrina minoritária tem entendido, quanto à vigência dos regulamentos e decretos destinados à execução da lei, que a obrigatoriedade dessa lei subordinar-se-á à publicação de sua regulamentação, e o prazo de vigência será contado a partir da publicação do regulamento depois de decorridos os prazos do art. 1º, § 1º, observando-se que, se apenas uma parte da lei depender de regulamentação, só a ela é aplicável a norma. Hodiernamente, tal não se dará ante a possibilidade de se usar do *mandado de injunção* previsto constitucionalmente, como tivemos oportunidade de mencionar em páginas anteriores (CF, art. 5º, LXXI). Com isso a Carta Magna teve por escopo, havendo falta de regulamentação subsequente, requerida constitucionalmente, o adimplemento dessa prestação pelo Poder Judiciário, que deverá, então, solucionar o caso *sub judice*, em que a ausência de normação ulterior impossibilitou o exercício de algum direito con-

---

gação em tudo quanto contiver de incompatível em relação à nova lei sancionada posteriormente (Ap. 380.210 (I Dinconst) (reexame) — TP — j. em 19-10-1989, rel. Juiz Donaldo Armelin, 1º TACSP, *RT*, *658*:105).

11. Carvalho Santos, *Código Civil*, cit., v. 1, p. 35; Vicente Ráo, *O direito*, cit., v. 1, p. 375; Serpa Lopes, *Comentário teórico e prático*, cit., v. 1, p. 46-7 e 82-3.

templado pelo preceito constitucional. O uso desse remédio jurídico está permitido, desde logo, a todo aquele que apontar um nexo causal entre a omissão legislativa e a inviabilidade de exercer os direitos constitucionalmente previstos, sem exceção de quaisquer deles, dado que a abrangência entrevista no texto é total. Daí propor Irineu Strenger o seguinte conceito: "Mandado de injunção é o procedimento pelo qual se visa obter ordem judicial que determine a prática ou a abstenção de ato, tanto da Administração Pública, como do particular, por violação de direitos constitucionais na falta de norma regulamentadora". O magistrado encontrar-se-á, de fato, diante da questão problemática de decidir caso não regulamentado normativamente. Daí a importante função do art. 4º da Lei de Introdução que dá ao juiz ou ao tribunal, que não pode furtar-se a uma decisão, a possibilidade de integrar essa *lacuna técnica* (ausência de uma norma imprescindível para que outra produza efeitos jurídicos), de forma que possa chegar a uma solução adequada, atendo-se aos fins sociais e ao bem comum (LINDB, art. 5º). Não sendo possível descobrir a norma para preencher a lacuna mediante procedimento analógico, o magistrado recorre aos costumes, e, se estes forem insuficientes, aos princípios gerais de direito e à equidade. O órgão judicante não criará direito novo, mas apenas uma norma individual, que se aplica só ao caso *sub judice*. A jurisdição é supletiva, integra a norma que requer regulamentação, mas a lacuna permanece, uma vez que a decisão judicial soluciona tão somente aquele caso concreto, tornando decidível o que era indecidível.

O regulamento da lei entrará em vigor no dia em que determinar e, na falta de determinação, na data de sua publicação oficial, não alterando, portanto, a data da vigência da lei a que se refere. Expressivas a respeito são as palavras de Oscar Tenório: "A tarefa regulamentar, sobremodo delicada em virtude da norma de que as regras do legislador ordinário devem ser respeitadas pelo governo, toma vulto. O regulamento *intra legem*, com feição complementar das leis, e o regulamento *praeter legem*, feito com o propósito de suprir lacunas legais, têm caráter normativo. A obrigatoriedade determina-se pela publicação oficial. Do conhecimento do regulamento por meio do *Diário Oficial* resulta a sua exequibilidade. Fica, assim, obrigatório desde a data de sua publicação, a não ser que se disponha em contrário. Apesar de seu caráter normativo, ao regulamento não se aplicará a disposição da 'vacatio' de quarenta e cinco dias. O regulamento é ato complementar da lei. Daí não se sujeitar ao prazo da vigência da lei ordinária", e, ante o mandado de injunção, inconcebível será a exigência daquele prazo. Reforça tal opinião Bianchi ao entender que, faltando disposição expressa relativa aos regulamentos e demais atos normativos de caráter geral editados pelo Poder Executivo, dever-se-á recorrer aos princípios gerais de direito, segundo os quais o preceito jurídico emanado do poder competente e publicado autenticamente contém, em si, quanto basta para tornar-se obrigatório; por isso, quando nele não se houver fixado algum prazo, nem qualquer prazo resultar da natureza de suas disposições, sua obrigatoriedade será imediata, após a sua publicação.

Os avisos e instruções para uma boa execução da lei e quaisquer atos da privativa atribuição do Executivo serão exequíveis desde que deles tenham conhecimento os interessados e autoridades competentes por meio do *Diário Oficial* (*RF, 33*:352). Assim sendo, circulares, instruções e portarias não se sujeitam ao prazo do art. 1º, por não terem o caráter de lei, dirigindo-se a funcionários administrativos, traçando-lhes diretrizes, dando-lhes esclarecimentos e orientações.

Os tratados e convenções internacionais vinculam os Estados signatários no dia em que se der a troca de ratificações ou na data avençada, mas seus efeitos internos, dependentes de lei do Estado, iniciam-se no dia do começo da vigência dessa lei[12].

12. Lei n. 2.145/53 e o art. 1º, § 1º, da Lei de Introdução às Normas do Direito Brasileiro

O § 1º do art. 1º foi revogado apenas para efeito de aplicabilidade da Lei n. 2.145, de 29 de dezembro de 1953, que institui a Carteira de Comércio Exterior e dispõe sobre o intercâmbio comercial com o exterior.

13. "Errata"

O juiz poderá corrigir *ex auctoritate*, observando os critérios do processo interpretativo, ao aplicar a lei, o erro evidente nela contido, não sanado pelo legislador, mas os substanciais que envolvam mudança de sentido normativo ou que pretendam eliminar lacunas, por ter havido publicação não integral ou inexata, por faltar texto, requerem nova publicação da lei.

---

12. Wilson de S. Campos Batalha, *Lei de Introdução*, cit., v. 1, p. 51-2; Serpa Lopes, *Comentário teórico e prático*, cit., v. 1, p. 81; Carvalho Santos, *Código Civil*, cit., v. 1, p. 31 e 35; Vicente Ráo, *O direito*, cit., v. 1, p. 377; Oscar Tenório, *Lei de Introdução ao Código Civil brasileiro*, 1955, p. 37; Espínola e Espínola Filho, *A Lei de Introdução*, cit., v. 1, p. 61; Bianchi, *Principii generali sulle leggi*, 1888, n. 58; Irineu Strenger, *Mandado de injunção*, 1988, p. 6 e 15; M. Helena Diniz, *Norma constitucional*, cit., p. 38-40; Tércio Sampaio Ferraz Jr., *Teoria*, cit., p. 14, 28, 29 e 65.

O erro evidente (*AJ*, *61*:59; *RT*, *134*:237) com que a lei foi publicada poderá ser sanado pelo órgão judicante, por consistir em falhas ortográficas ou meros erros materiais, ante o princípio "*scire leges hoc non est verba earum senere, sed vim ac potestatem*" (Celso, D. I, 3, 17). Observa a respeito Ferrara que, "quando se trata de simples erros materiais que à primeira vista aparecem como incorreções tipográficas, ou porque a palavra inserida no texto não faz sentido ou tem um significado absolutamente estranho ao pensamento que o texto exprime enquanto a palavra, que foneticamente se lhe assemelha, se encastra exatamente na conexão lógica do discurso, ou porque estamos em face de omissões ou transposições, é fácil integrar ou corrigir pelo contexto da proposição, deve admitir-se que o juiz pode exercer a sua crítica, chegando, na aplicação da lei, até a emendar-lhe o texto". Se "pelo contrário a solução tem de ser outra quando se trata de mudanças ou adjunções de palavras ou frases que importam uma substancial divergência de pensamento, ou determinam equívoco sobre o sentido da lei, tornando possíveis sentidos diferentes da vontade legal", o juiz não poderá proceder a qualquer entendimento.

Como o erro substancial poderá alterar total ou parcialmente o sentido legal, imprescindível será que se faça nova publicação. Urge distinguir, então, a correção desse erro dentro da *vacatio legis* da feita durante a vigência da lei. Se, durante a *vacatio legis*, vier a norma a ser corrigida em seu texto, que contém erros substanciais, ensejando nova publicação, o prazo nela mencionado para sua entrada em vigor (Dec. n. 4.176/2002, art. 19, § 2º, II) ou, não o havendo, os prazos de quarenta e cinco dias e três meses (LINDB, art. 1º e § 1º) começam a correr da nova publicação (LINDB, art. 1º, § 3º), portanto nova *vacatio* iniciar-se-á a partir da data da correção, anulando-se o tempo decorrido. Logo, se é publicação repetida, que visa corrigir a lei já publicada, mas ainda não vigente, por não ter transcorrido o prazo da *vacatio legis*, terá o condão de anular os efeitos da primeira publicação, contando-se o prazo da última. Em caso de várias publicações diferentes da mesma lei, motivadas por erro, a data da publicação será uma só, e deverá ser a da publicação definitiva, ou seja, a última (*RF*, *24*:480). Será inadmissível uma nova publicação da lei, corrigindo-a, após o término da *vacatio legis*, porque já está vigorando, e, ante esse fato, apenas uma novel lei poderá retificar seu texto. As emendas ou correções da lei que já tenha entrado em vigor são consideradas lei nova (LINDB, art. 1º, § 4º), a cujo começo de obrigatoriedade se aplica o princípio geral da *vacatio legis*, pois só produzirão efeitos a partir do decurso do prazo legal ou, não o havendo, do de quarenta e cinco dias ou de três meses após a publicação, uma vez que derrogaram ou ab-rogaram a lei anterior, cuja obrigatoriedade e efeitos se reconhecerão. Assim, se a correção for feita dentro da vigência legal, a lei, apesar de errada, vigorará até a data do novo diploma legal publicado para corrigi-la, pois uma lei deverá presumir-se sempre correta. Se apenas uma parte da lei for corrigida, o prazo recomeçará a fluir somente para a parte retificada, pois seria inadmissível, no que atina à parte certa, um prazo de espera excedente ao limite imposto para o início dos efeitos legais, salvo se a retificação afetar integralmente o espírito da norma. Respeitar-se-ão os direitos e deveres decorrentes de norma publicada com incorreções ainda não retificada. Assim, se a parte da lei não retificada, em razão do decurso do prazo para sua entrada em vigor, já houver conferido direitos e criado deveres, estes deverão ser resguardados com a cessação da *vacatio legis* relativamente àquela parte, uma vez que se a lei nova contemplar matéria não disciplinada pela norma anterior ou atingir apenas disposição supletiva desta lei, permitido será às partes se submeterem à nova disciplina durante o período da *vacatio legis*. Em consequência, os direitos e deveres advindos desta subordinação, mesmo que estejam baseados em texto legal retificado posteriormente, não poderão deixar de ser considerados juridicamente. De fato, poderá ocorrer que surjam de uma publicação errônea relações jurídicas, constituindo direitos adquiridos, que deverão ser respeitados, apesar de a disposição devidamente corrigida ter o efeito de uma nova norma, considerando-se a boa-fé daquele que a aplicou. Se a modificação influir no seu comando, não mais se poderá considerar a primeira publicação para início da *vacatio legis*, devendo-se, no entanto, respeitar ato jurídico perfeito, direito adquirido e coisa julgada. Se se tratar de meros erros de ortografia, de fácil percepção, não haverá empecilho a que o prazo da *vacatio legis* decorra da data da publicação errada, não aproveitando a quem invocar tais erros.

Quanto ao erro velado, não se poderia admitir correção judiciária sob pena de se comprometer a independência dos três Poderes e de se estimular os excessos da atividade jurisdicional. O erro irrelevante, como o tipográfico, por sua vez, dispensará a correção.

Preciso será lembrar que erro na promulgação não poderá ser corrigido por via de *erratum*, ao contrário do que ocorre quanto à publicação, como acima pudemos demonstrar[13].

---

13. Josserand, *Derecho civil*, 1952, t. 1, v. 1, p. 69; Wilson de S. Campos Batalha, *Lei de Introdução*, cit., v. 1, p. 27, 55-6; Planiol, Ripert e Boulanger, *Traité élémentaire de droit civil*, v. 1, p. 207; Oscar Tenório, *Lei de Introdução*, cit., n. 72; Serpa Lopes, *Curso*, cit., v. 1, p. 80-1; Ferrara, *Trattato di diritto civile italiano*, 1921, v. 1, p. 116-7; Unger, *System des österreichischen allgemeinen Privatrechts*, v. 1, p. 73; Lukas, *Fehler im Gesetzgebungsverfahren*, 1907; Zanobini, *La publicazione delle leggi*, p. 267 e s.; Vicente Ráo, *O direito*, cit., v. 1, p. 375, 379-80; Espínola e Espínola Filho, *A Lei de Introdução*, cit., v. 1, p. 63-4; R. Limongi França, Aplicação da lei no tempo, in *Enciclopédia Saraiva do Direito*, v. 7, p. 174-5; *Instituições*, cit., p. 21; *A irretroativida-*

14. Vigência do ato administrativo e de lei tributária

Os atos administrativos têm obrigatoriedade a partir da publicação, de conformidade com o art. 5º do Decreto n. 572, de 12 de julho de 1890, que, nesta parte, não está revogado pela Lei de Introdução.

Vide Lei n. 5.172, de 25 de outubro de 1966 (CTN), arts. 101 a 104, relativamente à vigência de leis tributárias, atos administrativos, decisões normativas de órgãos administrativos, convênios tributários[14].

15. Inaplicabilidade do art. 1º, § 2º

O § 2º do art. 1º da Lei de Introdução, ora revogado pela Lei n. 12.036/2009, não mais se aplica no direito brasileiro desde o advento da Constituição Federal de 1946. Este dispositivo era alusivo à Constituição de 1937, que vigorava por ocasião da promulgação da Lei de Introdução e dispunha, no seu art. 17, que a lei poderia delegar aos Estados a permissão de legislar nas matérias de exclusiva competência da União, fosse para regularizá-las, fosse para suprir lacunas, havendo interesse do Estado. Tais normas entrariam em vigor tão somente se houvesse aprovação do governo federal. As leis estaduais elaboradas dentro da competência assegurada constitucionalmente se subordinavam, então, pela não incidência do § 2º ao prazo da *vacatio* estabelecido no *caput* do art. 1º, salvo se houvesse disposição legal em contrário.

16. Objeto do dispositivo legal "sub examine"

O art. 1º da Lei de Introdução visa dispor supletivamente a respeito da obrigatoriedade da norma, indicando o momento inicial da vigência legal, ou seja, quando a lei deverá ser efetivamente obedecida, se não houver nela fixação de prazo de início de sua vigência. Assim, se se considerar a obrigatoriedade da lei no tempo, ter-se-ão três aspectos:

a) o do seu momento inicial, ou seja, o do instante em que a lei começa a obrigar, de que cuida o art. 1º, ora comentado, que se dará mediante prévia determinação de dia certo de sua vigência previsto no próprio pre-

---

de das leis e o direito adquirido, São Paulo, Revista dos Tribunais, 1982. A Lei Complementar n. 95/98, art. 18, reza: "Eventual inexatidão formal de norma elaborada mediante processo legislativo regular não constitui escusa válida para o seu descumprimento".

14. Vicente Ráo, *O direito*, cit., v. 1, p. 378.

ceito legal, como, p. ex., o do art. 1.806 do Código Civil de 1916, que prescrevia que ele entraria em vigor no dia 1º de janeiro de 1917, no mesmo sentido o art. 2.044 do novo Código Civil, pois reza que sua entrada em vigor dar-se-á um ano após sua publicação; indicação legal de certo lapso temporal, como fez o art. 89 da Lei n. 8.245/91, que reza: "Esta Lei entrará em vigor sessenta dias após a sua publicação"; ou aplicação supletiva do art. 1º, § 1º, da Lei de Introdução, por falta de estipulação legal a respeito do início da sua vigência;

b) o da sua duração, ou seja, o prazo com que se demarcaria o tempo de vigência da norma. No período que vai da publicação até sua revogação, ou até o prazo estabelecido para sua duração, diz-se que a norma é vigente. O âmbito temporal de validade constitui o período durante o qual a norma tem vigência. A vigência temporal é, como vimos alhures, uma qualidade da norma relativa ao tempo de sua atuação, podendo ser invocada para produção de efeitos jurídicos concretos;

c) o do seu termo, isto é, o momento em que perderá sua vigência. Se a lei não fixar prazo de duração de sua vigência, sua eficácia será por tempo indefinido, já que a lei só será revogada por outra que trate da matéria de modo diverso, de igual hierarquia ou de hierarquia superior[15].

Art. 2º Não se destinando à vigência temporária, a lei terá vigor até que outra a modifique ou revogue.

§ 1º A lei posterior revoga a anterior quando expressamente o declare, quando seja com ela incompatível ou quando regule inteiramente a matéria de que tratava a lei anterior.

- *Lei complementar n. 95/98, art. 9º, com a redação da Lei Complementar n. 107/2001.*
- *Decreto n. 4.176, de 28 de março de 2002, art. 21.*
- *Código Civil, art. 2.045.*

§ 2º A lei nova, que estabeleça disposições gerais ou especiais a par das já existentes, não revoga nem modifica a lei anterior.

---

15. Carvalho Santos, *Código Civil*, cit., p. 29; Clóvis Beviláqua, *Código Civil dos Estados Unidos do Brasil comentado*, Rio de Janeiro, Francisco Alves, 1916, v. 1, p. 90 e s.; Laurent, *Cours élémentaire de droit civil*, n. 8 a 27; Blunstschli, *Allgemeines Staatsrecht*, Stuttgart, 1876, p. 7 a 10; Alves Moreira, *Direito civil português*, 1907, v. 1, n. 9 a 15; Ribas, *Curso de direito civil brasileiro*, 4. ed., p. 139-45; Arnaldo Vasconcelos, *Teoria*, cit., p. 316; Kelsen, *Teoria pura do direito*, cit., v. 1, p. 18-9.

§ 3º Salvo disposição em contrário, a lei revogada não se restaura por ter a lei revogadora perdido a vigência.

1. Hipóteses de cessação da vigência normativa

O art. 2º da Lei de Introdução trata da vigência temporal da norma, salientando que, não sendo temporária a vigência, a norma poderá produzir efeitos, tendo força vinculante (vigor) até sua revogação. A esse respeito Adolfo Ravà[16], com muita propriedade, pondera: "Da mesma forma que a lei começa a ter vigor em determinado momento, assim também acaba de tê-lo em outro momento. A cessação da eficácia da lei pode verificar-se de dois modos, segundo tem ela, já em si, um elemento pelo qual a sua eficácia se extingue em certo ponto, naturalmente, ou, ao contrário, é destinada à duração indeterminada, devendo interferir um fato novo para fazê-la cessar". Na primeira hipótese, ter-se-á *cessação da lei por causas intrínsecas*, tais como: *a*) *decurso do tempo* para o qual a lei foi promulgada, por se tratar de lei temporária (lei *"ad tempus"*), salvo se a sua vigência for expressamente protraída por meio de outra norma (p. ex., a lei orçamentária que estabelece a despesa e a receita nacional pelo período de um ano, cuja temporariedade advém da própria natureza da norma, ou a lei que venha a limitar o tempo de sua duração, estipulando data da cessação de sua vigência); *b*) *consecução do fim a que a lei se propõe* (p. ex., lei que manda pagar uma subvenção ou suspende a realização de um concurso para preencher vagas com os contratados, a fim de que se efetivem; com o aproveitamento do último funcionário contratado, a norma cessará de existir; é o que sucede também com as disposições transitórias, que se encontram no final dos Códigos ou de certas leis); *c*) *cessação do estado de coisas não permanente* (p. ex., lei emanada para atender estado de sítio ou guerra, ou para prover situação de emergência oriunda de calamidade pública) ou *do instituto jurídico pressuposto pela lei*, pois, finda a anormalidade, extinguir-se-á a lei, que a ela se refere. Todavia, desaparecendo os motivos determinantes da lei, ter-se-á, na verdade, sua ineficácia social, apesar de a norma não estar revogada, pois não perdeu sua vigência. Entretanto, alguns autores[17] enten-

---

16. Adolfo Ravà, *Istituzioni di diritto privato*, 1938, p. 57; Stolfi, *Diritto civile*; parte generale, 1919, v. 1, p. 165; Espínola e Espínola Filho, *A Lei de Introdução*, cit., v. 1, p. 69-73; Paulo de Lacerda, *Manual*, p. 31; Wilson de S. Campos Batalha, *Lei de Introdução*, cit., v. 1, p. 67; Ives Gandra da S. Martins, A convivência da lei especial, Decreto n. 99.182/90: inteligência do art. 2º da Lei de Introdução ao Código Civil, o princípio da seletividade no IPI, exegese do art. 41 das Disposições Transitórias da Constituição Federal, *RT*, *670*:28. Consulte: *RT*, *780*:174.

17. Gèny, *Méthode*, cit., p. 250; Capitant, *Introduction à l'étude du droit civil*, 1929, p. 82-3; Demante, *Cours analytique de Code Civil*, 1881, p. 11-2; R. Limongi França, *Instituições*, cit.,

dem que há uma *autorrevogação* tácita da lei (revogação interna) quando faltarem as razões pelas quais foi ditada, pela ocorrência do termo final nela prefixado, pois, com o desaparecimento das circunstâncias fático-temporais que a condicionaram, a norma deixará de vigorar, por ficar sem objeto. No nosso entender a parêmia *cessante ratione legis, cessat lex ipsa* não envolve meio indireto de revogar tacitamente norma, mas, sim, constitui base para interpretá-la restritivamente, por conter disposições excepcionais. Deveras, não haverá, em regra, autorrevogação tácita da lei pela cessação dos motivos que lhe deram origem, pois a norma permanecerá vigente e válida apesar de não mais poder incidir, perdendo sua eficácia[18]. Na segunda hipótese, ter-se-á a *revogação*, pois, diante do *princípio da continuidade das leis*, elas, ante a ausência de previsão de seu termo final, serão permanentes, vigorando indefinidamente, produzindo seus efeitos até que outra as revogue, caso em que se configurará a revogação externa. A cessação da obrigatoriedade da lei dar-se-á pela força revocatória superveniente de outra norma.

Em suma a norma poderá ter, portanto: *a*) *vigência temporária*, pelo simples fato de já ter fixado o tempo de sua duração, contendo um limite para a sua eficácia; e *b*) *vigência permanente*, ou seja, para o futuro sem prazo determinado, durando até que seja modificada ou revogada por outra da mesma hierarquia ou de hierarquia superior. Assim sendo, jurisprudência, costume, regulamento, decreto, portaria, avisos não poderão revogar a lei, não prevalecendo nem mesmo na parte em que com ela conflitarem[19].

2. Caducidade, desuso e costume negativo

Casos haverá em que se terá *caducidade da norma*, p. ex., quando ocorrer a superveniência de uma situação prevista na própria norma, cuja ocorrência a tornará sem efeito, sem que haja norma revogadora implícita ou explícita. Tal situação poderá referir-se, como vimos acima: *a*) ao fator temporal: se a lei fixar prazo final de sua vigência, completado este ela não mais produzirá efeitos; *b*) a uma condição fática, se a norma for editada para

---

p. 23; Aplicação da lei no tempo, in *Enciclopédia*, cit., p. 175; Vicente Ráo, *O direito*, cit., v. 1, p. 385-6; Teophilo Cavalcanti Filho, Ab-rogação da lei por si mesma, in *Enciclopédia Saraiva do Direito*, v. 1, p. 481-2; Espínola e Espínola Filho, *A Lei de Introdução*, cit., v. 1, p. 70-2.

18. Ferrara, *Trattato*, cit., p. 189-91; Wilson de S. Campos Batalha, *Lei de Introdução*, cit., v. 1, p. 118-9; Carlos Maximiliano, *Hermenêutica e aplicação do direito*, Rio de Janeiro, Freitas Bastos, 1965, p. 427.

19. Carvalho Santos, *Código Civil*, cit., p. 60-1.

atender a calamidade ou a situação emergencial, que, deixando de existir, tornará a norma sem eficácia, por não mais poder ter incidência.

Se uma norma for sintaticamente eficaz, por apresentar condições técnicas de atuação, mas semanticamente inefetiva, por ser regularmente desobedecida ou inaplicada pela autoridade, por não se adaptar ao tempo, ao local, às convicções e aos pontos de vista valorativos da sociedade, fala-se em inefetividade pragmática no sentido de *desuso*, isto é, omissão que ocorre diante de fatos que constituem condições para a aplicação da norma. A norma em desuso não perde, enquanto não for revogada por outra, a eficácia jurídica, apesar de ser regularmente desobedecida. É o que ocorre com a norma que não prevê a superveniência da situação cronológica ou factual, que a torna inaplicável; assim, os pressupostos de sua aplicação deixam de existir. Por exemplo, havendo norma que vede a pesca de baleia, se este animal se extinguir, tal lei não poderá mais ser obedecida, devido à ocorrência de um fato natural.

Se uma norma for sintaticamente ineficaz e desobedecida regularmente (semanticamente inefetiva), ter-se-á inefetividade pragmática no sentido de *costume negativo* ou *contra legem*, ou melhor, omissão que se dá porque os fatos que seriam condição para a aplicação da norma não ocorrem. Por exemplo, a norma que proíba fumar em veículos públicos será ineficaz se cigarros forem vendidos em rodoviárias, levando os passageiros a fumar. Em caso de costume negativo perderá a lei a eficácia, ou seja, não obstante a previsão da ação como proibida, sob certas circunstâncias, temos uma omissão generalizada apesar da ocorrência das condições de aplicação da norma. A norma não foi revogada, mas, como é ineficaz, não poderá ser aplicada[20].

3. Revogação

Revogar é tornar sem efeito uma norma, retirando sua obrigatoriedade. Revogação é um termo genérico, que indica a ideia da cessação da existência da norma obrigatória. Assim sendo, ter-se-á permanência da lei quando, uma vez promulgada e publicada, começa a obrigar indefinidamente até que outra a revogue. A lei nova começa a vigorar a partir do dia em que a lei revogada vier a perder sua força. Em outros termos, a data da cessação da eficácia de uma lei não é a da promulgação ou publicação da lei que a revoga, mas aquela em que a lei revocatória se tornar obrigatória. Enquanto não começar a obrigatoriedade da lei nova, a anterior continuará a ter efi-

---

20. Tércio Sampaio Ferraz Jr., *Introdução*, cit., p. 183-4; *Teoria*, cit., p. 120-1.

cácia, a não ser que se determine sua suspensão. Com a entrada em vigor da nova norma, a lei revogada não mais poderá pertencer ao ordenamento jurídico, perdendo sua vigência, porém será possível que a revogação não elimine sua eficácia, pois poderá suceder que seus efeitos permaneçam[21]. Daí ter a revogação efeito *ex nunc*.

A norma revogada, para os casos ocorridos durante sua vigência, terá obrigatoriedade, em razão de sua *ultratividade* ou *eficácia residual*, garantindo ato jurídico perfeito e direito adquirido.

A revogação é o gênero que contém duas espécies:

a) a *ab-rogação*, que é a supressão total da norma anterior, por ter a nova lei regulado inteiramente a matéria, ou por haver entre ambas incompatibilidade explícita ou implícita. Por exemplo, é o que fez o art. 1.807 do Código Civil de 1916 ao prescrever: "Ficam revogadas as ordenações, alvarás, leis, decretos, resoluções, usos e costumes concernentes às matérias de direito civil reguladas neste Código". O mesmo se diga do art. 2.045, 1ª parte, do novo Código Civil, ao dispor que "Revogam-se a Lei n. 3.071, de 1º de janeiro de 1916 — Código Civil...";

b) a *derrogação*, que torna sem efeito uma parte da norma. A norma derrogada não perderá sua vigência, pois somente os dispositivos atingidos é que não mais terão obrigatoriedade. Por exemplo, o novo Código Civil, art. 2.045, 2ª parte, que prescreve a revogação da parte primeira do Código Comercial (Lei n. 556 de 1850); o Código Civil de 1916, art. 550, que rezava: "Aquele que por trinta anos, sem interrupção, possuir como seu um imóvel, adquirir-lhe-á o domínio, independentemente de título e boa-fé que, em tal caso, se presume, podendo requerer ao juiz que assim o declare por sentença, a qual lhe servirá de título para a transcrição no Registro de Imóveis", foi derrogado pela Lei n. 2.437/55, que determinou a seguinte alteração: "Aquele que, por *vinte anos*, sem interrupção, *nem oposição*, possuir como seu um imóvel, adquirir-lhe-á o domínio, independentemente de título de boa-fé que, em tal caso, se presume, podendo requerer ao juiz que assim o declare por sentença, a qual lhe servirá de título para a transcrição no Registro de Imóveis" (grifo nosso). Hodiernamente, a matéria está regi-

---

21. Tércio Sampaio Ferraz Jr., *Introdução*, cit., p. 182; Oscar Tenório, *Lei de Introdução*, cit., p. 71; Paulo de Lacerda, *Manual*, cit., v. 1, p. 290; Wilson Melo da Silva, Conflito de leis no tempo, in *Enciclopédia Saraiva do Direito*, v. 18, p. 55; W. S. Campos Batalha, *Lei de Introdução*, cit., p. 81-2; José L. de Oliveira, *Curso de direito civil*, São Paulo, Sugestões Literárias, 1981, p. 51; R. Limongi França, *Instituições*, cit., p. 22-3; Aplicação da lei no tempo, in *Enciclopédia*, cit., p. 175; Caio M. S. Pereira, *Instituições*, cit., v. 1, p. 119, 122-3, 126-7; M. Helena Diniz, *Curso*, cit., p. 65; *Conflito de normas*, São Paulo, Saraiva, 1987, p. 43-4; Ruggiero e Maroi, *Istituzioni di diritto privato*, Milano, 1955, v. 1, § 19; Vicente Ráo, *O direito*, cit., v. 1, n. 263.

da pelo art. 1.238 do novo Código Civil. A derrogação, como se vê, consiste na modificação explícita ou implícita de parte da lei anterior[22].

Clássica é tal distinção, pois os romanos já diziam: "*derogatur legi aut abrogatur; derogatur legi, cum pars detrahitur; abrogatur legi cum pars tollitur*" (Livro 102, Digesto 50, 16). Atualmente, emprega-se o termo *revogação* para indicar tanto a derrogação como a ab-rogação.

A revogação poderá ser, ainda:

a) *expressa*, se a norma revogadora declarar qual a lei que está extinta em todos os seus dispositivos ou apontar os artigos que pretende retirar. Por exemplo, a Lei n. 8.245/91, no art. 90, I a VIII, revogou expressamente o Decreto n. 24.150/34 e as Leis n. 6.239/75, 6.649/79, 6.698/79, 7.355/85, 7.538/86, 7.612/87 e 8.157/91; e a Lei n. 8.560/92, no art. 10, revogou expressamente os arts. 332, 337 e 347 do Código Civil de 1916. Bastante louvável é a revogação expressa, pois, a esse respeito, com muita propriedade pondera Saredo que "é evidente que na formação das leis deveria haver cuidado em indicar nitidamente, ao menos tanto quanto possível, quais as leis que se ab-rogam. Seria o melhor meio de evitar antinomias e obscuridades". Eis por que a Lei Complementar n. 95/98 prescreve no art. 9º, com a redação da Lei Complementar n. 107/2001: "A cláusula de revogação deverá enumerar expressamente as leis ou disposições legais revogadas" (no mesmo sentido: art. 21 do Decreto n. 4.176/2002);

b) *tácita*, quando houver incompatibilidade entre a lei nova e a antiga, pelo fato de que a nova passa a regular parcial ou inteiramente a matéria tratada pela anterior, mesmo que nela não conste a expressão "revogam-se as disposições em contrário", por ser supérflua e por estar proibida legalmente, nem se mencione expressamente a norma revogada. A revogação tácita ou indireta operar-se-á, portanto, por força de aplicação supletiva do art. 2º, § 1º, primeira parte, da Lei de Introdução quando a nova lei contiver algumas disposições incompatíveis com as da anterior, hipótese em que se terá derrogação, ou quando a novel norma reger inteiramente toda a matéria disciplinada pela lei anterior, tendo-se, então, a ab-rogação. Esse princípio da revogação tácita de lei anterior pela posterior em razão de desconformidade dos preceitos advém do direito romano, que já o previa: "*non est novum, ut priores leges ad posteriores leges trahantur — sed et posteriores

---

22. R. Limongi França, *O direito, a lei e a jurisprudência*, São Paulo, Revista dos Tribunais, 1974, p. 125-6; Aplicação da lei no tempo, in *Enciclopédia*, cit., p. 175 e s.; Paulo de Lacerda, *Manual*, cit., v. 1, n. 193, p. 293; Espínola e Espínola Filho, *A Lei de Introdução*, cit., v. 1, p. 74-90; Tércio Sampaio Ferraz Jr., *Introdução*, cit., p. 183; Luis M. Diez-Picazo, *La derogación de las leyes*, 1990.

leges ad priores pertinent: nisi contrariae sint: idque multis argumentis probatur" (Digesto, Livro I, tít. III, *De legibus, senatusque consultis, et longa consuetudine*, frags. 26 e 28). Fiore, ao se referir à incompatibilidade como critério de revogação tácita, pondera que, "quando a lei nova é diretamente contrária ao próprio espírito da antiga, deve entender-se que a ab-rogação se estende a todas as disposições desta, sem qualquer distinção". Mas acrescenta: "em caso contrário, cumpre examinar cuidadosamente quais as disposições da lei nova absolutamente incompatíveis com as da lei antiga e admitir semelhante incompatibilidade quando a força obrigatória da lei posterior reduz a nada as disposições correspondentes da lei anterior: *posteriores leges ad priores pertinent nisi contrariae sint*. E sendo duvidosa a incompatibilidade, as duas leis deverão ser interpretadas por modo a fazer cessar a antinomia, pois as leis, em regra, não se revogam por presunção". Assim, havendo dúvida, dever-se-á entender que as leis "conflitantes" são compatíveis, uma vez que a revogação tácita não se presume. A incompatibilidade deverá ser formal, de tal modo que a execução da lei nova seja impossível sem destruir a antiga.

Convém, ainda, lembrar, como já o fizemos em páginas anteriores, que nem sempre o desaparecimento dos motivos legais determinantes da publicação de uma lei conduz à sua revogação tácita, não sendo possível afirmar-se que uma lei, determinada por fatos especiais e transitórios, deixe de ser aplicada, quando as razões em que se inspirou vierem a cessar.

Bianchi esclarece-nos que apenas se dará a revogação tácita se o estado de coisas a que a lei se destinava desapareceu totalmente, não tendo ela mais qualquer razão de existência. Por exemplo, se uma norma, para facilitar o ingresso de visitantes em uma exposição, determinar a redução do preço das passagens aéreas, evidente estará que, encerrada a exposição, terminam os motivos da lei, por ter desaparecido o estado de coisas a que se destinava. Consequentemente, dever-se-á ter cautela na delimitação do sentido do princípio *cessante ratione legis, cessat e jus dispositio*, tendo-se em vista que a autoridade da norma não decorre dos motivos que a inspiraram, mas sim da competência de seu elaborador, a quem está reservada a função de declarar se ainda tem razão para existir[23].

---

23. Bianchi, *Principii*, cit., p. 996-7; Brugi e outros, *Il diritto civile italiano secondo la dottrina e la giurisprudenza*, 1925, p. 646-7; Chironi e Abello, *Trattato di diritto civile italiano*, 1904, v. 1, p. 31, nota 1; Espínola e Espínola Filho, *A Lei de Introdução*, cit., v. 1, p. 73 e 78; Thébault, *Théorie de l'interprétation logique des lois*, § 20; Chassat, *Traité de l'interprétation des lois*, § 107; Barassi, *Istituzioni di diritto civile*, § 12; Tércio Sampaio Ferraz Jr., *Introdução*, cit., p. 183; Vicente Ráo, *O direito*, cit., v. 1, p. 391-2; Saredo, *Abrogazione delle leggi*, in *Digesto Italiano*, 1927, n. 49, v. 1, p. 128; De Ruggiero, *Istituzioni di diritto civile*, 1934, v. 1, § 19; Fiore,

Será mister mencionar, brevemente, a questão da *revogação tácita da lei pela mudança de Constituição*, pois, com a sua implantação, ante a sua supremacia, ter-se-á a subordinação da ordem jurídica aos novos preceitos. Deverá haver compatibilidade de um dispositivo legal com a norma constitucional. Havendo contradição entre qualquer norma preexistente e preceito constitucional, esta deve, dentro do sistema, ser aferida com rigor, pois é indubitável o imediato efeito ab-rogativo da Constituição sobre todas as normas e atos normativos que com ela conflitarem, não sendo nem mesmo necessário quaisquer cláusulas expressas de revogação. Logo, está ínsita no sistema a regra de que a nova Carta não repudia as normas anteriores com ela compatíveis. A ordem normativa anterior à nova Carta só prevalecerá se for por ela, expressa ou tacitamente, admitida, verificando-se a segunda hipótese sempre que as normas antigas forem conformes com as novas disposições constitucionais. As normas não conflitantes com a nova Constituição subsistem, não precisando ser renovadas. O fenômeno da recepção da ordem normativa vigente sob a égide da antiga Carta, e compatível com a nova, dando-lhe nova roupagem ou fundamento de validade, tem por finalidade precípua dar continuidade às relações sociais sem necessidade de novas leis ordinárias, o que seria, além de difícil, custoso, quase que impossível. José Afonso da Silva denomina *eficácia construtiva* a essa incidência das novas normas constitucionais sobre as da ordenação anterior compatíveis com elas, que, em nome do princípio da continuidade da ordem jurídica, são como que recriadas pela nova Carta Magna. Como se vê, a reforma constitucional ou a substituição de uma Constituição por outra não implicará a revogação de todas as normas do regime anterior, mas tão somente das que forem incompatíveis com a nova ordem. Uma parte do velho ordenamento jurídico permanecerá válida dentro da nova ordenação[24].

Delle disposizioni, cit.; Fiore e outros, *Il diritto civile italiano*, cit., 1925, v. 2, p. 652-3; Wilson de S. Campos Batalha, *Lei de Introdução*, cit., v. 1, p. 67-128.

24. Kelsen, *Teoría general del derecho y del Estado*, p. 121-2; Luiz Gonzaga do Nascimento e Silva, Efeito ab-rogativo das Constituições, *RF, 159*:63-5; Vicente Ráo, *O direito*, cit., v. 1, p. 388; M. Helena Diniz, *Norma constitucional*, cit., p. 42-4; Michel Temer, *Elementos de direito constitucional*, São Paulo, Revista dos Tribunais, 1982, p. 26; Giovanni Bernieri, Rapporto della constituzione con la leggi anteriori, *Archivio Penale*, nov./dez. 1950, p. 409; José Afonso da Silva, *Aplicabilidade das normas constitucionais*, São Paulo, 1968, p. 205 e 208. Observa Zeno Veloso (*Comentários*, cit., p. 40) que a Medida Provisória, contrária a uma lei, não a revoga, visto que a norma anterior terá eficácia suspensa; revogada estará somente quando aquela Medida Provisória transformar-se em lei. Alerta ele que, para alguns autores, a Medida Provisória revoga a lei anterior que com ela conflita, tratando-se de revogação sujeita a uma condição resolutiva, ou melhor, se a Medida Provisória não se converter em lei, a revogação ficará sem efeito, restabelecendo-se o direito anterior, ocorrendo repristinação (STF, ADIn MC 221-O-DF, rel. Min. Moreira Alves).

Vide, sobre Medida Provisória: art. 62, §§ 3º, 7º, 10 e 11, da CF (com redação da EC n. 32/2001).

4. Possibilidade da existência de antinomias aparentes e reais

É inegável a existência de conflitos normativos, porque a realidade demonstra que essa rigorosa coerência lógica não é requisito essencial do direito, mas do sistema jurídico. Deveras, não há como negar a possibilidade de os órgãos jurídicos estabelecerem normas que entrem em conflito umas com as outras. Em razão da impossibilidade de o legislador conhecer todas as normas que existem no ordenamento jurídico, é plausível a edição de normas antinômicas, de sorte que a antinomia, diante da dinamicidade do direito, poderá ser encarada pelo jurista como decorrência da própria estrutura do sistema jurídico, que, além de dinâmico, é aberto e prospectivo. Imprescindível se torna a revisão do dogma de coerência, sem desprezar a existência de conflitos normativos, que consistem num convite para esclarecer não só os limites, mas também a função da ciência jurídica e do órgão aplicador do direito.

Ter-se-á *antinomia real* quando, como nos ensina Tércio Sampaio Ferraz Jr., houver oposição total ou parcial entre duas ou mais normas contraditórias, emanadas de autoridades competentes num mesmo âmbito normativo, que colocam o sujeito numa posição insustentável pela ausência ou inconsistência de critérios aptos a permitir-lhe uma saída nos quadros de um ordenamento dado. Os critérios (hierárquico, cronológico e da especialidade) existentes não a resolverão, ficando intérprete e aplicador sem meios para se livrar da antinomia. Ou, então, apresentar-se-á uma inconsistência de critérios existentes, como é o caso da metarregra *lex posterior generalis non derogat priori speciali*, que é parcialmente inefetiva, e do conflito entre o critério hierárquico e o da especialidade. A opção por um deles contrariaria, na lição de Bobbio, como mais adiante veremos, a necessidade prática de adaptação do direito: teoricamente dever-se-ia escolher o critério hierárquico, pois uma norma constitucional geral tem preferência sobre uma lei ordinária especial, mas a prática, ante a exigência de se aplicarem as normas constitucionais a novas situações, leva, frequentemente, a fazer triunfar a lei especial, embora ordinária, sobre a constitucional.

Em resumo, para haver antinomia real será preciso a concorrência de três condições imprescindíveis, que são: *a*) incompatibilidade; *b*) indecidibilidade; e *c*) necessidade de decisão, pois o reconhecimento dessa antinomia não excluirá a possibilidade de uma solução efetiva, pela edição de nova norma que escolha uma das normas conflitantes ou pelo emprego, pelo órgão judicante, tendo em vista o critério do *justum*, da interpretação equitativa ou corretiva, ou seja, dos mecanismos de preenchimento de lacuna, por ser tal antinomia uma *lacuna de conflito* ou de colisão (LINDB, arts. 4º e 5º). Embora a antinomia real seja resolúvel, ela não deixa de ser uma antinomia, porque a solução dada pelo magistrado a resolve tão somente no caso concreto, não suprimindo sua possibilidade no todo do ordenamento jurídico; e mesmo na hipótese de edição de uma nova derrogatória, que poderá, ao retirar a validade de uma delas ou de ambas, eliminar a antinomia, será possível gerar outras, concomitantemente.

A *antinomia aparente* se dará se os critérios para solucioná-la forem normas integrantes do ordenamento jurídico. Realmente, os critérios hierárquico, cronológico e da especialidade são critérios normativos, princípios jurídico-positivos pressupostos implícita ou explicitamente pela lei, apesar de se aproximarem muito das presunções. Sendo solucionado o conflito normativo na subsunção por um daqueles critérios, ter-se-á uma simples antinomia aparente[25].

5. Critério hierárquico

O *critério hierárquico* (*lex superior derogat legi inferiori*) é baseado na superioridade de uma fonte de produção jurídica sobre a outra. O princípio *lex superior* quer dizer que num conflito entre normas de diferentes níveis, a de nível mais alto, qualquer que seja a ordem cronológica, terá preferência em relação à de nível mais baixo. Assim, p. ex., a Constituição prevalece sobre uma lei. Daí falar-se em inconstitucionalidade da lei ou de ilegitimidade de atos normativos diversos da lei, por contrariarem-na.

As normas só podem, portanto, ser revogadas por normas superiores ou equipolentes. A norma inferior não poderá afetar a superior; se a atingir, surgirá um conflito normativo, e a que vier a afetar a superior será antinômica (*normwidrig*), sendo imprescindível que tal antinomia aparente seja corrigida, uma vez que o conhecimento jurídico não tolerará contradição entre duas normas no mesmo sistema.

Será necessário esclarecer, ainda, que, mesmo havendo a declaração de inconstitucionalidade de uma lei, por via de ação, pelo Supremo Tribunal Federal, ela não terá o condão de retirar a eficácia do ato normativo. O Senado Federal é que suspenderá a execução de lei declarada inconstitucional

---

25. Kelsen, *Teoria generale delle norme*, p. 195, 197, 198, 307-10, 350-4; Bobbio, Des critères pour résoudre les antinomies, in *Les antinomies en droit*, Perelman (publ.), Bruxelles, Émile Bruylant, 1965, p. 244-50; Merkl, Die Rechtseinheidt des österreichischen Staates, *Archiv des Öffentlichen Rechts*, 3:75, 1917; M. Helena Diniz, *Conflito*, cit., p. 26, 27, 39 e 59-65; Tércio Sampaio Ferraz Jr., Antinomia, in *Enciclopédia Saraiva do Direito*, v. 7, p. 14-8; Silance, Quelques exemples d'antinomies et essai de classement, in *Les antinomies en droit*, Bruxelles, Émile Bruylant, 1965, p. 64 e s.; Gavazzi, *Delle antinomie*, Torino, Giappichelli, 1959, p. 66-73; Chaim Perelman, Les antinomies en droit. Essai de synthèse, in *Les antinomies en droit*, p. 392 e s.

por decisão definitiva do Supremo Tribunal Federal, após receber a comunicação da Corte Suprema, no todo ou em parte (CF, art. 52, X). Todavia não haverá obrigatoriedade para o Senado da suspensão, visto ter liberdade da deliberação de suspender, ou não, a lei considerada inconstitucional, verificando não só se foram observados os pressupostos para a declaração de inconstitucionalidade, mas também se, em dadas circunstâncias políticas e sociais, seria oportuno, ou não, estender para o futuro os efeitos do pronunciamento jurisdicional. Se assim não se interpretasse o art. 52, X, tal dispositivo seria supérfluo, pois converteria o Senado em mero instrumento formalizador das decisões do Supremo Tribunal Federal e seria, então, melhor que, de logo, prescrevesse que ficariam sem efeito as leis tidas como inconstitucionais pelo Supremo Tribunal Federal.

Já o controle da inconstitucionalidade por via de exceção (ou de defesa) só poderá ser exercido ante um caso *sub judice*. O órgão judicante poderá declarar a inconstitucionalidade da lei ao decidir o litígio entre as partes; logo tal declaração é mera consequência da lide, operando seus efeitos apenas em relação aos litigantes. Se a decisão chegar ao Supremo Tribunal Federal por via recursal, ele poderá remeter a declaração de inconstitucionalidade, oriunda da apreciação do caso concreto, ao Senado Federal para que este suspenda a execução da lei, nos termos do art. 52, X, da Carta Magna.

Portanto, a ordem hierárquica entre as fontes servirá para solucionar conflitos de normas em diferentes escalões, embora às vezes possa haver incerteza para decidir qual das duas normas antinômicas é a superior[26].

6. Critério cronológico

O *critério cronológico* (*lex posterior derogat legi priori*) remonta ao tempo em que as normas começaram a ter vigência, restringindo-se somente ao conflito de normas pertencentes ao mesmo escalão. Na lição de Hans Kelsen, se se tratar de normas gerais estabelecidas pelo mesmo órgão em

---

26. Wilson de S. Campos Batalha, *Lei de Introdução*, cit., v. 1, p. 67; *Diretrizes de filosofia jurídica*, 1951, p. 139-40; M. Helena Diniz, *Conflito*, cit., p. 40; *Norma constitucional*, cit., p. 124-8; Rosah Russomano, Suspensão da executoriedade das leis inconstitucionais no Brasil, *RF, 173*:68; Paulo Brossard, O senado e as leis inconstitucionais, *Revista da Faculdade de Direito da Universidade de Uberlândia*, 6:101-10, 1973; Celso Bastos, *Direito constitucional*, 1975, p. 59; Trujill, *De los estudios sobre la constitucionalidad de las leyes*, 1970; Michel Temer, *Elementos*, cit., p. 32. Para Hans Kelsen (*Teoria pura do direito*, cit., v. 2, p. 33 e 34) não há, em normas de diferentes escalões, conflito, porque a norma inferior tem seu fundamento de validade na superior. Só será válida a norma inferior se estiver em harmonia com a do escalão superior.

diferentes ocasiões, a validade da norma editada em último lugar sobreleva à da norma fixada em primeiro lugar e que a contradiz. Esse princípio também poderá ser aplicado quando as normas antinômicas forem estabelecidas por órgãos diferentes, p. ex., quando a Constituição confere ao rei e ao parlamento poder para regular o mesmo objeto, mediante edição de normas gerais, ou a legislação e o costume são instituídos como fatos produtores de direito. Se as normas conflitantes, total ou parcialmente, forem postas, concomitantemente, com um só ato do mesmo órgão, tal princípio não poderá ser aplicado; logo, se as duas normas forem totalmente antinômicas, deve-se interpretar o fato no sentido de que se deixou ao órgão judicante a opção entre as duas normas; se forem parcialmente conflitantes, deve-se entender que uma limita a validade da outra. Se for impossível qualquer uma dessas interpretações, deve-se, no entendimento de Kelsen, concluir que não há qualquer norma jurídica objetivamente válida, ou seja, que o legislador prescreveu algo sem sentido.

O critério *lex posterior derogat legi priori* significa que, de duas normas do mesmo nível ou escalão, a última prevalece sobre a anterior.

Ensina-nos Alf Ross que, indubitavelmente, trata-se de um princípio jurídico fundamental, mesmo que não esteja expresso em norma positiva. O legislador pode revogar lei anterior, criando uma nova lei com ela incompatível, que ocupará seu lugar. Mas não se pode, continua ele, elevar esse princípio à categoria de axioma absoluto, porque a experiência demonstra que pode ser deixado de lado se contrariar certas considerações. Logo esse princípio só poderá ser caracterizado como um dos mais importantes princípios de interpretação, já que sua força variará conforme os diferentes casos de inconsistência. Deveras, se: *a)* a inconsistência for total, será difícil deixar de lado o critério *lex posterior derogat legi priori*; *b)* a inconsistência for total-parcial, sendo a última norma especial, a *lex posterior* operará conjuntamente com a *lex specialis*; *c)* houver inconsistência de norma especial anterior e norma geral posterior, a *lex specialis* pode, conforme o caso, prevalecer sobre a *lex posterior*; *d)* a inconsistência for parcial, a *lex posterior* apoiará a presunção de que a norma mais recente prefere a anterior, mas nem sempre. A *lex posterior* apenas será aplicada se o legislador teve o propósito de afastar a anterior. Todavia, nada obsta que tenha tido a intenção de incorporar a nova norma, de modo harmônico, ao direito existente. A decisão sobre qual das duas possibilidades deve ser aplicada ao caso concreto dependerá de uma resolução alheia ao texto[27].

---

27. Alf Ross, *Sobre el derecho y la justicia*, Buenos Aires, 1970, p. 126-7; M. Helena Diniz, *Conflito*, cit., p. 40-1.

7. Critério da especialidade

O *critério da especialidade* (*lex specialis derogat legi generali*) visa a consideração da matéria normada, com o recurso aos meios interpretativos. Entre a *lex specialis* e a *lex generalis* há um *quid specie* ou uma *genus au speci*. Uma norma é especial se possuir em sua definição legal todos os elementos típicos da norma geral e mais alguns de natureza objetiva ou subjetiva, denominados *especializantes*. A norma especial acresce um elemento próprio à descrição legal do tipo previsto na norma geral, tendo prevalência sobre esta, afastando-se assim o *bis in idem*, pois o comportamento só se enquadrará na norma especial, embora também esteja previsto na geral (*RJTJSP*, 29:303). O tipo geral está contido no tipo especial. A norma geral só não se aplica ante a maior relevância jurídica dos elementos contidos na norma especial, que a tornam mais suscetível de atendibilidade do que a norma genérica. Para Bobbio, a superioridade da norma especial sobre a geral constitui expressão da exigência de um caminho da justiça, da legalidade à igualdade, por refletir, de modo claro, a regra da justiça *suum cuique tribuere*. Ter-se-á, então, de considerar a passagem da lei geral à exceção como uma passagem da legalidade abstrata à equidade. Essa transição da norma geral à especial seria o percurso de adaptação progressiva da regra de justiça às articulações da realidade social até o limite ideal de um tratamento diferente para cada indivíduo, isto porque as pessoas pertencentes à mesma categoria deverão ser tratadas da mesma forma, e as de outra, de modo diverso. Há, portanto, uma diversificação do desigual. Esse critério serviria, numa certa medida, por ser decorrência do princípio constitucional da isonomia, para solucionar antinomias, tratando desigualmente o que é desigual, fazendo as diferenciações exigidas fática e axiologicamente, apelando para isso à *ratio legis*. Realmente, se, em certas circunstâncias, uma norma ordena ou permite determinado comportamento somente a algumas pessoas, as demais, em idênticas situações, não são alcançadas por ela, por se tratar de disposição excepcional, que só vale para as situações normadas[28].

---

28. M. Helena Diniz, *Conflito*, cit., p. 43-4; Marcelo Fortes Barbosa (Conflito de leis penais, in *Enciclopédia Saraiva do Direito*, v. 18, p. 85-108) esclarece que pouco importa que a norma especial, ao neutralizar a geral, imponha pena menor ou maior ao agente. O tipo especial se impõe ainda que mais brando que o genérico; Bobbio, Des critères pour résoudre les antinomies, in *Les antinomies*, cit., p. 249.

Lincoln Magalhães da Rocha, *Justitia*, 75:25. O princípio da especialidade uniformemente aceito pela doutrina funda-se em máximas romanas, tais como *sempre specialia generalibus insunt*; *generi per speciem derogantur, specialia generalibus derogant*.

A mera justaposição de disposições legais, gerais ou especiais, a normas existentes não terá o condão de afetá-las. Assim sendo, lei nova que vier a contemplar disposição geral ou especial, a par das já existentes, não revogará, nem alterará a lei anterior. Se a nova lei apenas estabelecer disposições especiais ou gerais, sem conflitar com a antiga, não a revogará. A disposição especial não revoga a geral, nem a geral revoga a especial, senão quando a ela se referir alterando-a explícita ou implicitamente. Para que haja revogação será preciso que a disposição nova, geral ou especial, modifique expressa ou insitamente a antiga, dispondo sobre a mesma matéria diversamente. Logo, lei nova geral revoga a geral anterior, se com ela conflitar. A norma geral não revoga a especial, nem a nova especial revoga a geral, podendo com ela coexistir (*"Lex posterior generalis non derogat speciali"*, *"legi speciali per generalem non abrogatur"*), exceto se disciplinar de modo diverso a matéria normada, ou se a revogar expressamente (*Lex specialis derogat legi generali*)[29].

Observa, a esse respeito, Paulo de Lacerda que: "A revogação tácita dar-se-á apenas no caso da disposição especial se referir ao assunto de outra lei, alterando-a implicitamente. A falta de referência clara à própria disposição geral, ou ao seu assunto, desautoriza a suposição da revogação por incompatibilidade entre as duas leis, já que o sistema da legislação era regular o assunto de dois pontos de vista diferentes, mirando cada qual o seu objetivo próprio, um restrito e especial, e outro amplo e geral. Ora, o fato do legislador alterar somente o modo de regular o assunto quanto ao objetivo restrito e especial, silenciando acerca do modo estabelecido de regular o assunto quanto ao objetivo mais amplo e geral, significa bem que ele persiste no ânimo de manter esses dois pontos de vista diversos relativos ao assunto, reformando somente as regras que tocam a um deles e, pois, deixando intactas as que ao outro respeitam. Hipótese diferente seria aquela em que o legislador, em vez de alterar, ou de substituir inteiramente por outra, revogasse a disposição especial; essa dualidade de objetivos desapareceria e o assunto passaria a reger-se unicamente pela disposição geral". Quando a nova norma vier a regular diversa e inteiramente a matéria regida pela anterior, esta poderá ser tida como revogada, seja geral ou especial, pois haverá aniquilamento total das "leis reguladoras da matéria, sem distinguir entre gerais e especiais, como condição inelutável para a implantação de um regime jurídico integral diferente"[30].

---

29. Carvalho Santos, *Código Civil*, cit., v. 1, p. 62; Tércio Sampaio Ferraz Jr., *Introdução*, cit., p. 182; Paulo de Lacerda, *Manual*, cit., v. 1, p. 290; Bittar, *Teoria geral do direito civil*, 1991, p. 49; Espínola e Espínola Filho, *A Lei de Introdução*, cit., v. 1, p. 86; Vicente Ráo, *O direito*, cit., v. 1, p. 392; Wilson de S. Campos Batalha, *Lei de Introdução*, cit., v. 1, p. 122-4.

30. Paulo de Lacerda, *Manual*, cit., v. 1, p. 319-21.

Para Saredo a lei especial derroga a geral, a não ser que de suas palavras resulte manifesta a *intentio* de suprimir qualquer disposição particular e de dar força absoluta à lei geral: "*in toto jure generi per speciem derogatur et illud potissimum habetur, quod ad speciem directum est*" (L. 80, D. *De reg. jur.*, L. 17); "*semper enim generi species derogat*" (L. 99, *in fine*, D. *De legat.*, III, 32; L. 41, D. *De poenis*, XLVIII, 19). Quando lei especial regula matéria contida num Código ou em outra lei geral, mas contém sobre a mesma disposições que não se encontram no Código ou na lei geral e que não contradizem o novo direito, continua em vigor em relação a todas as disposições que devem ser consideradas como parte integrante do novo Código ou da nova lei. A Lei de Introdução diz que disposição especial não revoga a geral e Saredo, como já foi mencionado, afirma que lei especial derroga a geral. Mas as duas fórmulas têm a mesma finalidade: a primeira declarando que disposição especial revoga a geral quando se referir ao mesmo assunto, alterando-a; a segunda deixa subentender que a lei especial, referindo-se à geral, não a revogará, quando, em vez de alterá-la, destina-se a lhe dar força[31].

A norma geral só não se aplicará ante a maior relevância jurídica dos elementos contidos na norma especial. Se a lei nova for norma geral, e a antiga, especial, ou vice-versa, ambas poderão ter vigência, desde que uma não venha a colidir com a outra. Dever-se-á, então, averiguar caso por caso se há ou não incompatibilidade; se não houver, ambas as disposições coexistirão. Portanto, quanto ao critério "lei especial revoga a geral" conclui-se que não poderá ser acolhido em todo o seu rigor. Para Stolfi nem sempre a lei especial derroga a geral, podendo perfeitamente ocorrer que a especial introduza uma exceção ao princípio geral, que deve coexistir ao lado deste. Daí dizer De Ruggiero que os critérios *generi per speciem derogatur* e *lex specialis derogat generali* são falsos se entendidos de modo absoluto[32]. Havendo incompatibilidade haverá revogação da lei geral pela especial, e da lei especial pela geral; poderá haver revogação da lei geral por outra geral e da especial por outra especial. Poderá, ainda, uma lei geral subsistir ao lado da geral já existente, não importando a revogação desta, ou de uma lei especial, que não declare expressamente revogada a disposição especial preexistente, nem seja com ela incompatível[33]. Nada obsta, portanto, a subsistência de lei geral e especial, regen-

---

31. Saredo, Abrogazione delle leggi, in *Digesto Italiano*, cit., p. 134 e s., n. 111, 127 e 128; Giuliani, *La legge*, 1867, p. 289 e s.

32. Stolfi, *Diritto civile*, cit., p. 164; De Ruggiero, *Istituzioni*, cit., p. 154.

33. Espínola e Espínola Filho, *A Lei de Introdução*, cit., v. 1, p. 84-5.

do, paralelamente, as hipóteses por elas disciplinadas, sem risco de contradição (*Justiça, 30*:426).

Rubens Limongi França, analisando a questão da permanência das exceções com a revogação da norma geral, resume as regras de Unger, do seguinte modo[34]:

a) se um instituto for integralmente abolido, com ele desaparecerão as exceções;

b) se uma lei é revogada e aquilo que constitui sua antítese for elevado à norma em vigor, desaparecem por si as exceções anteriores, pois estas passam a ser casos aos quais a nova norma se aplica;

c) se uma nova lei se declara como absoluta e é aplicável a todos os casos, as exceções da velha norma serão tidas como abolidas;

d) se uma lei nova não se anuncia absoluta, infere-se que, com a norma ab-rogada, foram abolidos os seus corolários, mas não as exceções;

e) se uma lei, p. ex., alterar as formalidades extrínsecas do testamento, não modificará as prescrições alusivas às disposições privilegiadas de última vontade; assim como, em caso de dúvida, a alteração do direito local pelo direito comum não implicaria a abolição das exceções do direito local;

f) se uma lei nova apenas repetir a norma geral contida na lei velha, sem mencionar suas exceções, não se poderá, havendo dúvida, admitir que a confirmação da antiga norma contenha uma revogação daquelas exceções.

Assim sendo, poder-se-á, seguindo a esteira de R. Limongi França[35], ao analisar a Lei de Introdução (art. 2º, §§ 1º e 2º), concluir que:

a) a coexistência da lei nova geral com a lei antiga especial e vice-versa será possível;

b) a possibilidade de coexistência subordina-se ao fato de haver, ou não, alguma incompatibilidade;

c) a existência de incompatibilidade conduz à possível revogação da lei geral pela especial, ou da lei especial pela geral.

---

34. R. Limongi França, Aplicação da lei no tempo, in *Enciclopédia*, cit., p. 179; Unger, in Pacifici-Mazzoni, *Istituzioni*, cit., p. 514-5.

35. R. Limongi França, Aplicação da lei no tempo, in *Enciclopédia*, cit., p. 180. Vide *RT*, *720*:289; *RSTJ*, *78*:240 e *83*:175. "É princípio de hermenêutica que, quando uma lei faz remissão a dispositivos de outra lei da mesma hierarquia, estes se incluem na compreensão daquela, passando a constituir parte integrante do seu conceito" (*RT, 720*:289).

8. Antinomias de segundo grau e metacritérios para sua solução

Embora os critérios anteriormente analisados possam solucionar os problemas de antinomias normativas, não se poderá olvidar situações em que surgem antinomias entre os próprios critérios, quando a um conflito de normas seriam aplicáveis dois critérios, que, contudo, não poderiam ser ao mesmo tempo utilizados na solução da antinomia, pois a aplicação de um levaria à preferência de uma das normas, e a de outro resultaria na escolha da outra norma. Por exemplo, num conflito entre uma norma constitucional anterior e uma norma ordinária posterior, pelo critério hierárquico haverá preferência pela primeira, e pelo cronológico, pela segunda.

Ter-se-á antinomia de antinomias, ou seja, *antinomia de segundo grau*, quando houver conflito entre os critérios:

a) hierárquico e *cronológico*, hipótese em que, sendo uma norma anterior-superior antinômica a uma posterior-inferior, pelo critério hierárquico deve-se optar pela primeira, e pelo cronológico, pela segunda;

b) de especialidade e *cronológico*, se houver uma norma anterior-especial conflitante com uma posterior-geral; seria a primeira preferida pelo critério de especialidade, e a segunda, pelo critério cronológico;

c) hierárquico e *de especialidade*, no caso de uma norma superior-geral ser antinômica a uma inferior-especial, em que prevalece a primeira, aplicando-se o critério hierárquico, e a segunda, utilizando-se o da especialidade.

Realmente, observa Juan Ramon Capella, os critérios de solução de conflitos não são consistentes, daí a necessidade de se recorrer a uma metalinguagem, ou seja, passar da linguagem legal para a dos juristas, para solucionar de alguma maneira a antinomia entre os critérios de resolução do conflito normativo. Deveras, a doutrina apresenta *metacritérios* para resolver antinomia de segundo grau, que, apesar de terem aplicação restrita à experiência concreta e serem de difícil generalização, são de grande utilidade.

Na hipótese de haver conflito entre o *critério hierárquico* e o *cronológico*, a metarregra *lex posterior inferiori non derogat priori superiori* resolveria o problema, isto é, o critério cronológico não seria aplicável quando a lei posterior for inferior à anterior, pois de outro modo o critério hierárquico seria inoperante. Prevalecerá, portanto, o critério hierárquico, por ser mais forte que o cronológico, visto que a competência se apresenta mais sólida do que a sucessão no tempo, e, além disso, a aplicação do critério cronológico sofre uma limitação por não ser absoluta, já que esse critério só será válido para normas que se encontram no mesmo nível.

Em caso de antinomia entre o *critério de especialidade* e o *cronológico*, valeria o metacritério *lex posterior generalis non derogat priori speciali*, segundo o qual a regra de especialidade prevaleceria sobre a cronológica. Esse metacritério é parcialmente inefetivo, por ser menos seguro que o anterior, podendo gerar uma antinomia real. A metarregra *lex posterior generalis non derogat priori speciali* não tem valor absoluto, dado que, às vezes, *lex posterior generalis derogat priori speciali*, tendo em vista certas circunstâncias presentes. A preferência entre um critério e outro não é evidente, pois se constata uma oscilação entre eles. Não há uma regra definida; conforme o caso, haverá supremacia ora de um, ora de outro critério.

No conflito entre o *critério hierárquico* e o *de especialidade*, havendo uma norma superior-geral e outra inferior-especial, não será possível estabelecer uma metarregra geral, preferindo o critério hierárquico ao da especialidade, ou vice-versa, sem contrariar a adaptabilidade do direito, consequentemente, instaurar-se-á a antinomia real. Poder-se-á, então, preferir qualquer um dos critérios, não existindo, portanto, qualquer prevalência. Todavia, segundo Bobbio, dever-se-á optar, teoricamente, pelo hierárquico; uma lei constitucional geral deverá prevalecer sobre uma lei ordinária especial, pois, se se admitisse o princípio de que uma lei ordinária especial pudesse derrogar normas constitucionais, os princípios fundamentais do ordenamento jurídico estariam destinados a esvaziar-se, rapidamente, de seu conteúdo. Mas, na prática, a exigência de se adotarem as normas gerais de uma Constituição a situações novas levaria, às vezes, à aplicação de uma lei especial, ainda que ordinária, sobre a Constituição. A supremacia do critério de especialidade só se justificaria, nessa hipótese, a partir do mais alto princípio da justiça: *suum cuique tribuere*, baseado na interpretação de que "o que é igual deve ser tratado como igual e o que é diferente, de maneira diferente". Esse princípio serviria numa certa medida para solucionar antinomia, tratando igualmente o que é igual e desigualmente o que é desigual, fazendo as diferenciações exigidas fática e valorativamente.

Se analisarmos o assunto sob a perspectiva retórica, de grande valia será a aplicação da argumentação *a contrario*, por fundar-se no princípio da diferença que permite um juízo teleológico e axiológico. Deveras, se, em certos casos, a norma ordena ou permite determinada conduta somente a certas pessoas, as demais, em iguais situações, não são por ela abrangidas, por ser norma excepcional, que apenas vale para as circunstâncias normadas.

Esse instrumento está ínsito no sistema em diretivas que, embora não sejam normas postas, não deixam de ter certo valor vinculante, como "a inclusão de um importa na exclusão do outro".

Num caso extremo de falta de um critério que possa resolver a antinomia de segundo grau, o *critério dos critérios* para solucionar o conflito normativo seria o *princípio supremo da justiça*: entre duas normas incompatíveis dever--se-á escolher a mais justa. Isso é assim porque os referidos critérios não são axiomas, visto que gravitam na interpretação ao lado de considerações valorativas, fazendo com que a lei seja aplicada de acordo com a consciência jurídica popular e com os objetivos sociais. Portanto, excepcionalmente, o valor *justum* deve lograr entre duas normas incompatíveis[36].

9. Critérios para a resolução dos conflitos entre normas de direito internacional público

Nos casos de *conflito entre normas de direito internacional público*, principalmente no que se refere aos *tratados*, os critérios para solucioná-los, como nos aponta Salmon, são:

a) Prior in tempore potior in jus, que dá, havendo conflito entre dois tratados, preferência ao primeiro sobre o segundo, desde que os dois não tenham sido elaborados pelas mesmas partes. Trata-se do princípio da primazia da obrigação anteriormente assumida. Tal princípio não passa de expressão técnica de regras relativas aos tratados: a regra *pacta sunt servanda* e a *res inter alios acta*.

b) Lex posterior derogat priori, que se aplica sempre que o segundo tratado dita a lei dos Estados signatários do primeiro. Como o segundo tratado não é *res inter alios acta*, haverá revogação expressa ou tácita do primeiro. Se houver conflito entre este critério e o anterior, ter-se-á o con-

---

36. Bobbio, Des critères pour résoudre les antinomies, in *Les antinomies*, cit., p. 239, 245 e 253-8, e *Teoria dell'ordinamento giuridico*, p. 115-9; Juan-Ramon Capella, *El derecho como lenguage*, Barcelona, Ariel, 1968, p. 285 e 286; Tércio Sampaio Ferraz Jr., Antinomia, in *Enciclopédia*, cit., p. 14; Alf Ross, *Sobre el derecho*, cit., p. 129 e 130; Gavazzi, *Delle antinomie*, cit., p. 80, 83 e 87; Silance, Quelques exemples d'antinomies et essai de classement, in *Les antinomies*, cit., p. 69 e 70; Du Pasquier, *Introduction*, cit., n. 147 e 148. Sobre o argumento *a contrario*, consulte: M. Helena Diniz, *As lacunas no direito*, p. 152 e *Conflito*, cit., p. 53-5; García Máynez, *Lógica del raciocinio jurídico*, México, Fondo de Cultura Económica, 1964, p. 170; Klug, *Lógica jurídica*, Publicaciones de la Facultad de Derecho de la Universidad de Caracas, 1961, p. 128 e 132; Fabreguettes, *La logique judiciaire et l'art de juger*, Paris, 1914; Matteo Pescatore, *La logica del diritto*, Torino, 1883; Tércio Sampaio Ferraz Jr., Argumento-II, in *Enciclopédia Saraiva do Direito*, v. 7, p. 461 e s.; Perelman, *De la justice*, Bruxelles, 1945, p. 72.

flito de critério, mesmo se se admitir que a aplicação da regra cronológica prevaleça sempre que as partes forem as mesmas nos dois tratados.

c) *Lex specialis derogat generale*, aplicável apenas nos casos de tratados sucessivos entre os mesmos signatários.

d) *Lex superior derogat inferiori*, pelo qual a norma superior se liga não à natureza da fonte mas ao valor por ela colimado. Por exemplo, uma norma que concretize o valor ordem pública internacional deverá prevalecer contra a que visa a mera segurança de um dos contratantes; a Carta das Nações Unidas deverá ter preferência ante um tratado em que dois Estados concertam assuntos que só a eles interessam.

Nas hipóteses de tratados coletivos ou multilaterais antinômicos poderão surgir dificuldades na aplicação da regra: *lex priori*, quando os tratados advierem de convenções que nasceram quase que paralelamente, não estando, portanto, muito distanciadas no tempo; *lex posterior*, por ser, geralmente, difícil que as partes, no correr do tempo, sejam as mesmas, pois os signatários da primeira convenção poderão não ser os mesmos da segunda, daí ser sua aplicação variável apenas em casos muito especiais; *lex specialis* e *lex superior*, que, apesar de suscetíveis de ser aplicadas a esses tratados, poderão não o ser pelas mesmas razões acima apontadas, principalmente nas relativas à *lex posterior*.

Os tratados ou convenções internacionais valerão até que sejam denunciados por ato governamental dos Estados signatários. Logo a sua revogação dar-se-á mediante processo especial, que é a *denúncia*[37].

---

37. Salmon, Les antinomies en droit international public, in *Les antinomies en droit*, 1965, p. 285-314; Tércio Sampaio Ferraz Jr., Antinomia, in *Enciclopédia*, cit., p. 16 e 17; Michael Akehurst, *A modern introduction to international law*, London, 1970; Kelsen, Théorie du droit international public, *Recueil des Cours*, t. 84, v. 3, 1953; Serge Sur, *L'interprétation en droit international public*, Paris, LGDJ, 1974; Fred Castberg, La méthodologie du droit international public, *Recueil des Cours*, t. 43, v. 1, p. 373 e s., 1933; Jenks, The conflict of law; making treaties, *British Yearbook of International Law*, 30:444-5, 1953; Paul de Visscher, *Théories et réalités en droit international public*, 3. ed., 1960, e *De la conclusion des traités internationaux*, Bruxelles, 1943, p. 219-36; Oppenheim, *International law*, 7. ed., London, 1948, v. 1, p. 858 e 859; Guggenheim, *Traité de droit international public*, Genève, 1953, t. 1, p. 53 e 116; Ray, Des conflits entre principes abstraits et stipulations conventionnelles, *Recueil des Cours de l'Académie de Droit International*, t. 2, v. 48, p. 640-2, 1934. V., ainda, Marcelo O. F. Figueiredo Santos, *O comércio exterior e a arbitragem*, São Paulo, Resenha Tributária, 1986, p. 25-7, 36-8; Silvio Marcus, Traités et accords internationaux aux États-Unis d'Amérique, *Annales de droit et de science politique*, p. 379, 1959; Chailley, *La nature juridique des traités internationaux*, n. 96 e s.; João Grandino Rodas (*A publicidade nos tratados internacionais*, São Paulo, Revista dos Tribunais, 1977) e J. de Soto (*La promulgation des traités*, 1945), que se referem aos tratados; M. Helena Diniz, *Conflito*, cit., p. 48-9, e *Tratado teórico e prático dos contratos*, São Paulo, Saraiva, 1993, v. 5, p. 398-9.

10. Princípios solucionadores dos conflitos entre norma de direito internacional público e norma de direito interno

Nos conflitos entre *norma de direito internacional* e *norma de direito interno*, que ocorrem quando uma lei interna contraria um tratado internacional, a jurisprudência consagrará a superioridade da norma internacional sobre a interna, se esses conflitos forem submetidos a um juízo internacional. Mas se forem levados à apreciação do juízo interno, poderá reconhecer: A) a autoridade relativa do tratado e de outras fontes jurídicas na ordem interna, entendendo-se que o legislador interno não pretendeu violar o tratado, exceto os casos em que o fizer claramente, hipótese em que a lei interna prevalecerá; B) a superioridade do tratado sobre a lei mais recente em data, como fez, p. ex., o Tribunal de Luxemburgo ao decidir que: *a) "en cas de conflit entre les dispositions d'un traité international et celles d'une loi interne postérieure, la loi internationale doit prévaloir sur la loi nationale"* (Cour Supérieure, cass. criminelle, 8 juin 1950, Pas. luxembourgeoise, *15*:41), e *b) "en cas de conflit entre les dispositions d'un traité international et celles d'une loi interne, même postérieure, la loi internationale doit prévaloir sur la loi interne"* (Cour Supérieure, appel. correctionnel, 21 juil. 1951, Pas. luxembourgeoise, *15*:235); C) a superioridade do tratado sobre a norma interna, ligando-a, porém, a um controle jurisdicional da constitucionalidade da lei.

Tudo dependerá do reconhecimento das normas internacionais feito pela lei nacional do juiz[38].

---

38. Wilson de S. Campos Batalha, *Lei de Introdução*, cit., v. 1, p. 120-1; M. Helena Diniz, *Conflito*, cit., p. 49 e 50; *Tratado*, cit., v. 5, p. 399 e 400; Salmon, Les antinomies en droit international public, in *Les antinomies*, cit., p. 315-19; Tércio Sampaio Ferraz Jr., Antinomia, in *Enciclopédia*, cit., p. 17; Krystina Marek, Les rapports entre le droit international et le droit interne à la lumière de la jurisprudence de la CPJI, *Revue Générale de Droit International Public*, 2:260-98, 1962; Rolin, *La force obligatoire des traités dans la jurisprudence belge*, 1953, p. 561 e s.; Dehousse, *La ratification des traités*; essai sur les rapports des traités et du droit interne, p. 198; Hayoit de Termicourt, Le conflit: Traité — Loi interne, *Journal des Tribunaux*, 1963, p. 481-6; Paul de Visscher, *Théories et réalités*, cit., p. 287, e Pescatore, *La prééminence des traités sur la loi interne selon la jurisprudence luxembourgeoise*, 1953, p. 645; José Inácio G. Franceschini, Conflito entre os tratados internacionais e as normas de direito interno que lhes forem posteriores, *RT, 556*:28 a 35. "O tratado não se revoga com a edição de lei que contrarie norma nele contida. Perderá, entretanto, eficácia, quanto ao ponto em que exista antinomia, prevalecendo a norma legal. Aplicação dos princípios, pertinentes à sucessão temporal das normas, previstos na Lei de Introdução ao Código Civil (hoje LINDB). A lei superveniente, de caráter geral, não afeta as disposições especiais contidas em tratado. Subsistência das normas constantes da Convenção de Varsóvia, sobre transporte aéreo, ainda que disponham diversamente do contido no Código de Defesa do Consumidor" (*RSTJ, 83*:175). "O Tratado internacional situa-se formalmente no mesmo nível hierárquico da lei,

11. Repristinação

Quando o legislador derroga ou ab-roga uma lei que revogou a anterior, surge a questão de se saber se a norma que fora revogada fica restabelecida, recuperando sua vigência, independentemente de declaração expressa.

Pelo art. 2º, § 3º, que é peremptório, a lei revogadora de outra lei revogadora não terá efeito repristinatório sobre a velha norma abolida, a não ser que haja pronunciamento expresso da lei a esse respeito. Esse dispositivo legal contém duas normas: *a)* proibição da repristinação, significando que a antiga lei não se revalidará pelo aniquilamento da lei revogadora uma vez que não restitui a vigência da que ela revogou; *b)* restauração da antiga lei, quando a norma revogadora tiver perdido a vigência, desde que haja disposição expressa nesse sentido.

Assim sendo, deixando de existir a norma revogadora, não se terá o convalescimento da revogada. A revogação põe termo à lei anterior, que, pelo término da vigência da norma que a revogou, não renascerá. Como se vê, a lei revocatória não voltará *ipso facto* ao seu antigo vigor, a não ser que haja firme propósito de sua restauração, mediante declaração expressa de lei nova que a restabeleça, restaurando-a *ex nunc*, sendo denominada por isso "repristinatória". Faltando menção expressa, a lei restauradora ou repristinatória é lei nova que adota o conteúdo da norma primeiramente revogada. Logo, sem que haja outra lei que, explicitamente, a revigore, será a norma revogada tida como inexistente. Daí, se a norma revogadora deixar de existir, a revogada não se convalesce, a não ser que contenha dispositivo dizendo que a lei primeiramente revogada passará a ter vigência. Todavia, aquela lei revogada não ressuscitará, pois a norma que a restabelece não a faz reviver, por ser uma nova lei, cujo teor é idêntico ao daquela. A lei restauradora nada mais é do que uma nova norma com conteúdo igual ao da lei anterior revogada.

Eis a razão pela qual Stolfi assevera que, quando uma lei ab-rogou outra anterior, esta perdeu definitivamente sua vigência, não mais podendo produzir efeitos, mesmo que venha a desaparecer a norma que a revogou. A abolição da lei revocatória será insuficiente para restituir a autoridade da lei precedente por ela revogada. E, por sua vez, observa Gianturco que, "para que a primeira lei ab-rogada volte a vigorar, ocorre uma expressa declaração do legislador, e é este o ofício das leis denominadas repristinatórias, revigoradoras ou restauradoras".

---

a ela se equiparando. A prevalência de um ou outro regula-se pela sucessão no tempo" (*RSTJ*, 78:240). *Vide* CF/88, arts. 4º, 49, I, e 84, VIII.

Tal ocorre porque essa restauração eficacial designada de *repristinação* é condenável, juridicamente, por colocar em risco a segurança jurídica, causando sérias dificuldades à aplicação do direito. Entretanto, é tal repristinação, repetimos, possível se houver expressa disposição normativa nesse sentido[39].

Art. 3º Ninguém se escusa de cumprir a lei, alegando que não a conhece.

- *Código Civil, art. 139, III.*
- *Lei Complementar n. 95/98, art. 18.*

1. Obrigatoriedade da norma

No direito romano já havia princípio entendendo que, como as leis limitam as atividades humanas, elas precisam ser conhecidas por seus destinatários, para que saibam o que é permitido ou obrigado, aplicando-as com segurança. Valentianus e Marcianus diziam: *"leges sacratissimae, quae constringunt hominum vitas, intelligi ab omnibus debent, ut universi praescripto earum manifestius cognito, vel inhibita declinent, vel permissa sectentur"*[40]. Como se vê os romanos conheciam o princípio *"nemo ius ignorare censetur"*, *"ignorantia excusatur non iuris, sed facit"* (L. 11, § 4º, D. *De his qui notantur infamia*), *"regulata est ius quidem ignorantiam cuique nocere, facti vero ignorantiam non nocere"* (L. 9, D. *De iuris et facti ignorantia* — XXII, VI, frag. 9).

---

39. Etimologicamente, *repristinação* é palavra formada do prefixo latino *re* (fazer de novo, restaurar) e *pristinus* (anterior, antigo, primitivo), significando, pois, restauração do antigo, ou melhor, revigoração de norma em razão de cessação da vigência da lei que a havia revogado; Antônio Chaves, Eficácia da lei no tempo, in *Enciclopédia Saraiva do Direito*, v. 30, p. 209 e 210; Nildo S. Cruz, Da repristinação, *RT, 393*:9-12; Gianturco, *Sistema di diritto civile italiano*, v. 1, p. 126 e 236; Caio M. S. Pereira, *Instituições*, cit., v. 1, p. 126-7; M. Helena Diniz, *Curso*, cit., v. 1, p. 65; Vicente Ráo, *O direito*, cit., v. 1, n. 263; Tércio Sampaio Ferraz Jr., *Introdução*, cit., p. 182; Stolfi, *Diritto civile*, cit., p. 164; Wilson de S. Campos Batalha, *Lei de Introdução*, cit., v. 1, p. 125-8; Espínola e Espínola Filho, *A Lei de Introdução*, cit., v. 1, p. 91-2; Gabba, *Teoria della retroattività delle leggi*, 1891, v. 1, p. 33; De Ruggiero, *Istituzioni*, cit., p. 154, nota 2; *RT, 204*:513; *RTJPR, 257*:601.

Vide Portaria n. 18, de 3 de março de 2010, do Ministério da Cultura, que revoga a Portaria n. 128, de 11 de dezembro de 2009, e *repristina* a Portaria n. 193, de 11 de junho de 1999.

40. Valentianus e Marcianus, Cód., Livro I, tít. XIV — *De Legibus, et Constitutionibus Principum, et Edictis, Const. 9*; Salvatore Di Marzo, *Le basi romanistiche del Codice Civile*, 1950, p. 28.

Esse conhecimento decorre da publicação (LINDB, art. 1º); consequentemente não mais se poderá alegar sua ignorância, daí as célebres palavras de Vivo: "*publicatio legum, quae vulgo dicitur, nihil aliud est nisi legis, probatio, qua cives ab ejus obligatione ob ignorantia excusari non possunt*" (*De univ. jur. uno principio et fine uno*, CL, 2).

A norma nasce com a promulgação, que consiste no ato com o qual se atesta a sua existência, ordenando seu cumprimento, mas só começa a vigorar com sua publicação no *Diário Oficial*. De forma que, em regra, a promulgação constituirá o marco de seu existir e a publicação fixará o momento em que se reputará conhecida, visto ser impossível notificar individualmente cada destinatário, surgindo, então, sua obrigatoriedade, visto que ninguém poderá furtar-se a sua observância, alegando que não a conhece. É obrigatória para todos, mesmo para os que a ignoram, porque assim o exige o interesse público.

A lei, depois de publicada, decorrido, se houver, o prazo da *vacatio legis*, tornar-se-á obrigatória para todos, sendo inescusável o erro e a ignorância. Uma vez publicada a lei obrigará a todos, sendo aplicada tanto aos que a conhecem como aos que não a conhecem, por ser isso necessário à administração da justiça. Daí dizer Coviello[41], no mesmo teor de ideias de Karl Adler, que "do princípio de que — é necessidade social se torne obrigatória, para todos, a lei publicada — decorre, necessariamente, a consequência de que os seus efeitos abrangem a todos, independentemente do conhecimento ou da ignorância subjetiva... essa consequência, tão evidente que se admitiria ainda sem disposição legislativa expressa, é absoluta; uma só exceção destruir-lhe-ia o fundamento racional".

O princípio *ignorantia juris neminem excusat* repousa numa razão de interesse social, pois seria o caos se a obrigatoriedade da lei dependesse da ignorância ou não de sua existência pelo destinatário, principalmente no Brasil, ante a inflação legislativa a que assistimos, pois o ritmo acelerado da legislação traz consequências inevitáveis. Nem mesmo os técnicos as poderiam integralmente conhecer. Com isso ter-se-á um labirinto, no qual os peritos ou aplicadores, sem fio de Ariadne, não conseguirão mover-se. Como, então, se poderia, para que tivesse obrigatoriedade a lei, exigir de seu destinatário pleno conhecimento de seu conteúdo? Daí a razão de ser daquele princípio que se funda na necessidade social, corolário oriundo do interesse social, pois do contrário nenhuma ordem jurídica subsistiria, trazendo insegurança e anarquia. Por isso ninguém poderá alegar ignorância

---

41. Coviello, *Manuale di diritto civile italiano*, 1910, v. 1, p. 45; Karl Adler, Die Wirkungen des Rechtserrthums, *Iherings Jahrbücher*, *33*:124-224, 1894. Vide Dereux, Étude critique de l'adage — Nul n'est censé ignorer la loi, *Revue Trimestrielle de Droit Civil*, 6:513-54, 1907.

de lei para escapar à sua obediência ou aos efeitos de sua violação, quer para defender-se contra pretensão legítima de outrem, quer para exigir de alguém uma pretensão ilegítima. O art. 3º da Lei de Introdução contém o rigoroso princípio da inescusabilidade da ignorância da lei, requerendo que as leis sejam conhecidas, pelo menos potencialmente. Tal princípio legal apenas indica que a lei *ritae promulgata* exige obediência, porque se o direito é uma das condições de existência da sociedade, há necessidade social de tornar as normas jurídicas obrigatórias com sua publicação oficial[42].

2. "Exceptio ignorantiae juris"

Com a publicação da lei haverá, segundo alguns autores, a presunção de que os seus destinatários terão ciência de seu conteúdo, não podendo alegar desconhecimento para escusar-se aos seus efeitos. Escusa é a alegação aduzida por alguém para esquivar-se à obediência da lei ou às consequências da desobediência por omissão ou comissão, quer como defesa contra pretensão legítima de outrem, quer como fundamento para se obter de outrem uma pretensão ilegítima[43]. Realmente, há quem vislumbre, como Laurent, uma presunção *juris et de jure* de que a norma é conhecida desde que se torna obrigatória, com sua publicação e com o vencimento do prazo fixado para o início da produção de seus efeitos; consequentemente, ter-se--á a irrelevância da escusa com fundamento na sua ignorância (*ignorantia juris neminem excusat*), sendo inadmissível alegar que não se conhece a lei para esquivar-se ao seu comando.

Outros, como Francesco Filomusi Guelfi, entendem ser o princípio da inescusabilidade uma *ficção de direito*, antes que presunção *juris et de*

---

42. Consulte: Lomonaco, *Istituzione di diritto civile*, v. 1, p. 30; Carnelutti, *Discorsi intorno al diritto*, 1937, v. 1, p. 169-82, 1953, v. 2, p. 68 e s. e 280; Paulo de Lacerda, *Manual*, cit., v. 1, n. 219; Clóvis Beviláqua, *Código Civil*, cit., obs. ao art. 5º da antiga Lei de Introdução. Van Acker (*Rev. da Universidade Católica de São Paulo, 34*:170-2, 1968) observa: O princípio "a ignorância do direito não escusa da sanção" é essencial à função do órgão judicante e ao direito. Todavia, há hipóteses, apontadas por Van Acker, em que, por equidade, é inaplicável quando: *a*) o magistrado verificar que a norma ignorada por uma das partes não foi promulgada, sendo, portanto, incognoscível; *b*) o juiz entender não ser equitativa sua aplicação, por haver ignorância de ambos os litigantes, logo, ante a bilateralidade daquela ignorância jurídica, não poderia haver aplicação, sem quebra da equidade do princípio, a uma parte, deixando de aplicá-lo à outra; *c*) ambos os litigantes forem incapazes de conhecer o direito. Consequentemente, o princípio poderá ser assim enunciado: "quando cometido de boa-fé, o erro ou a ignorância do direito é inescusável apenas se lesar a ordem pública, mas será escusável desde que não contrarie as exigências cogentes da norma".

43. Paulo de Lacerda, *Manual*, cit., v. 1, p. 334-5; Carlos Alberto Bittar, *Teoria*, cit., p. 46; Costa y Martinez, *El problema de la ignorancia del derecho*, Madrid, 1901; Donello, *Comment. de Iure Civile*, I, 19, 5; Goffredo Telles Jr., *Iniciação*, cit., p. 197.

jure. Daí suas palavras: "*Nè l'ignoranza, nè l'errore di diritto scusano* ('error vel ignorantia iuris non excusat'). *È questa una presunzione che non ammette prova contraria* (praesumptio juris et de jure), e *veramente piuttostochè presunzione è finzione*"[44]. Deveras, se a presunção for *juris tantum*, admitindo prova em contrário, ter-se-á a derrogação da norma de que "ninguém se escusa de cumprir a lei alegando que não a conhece". Ante a admissibilidade da existência de presunção *juris tantum* de que, devidamente publicada, a lei é de todos conhecida, por admitir prova em contrário, alguns autores procuraram substituí-la pela ficção do conhecimento geral da lei publicada, buscando, com isso, excluir toda a possibilidade de invocar-se, desde que se o prove, seu desconhecimento. Tal entendimento equivaleria a criar uma ficção, que, na verdade, não corresponde à realidade[45]. Pollock, por tal motivo, chegou até a afirmar "ser contrária ao senso comum e à razão a presunção de que todos conhecem a lei. Com efeito, quantos, dentre, mesmo, os que se dedicam ao estudo do direito, terão conhecimento, ainda que imperfeito, de todas as leis publicadas no país, onde vivem?"[46].

A razão parece estar com aqueles, como Clóvis Beviláqua, que na norma veem uma conveniência, mesmo porque a norma é um comando dirigido à vontade de seu destinatário e não à inteligência do jurista. Sua obrigatoriedade efetiva basta para se impor como norma de conduta social, logo a inadmissibilidade da exceção de ignorância não passaria de um simples consectário, ou seja, de um aspecto da própria norma, decorrendo, portanto, da própria força da lei. O princípio legal não contém qualquer presunção de que o direito é conhecido por todos, mas sim, como já dissemos, que a lei *ritae promulgata* impõe-se a todos, uma vez que o direito, por ser imprescindível à coexistência social, requer a obrigatoriedade da lei oficialmente publicada. Para Clóvis Beviláqua não se teria uma presunção de que a lei é conhecida, mas uma conveniência de que ela seja conhecida. Logo, o art. 3º tão somente exprimiria a necessidade social de que as normas devem ser conhecidas para que melhor sejam observadas. Não se poderia, portanto, presumir que todos conhecem a lei; isto seria uma ficção jurídica sem sentido. O significado do art. 3º seria afirmar a segurança jurídica: a ignorância ou erro de direito não impedirá os efeitos da norma, nem livrará da

---

44. Filomusi Guelfi, *Enciclopedia giuridica*, 1910, p. 84. Sobre a ficção de direito, *vide* Menger, *Das buergerliche Recht und die besitzlosen Volklassen*, 1890.

45. Chironi e Abello, *Trattato*, cit., p. 27-8; Espínola e Espínola Filho, *A Lei de Introdução*, cit., v. 1, p. 96; Paulo de Lacerda, *Manual*, cit., v. 1, p. 341-4.

46. Pollock, *Principles of contracts*, 1911, p. 479, nota *t*.

responsabilidade o seu infrator. Consequentemente, o magistrado não poderá eximir-se de sentenciar, alegando que não conhece a lei[47].

Como a publicação oficial tem por escopo tornar a lei conhecida, embora empiricamente, ante a complexidade e dificuldade técnica de apreensão, possa uma norma permanecer ignorada de fato, pois se nem mesmo cultores do direito têm pleno conhecimento de todas as normas jurídicas, como se poderia dizer que qualquer pessoa pode ter perfeita ciência da ordem jurídica para observá-la no momento de agir?

O ato da publicação visa apenas neutralizar a ignorância, sem contudo eliminá-la. Neutralizar a ignorância, ensina-nos Tércio Sampaio Ferraz Jr., é "fazer com que ela não seja levada em conta, não obstante possa existir". A publicação tornará a norma conhecida, obrigatória e apta a produzir efeitos jurídicos concretos, imunizando a autoridade contra a desagregação que a ignorância possa lhe trazer, pois uma autoridade ignorada é como se não existisse. Esse é o real sentido do princípio da irrelevância do desconhecimento da lei, que repele a *exceptio ignorantiae juris*[48].

3. Possibilidade de escusabilidade do "error juris"

O art. 3º abrange ignorância da lei ou ausência de conhecimento e o erro no seu conhecimento, ou seja, falsa interpretação. Ter-se-á *ignorância de direito* quando não se tiver conhecimento do previsto na lei sobre o fato de que se trata, e *erro de direito* quando não se conhece o fato previsto em razão de falso juízo do que ela dispõe[49]. Eis por que Scialoja chega a afirmar: *"Piú propriamente, però, si dice ignoranza lo stato negativo della conoscenza; una persona è ignorante quando non conosce tutte le circostanze*

---

47. Consulte: Paulo de Lacerda, *Manual*, cit., v. 1, p. 341-4; Clóvis Beviláqua, *Teoria geral do direito civil*, 1972, p. 15-6; Legaz y Lacambra, *Filosofía del derecho*, 1953, p. 201; Cogliolo, *Filosofia del diritto privato*, 1912, p. 58; Pekelis, *Il diritto come volontà constante*, 1931, p. 10, 14, 17, 24, 29, 42, 48, 56-8, 84-5 e 138; Gurvitch, *Le temps présent et l'idée du droit social*, 1932, p. 296 e s. Muito invocadas são as parêmias *nemo jus ignorare censetur* e *error juris non excusat*, para designarem o mesmo conceito, mas hodiernamente distinguem-se os princípios: *a*) a lei é aplicável aos que a conhecem e aos que a ignoram; *b*) não há escusa por ignorância ou erro de direito. *Vide*: Dereux, Étude critique, *Revue Trimestrielle de Droit Civil*, cit., 6:513-54, 1907; Espínola e Espínola Filho, *A Lei de Introdução*, cit., v. 1, p. 95.

48. Tércio Sampaio Ferraz Jr., *Introdução*, cit., p. 210 e 290; Amílcar de Castro, *Direito internacional privado*, Rio de Janeiro, Forense, 1968, v. 1, p. 31; Eusébio Iñiguez, *Comentarios al Código Civil argentino*, 1918, v. 1, p. 53-5. Pela Lei Complementar n. 95/98, art. 18, a "eventual inexatidão formal de norma elaborada mediante processo legislativo regular não constitui escusa válida para seu descumprimento".

49. Wilson de S. Campos Batalha, *Lei de Introdução*, cit., v. 1, p. 128-62.

dell'atto che compie, o non conosce le regole di diritto che devono governare il negozio da lei compiuto; l'errore invece è non solo questo stato negativo di ignoranza, ma uno stato positivo di falsa cognizione: si crede che vi sia qualche cosa, che non c'è, si ignora ciò che c'è"[50].

O princípio absoluto consagrado no adágio francês *nul n'est censé ignorer la loi* não impedirá que o erro de direito sobre o motivo do contrato possa escusar a quem o alega para não cumprir ato negocial, pois aqui não se está eximindo do cumprimento da lei, mas do contrato, pleiteando sua anulação[51].

De Ruggiero pondera que o dever de se sujeitar às leis não depende de seu conhecimento, pois o ordenamento jurídico exige que todos as cumpram. Mas apesar de ninguém poder escapar da observância da lei, alegando sua ignorância, nada obsta a que, se um negócio for praticado por erro de direito decorrente de desconhecimento do comando legal, se cancelem os danos produzidos e tutele a boa-fé, que no mesmo erro se fundou[52]. Comentando essa ideia, Vicente Ráo escreve que: "Diz muito bem De Ruggiero que a obrigação de se submeter às leis independe de seu conhecimento, por ser uma exigência suprema do ordenamento jurídico que todos cumpram e, também, porque esta obrigação deriva de um preceito positivo e absoluto, o qual, ainda que não expresso, sempre e necessariamente se contém em todas as legislações". Mas acrescenta o mesmo autor: "embora a ninguém se permita subtrair-se à observância das leis, sob pretexto de sua ignorância, nada impede que de um ato jurídico, praticado sob o império de um erro de direito oriundo da ignorância das prescrições legais, se cancelem as consequências prejudiciais que este erro produziu, como nada obsta se reclame a tutela da boa-fé, que no mesmo erro se fundou. Estabelecida essa distinção, que se baseia na natureza das coisas, já não há necessidade de se recorrer ao velho conceito da presunção *juris et de jure* do conhecimento da lei, nem à justificativa de resultar a obrigatoriedade da norma legal de uma ficção jurídica de seu conhecimento, presunção e ficção que não partem do pressuposto de uma situação de fato, pois hoje, mais do que nunca, o conhecimento das leis exige uma aptidão especial, se não cada vez mais especializada"[53].

Se se pretende provar a falta, ou existência, de pressuposto legal para a validade do negócio jurídico, claro está que só se poderá admitir que o

---

50. Scialoja, *Negozi giuridici*, 1950, p. 251; Goffredo Telles Jr., *Iniciação*, cit., p. 198.
51. Cunha Gonçalves, *Princípios de direito civil luso-brasileiro*, v. 1, 1951, p. 18.
52. De Ruggiero, *Istituzioni*, cit., p. 87.
53. Vicente Ráo, *O direito*, cit., v. 1, p. 381.

erro de direito seja invocado como outro erro qualquer de vício de consentimento se for o motivo único ou principal do negócio (CC, art. 139, III), uma vez que no art. 140 o Código Civil brasileiro, ainda, genericamente, dispõe, sem distinguir erro de direito e de fato, que o falso motivo vicia a declaração de vontade, quando expresso como razão determinante. Bastante expressivas a respeito são as palavras de Coviello[54]: "Uma coisa é dizer que a lei tem força obrigatória, independentemente do conhecimento que dela tenham os que lhe estão sujeitos, e outra afirmar que possa ser invocado o erro de direito, como pressuposto de certos fatos, dos quais a lei faz derivar alguma consequência jurídica... Como é evidente, quando se sustenta que o erro de direito pode invocar-se, à guisa de qualquer outro erro, como pressuposto de um erro jurídico, não se reconhece uma exceção ao princípio de que a lei desenvolve a sua eficácia obrigatória sobre aqueles que a ignoram... A única distinção a fazer-se é quanto ao fim que se tem em vista, invocando a ignorância ou erro de direito. Se é suspender a eficácia obrigatória da lei, isto é, subtrair-se às consequências da inobservância (pena, nulidade, decadência), não se toma em consideração a ignorância ou o erro, nem a condição subjetiva de quem quer que seja. Se, porém, outro é o fim, isto é, demonstrar que falta ou existe o pressuposto querido, pela lei, para o fato jurídico, é claro que, não havendo nada em contrário, cumpre admitir a regra de poder ser invocado o erro ou a ignorância de direito, como qualquer outra ignorância, ou erro. Por isso o erro de direito pode invocar-se, não somente como causa de anulação de um negócio jurídico, quando seja o seu motivo único ou principal, mas, ainda, para conseguir os efeitos que derivam da boa-fé, a qual pressupõe sempre um erro".

Nicola Stolfi, por sua vez, ensina que: "*Quando alcuno non voglia sottrarsi alli applicazione di una legge, ma soltanto evitare le consequenze della sua volontà viziata da errore; quando cioè alcuno abbia compiuto un atto giuridico, solo perchè ignorava una data norma di diritto, o per la stessa regione non a invocati i vantaggi che questa gli toglieva, no vi è motivo per non tenere conto della sua ignoranza della norma giuridica. In tali casi lo scopo cui si mira, allegando l'ignoranza del diritto, è ben diverso. Infatti non si vuole sottrarsi all'impero del diritto, nè sottrarsi alle obbligazioni o alle consequenze che derivano dall'inosservanze della legge (pena, nullità, decadenza); ma si mira dimostrare che manca o esiste il presupposto voluto dalla legge stessa per un fatto giuridico qualsiasi*"[55]. Nesse mesmo teor de ideias pondera Venezian que "O princípio de que a lei, transcorrido o tempo da *vacatio*, é obrigatória para todos os cidadãos, independentemente do co-

---

54. Coviello, *Manuale*, cit., 1910, v. 1, p. 44-7.
55. Nicola Stolfi, *Diritto civile*, cit., v. 1, p. 183.

nhecimento que tenha qualquer pessoa, deve entender-se, unicamente, no sentido de que a ignorância da lei não pode ser alegada para escusar a ignorância dela e fugir às suas consequências; mas o erro e a ignorância do direito podem ser invocados, a par do erro de fato, quando se trata de mostrar a existência de um pressuposto, do qual a própria lei faz depender a admissão ou a exclusão de determinados efeitos jurídicos, isto é, quando a alegação do erro se destina a tornar sem efeito atos em que foi ele que determinou a vontade, ou a aproveitar os efeitos legais da boa-fé"[56].

O *erro de direito* é aquele relativo à existência de uma norma jurídica, supondo-se, exemplificativamente, que ela esteja em vigor quando, na verdade, foi revogada. O agente emite uma declaração de vontade no pressuposto falso de que procede conforme a lei. O nosso Código Civil de 1916 a ele não se referia, pois Clóvis Beviláqua equiparava as noções de erro de direito e ignorância da lei, opinando pela inexistência do *error juris* ante o art. 3º da Lei de Introdução. Portanto, o erro de direito não era considerado como motivo de anulação contratual. Só o erro de fato era que podia influir, de modo a anulá-lo, sobre a eficácia do elemento volitivo. Em que pesasse tal opinião, a doutrina, como vimos acima, e a jurisprudência (*RT, 280*:360) têm entendido que erro de direito e ignorância da lei não se confundem, sustentando, acertadamente, que o *error juris*, desde que afete a manifestação da vontade, na sua essência, vicia o consentimento. O atual Código Civil (art. 139, III) veio a admitir, como vimos alhures, o erro de direito, quando, não implicando recusa à aplicação da lei, for o motivo único ou principal do negócio jurídico. O erro de direito não consiste apenas na ignorância da norma jurídica, mas também em seu falso conhecimento, na sua compreensão equivocada e na sua interpretação errônea. De qualquer maneira, para anular o negócio, é necessário que esse erro tenha sido o motivo único e principal a determinar a vontade, não podendo, contudo, recair sobre a norma cogente, mas tão somente sobre normas dispositivas, sujeitas ao livre acordo das partes[57].

Não se levará, portanto, em conta *error juris* quando se almejar suspender a eficácia legal, para livrar-se das consequências de sua inobservância; mas, se se tiver por escopo evitar efeito de ato negocial, cuja formação teve

---

56. Venezian e outros, *Codice civile annottato*, v. 1, n. 32, p. 9; Trabucchi, Errore, in *Nuovo Digesto Italiano*, 1938, v. 5, p. 483; Fubini, *La dottrina del errore*, 1902, n. 25 a 31; Costa y Martinez, *El problema*, cit.

57. M. Helena Diniz, *Curso*, cit., v. 1, p. 240-1; Álvaro Villaça Azevedo, Erro-III, in *Enciclopédia Saraiva do Direito*, v. 32, p. 481-9; Jorge Flacquer Scartezini, *Do erro no direito civil*, São Paulo, Resenha Universitária, 1976; Silvio Rodrigues, *Dos vícios do consentimento*, São Paulo, Saraiva, 1979; Roger Decottignies, L'erreur de droit, *Rev. Trim. Jur.*, 1951, p. 309; Schkaff, *Influence de l'erreur, du dol et de la violence sur l'acte juridique*, Lausanne, 1920; Guillermo Borda, *Error de hecho y de derecho*, 1950.

interferência de vontade viciada por aquele erro, nada impedirá que se o alegue. O erro de direito para anular negócio jurídico precisará ser o seu motivo determinante[58], em razão do desconhecimento da existência da norma ou do seu real sentido. A falsa noção da realidade jurídica fez com que o declarante efetivasse negócio prejudicial aos seus interesses. Por exemplo: "A" efetiva compra e venda internacional da mercadoria "x" sem saber que sua exportação estava legalmente proibida. Como o erro de direito foi o motivo determinante do ato negocial, pode-se pleitear a anulação do negócio sem que, com isso, se pretenda descumprir a norma jurídica. Para anular o negócio não poderá, contudo, recair sobre norma cogente, mas tão somente sobre normas dispositivas, sujeitas ao livre acordo das partes. Logo, alegação de ignorância de direito no erro na declaração de vontade nada terá a ver com o disposto no art. 3º *sub examine*, podendo ser, portanto, admitida, por não ter havido uma recusa à aplicação da norma jurídica.

Art. 4º Quando a lei for omissa, o juiz decidirá o caso de acordo com a analogia, os costumes e os princípios gerais de direito.

- Vide *arts. 140, caput e parágrafo único, 375, 723, 1.035, §§ 1º a 11, e 1.036, §§ 1º a 6º, do CPC/2015.*

- Vide *art. 8º da Consolidação das Leis do Trabalho.*

- *Normas complementares das leis tributárias* — Vide *arts. 100 e 108 da Lei n. 5.172, de 25 de outubro de 1966 (Código Tributário Nacional).*

- Vide *arts. 2º, §§ 1º e 2º, e 11, II, da Lei n. 9.307, de 23 de setembro de 1996.*

- *Constituição Federal, arts. 59 a 69.*

- *Lei n. 11.417/2006; Lei n. 9.784/99, arts. 56, § 3º, 64-A e 64-B.*

1. Integração e o problema das lacunas no direito

Quando, ao solucionar um caso, o magistrado não encontra norma que lhe seja aplicável, não podendo subsumir o fato a nenhum preceito, porque há falta de conhecimento sobre um *status* jurídico de certo comportamento, devido a um defeito do sistema que pode consistir numa ausência de norma, na presença de disposição legal injusta, ineficaz socialmente, ou seja, em desuso, estamos diante do problema das lacunas. Imprescindível será um desenvolvimento aberto do direito dirigido metodicamente, pois, pelo art. 140 e parágrafo único do CPC/2015, o juiz não se exime de decidir sob alegação

---

58. Aubry e Rau, *Cours de droit civil français*, v. 4, § 433; M. Helena Diniz, *Código Civil anotado*, São Paulo, Saraiva, 2004, p. 157; *RTJ, 99*:860 e *104*:816.

de lacuna ou obscuridade do ordenamento jurídico. É nesse desenvolvimento aberto que o aplicador adquire consciência da modificação que as normas experimentam, continuamente, ao serem aplicadas às mais diversas relações de vida, chegando a se apresentar, no sistema jurídico, omissões concernentes a uma nova exigência vital. Essa permissão de desenvolver o direito compete aos aplicadores sempre que se apresentar uma lacuna, pois devem integrá-la, criando uma norma individual, dentro dos limites estabelecidos pelo direito (LINDB, arts. 4º e 5º). As decisões dos juízes devem estar em consonância com o conteúdo da consciência jurídica geral, com o espírito do ordenamento, que é mais rico do que a disposição normativa, por conter critérios jurídicos e éticos, ideias jurídicas concretas ou fáticas que não encontram expressão na norma de direito. Assim sendo, em caso de lacuna, a norma individual completante do sistema jurídico não é elaborada fora dele, pois o órgão judicante, como logo mais veremos, ao emiti-la, terá que se ater aos subconjuntos valorativo, fático e normativo, que o compõem[59].

2. Localização sistemática do problema das lacunas jurídicas

Por localização sistemática entendemos o levantamento das questões relativas à lacuna dentro da ordenação jurídica, verificando as concepções de ordenamento jurídico e a possibilidade, positiva ou negativa, da emergência do problema da lacuna, bem como das questões paralelas que ela desencadeia. A grande dificuldade que se apresenta nesta localização é o critério de abordagem. Pode-se relacionar o problema das lacunas com a própria concepção do direito, ressaltando-se como questão fundamental a de se saber se o direito constitui ou não uma ordem limitada. Há a possibilidade dogmática de se partir de um texto legal, p. ex., do art. 4º da Lei de Introdução às Normas do Direito Brasileiro, que reza: "quando a lei for omissa, o juiz decidirá o caso de acordo com a analogia, os costumes e os princípios gerais de direito". Poder-se-ia, ainda, usar, como critério de abordagem, a relação entre a lei e as interpretações dogmáticas que ela sugere, o que nos coloca nos quadros de neutralização do Poder Judiciário e da captação do direito como sistema. Esta questão traz, em seu bojo, o problema lógico da completude ou da incompletude do sistema, assim como

---

59. Larenz, *Metodología de la ciencia del derecho*, Barcelona, Ed. Ariel, 1966, cap. IV; M. Helena Diniz, *As lacunas*, cit., p. 279-80; Percival de Oliveira, A integração das normas e a Lei de Introdução ao Código Civil, *RF*, *93*:481; Goffredo Telles Jr., *Iniciação*, cit., p. 201-3; Rogério Ferraz Donnini, A complementação de lacunas no Código Cívil — continua a viger o art. 4º da Lei de Introdução ao Código Civil?, *Temas atuais de direito* (coord. Donnini e Carrazza), São Paulo, Malheiros, 2008, p. 275-288; Lucas A. Barroso, Situação atual do art. 4º da Lei de Introdução ao Código Civil, *A realização do direito civil*, Curitiba, Juruá, 2011, p. 35-44.

o de se saber se o problema jurídico da lacuna é, como quer Legros, uma questão processual, ou seja, que só surge no momento da aplicação de uma ordem normativa a um caso dado.

Se se admitir a existência de lacunas, surgem os problemas de sua constatação e de seu preenchimento, bem como o da legitimidade de seu uso, pois não se pode olvidar que os diferentes ordenamentos jurídicos os apresentam com facetas mais ou menos complexas, já que há os que, expressamente, determinam quais os instrumentos de constatação e de preenchimento das lacunas, como é o caso do brasileiro, e também os que são omissos a respeito, gerando uma lacuna de segundo grau pela falta de norma sobre essas questões, como, p. ex., ocorre com o direito alemão.

Claro está que a localização sistemática do problema das lacunas do direito nos levou a distinguir três questões básicas: *existência, constatação,* e *preenchimento das lacunas*[60].

3. Questão da existência das lacunas

A) Considerações gerais

Procuraremos abordar o problema da *existência* das lacunas, determinando no ordenamento jurídico a possibilidade ou impossibilidade de normas que qualifiquem como indiferentes certos comportamentos, levantando as seguintes questões: o comportamento que não está previsto expressamente, que nem é proibido nem obrigatório, está automaticamente permitido? Existe um âmbito de comportamentos não jurídicos?[61]

---

60. V. Tércio Sampaio Ferraz Jr., *Localização sistemática do problema das lacunas* (artigo lido em manuscrito), p. 12 e 13; Robert Legros, Considérations sur les lacunes et l'interprétation en droit pénal, in *Le problème des lacunes en droit*, Bruxelles, Perelman (publ.), Émile Bruylant, 1968, p. 363 e s.; M. Helena Diniz, *As lacunas*, cit., p. 1-4, e *Compêndio*, cit., p. 396-7.

61. Tércio Sampaio Ferraz Jr. (*Localização sistemática*, cit., p. 28 e 30) exemplifica: esfregar o couro cabeludo, ao lavar a cabeça, ou guardar para si suas opiniões a respeito de certos assuntos são comportamentos dos quais se pergunta se estão regulados pelo direito num dos modos deônticos — proibir, obrigar, permitir etc., ou se são totalmente irrelevantes ao direito. Alf Ross (*Sobre el derecho*, cit.), p. ex., nos fala do comportamento "sentar-se num banco em Hyde Park", que, não sendo nem proibido, nem obrigatório, nem permitido, é antes um comportamento fora do campo normativo. A questão é bem mais complexa e envolve uma exata compreensão dos chamados "modos deônticos", que são os instrumentos através dos quais os comportamentos são qualificados, sobretudo, sobre a noção de "inqualificação" e "inqualificado". *v.* Amedeo Conte, *Saggio*, cit., 1962, p. 16 e s., citado por Tércio Sampaio Ferraz Jr., *Localização sistemática*, cit., p. 13, que afirma (p. 14): o problema é o de saber se indiferente é um modo deôntico ou se há normas que determinam uma conduta como indiferente ou se tais normas não existem no sentido rigoroso, sendo indiferente a que for qualificada por exclusão.

A problemática da existência ou da inexistência das lacunas coloca, portanto, as seguintes perguntas: a completude é um ideal racional do sistema normativo ou uma ficção que atende a finalidades práticas? A incompletude é inerente ao sistema jurídico? A lacuna é um problema do ordenamento ou da jurisdição? O sistema jurídico é dinâmico ou estático? É um sistema fechado ou aberto?[62]

Esse estudo, segundo alguns autores, exige a discussão do direito como um ordenamento[63], entendido como um conjunto de normas. Deste ângulo de abordagem surgem inúmeros problemas decorrentes das relações entre as diversas normas que compõem o ordenamento, tendo-se em vista a consideração estática ou dinâmica do direito. Logo, o problema da existência das lacunas vai depender da concepção que se tem do ordenamento jurídico.

Pode-se ainda abordar a questão das lacunas sob um prisma pragmático, voltando-se para o seu preenchimento, donde decorre a colocação de tal problema ao nível de decisão.

A consideração do direito como ordenamento (sob o prisma do *canon* da plenitude do sistema jurídico) e a colocação pragmática da teoria das lacunas ao nível da decisão judicial constituirão as bases de nossas investigações sobre o problema das lacunas no direito.

B) Lacuna como problema inerente ao sistema jurídico

A questão da existência da lacuna no direito, por assim dizer, é eminentemente sistemática, pois "é evidente que a possibilidade da lacuna constituir um problema, tendo em vista a sua teorização, depende de uma consciência da mobilidade e temporalidade do sistema"[64].

Os autores dividem-se em duas principais correntes antitéticas: a que afirma, pura e simplesmente, a inexistência de lacunas, sustentando que o sistema jurídico forma um todo orgânico sempre bastante para disciplinar todos os comportamentos humanos; e a que sustenta a existência de lacunas no sistema, que, por mais perfeito que seja, não pode prever todas as situações de fato, que, constantemente, se transformam, acompanhando o ritmo instável da vida[65].

O fenômeno da "lacuna" está correlacionado com o modo de conceber o sistema. Se se fala em sistema normativo como um todo ordenado, está-

---

62. T. S. Ferraz Jr., *Localização sistemática*, cit., p. 14; *A ciência do direito*, cit., p. 81 e 82.
63. Bobbio, *Teoria*, cit., cap. 1; M. Helena Diniz, *As lacunas*, cit., p. 18 e 19.
64. Tércio Sampaio Ferraz Jr., *Localização sistemática*, cit., p. 3.
65. Enneccerus, *Tratado de derecho civil*, Buenos Aires, 1948, v. 1, § 53.

tico, fechado e completo, em relação a um conjunto de casos e condutas, em que a ordem normativa delimita o campo da experiência, o problema da existência das lacunas fica resolvido, para alguns autores, dentre eles Kelsen, de forma negativa, porque há uma norma que diz que "tudo o que não está juridicamente proibido, está permitido", qualificando como permitido tudo aquilo que não é obrigatório, nem proibido. Essa norma genérica abarca tudo, de maneira que o sistema terá sempre uma resposta; daí o postulado da plenitude hermética do direito. Toda e qualquer lacuna é uma aparência nesse sistema que é manifestação de uma unidade perfeita e acabada, ganhando o caráter de ficção jurídica necessária[66]. De uma forma sintética, poder-se-á dizer, com Von Wright, que "um sistema normativo é fechado quando toda ação está, deonticamente, nele determinada"[67].

Se se conceber o sistema jurídico como dinâmico, aberto e incompleto, revelando o direito como uma realidade complexa, contendo várias dimensões, não só normativa como também fática e axiológica, aparecendo como um critério de avaliação, em que "os fatos e as situações jurídicas devem ser entendidos como um entrelaçamento entre a realidade viva e as significações do direito, no sentido de que ambas se prendem uma a outra"[68], temos um conjunto contínuo e ordenado que se abre numa desordem, numa descontinuidade, apresentando um "vazio", uma lacuna[69], por não conter solução expressa para determinado caso[70].

A expressão "lacuna" concerne a um estado incompleto do sistema. Ou, como nos diz Binder, há lacuna quando uma exigência do direito, fundamentada objetivamente pelas circunstâncias sociais, não encontra satisfação na ordem jurídica[71].

---

66. V. Alchourrón e Bulygin, *Introducción a la metodología de las ciencias jurídicas y sociales*, Buenos Aires, 1974, p. 170; Tércio Sampaio Ferraz Jr., *Conceito de sistema no direito*, Revista dos Tribunais, 1976, p. 9, 32 e 34; *Sistema jurídico e teoria geral dos sistemas*, apostila do Curso de Extensão Universitária em Direito promovido pela Associação dos Advogados de São Paulo, mar./jun. 1973, p. 11; *Função social da dogmática jurídica*, São Paulo, 1978, p. 72.

67. Von Wright, An essay in deontic logic and the general theory of action, in *Acta philosophica fennica XXI*, Amsterdam, Helsinki, 1968, p. 83. Sobre as teorias que negam a existência da lacuna jurídica, *vide* M. Helena Diniz, *As lacunas*, cit., p. 27-48.

68. Tércio Sampaio Ferraz Jr., *Conceito de sistema*, cit., p. 37 e 38.

69. Goldschmidt, *Introducción filosófica al derecho*, 4. ed., Buenos Aires, Depalma, 1973, p. 288. Sobre a concepção de Engisch, que admite a lacuna, consulte M. Helena Diniz, *As lacunas*, cit., p. 60-3.

70. Enrique Fuenzalida Puelma, *Integración de las lagunas jurídicas en el derecho chileno*, Santiago, Ed. Jurídica de Chile, 1973, p. 13; Karl Larenz, *Metodología*, cit., p. 292.

71. Citação de Larenz, *Metodología*, cit., p. 295. *Vide*, ainda, Eduardo García Máynez, *Lógica*, cit., p. 36, e Paulino J. Soares de Souza Neto, *Cadernos de direito civil*, Rio de Janeiro, 1954, v. 1, p. 193 (Introdução).

Convém salientar, ainda, que o vocábulo "lacuna" foi introduzido, com um sentido metafórico, para designar os possíveis casos em que o direito objetivo não oferece, em princípio, uma solução[72].

Não concordamos, *data venia*, com as correntes doutrinárias que entendem que o sistema jurídico é fechado porque todo comportamento está, deonticamente, nele determinado, sustentando, assim, o dogma da plenitude hermética do ordenamento jurídico, que se baseia no princípio de que "tudo que não está proibido, está permitido", e a ausência de lacuna no direito. Não as aceitamos porque, no nosso entender, esse princípio não constitui uma norma jurídico-positiva, não conferindo, portanto, direitos e obrigações a ninguém, sendo, assim, um mero enunciado lógico, inferido da análise do sistema normativo. Considerado sob o prisma da linguagem, seria uma metalinguagem, porquanto se dirige à linguagem-objeto, sendo, nesse sentido, uma proposição descritiva, formal ou lógica, isto é, analítica, posto que não se refere ao mundo fático. O que vem a comprovar, uma vez mais, a falta de normatividade do referido dogma. Com isso, essas teorias fracassam no empenho de sustentar que todo sistema jurídico é uno, completo, independente e sem lacunas, pois concebem o direito sob uma perspectiva estática[73].

Todavia, é importante assinalar, como o fizeram Alchourrõn e Bulygin[74], a diferença entre o postulado da plenitude, de acordo com o qual todos os sistemas jurídicos são completos, e a exigência de que o sejam. O postulado é uma mera ilusão que, não obstante, desempenha um papel ideológico definido no pensamento jurídico; a sua exigência responde a um ideal puramente racional, independente de toda atitude política. A exigência da completude é caso especial de um princípio mais geral, inerente a toda investigação científica enquanto atividade racional.

No nosso entender o direito é uma realidade dinâmica, que está em perpétuo movimento, acompanhando as relações humanas, modificando-as, adaptando-as às novas exigências e necessidades da vida[75], inserindo-se na

---

72. Diez-Picazo, *Experiencias jurídicas y teoría del derecho*, Barcelona, 1973, p. 279; Roberto José Vernengo, *Curso de teoría general del derecho*, Buenos Aires, 1976, p. 381; Tércio Sampaio Ferraz Jr., *Localização sistemática*, cit., p. 16; Anderson, *The formal analysis of normative systems*, New Haven, 1956; Giovanni, Dal sistema sopra al sistema, *RIFD*, v. 1 e 2.

73. Sobre a análise do dogma da plenitude hermética do ordenamento jurídico e da norma que fecha o sistema, consulte M. Helena Diniz, *As lacunas*, cit., p. 49-60.

74. Alchourrón e Bulygin, *Introducción a la metodología*, cit., p. 25.

75. Interessantes são os estudos de Edmond Picard (*O direito puro*, Lisboa, Ed. Ibero-Americana, 1942, p. 87 e 30) a respeito da dinamicidade do fenômeno jurídico.

história, brotando do contexto cultural[76]. A evolução da vida social traz em si novos fatos e conflitos, de modo que os legisladores, diariamente, passam a elaborar novas leis; juízes e tribunais, de forma constante, estabelecem novos precedentes, e os próprios valores sofrem mutações, devido ao grande e peculiar dinamismo da vida.

Abarca o direito experiências históricas, sociológicas e axiológicas que se complementam. Logo, as normas, por mais completas que sejam, são apenas uma parte do direito, não podendo identificar-se com ele[77].

O direito não se reduz, portanto, à singeleza de um único elemento, donde a possibilidade de se obter uma unidade sistemática que o abranja em sua totalidade. O sistema jurídico não tem um aspecto uno e imutável, mas sim multifário e progressivo.

Isso nos leva a crer que o sistema jurídico é composto de vários subsistemas. Na tridimensionalidade jurídica de Miguel Reale encontramos a noção de que o sistema do direito se compõe de um subsistema de normas, de um subsistema de valores e de um subsistema de fatos, isomórficos entre si, por haver correlação entre eles[78].

Dessas ideias se deduz que os elementos do sistema são interdependentes. De forma que, quando houver uma incongruência ou alteração entre eles, temos a lacuna e a quebra da isomorfia. Logo, o sistema normativo é *aberto*, está em relação de importação e exportação de informações com outros sistemas (fáticos, axiológicos etc.), sendo ele próprio parte de um subsistema jurídico[79].

---

76. *Vide* Francesco Calasso, *Storicità del diritto*, Milano, 1966, p. 198; Miguel Reale Jr., *Antijuridicidade concreta*, Bushatsky, 1974, p. 1; Tércio Sampaio Ferraz Jr., *Conceito de sistema*, cit., p. 171.

77. Lourival Vilanova, Lógica, ciência do direito e direito, in *Filosofia-II, Anais do VIII Congresso Interamericano de Filosofia e V da Sociedade Interamericana de Filosofia*, p. 535; Santi Romano, *El ordenamiento jurídico*, Madrid, Instituto de Estudios Políticos, 1963; M. Helena Diniz, *A ciência jurídica*, São Paulo, Resenha Universitária, 1977, p. 60 e 61; Campanini, *Ragione e volontà nella leggi*, Milano, Giuffrè, s.d., p. 3.

78. Ulrich Klug define isomorfia: "*La isomorfía es una relación entre relaciones que puede ser caracterizada de la siguiente manera: dos relaciones R, S, serán isomorfas siempre que pueda establecerse entre ellas una relación biunívoca K, el llamado correlador por el que los miembros todos de R quedan coordinados con todos los miembros de S, y al revés; más, de tal modo acoplados, que siempre que entre X', Y' del campo R valga la relación R, valga también entre los miembros correspondientes X', Y' del campo S, la relación S'. Isomorfía es igualdad estructural*" (*Lógica jurídica*, cit., p. 129).

79. Tércio Sampaio Ferraz Jr., *Teoria*, cit., p. 141, e *Conceito*, cit., p. 156, 157, 162 e 171.

Esquematicamente, podemos ter:

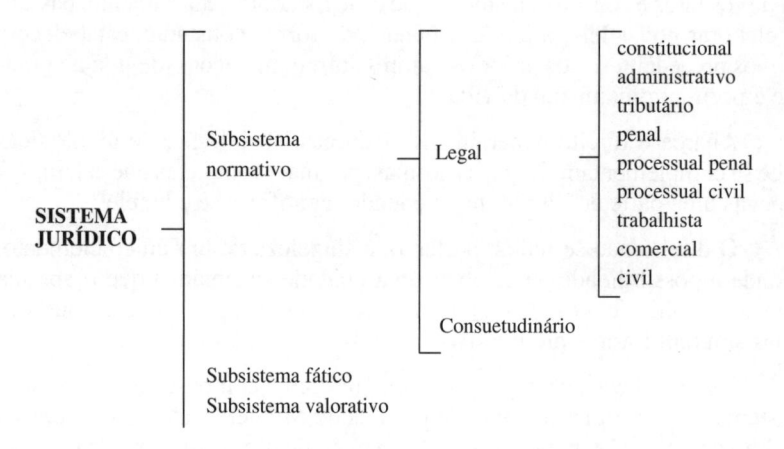

SISTEMA JURÍDICO
- Subsistema normativo
  - Legal
    - constitucional
    - administrativo
    - tributário
    - penal
    - processual penal
    - processual civil
    - trabalhista
    - comercial
    - civil
  - Consuetudinário
- Subsistema fático
- Subsistema valorativo

E, graficamente, assim representado:

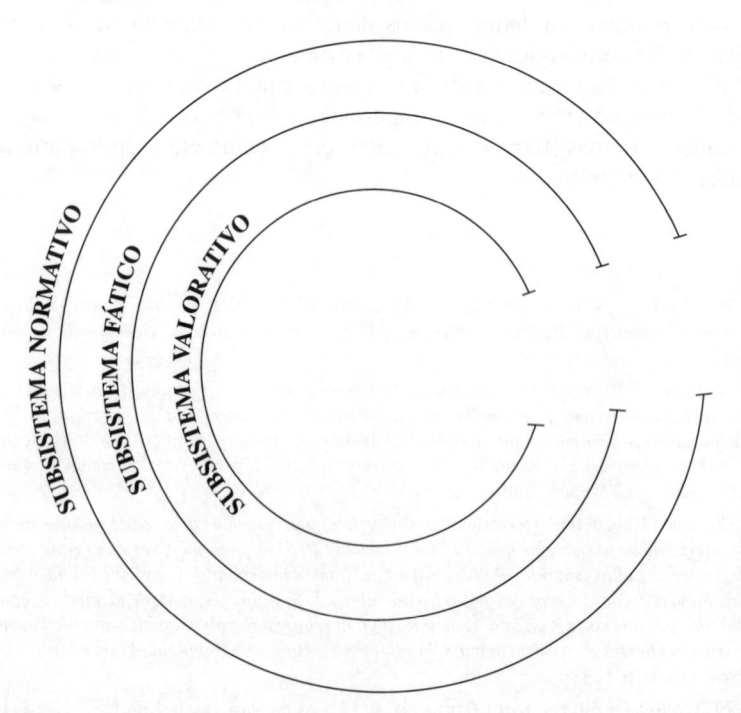

SUBSISTEMA NORMATIVO
SUBSISTEMA FÁTICO
SUBSISTEMA VALORATIVO

A fusão dos elementos do direito num só bloco não impede a existência de subsistemas que abarcam os vários elementos que o compõem[80]. Variedade concebida de modo unitário é um sistema que nada mais é senão uma unidade epistemológica de conjuntos; por isso, pode haver tantos sistemas como modos de observar a realidade jurídica[81].

Quando da aplicação do direito a um fato concreto, é mister correlacionar as normas entre si, bem como o subsistema de valores e de fatos a ele correspondentes, não devendo ter o juiz um critério puramente normativo; deve, sim, dar lugar a uma compreensão dos sistemas normativos em relação ao fato e aos valores que os informam.

Na verdade, o juiz, com frequência, se vê na dificuldade de decidir certas hipóteses, por não encontrar, nas normas do sistema normativo, os instrumentos indispensáveis para solucioná-las. A multiplicidade dos casos e das circunstâncias que o cercam ultrapassa a capacidade de previsão do elaborador das normas[82], fazendo com que os casos, que devem ser resolvidos, não encontrem o seu *status* deôntico delineado em nenhum sistema normativo. O que interessa saber não é se essas condutas estão proibidas ou permitidas por um *determinado* sistema normativo, mas sim se elas podem ser solucionadas pelos demais subsistemas. Perante a lacuna, isto é, quando houver quebra de isomorfia entre os sistemas normativo, fático e valorativo, que passam a ser heteromórficos, o juiz, ante o caráter dinâmico do direito, passa de um subsistema a outro (do subsistema legal ao subsistema consuetudinário ou ao subsistema axiológico ou ao subsistema fático), até suprir a lacuna. De maneira que esta é sempre *provisória*, porque o direito possui uma temporalidade própria[83].

Portanto, a teoria das lacunas não deve ser analisada sob uma consideração estática do direito, porque isso traz como consequência uma visão errônea do fenômeno. O direito deve ser considerado sob o prisma dinâmico, em constante mutação, sendo, assim, lacunoso, no nosso entendimento.

---

80. *Vide* Santi Romano, *Princípios de direito constitucional geral*, São Paulo, Revista dos Tribunais, trad. M. H. Diniz, 1977, p. 126; *Raz, The concept of a legal system*, Oxford, 1970, e Identity of legal systems, *California Law Review*, v. 59, 1971.

81. Nathan Rosentreich, *On constructing a philosophical system*, 1963, p. 21, 24 e 179. *Vide* comentários de Dworkin, Is a law a system of rules?, in *Essays in legal philosophy*, Oxford, Ed. Summers, 1968; M. Helena Diniz, *A ciência jurídica*, cit., p. 149.

82. Vicente Ráo, *O direito*, cit., v. 1, p. 89, n. 38.

83. *Vide* Tércio Sampaio Ferraz Jr., *Sistema jurídico*, cit., p. 9; M. Helena Diniz, *As lacunas*, cit., p. 63-73.

Três são as principais espécies de lacunas[84]: 1ª) *normativa*, quando se tiver ausência de norma sobre determinado caso; 2ª) *ontológica*, se houver norma, mas ela não corresponder aos fatos sociais: quando, p. ex., o grande desenvolvimento das relações sociais e o progresso técnico acarretaram o ancilosamento da norma positiva; 3ª) *axiológica*, ausência de norma justa, isto é, existe um preceito normativo, mas, se for aplicado, sua solução será insatisfatória ou injusta.

C) Lacuna como problema de jurisdição

Autores há que, ao examinarem a problemática das lacunas jurídicas, a consideram uma questão processual, uma vez que só surgem por ocasião da aplicação de normas a determinado caso para o qual não há, real ou aparentemente, norma específica. Dentre eles, podemos citar Robert Legros[85], para quem é o processo que levanta o problema eventual da lacuna. Esses juristas fazem com que o problema tome uma feição pragmática ao ser colocado ao nível da decisão.

Hans Kelsen afasta a ideia da existência de "lacunas" no sistema, pois todo e qualquer comportamento pode ser considerado como regulado — num sentido positivo ou negativo — pela ordem jurídica. Justamente por entender que, "quando a ordem jurídica não estatui qualquer dever a um indivíduo de realizar determinada conduta, permite esta conduta"[86], regulando-a negativamente, rejeita Kelsen a formulação, feita por alguns autores, de que, ante a impossibilidade das normas regulamentarem todas as ações humanas possíveis, haverá sempre casos em que a aplicação do direito estará excluída, por não haver norma que os prescreva, devendo os juízes criá-las como se fossem legisladores. Daí o caráter da completude ou da plenitude do sistema normativo, na concepção de Kelsen, pois as normas que o compõem contêm, em si, a possibilidade de solucionar todos os conflitos levados à apreciação dos magistrados ou órgãos competentes[87].

Apesar de Hans Kelsen não admitir a existência de "lacunas" no sistema jurídico, reconhece a importância da teoria das lacunas como um limite ao poder normativo do magistrado. Considera a "lacuna" como uma

---

84. *Vide* M. Helena Diniz, *As lacunas*, cit., p. 73-83, e *Compêndio*, cit., p. 398 a 401.

85. Legros, Considérations, in *Le problème des lacunes en droit*, cit., p. 363 e s. Sobre os demais autores que colocam a lacuna como problema de jurisdição, consulte M. Helena Diniz, *As lacunas*, cit., p. 85-95, e *Compêndio*, cit., p. 401-6.

86. Kelsen, *Teoria pura do direito*, cit., v. 1, p. 81-3; v. 2, p. 107-9.

87. Recaséns Siches, *Tratado general de filosofía del derecho*, México, Porrúa, 1965, p. 321-5; Juan Manuel Teran, *Filosofía del derecho*, México, Porrúa, 1971, p. 143-74; Fernando A. de Oliveira, A norma individual e o problema da lacuna, *RDP*, *24*:104, 1973.

ficção[88], utilizada pelo legislador, com a finalidade de restringir o poder de interpretação e de integração conferido aos tribunais, quando estes constatam a falta de uma determinada norma, na ordem jurídica, para resolver certo caso[89]. Para ele, "a existência de uma 'lacuna' só é presumida quando a ausência de uma norma jurídica é considerada pelo órgão aplicador do direito como indesejável do ponto de vista da política jurídica e, por isso, a aplicação — logicamente possível — do direito vigente é afetada, por ser considerada pelo órgão aplicador do direito como não equitativa ou desacertada. Porém, a aplicação da ordem jurídica vigente pode ser havida como não equitativa ou desacertada, não apenas quando esta não contenha uma norma geral que imponha ao demandado ou acusado uma determinada obrigação, mas também quando ela contenha uma tal norma. O fato da ordem jurídica não conter qualquer norma que estabeleça pena para o furto de energia elétrica pode ser considerado tão iníquo ou desacertado como o fato de uma ordem jurídica conter norma que é de aplicar tanto ao roubo acompanhado de homicídio como à hipótese de um filho matar o pai que sofre de doença incurável, a pedido deste. Lacuna, no sentido de inaplicabilidade lógica do direito vigente, tampouco existe num caso como no outro". Deveras, considerar o furto de energia elétrica, quando não previsto em lei, como um comportamento juridicamente permitido é uma iniquidade. Por isso, entender as lacunas como uma "ficção" permite ao juiz não aplicar tal norma, que conduziria a resultados injustos. Convém repetir, o legislador "recorre à ficção de que a ordem jurídica vigente, em certos casos, não pode ser aplicada — não por uma razão ético-política subjetiva, mas por uma razão lógico-objetiva — de que o juiz somente pode fazer-se de legislador quando o direito apresentar uma lacuna"[90], tendendo, com isso, a limitar a hipertrofia da função judicial. Kelsen, na *Teoria generale delle norme*, aceita que o ordenamento jurídico possa autorizar o órgão judicante a aplicar a norma geral a um caso concreto apenas se considerar justa sua aplicação naquela hipótese. Somente pressupondo isto se pode dizer que a tarefa do juiz competente é formular uma sentença justa. Admitindo, assim, a existência de lacunas axiológicas ou políticas, no caso de um comportamento proibido pelo sistema, mas desejável, por razões político-jurídicas, pelo juiz, este passará a acatá-lo, propondo uma outra norma que o torne permitido; ou na hipótese de uma conduta regulada negativamente, sendo permi-

---

88. Sobre o conceito de "ficção", *vide*: Palasi, *La interpretación y los apotegmas jurídico-lógicos*, p. 124; Rafael Llano, *Naturaleza jurídica de la "ficti juris"*, Pamplona, Ed. Eunsa, 1963; Fuller, *Legal fictions*, Stanford University Press, 1967.

89. Kelsen, *Teoria pura do direito*, cit., v. 2, p. 109.

90. Kelsen, *Teoria pura do direito*, cit., v. 2, p. 107, 108 e 111, e *Teoria generale delle norme*, Torino, Ed. Einaudi, 1985, p. 205 e 206, 379 e 380.

tida, mas que, por razões políticas, o magistrado julgue deva ser normada de modo positivo[91].

Por admitir a lacuna como mera ficção em razão de um motivo prático, que é estabelecer limites ideológicos à atividade judicial, conclui-se que Kelsen, ao nível da decisão judicial, reconhece a incompletude[92].

Alguns autores sustentam a tese de que não existem lacunas porque há juízes (Aftalión, García Olano e José Vilanova)[93]. Carnelutti[94] refere-se à proibição do *non liquet*[95], que tem caráter puramente pragmático, embora se tenha pretendido convertê-la num *a priori*, para justificar a plenitude da ordem jurídica[96], pois o juiz está obrigado a decidir todo e qualquer litígio jurídico. Tanto isto é verdade que a proibição da denegação da justiça está estabelecida, p. ex., como norma geral, no art. 4º da Lei de Introdução às Normas do Direito Brasileiro, bem como no art. 140, *caput*, do Código de Processo Civil de 2015 pátrio, que estatui: "O juiz não se exime de decidir sob alegação de lacuna ou obscuridade da lei. No julgamento da lide caber-lhe-á aplicar as normas legais; não as havendo, recorrerá à analogia, aos costumes e aos princípios gerais de direito". E só decidirá por equidade nos casos previstos em lei (CPC/2015, art. 140, parágrafo único).

---

91. Ferraz Jr., *Conceito de sistema*, cit., p. 131-2; Charles Huberlant, "Les mécanismes institués pour combler les lacunes de la loi, in *Le problème des lacunes en droit*, Bruxelles, Perelman (publ.), Émile Bruylant, 1968, p. 32-3; Gioja, *El postulado jurídico de la prohibición*, Buenos Aires, Abeledo-Perrot, 1954; Carrió, *Notas sobre derecho y lenguage*, Buenos Aires, Abeledo-Perrot, 1973, p. 44-8.

92. Ferraz Jr., *A ciência do direito*, cit., p. 82. *Vide* Villela, O problema das lacunas do ordenamento jurídico e os métodos para resolvê-lo. *Revista da Faculdade de Direito da Universidade de Minas Gerais*, out. 1961, p. 223 e 224; Kelsen, *El método y los conceptos fundamentales de la teoría pura del derecho*, n. 43.

93. Aftalión, Olano e Vilanova, *Introducción al derecho*, 5. ed., Buenos Aires, El Ateneo, 1956, t. 1, p. 257.

94. Carnelutti, *Teoría general del derecho*, Madrid, 1955, p. 107 e 116.

95. *Vide* Charles Huberlant, Les mécanismes institués pour combler les lacunes de la loi, in *Le problème des lacunes en droit*, p. 43-4; François Terré, Les lacunes du droit, in *Le problème des lacunes en droit*, Bruxelles, Perelman (publ.), Émile Bruylant, p. 145-8; Jean J. A. Salmon, Quelques observations sur les lacunes en droit international public, in *Le problème des lacunes en droit*, Bruxelles, Perelman (publ.), Émile Bruylant, p. 313, 314, 317 e 318; Lauterpacht, *Some observations on the prohibition of "non liquet" and the completeness of the law*, Haye, Symbolae Verzijl, 1958, p. 196-221; Tammelo, On the logical openness of legal orders. A modal analysis of law with special reference to the logical status of "non liquet" in international law, *The American Journal of Comparative Law*, 8:187-203, 1958; Alípio Silveira, Hermenêutica do direito social, *RF*, 575:18, 1951; Silvio Rodrigues, *Direito civil*, São Paulo, Max Limonad, 1967, v. 1, p. 43.

96. Oviedo, *Formación y aplicación del derecho*, Madrid, 1972, p. 131-2; Stammler, *Tratado de filosofía del derecho*, Madrid, Ed. Reus, 1930, p. 333; Wilhelm Sauer, *Filosofía jurídica y social*, Barcelona, 1933, p. 232; Capella, *El derecho*, cit., p. 294 e 295.

O legislador, reconhecendo a impossibilidade lógica de regulamentar todas as condutas, prescreve normas desse tipo com o escopo de estabelecer a "plenitude do ordenamento". E a proibição da denegação da justiça pelo juiz pretende tão somente estabelecer tal completude[97].

Sem embargo, sob o prisma lógico, como evidencia Juan-Ramón Capella[98], a norma geral exclusiva (tudo o que não está proibido, está permitido) conflita com a norma geral inclusiva, de Norberto Bobbio (proibição do *non liquet*), pois, "na hipótese que valha a primeira, a segunda é irrelevante, porque haverá sempre uma norma aplicável: aquela, na hipótese que valha a norma dirigida ao juiz, deixa de ser aplicável à primeira", o que acarreta uma antinomia irremovível, levando à conclusão de que, sob uma perspectiva lógica, não se pode considerar a ordem jurídica, enquanto norma, como um sistema[99].

Carrió[100] critica as teorias que colocam a questão das lacunas ao nível da decisão judicial, ao dizer: "*No parece serio... sostener que no hay lagunas porque los jueces las colman*", já que estão obrigados a decidir o caso, seja dando lugar à demanda, seja rechaçando-a. Em ambos os casos, diz Vernengo, na concepção de alguns juristas, a norma individual criada pelo juiz eliminaria a lacuna, posto que tal norma ficaria incorporada no direito positivo; porém, tal não ocorre, porque essa tese confunde o problema da existência de casos não normados dentro do sistema de normas, que é o problema das lacunas, com a afirmação de que, quando existem órgãos de aplicação, as lacunas podem ser superadas. Portanto, não nega a existência de lacunas normativas, mas afirma tão somente que há técnicas para colmatá-las[101].

Realmente, a decisão judicial nem ao menos elimina as lacunas e os conflitos. O juiz, ao aplicar a um caso não previsto a analogia, o costume e os princípios gerais de direito, não fecha a lacuna através de uma construção judicial, na qual substitui o legislador.

---

97. Luiz G. M. de Paula, *A lacuna e a antinomia no direito tributário brasileiro*, trabalho apresentado em 1976, no Curso de Mestrado da PUCSP.

98. Capella, *El derecho*, cit., p. 307-8.

99. *Vide* conclusões de Luiz G. M. de Paula, *A lacuna*, cit., p. 25; Alchourrón e Bulygin (*Introducción a la metodología*, cit., p. 236) também se referem ao princípio da inescusabilidade da sentença; Lescot, Les tribunaux en face de la carence du législateur, *JPC*, Ed. GI, 1966, n. 2.007.

100. Carrió, *Notas sobre derecho y lenguaje*, Buenos Aires, 1965, mencionado por Alchourrón e Bulygin, *Introducción a la metodología*, cit., p. 182.

101. Vernengo, *Curso de teoría general del derecho*, cit., p. 383-4.

Entendemos que a integração de uma lacuna não se situa no plano legislativo, tampouco é uma delegação legislativa ao juiz; ela não cria novas normas jurídicas gerais, mas individuais, ou, na expressão de Betti, máximas de decisão, que só poderão ascender à categoria de normas jurídicas gerais tão somente em virtude de um subsequente processo de recepção e absorção dessas normas por uma lei ou jurisprudência, uma vez que as súmulas dos tribunais são tidas, por alguns autores, como normas gerais, apesar de consuetudinárias.

Não duvidamos de que o órgão judicante possa valer-se, excepcionalmente, das regras ou *máximas de experiência*[102], cujo papel integrativo está reconhecido, explicitamente, no art. 375 do Código de Processo Civil de 2015, que reza: "O juiz aplicará as regras de experiência comum subministradas pela observação do que ordinariamente acontece e ainda as regras de experiência técnica, ressalvado, quanto a estas, o exame pericial". Do exposto fácil é denotar o caráter supletivo das máximas, que não podem ser invocadas se houver preceito legal disciplinando a matéria, nem ser criadas arbitrariamente pelo magistrado, pois se exige como seu requisito necessário a observação do que comumente acontece. Ao elaborá-las, o juiz age indutivamente, pois, partindo de sua experiência vivencial, procede à observação de fatos particulares, dando-lhes uma significação, extraindo uma regra, de conformidade com aquilo que de mais comum sucede. São, portanto, juízos de valores que, apesar de individuais, têm autoridade, por trazerem em seu bojo a ideia do consenso geral ou da cultura de certo grupo social. O órgão judicante pode aplicá-las ao interpretar uma lei, ao avaliar provas (*RT, 520*:189-91), ao verificar as alegações das partes, ao deslindar o significado de certos conceitos normativos indeterminados, como "justa indenização", "preço vil" etc., e ao exercer sua função integrativa ao aplicar a analogia, o costume e os princípios gerais de direito. As máximas de experiência podem ser, por sua vez, objeto de prova, e o juiz tem a permissão de se informar sobre elas (CPC/2015, art. 375, c/c o art. 376).

A integração pode colmatar as lacunas, mas não instaurar uma completude necessária, no sentido de garantir que todo comportamento possível tenha um *status* deôntico. A jurisdição integra as normas, mas a lacuna permanece. O juiz deve sempre decidir, em caso de lacunas, mas a circunstância de ele julgar *de facto* e *de iure* não confere juridicidade ao compor-

---

102. Munir Karam, A função judicial, *Revista Jurídica da Faculdade de Direito de Curitiba*, n. 4, p. 144-6, 1985; Carlos Ignácio Massini, *La función judicial*, Buenos Aires, 1981, p. 51; José Carlos Barbosa Moreira, Regras de experiência e conceitos juridicamente indeterminados, *RF, 261*:13; Elicio de Cresci Sobrinho, O juiz e as máximas de experiência, *RF, 296*:430; Carlos R. Gonçalves, Análise da Lei de Introdução ao Código Civil: sua função no ordenamento jurídico e, em especial, no processo civil, *RP, 37*:85.

tamento não previsto. Da completude das normas sobre jurisdição não é correto inferir a completude das normas sobre outros comportamentos[103]. Além disso, o processo judicial não tem por escopo eliminar conflitos, mas pôr-lhes um fim. A decisão, em seu conceito moderno, soluciona um problema sem eliminá-lo, pois ressentimentos, decepções não podem ser institucionalizados. Pôr um fim, convém lembrar, não quer dizer eliminar incompatibilidades; significa tão somente que o conflito não pode mais ser retomado no plano institucional (coisa julgada). A decisão do órgão soluciona o *dubium* conflitivo, torna alternativas indecidíveis em decidíveis, que, num momento seguinte, podem originar novas situações até mais complexas. A lacuna não torna um comportamento obrigatório ou permitido, mas juridicamente indecidível, cabendo ao órgão judicante fazê-lo decidível[104].

Partindo dessas considerações e do reconhecimento de que o legislador não pode conhecer e prever todos os fatos, conflitos e comportamentos que são capazes de surgir nas relações sociais, bem como do entendimento de que, dentro de uma visão dinâmica do direito, é impossível pretender que no ordenamento existam normas regulando e prescrevendo as relações jurídicas presentes e todas as que o progresso trará, entendemos que o direito será sempre lacunoso.

Outro argumento que atesta a existência de lacunas no direito é a possibilidade de inadequação entre os subconjuntos componentes do sistema jurídico. Em razão da própria evolução interna de cada um, pode surgir uma situação indesejável em que a norma e o fato que lhe corresponde entrem em conflito com o valor ou com uma ideologia que os informa, quando o elemento fático, em decorrência de uma mudança qualquer, não mais atenda aos ditames ideológicos, ou quando a ideologia ou elemento valorativo, modificado por circunstâncias fáticas, entre em conflito com a norma[105].

Assim sendo, parece-nos que a problemática das lacunas jurídicas, ante o caráter dinâmico do direito, é inerente ao sistema jurídico, de modo que essa questão não deve ser, entendemos, considerada como um problema que só surge no momento da aplicação do direito a um caso *sub judice* não previsto pela ordem jurídica.

---

103. Amedeo Conte, *Saggio sulla completezza degli ordinamenti giuridici*, Torino, 1962, p. 102, 158, 169, 171, 172 e 178.

104. Tércio Sampaio Ferraz Jr., *Direito, retórica e comunicação*, São Paulo, Saraiva, 1973, p. 70, 81, 83 e 177; *Função social*, cit., p. 163-7; *Teoria da norma jurídica*, Rio de Janeiro, Forense, 1978, p. 28, 29 e 65.

105. Interessante é a análise de Luiz G. M. de Paula (*A lacuna*, cit., p. 20-1) sobre o tema.

D) Aporia das lacunas

Vão seria contestar a existência de lacunas no direito. Ante a dinamicidade do direito, as lacunas são uma realidade inquestionável, devido às próprias e naturais limitações da condição humana que impedem, como já dissemos, ao legislador a possibilidade de prever todas as situações presentes e futuras que podem cair sob a égide da norma, e, como se isto não fosse suficiente, a contínua criação que a vida, de per si, contém implicitamente pelo seu desenvolvimento deixa sempre fora de adequação as pautas normativas ditadas pelo Legislativo; daí os conflitos dentro do complexo sistema jurídico[106].

Se não se admitisse o caráter lacunoso do direito, sob o prisma dinâmico, o Poder Legislativo, em um dado momento, não mais teria qualquer função, porque todas as condutas já estariam prescritas, em virtude do princípio de que "tudo o que não está proibido, está permitido". E além disso a afirmação: "'não há lacunas porque há juízes, que, com base no art. 4º da Lei de Introdução às Normas do Direito Brasileiro, as vão eliminando", nos conduz a uma falsa realidade, pois os magistrados apenas as colmatam. O juiz cria norma jurídica individual que só vale para cada caso concreto, pondo fim ao conflito, sem dissolver a lacuna, pois o caso *sub judice* por ele resolvido não pode generalizar a solução para outros casos, mesmo que sejam idênticos. A instauração de um modelo jurídico geral cabe ao Poder Legislativo, bem como as modificações e correções da norma, procurando novas formas que atendam e satisfaçam às necessidades sociais.

A dinâmica do direito é dupla, pois pode ser: 1) exterior, quando, mediante elaboração de novas normas pelo poder competente, transforma o direito; e 2) interior, quando o aplicador aceita as normas em discordância com os fatos, sujeitando-as à valoração objetiva[107].

O direito é sempre lacunoso, mas é também, ao mesmo tempo, sem lacunas. O que poderia parecer um paradoxo, se se propusesse o conceito de lacuna sob um ponto de vista estático; porém, captando-se o fenômeno jurídico em sua dinamicidade, tal não ocorre[108]. É lacunoso o direito porque, como salientamos, a vida social apresenta nuanças infinitas nas condutas humanas, problemas surgem constantemente, mudam-se as necessidades com os progressos, o que torna impossível a regulamentação, por meio de norma jurídica, de toda sorte de comportamento; mas é concomitantemen-

---

106. Gardiol, *Introducción a una teoría general del derecho*, Buenos Aires, Ed. Astrea, 1975, p. 234; Picard, *O direito puro*, Lisboa, 1942, p. 32; Miguel Reale, *Lições preliminares*, cit., p. 300.

107. Picard, *O direito puro*, cit., p. 31, 87 e 88.

108. Este pensamento é de Tércio Sampaio Ferraz Jr., *Conceito de sistema*, cit., p. 137.

te sem lacunas porque o próprio dinamismo do direito apresenta soluções que serviriam de base para qualquer decisão, seja ela do órgão jurisdicional, seja ela do Poder Legislativo[109].

Dinamicamente considerado o direito autointegra-se; ele mesmo supre seus espaços vazios, através do processo de aplicação e criação de normas; logo o sistema jurídico, poder-se-ia dizer, não é completo, mas completável[110]. Poder-se-á até falar, ainda, que as lacunas no direito são "provisórias", porque podem ser supridas pela própria força interna do direito[111], porém não eliminadas pelo Judiciário.

A teoria das lacunas tem dupla função: *a*) fixar os limites para as decisões dos magistrados, demonstrando o que se deve entender por sistema jurídico, ressaltando sua composição complexa em subsistemas, bem como sua interligação com normas de outros sistemas, colocando em pauta os ditames das normas de proibição do *non liquet* (LINDB, arts. 4º e 5º, e CPC/2015, art. 140, *caput*); e *b*) justificar a atividade do Legislativo.

É, portanto, o ordenamento jurídico dinamicamente pleno e não estaticamente pleno, uma vez que prevê meios legislativos e judiciais para estender a esfera do disciplinado para a do não regulado[112].

Sem embargo dessa nossa opinião, que não consideramos um pronunciamento final e definitivo sobre o assunto, entendemos que o termo "lacuna" esconde ideias díspares e antagônicas, sendo bastante nebuloso. Trata-se de uma aporia[113]. Realmente, a lacuna é um *dubium*, uma questão fundamentalmente aporética; densa é a problemática que a envolve.

---

109. Villela, O problema das lacunas, *Revista da Faculdade de Direito da Universidade de Minas Gerais*, cit., p. 224; Luiz G. M. de Paula, *A lacuna*, cit., p. 30; Hermes Lima, *Introdução à ciência do direito*, Rio de Janeiro, 1954, p. 99. De Castro (*Derecho civil de España*, 3. ed., Madrid, 1955, p. 532-3) assevera: "*No* hay lagunas (grifo nosso) *porque el Derecho se completa a si mismo, mediante la actividad del juez;* hay lagunas (grifamos) *porque se reconocen casos en que es preciso salirse de la ley, abandonando los pretendidos procedimientos lógicos, buscar fuera de ella la solución. De este modo queda reducida la cuestión a una discusión terminológica: la de si es adecuado o no llamar laguna jurídica a la falta de ley aplicable. En realidad sería deseable prescindir de la palabra lagunas, tan poco exacta, como de las multiples clasificaciones que de ellas se han hecho*".

110. Lourival Vilanova, *As estruturas lógicas e o sistema de direito positivo*, São Paulo, 1977, p. 177, 179 e 207.

111. Palasi, *La interpretación y los apotegmas*, cit., p. 70, 89 e 90.

112. Bobbio, *Teoria dell'ordinamento giuridico*, Torino, Giappichelli, 1960; Luiz G. M. de Paula, *A lacuna*, cit., p. 30.

113. Explica Theodor Viehweg (*Tópica y jurisprudencia*, Madrid, 1964, p. 49) que "*el término* aporia *designa precisamente una cuestión que es acuciante e ineludible, la 'falta de un ca-*

O grande elenco de juristas que abordam o tema, cada qual sob uma perspectiva dinâmica ou estática, demonstra, cabalmente, que há várias maneiras de conceber uma mesma realidade. A questão recebe várias respostas, segundo a posição ideológica que se adote.

A lacuna jurídica é uma questão sem saída a que não há resposta unânime[114], devido à pluridimensionalidade do direito, que contém inúmeros elementos heterogêneos, o que dificulta uma abordagem unitária do tema[115]. De forma que, quando o jurista se põe a pensar sobre o que deve ser entendido por lacuna, parece-nos que não pode tomar as posições doutrinárias como definitivas, tampouco adotar uma posição, excluindo as demais, mas sim lançar mão de um expediente muito simples: expor o tema sob uma forma problemática. Isto porque, no nosso entender, as diversas doutrinas se completam e não se excluem, pois partem de critérios e premissas diversas.

4. Constatação e preenchimento das lacunas

A) Identificação da lacuna

Uma vez admitida a questão da existência das lacunas jurídicas, surge a da sua identificação, isto é, da sua *constatação*. Esta problemática abrange duas facetas: 1ª) a concernente ao ordenamento jurídico, que se caracteriza pelo fato de se saber em que limite a norma é omissa, ou seja, até que ponto não é aplicável sem um complemento, até onde, em caso de lacuna,

---

mino', la situación de un problema que no es posible apartar, lo que Boecio tradujo, acaso débilmente, con la palabra latina dubitatio".

114. Tércio Sampaio Ferraz Jr., *Conceito de sistema*, cit., p. 2; M. Helena Diniz, *As lacunas*, cit., p. 95-103.

115. Sobre lacuna *vide*, ainda, os seguintes autores: Tulio Ascarelli, Il problema delle lacune, *Archivo Giuridico*, v. 94, 1925; Canaris, De la manière de constater et de combler les lacunes de la loi en droit allemand, in *Le problème des lacunes en droit*, Bruxelles, Perelman (publ.), Émile Bruylant, 1968; Jorge Laguardia, Las lagunas de la ley y la plenitud hermética del ordenamiento jurídico, *Revista de la Universidad de San Carlos*, n. 46, p. 139-69, Guatemala, 1958; Miedzianagora, Juges, lacunes et idéologie, in *Logique et analyse*, 33, 1966, p. 52; Moor, La questione delle lacune del diritto, *RIFD*, 1941; Vanwelkenhuyzen, De quelques lacunes du droit constitutionnel belge, in *Le problème des lacunes en droit*, Perelman (publ.), Bruxelles, Émile Bruylant, 1968; Legaz y Lacambra, La plenitud del orden jurídico, *Revista Crítica de Derecho Inmobiliario*, p. 112 e s., mar. 1940; Norberto Bobbio, Completezza dell'ordinamento giuridico e interpretazione, *RIFD*, fascs. 4 e 5, 1940; Brunetti, Completezza dell'ordinamento giuridico, *RIFD*, 1928; Luzzatto, *Su l'asserita completezza dell'ordinamento giuridico*, 1922; Miceli, Il dogma della completezza dell'ordinamento giuridico, *RIFD*, 1925; M. Helena Diniz, *Compêndio*, cit., p. 406-8.

pode-se interpretar a lei e até que ponto integrá-la[116]; 2ª) a referente à dificuldade da determinação da medida em que a ausência de norma pode ser tida como lacuna[117]. De maneira que o problema se resume na definição da lacuna, na sua classificação, nos meios através dos quais o órgão jurisdicional completa as normas, nos limites dessa função integradora, no sentido de uma neutralização política do Judiciário[118].

A constatação da lacuna resulta de um juízo de apreciação, porém o ponto decisivo não é a concepção que o magistrado tem da norma de direito, tampouco sua *Weltanschauung* do conteúdo objetivo da ordem jurídica, mas o processo metodológico por ele empregado[119]. E o problema do preenchimento assume um aspecto pragmático, pois a questão é a da legitimidade, determinação e natureza metodológica do emprego dos instrumentos integradores pelo órgão judicante[120].

Os mecanismos de constatação de lacunas são, concomitantemente, de integração.

A constatação e o preenchimento são aspectos correlatos, porém independentes. Correlatos porque o preenchimento pressupõe a constatação, e esta, os meios de colmatação. Assim sendo, a analogia é, ao mesmo tempo, meio para mostrar a "falha" e para completá-la. São independentes porque pode haver constatação de lacunas cujo sentido ultrapasse os limites de preenchimento possível (lacunas técnicas que só o legislador pode completar em certos ordenamentos jurídicos; no nosso, pela nova Carta, aquelas omissões legislativas podem ser preenchidas pelo Judiciário ante o mandado de injunção) e porque o preenchimento da lacuna, salvo disposição expressa, não impede a sua constatação em novos casos e circunstâncias (o preenchimento não elide a lacuna como tal, que continua a subsistir e a ser passível de constatação até que um dispositivo legal a elimine).

Os meios de preenchimento de lacuna são indicados pela própria lei, isto porque, como observa Alípio Silveira[121], nosso legislador não iria, evidentemente, pôr nas mãos do juiz um verdadeiro cartucho de dinamite

---

116. Carl Wilhelm Canaris, De la manière, in *Le problème des lacunes en droit*, cit., p. 160 e s.
117. Tércio Sampaio Ferraz Jr., *Localização sistemática*, cit., p. 14.
118. Tércio Sampaio Ferraz Jr., *Localização sistemática*, cit., p. 15.
119. *Vide* o que diz Canaris, De la manière, in *Le problème des lacunes en droit*, cit., p. 173-4.
120. Tércio Sampaio Ferraz Jr., *Localização sistemática*, cit., p. 20 e 15.
121. Alípio Silveira, *Hermenêutica no direito brasileiro*, 1968, p. 24; M. Helena Diniz, *Compêndio*, cit., p. 408-9; Percival de Oliveira, A integração das normas e a Lei de Introdução ao Código Civil, *RF*, *93*:481.

para que fizesse ir pelos ares a certeza do direito e desse curso à torrente arrasadora do subjetivismo anárquico.

A vigente Lei de Introdução às Normas do Direito Brasileiro, no seu art. 4º, reza: "Quando a lei for omissa, o juiz decidirá o caso de acordo com a analogia, os costumes e os princípios gerais de direito", apontando os mecanismos do preenchimento das lacunas.

B) Meios supletivos das lacunas

b.1) Analogia

Para integrar a lacuna, o juiz recorre, preliminarmente, à *analogia*, que consiste em aplicar, a um caso não contemplado de modo direto ou específico por uma norma jurídica, uma lei que prevê uma hipótese distinta, mas semelhante ao fato não previsto[122].

É a analogia um procedimento quase lógico, que envolve duas fases: "a constatação (empírica), por comparação, de que há uma semelhança entre fatos-tipos diferentes e um juízo de valor que mostra a relevância das semelhanças sobre as diferenças, tendo em vista uma decisão jurídica procurada"[123].

A nosso ver, a analogia é um argumento lógico-decisional, pois sua aplicação leva à decisão do magistrado, sem, contudo, haver inferências lógico-silogísticas, implicando uma seleção, um juízo avaliativo, por parte do órgão judicante, dos elementos relevantes[124].

---

122. Siches, *Tratado general de fil. del derecho*, México, 1965, p. 426; Diez-Picazo, *Experiencias jurídicas y teoría del derecho*, Barcelona, Ed. Ariel, 1973, p. 281; Franco Montoro, *Introdução à ciência do direito*, v. 2, p. 135; Melandri, *La linea e il circolo: studio logico-filosofico sull'analogia*, Bologna, 1968; Carmelo Scuto, *Istituzioni di diritto privato*; parte geral, v. 1, p. 126; Carlos Maximiliano, *Hermenêutica e aplicação do direito*, 1965; Carvalho de Mendonça, *Tratado de direito comercial brasileiro*, 1953, v. 1, p. 238; Lahr, *Manual de filosofia*, Porto, 1941, p. 396; Ferrara, *Trattato di diritto civile italiano*, 1921, v. 1, p. 227; Washington de Barros Monteiro, *Curso de direito civil*, São Paulo, Saraiva, 1976, v. 1, p. 41; Maurice Dorolle, *Le raisonnement par analogie*, Paris, Presses Universitaires de France, 1949; Von Tuhr, *Derecho civil*, Buenos Aires, Depalma, 1946, v. 1, t. 1, p. 57; Larenz, *Metodología*, cit., p. 300; Theodor Sternberg, *Introducción a la ciencia del derecho*, Barcelona, 1930, p. 139; Villela, O problema das lacunas, *Revista da Faculdade de Direito da Universidade de Minas Gerais*, out. 1961, p. 225. Gmür (*Die anwendung des Rechts nach art. 1º des schweizerischen Zivilgesetzbuches*, 1908, p. 66-7) vê a analogia como uma subespécie de indução incompleta. Vide, ainda, M. Helena Diniz, *Compêndio*, cit., p. 409-17.

123. Tércio Sampaio Ferraz Jr., Analogia; aspecto lógico-jurídico: analogia como argumento ou procedimento lógico, in *Enciclopédia Saraiva do Direito*, v. 6, p. 363. Vide, ainda, Klug, *Lógica jurídica*, cit., p. 97 e s.; Vicente Bertotti, Analogia, *RDC*, 29:132.

124. Vide o que diz a respeito Palasi, *La interpretación y los apotegmas*, cit., p. 184.

Modernamente, encontra-se na analogia uma averiguação valorativa. Ela seria um procedimento argumentativo, sob o prisma da lógica retórica, que teria por escopo "transferir valores de uma estrutura para outra". Teria um caráter inventivo, já que possibilita "ampliar a estrutura de uma situação qualquer, incorporando-lhe uma situação nova", tendo por base o juízo de semelhança[125]. Encaixa-se aqui, plenamente, a lógica do razoável, que não é uma invenção de Siches, mas decorre da verificação da realidade que nos oferece o "mundo" dos valores. Grande é o seu papel no procedimento analógico; embora não tenha sido apontada explicitamente pelo nosso legislador, o foi de modo implícito. Com efeito, prescreve o nosso art. 5º da Lei de Introdução: "Na aplicação da lei, o juiz atenderá aos fins sociais a que ela se dirige e às exigências do bem comum", com isso reconhecendo a validade da lógica do razoável no estabelecimento de critérios de valoração para a aplicação da norma, não podendo deixar de se estender ao uso da analogia, como bem assevera Alípio Silveira[126].

Percebe-se que o problema da aplicação analógica não está na averiguação das notas comuns entre o fato-tipo e o não previsto, mas sim em verificar se essa coincidência sobreleva, em termos valorativos, de maneira a justificar plenamente um tratamento jurídico idêntico para os fatos ora em exame[127] (*AJ, 30*:156, *51*:87, *53*:156; *RF, 128*:998; *RT, 131*:569, *209*:262, *433*:178, *446*:154, *635*:263).

A analogia é tão somente um processo revelador de normas implícitas[128].

O fundamento da analogia encontra-se na *igualdade jurídica*, já que o processo analógico constitui um raciocínio "baseado em razões relevantes

---

125. Tércio Sampaio Ferraz Jr., Analogia, in *Enciclopédia*, cit., p. 364; Cossio, *La plenitud del ordenamiento jurídico y la interpretación judicial de la ley*, Buenos Aires, 1939, p. 124 e s.

126. Alípio Silveira, *Hermenêutica*, cit., v. 1, p. 296 e 78. *v.* Siches, The logic of the reasonable as differentiated from the logic of the rational, in *Essays in jurisprudence in honnor of Roscoe Pound*, Bobbs-Mewiel, 1962, p. 192, 221 e 205.

127. *Vide* Campos Batalha, *Lei de Introdução*, cit., p. 260; Heller, citado por Engisch, *Introdução ao pensamento jurídico*, Lisboa, 1964, p. 286-7, notas 22 e 24.

128. Alípio Silveira, A analogia, os costumes e os princípios gerais de direito na integração das lacunas da lei, *RF*, fasc. 521, p. 261, 1946; João Arruda, Direito civil, *RT, 23*:237-8, 1927; Lourival Vilanova (*Sobre o conceito do direito*, cit., p. 185-7), que cita Klug, *Juristiche logik*, p. 97-129; García Máynez, *Lógica del raciocinio jurídico*, cit., p. 35-60; Alberto Trabucchi, *Istituzioni di diritto civile*, p. 46 e 48; Bobbio, *L'analogia nella logica del diritto*, Torino, Istituto Giuridico, 1938, p. 104; Miguel Reale, *Lições preliminares*, cit., p. 85, 292 e 293; Limongi França, Aplicação do direito positivo, in *Enciclopédia Saraiva do Direito*, v. 7, p. 200; M. Helena Diniz, *As lacunas*, cit., p. 121-43; E. F. da Costa, *Analogia jurídica e decisão judicial*, Porto Alegre, Fabris, 1987.

de similitude"[129], fundando-se na identidade de razão, que é o elemento justificador da aplicabilidade da norma a casos não previstos, mas substancialmente semelhantes, sem contudo ter por objetivo perscrutar o exato significado da norma, partindo, tão só, do pressuposto de que a questão *sub judice*, apesar de não se enquadrar no dispositivo legal, deve cair sob sua égide por semelhança de razão[130].

É necessário, portanto, que além da semelhança entre o caso previsto e o não regulado haja a mesma razão, para que o caso não contemplado seja decidido de igual modo. Daí o célebre adágio romano: *ubi eadem legis ratio, ibi eadem dispositio*.

Ao empregar a analogia, procura-se "a probabilidade de semelhança material dos próprios termos e do efeito que esta semelhança poderá causar no espírito de quem julga ou daquele a quem ela, de modo geral, se dirige", pois a definição da semelhança só pode basear-se nos quadros de uma teleologia. "A analogia requer sempre uma referência às finalidades (valoração dos objetivos e dos motivos) às quais ela se orienta"[131]. É imprescindível um juízo de valor que conclua quais são os pontos comuns e os diversos[132]. Seria, então, de bom alvitre traçar um breve desenvolvimento sobre seus pressupostos Art. 1º Salvo disposição contrária, a lei começa a vigorar em todo o País 45[133].

Requer a aplicação analógica:

1) Que o caso *sub judice* não esteja previsto em norma jurídica. Isto porque direito expresso ou literal disposição legal não abrange analogia; esta dilata a aplicação da lei a casos por ela não declarados e que, por identidade de razão, devem submeter-se a ela. A analogia compara e, da semelhança, conclui pela aplicação da norma ao caso em tela, sendo, portanto, um processo mental. Se houvesse lei regulando o caso, ter-se-ia interpretação extensiva.

---

129. Miguel Reale, *Lições preliminares*, cit., p. 85; Limongi França, Aplicação do direito positivo, in *Enciclopédia*, cit., p. 200.

130. *Vide* comentários de Campos Batalha, *Introdução ao direito*, cit., p. 269; Oswaldo A. Bandeira de Mello, *Princípios gerais*, v. 1, p. 354; Bobbio, *L'analogia*, cit., p. 104, n. 406.

131. Tércio Sampaio Ferraz Jr., Analogia, in *Enciclopédia*, cit., p. 365.

132. Karl Larenz, *Metodología*, cit., p. 300 e 301.

133. Sobre os pressupostos da analogia, *vide* Limongi França, Aplicação do direito positivo, in *Enciclopédia*, cit., p. 201, e *Formas e aplicação do direito positivo*, 1969, p. 71-2; Alípio Silveira, *Hermenêutica*, cit., v. 1, p. 295; Serpa Lopes, *Curso de direito civil*, 1962, v. 1, p. 178-9; Barros Monteiro, *Curso de direito civil*, cit., v. 1, p. 41; Carlos Maximiliano, *Hermenêutica*, cit., p. 224; Clóvis Beviláqua, O direito expresso na doutrina e na jurisprudência brasileira, *RF*, dez. 1943; Ruggiero, *Istituzioni*, cit., v. 1, p. 151; Kelsen, *Teoria generale delle norme*, cit., p. 458 e s. *Vide*, também, *AJ*, 64(1):15, 1942 e 69(6):417, 1944.

2) Que o caso não contemplado tenha com o previsto, pelo menos, uma relação de semelhança.

3) Que o elemento de identidade entre os casos não seja qualquer um, mas sim fundamental ou de fato que levou o legislador a elaborar o dispositivo que estabelece a situação a qual se quer comparar a norma não contemplada. Terá de haver uma verdadeira e real semelhança e a mesma razão entre ambas as situações. Meras semelhanças aparentes, afinidades formais ou identidades relativas a pontos secundários não justificam o emprego da argumentação analógica[134].

Há autores, como Grolmann[135] e Wachter[136], que costumam distinguir *analogia legis* de *analogia juris*.

---

134. Contudo o recurso à analogia é limitado: 1) Carlo Saltelli escreve: "A tendência atualmente dominante na doutrina é aquela de limitar a proibição da analogia e do recurso aos princípios gerais em matéria penal, aos casos em que se trata de criar um delito e de aplicar uma pena, consentindo em qualquer outro caso a possibilidade do processo analógico e a aplicação dos princípios gerais de direito" (L'analogia i principii generali di diritto in materia penale, *Annali di diritto e procedura penale*, 1935, p. 125). Isto "porque as leis penais restringem a liberdade individual, não se desejando que o juiz acrescente outras limitações além das previstas pelo legislador"; W. Barros Monteiro, *Curso*, cit., v. 1, p. 42; exceto nas hipóteses em que a analogia beneficie o réu; Narcélio Queirós, Analogia "in bonam partem" e a Lei de Introdução ao Código Civil, *RF*, *100*(496):5-10, 1944; Limongi França, Aplicação do direito positivo, in *Enciclopédia*, cit., p. 202. *Vide* ainda: *Revue Internationale de Droit Penal*, *14*:250, 1937; Marcelo Caetano, *Lições de direito penal*, 1939, p. 119; Coste-Floret, L'interprétations des lois penales, *Revue de Science Criminelle et de Droit Penal Comparé*, t. 2, p. 4-20, 1937. 2) Nas leis de *ius singulare*, cujo caráter excepcional, conforme a doutrina, não pode comportar decisão de semelhante a semelhante: Limongi França, Aplicação do direito positivo, in *Enciclopédia*, cit., p. 202. Tércio Sampaio Ferraz Jr. (Analogia, in *Enciclopédia*, cit., p. 365) diz: "Proíbe-se a analogia nos casos de direito singular, como, p. ex., a não admissão da extensão analógica de prescrições formais para certos contratos, pois, em princípio, a forma dos contratos é livre". Torrente (*Manuale di diritto privato*, 4. ed., Milano, Giuffrè, p. 25-6) esclarece que os casos não previstos pelas normas de exceção são disciplinados pelas de caráter geral, não justificando, portanto, analogia. 3) E, segundo alguns tributaristas, nas leis fiscais. Há possibilidade de o órgão judicante cobrir o vácuo normativo, mediante a analogia, porém nem toda norma é suscetível de aplicação analógica. Só poderá sê-lo aquela em que os contornos flexíveis do tipo que nela se contêm apresentarem a vantagem de superar a rigidez classificatória, propiciando a utilização de cláusulas gerais, conceitos acentuadamente indeterminados, inclusive de valor, orientados pela conexão de sentido, como um todo, assim como é na realidade. Sua aplicação possibilitará, então, a coordenação das situações mais ou menos similares ao tipo, ensejando, dessa forma, a integração normativa, através do emprego da analogia. A norma deverá ser de tipo aberto, como o é a grande maioria das disposições civis.

135. Citado por Luís Jiménez de Asúa, Le principe "nullum crimen sine lege" et la question de l'analogie, *Revue de Droit Pénal et de Criminologie et Archives Internationales de Médecine Legale*, *3*:237 e s., 1936, e por Narcélio Queirós, Analogia "in bonam partem", *RF*, *100*(496):5.

136. Wachter, Della analogia legale e giuridica nel diritto penale, in *Scritti germani*, v. 2, p. 34 e s., citado por Alípio Silveira, A analogia, *RF*, *108*(521):259, 1946.

A *analogia legis* consiste na aplicação de uma norma existente, destinada a reger caso semelhante ao previsto. E a *juris* estriba-se num conjunto de normas, para extrair elementos que possibilitem sua aplicabilidade ao caso concreto não contemplado, mas similar[137].

Machado Neto vê nessa distinção entre *analogia legis* e *analogia juris* uma diferenciação meramente acidental, já que não há pura semelhança de casos, mas de sua conceituação jurídica, nem pura analogia das disposições legislativas, porque a lei envolve uma conceituação genérica de casos possíveis. Manifesta ou não, toda analogia é *analogia juris*, pois, tal como toda aplicação o é, não de uma norma, mas do ordenamento jurídico inteiro, por mais aparentemente que se detenha na apuração da analogia das disposições normativas ou de fatos, jamais se poderá prescindir do conjunto da sistemática jurídica que tudo envolve[138]. No que concordamos plenamente, embora não haja motivo para desprezar essa distinção sob o prisma didático. Porém, na prática, a autêntica analogia é a *juris*.

O órgão judicante, ante a lacuna, recorre aos *argumentos analógicos*, que podem ser agrupados em três classes de raciocínio: *argumentum a simili ad simile*, *argumentum a fortiori* e *argumentum a contrario*. Esses argumentos nada mais são do que raciocínios que procuram provar ou refutar algo, persuadindo alguém de sua veracidade ou validade, correspondendo, na lógica retórica, aos procedimentos quase lógicos[139].

---

137. Narcélio Queirós, Analogia "in bonam partem", *RF*, *100*(496):5; Villela, O problema das lacunas, *Revista da Faculdade de Direito da Universidade de Minas Gerais*, cit., p. 225; Barros Monteiro, *Curso*, cit., v. 1, p. 42; Serpa Lopes, *Curso de direito civil*, cit., v. 1, p. 178; Carlos Maximiliano, *Hermenêutica*, cit., p. 222; Nowaski, *Analogia legis*, Warszawa, 1966; Clóvis Beviláqua, *Teoria geral do direito civil*, 1972, p. 37; Ziembinsky, "Analogia legis" et interprétation extensive, in *La logique juridique* (travaux du II Colloque de Philosophie du Droit Comparé), Paris, Ed. Pedone, 1967, p. 247; Larenz, *Metodología*, cit., p. 304-5. Machado Neto (*Compêndio de introdução à ciência do direito*, 1984, p. 225), com base numa distinção meramente acidental, apresenta três tipos de analogia: a *analogia legis*, fundada na disciplina dos casos semelhantes, ou seja, em regras de matéria análoga; a *analogia facti*, fundada na semelhança de fatos; e, finalmente, a *analogia juris*, fundada na ascensão até os princípios gerais de direito de natureza análoga, para daí descer até o caso, supostamente, não previsto. Theodor Sternberg, *Introducción*, cit., p. 140.

138. Machado Neto, *Compêndio*, cit., p. 225-6. Copi (*Introducción a la lógica*, Buenos Aires, Eudeba, 1962, p. 308 e 313) refere-se à estimação dos raciocínios analógicos. Nesse mesmo teor de ideias: Binding, *Handbuch des Strafrechts*, Leipzig, 1885, v. 1, p. 216-7, citado por Paulo Dourado de Gusmão, *Introdução à ciência do direito*, 1959, p. 158; Oviedo, *Formación y aplicación del derecho*, Madrid, 1972, p. 136 e nota 338.

139. Tércio Sampaio Ferraz Jr. (Argumento-II, in *Enciclopédia Saraiva do Direito*, v. 7, p. 461), que cita Perelman, *Traité de l'argumentation*, Bruxelles, 1970; Silvio de Macedo, Argumento-I, in *Enciclopédia Saraiva do Direito*, v. 7, p. 460. Sobre os três tipos de argumento, *vide* Fabreguettes, *La logique judiciaire et l'art de juger*, Paris, 1914, e Matteo Pescatore, *La logica del*

Pelo argumento *a simili ad simile* ou *a pari*, a *vis ac potestas* da norma concentra-se em sua *ratio*, pois a chamada identidade de razão é a base da analogia. Neste argumento, não se conclui acerca da identidade dos fatos, nem sobre a do fato com a lei, mas sim sobre a semelhança da *ratio legis*, devendo-se obedecer às seguintes regras: não fundar as conclusões em semelhanças raras e secundárias; não olvidar as diferenças; e não confundir as conclusões prováveis e problemáticas com as certas da indução e dedução[140].

O argumento *a fortiori* surge do fato de que as notas, que trazem a tônica da semelhança de um objeto a outro, convenham ao segundo em grau distinto do primeiro[141]. Tal argumento compreende os argumentos *a maiori ad minus* e *a minori ad maius*, que levam o magistrado a aplicar a norma aos casos não regulados, nos quais se encontra a razão suficiente da hipótese explícita, mas mais forte[142]. O primeiro, *a maiori ad minus*, é aquele segundo o qual se a lei autoriza o mais, implicitamente permite o menos. Ou, como nos ensina Kalinowsky[143], é o argumento que consiste em ter por ordenado ou permitido, de modo implícito, algo menor do que o que está determinado ou autorizado *expressis verbis*; se há permissão, p. ex., para divulgar em forma escrita as atas das sessões parlamentares, então, encontra-se subentendido, *a fortiori*, que se autoriza essa divulgação oralmente, posto que a divulgação oral seja menos eficaz que a escrita.

Embora alguns tratadistas afirmem que o argumento *a maiori ad minus* coincide com a analogia, parece-nos que esta argumentação não é analógi-

---

diritto, Torino, 1883, também citados por Tércio Sampaio Ferraz Jr., Argumento-II, in *Enciclopédia*, cit., p. 468.

140. *v.* Preti, Studi sulla logica formale nel Medio Evo, *Rivista Critica di Storia Filosofica*; Giuliani, *Études de logique juridique*, Bruxelles, Émile Bruylant, 1970, p. 89; Palasi, *La interpretación y los apotegmas*, cit., p. 187-90 e 221; Carlos Maximiliano, *Hermenêutica*, cit., p. 257; Gardiol, *Introducción a una teoría general del derecho*, Buenos Aires, 1975, p. 236; João Mendes Neto, *Ruy Barbosa e a lógica jurídica*, São Paulo, Saraiva, 1949, p. 114 e 121; García Máynez, *Lógica del raciocinio jurídico*, México, 1964, p. 155; Pfander, *Lógica*, p. 413-4; Du Pasquier, *Introduction à la théorie générale et à la philosophie du droit*, 1967; Klug, *Lógica jurídica*, cit., p. 98 e 104.

141. Gardiol, *Introducción*, cit., p. 236. Esse argumento surgiu em Aristóteles (*Retórica II*, Cap. 23, IV): "*Otro tópico es el del más y del menos*" — e em Ulpiano (D., 50, XVIII, 21): "*Non debet, cui plus licet, quod minus est non licere*".

142. Carlos Maximiliano, *Hermenêutica*, cit., p. 258.

143. Kalinowsky, Interprétation juridique et logique des propositions normatives, *Logique et Analyse*, série 2, p. 135, 1959. *Vide* Gregorowicz, L'argument "a maiori ad minus" et le problème de la logique juridique, *Logique et Analyse*, série 5, p. 66-72, 1962; Larenz, *Metodología*, cit., p. 307; Carlos Maximiliano, *Hermenêutica*, cit., p. 257; Ferraz Jr., Argumento-II, in *Enciclopédia*, cit., p. 466.

ca, pois na analogia o magistrado deve averiguar se há ou não *ratio juris* e semelhança que permita atribuir ao fato não regulado a mesma consequência jurídica do previsto, enquanto no argumento *a maiori ad minus* não há igual *ratio*, mas maior intensidade. Por exemplo, se está permitido emprestar dinheiro, estabelecendo-se juros de 6%, com maior razão se autoriza o empréstimo a 4% de juros. Percebe-se que o argumento *a maiori ad minus* é uma inferência que possibilita interpretação extensiva, constituindo uma simples subsunção[144].

Quanto ao segundo argumento, *a minori ad maius*, consiste em passar da validade de uma disposição normativa menos extensa para outra mais ampla, necessitando-se, para tanto, do auxílio de valorações. Portanto, o argumento *a minori ad maius* é aquele que "se a lei proíbe o menos, com maior razão proíbe o mais". O exemplo que Kalinowsky apresenta é bastante simples: "se está proibido pisar na grama, com mais razão está proibido arrancá-la", bem como o clássico exemplo de Siches e de Ihering: "se se proíbe transporte de cães, com mais razão está proibido o transporte de ursos". Da mesma forma temos argumentação *a minori ad maius* na assertiva: se alguém está privado de administrar seus bens, não os poderá, com maior razão, vender[145]. Também não vemos aqui qualquer raciocínio analógico, mas sim uma interpretação extensiva.

Tem-se sustentado que todo sistema normativo é completo, ante o emprego do *argumentum a contrario*, que parte do fato de que uma disposição normativa inclui certo comportamento num modo deôntico, excluindo de seu âmbito qualquer outra conduta, isto é, um comportamento "C" estando proibido, qualquer conduta "Não C" está não proibida (= permitida); assim sendo, na aplicação da "norma geral excludente", na terminologia de Bobbio, utiliza-se esse tipo de argumentação[146]. Para Kelsen isso seria possível, em virtude daquele princípio de que "tudo que não está juridicamen-

---

144. *Vide* o que afirmam Gregorowicz, L'argument "a maiori ad minus", *Logique et Analyse*, cit., p. 66; Klug, *Lógica jurídica*, cit., referido por Palasi, *La interpretación y los apotegmas*, cit., p. 226; Kelsen, *Teoria generale delle norme*, cit., p. 461 e s.

145. Tércio Sampaio Ferraz Jr., Argumento-II, in *Enciclopédia*, cit., p. 466; Klug, *Lógica jurídica*, cit., p. 140; Kalinowsky, Interprétation juridique, *Logique et Analyse*, cit., p. 137; João Mendes Neto, *Ruy Barbosa e a lógica jurídica*, p. 120; Carlos Maximiliano, *Hermenêutica*, cit., p. 258; Domat, *Teoria da interpretação das leis*, citado por Carlos Maximiliano, *Hermenêutica*, cit., p. 258, nota 3.

146. Conte, Décision, complétude, clôture. À propos des lacunes en droit, in *Le problème des lacunes en droit*, Bruxelles, Perelman (publ.), Émile Bruylant, 1968, p. 76 a 80; Lourival Vilanova, *Sobre o conceito do direito*, Recife, 1947, p. 187, 190 e 194; Perelman-Tyteca, *Traité de l'argumentation*, Bruxelles, 1970, p. 259, 235 e 161; Larenz, *Metodología*, cit., p. 307-8; Alípio Silveira, *Hermenêutica*, cit., v. 1, p. 296-7; Diez-Picazo, *Experiencias jurídicas*, cit., p. 285.

te proibido, está permitido", significando que se uma conduta não está, de modo expresso, vetada, será considerada como aceita. Conte já entende que do emprego dessa argumentação não é possível senão concluir pela inqualificação do comportamento[147].

O argumento *a contrario* funda-se no fato de que um objeto diverso de outro em várias notas também o será quanto à qualidade sob a qual existe a diferença. Atendendo-se à semelhança poder-se-á apresentar um argumento *a pari*, e à diferença, o *a contrario*. Ao argumento *a pari* opõe-se o *a contrario*. Um exemplo talvez esclareça as coisas. Suponhamos que um ordenamento exija, para que se possa ser testemunha num testamento por ato público, saber ler e escrever, sem contudo prescrever sobre as condições requeridas para testemunhar nos demais atos notariais. Aplicando-se o raciocínio *a pari*, concluir-se-ia, sem dúvida, que também para os outros instrumentos notariais se exige das testemunhas tal qualidade. Porém, se se aplicar o *a contrario*, deduzir-se-á que esse requisito vale só para os testamentos, mas não para os demais atos notariais[148].

Fácil é notar que essa modalidade de argumentação, apesar da opinião de muitos, não constitui uma analogia. Não consta no rol dos mecanismos de preenchimento das lacunas estabelecidos pelo nosso art. 4º da Lei de Introdução às Normas do Direito Brasileiro, mas é um instrumento integrador que está ínsito no sistema em diretiva, que, embora não seja norma posta, não deixa de ter certo valor vinculante, como "a inclusão de um importa na exclusão do outro".

Sob uma perspectiva retórica, grande é a sua valia. Entretanto, uma generalização do argumento *a contrario* extinguiria a interpretação extensiva e restritiva e, ainda, a analogia, ou seja, *argumentum a simili ad simile* ou *a pari*. Essa argumentação *a contrario* só pode ser manejada com grande prudência, ponderando adequadamente as diferenças nas quais se funda, após as tentativas infrutíferas de interpretação e do emprego da analogia, não se aplicando, portanto, a todos os casos de silêncio da lei[149].

---

147. Tércio Sampaio Ferraz Jr., Argumento-II, in *Enciclopédia*, cit., p. 463.

148. Gardiol, *Introducción*, cit., p. 236; Campos Batalha, *Lei de Introdução*, cit., v. 1, p. 260; João Mendes Neto, *Ruy Barbosa*, cit., p. 121; Engisch, *Introdução*, cit., p. 230.

149. Tércio Sampaio Ferraz Jr., Argumento-II, in *Enciclopédia*, cit., p. 463; Engisch, *Introdução*, cit., p. 238; Carlos Maximiliano, *Hermenêutica*, cit., p. 257; Coviello, *Manuale*, cit., p. 80; Gény, *Método de interpretación y fuentes en el derecho privado*, Madrid, Ed. Reus, 1925, v. 1, p. 34; Berriat Saint Prix, *Manuel de logique juridique*, 2. ed., n. 69; Marcel Planiol, *Traité élémentaire de droit civil*, 1928, v. 1, n. 222; Pacifici-Mazzoni, *Istituzioni*, cit., n. 22; M. Helena Diniz, *As lacunas*, cit., p. 145-53.

Karl Larenz coloca ao lado dos argumentos da analogia *a pari* e da *a contrario* um procedimento especial, designado por ele "redução teleológica", que serve também, no seu ponto de vista, para integrar lacunas. Entende que tal mecanismo é uma limitação feita a uma norma e exigida pelo seu sentido, apresentando-se como um paralelo, não só da interpretação restritiva, como também da argumentação analógica. Enquanto esta última se traduz em tratar o que é semelhante (nos pontos essenciais) de modo igual, a redução teleológica visa tratar desigualmente o que é desigual, fazendo as diferenciações exigidas valorativamente, apelando, para isso, à *ratio legis*. Haverá "redução teleológica" quando, ante uma lacuna, o magistrado, ao lançar mão de uma norma, necessite de uma limitação que nela falte, conforme a teleologia imanente da lei. A norma formulada de modo amplo é reconduzida ao campo de aplicação, que corresponde ao fim ou à conexão de sentido dessa mesma norma[150].

Canaris também vê na redução teleológica um meio de constatação e colmatação de lacunas[151].

Parece-nos que se trata, sem embargo da opinião de Larenz[152], de uma interpretação restritiva e da interpretação prevista no art. 5º da nossa Lei de Introdução e não de integração.

b.2) Costume

O *costume* é outra fonte supletiva. No nosso sistema de direito civil foi o costume relegado a plano inferior; a antiga Lei de Introdução a ele não fazia referência, e o nosso Código Civil de 1916, no art. 1.807, dispunha: "Ficam revogadas as Ordenações, Alvarás, Leis, Decretos, Resoluções, Usos e Costumes concernentes às matérias de Direito Civil reguladas neste Código". Porém, com o art. 4º da atual Lei de Introdução, situa-se o costume imediatamente abaixo da lei, pois o magistrado só poderá recorrer a ele quando se esgotarem todas as potencialidades legais para preencher a lacuna. O costume é uma fonte jurídica, porém em plano secundário[153].

---

150. Larenz, *Metodología*, cit., p. 308 e 309.
151. Canaris, De la manière, in *Le problème des lacunes en droit*, cit., p. 169-71.
152. Larenz, *Metodología*, cit., p. 308-9; M. Helena Diniz, *As lacunas*, cit., p. 157-9.
153. Ferreira Coelho, *Código Civil comparado, comentado e analisado*, 1920, v. 2, p. 104; M. Helena Diniz, *Curso*, cit., v. 1, p. 55 a 58; *Compêndio*, cit., p. 417-8; Dernburg, *Pandekten*, 1896, v. 1, p. 60; Puchta, *Das Gewohnheitschen*, 1837, v. 2; Ernst Swoboda, Les diverses sources du droit: leur équilibre et leur hierarchie dans les divers systèmes juridiques, *Archives de philosophie du droit et de sociologie juridique*, *1-2*:200, 1934; Maria Elisa M. Gualandi, Direito consuetudinário, *RDC*, *49*:44; Antonio F. C. Pedrassoli, Algumas reflexões sobre os costumes, *RDC*, 76:45.

A grande maioria dos juristas, entre os quais citamos Storn, Windscheid, Gierke, Clóvis Beviláqua, Vicente Ráo, Washington de Barros Monteiro, sustenta que o costume jurídico é formado por dois elementos necessários: o uso e a convicção jurídica, sendo, portanto, a norma jurídica que deriva da longa prática uniforme, constante, pública e geral de determinado ato com a convicção de sua necessidade jurídica. Observa Tércio Sampaio Ferraz Jr. que a convicção da obrigatoriedade do costume, a *opinio necessitatis*, funda-se, sociologicamente, no processo de institucionalização, que repousa no engajamento pelo silêncio presumidamente aprovador e caracteriza-se, dogmaticamente, como parte integrante do sistema pelas regras estruturais que assim se expressam: "conforme usos e costumes", em "respeito aos bons costumes".

Esse costume se forma pela prática dos interessados, pela prática judiciária e pela doutrina. Por exemplo, decorre da prática do interessado o costume sobre águas, na Chapada do Araripe, no Ceará, pelo qual a cada lote de terra cabe, no mês, determinado número de dias, dois ou três para o uso de água, sendo que as terras se transmitem com esse direito. O costume pode derivar da prática judiciária, pois a atividade jurisprudencial, com súmula vinculante do STF (EC n. 45/2004; CF, arts. 102, § 2º, 103-A e §§ 1º a 3º, regulamentados pela Lei n. 11.417/2006, que também acrescentou os arts. 56, § 3º, 64-A e 64-B à Lei n. 9.784/99; CPC/2015, arts. 1.035 e 1.036) e decisões uniformes de um ou vários tribunais sobre a mesma matéria, modifica incessantemente as normas. A doutrina, decorrente de obra de juristas, por sua vez, também gera costume, já que, p. ex., os civilistas exerceram influência sobre o Legislativo e o Judiciário, ao traçarem novos rumos na responsabilidade civil, no tratamento da concubina, na revisão dos contratos por onerosidade excessiva etc. Deveras, é nos tratados que os juristas apresentam sua interpretação das normas e soluções prováveis para casos não contemplados por lei; logo, se suas ideias forem aceitas pelos seus contemporâneos, fixam-se em doutrina, que irá inspirar juízes e tribunais[154].

---

154. Clóvis Beviláqua, *Teoria geral*, cit., p. 26 e s.; Sternberg, *Introducción*, cit., p. 25; Cogliolo, *Filosofia do direito privado*, 1915; Rui Barbosa, *Plataforma*, p. 22, citado por Alípio Silveira, *Hermenêutica*, cit., v. 2, p. 50-5, e v. 1, p. 354; M. Helena Diniz, *As lacunas*, cit., p. 185 a 211; Sálvio de Figueiredo Teixeira, A jurisprudência como fonte de direito, *Revista do Curso de Direito da Universidade Federal de Uberlândia*, *11*:123 e s., 1982; Ferraz Jr., *Introdução*, cit., p. 218-9. Não se pode acatar a proposta, baseada no modelo dos países de *common law* e no norte-americano, de se tornarem vinculantes os julgados ou as súmulas de tribunais superiores pela sua flagrante inconstitucionalidade. Deveras, o judiciário, então, passaria a exercer a função do legislador, atentando ao princípio da separação de poderes e constituindo um fator de perda da liberdade decisória dos magistrados. Tais julgados e súmulas, no nosso entender, deverão ser usados, excepcionalmente, no desenvolvimento aberto do direito e no preenchimento de lacunas normativas, axiológicas ou ontológicas, ante o disposto nos arts. 4º e 5º da Lei de Introdução às Normas do

São condições para a vigência do costume: sua continuidade, sua uniformidade, sua diuturnidade, sua moralidade e sua obrigatoriedade[155]. De modo que o magistrado, de ofício, pode aplicá-lo se for notório ou de seu conhecimento, invocando-o, quando admitido, como qualquer norma jurídica, mas, se o desconhece, lícito lhe é exigir, de quem o alega, que o prove e de qualquer modo; à parte interessada é permitido, sem aguardar a exigência do juiz ou a contestação do adversário, produzir essa prova, por todos os meios permitidos em direito[156].

O juiz, ao aplicar o costume, terá que levar em conta os fins sociais deste e as exigências do bem comum (LINDB, art. 5º), ou seja, os ideais de justiça e de utilidade comum, considerando-o sempre na unidade de seus dois elementos essenciais[157].

Em relação à lei, três são as espécies de costume:

1) O *secundum legem*, previsto na lei, que reconhece sua eficácia obrigatória. Por exemplo, Código Civil, arts. 1.297, § 1º, 569, II, 596, 597, 615 e 965, I[158].

2) O *praeter legem*, quando se reveste de caráter supletivo, suprindo a lei nos casos omissos. É o que está contido no art. 4º da Lei de Introdução às Normas do Direito Brasileiro. Este costume é invocado, quando mal sucedida a argumentação analógica, nas hipóteses de lacuna. Por exemplo, a função natural do cheque é ser um meio de pagamento à vista. Se emitido sem fundos em poder do Banco sacado, ficará quem o emitiu sujeito à sanção penal. Entretanto, muitas pessoas vêm, reiterada e ininterruptamente, emitindo-o não como uma mera ordem de pagamento, mas como garantia de dívida, para desconto futuro, na convicção de que esse procedimento não constitui crime. Tal costume de emitir cheque pós-data, baseado em hábito da época, realizado constante e uniformemente e na convicção de que se

---

Direito Brasileiro, uma vez que, na nossa concepção, as súmulas são normas gerais consuetudinárias. *Vide* Decreto n. 2.346/97, que consolida normas procedimentais a serem observadas pela Administração Pública Federal em razão de decisões judiciais, art. 1º.

155. W. Barros Monteiro, *Curso*, cit., v. 1, p. 20; Valter Penteado Silva, O costume — Há importância no tema? *RDC*, *41*:75.

156. Vicente Ráo, *O direito*, cit., p. 297 e 298.

157. Ferrini, Consuetudine, in *Enciclopedia giuridica italiana*, v. 3, Parte 3, n. 9 e 10; Alípio Silveira, *Hermenêutica*, cit., v. 1, p. 343.

158. Carlos Maximiliano, *Hermenêutica*, cit., p. 203; W. Barros Monteiro, *Curso*, cit., v. 1, p. 20 e 21; A. Franco Montoro, *Introdução*, cit., v. 2, p. 87 e 88; Rafael Altamira, La costumbre en el derecho español, *Rev. de la Escuela Nacional de Jurisprudencia*, México, 1952, p. 294; Plínio Cabral, *Usos e costumes no Código Civil de 2002 — razões de uma revolução*, São Paulo, Rideel, 2009.

trata de uma norma de direito civil, como se se tratasse de um sucedâneo de uma letra de câmbio ou de uma promessa de pagamento, faz com que o magistrado se utilize dessa norma consuetudinária como fonte supletiva da lei, declarando a inexistência do crime[159].

3) O *contra legem*, que se forma em sentido contrário ao da lei. Seria o caso da *consuetudo abrogatoria*, implicitamente revogatória das disposições legais, ou da *desuetudo*, que produz a não aplicação da lei, em virtude de desuso, uma vez que a norma legal passa a ser letra morta[160]. O costume *contra legem* manifesta-se, portanto, por norma consuetudinária oposta ao preceito legal (*consuetudo abrogatoria*), contrariando-a, ou pelo não uso formal das leis (*desuetudo*), reduzindo-as ao esquecimento. Há os que admitem sua força revocatória, como Raymond Saleilles[161], que conclui: "*On lui reconnait une valeur propre, indépendant de la loi; on ne fait une source juridique distincte, mise sur le même pied que le droit écrit. Il s'ensuit que ce droit coutumier d'Empire doit avoir la même valeur, par rapport aux lois existantes, que celle qui serait attribuée à une loi postérieure; il pourra les compléter, les modifier, et même les abroger*". Poder-se-á admitir a *eficácia* do costume *contra legem* em certos casos excepcionais de lacuna, mediante a aplicação do art. 5º da Lei de Introdução, mas não sua força ab-rogatória, revogando uma lei. Em princípio, o costume não pode contrariar a lei, pois esta só se modifica ou se revoga por outra da mesma hierarquia ou de hierarquia superior (LINDB, art. 2º). Todavia, no direito brasileiro há casos em que os juízes aplicaram o costume *contra legem* (*RT, 132*:660-2; *RTJ, 54*:63), resolvendo, no caso *sub judice*, uma lacuna ontológica, p. ex., sem que com isso haja alguma revogação legal.

---

159. Carlos Maximiliano, *Hermenêutica*, cit., p. 204; Vicente Ráo, *O direito*, cit., p. 292; Caio M. S. Pereira, *Instituições*, cit., v. 1, p. 75: "O cheque é ordem de pagamento à vista e seu uso como documento de dívida não descaracteriza sua natural executoriedade se esta redunda em descumprimento da obrigação assumida por quem participou da irregularidade, deixando de honrar o título com o pagamento integral do mesmo" (*RT, 588*:210). São exemplos de costume *praeter legem*: a praxe notarial de colocar a impressão digital do analfabeto na margem dos livros de procuração e escrituras; as cláusulas CIF (*cost, insurance and freight*); FOB (*free on board*), FAS (*free alongside*) advêm de difundida prática comercial. Vide Marta Vinagre, Costume: forma de expressão do direito positivo, *Revista de Informação Legislativa*, 99:120-6, 1988. Vide STJ, Súmula 370.

160. Carlos Maximiliano, *Hermenêutica*, cit., p. 203 e 204; A. Franco Montoro, *Introdução*, cit., v. 2, p. 88; Beudant, *Cours de droit civil français*, t. I, p. 110 e s.; Morin, La décadence de l'autorité de la loi, *Revue de Métaphysique et de Morale*, 1925, p. 259 e s.; Bonnecase, *Introduction à l'étude du droit*, p. 69 e s.; Rénard, *Le droit, l'ordre et la raison*, 1927, p. 11, nota 1; Clóvis, *Teoria geral*, cit., p. 33 e 34; Serpa Lopes, *Comentários à Lei de Introdução ao Código Civil*, v. 1, p. 80. O Código Comercial, no art. 686, II, vedava o seguro de vida e apesar disso o cidadão brasileiro muito o utilizava, mesmo antes de lei especial e o Código Civil o prescreverem e regulamentarem.

161. Raymond Saleilles, *Introduction à l'étude du droit civil allemand*, 1904, p. 78.

A grande maioria dos autores rejeita o costume *contra legem* por entendê-lo incompatível com a tarefa do Estado e com o princípio de que as leis só se revogam por outras. Realmente, poder-se-á afirmar que a problemática do costume *contra legem* é de natureza política e não jurídica, pois se trata de uma questão de colisão de poderes[162].

O costume é, portanto, outra fonte supletiva, seja ele decorrente da prática dos interessados, dos tribunais e dos jurisconsultos, seja *secundum legem, praeter legem* ou *contra legem*[163].

Realmente, não se pode negar a valiosa função reveladora do direito exercida pela prática jurisprudencial, pela doutrina e pelo costume, decorrente do povo, na hipótese de *lacuna normativa* e, principalmente, nos casos:

1) de *lacuna axiológica*, ou seja, quando há lei aplicável ao fato, mas ante a injustiça ou inconveniência, que sua aplicação traria, deve ser afastada. Casos há, indubitavelmente, em que as normas escritas são preceitos incompatíveis com o estado social e as ideias ou valores sociais dominantes, não correspondendo às suas finalidades, apresentando-se como puras ideias, criações cerebrinas. Assim, para ajustá-las aos valores vigentes na sociedade, a aplicação do costume, em qualquer de suas modalidades, principalmente do *contra legem*, tem sido admitida pelos juízes e tribunais;

2) de *lacuna ontológica*, quando há desajustamento entre os fatos e as normas. Se a realidade define a situação de certo modo e a norma legal de outro, a doutrina ou a jurisprudência são levadas, autorizadas pelo art. 5º da Lei de Introdução, a concluir pela inaplicabilidade de tais normas, que estão em desuso, aplicando-se, então, na impossibilidade de analogia, um costume. Neste caso temos uma lacuna ontológica — que aparece devido a uma mutação social qualquer ou do subsistema fático que informa a norma jurídica, havendo uma incongruência que rompe a isomorfia entre os vários subsistemas do sistema jurídico — suprida pelo subsistema normativo consuetudinário. Embora, em regra, uma lei só possa ser modificada por

---

162. Vicente Ráo, *O direito*, cit., p. 294; Alípio Silveira, O costume jurídico no direito brasileiro, *RF*, *163*(631):86, 1956. Marta Vinagre (Costume: forma de expressão do direito positivo, *Revista de Informação Legislativa*, *99*:125) apresenta vários exemplos de costume *contra legem*, dentre eles: o laudêmio que, na prática, era pago pelo adquirente do imóvel e não pelo alienante como a lei exigia (o novo Código Civil, art. 2.038, § 1º, I, veda a sua cobrança, salvo no caso do art. 22, § 1º, da Lei n. 9.514/97, com a redação da Lei n. 11.481/2007); o não uso de cinto de segurança ao dirigir veículos apesar da exigência regulamentar; a outorga de mandato, feita por menor de dezoito anos, p. ex., sem estar assistido pelo seu representante legal, para que o procurador promova sua matrícula em cursos.

163. M. Helena Diniz, *Curso*, cit., v. 1, p. 55; Ferreira Coelho, *Código Civil*, cit., v. 2, p. 104, n. 845.

outra da mesma hierarquia ou de hierarquia superior, há casos, no direito brasileiro, em que os juízes aplicaram o costume *contra legem*. Por exemplo, o Tribunal de São Paulo, ao verificar a existência de um costume local contrário à lei escrita, passou a admiti-lo: "Segundo os usos e costumes dominantes no mercado de Barretos, os negócios de gado, por mais avultados que sejam, celebram-se dentro da maior confiança, verbalmente, sem que entre os contratantes haja troca de qualquer documento. Exigi-lo agora seria, além de introduzir nos meios pecuaristas locais um fator de dissociação, condenar de antemão, ao malogro, todos os processos judiciais que acaso se viessem intentar e relativos à compra e venda de gado". Esta decisão desprezou o art. 141 do Código Civil de 1916, que proibia a prova exclusivamente testemunhal em contratos de certo valor (*RT, 132*:660 e 662; *RTJ, 54*:63). O disposto neste artigo devia ser entendido, atualmente, conforme o Código Civil, art. 227, e o Código de Processo Civil de 1973, que, no art. 401 — sem correspondência no NCPC —, prescrevia que só se admite prova exclusivamente testemunhal nos contratos cujo valor não exceda o décuplo do salário mínimo vigente no País, ao tempo em que foram celebrados. Generalizar tal conclusão era, sem embargo, perigoso, pois era difícil saber qual era o costume vivido pelos membros da comunidade, e qual lei não mais se seguia e que, por isso, não mais devia ser aplicada pelos juízes e tribunais. Atualmente, com a revogação do art. 227 do Código Civil pelo Código de Processo Civil de 2015, a prova testemunhal, qualquer que seja o valor do contrato, será sempre admitida em juízo como complemento de prova documental, nos casos em que a lei exigir prova escrita da obrigação, quando houver começo de prova por escrito, emanado da parte contra a qual se pretende produzir a prova (CPC/2015, art. 444).

O bom órgão judicante, como nos ensina Machado Neto, deverá sempre, ao aplicar quaisquer das espécies de costume, estar armado de certo grau de sensibilidade e faro sociológico para descobrir o ponto de saturação em que um uso pode ser invocado como jurídico[164].

b.3) Princípios gerais de direito

Quando a analogia e o costume falham no preenchimento da lacuna, o magistrado supre a deficiência da ordem jurídica adotando *princípios gerais de direito*, que são cânones que foram ditados pelo elaborador da

---

164. Miguel Reale, *Questões de direito*, Sugestões Literárias, 1981, p. 17-22, e *Lições preliminares do direito*, cit., p. 170; Machado Neto, *Compêndio*, cit., p. 208, 215 e 293; M. Helena Diniz, *Curso*, cit., v. 1, p. 56 e 57; *As lacunas*, cit., cap. III-A, n. 3.c, e p. 159 a 181; *Conceito*, cit., p. 30; Bigne de Villeneuve, *La crise du "sens comun" dans les sciences sociales*, p. 96.

norma, explícita ou implicitamente, sendo que, nesta última hipótese, estão contidos de forma imanente no ordenamento jurídico[165].

Observa Jeanneau que alguns princípios não têm existência própria, estão ínsitos no sistema, mas é o juiz que, ao descobri-los, lhes dá força e vida.

Esses princípios que servem de base para preencher lacunas não podem opor-se às disposições do ordenamento jurídico, pois devem fundar-se na natureza do sistema jurídico, que deve apresentar-se como um "organismo" lógico, capaz de conter uma solução segura para o caso duvidoso. Com isso se evita que o emprego dos princípios seja arbitrário ou conforme as aspirações, valores ou interesses do órgão judicante[166].

O princípio geral do direito é uma diretriz para a integração das lacunas estabelecida pelo próprio legislador, mas é vago em sua expressão; reveste-se de caráter impreciso, uma vez que o elaborador da norma não diz o que se deve entender por princípio. Por esse motivo os "princípios gerais de direito" são diversamente concebidos pelas escolas jurídicas, que buscam o sentido desse vocábulo[167]. Dentre elas temos:

---

165. Caio Mário da Silva Pereira, *Instituições*, cit., v. 1, p. 78; Limongi França, *Princípios gerais de direito*, São Paulo, Revista dos Tribunais, 1971, p. 146; João Luiz Alves, *Código Civil anotado*, 1. ed., 1917, p. 5; Miguel Romero, Los principios generales del derecho y la doctrina legal como fuentes judiciales en España, *Revista General de Legislación y Jurisprudencia*, Madrid, 1941, n. 170; Aubry e Rau, *Cours de droit civil français*, 5. ed., Paris, 1936, v. 1, p. 245; Baudry-Lacantinerie, *Précis de droit civil*, 9. ed., Paris, 1905, t. 1, p. 53; Del Vecchio, *Los principios generales del derecho*, Barcelona, 1971; García Valdecasas, La naturaleza de los principios generales del derecho, in *Ponencias españolas*, VI Congreso Internacional de Derecho Comparado, Barcelona, 1962, p. 43; Miceli, I principii generali del diritto, *Rivista di Diritto Civile*, 15:23, 1923; Enneccerus, *Tratado*, cit., v. 1, p. 214; Puig Peña, Los principios generales del derecho como fuente normativa de la decisión judicial, *Revista de Derecho Privado*, Madrid, nov. 1956; Guasp (*Comentarios a la ley de enjuiciamiento civil*, Madrid, 1943, t. 1, p. 46) considera os princípios gerais como fonte; Azpeitia, Los principios generales del derecho como fuente del derecho civil, in *La reforma legislativa*, Madrid, t. 40; Jean Dabin, *La philosophie de l'ordre juridique positif*, Paris, 1929, p. 239 e s.; M. Helena Diniz, *Compêndio*, cit., p. 419-25. Vide: *RSTJ, 19*:461.

166. Vide o que dizem Palasi, *La interpretación y los apotegmas*, cit., p. 136-7; Jeanneau, La nature des principes généraux du droit en droit français, in *Études de droit contemporain en l'honneur de Rodière* (préface), Ed. Cujas, 1962; García Máynez, *Introducción*, cit., p. 371-2; Del Vecchio, *Direito, Estado e filosofia*, trad. Luiz Luisi, Rio de Janeiro, Ed. Politécnica, 1952, p. 370; Siches, *Tratado general de filosofía del derecho*, México, Porrúa, 1965, p. 326.

167. Sobre as várias correntes, *vide*: Benlloch, ¿Que debe entenderse por principios generales del derecho?, *Revista de los Tribunales*, Madrid, t. 37, 1903; Valverde, *Tratado de derecho civil*, 4. ed., Madrid, 1935, v. 1; Puigmarnau, *Los principios generales del derecho*; repertorio de reglas, máximas y aforismos jurídicos con la jurisprudencia del Tribunal Supremo de Justicia, Barcelona, 1947; Puelma, *Integración de las lagunas jurídicas en el derecho chileno*, Santiago, 1973, p. 89-91; Campos Batalha, *Lei de Introdução*, cit., v. 1, p. 261; Washington de Barros Monteiro, *Curso*, cit.,

1) A que combate a concepção dos princípios gerais, sem os negar, considerando-os, enquanto mecanismos de suprimento, como: *a*) meros expedientes para liberação das passagens legais que não mais atendem a opinião dominante (Unger); *b*) permissões para livre criação do direito por parte do magistrado (Hoffman, Pfaff e Ehrenzweig); *c*) impossíveis de determinação, ante o caráter variável da razão humana; e *d*) simples fontes interpretativas e integrantes de normas legais, sem qualquer força criadora[168].

2) Aquela que identifica os princípios gerais de direito com as normas do direito natural (Laun, Brunetti, Gény, Espínola, Manresa, Schuster, Nippel, Del Vecchio, Legaz y Lacambra, Winiwarter, Recaséns Siches, Zeiller). Dentro dessa direção jusnaturalista há diversos matizes, conforme a ideia que se tenha do direito natural, que pode ser entendido: *a*) como *razão natural*, de modo que as normas do direito natural são dogmas obtidos pela razão, dela derivando[169]; *b*) como *natureza das coisas*, de sorte que os princípios apareceriam, segundo pontifica Legaz y Lacambra, como "*formalizaciones intelectuales de criterios de solución de interferencias y de medidas unipersonales de justicia, ajustadas a las exigencias dominantes de la naturaleza*"[170]. Gény[171] também é sequaz desta opinião. Contudo, observa Vicente Ráo[172] que a concepção de Gény tem por escopo o exame da formação da ciência jurídica e não a investigação de normas subsidiárias do direito positivo ditadas pelos princípios gerais de direito; *c*) como *verdades*, objetivamente derivadas da *lei divina*, de um sistema superior plantado por Deus no coração dos homens[173], que contém um conjunto de princípios superiores, oriundos do princípio da justiça, comum a toda a humanidade[174].

3) Aquela que entende serem os princípios gerais normas inspiradas no sentimento de equidade, sendo, então, a própria equidade (Maggiore, Osilia,

---

v. 1, p. 44; Vicente Ráo, *O direito*, cit., p. 310-5; Serpa Lopes, *Curso*, cit., v. 1, p. 182-4; M. Helena Diniz, *As lacunas*, cit., p. 184-92; M. F. Pereira, Os princípios gerais de direito, *RDC*, 49:44.

168. Serpa Lopes, *Curso*, cit., v. 1, p. 183; Castro y Bravo, *Derecho civil de España*, v. 1, p. 431.

169. Del Vecchio, *Los principios generales del derecho*, Barcelona, 1971, p. 11 e s.; *Riforma del Codice Civile e principii generali di diritto*, Roma, 1937.

170. Legaz y Lacambra, *Introducción a la ciencia del derecho*, Barcelona, 1943, p. 51 e s.

171. Gény, *Método de interpretación*, cit., ns. 157, 158 e 159, citado por Vicente Ráo, *O direito*, cit., p. 312, nota 203.

172. Vicente Ráo, *O direito*, cit., p. 313.

173. *Vide* Diez-Picazo, *Experiencias jurídicas*, cit., p. 205.

174. *Vide* Flósculo da Nóbrega, *Introdução ao direito*, Rio de Janeiro, Konfino, 1965, p. 133.

Giorgio Giorgi, Borsari, Tripicione, Scialoja)[175]. García Máynez manifesta-se a favor da opinião que considera a equidade um princípio geral de direito, já que serve de base a todos os princípios[176]. Autores há, aos quais nos filiamos, que negam tal equivalência. Dentre eles, Piola, Pacchioni, Rotondi, Eduardo Espínola, Eduardo Espínola Filho, Clemente de Diego, Laurent, Hauriou, Ferrara, Carnelutti, Clóvis Beviláqua, Scoevola[177]. Apesar de nossa atual Lei de Introdução às Normas do Direito Brasileiro (art. 4º) e de nossa Constituição (CF/88) não se referirem à equidade, consideramo-la como algo distinto dos princípios gerais e como meio de preenchimento de "vazios" na ordem jurídica, como logo mais se poderá ver.

4) A que considera os princípios gerais como tendo caráter universal, ditados pela ciência e pela filosofia do direito (Bianchi, Clóvis Beviláqua, Pacchioni)[178]. Os prosélitos desta concepção, a nosso ver, incidem no erro de confundir os "princípios" com formulações, abstrações lógicas ou enunciados de caráter científico.

5) A que, em virtude de sua direção positivista, os caracteriza como: *a*) princípios historicamente contingentes e variáveis, que estão na base do direito legislado, que o antecedem, constituindo os parâmetros fundamentais da norma jurídica, inspirando a formação de cada legislação, uma vez que se trata de orientações culturais ou políticas da ordem jurídica; dentro desta tendência temos Savigny e os pandectistas alemães[179]; *b*) princípios norteadores extraídos das diversas normas do ordenamento jurídico (Coviello, Fadda e Bensa, Carnelutti, Boulanger, Barassi, Ruggiero, Esser)[180].

---

175. Osilia, *L'equità nel diritto privato*, Roma, 1923; Giorgi, *Teoria delle obbligazioni*, v. 1; Maggiore, L'equità e il suo valore nel diritto, *RIFD*, 1923, p. 256-87; Tripicione, L'equità nel diritto, *RIFD*, p. 42, ano 5, 1925; Scialoja, Del diritto positivo e dell'equità, in *Studi giuridici*, v. 3, p. 22.

176. García Máynez, *Introducción*, cit., p. 377.

177. Piola, Equità, *Digesto Italiano*, v. 10, p. 506; Pacchioni, I principii generali di diritti, *Archivo Giuridico, 91*:138; Rotondi, Equidad y principios generales del derecho, *Revista General de Derecho y Jurisprudencia*, t. 2; Espínola, *A Lei de Introdução*, cit., t. 4, p. 440 e 163; Clemente de Diego, *La jurisprudencia como fuente del derecho*, Madrid, 1925, e *Apuntes de derecho civil*; Laurent, *Cours élémentaire de droit civil*, v. 1, p. 5-12; Hauriou, *Précis de droit constitutionnel*, 1929, p. 236, nota 6; Ferrara, *Trattato*, cit., p. 61; Carnelutti, *Lezioni di diritto processuale civile*, v. 2, p. 18 e s.; Clóvis Beviláqua, A Constituição e o Código Civil, *RT, 97*:33; Scoevola, *Código Civil español comentado*, v. 1, p. 251-3.

178. Sobre Clóvis Beviláqua, *vide* o que dizem Vicente Ráo, *O direito*, cit., p. 311, nota 202, e Alípio Silveira, A analogia, *RF, 108*:462.

179. *Vide* Savigny, *Sistema*, cit., p. 100; Alípio Silveira, A analogia, *RF, 108*:460; Campos Batalha, *Lei de Introdução*, cit., p. 261.

180. Coviello, *Manuale*, cit., p. 96; Carnelutti, *Teoría*, cit., p. 116, e *Sistema di diritto processuale civile*, Padova, 1936, t. 1, p. 120; Barassi, *Instituciones de derecho civil*, Barcelona,

6) A que adota uma posição eclética, procurando conciliar essas posições, isto é, os princípios sistemáticos com o direito científico ou com os imperativos da consciência social, ou os princípios sistemáticos com a concepção da escola livre. Condena o extremismo dos positivistas em querer submeter os princípios gerais do direito à regra de que só poderão ter lugar depois de esgotados todos os recursos no sentido de extrair a norma positiva, e assim mesmo não se poderá contradizer às ideias fundamentais da lei, dos costumes ou da doutrina. Argumenta que o mais perigoso seria forçar o magistrado a obter do direito positivo uma solução que este não pode ter[181].

Denota-se que na base desses diversos aspectos existe um elemento comum a todas as doutrinas: a justiça. Segundo Torré, a ela se reduzem os princípios gerais de direito, mas com ela não se identificam[182].

Entendemos que os princípios gerais do direito contêm múltipla natureza:

a) São decorrentes das normas do ordenamento jurídico, ou seja, dos subsistemas normativos. Princípios e normas não funcionam separadamente; ambos têm, na nossa opinião, caráter prescritivo. Atuam os princípios como fundamento de integração do sistema normativo e como limite da atividade jurisdicional[183].

b) São derivados das ideias políticas e sociais vigentes, ou seja, devem corresponder ao subconjunto axiológico e ao fático, que norteiam o sistema jurídico, sendo, assim, um ponto de união entre consenso social, valores predominantes, aspirações de uma sociedade com o sistema de direito, apresentando, portanto, uma certa conexão com a filosofia política ou ideologia imperante, de forma que a relação entre norma e princípio é lógico--valorativa, apoiando-se estas valorações em critérios de valor "objetivo"[184].

Bosch, 1955, v. 1, p. 32; Ruggiero, *Instituciones de derecho civil*, 4. ed., Madrid, Ed. Reus, t. 1, p. 154; Fadda e Bensa, nota ao § 23, v. 1, das *Pandectas* de Windscheid; Boulanger, *Le droit privé français au milieu du XX siècle*; Esser, *Principio y norma en la elaboración jurisprudencial del derecho privado*, Barcelona, Bosch, 1961, p. 169 e s.

181. Serpa Lopes, *Curso*, cit., v. 1, p. 183; Pérez González e José Alguer, notas a Enneccerus, *Derecho civil*, v. 1, p. 222-4.

182. Franco Montoro, *Introdução*, cit., v. 2, p. 110-1; Torré (*Introducción al derecho*, Buenos Aires, 1972, n. 70, p. 367): "Comumente, na falta de um preceito expresso ou de leis análogas, as legislações remetem o intérprete aos princípios gerais de direito, isto é, aos princípios de justiça, como fonte última a que deve recorrer para integrar o ordenamento jurídico".

183. Palasi, *La interpretación y los apotegmas*, cit., p. 138; Raz, Legal principles and the limits of law, *The Yale Law Journal*, *81*:823, 1972, e Identity of legal systems, *California Law Review*, *59*:795, 1971.

184. *Vide* Campos Batalha, *Lei de Introdução*, cit., p. 261. Esta foi também a opinião de Eichenberger, Buser, Troller, Fleiner, Haefelin, Noll, Liver, Aubert, Grossen e Dubs, na assembleia

c) São reconhecidos pelas nações civilizadas os que tiverem *substractum* comum a todos os povos ou a alguns deles em dadas épocas históricas[185].

Abrangem, desse modo, investigações sobre o sistema jurídico, recaindo sobre os subsistemas normativo, fático e valorativo, concernentes à questão omissa que se deve solucionar, preenchendo as lacunas (normativas, ontológicas e axiológicas), podendo até penetrar, para tanto, no campo da ciência do direito, bem como no da filosofia jurídica, que contêm dados sobre os princípios inspiradores de todos os ramos do direito[186].

Muitos desses princípios encontram-se prescritos em normas. Por exemplo, o art. 3º da Lei de Introdução, que dispõe: "Ninguém se escusa de cumprir a lei, alegando que não a conhece"; o art. 112 do Código Civil: "Nas declarações de vontade se atenderá mais à intenção nelas substanciada do que ao sentido literal da linguagem"; e o art. 5º, II, da Constituição Federal do Brasil, que contém, em si, o princípio da legalidade, ao dizer: "Ninguém será obrigado a fazer ou deixar de fazer alguma coisa senão em virtude de lei". Porém, em sua grande maioria estão implícitos, podendo ser descobertos pela análise dos subsistemas. Estão contidos no sistema jurídico civil, p. ex., os princípios[187]: *a*) da moralidade; *b*) da igualdade de direitos e deveres diante do ordenamento jurídico; *c*) da proibição de locupletamento ilícito; *d*) da função social da propriedade (CF/88, arts. 5º, XXIII, 182 e § 2º, 184, 185, parágrafo único, e 186); *e*) de que ninguém pode transferir ou transmitir mais direitos do que tem; *f*) de que a boa-fé se presume e a má-fé deve ser provada; *g*) da preservação da autonomia da instituição familiar; *h*) de que ninguém pode invocar a própria malícia; *i*) da exigência da justa causa nos negócios jurídicos; *j*) de que o dano causado por dolo ou culpa deve ser reparado; *k*) de que as obrigações contraídas

---

da *Société suisse des juristes*, em Locarno (18 a 20-10-1974). *Vide* também Arévalo, La doctrina de los principios generales del derecho y las lagunas del ordenamiento administrativo, *RAP, 40*:189, 1963; Schmidt, citado por Engisch, *Introdução*, cit., p. 249-50.

185. Campos Batalha, *Lei de Introdução*, cit., v. 1, p. 261; Engisch, *Introdução*, cit., p. 248.

186. *Vide* as observações de Vicente Ráo, *O direito*, cit., p. 606; Miguel Reale (*Lições preliminares*, cit., p. 312): "Os princípios gerais de direito são conceitos básicos de diversa gradação ou extensão, pois alguns cobrem o campo todo da experiência jurídica universal, outros se referem aos ordenamentos jurídicos pertencentes a alguns países, outros são próprios do direito pátrio. O ordenamento jurídico se distribui em faixas normativas ou sistemas normativos diferentes, correspondentes às diferentes esferas da realidade social. Cada 'região' jurídica pressupõe diretrizes ou conceitos básicos que asseguram a unidade lógica dos institutos: princípios gerais do direito civil, do direito penal, do direito processual, do direito trabalhista etc.". Além disso se conexionam com elementos dos subsistemas fáticos e valorativos.

187. *Vide* Miguel Reale, *Lições preliminares*, cit., p. 301; Washington de Barros Monteiro, *Curso*, cit., v. 1, p. 44; Messineo, *Manuale di diritto civile*, 8. ed., Milano, 1950, p. 110; M. Helena Diniz, *As lacunas*, cit., p. 193 e 194.

devem ser cumpridas; *l*) dos pressupostos da responsabilidade civil; *m*) de que quem exercita o próprio direito não prejudica ninguém; *n*) do equilíbrio dos contratos; *o*) da autonomia da vontade e da liberdade de contratar; *p*) da intangibilidade dos valores da pessoa humana ou do devido respeito à personalidade humana; *q*) de que a interpretação a ser seguida é aquela que se revelar menos onerosa para o devedor; *r*) de que quando for duvidosa a cláusula do contrato deve-se conduzir a interpretação visando àquele que se obriga; *s*) de que se responde pelos próprios atos e não pelos atos dos outros; *t*) de que se deve favorecer mais àquele que procura evitar um dano do que àquele que busca realizar um ganho; *u*) de que não se pode responsabilizar alguém mais de uma vez pelo mesmo fato; *v*) de que nas relações sociais se tutela a boa-fé e se reprime a má-fé etc.[188].

Alípio Silveira[189] conclui que o magistrado deve guiar-se pelos princípios gerais de justiça, já que a função jurisdicional visa buscar uma solução razoável.

Os princípios gerais de direito, entendemos, não são preceitos de ordem ética, política, sociológica ou técnica, mas elementos componentes do direito. São normas de valor genérico que orientam a compreensão do sistema jurídico, em sua aplicação e integração, estejam ou não positivadas[190]. Não

---

188. Sraffa, *Le clausule di concorrenza*, in *Studi giuridiche dedicati a F. Schupper*, Torino, 1898, v. 2, p. 349, 371-8; Del Vecchio (Princípios gerais de direito, *Revista de Crítica Judiciária*, Rio de Janeiro, ano 13, *23*:8, 9 e 14, 1936) explica o caso dos escravos romanos, que, apesar dessa condição, tinham um reconhecimento parcial e indireto de sua personalidade, pois se admitia que o escravo pudesse votar e tomar parte nos *Collegia funeralitia*; foram, entre os escravos, juridicamente, considerados os laços de sangue, originando impedimentos matrimoniais, ainda que, porventura, sobreviesse a manumissão; se reconhece que o escravo era de fato (*naturaliter*) capaz de declarar a sua vontade, e, assim, realizar negócios jurídicos, obrigar-se e adquirir direitos, donde a possibilidade de relações de dever entre escravo e patrão e, por fim, a possibilidade para o escravo de adquirir a sua liberdade, pagando, ele próprio, o preço com seu pecúlio; Bonfante, *Istituzioni di diritto romano*, 5. ed., Milano, 1912, p. 40.

189. Alípio Silveira, *A boa-fé no Código Civil*, p. 24.

190. *Vide* Miguel Reale (*Lições preliminares*, cit., p. 300, 301 e 302): "Os princípios podem ser: *a*) *omnivalentes*, válidos para todas as formas de saber, como é o caso dos princípios da identidade e de razão suficiente; *b*) *plurivalentes*, aplicáveis a vários campos de conhecimento como se dá com o princípio da causalidade, essencial às ciências da natureza, mas não extensivo a todos os campos do conhecimento; *c*) *monovalentes*, que só valem no âmbito de uma ciência, como é o caso dos princípios gerais de direito"; M. Helena Diniz, *As lacunas*, cit., p. 198; Barassi (*Istituzioni*, cit., p. 40) diz que: "*i principii generali non sono regole abstratte ma vere norme con carattere imperativo*". Na mesma esteira de pensamento: Ráo, *O direito*, cit., v. 1, p. 307-14; Caio Mário da Silva Pereira, *Instituições*, cit., v. 1, p. 66; Legaz y Lacambra, *Filosofía*, cit., p. 571; Limongi França, *Princípios*, cit., p. 117; Esser, *Principio y norma en la elaboración jurisprudencial del derecho privado*, Barcelona, Bosch, 1961, p. 169-71; Betti, *Interpretazione della legge e degli atti giuridici*, Milano, 1949, p. 313.

se confundem os princípios gerais de direito, ainda, com os brocardos ou máximas, embora sejam, em parte, integrados por estas. Tais parêmias valem apenas como cristalizações históricas dos princípios gerais de direito: *"Exceptiones sunt strictissimae interpretationis"* (as exceções são de interpretação estrita); *"semper in dubiis, benigniora praeferenda sunt"* (nos casos duvidosos, deve-se preferir a solução mais benigna); *"ad impossibilia nemo tenetur"* (ninguém está obrigado ao impossível); *"utile per inutile non vitiatur"* (o que num ato jurídico é útil não deve ser prejudicado por aquilo que não é); *"actus, non a nomine sed ab effectu, judicatur"* (o ato jurídico é apreciado, tomando-se em consideração, em vez do simples nome, o efetivamente desejado, ou seja, a denominação falsa ou errada do ato não influi no valor e aplicabilidade das disposições; se ao legado chamam herança, p. ex., o magistrado corrige o engano, dando eficiência ao que foi, efetivamente, resolvido); *"nemo locupletari debet cum aliena injuria vel jactura"* (ninguém deve locupletar-se com o dano alheio, ou com a jactura alheia); *"in his quae contra rationem juris constituta sunt, non possumus sequi regulam juris"* (ao que foi determinado, introduzido, realizado em contraste com a razão de direito, não podemos aplicar a norma de direito); *"unum quod que dissolvitur eo modo quod fuerit colligatum"* (cada coisa dissolve-se do mesmo modo pelo qual tenha sido constituída) etc.[191].

O órgão judicante, empregando deduções, induções, e, ainda, juízos valorativos, deverá seguir este roteiro, ao aplicar o princípio geral de direito:

1º) buscar os princípios norteadores da estrutura positiva da instituição a que se refere o caso *sub judice*;

2º) sendo inócua a primeira medida, deverá atingir os princípios que informam o livro ou parte do diploma onde se insere a instituição, depois os do diploma onde se encontra o livro, a seguir os da disciplina a que corresponde o diploma, e assim por diante até chegar aos princípios gerais de todo o direito escrito, de todo o regime jurídico-político e da própria sociedade das nações, embora estes últimos só digam respeito às questões de direito internacional público;

3º) procurar os princípios de direito consuetudinário, que não se confundem com as normas costumeiras, mas que são o ponto de partida de onde aquelas advêm;

---

191. Limongi França, *Princípios*, cit., p. 27-8 e 159-99; Alípio Silveira, *Hermenêutica*, cit., v. 1, p. 385; M. Helena Diniz, *As lacunas*, cit., p. 199-201; Miguel Reale, *Lições preliminares*, cit., p. 315; Carlos Maximiliano, *Hermenêutica*, cit., p. 271-2; Georg Cohn, *O direito civil em provérbios* (citado por Sternberg, *Introducción*, cit., p. 30), fracassou, obviamente, na sua tentativa de reduzir o direito a provérbios.

4º) recorrer ao direito das gentes, especialmente ao direito comparado, onde se descobre quais são os princípios que regem o sistema jurídico das nações civilizadas, desde que estes não contradigam os princípios do sistema jurídico interno;

5º) invocar os elementos de justiça, isto é, os princípios essenciais, podendo para tanto penetrar o campo da jusfilosofia[192].

b.4) Equidade

Em caso de lacuna, o juiz deverá constatar, na própria legislação, se há semelhança entre fatos diferentes, fazendo juízo de valor de que esta semelhança se sobrepõe às diferenças. E se não encontrar casos análogos, deve recorrer ao costume e ao princípio geral de direito; não podendo contar com essas alternativas, é-lhe permitido, ainda, socorrer-se da *equidade*[193].

Alípio Silveira entende que a equidade, considerada em toda a extensão possível do termo, liga-se a três acepções, intimamente correlacionadas[194]:

a) na *latíssima*, ela seria o princípio universal da ordem normativa, a razão prática extensível a toda conduta humana (religiosa, moral, social, jurídica), configurando-se como uma suprema regra de justiça a que os homens devem obedecer;

b) na *lata*, a equidade confundir-se-ia com a ideia de justiça absoluta ou ideal, com os princípios de direito, com a ideia do direito, com o direito natural em todas as suas significações;

---

192. Limongi França, Aplicação dos princípios gerais de direito, in *Enciclopédia Saraiva do Direito*, v. 7, p. 213; *RT, 235*:200 e *274*:672.

193. Sobre equidade *vide* o que dizem Belime, *Philosophie du droit et cours d'introduction à la science du droit*, Paris, 1869, p. 494-500; Newman (Ed.), *Equity in the world's legal systems*: a comparative study, Bruxelles, Émile Bruylant, 1973; De Page (*Traité élémentaire de droit civil*, 1963, t. 1, n. 214) chega até a afirmar que a equidade é indefinível; Arturo Alessandri e Manuel Somarriva, *Curso de derecho civil*, 3. ed., Santiago, Ed. Nascimento, 1961, t. 1, v. 1, p. 137; M. Helena Diniz, *As lacunas*, cit., p. 208-31; Alípio Silveira, A decisão por equidade no Código de Processo, in *Direito, doutrina, legislação e jurisprudência*, Rio de Janeiro, Freitas Bastos, v. 22, p. 50 e s., e Conceito de equidade na obra de Clóvis Beviláqua, in *Direito, doutrina, legislação e jurisprudência*, Rio de Janeiro, Freitas Bastos, 1943, v. 20, p. 247-8; Piola, Equità, *Digesto Italiano*, cit., v. 10; Scialoja, Del diritto positivo, in *Studi giuridici*, cit.; Miceli, Sul principio di equità, in *Studi in onore di Scialoja*, cit., p. 83 e s.; Maggiore, L'equità, *RIFD*, cit., p. 274 e s.; M. Helena Diniz, *Compêndio*, cit., p. 425-30.

194. Alípio Silveira, A decisão, in *Direito, doutrina, legislação e jurisprudência*, cit., p. 60-2.

c) na *estrita*, seria ela esse mesmo ideal de justiça enquanto aplicado, ou seja, na interpretação, integração, individualização judiciária, adaptação etc. Sendo, nessa acepção empírica, a justiça no caso concreto.

A equidade é passível de classificação. Agostinho Alvim dividiu-a em *legal* e *judicial*.

A *equidade legal* seria a contida no texto da norma, que prevê várias possibilidades de soluções[195]. Por exemplo, o art. 1.583, § 2º, do Código Civil reza: "Na guarda compartilhada, o tempo de convívio com os filhos deve ser dividido de forma equilibrada com a mãe e com o pai, sempre tendo em vista as condições fáticas e os interesses dos filhos"; o § 3º dispõe: "Na guarda compartilhada, a cidade considerada base de moradia será aquela que melhor atende aos interesses dos filhos"; e o art. 1.584, II, desse diploma legal prescreve: "A guarda, unilateral ou compartilhada, poderá ser (...) decretada pelo juiz, em atenção a necessidades específicas do filho, ou em razão de distribuição de tempo necessário ao convívio deste com o pai e com a mãe". Óbvio está que o juiz, ao aplicar tais preceitos em benefício das partes, deverá averiguar certas circunstâncias, como idade dos filhos, conduta dos pais, relação de afinidade psicológica, integridade física e mental, padrão de vida, melhores condições morais, econômicas e, até mesmo, disponibilidade de tempo para o exercício do poder familiar, na qualidade de guardião, afetividade, convivência familiar e com o grupo de amizade, atendimento médico e hospitalar, formação educacional, segurança, nível de escola etc. O mesmo se diga dos arts. 166, II, 1.557, I, 1.638, I, 395, parágrafo único, 400, 883 e parágrafo único, 363, 402, 403, 557, III, e 667 do Código Civil pátrio. Em todos eles temos um *standard* jurídico, "onde há um apelo implícito à equidade do magistrado, a quem cabe julgar do enquadramento ou não do caso, em face das diretivas jurídicas", como assevera Limongi França. A equidade está, ainda, contida implicitamente nos arts. 4º e 5º da Lei de Introdução, que estabelecem a obrigatoriedade de julgar, por parte do juiz, em caso de omissão ou defeito legal, dentro de certos limites, e a permissão de adequar a lei às novas exigências, oriundas das mutações sociais das instituições. "Essa equidade legal seria uma justiça aproximada, porque a lei não 'individua', limita-se a especificar"[196].

A *equidade judicial* é aquela em que o legislador, explícita ou implicitamente, permite ao órgão jurisdicional a solução do caso concreto por

---

195. Agostinho Alvim, Da equidade, *RT, 132*(494):3, 1941.

196. Agostinho Alvim, Da equidade, *RT, 132*(494):4; Limongi França, Aplicação do direito positivo, in *Enciclopédia*, cit., p. 204.

equidade[197]. Casos expressos são o do art. 11, II, da Lei n. 9.307/96 (CC, art. 853), que afirma que o compromisso arbitral poderá também conter: "a autorização para que o árbitro ou os árbitros julguem por equidade, se assim for convencionado pelas partes"; o do art. 140, parágrafo único do Código de Processo Civil/15, que estabelece: "O juiz só decidirá por equidade nos casos previstos em lei". Caso implícito seria, por exemplo, o do art. 1.740, II, do Código Civil, que determina caber ao tutor, quanto à pessoa do menor, "reclamar do juiz que providencie, como houver por bem, quando o menor haja mister correção".

Ensina-nos, ainda, Agostinho Alvim que o pressuposto da equidade legal ou judicial é a flexibilidade da lei. O art. 1.829 do Código Civil não admite equidade, por ser inflexível, como se pode ver em sua redação: "A sucessão legítima defere-se na ordem seguinte: I — aos descendentes, em concorrência com o cônjuge sobrevivente, salvo se casado este com o falecido no regime da comunhão universal, ou no da separação obrigatória de bens (art. 1.640, parágrafo único); ou se, no regime da comunhão parcial, o autor da herança não houver deixado bens particulares; II — aos ascendentes, em concorrência com o cônjuge; III — ao cônjuge sobrevivente; IV — aos colaterais". Assim, p. ex., se um indivíduo sem filhos, casado com comunhão universal de bens, morre, deixando viúva, metade dos bens do casal, que constituirá a herança, será dividida entre os ascendentes do falecido (CC, art. 1.837) em concorrência com a nora, visto que aqueles receberão 2/3 e esta 1/3. Ora, suponha-se que a morte tivesse ocorrido no dia das núpcias; presuma-se, ainda, que o morto nada tivesse levado de muito valor para o casal e a viúva, sim; suponha-se, mais, que os pais do falecido sejam multimilionários e inimigos da nora viúva. Todas essas circunstâncias juntas, diz Agostinho Alvim, não impedem que a viúva, que não desfrutou do casamento, viesse a repartir, do pouco que herdou, com os ricos sogros e desafetos seus. É, segundo ele, o *dura lex, sed lex*[198]. O mesmo se diga do art. 1.521, I, do Código Civil, que contém proibição de casamento entre ascendentes e descendentes[199], seja o parentesco civil ou natural.

---

197. Agostinho Alvim, Da equidade, *RT, 132*(494):4-5. *Vide* Decreto-lei n. 3.855/41 (revogado pelo Decreto-lei n. 1.038/69), art. 112; Código de águas, art. 73, parágrafo único; Decreto-lei n. 466/38, art. 54; Decreto n. 53.154/63, art. 69 (ora revogado pelo Dec. de 10 de maio de 1991); Decreto-lei n. 7.404/45, art. 176; Lei n. 4.214/63, art. 9º (ora revogado pela Lei n. 5.889/73); Decreto n. 45.421/59, art. 104; Decreto n. 45.422/59, art. 332 (parcialmente revogado pelo Dec. n. 56.791/65, art. 196), citados por Washington de Barros Monteiro, *Curso*, cit., v. 1, p. 47; Lei n. 9.307/96, art. 2º, §§ 1º e 2º.

198. Agostinho Alvim, Da equidade, *RT, 132*(494):3-4.

199. *Vide* Limongi França, Aplicação do direito positivo, in *Enciclopédia*, cit., p. 205.

Dessas classificações, R. Limongi França[200] infere os seguintes requisitos da equidade:

1º) decorrência do sistema e do direito natural;

2º) inexistência, sobre a matéria, de texto claro e inflexível;

3º) omissão, defeito, ou acentuada generalidade da lei;

4º) apelo para as formas complementares de expressão do direito antes da livre criação da norma equitativa;

5º) elaboração científica, da regra de equidade, em harmonia com o espírito que rege o sistema e, especialmente, com os princípios que informam o instituto objeto da decisão.

A equidade exerce influência na *elaboração legislativa*. Essa função geral da equidade liga-se, segundo Calamandrei, "ao significado lato e compreensivo que lhe damos, quando dizemos, justamente, que o legislador, ao formular suas leis, deve obedecer à equidade: entendemos por equidade aquele conjunto de fatores econômicos e morais, de tendências e de aspirações vivas na consciência de certa sociedade, dos quais o legislador tem ou deveria ter em conta, quando elaborar uma lei"[201]. Pode surgir, a equidade, na elaboração de certas normas flexíveis que, de modo implícito ou explícito, autorizam ao juiz usar de poderes mais amplos que poderão ser exercidos com equidade, incluindo-se, p. ex., em matéria civil, a investigação da boa-fé (CC, art. 309), da vontade das partes nos contratos, testamentos; a apreciação dos vícios de vontade, nos atos jurídicos; a redução das multas contratuais[202]. Exemplificativamente, podemos citar o art. 413 do Código Civil, que afirma: "A penalidade deve ser reduzida equitativamente pelo juiz se a obrigação principal tiver sido cumprida em parte, ou se o montante da penalidade for manifestamente excessivo, tendo-se em vista a natureza e a finalidade do negócio", inspirando-se seu elaborador na equidade, ao permitir a apreciação equitativa daquele que for aplicar tal dispositivo.

Desempenha, ainda, a equidade função de grande importância na *interpretação das normas*. Nessa função interpretativa, a equidade pode significar: 1) o predomínio da finalidade da lei sobre sua letra; ou 2) a preferência, dentre as várias interpretações possíveis de uma norma, pela

---

200. Limongi França, *Formas e aplicação*, cit., p. 78-9.
201. Calamandrei, *Il significato costituzionale delle giurisdizione di equità*, n. 6.
202. Vicente Ráo, *O direito*, cit., p. 94.

mais benigna e humana[203]. Ambas as significações não precisam ser autorizadas legalmente.

Em sua função interpretativa, na busca do sentido da norma, a equidade aparece na aplicação do método histórico-evolutivo, que preconiza a adequação da lei às novas circunstâncias, e do método teleológico, que requer a valoração da lei (LINDB, art. 5º), a fim de que o órgão jurisdicional possa acompanhar as vicissitudes da realidade concreta.

Pela equidade ponderam-se, compreendem-se e estimam-se os resultados práticos que a aplicação da norma produziria em determinadas situações fáticas. Se o resultado prático concorda com as valorações que inspiram a norma, em que se funda, tal norma deverá ser aplicada. Se, ao contrário, a norma aplicável a um caso singular produzir efeitos que viriam a contradizer as valorações, conforme as quais se modela a ordem jurídica, então, indubitavelmente, tal norma não deve ser aplicada a esse caso concreto[204].

Percebe-se que a equidade está consagrada como elemento de *adaptação da norma ao caso concreto*. Apresenta-se a equidade como a capacidade que a norma tem de atenuar o seu rigor, adaptando-se ao caso *sub judice*[205]. É, como vimos, o art. 5º da Lei de Introdução que permite corrigir a inadequação da norma ao caso concreto. A equidade seria uma válvula de segurança que possibilita aliviar a tensão e a antinomia entre a norma e a realidade, a revolta dos fatos contra os códigos[206].

Do que foi exposto infere-se a inegável função da equidade de *suplementar a lei*, ante as possíveis lacunas[207]. No nosso entender, a equidade é elemento de integração, pois consiste, uma vez esgotados os mecanismos

---

203. Serpa Lopes, *Curso*, cit., v. 1, p. 170; Alípio Silveira, A decisão, in *Direito, doutrina, legislação e jurisprudência*, cit., p. 65, e *RF, 108*(522):460, 1946; Kelsen, *Teoria pura do direito*, cit., v. 1, p. 139 e 140; v. 2, p. 283-9 e 294.

204. Recaséns Siches, Nueva perspectiva de la equidad, in *La nueva filosofía de la interpretación del derecho*, México, 1950, p. 256-8.

205. Clóvis Beviláqua preconiza, quanto à adaptação da lei aos casos concretos, que ela seja feita segundo os princípios gerais de justiça, solidariedade, moral, direito justo, equidade e liberdade (Alípio Silveira, *Método de interpretação e fontes na obra de Clóvis Beviláqua*, p. 119).

206. *Vide* o que ensina Alípio Silveira, *Hermenêutica*, cit., v. 1, p. 370-1, e *Conceito e funções da equidade em face do direito positivo*, São Paulo, 1943; Flósculo da Nóbrega, *Introdução ao direito*, p. 33, 39 e 196.

207. Alípio Silveira, A decisão, in *Direito, doutrina, legislação e jurisprudência*, cit., n. 14, e *RF, 108*:460. A equidade como meio de integração de lacuna foi prevista, expressamente, no art. 113, n. 27, da nossa Constituição Federal de 1934. Limongi França, Da jurisprudência, Separata da *Revista da Faculdade de Direito da USP*, p. 220; Aplicação do direito positivo, in *Enciclopédia*, cit., p. 200; Miguel Reale, *Lições preliminares*, cit., p. 294; Puelma, *Integración*, cit., p. 95; Michel Mouskeli, L'équité en droit international moderne, *Revue Générale de Droit International Public*,

previstos no art. 4º da Lei de Introdução às Normas do Direito Brasileiro, em restituir à norma, a que acaso falte, por imprecisão de seu texto ou por imprevisão de certa circunstância fática, a exata avaliação da situação a que esta corresponde, a flexibilidade necessária à sua aplicação, afastando por imposição do fim social da própria norma o risco de convertê-la num instrumento iníquo.

A equidade exerce função integrativa na decisão: *a*) dos casos especiais que o próprio legislador deixa, propositadamente, omissos, isto é, no preenchimento das lacunas voluntárias, ou seja, daqueles casos em que a própria norma remete ao órgão judicante a utilização da equidade; e *b*) dos casos que, de modo involuntário, escapam à previsão do elaborador da norma; por mais que este queira abranger todos os casos, ficam sempre omissas dadas circunstâncias, surgindo, então, lacunas que devem ser preenchidas pela analogia, costume, princípios gerais de direito, sendo que, na insuficiência desses instrumentos, se deverá recorrer à equidade[208]. Dessa forma, os casos concretos que dão lugar a uma aplicação equitativa são os que resultam da excessiva generalidade da lei, que não pode prever todas as circunstâncias da realidade; os que advêm do fato de a norma não prever todas as circunstâncias da realidade. Os que advêm do fato de a norma não prever nenhuma das circunstâncias da realidade são os casos omissos ou singulares e provenientes da inadequação total ou parcial dos dispositivos legais às suas próprias circunstâncias[209].

Vicente Ráo apresenta três regras que devem ser seguidas pelo magistrado, ao aplicar a equidade: "*a*) por igual modo devem ser tratadas as coisas iguais e desigualmente as desiguais; *b*) todos os elementos que concorreram para constituir a relação *sub judice*, coisa ou pessoa, ou que, no tocante a estas, tenham importância, ou sobre elas exerçam influência, devem ser devidamente considerados; *c*) entre várias soluções possíveis deve-se preferir a mais humana, por ser a que melhor atende à justiça"[210].

15(7):347-73, 1933. Já Henri de Page recusa-se a enquadrar a equidade na categoria de fonte supletiva do direito.

208. *Vide* Alípio Silveira, A equidade no direito do trabalho, *Revista do Trabalho*, n. 139, 1945, e *Conceito e funções da equidade*, cit., p. 118 e s.

209. Alípio Silveira, *Hermenêutica*, cit., v. 1, p. 371; Barros Monteiro, *Curso*, cit., v. 1, p. 47; *RF*, *107*:65 e *139*:131; *AJ*, *58*:283; *DJE*, 16 maio 1941, Proc. n. 10.793.

210. Vicente Ráo, *O direito*, cit., p. 88; Windscheid (*Diritto delle pandette*, trad. ital., p. 82) reúne esses três preceitos ao dizer que "*è equo il diritto commisurato ai rapporti di fatto, ossia quello in cui ogni momento dei rapporti di fatto che merita d'esser tenuto in conto, lo è effetivamente e non è tenuto in conto quello che non lo merita e d'ognuno si fa quel conto che la sua indole esige*".

A equidade confere, pode-se assim dizer, um poder discricionário ao magistrado, mas não uma arbitrariedade. É uma autorização de apreciar, segundo a lógica do razoável, interesses e fatos não determinados *a priori* pelo legislador, estabelecendo uma norma individual para o caso concreto ou singular[211], sempre considerando as pautas axiológicas contidas no sistema jurídico, ou seja, relacionando sempre os subsistemas normativos, valorativos e fáticos.

É o poder conferido ao magistrado para revelar o direito latente, apesar de interferir, como vimos, na elaboração de normas jurídicas gerais ou de leis, traçando diretivas ao comportamento do órgão judicante ao aplicá-las[212].

Art. 5º Na aplicação da lei, o juiz atenderá aos fins sociais a que ela se dirige e às exigências do bem comum.

• *Normas de interpretação das leis tributárias* — Vide *arts. 107 a 111 da Lei n. 5.172, de 25 de outubro de 1966.*

• *Lei n. 9.099, de 26 de setembro de 1995, art. 6º.*

• *Lei n. 8.069/90, art. 6º.*

• *CPC/2015, art. 8º.*

1. Utilidade prática do art. 5º

A ciência do direito, articulada no modelo teórico hermenêutico, ao encarar a decidibilidade do ângulo de sua relevância significativa, relacionando a hipótese de conflito e a hipótese de decisão, tendo em vista o seu sentido, assumindo, então, uma atividade interpretativa, tendo uma função

---

211. Alípio Silveira, *Hermenêutica*, cit., v. 1, p. 380; Limongi França, Da jurisprudência, Separata da *Revista da Faculdade de Direito da USP*, cit., p. 220; Pedro Baptista Martins, *Comentários ao Código de Processo Civil*, v. 1, p. 346. É preciso não confundir com a *equity law* (*freie Recht* — direito livre de Radbruch) do direito anglo-saxão, em que o órgão judicante cria direito novo, mesmo em oposição ao direito comum, em razão da força do precedente judicial em países de *Common law*. Vide: Kenneth Smith e Denis Keenan, *English law*, 1982, p. 1 a 13; Pasley, L'equity en droit anglo-américain, *Rev. Internationale du Droit Comparé*, *13*:292, 1961; Kirafly, *The English legal system*, London, 1967, p. 21-6 e 144-7. "Não pode o juiz, sob a alegação de que a aplicação da lei à hipótese não se harmoniza com seu senso de justiça ou equidade, substituir-se ao legislador para formular ele próprio a norma de direito aplicável. Mitigue o juiz o rigor da lei, aplique-a com equidade e equanimidade, mas não a substitua pelo seu critério (*RDBP, 50*:159)."

212. Raselli, *Il potere discrezionale del giudice civile*, 1927, v. 1; Campbell Black, *Construction and interpretation*, §§ 24 a 32; Herrendorf, *El poder de los jueces*, Buenos Aires, Abeledo-Perrot, 1994; Hamilton Elliot Akel, *O poder judicial e a criação da norma individual*, São Paulo, Saraiva, 1995.

primordialmente avaliativa, por propiciar o encontro de indicadores para uma compreensão parcial ou total das relações, surge como uma teoria hermenêutica, por ter, dentre outras, a tarefa de:

a) interpretar normas, visto que toda norma é passível de interpretação. A ciência jurídica, enquanto teoria da interpretação, ao buscar o sentido e o alcance da norma, tendo em vista uma finalidade prática, criando condições para uma decisão possível, ou melhor, condições de aplicabilidade de norma com um mínimo de perturbação social, encontra problemas: Qual o critério para a interpretação autêntica? Ao interpretar uma norma deve-se buscar a vontade da lei ou a do legislador? Qual a interpretação e o sentido que podem pôr um fim prático à cadeia das múltiplas possibilidades interpretativas? Quais as técnicas interpretativas que devem ser empregadas pelo jurista e pelo aplicador? Seria a gramatical? A lógica? A sistemática? A histórico-evolutiva? A teleológica? Tais técnicas completam-se reciprocamente, ou se excluem, operando isoladamente? Há alguma preponderância ou supremacia de uma técnica sobre outra? O ato interpretativo tem, pois, um sentido problemático, de modo que é pressuposto da hermenêutica jurídica a liberdade do intérprete na escolha das múltiplas vias interpretativas, pois deve haver uma interpretação e um sentido que prepondere, pondo um fim prático à cadeia das várias possibilidades interpretativas, criando, como dissemos, condições para uma decisão possível;

b) verificar a existência da lacuna jurídica, constatando-a e indicando os instrumentos integradores, que levem a uma decisão possível mais favorável, argumentada no direito vigente, mesmo quando se trate de critérios conducentes a uma decisão *contra legem*, nas hipóteses de lacunas axiológicas e ontológicas;

c) afastar contradições normativas, indicando critérios para solucioná-las.

Para tanto deverá a ciência do direito assumir também o modelo teórico analítico, tendo como escopo a sistematização de normas para obter decisões possíveis, criando condições para classificação, tipificação e sistematização de fatos relevantes, daí sua função organizatória, sem contudo olvidar o modelo teórico empírico, que vislumbra na decidibilidade a busca de condições de possibilidade de uma decisão hipotética para um conflito hipotético, procurando investigar as normas, que, por serem encaradas como um procedimento decisório, fazem do pensamento jurídico um sistema explicativo do comportamento humano, enquanto controlado por normas. Eis por que sobreleva a função de previsão, que cria condições para que se possa passar do registro de certos fatos relevantes para outros fatos, eventualmente relevantes, para os quais não há registro.

Tais modelos, apontados por Tércio Sampaio Ferraz Jr., que estão inter-relacionados, demonstram os modos pelos quais a ciência jurídica se exerce enquanto pensamento tecnológico, pois, ao objetivarem a solução de certo conflito, utilizam elementos de convencimento para persuadir o destinatário da norma, criando condições para que os conflitos sejam decididos com o mínimo de perturbação social. A práxis da ciência jurídica revela-se numa combinação desses modelos, ora dando primazia a um deles, subordinando os demais, ora colocando-os em pé de igualdade. A ciência do direito está ligada à técnica, que, segundo Anatol Rosenfeld, é o conhecimento e domínio de meios para atingir certo fim. O jurista, portanto, coloca problemas, propondo uma solução possível e viável.

A ciência jurídica exerce funções relevantes não só para o estudo do direito, mas também para a aplicação jurídica, viabilizando-o como elemento de controle do comportamento humano ao permitir a flexibilidade interpretativa das normas, autorizada pelo art. 5º da Lei de Introdução, e ao propiciar, por suas criações teóricas, a adequação das normas no momento de sua aplicação. A ciência jurídica é um instrumento de viabilização do direito. A dogmática está marcada por uma concepção do direito que conduz a autoridade à tomada de decisão. A dogmática jurídica tem, como nos ensina magistralmente Tércio Sampaio Ferraz Jr., uma função social, ante a relevância do fator social nos processos de conhecimento. O conhecimento é visto como uma atividade capaz de servir de mediação entre os dados da realidade e a resposta comportamental do indivíduo, por gerar expectativas cognitivas, já que as sínteses significativas da ciência garantem a segurança e a certeza de expectativas sociais, pois diminuem os riscos de falha na ação humana, já que, em razão delas, será possível, com certo grau de certeza, dizer quem agiu correta ou incorretamente. A ciência é vista como uma agência de socialização, por permitir a integração do homem e da sociedade num universo coerente.

A função social da dogmática jurídica está no dever de limitar as possibilidades de variação na aplicação do direito e de controlar a consistência das decisões, tendo por base outras decisões. Só a partir de um estudo científico-jurídico é que se pode dizer o que é juridicamente possível. O ideal dos juristas é descobrir o que está implícito no ordenamento jurídico, reformulando-o, apresentando-o como um todo coerente e adequando-o às valorações sociais vigentes.

A ciência do direito aparece como teoria da decisão ao assumir o modelo teórico empírico, visto ser o pensamento jurídico um sistema explicativo do comportamento humano regulado normativamente, sendo uma investigação dos instrumentos jurídicos de controle da conduta. A ciência jurídica, nesse sentido, é uma teoria para a obtenção da decisão, indicando como se deve fazer para exercer aquele controle. Decidir é um ato que visa a tornar incompatibilidades indecidíveis em alternativas decidíveis, que, num momento seguinte, podem criar novas situações até mais complexas que as anteriores. Logo, se o conflito é condição de possibilidade da decisão, esta não o elimina, mas tão somente o transforma. É por isso que se diz, como vimos, que decisão jurídica (a lei, o costume, a sentença judicial etc.) não termina o conflito através de uma solução, mas o soluciona pondo-lhe um fim, impedindo que seja retomado ou levado adiante (coisa julgada).

A doutrina tradicional analisa a decisão jurídica atendendo à questão da construção do juízo deliberativo pelo juiz ou autoridade, nela vislumbrando uma operação dedutiva ou construção silogística, onde a norma geral seria a premissa maior; o caso conflitivo, a premissa menor; e a conclusão, a decisão. Trata-se do problema da *subsunção*, onde a grande dificuldade seria, segundo Engisch, encontrar a premissa maior, ante o fato de haver normas que se completam ou se excluem.

Sob esse aspecto, na decisão jurídica haverá dois problemas: o da qualificação jurídica e o das regras decisórias.

A norma, ao se referir abstrata e genericamente a uma situação fática possível, está tipificando-a, prescrevendo como se deve entender tal comportamento. A norma jurídica seria um esquema simbólico que seleciona traços comuns a fenômenos individuais, ostensivamente diferentes, agrupando-os em classes, pois fixa *tipos*. Essa abstração conduz ao afastamento da norma da realidade, porém o fato individual, por conter, em si, uma nota de tipicidade, possibilita seu enquadramento no comando abstrato da norma, caso em que se teria a *subsunção* feita pelo aplicador do direito, optando por uma alternativa possível. A descoberta do direito do caso concreto é precedida por um processo deliberativo. Tal deliberação, que precede a escolha, envolve um ato de vontade e um ato de conhecimento. Todavia, essa qualificação jurídica não é fácil, ante:

a) o emprego, pelo elaborador da norma, de linguagem natural ou comum, em parte tirada do falar cotidiano, originando uma *vaguidade*, uma ambiguidade ou indeterminação semântica dos conceitos gerais contidos na norma, que só pode ser mitigada pelo emprego de conceitos técnicos, introduzidos por meio de definições explícitas elaboradas pelos juristas. Compete, portanto, à ciência jurídica delimitar o conteúdo de certos termos utilizados pela legislação, realizando, como diz Warat, leituras ideológicas do discurso normativo para desentranhar sua significação;

b) a falta de informação sobre os fatos do caso, remediada pelos juristas que lançam mão de recursos práticos que permitem ao órgão aplicador suprir essa dificuldade: *presunções legais*, que são conceitos jurídicos que permitem considerar verdadeiro o que é provável, podendo ser *juris tantum*, se admitem que a parte prejudicada as contradiga e apresente prova em contrário, destruindo o falso, fazendo prevalecer o real, e *juris et de jure*, se não admitem prova em contrário e, ainda que no mundo dos fatos se comprove a falsidade das situações juridicamente presumidas, estas prevalecem em qualquer circunstância e *onus probandi*, pois há regras decisórias, atinentes à prova, apontadas pela teoria jurídica enquanto teoria da decisão, já que a decisão não surge de modo arbitrário e automático ante:

1) a imprescindibilidade da prova, pois a determinação dos fatos pelo aplicador depende da apreciação da prova. Levy-Bruhl esclarece-nos que a prova jurídica não significa somente uma constatação demonstrada de um fato ocorrido, mas também a produção de confiança no sentido de garantir, por critérios relevantes, a verdade factual ou o entendimento do caso num sentido favorável;

2) a existência de técnica probatória que varia de instância para instância decisória, mas que contém sempre uma questão conjectural da consistência do fato: Há o fato? Quem é o autor? Por que o autor praticou o ato? Houve dolo? Culpa? Tal dúvida conjectural é regulada pelo *onus probandi*, ou seja, a prova compete a quem afirma; assim sendo, o decididor não pode eliminar a dúvida sobre o fato, embora deva pôr um fim ao conflito. Logo tal dúvida pode subsistir mesmo após a decisão;

3) a proibição do *non liquet*, pois deve haver sempre uma decisão que fica na dependência das provas aduzidas. O controle da proibição do *non liquet* é feito pelos princípios, dentre outros: *in dubio contra auctorem*, que permite que no caso de não se provar o fato se favoreça o réu na decisão, e *in dubio contra reum*, no caso, p. ex., de o réu reconhecer uma dívida, mas afirmar que já a solveu, ficando, então, com o ônus da prova. Se não conseguir provar o fato, a decisão lhe será desfavorável. Este último princípio é aplicável no cível, pois no crime prevalece o *in dubio pro reo*;

4) o princípio da legalidade que vincula o decididor (juiz, funcionário administrativo) à lei e ao direito. Todavia, há casos em que o aplicador pode decidir mediante avaliações próprias. Para explicar isso a teoria jurídica, na lição de Tércio Sampaio Ferraz Jr., fala em conceitos indeterminados, normativos e em discricionariedade, delineando-os, já que lhe compete preencher o conteúdo estimativo de certos conceitos utilizados pela norma, atendo-se, como logo mais veremos, à valoração positiva vigente na sociedade, e o resultado dessa tarefa servirá de guia ao decididor, que terá, então, em men-

te o conceito estimativo que se positivou na consciência social do presente. Deveras, a função da atividade mental do jurista é explicitar e reduzir a linguagem do legislador, numa linguagem conceptual. Os conceitos indeterminados (p. ex.: ato administrativo, perigo iminente, ruído excessivo) são os utilizados pelo legislador para configurar certo suposto de fato ou consequência jurídica, cujo sentido requer do decididor uma explícita determinação, ou seja, supõe uma clarificação no instante da aplicação da norma. Os conceitos normativos pedem ao aplicador uma coparticipação na determinação de seu sentido, pois, além de indeterminados, encerram uma valoração de comportamento que exige especificação ou concretização na decisão (p. ex., o conceito de *honra*, de *injúria grave*, de *boa-fé* etc.). A dificuldade nesta concretização quanto ao risco de divergência nas avaliações provoca o aparecimento de *standards* jurídicos, que são construções jurídicas apoiadas em generalizações da moral social, que permitem, com mais segurança, a identificação do sentido de *"boa-fé, bons costumes etc."*. A discricionariedade do juiz ou do funcionário administrativo diz respeito à razoabilidade do seu julgamento ao decidir. O funcionário deve decidir *no interesse da Administração Pública*, o que cria dificuldades ante a pouca objetividade dessa expressão que dificilmente será especificada por critérios gerais e a necessidade de certo controle da discricionariedade, na medida em que se admite o caráter regulado do conflito e da decisão jurídica. O mesmo ocorre com a discricionariedade judicial quando se lhe dá, havendo certa margem de aplicação da pena (6 a 20 anos), o poder de fixar o *quantum* preciso. Nestas hipóteses entra em jogo a concepção do aplicador em relação ao objeto da decisão, conjugada ao princípio da neutralidade da posição do decididor, que não deve, obviamente, levar em conta preconceitos. É preciso não olvidar que na decisão jurídica não há a opção do decididor por uma das alternativas, elegendo uma solução ótima, pois, na verdade, existe apenas a opção pela alternativa que satisfaz os requisitos mínimos de aceitabilidade.

Ensina-nos, com perspicácia, Tércio Sampaio Ferraz Jr., que a ciência jurídica, como teoria da decisão, procura captar a decidibilidade dos conflitos sociais como uma intervenção contínua do direito na convivência humana, vista como um sistema de conflitos intermitentes. A ciência jurídica como teoria da decisão não só se preocupa com as condições de possibilidade da decisão, ficando presa a certos requisitos técnicos de uma decisão justa, procurando prever instrumentos para o decididor que lhe permitam solucionar os conflitos até mesmo no caso de preenchimento de lacunas, mas também com o controle do comportamento, isto porque em toda decisão de autoridade está ínsito um elemento de controle da parte do decididor sobre o endereçado da decisão. A teoria jurídica enquanto sistema de controle do comportamento leva a considerar o sistema jurídico não como um complexo de normas, mas como um fenômeno de partes em comunicação, pois todo comportamento humano é ação dirigida a alguém. O princípio que rege esse tipo de enfoque é o da interação, que consiste numa série de mensagens trocadas pelas partes, em que uma delas dá uma informação (relato) e diz ao receptor como este deve comportar-se perante o emissor (cometimento), controlando-lhe as possíveis reações. O controle jurídico vale-se de uma referência básica das relações comunicativas entre as partes e um terceiro comunicador: juiz, árbitro, legislador, o sujeito normativo ou, ainda, a norma. O exercício desse controle abarca o poder. Logo a teoria jurídica do controle de comportamento trata da organização jurídica do exercício do poder e dos mecanismos políticos que dão efetividade àquele exercício, ou seja, capacidade de suscitar obediência. Os fenômenos jurídicos são examinados como sistema em termos de um conjunto de elementos (comportamentos vinculantes e vinculados) e de um conjunto de regras que ligam os elementos entre si, formando uma estrutura (princípios; normas legais, consuetudinárias, jurisprudenciais etc.). Nesta concepção o ponto de partida não é a norma, mas os conflitos sociais referidos a normas. O problema da teoria jurídica é, no dizer de Tércio Sampaio Ferraz Jr., não descrever os comportamentos procedimentais que levam à decisão, mas mostrar-lhes a relevância normativa em termos de seu eventual caráter mais ou menos vinculante, tendo em vista as possíveis reações dos endereçados da decisão. A ciência jurídica preocupa-se com a exegese das normas apenas como um instrumento capaz de obter enunciados tecnológicos para a solução de conflitos possíveis, pois sua finalidade é dar uma orientação para o modo como devem ocorrer os comportamentos procedimentais que visam uma decisão de questões conflitivas[213].

---

213. Esta é a lição de Tércio Sampaio Ferraz Jr., *Função social*, cit., p. 7-10, 82-90, 108, 119-25 e 160-76; *A ciência do direito*, cit., p. 43-9, 87-103 e 104-8; *Direito, retórica e comunicação*, cit., p. 95-9; Argumentação-II, in *Enciclopédia*, p. 450 e s.; Viehweg (*Tópica y jurisprudencia*, cit., p. 49) diz: *"El punto más importante en el examen de la tópica lo constituye la afirmación de que se trata de una técnica del pensamiento que se orienta hacia el problema"*. Vide, do mesmo autor, Some considerations concerning legal reasoning, in *Law reason and justice — essays in legal philosophy*, New York, Ed. Hughes, 1969. Consulte ainda: Anatol H. Rosenfeld. Algumas reflexões sobre a técnica, *RBF*, fasc. 34, p. 195; Luiz Fernando Coelho, *Teoria da ciência do direito*, São Paulo, Saraiva, 1974, p. 79-90; Machado Neto, *Teoria*, cit., p. 49-51 e 182-92; Francesco Carnelutti, *Metodologia del diritto*, Padova, CEDAM, 1939, p. 15-34; Enrico Opocher, *Lezioni di filosofia del diritto*, Padova, CEDAM, 1953, p. 16-9; Lévy-Bruhl, *La preuve judiciaire. Étude de sociologie juridique*, Paris, 1964, p. 22; Watzlawick, Beavin e Jackson, *Pragmática da comunicação humana*, p. 47; Carlos Coelho Miranda Freire, *Influência da doutrina jurídica nas decisões judiciárias*, João Pessoa, Ed. União, 1977, p. 99 e s.; Antonio Hernandez Gil, *Problemas epistemológicos de la ciencia jurídica*, Madrid, Ed. Civitas, 1976, p. 94-6; M. Helena Diniz, *Compêndio*, cit., p. 178-80 e 185-9; Jean Dabin (*Technique de l'élaboration du droit positif*, Bruxelles, 1935, p. III) escreve: *"l'homme de droit, créateur ou interprète, n'a pas de repos tant qu'il a pas réussi à définir, ou tout au moins à rétrécir à l'extrême le cercle de l'indéterminité"*; J. Baptista Machado,

O jurista, para cumprir tão árdua tarefa, baseado no art. 5º da Lei de Introdução, que contém um parâmetro à atividade jurisdicional, fornecerá os vários caminhos possíveis para uma decisão que, ao aplicar a norma ao caso concreto, atenda à sua finalidade social e ao bem comum, procurando resguardar e promover a dignidade da pessoa humana e observando a proporcionalidade, razoabilidade, legalidade, publicidade e a eficiência (CPC, art. 8º, segunda parte). Para tanto, fará, com fundamento no tridimensionalismo de Miguel Reale, uma consideração dinâmica do direito, construindo, cientificamente, além do subsistema normativo, o fático e valorativo.

2. Conceito, funções e caráter necessário da interpretação

A parêmia latina *in claris cessat interpretatio* não terá qualquer aplicabilidade, pois tanto as leis claras como as ambíguas comportam interpretação. O juiz não poderá eximir-se de sentenciar alegando que não conhece a lei. Se a lei for clara é dever do magistrado interpretá-la e aplicá-la, apesar de não encontrar dificuldades. Se a lei for obscura ou ambígua deverá interpretá-la, empregando certa engenhosidade intelectual. A obscuridade dificulta o entendimento da fórmula legal porque: *a*) a norma contém palavras fora do seu significado; *b*) a lei apresenta imprecisões; *c*) a norma contém fórmula falha, por faltarem palavras necessárias para que se complete o sentido legal. Às vezes a obscuridade está no conteúdo da lei, por consistir: *a*) num pensamento incompleto, ao qual falta um ou mais elementos necessários à configuração do tipo legal; *b*) num pensamento confuso, isto é, de ideias dissonantes, excluindo a harmonia que deve haver nas ideias componentes do pensamento legal. A ambiguidade, por sua vez, também torna difícil o entendimento do que na lei se contém, uma vez que o preceito normativo se presta a mais de um sentido, podendo tal ambiguidade manifestar-se quer na sua letra, quer no seu pensamento ou teor[214].

---

no prefácio à *Introdução ao pensamento jurídico* de Engisch, p. XXXVII e XXXIX; Luís Alberto Warat, *A definição jurídica — suas técnicas; texto programado*, Porto Alegre, Atrium, 1977, p. 90 e s.; Muneo Nakamura, *A comparative study of judicial process*, Waseda University, 1959.

214. Sobre interpretação, consulte: Wilson de S. Campos Batalha, *Lei de Introdução*, cit., v. 1, p. 522; Carvalho Santos, *Código Civil*, cit., v. 1, p. 70-1; Manuel A. Domingues de Andrade, *Ensaio sobre a teoria da interpretação das leis*, Coimbra, A. Amado, 1987; Carlos Maximiliano Pereira dos Santos, *Hermenêutica*, cit.; Thibaut, *Theorie der logischen*, Auslegung, 1799; Campbell Black, *Handbook on the construction and interpretation of the laws*; Fabreguettes, *La logique judiciaire et l'art de juger*, 1914; Emílio Caldara, *Interpretazione delle leggi*, 1908; Jandoli, *Sulla teoria della interpretazione delle leggi con speciale riguardo alle correnti metodologiche*, 1921; Ferrara, *Trattato*, cit., p. 130 e 205-23; Unger, *System des österreichischen allgemeinen Privatrechts*, Leipzig, 1892, v. 1, p. 77; Coviello, *Manuale*, cit., p. 63; Schreier, *Die interpretation der Gesetz*

Por mais clara que seja uma norma, ela requer sempre interpretação. Nesse sentido, bastante convincentes são os dizeres de Degni: "A clareza de um texto legal é coisa relativa. Uma mesma disposição pode ser clara em sua aplicação aos casos mais imediatos e pode ser duvidosa quando se a aplica a outras relações que nela possam enquadrar e às quais não se refere diretamente, e a outras questões que, na prática, em sua atuação, podem sempre surgir. Uma disposição poderá parecer clara a quem a examinar superficialmente, ao passo que se revelará tal a quem a considerar nos seus fins, nos seus precedentes históricos, nas suas conexões com todos os elementos sociais que agem sobre a vida do direito na sua aplicação a relações que, como produto de novas exigências e condições, não poderiam ser consideradas, ao tempo da formação da lei, na sua conexão com o sistema geral do direito positivo vigente".

Insidiosa é a máxima *in claris non fit interpretatio*, pois as leis claras contêm o perigo de serem entendidas apenas no sentido imediato decorrente dos seus dizeres, quando, na verdade, têm valor mais amplo e profundo que não advém de suas palavras.

Daí a necessidade da interpretação de todas as normas, por conterem conceitos que têm contornos imprecisos, como diz Larenz.

Interpretar é descobrir o sentido e alcance da norma, procurando a significação dos conceitos jurídicos. Devido aos motivos já mencionados — vaguidade, ambiguidade do texto, imperfeição e falta de terminologia técnica, má redação — o magistrado, a todo instante, ao aplicar a norma ao caso *sub judice*, a interpreta, pesquisando o seu significado. Isto é assim porque a letra da norma permanece, mas seu sentido se adapta a mudanças que a evolução e o progresso operam na vida social. Interpretar é, portanto, explicar, esclarecer; dar o verdadeiro significado do vocábulo; extrair, da norma, tudo o que nela se contém, revelando seu sentido apropriado para a vida real e conducente a uma decisão.

As *funções* da interpretação são, conforme os ensinamentos de Machado Neto: *a*) conferir a aplicabilidade da norma jurídica às relações sociais que lhe deram origem; *b*) estender o sentido da norma a relações novas, inéditas ao tempo de sua criação; e *c*) temperar o alcance do preceito normativo, para fazê-lo corresponder às necessidades reais e atuais de caráter social[215].

---

und Rechtsgeschäfte, Leipzig, 1927; Degni, *L'interpretazione della legge*, Napoli, 1909; Windscheid, *Pandette*, v. 1, p. 167.

215. Carlos Maximiliano, *Hermenêutica*, cit., n. 13, 14, 22 e 24-6; Gaston May, *Introduction à la science du droit*, Paris, Ed. M. Giard, 1932, p. 75 e 76. Sobre a interpretação *vide*: Tércio

A interpretação, acrescenta Miguel Reale, é um momento de intersubjetividade: o ato interpretativo do juiz, procurando captar e trazer a ele o ato de outrem, no sentido de se apoderar de um significado objetivamente válido[216]. O ato interpretativo implicaria uma duplicidade, onde sujeito e objeto estão colocados um diante do outro[217].

Poder-se-á argumentar até que esse conhecimento interpretativo apresenta-se como uma transferência das propriedades do objeto para o sujeito cognoscente[218].

Para o intérprete, aquilo que se interpreta consiste em algo objetivo; porém o aplicador da norma não a reproduz, mas contribui, de certo modo, para "constituí-la em seus valores expressivos", visto que lhe compete a tarefa de enquadrar o fato humano numa norma jurídica[219].

Num momento posterior, a duplicidade inicial — sujeito e objeto — passa a ser uma "intersubjetividade", na medida em que o ato interpretativo deixa de ser uma coisa, passando a ser um outro ato: as "intencionalidades objetivadas" constituem o domínio próprio da interpretação[220].

É a hermenêutica que contém regras bem ordenadas que fixam os critérios e princípios que deverão nortear a interpretação. A hermenêutica é a teoria científica da arte de interpretar, mas não esgota o campo da interpretação jurídica, por ser apenas um instrumento para a sua realização[221].

Sampaio Ferraz Jr., *Função social*, cit., p. 143 e s.; Francesco Degni, *L'interpretazione*, cit., n. 9, 30 e 31; Giovanni Galloni, *La interpretazione delle legge*, Milano, 1955; A. L. Machado Neto, *Compêndio*, cit., p. 216 e 217; Kalinowsky, Philosophie et logique de l'interprétation en droit, *Archives de Philosophie du Droit*, Paris, *17*:48, 1972; Carlos Santiago Nino, *Notas de introducción al derecho*; la ciencia del derecho y la interpretación jurídica, Buenos Aires, Ed. Astrea, 1975, v. 4; Betti, *Interpretazione della legge e degli atti giuridici*, 1949; Larenz, *Metodología*, cit., p. 247.

216. Miguel Reale, *O direito*, cit., p. 240.

217. Ferraz Jr., A noção de norma jurídica na obra de Miguel Reale, Separata da *Revista Ciência e Cultura*, cit., p. 1013.

218. Manuel G. Morente, *Fundamentos de filosofia*, 1970, p. 143, 147, 217, 244, 262 e 263; M. Helena Diniz, *A ciência jurídica*, cit., p. 170-1; *Compêndio*, cit., p. 381-2.

219. Miguel Reale, *O direito como experiência*, cit., p. 241; Tércio Sampaio Ferraz Jr., A noção de norma jurídica na obra de Miguel Reale, Separata da *Revista Ciência e Cultura*, cit., p. 1013; Carlos Maximiliano, *Hermenêutica*, cit., p. 25.

220. Miguel Reale, *O direito como experiência*, cit., p. 242; Tércio Sampaio Ferraz Jr., A noção de norma jurídica na obra de Miguel Reale, Separata da *Revista Ciência e Cultura*, cit., p. 1013, esclarecendo este último que "intersubjetividade" significa vinculação entre dois elementos que se põem distintamente, mas ao mesmo tempo se interpenetram e se limitam.

221. Carlos Maximiliano, *Hermenêutica*, cit., p. 14 e 15; Serpa Lopes, *Curso*, cit., p. 129.

Ensina Reuterskioeld[222] que o hermeneuta pratica uma arte guiada cientificamente, porém jamais substituída pela própria ciência, que, ao elaborar regras, traçar diretrizes, condicionar o esforço, metodizar as lucubrações, não dispensa o coeficiente pessoal, o valor subjetivo, nem reduz a um autômato o investigador esclarecido.

É tarefa do intérprete, enquanto jurista, apenas determinar, mediante ato de conhecimento, não só o sentido exato e a extensão da fórmula normativa, mas também fornecer ao aplicador o conteúdo e o alcance dos conceitos jurídicos. Na lição de Karl Engisch, a indicação do conteúdo é feita por meio de uma definição, ou seja, pela indicação das conotações conceituais (documento é toda declaração que se liga a algo, sendo apropriada para provar um fato, permitindo conhecer seu autor), e a do alcance (extensão) é feita pela apresentação de grupos de casos (a ciência jurídica classifica entre os documentos os escritos probatórios) e casos individuais que se subordinam ao conceito jurídico (como sinais probatórios e documentos consideram-se, p. ex., o número de matrícula de um carro, o número do motor, a placa, o tipo do carro, a marca da rolha numa garrafa de vinho, a assinatura do artista num quadro)[223].

Ao se interpretar a norma, deve-se procurar compreendê-la em atenção aos seus fins sociais e aos valores que pretende garantir (LINDB, art. 5º). O ato interpretativo não se resume, portanto, em simples operação mental, reduzida a meras inferências lógicas a partir das normas, pois o intérprete deve levar em conta o coeficiente axiológico e social nela contido, baseado no momento histórico em que está vivendo. Dessa forma, o intérprete, ao compreender a norma, descobrindo seu alcance e significado, refaz o caminho da "fórmula normativa" ao "ato normativo"; tendo presentes os fatos e valores dos quais a norma advém, bem como os fatos e os valores supervenientes, ele a compreende, a fim de aplicar em sua plenitude o "significado nela objetivado"[224].

O jurista, ao interpretar, nada mais pode fazer senão estabelecer as possíveis significações da norma jurídica, não podendo optar por qualquer delas, pois sua tarefa consiste apenas em criar condições para uma decisão possível do órgão que é competente para aplicar o direito.

---

222. Reuterskioeld, *Über Rechtsauslegung*, 1899, p. 85, citado por Carlos Maximiliano, *Hermenêutica*, cit., p. 22 e 23.

223. Carlos Maximiliano, *Hermenêutica*, cit., p. 28; Engisch, *Introdução*, cit., p. 102 e s.

224. Miguel Reale, *Lições preliminares de direito*, cit., p. 285 e 286, e *O direito como experiência*, cit., p. 247; Tércio Sampaio Ferraz Jr., A noção de norma jurídica na obra de Miguel Reale, Separata da *Revista Ciência e Cultura*, cit., p. 1014. Vide: *RT, 781*:216.

Explica-nos Kelsen, com muita propriedade, que se por *interpretação* se entende a fixação por via cognoscitiva do sentido, ou conteúdo, da norma, o seu resultado somente pode ser a fixação de uma moldura legal dentro da qual existem várias possibilidades de aplicação. Logo, a interpretação não conduz, necessariamente, a uma única solução correta, mas a várias soluções de igual valor, se bem que apenas uma delas se torne direito positivo no ato de escolha do órgão aplicador, que será conforme ao direito se se mantiver dentro daquela moldura. A interpretação jurídico-científica, na lição de Kelsen, por tal motivo, é considerada *não autêntica*[225], pois compete-lhe tão somente determinar o quadro das significações possíveis da norma geral, emitindo proposições jurídicas que, por não serem normas, não são vinculantes.

O órgão aplicador do direito, obrigado a solucionar o caso *sub judice*, recebe informação normativa dos órgãos superiores mediante as normas gerais que lhe estão dirigidas e escolhe uma dentre as várias possibilidades interpretativas que lhe oferece uma norma geral. Este ato volitivo do órgão, que decide em favor de uma das alternativas possíveis, estaria fundado em parte no conhecimento dos fatos e em parte em razões axiológicas. Assim sua decisão, como norma particular (sentença) fundada em norma geral, seria a expressão de uma informação fática e valorativa[226]. A interpretação do órgão seria, para Kelsen, uma operação que acompanha o processo da aplicação do direito no seu progredir de um escalão superior para um escalão inferior. Na aplicação do direito por um órgão jurídico competente, a interpretação cognoscitiva da norma geral a aplicar combina-se com um ato de vontade pelo qual aquele órgão efetua uma escolha entre as múltiplas possibilidades reveladas, produzindo uma norma individual (sentença). Só esta interpretação da autoridade constituída, ou competente, é *autêntica*, porque cria direito para o caso concreto[227].

Interpretar autenticamente não é apenas desvendar o sentido contido atrás da expressão legal, mas é a arte jurídica de eleger, dentre os significados possíveis albergados pela lei, o decisivo para dado caso concreto, por exteriorizar o sentido mais favorável ou adequado.

Eis a razão pela qual Saredo chega a salientar que "todo magistrado é o intérprete necessário e permanente da lei", por ser ele que, ao aplicar a norma ao caso *sub judice*, procura determinar seu alcance e sentido. Sua

---

225. Kelsen, *Teoria pura do direito*, cit., v. 2, n. 45, p. 288, 289, 296-8.
226. Vernengo, *Curso*, cit., p. 408 e 409.
227. Kelsen, *Teoria pura do direito*, cit., v. 2, n. 45, p. 283-5; M. Helena Diniz, *Compêndio*, cit., p. 383-4.

interpretação tornar-se-á obrigatória para esse caso, vinculando as partes litigantes, com a autoridade da coisa julgada. A interpretação judiciária só terá efeito para o caso concreto. A interpretação dada à norma jurídica que aplicou na solução de uma demanda não obrigará sua adoção por outro juiz; nem mesmo o magistrado que deu certa interpretação à norma ao resolver dado caso terá o dever de manter a mesma interpretação para outro caso. A liberdade do Judiciário é completa; independerá de suas decisões anteriores, dos julgados de outros juízes e tribunais, da opinião da doutrina ou dos jurisconsultos, cumprindo-lhe, tão somente, fundamentar devidamente a sentença. Apesar da grande influência dos precedentes judiciais, ao juiz será lícito decidir até contra uma série de casos julgados uniformes, se sua convicção o levar a solução diferente. Escreve, ainda, Saredo que, "mesmo quando as decisões são conformes aos princípios de direito, não terão senão uma autoridade de razão e não se podem invocar sem muita cautela. E o motivo é claro. Uma sentença não contém uma interpretação científica, por ser fundada numa controvérsia, ou seja, sobre uma questão de fato; logo as circunstâncias da causa influenciam a decisão jurídica, alterando-se os fatos, modificando a sentença. Ora, os fatos mudam de um caso para outro, e, assim, como poderia prevalecer para fato novo uma decisão prolatada para hipótese diversa? É esse o sentido do velho ditado de que *minima discrepantia facti, maxima discrimina juris*[228].

A necessidade de uma interpretação resulta exatamente do fato de a norma geral a aplicar deixar várias possibilidades em aberto, não contendo nenhuma decisão sobre a questão de se saber qual dos interesses em jogo é o mais importante, deixando esta decisão a um ato de produção normativa, ou seja, à sentença judicial, p. ex.[229]. Interpretar, nesse sentido, é estabelecer uma norma individual; logo interpretação é um ato normativo.

Grande é a utilidade prática do art. 5º da Lei de Introdução, pois a técnica da decisão requer uma solução justa ao caso singular *sub judice*, sem conflitar com o direito positivo e com o meio social.

---

228. Espínola e Espínola Filho, *A Lei de Introdução*, cit., v. 1, p. 176, 177, 189; Kohler, *Lerbuch des bürgerlichen Rechts*, 1904, v. 1; Saredo, *Trattato delle leggi*, 1886, p. 387 e 434; Kraus, Die leitende Grandsätze der Gesetzinterpretation, in *Grünhut's Zeitschrift*, n. 32; Brüt, *Die Kunst der Rechtsanwendung*, Berlin, 1907; Gabrielle Marzano (*L'interpretazione della legge*, 1955, p. 69) assevera: "*il momento costituito dalla applicazione di una determinata disposizione risulta facilmente isolabile e individuabile, nel senso che è possibile affermare che esso è un posterius rispetto all'interpretazione vera e propria, cioè rispetto all'apprendimento del significato della norma, tanto vero che una disposizione può essere, come nel caso dell'interpretazione dottrinaria, chiarita perfettamente nel suo significato, senza essere tuttavia applicata mentre l'opposto non è concepibile*".

229. Kelsen, *Teoria pura do direito*, cit., v. 2, n. 45, p. 291.

3. Questão da vontade da lei ou do legislador como critério hermenêutico

Desde fins do século XIX até nossos dias duas teorias da interpretação jurídica se enfrentam numa grande polêmica relativa ao critério metodológico que o intérprete ou aplicador deve seguir para desvendar o sentido da norma: seria a vontade do legislador ou a da lei a meta da interpretação autêntica?

A *teoria subjetiva*[230], tendo por prosélitos, dentre outros, Savigny, Windscheid, Regelsberger, Enneccerus, Bierling, Heck, Stammler, Petraschek, Nawiasky, entende que a meta da interpretação é estudar a vontade histórico-psicológica do legislador expressa na norma, porque: *a*) o recurso à técnica histórica de interpretação, aos documentos e às discussões preliminares, que tiveram importante papel na elaboração da norma, é incontornável; logo não se pode ignorar a vontade do legislador originário; *b*) os fatores objetivos que porventura determinam a vontade da lei, por sua vez, também estão sujeitos à interpretação; logo os que propugnam a busca da *mens legis* criaram um subjetivismo curioso que coloca a vontade do intérprete acima da vontade do legislador, de modo que aquele seria mais sábio do que o legislador e a norma jurídica; *c*) a segurança e a certeza da captação do sentido da norma ficariam à mercê da opinião do intérprete, se se pretendesse obter a vontade da lei[231].

A interpretação deve procurar compreender o pensamento do legislador (*mens legislatoris*) sendo, portanto, *ex tunc* (desde então, ou seja, desde o aparecimento da norma).

A *teoria objetiva*[232], por nós acatada, tendo como representantes Kohler, Wach, Binding, Schreier, Dahm, Bartholomeyczik, Larenz, Radbruch, Sauer e Binder, preconiza que, na interpretação, deve-se ater à vontade da lei, à

---

230. Windscheid, *Pandekten*, § 21; Nawiasky, *Allgemeine Rechtslehre*, § 126 e s.; Bierling, *Juristische. Prinzipienlehre*, Freiburg-Leipzig, 1894.

231. Sobre a teoria subjetiva, consulte: Engisch, *Introdução*, cit., p. 141 e s.; Tércio Sampaio Ferraz Jr., *A ciência do direito*, cit., p. 70 e 71, e *Função social*, cit., p. 145; Larenz, *Metodología*, cit., p. 250; José Martins Oviedo, *Formación y aplicación*, cit., p. 78-80; Carlos Maximiliano, *Hermenêutica*, cit., p. 30 e s.; Sabino Jandoli, *Sulla teoria della interpretazione delle leggi con speciali riguardo alle correnti metodologiche*, 1921, p. 22 e s.; M. Helena Diniz, *Compêndio*, cit., p. 384-5.

232. Larenz, *Metodología*, cit., p. 252-4; Tércio Sampaio Ferraz Jr., *A ciência do direito*, cit., p. 71, e *Função social*, cit., p. 145; Engisch, *Introdução*, cit., p. 141 e s.; José Martins Oviedo, *Formación y aplicación*, cit., p. 76 e 77, 80-2; Diez-Picazo, *Experiencias jurídicas*, cit., p. 246 e s.; Jethro Brown, *The underlying principles of modern legislation*, 1915, p. 38, 137 e 140; Wach, *Handbuch des deutschen Zivilprozessrechte*, 1885, v. 1, p. 254 e s.; Kohler, *Lehrbuch*, cit.; M. Helena Diniz, *Compêndio*, cit., p. 385-8.

mens legis, que, enquanto sentido objetivo, independe do querer subjetivo do legislador, porque após o ato legislativo a lei desliga-se do seu elaborador, adquirindo existência objetiva. A norma seria uma "vontade" transformada em palavras, uma força objetivada independente do seu autor; por isso deve-se procurar o sentido imanente no texto e não o que seu prolator teve em mira.

Uma vez nascida, a lei ingressa na ordem jurídica nela articulando-se ou harmonizando-se. A norma já elaborada se adapta, se desenvolve, se amplia e se restringe por sua própria força. Emilio Betti pondera, a respeito, que a norma não se confina em sua formulação primitiva. Devido ao seu valor atual acompanha as circunstâncias mutáveis da vida social presente a cujo serviço ela sempre se encontra. Se a norma existe a serviço da sociedade, está na sociedade e na vida social presente, que não é igual à vida social do passado; e, se foi promulgada no passado, ela evolui, transfunde-se em elemento da vida social presente a fim de melhor servir às exigências sociais dentro da realidade atual. Para Siches a norma jurídica revive toda vez que é aplicada. O seu reviver concreto fundamenta, para ele, uma nova interpretação, pois a norma sofre modificações para ajustar-se à nova realidade para que é revivida[233]. Olivecrona[234] chega até a afirmar que a norma jurídica é um imperativo independente, pois, depois de promulgada, não procede de nenhuma pessoa, de modo concreto, e tem vida própria. Lembram os sequazes dessa teoria que quase sempre a norma jurídica surge devido a um abuso recente, não sendo possível a presunção de que o elaborador de uma norma de decênios atrás previsse as transformações sociais. Eis por que se diz que "a norma é mais sábia do que o seu elaborador", porquanto abrange hipóteses que este não previu. Isto ocorre, simplesmente, porque a norma, como aludimos acima, uma vez emitida pelos órgãos competentes, adquire vida própria, autonomia relativa, desprende-se da vontade de seu autor com a potencialidade ou virtualidade de reger todos os casos que se apresentem, ainda que a autoridade, ao ditá-la, não tenha tido em mente tais hipóteses, mostrando-se a norma, portanto, mais previdente do que o seu elaborador.

O sentido incorporado na norma é mais rico do que tudo que seu criador pensou, porque ela, pelo seu dinamismo, é suscetível de adaptação. O advento de novos fenômenos sociais, técnicos, culturais, morais, econômicos leva o intérprete a apreciá-los, juridicamente, à luz das normas

---

233. *Vide* nesse sentido: Ferrini, *Manuale delle pandette*, cit., n. 22; Kelsen, *Teoria pura do direito*, cit., v. 1, p. 19; Recaséns Siches, *Vida humana, sociedad y derecho: fundamentación de la filosofía del derecho*, México, 1953.

234. Olivecrona, *El derecho como hecho*, Buenos Aires, 1951.

já existentes. Daí ser a interpretação preconizada pelos objetivistas *ex nunc* (desde agora), porque se deve ter em vista a situação atual em que a norma interpretada se aplica. Essa teoria concentra suas ideias em quatro argumentos centrais:

1º) O da vontade, afirmando que não há um legislador dotado de vontade própria. A *voluntas legislatoris* é mera ficção, visto que o legislador raramente é uma pessoa física identificável. E, no que concerne à lei, deve-se salientar, a título exemplificativo, que é obra de vários espíritos, cujas ideias se fundem. O legislador moderno é um ser anônimo constituído por várias pessoas. Deveras, no processo legislativo há o impulso inicial de um, seguindo-se a colaboração de muitos. Fundem-se muitas opiniões; o conjunto resulta, assim, de frações de ideias: cada representante aceita por uma determinada razão; os motivos que levaram alguém a propor a lei podem não coincidir, como é óbvio, com os que levaram outros a aceitá-la. Um e outros não querem a mesma coisa; cada qual busca impor sua opinião ao outro, num debate aberto entre indivíduos esclarecidos, de modo que há um acordo aparente que resulta de profundas contradições. Como descobrir, naquele labirinto de ideias contraditórias, e todas parcialmente vencedoras, a vontade, o pensamento, a intenção diretora e triunfante? A vontade do legislador não será a da maioria dos que tomam parte na votação da norma, porque poucos se informam com antecedência dos termos do projeto; portanto, não podem querer o que não conhecem. Quando muito desejam o principal: p. ex., baixar um imposto. Às vezes nem isso; no momento da votação, perguntam do que se trata ou acompanham indiferentes os líderes, que por sua vez prestigiam apenas o voto de determinados membros da comissão permanente que emitiu parecer sobre o projeto. Logo, a vontade do legislador é a da minoria, a da elite intelectual. De forma que é muito difícil determinar a vontade do elaborador da norma[235].

2º) O da forma, pois apenas as manifestações volitivas vertidas na forma legal têm força obrigatória. Assim o legislador nada mais é senão uma competência legal *lato sensu*.

3º) O da confiança, segundo o qual o destinatário da norma deve poder confiar na sua palavra, ou seja, que a norma legal será aplicada segundo seu sentido objetivo; logo o intérprete deve conceder essa confiança à palavra contida na norma.

4º) O da integração, onde só uma interpretação objetivista atende aos interesses de integração e complementação do direito pelo órgão competente.

---

235. Carlos Maximiliano, *Hermenêutica*, cit., p. 35 e 36.

Por tais razões, dizem os objetivistas, é imprescindível que o intérprete se circunscreva, rigorosamente, à *mens legis*, à *voluntas legis* ou ao sentido legal normativo, como prefere Larenz.

Ensina-nos Tércio Sampaio Ferraz Jr. que nenhuma das duas teorias da interpretação resolve, de modo satisfatório, a questão de saber se é a *mens legis* ou a *mens legislatoris* que deve servir de guia ao intérprete. A subjetiva favorece, em certa medida, o autoritarismo, por preconizar a preponderância da vontade do legislador; a objetiva, ao dar posição de destaque à equidade do intérprete, deslocando a responsabilidade do legislador, no que atina à criação da norma, para o intérprete, favorece o anarquismo. Trata-se de uma polêmica insolúvel, mas que nos aponta alguns pressupostos hermenêuticos. Se se partir da ideia de que o problema central da interpretação é a determinação do sentido do texto normativo, e que este foi determinado por outro ato interpretativo (o da autoridade competente), que, por sua vez, está condicionado por vários fatores que o alteram, o restringem ou o ampliam, deve-se concluir que interpretar é compreender uma outra interpretação afixada na norma, logo há dois atos: o que dá à norma seu sentido e o que tenta captá-lo. É imprescindível, para a existência de uma interpretação jurídica, que se fixe um ato doador de sentido. O ponto de partida da interpretação jurídica deve ser tomado como algo indiscutível. Por exemplo, parte-se da norma, vista como dogma, embora se possa questioná-la sob o prisma de sua justiça ou de sua eficácia etc. Um dos pressupostos da hermenêutica jurídica é o *caráter dogmático* do seu ponto de partida. Deve haver um princípio dogmático que impeça o retrocesso ao infinito, pois se a interpretação tivesse princípios sempre abertos impossibilitaria a obtenção de uma decisão, ao mesmo tempo que a sua identificação seria materialmente aberta. Consequentemente, o ato interpretativo tem um sentido problemático situado nas várias vias que podem ser escolhidas, o que manifesta a *liberdade* do intérprete como outro pressuposto básico da hermenêutica jurídica[236].

A correlação entre *dogma*, referente aos aspectos objetivos da interpretação, e *liberdade*, alusiva aos subjetivos, conduz a um outro pressuposto, que é o caráter *deontológico* e *normativo* da interpretação, pois a eleição ou opção do órgão aplicador por uma das múltiplas possibilidades interpretativas, igualmente válidas, oferecidas pelo texto normativo, acontece por um ato de vontade, que se efetiva por razões axiológicas, criando uma norma individual[237].

---

236. Tércio Sampaio Ferraz Jr., *A ciência do direito*, cit., p. 72-4; *Função social*, cit., p. 142-9.

237. Miguel Reale, *O direito como experiência*, cit., p. 244 e s.; Alberto Vicente Fernández, *Función creadora del juiz*, Buenos Aires, Abeledo-Perrot, 1980.

Ante a tensão entre dogma (critério objetivo) e liberdade (arbítrio do intérprete), segue-se que não há norma sem sentido, nem sentido sem interpretação; logo deve haver uma interpretação e um sentido que preponderem, pondo um fim prático à cadeia das múltiplas possibilidades interpretativas. O critério para entender-se esse fim prático é a decidibilidade, ou seja, a criação de condições para uma decisão possível. Assim sendo, a ciência jurídica, ao interpretar normas, deve ter em vista uma finalidade prática, isto é, conhecer os textos normativos, verificando as condições de sua aplicabilidade, enquanto modelos de comportamento obrigatório. A hermenêutica jurídica deve criar condições para que os eventuais conflitos possam ser solucionados com um mínimo de perturbação social. Para tanto deverá elucidar a norma de modo que os problemas pareçam razoavelmente decidíveis. Estabelece, portanto, alternativas de decisão possível por meio de construções dogmáticas, neutralizando a pressão exercida pelos problemas de distribuição de poder, de recursos etc. O intérprete deve interrogar o texto normativo, destacando tudo que nele se contém como adequado àquela finalidade prática, ajustando-o à atual situação, mediante uma avaliação ideológica, ao determinar os fins e objetivos da norma, permitindo, assim, um controle da *mens legis* e sua interpretação. O intérprete procura apreender o sentido do texto normativo, apresentando várias soluções possíveis, atendendo às pautas valorativas vigentes numa sociedade, em certo momento; com isso afasta-se de suas preferências pessoais, de sua opinião, de seu querer ou vontade. A interpretação jurídica assume um compromisso com a tomada de decisões ou com a solução de possíveis conflitos. A função da dogmática jurídica é a construção das condições do juridicamente possível, em termos de decidibilidade, ou seja, a determinação das possibilidades de construção jurídica de casos jurídicos[238]. Disto se infere que a interpretação, além de argumentativa e dialética, é *ideológica*.

4. Técnicas interpretativas

Para orientar a tarefa do intérprete e do aplicador há várias técnicas ou processos interpretativos: gramatical ou literal, lógico, sistemático, histórico e sociológico ou teleológico. Tais processos nada mais são do que meios técnicos, lógicos ou não, utilizados para desvendar as várias possibilidades de aplicação da norma.

---

238. *Vide* Tércio Sampaio Ferraz Jr., *A ciência do direito*, cit., p. 73 e 74; *Função social*, cit., p. 144, 148, 149 e 158. "A interpretação das leis é obra de raciocínio, mas também de sabedoria e bom-senso, não podendo o julgador ater-se exclusivamente aos vocábulos, mas, sim, aplicar os princípios que informam as normas positivas" (*RSTJ, 19*:461).

Pela *técnica gramatical*[239], também chamada literal, semântica ou filológica, o hermeneuta busca o sentido literal do texto normativo, tendo por primeira tarefa estabelecer uma definição, ante a indeterminação semântica dos vocábulos normativos, que são, em regra, vagos ou ambíguos, quase nunca apresentando um sentido unívoco. Assim, ao interpretar uma norma, inicialmente se atém à consistência onomasiológica (onomasiologia é a teoria da designação nominal). Então, o primeiro passo na interpretação seria verificar o sentido dos vocábulos do texto, ou seja, sua correspondência com a realidade que eles designam. Logo a definição jurídica oscila entre o aspecto onomasiológico da palavra (o uso corrente do termo para a designação do fato) e o semasiológico (a sua significação normativa). Se a norma se refere, p. ex., a veículo, a questão é saber o que é *veículo*, qual o sentido do vocábulo no texto. A palavra utilizada na norma opera como um instrumento do pensamento.

Por essa técnica, que se funda sobre as regras da gramática e da linguística, examina o aplicador ou o intérprete cada termo do texto normativo, isolada ou sintaticamente, atendendo à pontuação, colocação dos vocábulos, origem etimológica etc. O cientista procura os sentidos literais possíveis do termo, ou seja, os significados que possa ter, marcando o limite da interpretação, e o aplicador opta ou decide por um dos diferentes sentidos admissíveis.

Deve o hermeneuta ter sempre em vista as seguintes regras: 1ª) as palavras podem ter significação comum e técnica, caso em que se deve dar preferência ao sentido técnico; 2ª) deve ser considerada a colocação da norma (p. ex., uma disposição incluída no capítulo sobre curatela está indicando que se destina a regular essa forma de incapacidade); 3ª) havendo antinomia entre o sentido gramatical e o lógico, este deve prevalecer; 4ª) o significado da palavra deve ser tomado em conexão com o da lei; 5ª) o termo deve ser interpretado em relação aos demais; e 6ª) havendo palavras com sentido diverso, cumpre ao intérprete fixar-lhes o adequado ou o verdadeiro. Não podendo, ainda, olvidar que o elemento linguístico nem sem-

---

239. Tércio Sampaio Ferraz Jr., *Função social*, cit., p. 149-51, e *A ciência do direito*, cit., p. 75 e 76; Degni, *L'interpretazione della legge*, cit., p. 236 e s.; Ferrara, *Trattato*, cit., p. 206 e s.; A. Pap, *Semantics and necessary truth*, 1958, p. 249; Larenz, *Metodología*, cit., p. 254-6; Diez-Picazo, *Experiencias jurídicas*, cit., p. 252-6; Abelardo Torré, *Introducción al derecho*, cit., p. 353 e 356; Luiz Fernando Coelho, *Lógica jurídica e interpretação das leis*, Rio de Janeiro, Forense, 1979, p. 74 e 75; Legaz y Lacambra, *Filosofía del derecho*, cit., p. 419; Roberto J. Vernengo, *La interpretación literal de la ley y sus problemas*, Buenos Aires, 1971, e *Curso de teoría general del derecho*, Buenos Aires, 1976, p. 406-8, 412 e 413; Chomsky, *Aspects of the theory of syntax*, 1965; Carlos S. Nino, *Notas de introducción al derecho*, cit., p. 14-51; Carlos Maximiliano, *Hermenêutica*, cit., p. 118-35; Charles Brocher, *Étude sur les principes généraux de l'interprétation des lois*, 1870, p. 21; M. Helena Diniz, *Compêndio*, cit., p. 388-9.

pre é idôneo de per si para desvendar o conteúdo legal. É análise linguística apenas um dos atos interpretativos.

No emprego do *processo lógico*[240], o que se pretende é desvendar o sentido e o alcance da norma, estudando-a por meio de raciocínios lógicos, analisando os períodos da lei e combinando-os entre si, com o escopo de atingir perfeita compatibilidade.

Os procedimentos desta técnica são, na lição de Tércio Sampaio Ferraz Jr.:

1º) Atitude formal, que procura solucionar eventuais incompatibilidades pelo estabelecimento: *a*) de regras gerais atinentes à simultaneidade de aplicação de normas, que introduzem os critérios de sucessividade (lei posterior revoga a anterior), de especialidade (lei especial revoga a geral), de irretroatividade (lei posterior não pode atingir direito adquirido, ato jurídico perfeito e coisa julgada), ou de retroatividade (lei posterior, em certos casos, interfere em relações já normadas, para dar-lhes solução mais justa); *b*) de regras alusivas ao problema da especialidade, tendo em vista a aplicação de normas válidas em territórios diversos, mas que, por certas razões, cruzam-se nos seus âmbitos, que introduzem os critérios da *lex loci* (a forma dos negócios jurídicos é a do local de sua celebração; o seu cumprimento obedece à lei do lugar de sua execução; o direito real disciplina-se pela lei do local em que a coisa está situada) e da *lex personae* (as relações familia-

---

240. Vide as lições de Van der Eycken, *L'interprétation juridique*, Bruxelles, 1907, p. 34 e s.; Tércio Sampaio Ferraz Jr., *Função social*, cit., p. 151, e *A ciência do direito*, cit., p. 76 e 77; Perelman e Olbrechts-Tyteca, *Traité de l'argumentation*, Bruxelles, 1970, p. 265 e s.; Recaséns Siches, *La nueva filosofía de la interpretación del derecho*, México, 1950, p. 188 e s. e 277 e s.; Luiz Fernando Coelho, *Lógica jurídica e interpretação das leis*, 1979, p. 76-80; Carlos Maximiliano, *Hermenêutica*, cit., p. 135-9 e 146-8; Mouchet e Zorraquín Becu, *Introducción al derecho*, Buenos Aires, 1970, p. 256-8; Campbell Black, *Handbook on the construction and interpretation of the laws*, p. 328; Carvalho Santos (*Código Civil*, cit., p. 88-91) observa que o processo lógico contém os meios interpretativos propriamente lógicos e os científicos. Os propriamente lógicos: o motivo (*ratio legis*), o fim (*intentio legis*), a ocasião (*occasio legis*), os dados da argumentação pertencentes à própria norma, como a comparação da norma jurídica com outra. Os científicos: a origem, os dados históricos, jurisprudenciais, sociológicos, biológicos, econômicos, políticos, legislação comparada e doutrina; Paulo de Lacerda (*Manual*, cit., v. 1, p. 560) lembra que os argumentos principais que se empregam para a utilização dos elementos lógicos como meios interpretativos são: *a*) argumento *a pari*; *b*) o *a contrario*; *c*) o *a fortiori*; *d*) o dos correlativos, que é aplicável quando as figuras jurídicas se encontram em recíproca relação de sujeição, de maneira que, invocada uma, a outra ou as outras surgem. Por isso, apesar de a lei contemplar apenas um dos termos da correlação, entender-se-á que ela virtualmente contempla o outro ou os outros termos naquilo em que estes dependerem daquela. Por exemplo, o caso dos anexos, dos acessórios e o dos meios. Quanto aos anexos, quem goza os cômodos deve sofrer os incômodos; quanto aos meios — a quem assiste um direito, também assistem os meios legítimos para protegê-lo e para exercê-lo; quanto aos acessórios — o acessório segue o principal.

res, matrimoniais, regem-se pela lei do domicílio; também as questões de estado e capacidade das pessoas).

2º) Atitude prática, que visa evitar incompatibilidades à medida que elas se forem apresentando, repensando as disposições normativas, atendo-se à situação. Por exemplo, as regras jurisprudenciais, que vislumbram as situações conforme os critérios de justiça, buscando uma solução mais equitativa para os conflitos, reinterpretando a norma conforme as exigências de uma decisão justa. O mesmo se diga das regras de interpretação dos negócios jurídicos. Por exemplo, as que determinam se atenda mais à intenção dos contratantes do que à letra das normas; que, em caso de conflito, a incompatibilidade prejudique o outorgante e não o outorgado; que as cláusulas duvidosas sejam interpretadas em favor de quem se obriga e não do que se obriga.

3º) Atitude diplomática, que recomenda ao intérprete, tentando evitar incompatibilidade em certo momento e em determinadas circunstâncias, invente uma saída que solucione, mesmo provisoriamente, apenas aquele conflito. Por exemplo, as ficções interpretativas, consistentes num pacto, admitido pelas partes, pelas conveniências sociais, pela equidade, que permite raciocinar como se certo fato ocorrido não tivesse acontecido e vice-versa. É a hipótese do juiz que, para fundamentar uma decisão que reputa justa, admite como existente uma declaração volitiva que não houve, reinterpretando, para o caso em tela, o sentido de um elemento do conteúdo de uma norma (exigência de declaração volitiva para a validade contratual).

Tais regras lógicas possibilitam adotar uma solução mais precisa ou justa.

O *processo sistemático*[241] é o que considera o sistema em que se insere a norma, relacionando-a com outras normas concernentes ao mesmo objeto. O sistema jurídico não se compõe de um único sistema normativo, mas de vários, que constituem um conjunto harmônico e interdependente, embora cada qual esteja fixado em seu lugar próprio. Poder-se-á até dizer que se trata de uma técnica de apresentação de atos normativos, em que o hermeneuta relaciona umas normas a outras até vislumbrar-lhes o sentido e o alcance. É preciso lembrar que uma das principais tarefas da ciência jurídica consiste exatamente em estabelecer as conexões sistemáticas exis-

---

241. A respeito do processo sistemático: Carlos Maximiliano, *Hermenêutica*, cit., p. 139-42; Luiz Fernando Coelho, *Lógica jurídica*, cit., p. 80; Horst Bartholomeyczik, *Die Kunst der Gesetzauslegung*, Frankfurt, 1971, p. 32; Diez-Picazo, *Experiencias jurídicas*, cit., p. 257; Larenz, *Metodología*, cit., p. 257-60; A. Torré, *Introducción al derecho*, cit., p. 358-9; M. Helena Diniz, *Compêndio*, cit., p. 390-1.

tentes entre as normas. Horst Bartholomeyczik aconselha: na leitura da norma nunca se deve ler o segundo parágrafo sem antes ter lido o primeiro, nem deixar de ler o segundo depois de ter lido o primeiro; nunca se deve ler um só artigo, leia-se também o artigo vizinho. Deve-se, portanto, comparar o texto normativo, em exame, com outros do mesmo diploma legal ou de leis diversas, mas referentes ao mesmo objeto, pois por umas normas pode-se desvendar o sentido de outras. Examinando as normas, conjuntamente, é possível verificar o sentido de cada uma delas.

A *técnica interpretativa histórica*[242], oriunda de obras de Savigny e Puchta, cujas ideias foram compartilhadas por Espínola, Gabba, Holder, Biermann, Cimbali, Wach, Alípio Silveira, Degni, Saleilles, Cosak, Salvioli, Endemann, Bufnoir, Bekker etc., baseia-se na averiguação dos antecedentes da norma. Refere-se ao histórico do processo legislativo, desde o projeto de lei, sua justificativa ou exposição de motivos, emendas, aprovação e promulgação, ou às circunstâncias fáticas que a precederam e que lhe deram origem, às causas ou necessidades que induziram o órgão a elaborá-la, ou seja, às condições culturais ou psicológicas sob as quais o preceito normativo surgiu (*occasio legis*). Como a maior parte das normas constitui a continuidade ou modificação das disposições precedentes, é bastante útil que o aplicador investigue o desenvolvimento histórico das instituições jurídicas, a fim de captar o exato significado das normas, tendo sempre em vista a razão delas (*ratio legis*), ou seja, os resultados que visam atingir. Essa investigação pode conduzir à descoberta do sentido e alcance da norma.

O *processo sociológico* ou *teleológico*[243] objetiva, como quer Ihering, adaptar a finalidade da norma às novas exigências sociais. Tal adaptação está prevista no art. 5º da Lei de Introdução. A interpretação, como nos diz Ferrara, não é pura arte dialética, não se desenvolve como método geomé-

---

242. Sobre a técnica interpretativa histórica: Degni, *L'interpretazione della legge*, cit.; Savigny, *Sistema del diritto romano attuale*, v. 1, p. 216, § 50; Espínola, *Tratado de direito civil brasileiro*, São Paulo-Rio de Janeiro, 1939, v. 3 e 4; Alípio Silveira, *Da interpretação das leis em face dos vários regimes políticos*, 1941; A. Torré, *Introducción al derecho*, cit., p. 361 e 362; Carlos Maximiliano, *Hermenêutica*, cit., p. 149-62; Endemann, *Lehrbuch des Bügerlichen Rechts*, v. 1, p. 50; Luiz Fernando Coelho, *Lógica jurídica*, cit., p. 80 e 81; A. B. Alves da Silva, *Introdução*, cit., p. 217 e 218; Engisch, *Introdução*, cit., p. 117; M. Helena Diniz, *Compêndio*, cit., p. 391.

243. Larenz, *Metodología*, cit., p. 262-70; Jean Defroidmont, *La science du droit positif*, p. 216 e 217; Tércio Sampaio Ferraz Jr., *A ciência do direito*, cit., p. 79, *Função social*, cit., p. 152-4, e *Introdução*, cit., p. 265; Limongi França, *Princípios*, cit.; Del Vecchio, *Los principios generales del derecho*, Barcelona, Bosch, 1971; Genaro Carrió, *Principios jurídicos y positivismo jurídico*, Buenos Aires, 1970; Engisch, *Introdução*, cit., p. 108, 109 e 115-20; Carlos Maximiliano, *Hermenêutica*, cit., p. 163 a 168; M. Helena Diniz, *Compêndio*, cit., p. 391-3; Holbach, *L'interprétation de la loi sur les sociétés*, 1906, p. 289 e s.; Degni, *L'interpretazione della legge*, p. 287-8.

trico num círculo de abstrações, mas perscruta as necessidades práticas da vida e a realidade social. O aplicador, nas palavras de Henri de Page, não deverá quedar-se surdo às exigências da vida, porque o fim da norma não deve ser a imobilização ou a cristalização da vida, e, sim, manter contato íntimo com ela, segui-la em sua evolução e a ela adaptar-se. Daí resulta, continua ele, que a norma se destina a um fim social, de que o magistrado deve participar ao interpretar o preceito normativo.

A técnica teleológica procura o fim, a *ratio* do preceito normativo, para a partir dele determinar o seu sentido, ou seja, o resultado que ela precisa alcançar com sua aplicação. O sentido normativo requer a captação dos fins para os quais se elaborou a norma, exigindo, para tanto, a concepção do direito como um sistema, o apelo às regras da técnica lógica válidas para séries definidas de casos, e a presença de certos princípios que se aplicam para séries indefinidas de casos, como o da boa-fé, o da exigência de justiça, o do respeito aos direitos da personalidade, o da igualdade perante a lei etc. Isto é assim porque se coordenam todas as técnicas interpretativas em função da teleologia que controla o sistema jurídico, visto que a percepção dos fins exige não o estudo de cada norma isoladamente, mas sua análise no ordenamento jurídico como um todo.

Carlos Maximiliano aponta algumas regras norteadoras do emprego do processo teleológico: 1ª) as normas conformes ao seu fim devem ter idêntica execução, não podendo ser entendidas de modo que produzam decisões diferentes sobre o mesmo objeto; 2ª) se o fim advém de várias normas, cada uma delas deve ser compreendida de maneira que corresponda ao objetivo resultante do conjunto; 3ª) deve-se conferir ao texto normativo um sentido que resulte haver a norma regulado a espécie a favor e não em prejuízo de quem ela visa proteger; e 4ª) os títulos, as epígrafes, o preâmbulo e as exposições de motivos da norma auxiliam a reconhecer o seu fim.

A técnica teleológica, assentando que o escopo e a razão da lei são indicados pelas exigências sociais, conduz à compreensão de que o fim prático da norma coincide com o fim apontado pelas exigências sociais (fim social), tendo-se em vista o bem comum. Por isso deverá o intérprete e aplicador atender a mudanças socioeconômicas e valorativas, examinando a influência do meio social e as exigências da época, ao desenvolvimento cultural do povo e aos valores vigentes na sociedade atual. Fácil será concluir que as expressões "fins sociais" e "bem comum" devem ser entendidas como sínteses éticas da vida em sociedade, pressupondo uma unidade de objetivos na conduta social do homem. O art. 5º da Lei de Introdução consagra o critério teleológico, sem desprezar os demais processos interpretativos, por conter tão somente diretrizes à orientação judicial. A interpretação legal é essencialmente teleológica, pois deve buscar a finalidade social e valorativa da norma, ou seja, o resultado que se pretende alcançar na sua atuação prática.

Convém lembrar, ainda, que as diversas técnicas interpretativas não operam isoladamente, não se excluem reciprocamente; antes, se completam, mesmo porque não há, como aponta Zweigert, na teoria jurídica interpretativa, uma hierarquização segura das múltiplas técnicas de interpretação. Realmente, há impossibilidade de se estabelecer uma hierarquia desses processos, devido a sua relação recíproca. Não são, na realidade, cinco técnicas de interpretação, mas operações distintas que devem atuar conjuntamente, pois todas trazem sua contribuição para a descoberta do sentido e do alcance da norma. Aos fatores verbais aliam-se os lógicos e com os dois colaboram, pelo objetivo comum, o sistemático, o histórico e o sociológico ou teleológico. Eis por que se diz que o ato interpretativo é complexo; há um sincretismo de processos interpretativos conducente à descoberta das várias possibilidades de aplicação da norma, ao determinar seu alcance e sentido. Todavia, com isso não se quer dizer que todas as técnicas devem ser empregadas sempre simultaneamente, pois uma pode dar mais resultado do que a outra em dado caso, condenando-se, isto sim, a supremacia de uma sobre a outra. Todos os exageros são condenáveis, não se justificando qualquer exclusivismo. A interpretação é uma, não se fraciona; é, tão somente, exercida por vários processos ou técnicas que conduzem a um resultado final: a descoberta do alcance e sentido da disposição normativa[244]. Portanto, para se entender uma norma será preciso encontrar a *voluntas legis*, descobrindo seu real sentido e alcance, satisfazendo as exigências ético-sociais e as necessidades práticas, para que se possa atingir a exequibilidade da norma. A descoberta da *sententia legis*, ou melhor, o sentido da norma à vista de determinado caso concreto *sub judice*, dirigirá todo o processo interpretativo[245], pois, convém repetir, a lei poderá ter vários significados, e o aplicador terá de optar por um deles, uma vez que com apenas um deles

---

244. Zweigert, *Studium generale*, 1954, p. 385; Luiz Fernando Coelho, *Lógica jurídica*, cit., p. 71; Gustav Radbruch, *Filosofia do direito*, cit., nota 184; José M. Oviedo, *Formación y aplicación*, cit., p. 120; Miguel Reale, *Lições preliminares*, cit., p. 288. Sobre as técnicas de interpretação, vide Carlos Maximiliano, *Hermenêutica*, cit., p. 120-240; Barros Monteiro, *Curso*, cit., p. 35; Vicente Ráo, *O direito*, cit., v. 1, t. 2, p. 575 e s.; Limongi França, *Formas e aplicação*, cit., p. 46 e s.; Franco Montoro, *Introdução*, cit., v. 2, p. 124 e s.; Cunha Barreto, Interpretação das leis, *RF*, *117*(539):40-4, 1948; Ferrara, *Interpretação e aplicação das leis*, trad. port., 1. ed., p. 37; De Page, *Traité élémentaire*, cit., t. 1, cap. 3, p. 196 e s. Já se decidiu que "a interpretação meramente literal deve ceder passo quando colidente com outros métodos exegéticos de maior robustez e cientificidade" (*RF, 329*:223).

245. Ennecerus, *Lehrbuch*, p. 113.

poderá aplicá-la a determinado caso. Assim sendo, o capital problema do intérprete-aplicador será o de saber qual deve ser o sentido legal decisivo ou prevalente para o efeito de aplicação ao caso *sub judice*, devendo, para tanto, empregar todas as técnicas interpretativas, combinando-as entre si, atendendo ao disposto no art. 5º da Lei de Introdução. Se a lei, uma vez promulgada, isola-se de seu elaborador, passando a ser uma entidade objetiva e atual, o aplicador deverá inquirir a *ratio legis*, averiguando a solução mais justa e mais útil socialmente dentre as que a norma pode abranger. Daí ser decisivo o critério legal contido no art. 5º, ora examinado, dirigido ao aplicador, encarando as circunstâncias do meio social, e entre elas o sentido jurídico dominante. Essa investigação do fim social e do bem comum situa--se, portanto, no plano político e não no especulativo ou científico[246].

A esse respeito, pondera Miguel Reale, toda interpretação jurídica é de natureza teleológica fundada na consistência valorativa do direito, operando-se numa estrutura de significações e não isoladamente, de modo que cada preceito normativo significa algo situado no todo do ordenamento jurídico. A norma, portanto, deverá ser interpretada no conjunto da ordenação jurídica, implicando a apreciação não só dos fatos e valores que lhe deram origem, mas também a dos supervenientes.

Ao se admitir essa visão interpretativa e retrospectiva da norma, reconhece-se ao intérprete o papel de criação epistemológico, e, ao aplicador, o de criação real no processo hermenêutico[247].

5. Técnica interpretativa teleológica e integração da lacuna ontológica e axiológica

A interpretação teleológica é também axiológica e conduz o intérprete-aplicador à configuração do sentido normativo em dado caso concreto, já que tem como critério o fim prático da norma de satisfazer as exigências sociais e a realização dos ideais de justiça vigentes na sociedade atual. O bem comum e a finalidade social são fórmulas gerais ou valorativas que uniformizam a interpretação, constituindo pontos referenciais para que se

---

246. Manuel A. Domingues de Andrade, *Ensaio sobre a teoria da interpretação das leis*, Coimbra, 1987, p. 17; A. Giuliani, Logica Juridica e applicazione giurisprudenziale delle legge, *RDC, 21*:11. Há decisão de que "a norma jurídica precisa ser interpretada teleologicamente, buscando sempre — porque aí está sua finalidade — realizar solução de interesse social. Se assim não for, a atividade judiciária será ociosa, inútil. Mera homenagem à tradição" (*RSTJ, 95*:446).

247. Miguel Reale, *Lições preliminares*, cit., p. 287 e 289. *Vide* Decreto n. 2.346/97, que consolida normas procedimentais a serem seguidas pela Administração Pública Federal em razão de decisões judiciais que fixam de modo inequívoco e definitivo interpretação de texto constitucional.

aprecie a lei a aplicar sob o prisma do momento de sua aplicação. Isto é assim porque a norma contém virtualidades de renovação e de expansão que a tornam suscetível de apresentar novas soluções, devido ao vário condicionalismo do seu tempo; logo o intérprete-aplicador optará pelo sentido mais razoável ao caso e à época. Wurzel e Polacco chegam a compará-los com um *standard* jurídico, considerando-os conceitos-válvulas (*Ventilbegriffe*), por constituírem uma espécie de válvula de segurança do mecanismo de aplicação da lei, pois através deles a norma a aplicar respirará a atmosfera fático-social e valorativa que a envolve.

A norma contida no art. 5º da Lei de Introdução às Normas do Direito Brasileiro indica ao órgão judicante o critério do fim social e o do bem comum como idôneos à adaptação da lei às novas exigências sociais e aos valores positivos, tanto na interpretação como na integração (*RT, 132*:660-2) da lacuna ontológica ou axiológica. O aplicador da norma deverá perscrutar as necessidades práticas da vida social e a realidade sociocultural, sem olvidar a valoração objetiva. O art. 5º está a consagrar a equidade como elemento de adaptação e integração da norma ao caso concreto. A equidade apresenta-se como a capacidade que a norma tem de atenuar o seu rigor, adaptando-se ao caso *sub judice*. Nesta sua função, a equidade não pretende quebrar a norma, mas amoldá-la às circunstâncias sociovalorativas do fato concreto no instante de sua aplicação.

A norma geral, ensina R. Limongi França, não visa caso particular; está sempre ordenada ao bem comum. Logo, não pode ser minuciosa nem responder às múltiplas gradações possíveis da relação jurídica por ela disciplinada. Uma parêmia exprime este seu caráter: *dura lex, sed lex*. Entretanto, a finalidade da norma não é ser dura, mas justa; daí o dever do magistrado de aplicar a lei ao caso concreto, sem desvirtuar-lhe as feições, arredondando as suas arestas, sem, contudo, torcer-lhe a direção, adaptando a rigidez de seu mandamento às anfractuosidades naturais de cada espécie. Assim sendo, está óbvio que a equidade relaciona-se, intimamente, com o fim da norma, que é o bem comum. É, indubitavelmente, o art. 5º da Lei de Introdução que permite corrigir a inadequação da norma à realidade fático--social e aos valores positivados, harmonizando o abstrato e rígido da norma com a realidade concreta, mitigando seu rigor, corrigindo-lhe os desacertos, ajustando-a do melhor modo possível ao caso emergente. Tal ocorre porque a norma é *meio do bem*, como diz Kohler, ou seja, meio para alcançar fins humanos; logo deverá ser aplicada diversamente segundo correm os tempos e se modificam o ambiente cultural e os valores vigentes. Querer conservar de pé, observa, ainda, Kohler, não obstante tais vicissitudes, a mesma eficácia da lei ao tempo do início de sua vigência seria querer dar ao homem o alimento próprio da criança. A lei contém elasticidade para corresponder às diferentes exigências que variam no tempo e produzir efeitos mesmo quando se alteraram os fatos e os valores em razão dos quais surgiu. A norma, na lição de Gustav Radbruch, permanece em evolução, respondendo a novas necessidades, a novos problemas oriundos da mutação dos tempos e das circunstâncias, apresentando significações novas que seu elaborador não poderia ter pressentido. A dinamicidade normativa faz com que a norma venha a disciplinar situações novas, atraindo-as para sua órbita, projetando sobre elas um mesmo conteúdo substancialmente inalterado ou apresentando novos sentidos para acomodar as novas necessidades fático-sociais e os valores vigorantes na sociedade no momento de aplicação jurídica pelo poder competente.

Será imprescindível a busca da *ratio* do preceito normativo para, a partir dela, determinar o seu sentido. O sentido normativo requer a captação dos fins para os quais se elaborou a norma, exigindo, para tanto, a concepção do direito como um sistema dinâmico, o apelo às regras da técnica lógica válidas para séries definidas de casos, e a presença de certos princípios que se aplicam para séries indefinidas de casos, como o de boa-fé, o da exigência de justiça, o do respeito aos direitos da personalidade, o da igualdade perante a lei etc. Isto se dá porque se coordenam todas as técnicas interpretativas em função da teleologia que controla o sistema jurídico.

Interessante e útil será trazer a lume a observação de Alípio Silveira de que, pelo art. 5º da Lei de Introdução, deverá haver: *a*) repulsa à exclusiva interpretação literal da lei ou à sua aplicação mecânica; *b*) repúdio à busca da vontade do legislador, que deve ser substituída pela da *intentio legis*; *c*) afastamento da ideia *in claris cessat interpretatio*, porque toda e qualquer aplicação de lei, inclusive em caso de integração de lacunas, deverá conformar-se aos seus fins sociais e às exigências do bem comum, sem embargo de sua aparente clareza; *d*) predomínio do caráter valorativo, político-social, da interpretação e consequente alargamento desse conceito, com desenvolvimento vivo, quase uma segunda criação da norma já estabelecida pelo legislador; *e*) atenuação do liberalismo individualista abstrato e do absolutismo dos direitos individuais[248].

---

248. Espínola e Espínola Filho, *Lei de Introdução*, cit., v. 1, p. 212-5; Meulenaere, Unsere Aufgabe, in *Iherings Iahrbücher für die Dogmatik*, 1857, v. 1; Manuel A. Domingues de Andrade, *Ensaio*, cit., p. 23 e 49; Tércio Sampaio Ferraz Jr., *Introdução*, cit., p. 223 e 266; R. Limongi França, Da jurisprudência como direito positivo, *Revista da Faculdade de Direito da USP*, 1971, p. 219; M. Helena Diniz, *As lacunas*, cit., p. 262-7; Ferrara, Potere del legislatore e funzione del giudice, *Riv. di Dir. Civ.*, 3:509-10, 1911; Kohler, *Lehrbuch*, cit., p. 127; Gustav Radbruch, *Einführung in die Rechtsvissenschaft*, Leipzig, 1929, p. 199-202; Alípio Silveira, *O fator político-social na interpretação das leis*, 1946, p. 67; *Hermenêutica*, cit., p. 370-1, e *Conceito e funções da*

O art. 5º da Lei de Introdução regula, portanto, o uso do tirocínio equitativo do juiz ao conter fórmulas valorativas como o bem comum e o sentido social da lei.

6. Fim social

Não há lei que não contenha uma finalidade social imediata. Por isso o conhecimento do fim[249] é uma das preocupações precípuas da ciência jurídica e do órgão aplicador do direito. O princípio da finalidade da lei norteia toda a tarefa interpretativa na busca da autêntica *mens legis*; por estar, como ensina Celso Antonio Bandeira de Mello, contido no princípio da legalidade, logo a aplicação da lei em desconformidade com seus fins, constitui ato de burlar a lei, pois quem desatende ao fim legal está desvirtuando a própria lei. É na finalidade da lei que está presente o critério de sua correta aplicação a um dado caso. Se o direito consiste em atingir os fins sociais, sua compreensão encontrar-se-á nesses objetivos. Em virtude disso, urge atribuir importância a tais finalidades, animando-se os interesses contidos nas fórmulas abstratas do direito. Os fins sociais, como bem observa Tércio Sampaio Ferraz Jr., são do direito, pois a ordem jurídica, como um todo, é um conjunto de normas para tornar possível a sociabilidade humana; logo dever-se-á encontrar nas normas o seu fim (*telos*), que não poderá ser antissocial. A legislação tornou-se um dos meios mais eficazes para atingir fins precisos no domínio social. Para Vander Eycken os fins sociais têm valor desigual, havendo uma hierarquia entre eles: subsistência da sociedade, liberdade, segurança, igualdade, abundância. O aplicador deverá ter por escopo a felicidade da sociedade política[250].

É mister salientar que, em filosofia social, o conceito de *fim social* equipara-se ao de *bem comum*. Na sociedade, onde se busca o "fim social",

---

equidade em face do direito positivo, São Paulo, 1943; José Baptista Herkenhoff, *Como aplicar o direito*, Rio de Janeiro, Forense, 1995; Edgar Carlos de Amorim, *O juiz e a aplicação das leis*, Rio de Janeiro, Forense, 1992. Vide: *RT*, *142*:620, *144*:691 e *194*:709.

249. Para Aristóteles (*Ética nicomáquea*, VII, 8,1151): "O fim é a causa final ou aquilo em razão do qual algo se faz". Para Nicolai Hartmann (*Ethik*, Berlin, 1962) o conceito de fim possui um sentido ético; daí suas palavras: "*Wohl aber besteht er dort zu Recht, wo es tatsaechlich und unbestreitbar Teleologie gibt, im Leben des Menschen, in der ethischen Wirklichkeit*" (p. 210). Vide Wilson de S. Campos Batalha, *Lei de Introdução*, cit., v. 1, p. 5343.

250. Vander Eycken (*Méthode positive de l'interprétation juridique*, 1907, p. 64-76 e 144) chega mesmo a afirmar que "*le droit a pour objet d'indiquer les duites convenant aux situations de fait que la vie prèsent*". Consulte: Tércio Sampaio Ferraz Jr., *Introdução*, cit., p. 265; Timacheff, *Le droit, l'éthique et le pouvoir; essai d'une théorie sociologique du droit*, *Archives de philosophie du droit et de sociologie*, *1-2*:157, 1936.

encontram-se normas e marcos de referência pelos quais os indivíduos e grupos sociais se caracterizam por desempenharem "papéis" sociais perfeitamente distintos. O fim social, sociologicamente, fim próximo, radicar-se--á no "papel social", ordenado a um fim social, filosófico-social, fim mais distante, que é o *bem comum*[251].

Na falta de definição legal do termo "fim social" o intérprete-aplicador em cada caso *sub judice* deverá averiguar se a norma a aplicar atende à finalidade social, que é variável no tempo e no espaço, aplicando o critério teleológico na interpretação da lei, sem desprezar os demais processos interpretativos. Procederá à técnica teleológica, mostrando a utilidade em vincular o ato interpretativo do magistrado à sua decisão, tendo em vista um dado momento. O fim social é o objetivo de uma sociedade, encerrado na somatória de atos que constituirão a razão de sua composição; é, portanto, o bem social, que pode abranger o útil, a necessidade social e o equilíbrio de interesses etc. O intérprete-aplicador poderá: *a*) concluir que um caso que se enquadra na lei não deverá ser por ela regido porque não está dentro de sua razão, não atendendo à finalidade social; e *b*) aplicar a norma a hipóteses fáticas não contempladas pela letra da lei, mas nela incluídas, por atender a seus fins. Consequentemente, fácil será perceber que comando legal não deverá ser interpretado fora do meio social presente; imprescindível será adaptá-lo às necessidades sociais existentes no momento de sua aplicação. Essa diversa apreciação e projeção no meio social, em razão da ação do tempo, não está a adulterar a lei, que continua a mesma[252].

Poder-se-á dizer que não há norma jurídica que não deva sua origem a um fim, a um propósito, a um motivo prático. O propósito, a finalidade, consiste em produzir na realidade social determinados efeitos que são desejados por serem valiosos, justos, convenientes, adequados à subsistência de uma sociedade, oportunos etc. A busca desse fim social será a meta de todo o aplicador do direito. Com isso a teleologia social terá um papel dinâmico e de impulsão normativa. Se assim não fosse, a norma jurídica seria, na bela e exata expressão de Rudolf von Ihering, um "fantasma de direito", uma reunião de palavras vazias. Sem conteúdo substancial esse "direito fantasma", como todas as assombrações, viveria uma vida de mentira, não se realizaria, e a norma jurídica — é ainda o mestre

---

251. Sílvio de Macedo, Fim social, in *Enciclopédia Saraiva do Direito*, v. 37, p. 391-2.

252. Wilson de S. Campos Batalha, *Lei de Introdução*, cit., v. 1, p. 545-7; Josserand, *De l'esprit des droits et de leur relativité*, 1939, p. 291, 355 e 395; Ripert, *Le régime démocratique et le droit civil moderne*, n. 120; Gaston Morin, *La révolte du droit contre le code*, 1945, p. 102; Jean Defroidmont, *La science du droit positif*, p. 216; Carvalho Santos, *Código Civil*, cit., v. 1, p. 84-7; Ferrara, *Interpretação e aplicação*, cit., p. 135.

de Gottingen quem diz — foi feita para se realizar[253]. A norma não corresponderia a sua finalidade; seria, no seio da sociedade, elemento de desordem e instrumento de arbítrio. Viveria numa "torre de marfim, isolada, à margem das realidades, autossuficiente, procurando em si mesma o seu próprio princípio e o seu próprio fim"[254]. Abstraindo-se do homem e da sociedade, alhear-se-ia de sua própria finalidade e de suas funções, passaria a ser uma pura ideia, criação cerebrina e arbitrária. Deveras, a norma se encontra no meio social, ora sofrendo injunções de fatores sociais, ora sobre eles reagindo e orientando. Os fins a serem atendidos são impostos à norma jurídica pela realidade social concreta. Sociologicamente, poder-se-ia até dizer que são os fins sociais que criam a norma jurídica. A norma jurídica está imersa no social e uma simbiose se opera entre ambos. Parece útil lembrar, como o faz Leonardo van Acker, que, uma vez gerada, não fica a norma estagnada, mas continua a sua vida própria, tendendo à autoconservação pela integração obrigatória em que mantém os fatos da sua alçada e os valores com que os pretende reger[255].

Dessa forma, a aplicação da lei seguirá a marcha dos fenômenos sociais, receberá, continuamente, vida e inspiração do meio ambiente e poderá produzir a maior soma possível de energia jurídica[256].

---

253. Von Ihering, *L'esprit du droit romain*, t. 3, § 43, p. 16.

254. Bigne de Villeneuve, *La crise du "sens comun" dans les sciences sociales*, p. 96; Paulino Neto, A deformação da noção de direito e o delírio legislativo, *O Gládio*, órgão do Centro Acadêmico Evaristo da Veiga da Faculdade de Direito de Niterói da Universidade Fluminense, 1950, p. 2-8; M. Helena Diniz, *Conceito*, cit., p. 30.

255. M. Helena Diniz, *Conceito*, cit., p. 34-5; Van Acker, Experiência e epistemologia jurídica, *Rev. Brasileira de Filosofia*, fasc. 74, p. 170, 1969; Lourival Vilanova, *Sobre o conceito de direito*, Recife, 1947, p. 81. "A vida, enfatizam os filósofos e sociólogos, e com razão, é mais rica que nossas teorias. A jurisprudência, com o aval da doutrina, tem refletido as mutações do comportamento humano no campo do direito de família. Como diria o notável De Page, o juiz não pode quedar-se surdo às exigências do real e da vida. O direito é uma coisa essencialmente viva. Está ele destinado a reger homens, isto é, seres que se movem, pensam, agem, mudam, se modificam. O fim da lei não deve ser a imobilização ou a cristalização da vida, e sim manter contato íntimo com esta, segui-la em sua evolução e adaptar-se a ela. Daí resulta que o direito é destinado a um fim social, de que deve o juiz participar ao interpretar as leis, sem se aferrar ao texto, às palavras, mas tendo em conta não só as necessidades sociais que elas visam a disciplinar, como, ainda, as exigências da justiça e da equidade, que constituem o seu fim. Em outras palavras, a interpretação das leis não deve ser formal, mas sim, antes de tudo, real, humana, socialmente útil" (*RSTJ*, *129*:364). "As normas jurídicas hão de ser entendidas tendo em vista o contexto legal em que estão inseridas e considerando os valores tidos como válidos em determinado momento histórico. Não há como interpretar-se uma disposição ignorando as profundas modificações por que passou a sociedade, desprezando os avanços da ciência e deixando de ter em conta as alterações de outras normas, pertinentes aos mesmos institutos jurídicos" (STJ, 3ª Turma, REsp. 194.866-RS, Rel. Min. Eduardo Ribeiro, j. 20-4-1999, v.u., *DJU*, 14 jun. 1999, p. 188).

256. W. Barros Monteiro, *Curso*, cit., v. 1, p. 43; Clóvis Beviláqua, *Teoria geral*, cit., p. 59.

7. Bem comum

251. A noção de "bem comum" é bastante complexa, metafísica e de difícil compreensão, cujo conceito dependerá da filosofia política e jurídica adotada. Esta noção se compõe de múltiplos elementos ou fatores, o que dará origem a várias definições. Assim se reconhecem, geralmente, como elementos do bem comum a liberdade, a paz, a justiça, a segurança, a utilidade social, a solidariedade ou cooperação. O bem comum não resulta da justaposição mecânica desses elementos, mas de sua harmonização em face da realidade sociológica. O juiz, ao aplicar a lei, entregar-se-á a uma delicada operação de harmonização desses elementos, em face das circunstâncias reais do caso concreto. Quando o texto legal se apresentar obscuro ou duvidoso, devido às exigências das modernas condições sociais, o magistrado, ao balancear os elementos do bem comum, exercerá uma função "criadora", ao adaptar a lei às condições evoluídas da realidade social, para decidir o caso *sub judice*.

Como é natural, não há acordo entre os autores sobre a importância atribuída a esses diversos elementos.

A doutrina escolástica vislumbra no bem comum o direito fundamental da sociedade, que exige certos requisitos condicionantes de uma vida digna para os cidadãos, significando a preeminência dos valores da pessoa humana sobre os interesses particulares dos indivíduos.

Para Washington de Barros Monteiro, as exigências do bem comum são os elementos que impelem os homens para um ideal de justiça, aumentando-lhes a felicidade e contribuindo para o seu aprimoramento.

Orozimbo Nonato entende que a invocação do bem comum é indicativa das tendências frenadoras dos abusos do individualismo, ao qual se opõem os imperativos da democracia social. Entende que a noção do bem comum é considerada pelos juristas e moralistas em prismas diversos, mas como quer que seja ela aparece no art. 5º da Lei de Introdução como sinal de tendências socialistas. O bem comum está longe de ser a soma bruta dos interesses individuais, como queria o individualismo, mas é a coordenação do bem dos indivíduos, segundo um princípio ético. Todo sistema jurídico se inspira numa concepção do bem comum, isto é, nos fins pelos quais a sociedade optou, porque ela os considerava bons.

Toda lei, ensina Yves de la Brière[257], deve representar uma ordem conforme à razão e orientada para o bem coletivo temporal. Donde sua

---

257. Yves de la Brière, *Conceito cristão da cidade*, p. 38.

afirmação de que "ordem de acordo com a razão, para que seja apta a engendrar uma obrigação moral e jurídica: ordem visando o bem comum para se enquadrar na esfera da competência do poder político e se prender ao fim social, fim este em virtude do qual o poder político possui essencialmente o poder de mandar".

Para Jean Dabin[258] a regulamentação jurídica, ditada pela autoridade pública, sob a sanção da coação pública, não poderia ter outro objetivo que não o bem comum dos indivíduos, para a ordem jurídica interna, e o bem comum das nações, para a ordem jurídica internacional. Mas não só a norma como também seu conteúdo são regidos pelo bem comum, tanto do ponto de vista negativo como do positivo, tanto qualitativa como quantitativamente. E é por isso, afirma Dabin, que a verdade jurídica pode definir-se como, pelo menos teoricamente, a adequação da disposição estática às exigências do bem comum: *"lex est ordinatio rationis ad bonum comune"*. O bem comum é o dos indivíduos considerados conjuntamente, tal como se realiza na sociedade política.

A respeito do bem comum, diz Sertillanges[259]: *"En un mot, le bien commun et la félicité commune là ou elle est en cause, tel est l'objet final de toute loi"*.

Na concepção tomista o bem comum é encarado como um dos valores primordiais do direito, do qual é a sua própria destinação. São Tomás de Aquino[260] assevera que se chamam leis justas as que produzem ou que mantêm a felicidade do Estado e a dos indivíduos por força das relações estabelecidas entre eles pela vida social. Toda lei tem, então, por finalidade o bem geral.

Entretanto, como bem observa Du Pasquier[261], a noção de bem comum tem comportado elastérios; nem sempre se lhe encontra um conteúdo sólido. Muitas vezes os interesses opostos se neutralizam e, se surge um fim preciso, não raro se controverte acerca da aptidão de um meio. A ideia do bem comum e a de justiça, vez por outra, nem sempre se harmonizam. No período do fascismo e do hitlerismo, viu-se a ideia de nação absorver a do bem comum, transportando-a, nas asas da mística, até a solidariedade das gerações, continuidade da vida e das tradições nacionais. Pior do que tudo é ainda o critério do fim revolucionário que cobre de luto o direito.

---

258. Dabin, *La philosophie*, cit., p. 153-5.

259. Sertillanges, *La philosophie des lois*, 1946, p. 18.

260. S. Tomás de Aquino, *Somme Théologique,* 1ª, 2ª, qu. 90 a 94.

261. Du Pasquier, apud Serpa Lopes *(Curso,* cit., v. 1, p. 148), que se refere a todos esses autores.

No Instituto Internacional de Filosofia do Direito, em 1937 — observa Du Pasquier —, ao se debater o problema do fim do direito, bem comum, justiça e segurança jurídica, a quase unanimidade reconheceu a justiça como fim do direito, divergindo quanto à indagação sobre se esse fim de justiça envolvia igualmente o bem comum e a segurança jurídica. Uns partiram da ideia de pessoa humana, enquanto outros interpretaram o bem comum como realização de ordem pública, precipuamente como bem do Estado.

Para Goffredo Telles Jr. bem comum é a ordem jurídica, por ser o único bem rigorosamente comum, que todos os participantes da sociedade política desejam necessariamente, que ninguém pode dispensar. Sem ordem jurídica não há sociedade; logo somente a ordem jurídica é um bem comum. A sociedade política se constitui para realizar o bem comum. Isto significa que a sociedade política se constitui com a finalidade essencial de realizar a ordem jurídica. As outras sociedades servem-se do bem comum para realizar seus bens particulares. Para a sociedade política o bem comum é o fim; para as outras é meio para a realização de seus fins particulares. A ideia de ordem jurídica é a de determinada organização social. Cada sociedade política tem sua própria ideia de ordem social. A ideia de ordem jurídica no Brasil será, p. ex., obviamente, diversa da da Inglaterra[262].

Há os que procuram harmonizar, na concepção de bem comum, os dois polos: o filosófico e o sociológico, entendendo — com o que concordamos plenamente — que o bem comum não é o fim do direito, mas da própria vida social, pois para o direito a *ratio formalis quae* é o bem comum, que não se consegue com a anulação dos bens particulares, mas com a harmonia entre esses bens e o da comunidade. Na ideia de "bem comum" há um dualismo: *a)* o bem comum determinante do sentido valorativo da ordem jurídica; e *b)* o bem comum de caráter social, fundamento das normas de direito, que atenderão ao interesse social. Consequentemente, a fórmula "bem comum" visa limitar o poder "criador" do órgão judicante, fazendo com que, ao prolatar sua decisão, considere as valorações positivadas na sociedade, sem atentar às suas pessoais. A noção de bem comum introduz no direito um princípio teleológico. Com isso a norma jurídica, a interpretação da lei e a aplicação do direito passam a ter uma dimensão finalista, colocando-se a seu serviço. Pondera R. Limongi França que "a expressão 'exigências do bem comum' parece significar mera ociosidade do legislador, pois é evidente que as leis se destinam ao bem comum, pois são prescritas não para a utilidade individual ou particular, mas para a utilidade comum dos cidadãos, e só com este fito podem ser aplicadas por quem de direito.

---

262. Goffredo Telles Jr., *Introdução à ciência do direito* (postila da Faculdade de Direito da USP), fasc. 2, p. 89-92, 1972; *O povo e o poder*, São Paulo, Ed. Malheiros, 2003, p. 30.

Como o ordenamento não pode ter palavras supérfluas, nos inclinamos para o entendimento de que essa expressão se refere a um critério para a solução de casos duvidosos, em que, diante de dois ou mais caminhos viáveis, o intérprete deve seguir aquele que mais consulta a utilidade comum dos cidadãos e da República". Na verdade, não se trata tão somente de mera orientação interpretativa, mas de um dever do aplicador da norma, que ao decidir dado caso não poderá olvidar que as exigências do bem comum estão ligadas ao respeito aos direitos individuais resguardados constitucionalmente, pois o bem comum não é, como ensina Tércio Sampaio Ferraz Jr., o bem do Estado, mas da coletividade de pessoas livres, solidárias, em que delas não se pode exigir, individualmente, mais do que se exige da sociedade como um todo, nem de um indivíduo, nas mesmas condições, mais do que de outro, incorporando ideais de justiça e de interesse público. Para tanto há uma independência política do Judiciário para conferir um sentido normativo ao caso concreto.

Neste sentido poder-se-ia afirmar que a norma jurídica significa, na sua aplicação, uma axiologização da realidade social concreta. Assim sendo, o intérprete-aplicador dará sentido à norma sem lhe conferir um valor, por ser ela um veículo de realização ou concreção de determinado valor positivo ou objetivo. Logo todo ato interpretativo deverá fundar-se nesse objetivo do bem comum, que respeita o indivíduo e a coletividade, mediante um perfeito equilíbrio, tão necessário ao direito. O bem comum consiste na preservação dos valores positivos vigentes na sociedade, que dão sustento a determinada ordem jurídica[263].

8. Efeitos do ato interpretativo

Francesco Degni[264] ensina-nos que a *interpretação extensiva* e a *restritiva* ou *estrita* exprimem o efeito obtido ou o resultado a que chegará o hermeneuta empenhado em desvendar o sentido e o alcance do texto normativo. É preciso esclarecer que não se trata de defeito de expressão, por ser impossível concentrar numa fórmula perfeita tudo que pode ser enquadrado num comando normativo; assim sendo, às vezes, o alcance ou o

---

263. Tércio Sampaio Ferraz Jr., *Introdução*, cit., p. 265; Bem comum, in *Enciclopédia Saraiva do Direito*, v. 10, p. 397-400; Wilson de S. Campos Batalha, *Lei de Introdução*, cit., v. 1, p. 545-7 e 550-1; Serpa Lopes, *Curso*, cit., v. 1, p. 148; R. Limongi França, *Formas e aplicação*, cit., p. 57; Pasini, Norma giuridica e realtà sociale, *RIFD*, 1960, v. 1-2, p. 218; M. Helena Diniz, *Conceito*, cit., p. 43-8; Soler, la idea de "bien común", in *Derecho, filosofia e lenguage*, Buenos Aires, Ed. Astrea, 1976, p. 193-206.

264. Degni, *L'interpretazione della legge*, cit., p. 268.

sentido é mais estrito do que se deveria concluir do exame das palavras; outras, vai mais longe do que elas parecem indicar. A relação lógica entre o pensamento e a expressão e as circunstâncias extrínsecas permitirão verificar se a norma contém algo de mais ou de menos do que parece exprimir, indicando se se deve restringir ou ampliar o sentido ou o alcance do preceito. Logo, na aplicação ampla ou restrita da norma, deve-se considerar o fim por ela colimado e os valores jurídico-sociais que influíram em sua gênese e condicionam sua aplicabilidade[265].

Há hipóteses em que o jurista, ou o aplicador, deve lançar mão da *interpretação extensiva* para completar uma norma, ao admitir que ela abrange certos fatos-tipos, implicitamente. Com isso, ultrapassa o núcleo do sentido normativo, avançando até o sentido literal possível da norma. A interpretação extensiva desenvolve-se em torno de um preceito normativo, para nele compreender casos que não estão expressos em sua letra, mas que nela se encontram, virtualmente, incluídos, conferindo, assim, à norma o mais amplo raio de ação possível, todavia, sempre dentro de seu sentido literal. Não se acrescenta coisa alguma, mas se dá às palavras contidas no dispositivo normativo o seu significado. Conclui-se tão somente que o alcance da lei é mais amplo do que indicam seus termos. Ao se interpretar, p. ex., a norma "o proprietário tem direito de pedir o prédio para seu uso", constante da Lei do Inquilinato, deve-se incluir o usufrutuário entre os que podem pedir o prédio para uso próprio, porque a finalidade do preceito é beneficiar os que têm sobre a coisa um direito real. O fato já está contido na norma, mas as suas palavras não o alcançaram. É um meio de reintegração do sentido literal contido na norma, estabelecendo apenas as legítimas fronteiras do texto normativo, que é distendido somente para compreender a complexidade da matéria que lhe cabe regulamentar. Não se avança às raias do preceito normativo; com a interpretação procura-se levar os limites da norma até o seu verdadeiro posto, ante o fato de sua letra conduzir ao recuo. Não há falta de conteúdo na norma, mas de concordância entre o sentido e a palavra, por conter termos muito restritos. Assim, nessa interpretação, a consequência que o elemento lógico tira das premissas científicas designa justamente aquilo que, implicitamente, já está contido na norma, pois, embora suas palavras digam menos, seus motivos dizem tudo. Será extensiva a interpretação, portanto, quando o resultado do ato interpretativo revelar na disposição casos nela contidos implicitamente, sem quebrar sua

---

265. Carlos Maximiliano, *Hermenêutica*, cit., p. 211; Pasquale Fiore, *Delle disposizioni, generale sulla pubblicazione, applicazione ed interpretazione delle leggi*, 1890, v. 2, p. 965; Julien Bonnecase, *L'école de l'exégèse en droit civil*, 1919, p. 82.

estrutura. O intérprete, dentro dos limites jurídicos, adaptará tão somente a *ratio legis* às novas exigências da realidade sociojurídica[266].

Outras vezes, o intérprete e o aplicador da norma devem valer-se da *interpretação restritiva*[267] limitando a incidência do comando normativo, impedindo que produza efeitos injustos ou danosos, porque suas palavras abrangem hipóteses que nelas, na realidade, não se contêm. Esse ato interpretativo não reduz o campo da norma; determina-lhe tão somente os limites ou as fronteiras exatas, com o auxílio de elementos lógicos e de fatores jurídico-sociais, possibilitando a aplicação razoável e justa da norma, de modo que corresponda à sua conexão de sentido. Por exemplo, naquela norma, "o proprietário tem direito de pedir o prédio para seu uso", deve-se interpretar que o nu-proprietário tem apenas a nua propriedade e não o direito de uso e gozo do prédio, não podendo beneficiar-se dessa lei. Apesar de proprietário, o nu-proprietário não poderá pedir o prédio para seu uso.

A interpretação extensiva e a restritiva são importantes, apesar de não serem processos ou técnicas interpretativas e sim *efeitos* do ato interpretativo. O hermeneuta, empenhado em saber se deve atingir o resultado estrito ou amplo, deverá ater-se: *a*) ao espírito do texto normativo; *b*) à equidade; *c*) ao interesse geral; *d*) ao paralelo entre a norma interpretanda e outras, sobre idêntico objeto, contidas no mesmo diploma legal ou em outro; *e*) ao tipo da disposição normativa interpretanda, pois há preceitos que não admitem interpretação extensiva, como os de direito penal ou tributário, os contratos benéficos (CC, art. 114) etc.[268].

---

266. Sobre interpretação extensiva: Larenz, *Metodología*, cit., p. 272-81; Engisch, *Introdução ao pensamento jurídico*, cit., p. 239; M. Helena Diniz, *As lacunas*, cit., p. 153-7, e *Compêndio*, cit., p. 393-4; João Mendes Neto, *Ruy Barbosa*, cit., p. 118 e 119; Gény, *Método de interpretación*, cit., v. 1, p. 298; Adolfo Rava, *Istituzione di diritto privato*, 1938, p. 83 e 87; Paula Baptista, *Teoria e prática*, 8. ed., p. 235; Campos Batalha, *Introdução ao direito*, Revista dos Tribunais, 1967, v. 1, p. 259; Carlos Maximiliano, *Hermenêutica*, cit., p. 209-15; Franco Montoro, *Introdução*, cit., v. 2, p. 126. Essa interpretação consiste em pôr em realce casos não contidos implicitamente nas normas, extraindo do texto mais do que as palavras parecem indicar; *neque omne quod scriptum est, jus est; neque quod scriptum non est quiam vox, mens dicentis*. — Nem tudo o que está escrito prevalece como direito; nem o que não está escrito deixa de constituir matéria jurídica. Anterior e superior à palavra é a ideia de quem a preceitua (Celso, *Digesto*, Liv. 33, Tít. 10, frag. 7, § 2º).

267. Miguel Reale, *Lições preliminares*, cit., p. 289; Carlos Maximiliano, *Hermenêutica*, cit., p. 210, 212-4; Paulo de Lacerda, *Manual*, cit., v. 1, p. 588-91; François Gény, *Método de interpretación*, cit., v. 1, p. 289 e 299; Chironi e Abello, *Trattato*, cit., v. 1, p. 67, nota 2; Franco Montoro, *Introdução*, cit., v. 2, p. 126 e 127; Sutherland, *Statutes and statutory construction*, 2. ed., v. 2, §§ 518 e 519; Luiz Fernando Coelho, *Lógica jurídica*, cit., p. 82 e 83; Limongi França, *Formas e aplicação*, cit., p. 49; M. Helena Diniz, *Compêndio*, cit., p. 314.

268. Gèza Kiss, *Gesetzesauslegung und ungeschriebenes Recht*, 1911, p. 25 e 26, citado por Carlos Maximiliano, *Hermenêutica*, cit., p. 215; Limongi França, *Formas e aplicação*, cit., p. 49; Luiz Fernando Coelho, *Lógica jurídica*, cit., p. 82 e 83. 1º TACSP — Não se pode dar a uma lei

Ter-se-á, então, a *interpretação declarativa* apenas quando houver correspondência entre a expressão linguístico-legal e a *voluntas legis*, sem que haja necessidade de dar ao comando normativo um alcance ou sentido mais amplo ou mais restrito. Tal ocorre porque o sentido da norma condiz com a sua letra, de modo que o intérprete e o aplicador tão somente declaram que o enunciado normativo contém apenas aqueles parâmetros que se depreendem de sua letra.

9. Papel da ideologia na aplicação jurídica

A ciência busca, como apontamos em páginas anteriores, fixar os limites da aplicação jurídica, visto que lhe compete apresentar o direito como um todo coerente, contendo uma unidade sistemática, criando assim condições para a decisão judicial. A função social da argumentação dogmática requer de um lado um cerne fixo, a norma, que é colocada fora de discussão, e, de outro lado, uma flexibilidade de pensamento em torno da lei, no que atina aos valores que nela se contêm, implicando um momento de estimativa, uma opção de natureza axiológica. Daí ser íntima a relação entre ideologia, ciência do direito e aplicação jurídica, pois o enfoque hermenêutico deverá ser feito sob a luz da *teoria da concreção jurídica*, caracterizada pela circunstância de estabelecer a correlação entre norma, fato e valor, visando a uma decisão judicial que, além das exigências legais, atenda aos fins sociais e axiológicos do direito. Por isso um sistema jurídico em dada situação concreta de decisão terá que proceder a uma simplificação, ou seja, neutralizar os valores através da ideologia[269].

Tércio Sampaio Ferraz Jr. atribui à ideologia um papel neutralizador do valor, na medida em que, através dela, se valoram as próprias valorações, sendo a ideologia, nesse sentido, o universo dos valores possíveis de um indivíduo, de um grupo, de uma cultura. A ideologia, para esse autor, é, portanto, um conceito axiológico, pois tem por objeto os próprios valores, atuando no sentido de função seletiva do valor, sendo utilizada para valorar outros valores. A valoração ideológica é uma metacomunicação que estima as estimativas, seleciona as seleções ao dizer ao endereçado como este deve vê-las. A ideologia atua como elemento estabilizador; valorando os próprios valores ela os fixa, organizando-os, tornando rígida a flexibilidade do momento valorativo. A ideologia fixa a norma positivada, dando-lhe um cerne

---

excepcional maior extensão do que já possui: se restritiva de direitos, restritivamente deve ser interpretada (Ap. s/ Rev. 328.978, 3ª Câm., Rel. Juiz Oswaldo Breviglieri, j. 9-3-1993).

269. Miguel Reale, *Lições preliminares*, cit., p. 67; *Questões de direito*, cit., p. 7; M. Helena Diniz, *Compêndio*, cit., p. 192-3; Tércio Sampaio Ferraz Jr., *Função social*, cit., p. 177-94.

axiológico indisputável, de modo que ela não possa ser questionada, permitindo-se apenas sua discussão técnico-instrumental, pois manifesta sua superioridade valoradora ao eliminar, de modo artificial, outras possibilidades. De certa forma, com a ideologia o valor subjetivo passa a ser objetivo.

Há sempre uma ideologia da política jurisdicional, pois a aplicação jurídica é uma operação lógico-valorativa. As normas a serem aplicadas deverão ser interpretadas em atenção à realidade social subjacente e ao valor que confere sentido a esse fato, considerando-se, para tal apreciação, não os critérios pessoais, mas as pautas estimativas e teleológicas informadoras da ordem jurídica vigente. Com isso superar-se-á a adoração fetichista pelo teor literal das leis, para captá-las na plenitude de seu significado, tendo-se em vista a experiência ideológica do momento atual. Expressivas, a respeito, serão as palavras de Percerou: *"Le droit doit avant tout satisfaire aux nécessités de la vie juridique actuelle et... la meilleure interprétation des lois est celle qui les plie le mieux aux besoins de l'heure présente"*.

Interessantes são as seguintes regras formuladas por Vampré, que tão bem retratam essa problemática e norteiam a atividade de aplicação do direito: *a*) quanto aos institutos inalterados, o intérprete deverá aplicar as normas tal como foram ditadas pelo legislador, interpretando-as, respeitando o texto legal, dando, porém, o sentido mais conforme às exigências atuais; *b*) quanto aos institutos parcialmente alterados, a interpretação deverá seguir a nova tendência, que neles se manifestar, revelada pelos fatos; *c*) se o instituto se transformou integralmente, as relações jurídicas deverão ser interpretadas de conformidade com sua feição atual; *d*) se o instituto foi criado após o aparecimento de certa lei, não deverá ser interpretado sob a luz de outra, mas sob o prisma dos princípios contemporâneos[270].

---

270. Percerou, A propos d'une théorie nouvelle sur la responsabilité, in *Annales de droit commercial*, 1898, n. 12, p. 64; Tércio Sampaio Ferraz Jr., *Função social*, cit., p. 177-89; *Teoria*, cit., p. 149-59; *Direito, retórica e comunicação*, p. 120-5 e 152-3; e Rigidez ideológica e flexibilidade valorativa, in *Filosofia II, Anais do VIII Congresso Interamericano de Filosofia e V da Sociedade Interamericana de Filosofia*, p. 471-8; Enrique Eduardo Mari, *Neopositivismo e ideologia*, Buenos Aires, 1974; Eliseo Verón, *El proceso ideológico*, Buenos Aires, 1971; Mario Bunge e outros, *Ideología y ciencias sociales*, México, 1979; Larenz, *Metodología*, cit., p. 193; M. Helena Diniz, *Compêndio*, cit., p. 192-5; *As lacunas*, cit., p. 280-6; Miedzianagora, Droit positif et ideologie, in *Études de logique juridique*, Bruxelles, Émile Bruylant, 1973, p. 79 e s.; e Juges, Lacunes et idéologie, in *Le problème des lacunes en droit* (coord. Perelman), p. 518-20; Vampré, *Manual de direito civil*, v. 1, § 12; Luiz Sérgio Fernandes de Souza, *O papel da ideologia no preenchimento das lacunas no direito*, São Paulo, Revista dos Tribunais, 1993; Bernardino Montejano, *Ideología, racionalismo y realidad*, Buenos Aires, Abeledo-Perrot, 1981; Maria José G. Souza Oliveira, A determinação do justo na aplicação do direito, *Revista de Estudos Jurídicos da UNESP*, n. 5, p. 169 a 184.

Ter-se-á, portanto, ideologia quando se neutraliza uma escolha no estabelecimento de objetivos, o que ocorre pelo uso de expressões abertas e vazias como "fim social" e "bem comum", p. ex., dando a impressão de que se trata de situações objetivas existentes no seio da sociedade, uma vez que se deverá ater aos valores jurídicos constituídos pelas valorações reais vigentes naquela sociedade, em certo momento, procurando adequar o direito aos valores positivados numa fonte jurídica. Deveras, já observou Larenz que "a lei vale na verdade para todas as épocas, mas em cada época da maneira como esta a compreende e desimplica, segundo a própria consciência jurídica". Com isso não haverá penetração das preferências ou opiniões pessoais do jurista ou do aplicador na seleção e valoração dos fenômenos, objeto de sua investigação.

10. Discricionariedade judicial

Ao Poder Judiciário está, pois, reservada a grande responsabilidade de adequar o direito, quando houver omissão normativa ou quando a sua eficácia apresentar sintomas de inadaptabilidade em relação à realidade fático-social e aos valores positivos, mantendo-o vivo. O magistrado deverá determinar o direito que há de valer no caso *sub judice*, devendo para tanto apurar existência da norma, determinando seu sentido, e decidir se a lei é aplicável, ou não, ao caso.

Como a lei não se identifica com suas palavras, que constituem apenas um meio de comunicação, entendê-la não será averiguar o sentido imediato oriundo da conexão verbal, mas indagar o que o texto encerra, desenvolvendo-o em todas as suas direções possíveis, descobrindo seu real conteúdo. Assim sendo, a operação mais difícil da interpretação será selecionar, mediante o emprego dos vários processos interpretativos, a melhor, *de lege ferenda*, entre as várias soluções que a lei comporta. Não se trata, porém, de destacar o melhor entre os sentidos legais possíveis, mas sim de optar sob o prisma da utilidade social e da justiça (LINDB, art. 5º) pelo que há de prevalecer na aplicação da lei. Tal justiça é histórico-social e objetiva por estar na consciência jurídica da coletividade. O plano dessa apreciação judicial é político, quando examina e classifica *de jure condendo* as várias soluções não incompatíveis com o sentido verbal da norma e com a sua coerência interna. O juiz é a viva *vox juris*. "A melhor interpretação da lei é a que se preocupa com a solução justa, não podendo o seu aplicador esquecer que o rigorismo na exegese dos textos legais pode levar a injustiças" (STF, *Ciência Jurídica, 42*:58).

Desta afirmação não se infere que o juiz tenha uma liberdade onímoda, pois quando interpreta a lei o faz objetivamente, sem ultrapassar os limites de sua jurisdição, agindo com discricionariedade, e não arbitrariamente, uma vez que decide dentro da moldura legal, mediante uma valoração objetiva. Se a interpretação não comportasse uma tal elasticidade, se fosse "rígida", a ordem jurídica amputar-se-ia em seu próprio movimento, não poderia realizar-se, por não estar aparelhada para sofrer o impacto da realidade. Daí as sábias palavras de Engisch de que "normatividade carece de preenchimento valorativo". Se assim não fosse, a espessura temporal dos eventos, a marcha da história e a evolução social viriam a desarticular o ordenamento jurídico. Consequentemente, a interpretação da lei não poderá ser um ato puramente intelectual ou de conhecimento lógico do sentido normativo; há o inevitável elemento valorativo para possibilitar a opção por uma das possibilidades de aplicação que se oferecem ao julgador. A decisão do magistrado estará condicionada pelo sistema jurídico em seus três subconjuntos: normativo, valorativo e fático. A liberdade de julgar só é garantida, portanto, nos limites da órbita jurídica que lhe corresponde; se o órgão judicante ultrapassar esses marcos, invade órbitas jurídicas e sua atividade tornar-se-á uma perturbação da ordem social, um abuso de direito.

Resta-nos, por derradeiro, concluir que a função jurisdicional, quer seja ela de "subsunção" do fato à norma, quer seja de "integração" de lacuna normativa, ontológica ou axiológica, não é passiva, mas ativa, contendo uma dimensão nitidamente "criadora" de norma individual, uma vez que os juízes despendem, se for necessário, os tesouros de engenhosidade para elaborar uma justificação aceitável de uma situação existente, não aplicando os textos legais ao pé da letra, atendo-se, intuitivamente, sempre às suas finalidades, com sensibilidade e prudência objetiva, condicionando e inspirando suas decisões às balizas contidas no sistema jurídico, sem ultrapassar, por um instante, os limites de sua jurisdição. Se não houvesse tal elasticidade, o direito não se concretizaria, pois, sendo estático, não teria possibilidade de acompanhar as mutações sociais e valorativas da realidade, que nunca é plena e acabada, estando sempre se perfazendo[271].

---

271. Interessantes são a respeito os ensinamentos de Celso Antônio Bandeira de Mello (*Discricionariedade e controle jurisdicional*, São Paulo, Ed. Malheiros, 1992, p. 19, 22, 23 e 26, nota 2) de que o juiz para solucionar um caso executa operações mentais sem que seu pronunciamento possa ser qualificado como discricionário. Para prolatar uma sentença, o órgão judicante sopesará fatos, avaliará se se encaixam na norma de direito que entender aplicável ao caso. Às vezes mais de uma intelecção poderá comportar e o magistrado deverá averiguar qual delas, a seu critério, responde mais satisfatoriamente à finalidade abrigada na lei ou no ordenamento jurídico. Seria juridicamente incorreto falar-se em discrição do juiz. É que sua função específica consiste na dicção do direito no caso concreto. A pronúncia do juiz é a própria voz da lei *in concreto*. Sua decisão não é conveniente ou oportuna, não é melhor ou pior em face da lei. Ela é apenas o que a

Art. 6º A Lei em vigor terá efeito imediato e geral, respeitados o ato jurídico perfeito, o direito adquirido e a coisa julgada.

• Vide *art. 5º, XXXVI, da Constituição Federal de 1988.*

§ 1º Reputa-se ato jurídico perfeito o já consumado segundo a lei vigente ao tempo em que se efetuou.

• STF, *Súmula vinculante n. 1.*

§ 2º Consideram-se adquiridos assim os direitos que o seu titular, ou alguém por ele, possa exercer, como aqueles cujo começo do exercício tenha termo pré-fixo, ou condição preestabelecida inalterável, a arbítrio de outrem.

• Vide *arts. 121, 126, 130, 131 e 135 do Código Civil.*

§ 3º Chama-se coisa julgada ou caso julgado a decisão judicial de que já não caiba recurso.

• *§ 3º com redação determinada pela Lei n. 3.238, de 1º de agosto de 1957.*

• *Aplicação da lei tributária* — Vide *Lei n. 5.172, de 25 de outubro de 1966, arts. 105 e 106 (Código Tributário Nacional).*

---

lei, naquele caso, determina que seja. Ao juiz jamais caberia dizer que tanto cabia uma solução quanto outra (que é característico da discrição), mas que a decisão tomada é a que o direito impõe naquele caso. Quando um tribunal reforma uma sentença não o faz porque a decisão revisanda poderia ter sido aquela, mas porque a ele parece preferível outra mais conveniente aos interesses em disputa. A reforma da sentença estará sempre fundada em que o que nela se decidiu estava errado perante o direito, o qual exigia outra solução para o caso *sub judice*, pois o título competencial do magistrado é o de dizer o que o direito quer em um dado caso controvertido, submetido a seu pronunciamento. *Jurisdictio* quer dizer dicção do direito. Sobre o tema discricionariedade judicial, consulte: Wilson Chagas, Da interpretação judicial da lei, *Revista Brasileira de Filosofia*, fasc. 70, p. 173-5, 1968; Ferrara, *Interpretação e aplicação das leis*, cit., p. 111, 113 e 128; Rumpf, *Gesetz und Richtez*, Berlin, 1906; Piola Caselli, Interpretazione delle leggi, in *Digesto Italiano*, v. 13, 1927, p. 80; Coviello, *Manuale*, cit., p. 91-2; Manuel Domingues de Andrade, *Ensaios*, cit., p. 102-3; Raselli, *Il potere discrezionale del giudice civile*, 1927, v. 1; Pacchioni, I poteri creativi della giurisprudenza, in *Riv. di Diritto Commerciale*, *10*:40 e s., 1912; Fritz Berolzheimer, Perigos da jurisprudência sentimental, *Sciencias e Letras*, mar. 1912; Karl Engisch, *Introdução ao pensamento jurídico*, cit., cap. VI; M. Helena Diniz, *As lacunas*, cit., p. 286-95; Warat, *Abuso del derecho y lagunas de la ley*, Buenos Aires, 1969, cap. V, p. 89 e s.; Flósculo da Nóbrega, *Introdução ao direito*, Rio de Janeiro, 1965, p. 86, 87 e 186; Hans Kelsen, *Teoria pura do direito*, cit., v. 2, p. 283-94; Miguel Reale, *Lições preliminares*, cit., p. 298; R. Limongi França, Da jurisprudência como direito positivo, Separata da *Revista da Faculdade de Direito da USP*, cit., p. 221; Daniel D. Herrendorf, *El poder de los jueces*, Buenos Aires, Abeledo-Perrot, 1994.

- *Denomina-se coisa julgada material a eficácia, que torna imutável e indiscutível a sentença, não mais sujeita a recurso ordinário ou extraordinário (arts. 337, VII e § 1º, 496, 502 a 508 do CPC/2015).*
- *Código de Processo Civil de 2015, arts. 80, 337, VII e § 1º, 485, V, 496, 502 a 508, 966, 1.035 e 1.036.*
- *Lei n. 11.417/2006.*
- *STJ, Súmulas 344 e 487.*
- *STF, Súmula 654.*

1. Relação entre irretroatividade das leis, eficácia e teoria dogmática da incidência normativa

O art. 6º, ora comentado, trata da obrigatoriedade da lei no tempo e da limitação da eficácia da nova norma em conflito com a anterior.

Como revogar é cessar o curso da vigência da norma, não implicando necessariamente eliminar totalmente a eficácia, quando a nova norma vem modificar ou regular, de forma diferente, a matéria versada pela anterior, no todo (ab-rogação) ou em parte (derrogação), podem surgir conflitos entre as novas disposições e as relações jurídicas já definidas sob a vigência da velha norma revogada. A norma mais recente só teria vigor para o futuro ou regularia situações anteriormente constituídas? A nova norma repercutiria sobre a antiga atingindo os fatos pretéritos já consumados sob a égide da norma revogada, afetando os efeitos produzidos de situações já passadas ou incidindo sobre efeitos presentes ou futuros de situações pretéritas?

O direito intertemporal soluciona o conflito de leis no tempo, apontando critérios para aquelas questões, disciplinando fatos em transição temporal, passando da égide de uma lei a outra, ou que se desenvolvem entre normas temporalmente diversas[272].

---

272. Faggella, *Retroattività delle leggi*, Napoli, 1922; Guillermo Borda, *Retroactividad de la ley y los derechos adquiridos*, Buenos Aires, 1951; Vareilles-Sommières, Une théorie nouvelle sur la retroativité des lois, *Revue Critique de Législation et Jurisprudence*, Paris, 22:492-519, 1893; Mantovani, *Concorso e conflitto di norme nel diritto penale*, Bologna, 1966, p. 309; Patrice Level, *Essai sur les conflits des lois dans le temps*, Paris, LGDJ, 1959; Trinidad Garcia, *Introducción al estudio del derecho*, México, 1935, p. 104; Haroldo Valladão, Direito intertemporal, in *Enciclopédia Saraiva do Direito*, v. 27, p. 222-9; W. Barros Monteiro, *Curso*, cit., v. 1, p. 31-5; Raymundo M. Salvat, *Tratado de derecho civil argentino*, Buenos Aires, 1947, t. 1, p. 166-9; Kelsen, *Teoria pura do direito*, cit., p. 24; Révérand, *De la non-retroactivité des lois en matièrecivile*, Paris, 1907; Affolter, *Geschichte des intertemporalen Privatrechts*, Leipzig, 1902; W. de Souza Campos Batalha, *Lei de Introdução*, cit., v. 2, p. 15; Chironi, *Della non retroattività della legge in materia ci-*

Para solucionar tais questões, os critérios utilizados são:

a) O das disposições transitórias, chamadas direito intertemporal, que são elaboradas pelo legislador no próprio texto normativo para conciliar a nova norma com as relações já definidas pela anterior. São disposições que

---

vile, Siena, 1885; G. Pace, *Il diritto transitorio con particular riguardo al diritto privato*, Milano, 1944; Popoliviev, Le droit civil transitoire ou intertemporal, *Revue Trimestrielle de Droit Civil*, 7:490, 1908; Struve, *Über das positive Rechtsgesetz, rücksichtlich seiner Ausdehnung in der Zeit, oder über die Anwendung neuer Gesetze*, 1831, p. 162; Meyer, *Principes sur les questions transitoires*, 1858, p. 84 e s.; Alessandro Levi, *Istituzioni di teoria generale del diritto*, Padova, CEDAM, 1934, v. 1, cap. 11, p. 280 a 292; Falco, Sul principio della irretroattività della legge (a proposito dello scritto di D. Donati: il contenuto del principio della irretroattività della legge, Athenaeum, Roma, 1915), *Rivista di Diritto Commerciale*, ano 15, *1*:9-10, 1917; Paul Vinogradoff, *Introducción al derecho*, 1952, p. 144; Etienne de Szasky, Les conflits de lois dans le temps (Théorie des droits privés), in *Recueil des Cours*, t. 47, 1934, I, p. 150-257; Pierre Testé, La rétroactivité des lois en matière d'état et de capacité des personnes, Paris, 1928; Cunha Gonçalves, *Direito civil português*, v. 1, p. 343; Fabreguettes, *Lógica judiciária e arte de julgar*, p. 305; Blondeau, Essai sur ce qu'on appelle l'effet retroactif des lois, in *Bibliothèque du barreau*, 1809, v. 2, p. 97 e s.; Chabot De L'Allier, *Questions transitoires sur le Code Civil*, 1829; Mailher de Chassat, *Traité de la rétroactivité des lois*, 1864; Theodosíades, *Essai sur la non-retroactivité des lois*, 1866; Guillois, *Recherches sur l'application dans le temps des lois et règlements*, 1912; Kohler, *Lehrbuch des buergerlichen Rechts*, v. 1, §§ 19 a 21; Holzendorf & Kohler, *Encyclopaedie der Rechtswissenschaft*, v. 1, § 11; Christian Gavalda, *Les conflits dans le temps en droit international privé*, Paris, 1955; Paulo de Lacerda, *Manual*, cit., v. 1, p. 78-82; Wilson Mello da Silva, Conflito de leis no tempo, in *Enciclopédia Saraiva do Direito*, v. 18, p. 55-76; M. Helena Diniz, *Conflito*, cit., p. 41-3; *Comentários ao Código Civil*, São Paulo, Saraiva, 2003, v. 22; e *Curso*, cit., v. 1, p. 64; Gabba, *Teoria*, cit., v. 1; Pacifici-Mazzoni, *Istituzioni*, cit., v. 1, p. 73; Enrico Tullio Liebman, *Eficácia e autoridade da sentença*, Rio de Janeiro, Forense, 1945, p. 152-4; R. Limongi França, *Direito intertemporal brasileiro*, São Paulo, Revista dos Tribunais, 1968; Reynaldo Porchat, *Da retroatividade das leis civis*, São Paulo, 1909, p. 22, 69, 46 e 47; Vicenzo Simongelli, Sui limitti della legge nel tempo, in *Studi in onore di Vittorio Scialoja*, 1905, v. 1, p. 367 e s.; Bento de Faria, *Aplicação e retroatividade da lei*, Rio de Janeiro, 1934, p. 25, 32 e 151; Paul Roubier, *Le droit transitoire*, Paris, 1960, e *Les conflits des lois dans le temps*, Paris, Sirey, 1929, v. 1 e 2; Ferdinand Lassalle, *Théorie systématique des droits acquis*, 1909, v. 1, p. 73; Vicente Ráo, *O direito*, cit., v. 1, t. 2, p. 452 e 459; Mário Luiz Delgado, Problemas de direito intertemporal — Breves considerações sobre as disposições finais e transitórias do novo Código Civil brasileiro, in *Questões controvertidas*, São Paulo, Método, 2003, p. 483 e s.; Antonio Jeová Santos, *Direito intertemporal e o novo Código Civil*, São Paulo, Revista dos Tribunais, 2003; Carlos Maximiliano, *Direito intertemporal ou teoria da retroatividade das leis*, 2. ed., São Paulo, Freitas Bastos; Pascuale Fiore, *De la irretroactividad e interpretación de las leyes*, 3. ed., Madrid, Ed. Reus; Fernando Noronha, Retroatividade, eficácia imediata e pós-atividade das leis: sua caracterização correta como indispensável para a solução dos problemas de direito intertemporal, *Cadernos de Direito Constitucional e Ciência Política*, 23:91-110; Gustavo Ferraz de C. Monaco, A Lei de Introdução, o Código Civil de 2002 e seu enfoque espaço-temporal, *Novo Código Civil — interfaces no ordenamento jurídico brasileiro* (coord. Giselda Maria F. Novaes Hironaka), Belo Horizonte, Del Rey, 2004, p. 1-18. *Ciência Jurídica*, *33*:62 — Segundo princípio de direito intertemporal, o recurso se rege pela lei vigente à data em que publicada a decisão, salvo quando se trata de alteração de ordem constitucional, que tem incidência imediata. Pode a mesma, no entanto, em norma de caráter transitório, determinar a aplicação da ordem anterior até a ocorrência de fato futuro (STJ). *Vide RTJ*, *143*:724.

têm vigência temporária, com o objetivo de resolver e evitar os conflitos ou lesões que emergem da nova lei em confronto com a antiga.

b) O dos princípios da retroatividade e da irretroatividade das normas, construções doutrinárias para solucionar conflitos entre a norma mais recente e as relações jurídicas definidas sob a égide da norma anterior, na ausência de norma transitória. Quanto ao âmbito de validade temporal da norma, na teoria kelseniana, deve-se distinguir o período de tempo posterior e o anterior à promulgação, ou melhor, à publicação. Em regra, a norma só diz respeito a comportamentos futuros, embora possa referir-se a condutas passadas, tendo, então, força retroativa. É retroativa[273] a norma que atinge os efeitos de atos jurídicos praticados sob o império da revogada, e irretroativa a que não se aplica a qualquer situação jurídica constituída anteriormente. Não se podem aceitar a retroatividade e a irretroatividade como princípios absolutos. O ideal será que a lei nova retroaja em alguns casos e, em outros, não. Foi o que fez o direito pátrio ao prescrever que a nova norma em vigor tem efeito imediato e geral, respeitando sempre o ato jurídico perfeito, o direito adquirido e a coisa julgada (CF de 1988, art. 5º, XXXVI; LINDB, art. 6º, §§ 1º a 3º, com a redação da Lei n. 3.238/57). Logo, sob a égide da nova lei, cairiam os efeitos presentes e futuros de situações pretéritas, com exceção do direito adquirido, do ato jurídico perfeito e da coisa julgada, pois a nova norma, salvo situações anormais de prepotência e ditadura, não pode e não deve retroagir, atingindo fatos e efeitos já consumados sob o império da antiga lei. Além disso, será preciso lembrar que o problema da irretroatividade é irrelevante na seara jurisprudencial e consuetudinária. Isto é assim porque o Judiciário resolve as questões de direito intertemporal caso por caso, fundado às vezes sobre o interesse geral, a ordem pública, as exigências fático-axiológicas do sistema jurídico etc.[274] A irretroatividade das leis é somente um princípio de utilidade social, daí não ser absoluto, por sofrer exceções, pois, em certos casos, uma nova lei poderá atingir situações passadas ou efeitos de determinados atos (*Revista de Direito*, 97:465, 86:415 e 98:180; *AJ*, *1*:4, *2*:48, *3*:112 e 419 e *8*:481; *RF*, *1*:12, 8:501, 25:432 e 26:160 e 356; *RT*, *684*:111). A irretroatividade é um preceito de política jurídica, pois, como

---

273. Observa Luiz da Cunha Gonçalves (*Tratado de direito civil*, 1955, v. 1, p. 392) que a retroatividade possui três acepções: *a*) aplicação da lei nova a fatos que produziram todos os seus efeitos e às controvérsias já terminadas no domínio da lei revogada; *b*) aplicação da lei nova às consequências atuais de fatos ocorridos na vigência da lei revogada e às controvérsias novas ou pendentes sobre tais fatos; *c*) aplicação da lei nova a fatos novos que estão em estreita relação com os fatos anteriores à mesma lei.

274. João Sento Sé, Direito ambiental e direito intertemporal, *Ciência Jurídica*, *48*:37; José Eduardo M. Cardozo, *Da retroatividade da lei*, São Paulo, Revista dos Tribunais, 1995.

afirma Kohler[275], "toda cultura requer a firmeza de relações, sem o que o povo seria lançado no braço da dissolução; todo o impulso para estabelecer a ordem jurídica e nela viver repousa na crença de que a criação jurídica deve perdurar". Assim sendo, no que atina à extensão do tempo de sua obrigatoriedade, a lei poderá ser retroativa, se estender sua eficácia ao passado, ou irretroativa, se alcançar somente o futuro. Há, portanto, normas que podem dispor para o passado e para o futuro; outras só para o futuro ou para o passado. Não poderia ser outro o entendimento ante a *teoria dogmática da incidência normativa*, pela qual a incidência consistiria na configuração atual de situações subjetivas e produção de efeitos em sucessão. A norma vigente pode ter eficácia, isto é, possibilidade de produção de efeitos. Quando ocorre a produção de efeitos, configurando uma situação subjetiva, tem-se a incidência da norma. Incidência diz respeito aos efeitos já produzidos. A norma revogada por outra não mais produzirá efeitos, mas sua incidência, isto é, a configuração de situação subjetiva efetuada, permanece. Embora revogada, seus efeitos permanecem. A norma precedente não se mantém viva; perderá sua eficácia apenas *ex nunc*, porque persistem as relações já constituídas sob seu império[276].

Exemplificativamente, lembramos o art. 76 das Disposições Finais Transitórias da novel lei inquilinária, de vigência temporária, regendo situação jurídica existente e pendente de solução entre o regime jurídico anterior e o da nova lei. Dispõe este artigo que a nova Lei do Inquilinato será inaplicável aos processos em curso, retirando-lhe, assim, mesmo estando em vigor, qualquer efeito retroativo que possa atingir situações jurídicas já constituídas e impedindo ofensa ao ato jurídico perfeito e ao direito adquirido. Se a nova lei assim não dispusesse, ocorreriam sérios tumultos nos processos ainda em tramitação em primeira instância. Por isso continuará, então, vigorando a lei

---

275. Kohler, *Lehrbuch*, cit., § 20.

276. Ferraz Jr., *Introdução*, cit., p. 225-6; M. Helena Diniz, *Norma constitucional*, cit., p. 47-8; Salvatore Foderaro, *Il concetto di legge*, Roma, Bulzoni, 1971, p. 166-7. Salienta Wilson de S. Campos Batalha (*Lei de Introdução*, cit., v. 2, p. 15) que quando a lei nova entra em vigor ter-se-ão: *a*) situações jurídicas iniciadas e findas antes da data de início de sua vigência (situações jurídicas pretéritas); *b*) situações jurídicas iniciadas antes da vigência, mas cujos efeitos perduram após essa data (situações jurídicas pendentes); e *c*) situações jurídicas iniciadas após a data de sua vigência (situações jurídicas futuras). "O disposto no art. 6º da Lei de Introdução ao Código Civil (hoje LINDB) presta-se a orientar o intérprete, mas não vincula o legislador. A lei que desatenda ao nele contido poderá deixar de ser aplicada, uma vez reconhecida a afronta ao texto constitucional, mas não decorrência do que se contém em normal de mesma hierarquia. Recurso especial. Prequestionamento. Para que se tenha como atendida essa exigência, necessário que a questão jurídica haja sido tratada no acórdão e não apenas suscitada pela parte. A omissão não suprida poderá importar ofensa aos artigos 458 ou 535 — atuais arts. 489 ou 1.022 do NCPC — Código de Processo Civil, com consequências diversas" (STJ, *Bol. AASP*, *1.922*:103).

precedente à recém-editada, harmonizando-se, assim, a estabilidade de situação adquirida e a segurança das operações jurídicas com a mutação reclamada pela vida do direito e pela evolução social. Se a nova norma regesse todas as consequências dos fatos anteriores, destruiria direitos legitimamente constituídos sob o império da antiga norma, prejudicando interesses legítimos dos particulares e causando grave perturbação social[277].

Será preciso não olvidar que uma norma não mais vigente, por ter sido revogada, poderá continuar vinculante, tendo vigor para os casos anteriores à sua revogação, produzindo seus efeitos, ante o fato de que se devem respeitar o ato jurídico perfeito, o direito adquirido e a coisa julgada. A norma poderá ser eficaz, mesmo já revogada. Assim sendo, p. ex., pelo art. 76 da Lei n. 8.245/91 as antigas normas inquilinárias revogadas terão aptidão para produzir efeitos mesmo depois de cessada a sua vigência. Percebe-se que a norma revogada continuará a produzir efeitos apenas porque outra, que a revogou, assim o estabeleceu, ordenando que se respeitem situações jurídicas já constituídas, ou aperfeiçoadas sob a égide do preceito anterior; mas se poderia dizer também, como Miguel Reale[278], que, para tanto, não seria necessário outro comando normativo, obrigando a aplicação da norma vigente numa época, para dirimir conflito que nela se configure, por ser isso uma questão subjacente ou uma decorrência lógica da historicidade da vigência. A permanência da eficácia da norma em determinadas hipóteses que lhe sejam pertinentes, após sua revogação, é um *canon* jurídico. A *eficácia residual* da norma extinta cerceará a da vigente, repelindo-a para tutelar relações jurídicas constituídas[279]. Poder-se-ia dizer que, axiologicamente, a irretroatividade da nova lei inquilinária nos processos em curso teria por objetivo a segurança jurídica, que exige que as situações locativas criadas sob o amparo de uma lei não sejam alteradas por outra posterior. Este art. 76 está a limitar o intérprete e o órgão judicante.

A nova norma, neste artigo, declara explicitamente que está admitindo a inaplicabilidade da lei revogada aos processos em curso, vedando a aplicação de seus dispositivos aos fatos ocorridos na vigência da lei anterior, ante a intangibilidade do ato jurídico perfeito e do direito adquirido consagrada constitucionalmente.

---

277. M. Helena Diniz, *Norma constitucional*, cit., p. 50; Tucci e Villaça Azevedo, *Tratado da locação predial urbana*, São Paulo, Saraiva, 1985, p. 703; Daibert, *Interpretação da nova Lei do Inquilinato*, Rio de Janeiro, Forense, 1979, p. 123-4.

278. Miguel Reale, *O direito*, cit., p. 218.

279. Paulo de Lacerda, *Manual*, cit., v. 1, p. 80.

A novel lei só deverá incidir sobre os fatos que ocorrerem durante sua vigência, pois não haverá como compreender que possa atingir efeitos já produzidos por relações jurídicas resultantes de fatos anteriores à sua entrada em vigor.

Apesar de ter eficácia imediata, a nova lei só poderá alcançar situações futuras, não podendo abarcar as que se consolidaram em épocas pretéritas. Deveras, a aplicação imediata de uma lei recém-promulgada a relações jurídicas consolidadas e a processos em andamento ou pendentes não levará a bons resultados. Estarão, por força do art. 76, excluídos da incidência da nova lei os processos em curso, ou seja, aqueles em que a petição inicial já tenha sido protocolada ou distribuída pelo juiz, efetivada a citação do réu (CPC/2015, arts. 312, 59 e 240; STJ, Súmula 106), pois a partir daí o autor já terá direito a uma prestação jurisdicional e formada estará a litispendência. Às ações iniciadas sob o império da lei revogada, vigente ao tempo da instauração do processo, ainda em plena tramitação, não se deverá aplicar a atual norma de locação de imóvel urbano. Assim, se já houve propositura da ação, esta paralisar-se-á, por ocasião da entrada em vigor da nova lei inquilinária, cujos efeitos não alcançarão os casos *sub judice* que se constituíram sob a égide da norma anterior. No que atina às normas substantivas, a nova norma inquilinal apenas vigorará para as situações jurídicas *ex nunc*, respeitando as já constituídas, e suas normas adjetivas não terão efeito retroativo. Consequentemente, válidos serão os atos praticados no processo em curso sob a égide da lei anterior. Será preciso, contudo, esclarecer que, no sistema atual, de aplicação da lei nova aos processos pendentes, em matéria processual, vigora o princípio do isolamento dos atos processuais, pelo qual a novel norma atingirá o processo no ponto em que está, não retroagindo aos atos processuais já realizados sob o comando da velha lei. Pelo art. 14 do CPC/2015 "a norma processual não retroagirá e será aplicável imediatamente aos processos em curso, respeitados os atos processuais praticados e as situações jurídicas consolidadas sob a vigência da norma revogada". Portanto, ainda que a lei processual se aplique imediatamente aos processos pendentes, não se estende a ponto de tirar eficácia aos atos já realizados e que atenderam às disposições da lei então vigente (*RTJ, 81*:175). A nova norma inquilinária não poderá vulnerar o ato jurídico processual perfeito e acabado. Imprescindível será resguardar a eficácia dos atos processuais já praticados. Garantindo-se ato jurídico-processual perfeito, estar-se-á a assegurar direito processual adquirido. A simples realização do ato processual antes da vigência da nova lei faz com que exista um verdadeiro e próprio direito adquirido processual[280]. Com a consumação de um

---

280. Gabba, *Teoria*, cit., 1891, v. 1, p. 300. *Vide* art. 2.034 do Código Civil.

ato processual sob o manto protetor da lei anterior, seus efeitos ficarão intocáveis, insuscetíveis de alteração pela lei retro-operante, sendo por ela insuprimíveis, pois sobre eles não terá eficácia alguma.

As disposições substantivas da lei inquilinária vigente que regem as pretensões deduzidas em juízo, ante o direito adquirido dos litigantes, não deverão ser aplicadas aos processos pendentes, e as adjetivas não poderão atingir tais processos em atos neles já realizados e acabados sob o império da lei revogada. Com a entrada em vigor da nova lei inquilinária, suas normas processuais atingirão o processo em curso no ponto em que estiver, de modo que apenas os atos posteriores à sua vigência se regerão pelos seus preceitos.

Os juízes só poderão aplicar as normas da nova lei inquilinária aos processos que se iniciarem durante a sua vigência. Logo, situação jurídica constituída sob a incidência da lei anterior, vigente por força do artigo *sub examine*, não deverá ser alcançada pelas disposições substantivas da nova norma. A Lei n. 6.649/79 e o Decreto n. 24.150/34, apesar de revogados, terão vigência temporária, no que atina aos casos *sub judice* que se perfizeram sob sua égide. Assim, o Judiciário deverá apreciá-los, baseado nas antigas normas inquilinais substantivas revogadas e não na nova, pois as relações jurídicas *ex locato* em julgamento se efetivaram conforme as velhas normas, vigentes por ocasião de seu surgimento, constituindo-se direitos adquiridos e atos jurídicos perfeitos. Justo, portanto, não seria aplicar a tais relações jurídicas lei que lhes é alheia. Consequentemente, a superveniência da nova lei não alterará as relações *ex locato* existentes nem lhes modificará o *status quo* (*RT, 491*:144)[281].

---

281. Silvio Rodrigues, *Da locação predial*, São Paulo, Saraiva, 1979, p. 193-4; Tucci e Villaça Azevedo, *Tratado*, cit., p. 711-2; Arruda Alvim, *Curso de direito processual civil*, São Paulo, Revista dos Tribunais, 1972, v. 1, p. 116; Daibert, *Interpretação*, cit., p. 131 a 142; Closset-Marchal, *L'application dans le temps de lois de droit judiciaire civil*, Bruxelles, Émile Bruylant, 1983; M. Helena Diniz, *Lei de locações de imóveis urbanos comentada*, São Paulo, Saraiva, 1992, p. 318-21; Paul Roubier (*Les conflits de lois dans le temps: théorie dite de la non-rétroactivité des lois*, 1929, t. 1, p. 9) esclarece que *retro agere* significa incidir sobre o passado, remontando a lei, em seus efeitos, a período anterior à sua vigência. Se as relações jurídicas se desenvolvem por determinado prazo, poderá ocorrer que a lei nova, ao iniciar sua vigência, encontre um fato em curso; esta não poderá atingir os efeitos jurídicos já produzidos; ter-se-á efeito imediato da lei nova — "*nous parlons ici d'effet immédiat, parce que la loi nouvelle ne souffre plus le maintien de la loi ancienne, même pour les situations juridiques nées au temps où celle-ci était en vigueur du momente qu'il s'agit d'effets juridiques produits par ces situations après sa promulgation*". Para Wilson de S. Campos Batalha (*Lei de Introdução*, cit, v. 2, p. 22) o efeito imediato da lei deverá ser assim considerado: a lei nova aplicar-se-á a todos os efeitos, que se verificarem no futuro, das relações jurídicas já nascidas ou ainda a nascer. A lei antiga poderá aplicar-se a todos os efeitos jurídicos futuros de fatos anteriores à nova lei; ter-se-á: *a) survie de la loi ancienne*, ou seja, a sobrevivência da velha lei; e *b) media tempora non nocent*, isto é, se um fato começa a se formar

2. Ato jurídico perfeito

O ato jurídico perfeito é o já consumado, segundo a norma vigente, ao tempo em que se efetuou, produzindo seus efeitos jurídicos, uma vez que o direito gerado foi exercido. É o que já se tornou apto para produzir os seus efeitos. A segurança do ato jurídico perfeito é um modo de garantir o direito adquirido pela proteção que se concede ao seu elemento gerador, pois se a nova norma considerasse como inexistente, ou inadequado, ato já consumado sob o amparo da norma precedente, o direito adquirido dele decorrente desapareceria por falta de fundamento. Convém salientar que, para gerar direito adquirido, o ato jurídico deverá não só ter acontecido em tempo hábil, ou seja, durante a vigência da lei que contempla aquele direito, mas também ser válido, isto é, conforme aos preceitos legais que o regem.

Eis a razão pela qual Clóvis Beviláqua assevera que "O direito quer que o ato jurídico perfeito seja respeitado pelo legislador e pelo intérprete na aplicação da lei, precisamente porque o ato jurídico é gerador, modificador ou extintivo de direitos. Se a lei pudesse dar como inexistente ou inadequado o ato jurídico, já consumado segundo a lei vigente ao tempo em que se efetuou, o direito adquirido dele oriundo desapareceria por falta de título ou fundamento". Claro está que a garantia do ato jurídico perfeito seria um modo de assegurar o direito adquirido, uma vez que o ato jurídico perfeito é um dos elementos geradores de direito adquirido e do dever jurídico correlato. Assim sendo, o ato jurídico perfeito não poderá ser alcançado por lei posterior, sendo inclusive imunizado contra quaisquer requisitos formais exigidos pela nova norma[282].

Se o contrato estiver em curso de formação, por ocasião da entrada em vigor da nova lei, esta se lhe aplicará na fase pré-contratual, por ter efeito imediato. Se o contrato foi legitimamente celebrado, os contratantes têm o direito de vê-lo cumprido, nos termos da lei contemporânea a seu nascimento, que regulará inclusive seus efeitos. Deveras, os efeitos do contrato ficarão condicionados à lei vigente no momento em que foi firmado pelas

---

sob a égide de uma lei, uma segunda lei a modifica, e depois uma terceira retorna aos princípios formados pela primeira, para Roubier (*Les conflits*, cit., v. 1, p. 186) a lei do tempo intermédio não terá influência. Na situação jurídica de formação sucessiva, devem-se considerar as normas vigentes no início e no final das mesmas, pouco importando as alterações ocorridas no interregno; logo a norma advinda em segundo lugar não existirá.

282. Antônio Chaves, Eficácia da lei no tempo, in *Enciclopédia*, cit., v. 30, p. 203; Wilson de S. Campos Batalha, *Lei de Introdução*, cit., v. 2, p. 177; Paulo de Lacerda, *Manual*, cit., v. 1, p. 164; R. Limongi França, *Direito intertemporal*, cit., p. 438; Clóvis Beviláqua, *Código Civil*, cit., v. 1, p. 95; Nelson Borges, *Direito adquirido, ato jurídico perfeito e coisa julgada*, 2000. Vide *EJSTJ*, 8:83; *RT*, 778:204.

partes. Aí não há que se invocar o efeito imediato da lei nova (*RT, 660*:109 e *547*:215; *RTJ, 90*:296 e *86*:296)[283]. Daí a advertência de Carlos Maximiliano[284]: "Não se confundam contratos em curso e contratos em curso de constituição; só estes a norma hodierna alcança, não aqueles, pois são atos jurídicos perfeitos".

A Lei de Introdução adotou o critério de Roubier ao prescrever que a lei em vigor terá efeito imediato geral atingindo os fatos futuros (*facta futura*), não abrangendo os fatos pretéritos (*facta praeterita*). Em relação aos *facta pendentia*, nas partes anteriores à data da mudança da lei não haveria retroatividade; nas posteriores a lei nova, se aplicável, terá efeito imediato. Nos contratos em curso há uma zona intermédia, em que são excluídos os efeitos imediatos e os retroativos. Os contratos em curso, como os de execução continuada, apanhados por uma lei nova, são regidos pela lei sob cuja vigência foram estabelecidos (*tempus regit actum*), embora tenham havido julgados entendendo constitucionais normas de emergência, em matéria de locação, atingindo contratos feitos anteriormente. Teoricamente, como já dissemos alhures, a lei nova não poderá alcançar o contrato efetivado sob o comando da norma anterior, mas nossos juízes e tribunais têm admitido que se deve aplicar a lei nova se esta for de ordem pública, como, p. ex., a lei sobre reajustamento do valor locativo ou sobre a atualização de contribuições e dos benefícios da previdência privada etc. Já se decidiu que "as leis tidas como de ordem pública são aplicáveis aos atos e fatos que encontram, sem ofensa ao ato jurídico perfeito" (*RSTJ*, v. 17, 1991)[285].

---

283. Alain Werner, Contribution à l'étude de l'application de la loi dans le temps en droit public, *RDP*, 1982, p. 751-2; Carvalho Santos, *Código Civil*, cit., v. 1, p. 44-5. Clóvis Beviláqua (*Trabalhos da Câmara*, v. 4, p. 9 e 10) pondera: "Imagine-se que é praticado um acto jurídico qualquer, na vigência de uma lei que exige certas e determinadas formalidades, mas que a execução desse acto seja suspensa por algum tempo. Nesse meio tempo intervem uma lei nova, alterando os dispositivos referentes à forma do acto. Supponhamos que a lei nova é mais rigorosa ou simplesmente que seja diferente. O interessado, apoiado nas prescrições da lei nova, poderia talvez querer fugir ao cumprimento dos seus deveres allegando que a lei nova considera aquelle acto illegal, nullo. O Título Preliminar (Introdução) vem declarar que assim não é que desse acto, como já acabado, hão de ser deduzidas as suas naturais consequências, e a obrigação que ele faz nascer ha de ser forçosamente cumprida. Este e outros casos que se podem figurar mostram que é preciso que nós digamos que a lei nova não pode prejudicar o acto juridico que está consummado".

284. Carlos Maximiliano, *Direito intertemporal*, Freitas Bastos, Rio de Janeiro, 1946.

285. Serpa Lopes, *Comentário teórico e prático*, cit., p. 199 e 207; João Sento Sé, *Direito ambiental e direito intertemporal*, cit., p. 36-7. Para alguns autores, como Celso Bastos (*Dicionário de direito constitucional*, São Paulo, Saraiva, 1994, p. 13), é o ato que se aperfeiçoa sob a égide da velha lei por terem sido cumpridos todos os requisitos para sua formação, podendo vir a produzir futuramente efeitos. É o que está apto a produzir suas consequências jurídicas, imunizando-se de qualquer alteração legal quanto à sua forma. Isto é assim porque diz mais respeito à forma do que à substância ou conteúdo. Logo, se uma pessoa tiver um direito por força de um ato aper-

Em princípio, se a norma constitucional e o art. 6º da Lei de Introdução não resguardassem o ato jurídico perfeito, haveria destruição de direitos subjetivos, formados sob o império da antiga norma, prejudicando interesses legítimos de seus titulares, causando a desordem social.

3. Direito adquirido

O *direito adquirido* (*erworbenes Recht*) é o que já se incorporou definitivamente ao patrimônio e à personalidade de seu titular, de modo que nem lei nem fato posterior possa alterar tal situação jurídica[286], pois há direito concreto, ou seja, *direito subjetivo* e não direito potencial ou abstrato.

feiçoado integralmente por ter preenchido os requisitos formais, não poderá ter tal direito negado apenas porque uma lei nova vem a exigir outra solenidade para sua exteriorização. "Se a lei alcançar os efeitos futuros e contratos celebrados anteriormente a ela, será essa lei retroativa (retroatividade mínima) porque vai interferir na causa, que é um ato ou fato ocorrido no passado. O disposto no art. 5º, XXXVI, da CF se aplica a toda e qualquer lei infraconstitucional, sem qualquer distinção entre lei de direito público e lei de direito privado, ou entre lei de ordem pública e lei dispositiva. Precedente do STF" (*RTJ, 143*:724). Pelo art. 2.035 do Código Civil, o ato ou negócio jurídico em curso de constituição, validamente celebrado antes da vigência do novo diploma legal, em sua formalidade extrínseca seguirá o disposto no regime anterior, mas como ainda não pôde irradiar quaisquer efeitos legais, que se produzirão somente por ocasião da entrada em vigor da Lei n. 10.406/2002, os contratantes terão o direito de vê-lo cumprido, nos termos da novel lei, que, então, regulará seus efeitos, a não ser que as partes tenham previsto, na convenção, determinada forma de execução, desde que não contrariem preceito de ordem pública, como o estabelecido para assegurar a função social da propriedade e do contrato, visto que são resguardados constitucionalmente e pelo art. 5º da Lei de Introdução às Normas do Direito Brasileiro. Os efeitos estabelecidos em cláusulas contratuais regem-se pela lei vigente ao tempo de sua celebração. *Vide* M. Helena Diniz, *Comentários ao Código Civil*, São Paulo, Saraiva, 2003, v. 22, p. 163-84.

STF — Súmula vinculante n. 1 — Ofende a garantia constitucional do ato jurídico perfeito a decisão que, sem ponderar as circunstâncias do caso concreto, desconsidera a validez e a eficácia de acordo constante de termo de adesão instituído pela Lei Complementar n. 110/2001. *Precedentes:* RE 418.918, rel. Min. Ellen Gracie, DJ 1º-7-2005; RE 427.801-AgR-ED, rel. Min. Sepúlveda Pertence, DJ 02-12-2005; RE 431.363-AgR, rel. Min. Gilmar Mendes, DJ 16-12-2005. Legislação: CF, art. 5º, XXXVI; LC n. 110/2001.

286. Lassalle, *Theorie der erworbenen Rechte und der collision der Gesetze*, 1861; M. Helena Diniz, *Curso*, cit., v. 1, p. 179; *Conflito*, cit., p. 42-3; Guillermo A. Borda, *Retroactividad de la ley y derechos adquiridos*, Buenos Aires, 1951; Cavaglieri, *Diritto internazionale privato e diritto transitorio*, 1914, p. 35 e 53-6; Antoine Pillet, La théorie générale des droits acquis, in *Recueil des Cours*, v. 8, p. 489; Serpa Lopes, *Comentário teórico e prático*, cit., 1943, v. 1, p. 264 e s.; Carlos Maximiliano, *Direito intertemporal ou teoria da retroatividade das leis*, 1955, p. 44 e s.; Erik F. Gramstrup, Do direito adquirido, *Revista da Associação dos Juízes Federais do Brasil*, *45*:58-9; Carlos Y. Tolomei, *A proteção do direito adquirido sob o prisma civil-constitucional*, Rio de Janeiro, Renovar, 2008; J. C. Mattos Peixoto (limite temporal da lei, *RF, 56*:257) lembra a observação de Affolter (*Das intertemporalen Recht*, v. 1, p. 264 e 573) de que a doutrina do direito adquirido tem raízes na época de transição do século XIII para o XIV. Belviso já falava do *ius*

Na lição de R. Limongi França, o direito adquirido é "a consequência de uma lei, por via direta ou por intermédio de fato idôneo; consequência que, tendo passado a integrar o patrimônio jurídico material ou moral do sujeito, não se fez valer antes da vigência da lei nova sobre o mesmo objeto". É, portanto — conclui o preclaro jurista —, o "limite da atuação da regra do efeito imediato da lei nova"[287].

Para Gabba, direito adquirido seria todo direito que é consequência de um fato idôneo para gerá-lo em razão de lei vigorante ao tempo em que tal

---

adquisitum irrevogável pela lei nova. Roubier (*Les conflits*, cit., p. 55) observa: "*La théorie des droits acquis cesse d'être un guide, puisqu'on entend, par droits acquis, simplement les droits qui ne peuvent être touchés par la loi nouvelle. Quand on demande quels sont les droits qui ne peuvent être ainsi atteints, on répond que ce sont les droits acquis; mais lorsqu'on cherche à définir ce que sont ces droits acquis, on s'aperçoit que la seule définition possible est celle-ci: les droits acquis sont ceux qui sont à l'abri des nouvelles lois. La solution du problème n'a pas fait un pas*". Constitui-se, portanto, para esse autor, num "fantôme insaississable". "Se o direito aos proventos da inatividade é adquirido no momento em que o servidor passa para a inatividade, e se a lei nova, tendo efeito apenas *ex nunc*, não pode afetar o direito adquirido, não se pode alterar o regime no qual os impetrantes se inativaram, alcançados que não poderiam ser pela legislação posterior" (TJBA, *Ciência jurídica*, 45:144).

287. R. Limongi França, *A irretroatividade das leis e o direito adquirido*, São Paulo, Revista dos Tribunais, 1982, p. 204; *Direito intertemporal brasileiro*, São Paulo, Revista dos Tribunais, 1968, p. 432. Chironi (*Della non retroattività delle leggi in materia civile*, 1885) entende que a irretroatividade da lei não se baseia no direito adquirido, mas nos *facta praeterita*. Nesse mesmo sentido: Goeppert, Das Prinzip-Gesetze haben Keine rüchwirkende Kraft, *Iherings Jahrbücher*, 22:1 a 206, 1882; Carlos Alberto Bittar, A irretroatividade da lei e o direito adquirido, *RDC*, 73:137; Elival da Silva Ramos, *A proteção aos direitos adquiridos no direito constitucional brasileiro*, São Paulo, Saraiva, 2003; Cláudia Toledo, *Direito adquirido e Estado Democrático de Direito*, Belo Horizonte, 2003; M. Helena Diniz, *Comentários ao Código Civil* (arts. 2.028 a 2.046), São Paulo, Saraiva, 2003, v. 22; e *Código Civil anotado*, cit., comentários aos arts. 2.028, 2.029 e 2.030. O art. 2.028 do Código Civil refere-se aos direitos de aquisição sucessiva, como, p. ex., a prescrição extintiva ou a aquisitiva e a decadência. Ante o fato de a Lei n. 10.406/2002 ter reduzido os prazos do Código Civil de 1916, vem a considerar a aplicabilidade do revogado diploma desde que, quando o novo código entrar em vigor, já tenha decorrido mais da metade do tempo estabelecido pelo regime anterior. Com isso, não se ignoraria a patrimonialidade do lapso temporal transcorrido. Outra não poderia ter sido a solução legal, pois quando a lei nova encontrar fato quase já consumado, conforme a lei precedente, não poderá sujeitá-lo, de imediato, ao seu domínio ou, pelo menos, não deverá fazê-lo sem a fixação de certos limites. As normas sobre prazos decadenciais e prescricionais do novo Código Civil, apesar de tê-los reduzido, não retroagirão, pois apenas alcançarão situações jurídico-temporais em que tiverem transcorrido a metade ou menos da metade do tempo previsto no Código Civil de 1916 ou naqueles prazos que se iniciarem após sua entrada em vigor.

E, em caso de posse-trabalho, ao prazo *ad usucapionem* aplica-se o disposto no art. 2.029 do Código Civil, acrescentando-se-lhe, até dois anos após a entrada em vigor do novo Código, mais dois anos, qualquer que seja o tempo transcorrido na vigência do Código Civil de 1916, para que se possa atender ao princípio da função social da propriedade. Tal acréscimo também será feito nas hipóteses de desapropriação judicial pela posse *pro labore* (CC, art. 1.228, § 4º), por força do disposto no art. 2.030 do novo Código Civil.

fato teve lugar, embora a ocasião em que ele possa vir a atuar ou a valer ainda não se tenha apresentado antes da entrada em vigor de uma nova norma relativa ao mesmo assunto e que, nos termos da lei nova sob o império da qual o fato aconteceu, tenha ele (o direito originado do fato acontecido) entrado, imediatamente, a fazer parte do patrimônio de quem o adquiriu[288]. Neste mesmo sentido, Agostinho Alvim[289] define o direito adquirido como a "consequência de um ato idôneo a produzi-lo, em virtude da lei do tempo em que esse fato foi realizado, embora a ocasião de o fazer valer não se tivesse apresentado antes da existência de uma lei nova sobre o mesmo, e que, nos termos da lei sob o império da qual se deu o fato de que se originou, tenha entrado imediatamente para o patrimônio de quem o adquiriu". Manuel A. Domingues de Andrade esclarece-nos que o patrimônio vem a ser o conjunto das relações jurídicas (direitos e obrigações), efetivamente constituídas, como valor econômico, da atividade de uma pessoa física ou jurídica de direito privado ou de direito público. Portanto, o que não pode ser atingido pelo império da lei nova é apenas o direito adquirido e jamais o direito *in fieri* ou em potência, a *spes juris* ou simples expectativa de direito, visto que "não se pode admitir direito adquirido a adquirir um direito"[290]. Realmente, expectativa de direito é a mera possibilidade ou esperança de adquirir um direito, por estar na dependência de um requisito legal ou de um fato aquisitivo específico. O direito adquirido já se integrou ao patrimônio, enquanto a expectativa de direito dependerá de acontecimento futuro para poder constituir um direito.

O direito adquirido é aquele cujo exercício está inteiramente ligado ao arbítrio de seu titular ou de alguém que o represente, efetivado sob a égide da lei vigente no local e ao tempo do ato idôneo a produzi-lo, sendo uma consequência, ainda que pendente, daquele ato, tendo utilidade concreta ao seu titular, uma vez que se verificaram os requisitos legais para sua configuração[291]. Será preciso, ainda, para bem elucidar essa problemática, trazer à colação o ensinamento de Tércio Sampaio Ferraz Jr., de que a incidência de uma norma de competência, que confere poder para estabelecer normas, significará a aquisição desse poder, p. ex., o de ser capaz para praticar atos da vida civil. A incidência da norma de conduta indicaria a consumação do

---

288. Gabba (*Teoria*, cit., v. 1, p. 191) pondera: "*È acquisito ogni diritto, che è consequenza di un fatto idoneo a produrlo, in virtù delle legge del tempo in cui il fatto venne compiuto, benchè l'occasione di farlo valere non siasi presentata prima dell'attuazione di una legge sotto l'impero della quale accade il fatto da cui trae origine entrò immediatamente a far parte del patrimonio di chi lo ha acquistato*".

289. Apud Vittorio Cassone, *Direito tributário*, São Paulo, Atlas, 1985, p. 69.

290. Reynaldo Porchat, *Da retroatividade das leis civis*, São Paulo, 1909, p. 22.

291. Paulo de Lacerda, *Manual*, cit., v. 1, p. 139.

ato por ela previsto, ao qual se imputa a consequência (p. ex., venda de um bem). Assim sendo, a lei é irretroativa, pois a eficácia retroativa da nova norma será inadmissível se a lei anterior revogada veio a incidir plenamente. Ora, se a antiga lei contém normas de competência, que estabelecem condições para que uma pessoa física ou jurídica possa ser tida aos olhos da lei como titular de direito subjetivo, logo, se atendidos os requisitos legais, diz-se que o direito está adquirido, já que ocorreu a incidência normativa no sentido de que o adquirente está apto a exercê-lo. Exemplificativamente, se "A" vier a comprar um apartamento de conformidade com as condições e formalidades impostas pela lei "X", a edição da norma "Y", modificando aqueles requisitos, não terá eficácia sobre o direito adquirido anteriormente. Todavia, o princípio do direito adquirido não protegerá o titular do direito contra certos efeitos retroativos de uma norma no que tange à incidência de nova norma de conduta. Deveras, apesar de a aquisição do *status* de proprietário estar protegida pela incidência perfeita da norma de competência, nada obstará a que o *exercício* de certos atos alusivos ao direito de propriedade, p. ex., o de alugar o imóvel, objeto do direito adquirido de propriedade, seja alcançado por norma posterior que venha a proibir o despejo do locatário para uso, p. ex., de descendente do locador. Para isso existe o já mencionado princípio do ato jurídico perfeito, segundo o qual o ato exercido e consumado sob o comando da antiga norma e conduta não poderá ser atingido pela lei posterior, protegendo, dessa maneira, o titular, que já exerceu seu direito. A situação de ser titular de um direito é regida por norma de competência, mas a de exercer as permissões e autorizações correspondentes àquele direito subjetivo dependerá de norma de conduta. Para vender um imóvel será preciso ser titular do direito de propriedade (norma de competência), mas para realizar a referida venda imprescindível será que se sigam os ditames da norma de conduta que disciplina o ato de vender. A lei nova poderá alterar a norma de competência que rege a situação de ser titular, mas isso não atingirá o ato de vender, se a propriedade já foi adquirida na vigência da antiga norma. Uma nova lei poderá modificar a norma de conduta que rege o ato de alienar, mas não o alcançará se a venda já se perfez, sendo um ato jurídico perfeito[292].

A lei nova não poderá retroagir no que atina ao direito em si, mas poderá ser aplicada no que for concernente ao uso ou exercício desse direito, mesmo às situações já existentes antes de sua publicação[293].

Pelo Código Civil de 1916 (art. 74, III), consideravam-se "atuais os direitos completamente adquiridos, e futuros os cuja aquisição não se acabou

---

292. Tércio Sampaio Ferraz Jr., *Introdução ao estudo do direito*, cit., p. 226-7.
293. Carvalho Santos, *Código Civil*, cit., v. 1, p. 54.

de operar". Com base nessa ideia, pela sua excelência, nada obsta, doutrinariamente, que se possa dizer que o *direito atual* é aquele adquirido, que já está em condições de ser exercido, por se incorporar imediatamente ao patrimônio do adquirente. O *direito futuro* é aquele cuja aquisição, por ocasião da realização do negócio ou ato, não se operou, dado que sua efetivação depende de uma condição ou de um prazo. Trata-se de um direito não formado, que requer a complementação dos fatos determinantes de sua aquisição. Por exemplo, se se compra uma casa em prestações mensais, a transferência da propriedade só se dará quando se pagar a última parcela, ocasião em que se exige a escritura pública para assento no Registro Imobiliário, sendo, portanto, o direito futuro eventual, uma vez que sua aquisição poderá ocorrer ou não. Assim, se houver interesse, ainda que incompleto, pela falta de elemento básico protegido por norma jurídica, teremos direito eventual. Por exemplo, penhor de um crédito futuro, promessa de venda, hipoteca sobre bens futuros, pacto de preferência, direito à sucessão legítima, que só se consolidará com a morte do autor da herança pelo fato de serem os herdeiros seus descendentes. A *expectativa de direito* é a mera possibilidade ou esperança de adquirir um direito. Esclarece Pontes de Miranda que a expectativa de direito alude "à posição de *alguém em que se perfizeram elementos de suporte fáctico*, de que sairá fato jurídico, produtor de direitos e outros efeitos, *porém ainda não todos os elementos do suporte fáctico*: a norma jurídica, a cuja incidência corresponderia a fato jurídico, ainda não incidiu, porque suporte fáctico ainda não há". Assim sendo, não se pode invocar a proteção do direito adquirido se não se chegou a adquirir direito na vigência da lei anterior, de modo que o advento da lei nova não pode alcançá-lo. Logo, a lei nova produz *efeito imediato* sobre as situações jurídicas *em curso de formação*, pelo que não há que se falar em direito adquirido, que impede que se perca o que já se adquiriu. Por exemplo, a situação do herdeiro testamentário que aguarda a abertura da sucessão, não gozando de qualquer proteção jurídica, devido à falta de condição essencial; ocorrida esta, converter-se-á num direito. O *direito condicional* é o que só se perfaz pelo advento de um acontecimento futuro e incerto, de modo que o seu titular só o adquirirá se sobrevier a condição. Por exemplo, um advogado oferece sociedade ao seu estagiário se ele se formar em direito, ficando este com a possibilidade de adquiri-lo se conseguir colar grau. Poder-se--á considerar, observa Porchat, como adquirido o direito condicional, porque a condição torna o direito apenas esperado, mas ainda não realizado. Com o implemento da condição, o direito supõe-se ter existido desde o instante da ocorrência do fato que o criou. O direito condicional, embora dependente de um evento futuro e incerto, já é um bem jurídico, tendo valor econômico e social, constituindo elemento do patrimônio de seu titular. Justamente no fato de ter o direito adquirido condicional um valor econômico e constituir um bem jurídico é que ele se diferencia da expectativa de direito, que, não tendo significação patrimonial, poderá, sem lesão, ser abolida em qualquer tempo pela lei (*Revista de Crítica Judiciária*, *11*:152)[294].

O Código Bustamante, no art. 8º, reza: "Os direitos adquiridos segundo as regras deste Código têm plena eficácia extraterritorial nos Estados contratantes, salvo se se opuser a algum dos seus efeitos ou consequências uma regra de ordem pública internacional". Logo, tanto na ordem internacional como na interna, observa Reynaldo Porchat que, quanto às leis de ordem pública, atinentes ao interesse público ou político, estas se aplicam imediatamente e não há direitos adquiridos contra essas normas, ante a prevalência do interesse da coletividade sobre os particulares do indivíduo[295]. Assim, retroagem as normas constitucionais e políticas (Salvat, Aubry e Rau, Laurent, Huc etc.)[296]. Logo, não se há de invocar direito adquirido contra o que posto induvidosamente na nova ordem constitucional, em modificação não apenas do texto mas do próprio sistema, até porque as garantias do direito adquirido se dirigem à lei ordinária e não à Constituição Federal (STJ) (*Ciência Jurídica*, *31*:77); retroagem as normas administrativas, as processuais, principalmente as de organização judiciária e de competência (Coviello, Stolfi, Ribas, Garsonne) e as penais quando beneficiarem o réu (CF, art. 5º, XL), p. ex., descriminalizando ato considerado anteriormente como crime, caso em que se tem a retroatividade *in bonam partem*; retroagem as normas relativas ao estado e à capacidade das pessoas, salvo os já adquiridos, sob a égide da velha norma, respeitando-se os fatos consumados, isto é, que produziram todos os efeitos de que eram suscetíveis; retroagem as normas concernentes ao direito de família no que atina aos direitos pessoais puros e aos direitos pessoais patrimoniais, e não as relativas aos direitos patrimoniais, hipótese em que sua eficácia não atinge a incidência da anterior[297].

---

294. W. Barros Monteiro, *Curso*, cit., v. 1, p. 174-5; Orlando Gomes, *Introdução ao direito civil*, Rio de Janeiro, Forense, 1971, p. 229; Verdier, *Les droits eventuels*, Paris, 1955, n. 376, p. 300-2; Serpa Lopes, *Curso*, cit., v. 1, p. 392-7; Silvio Rodrigues, *Direito civil*, cit., v. 1, p. 181-2; Vicente Ráo, *O direito*, cit., v. 2, n. 49; Andrea Torrente, *Manuale di diritto privato*, p. 42; M. Helena Diniz, *Curso*, cit., v. 1, p. 191-2; Porchat, *Da retroatividade*, cit., n. 28 a 29; Pontes de Miranda, *Tratado de direito privado*, 1955, t. 5, p. 291.

295. Reynaldo Porchat, *Da retroatividade*, cit., p. 69; Carlos Eduardo de Abreu Boucault, *Direitos adquiridos no direito internacional privado*, 1996; João A. Schützer del Nero, Direito adquirido e a ordem pública: a tópica no direito intertemporal, *RDC*, *54*:230.

296. Bento de Faria, *Aplicação e retroatividade da lei*, Rio de Janeiro, 1934, p. 25.

297. Vicente Ráo, *O direito*, cit., p. 452 e 459; Bento de Faria, *Aplicação*, cit., p. 32 e 151; Reynaldo Porchat, *Da retroatividade*, cit., p. 46-7; M. Helena Diniz, *Norma constitucional*, cit., p. 52-4. Observa Wilson José Gonçalves (Direito adquirido e sua relativização, *Atualidades Jurídicas*, *5*:351 a 385) que há uma relativização ou flexibilização do direito adquirido em prol dos

Portanto, o direito adquirido consistiria na possibilidade de se extraírem efeitos de um ato contrário aos previstos pela lei atualmente vigente, ou seja, é aquele que continuaria a gozar dos efeitos de uma norma pretérita mesmo depois de já ter sido ela revogada. Implicaria o direito subjetivo de fazer valer um direito, cujo conteúdo encontra-se revogado pela lei nova[298].

princípios gerais de direito, consagrados constitucionalmente, sempre que se tiver lacuna, seja ela axiológica ou de conflito, vivificando a realidade, equacionando as situações existentes de modo a que não se venha provocar injustiças, harmonizando-as. Este é o papel das disposições transitórias (normas de direito intertemporal), verdadeiras normas especiais de transição, que contêm princípios informativos, garantindo na interpretação do ordenamento jurídico a coerência lógica do sistema jurídico dela resultante e a preservação da ordem pública. Daí a importância da lição de Recaséns Siches de que a lógica do razoável é o parâmetro interpretativo que pode levar à flexibilização controlada ou relativização de atos jurídicos perfeitos e direitos adquiridos em busca da razoabilidade. *Vide* art. 2.039 do Código Civil. Ante o disposto no art. 2.039, são *irretroativas* as seguintes normas do Código Civil de 2002, por dizerem respeito aos *direitos patrimoniais* dos cônjuges cujas núpcias se deram antes de sua entrada em vigor: arts. 1.639, 1.640, 1.641 e 1.653 a 1.688. Mas serão *retroativas*, por serem atinentes a *direitos pessoais puros* e a *direitos pessoais patrimoniais* (os de crédito e os obrigacionais), as constantes, p. ex., nos arts. 1.565 a 1.570, 1.642, 1.643 a 1.652. Consequentemente, por força do art. 2.039, terão *eficácia residual* os seguintes artigos do Código Civil de 1916, por serem alusivos aos *direitos patrimoniais* do casal, cujo casamento se deu durante sua vigência: arts. 230, 256 a 314. Para os regimes de casamentos realizados sob a égide do revogado Código, aplicar-se-ão as normas por ele estabelecidas para a partilha nas hipóteses de dissolução da sociedade e do vínculo conjugal e todas aquelas (como a do art. 230) que tenham repercussões patrimoniais; e, quanto aos direitos pessoais (puros ou creditórios), cabível será a incidência das disposições do Código Civil de 2002, contidas nos arts. 1.565 a 1.570, 1.642, 1.643 a 1.652.

298. Celso Bastos, *Comentários à Constituição do Brasil*, São Paulo, Saraiva, 1989, v. 2, p. 192 e 198; José Adércio L. Sampaio, *Direito adquirido e expectativa de direito*, Belo Horizonte, Del Rey, 2006. *Sobre direito adquirido*: TST, RR 120/92.4, Ac. da 2ª T. 3.481/92, 10ª Região; STF, MS 21.216-1, *DJU*, 28 jun. 1991, p. 14762; STJ, REsp 10.475-0, j. 27-10-1992; Ac. da 2ª Câm. Civ. do TJSP, m.v., Ag. 176.494-1/7 e 176.567-1/0, Rel. Des. Cezar Peluso, j. 16-3-1993, *Repertório IOB de Jurisprudência*, n. 20/93, p. 389; *EJSTJ*, *12*:64: "1. Direito adquirido. Inexistência. Instituto jurídico. Adoção. Ato constitutivo peculiar. Lei nova que lhe prescreve novo regime, a título de legitimação adotiva. Incidência imediata. Irrevogabilidade reconhecida. Retroação da lei. Inocorrência. Não há direito adquirido ao regime jurídico de um instituto de direito, como o é a adoção. Se lei nova, criando a legitimação adotiva, prescreve novo regime jurídico à relação oriunda de ato adotivo peculiar, aplica-se-lhe de imediato, fazendo irrevogável a adoção, sem retroagir. 2. Adoção. Ato constitutivo que preenche os requisitos legais supervenientes da legitimação adotiva. Incidência imediata da lei nova. Irrevogabilidade do vínculo parental. Nulidade consequente de escritura dissolutória ulterior. Reconhecimento da qualidade de filha e herdeira da adotante. Inexistência de ofensa às garantias constitucionais do direito adquirido e do ato jurídico perfeito. Aplicação do art. 7º da Lei n. 4.655/65 (ora revogada pela Lei n. 6.697/79). Se adotantes e adotada não desconstituíram a adoção na forma do art. 374, I, do CC de 1916, enquanto esta norma se lhe aplicava a título de lei velha, o conteúdo da relação jurídico-parental foi alcançado e modificado pela aplicação imediata da lei nova, que, encontrando configurados os elementos da legitimação adotiva, a tornou irrevogável. É, pois, nula escritura dissolutória ulterior, sem que a nenhuma das partes valha alegação de direito adquirido, ou de ato jurídico perfeito". *Vide* Marcelo Figueiredo e Maria Alice D. Brollo, Anotações a respeito dos planos econômicos — alterações da política sala-

4. Coisa julgada

A coisa julgada, ou caso julgado, é uma qualidade dos efeitos do julgamento. É o fenômeno processual consistente na imutabilidade e indiscutibilidade da sentença, posta ao abrigo dos recursos, então, definitivamente preclusos, e dos efeitos por ela produzidos porque os consolida[299], privilegiando a segurança jurídica dos litigantes.

A *res judicata* é um princípio jurídico-positivo (CF/88, art. 5º, XXXVI; LINDB, art. 6º, § 3º) que demonstra o fato de ser a decisão final uma norma individual, cuja validade não poderá ser abolida por uma norma derrogante nem por outra sentença judicial (CPC/2015, art. 505), podendo ser apenas desconstituída mediante *ação rescisória* interposta dentro do biênio decadencial, desde que configurada uma das causas legais arroladas taxativamente no Código de Processo Civil de 2015, art. 966.

Como a Súmula 514 do Supremo Tribunal Federal dispõe que se admite "ação rescisória contra sentença transitada em julgado, ainda que contra ela não se tenham esgotado todos os recursos", urge distinguir aqui, como fazem alguns juristas, a sentença passada em julgado, que é suscetível de reforma por algum recurso, da coisa julgada, quando nenhum recurso, nem mesmo a ação rescisória, poderá modificá-la. Em sentença transitada em julgado a ação rescisória será cabível, pois não há coisa julgada quando a decisão, embora não mais admita recurso, é nula (*Revista de Direito*, 69:117; *Revista de Crítica Judiciária*, 15:393).

Pelos Enunciados do Fórum Permanente de Processualistas Civis: *a*) n. 137: "contra sentença transitada em julgado que resolve partilha, ainda que homologatória, cabe ação rescisória; *b*) n. 338 do Fórum Permanente de Processualistas Civis: "cabe ação rescisória para desconstituir a coisa julgada formada sobre a resolução expressa da questão prejudicial incidental".

A lei superveniente não poderá alcançar a coisa julgada, nem o órgão judicante poderá decidir novamente o que estiver decidido como forma imutável de sentença, a fim de que se resguarde a segurança das relações jurídicas. A *auctoritas rei judicatae* justifica-se no atendimento do interesse público de estabilidade jurídico-social, cedendo somente ao ataque de

---

rial — reajuste de salários pela lei antiga — direito adquirido; mera expectativa de direito e normas de ordem pública — resenha doutrinária e jurisprudencial, *RT, 708*:42-54.

299. Cícero já considerava a autoridade do caso julgado ao dizer: *"status enin republicae judicatis continetur"*. Sobre coisa julgada material: *JSTJ, 12*:247.

decisões anuláveis. Se se admitisse que lei nova viesse a atingir o caso julgado, ter-se-ia a anarquia, a lesão de direitos e o descrédito da justiça.

A ação rescisória ataca o julgado, porque não é, na verdade, um recurso, mas uma *ação autônoma de impugnação* nos casos previstos taxativamente em lei (CPC/2015, art. 966, I a VIII), que dão azo à sua propositura, hipótese em que se terá um julgamento de julgamento, pois tem por objeto sentença ou acórdão rescindendo, com o escopo de converter sua invalidade em rescindibilidade, restabelecendo a lei violada pela decisão. A decisão ainda capaz de recurso não se rescinde, porém se retrata. A ação rescisória (*Wiederaufnahme des Verfahrens*) é um *remedium iuris* para desconstituir uma decisão de mérito (CPC/2015, art. 966, *caput*; *RT, 495*:164, *505*:218 e *564*:179), elidindo coisa julgada, se proposta dentro do prazo decadencial de dois anos (CPC/2015, art. 975, *caput*)[300]. Convém lembrar, ainda, que o ajuizamento da ação rescisória não terá o condão de suspender a execução da decisão rescindenda, visto que não impede o seu cumprimento, ressalvada a concessão, caso imprescindível e sob os pressupostos previstos legalmente, de tutela provisória de urgência de natureza cautelar ou antecipada (CPC, arts. 300, § 3º, 301, 966, §§ 5º e 6º, e 969; *JTACSP, 39*:234); logo, se, porventura, for a rescisória julgada procedente, na execução da rescisória recompor-se-á a lesão causada[301].

---

300. Espínola e Espínola Filho, *A Lei de Introdução*, cit., v. 1, p. 363.

301. Pontes de Miranda, *Tratado da ação rescisória das sentenças e outras decisões*, Rio de Janeiro, 1957; Calmon de Passos, Ação rescisória, *Rev. da Faculdade de Direito da Universidade da Bahia, 34*:237 e s.; Carvalho de Mendonça, *Da ação rescisória*, n. 1; Antonio Macedo de Campos, Ação rescisória de sentença, in *Coleção Saraiva de Prática do Direito*, São Paulo, 1988, n. 37; Ovídio A. Baptista da Silva, *Comentários ao Código de Processo Civil*, Porto Alegre, 1985, v. 11, p. 408 e s.; Luís Eulálio de Bueno Vidigal, *Da ação rescisória dos julgados*, São Paulo, 1948; Jorge Americano, *Estudo teórico e prático da ação rescisória dos julgados no direito brasileiro*, 1936; Uadi L. Bulos, *Constituição Federal anotada*, p. 182 e 186; Nestor Diógenes, *Da ação rescisória*, 1938; Modestino Martins Netto, *Da ação rescisória cível e trabalhista*, Rio de Janeiro, 1976; Coqueijo Costa, *Ação rescisória*, São Paulo, 1981; José Frederico Marques, *Manual de direito processual civil*, São Paulo, Saraiva, 1989, v. 3, p. 259 e s.; Sérgio Rizzi, *Ação rescisória*, São Paulo, Revista dos Tribunais, 1979; Angelo Miguel de S. Vargas, Coisa julgada inconstitucional e a aplicabilidade da ação rescisória, *Revista de Direito Constitucional e Internacional, 52*:197-224; Arnaldo Süssekind, Da coisa julgada inconstitucional, *Revista do Tribunal Regional do Trabalho da 8ª Região, 81*:15-22; Amanda M. Graças, Carolina C. Soares e Marina Z. de Faria, Relativização da coisa julgada em confronto com a segurança jurídica, *Revista de Direito Constitucional e Internacional*, n. 126 (2021) p. 217 a 240; Olivia R. da Silva Telles, *Questões de constitucionalidade no direito eleitoral do Brasil, dos Estados Unidos e da França*, Rio de Janeiro, ed. Lumen Juris, 2021, p. 4; Sales e Lemos, Os impactos causados pela ação rescisória com a desconstrução da coisa julgada inconstitucional. *Revista Síntese — Direito Civil e Processual Civil, 131*:9 a 37 (2021). *Vide*: CPC/2015, art. 966, §§ 5º e 6º, com a redação da Lei n. 13.256/2016

Se, exemplificativamente, advier lei nova, regendo a matéria jurídica resolvida na decisão rescindenda, na rescisória dever-se-á aplicar a novel norma ou a lei à qual estava sujeita a matéria ao tempo da sentença rescindenda?

Como a rescisória não é recurso, por não submeter a causa a um novo exame, devendo tão somente julgar o julgamento, a lei nova não poderá influir sobre as relações jurídicas sujeitas a esta ação, cuja decisão fundamentar-se-á sempre na norma a que estava submetido o fato jurídico, objeto da decisão rescindenda. Não haverá na rescisória como cogitar da influência de uma lei nova[302].

Todavia há flexibilização da coisa julgada, exemplificativamente, por força do art. 525, § 1º, III, e § 12, do CPC/2015 (norma especial inferior), se a impugnação versar sobre inexigibilidade do título fundado em lei ou ato normativo declarados inconstitucionais pelo STF ou baseado em aplicação ou interpretação da lei de ato normativo tidas pelo STF como incompatíveis com a Constituição Federal. Em tema de segurança jurídica, não é dado ao magistrado, em nome da supremacia da coisa julgada (CF, art. 5º, XXXVI — norma geral superior), ante a configuração da antinomia real de segundo grau da ausência de metacritério normativo, ao solucionar, ignorar, por força do art. 4º da LINDB, os demais princípios constitucionais, como o da constitucionalidade.

Com a coisa julgada ter-se-á decisão judicial de que já não cabe recurso, por ser definitiva, trazendo a *presunção absoluta* (*jure et de jure*) de que o direito foi aplicado corretamente ao caso *sub judice*, prestigiando o órgão judicante que a prolatou, garantindo a impossibilidade de sua reforma e a sua executoriedade (CPC/2015, art. 969), pois terá força vinculante para as partes. O interesse social requer, para que se tenha segurança jurídica, que as decisões judiciais sejam tidas como expressão da verdade, sob pena de se abalarem os alicerces em que se assenta a ordem social. Daí o célebre brocardo: *res judicata pro veritate habetur*. Assim, com a confirmação da decisão do juiz ou do tribunal, não sendo cabível nenhum recurso, será preciso que não se duvide do seu acerto, impedindo discussões do mérito da decisão, resguardando-se, assim, o prestígio da justiça[303].

"A coisa julgada protege a relação controvertida e decidida contra a incidência da nova norma. Alterando-se por esta quer as condições de ser titular, quer as de exercer atos correspondentes, o que foi fixado perante o

---

302. Vicente Greco Filho, *Direito processual civil brasileiro*, São Paulo, Saraiva, 1992, v. 2, p. 389.

303. Paulo de Lacerda, *Manual*, cit., v. 1, p. 209-11.

tribunal não pode ser mais atingido retroativamente", assevera, com muita propriedade, Tércio Sampaio Ferraz Jr.[304].

A *res judicata* já está tutelada pelo respeito ao direito adquirido, não porque este seja um efeito seu, mas por força do fundamento de que, se não se atingem as consequências dos fatos passados, com maior razão cumpre deixar intactos os direitos subjetivos ou as situações jurídicas definitivamente estabelecidas. O respeito de que se reveste a coisa julgada é o que se deve aos atos de soberania e às leis do país, se não a quantidade de demandas multiplicar-se-ia e daria margem a inestimáveis dificuldades[305]. Mais robustece essa tese o fato de já se ter decidido que "A imutabilidade das decisões judiciais surgiu no mundo jurídico como um imperativo da própria sociedade para evitar o fenômeno da perpetuidade dos litígios, causa da intranquilidade social que afastaria o fim primário do direito, que é a paz social" (*RJTJSP*, *116*:8).

Ter-se-á coisa julgada formal quando a sentença já não estiver sujeita a recurso, porque dela não se recorreu, ou porque se recorreu sem atender aos princípios fundamentais dos recursos ou aos requisitos de admissibilidade dos recursos, ou porque se esgotaram todos os meios recursais (CPC/2015, arts. 502, 496; STF, Súmula 423). Tal decisão transitada em julgado faz coisa julgada material, assim sendo apenas deixará de produzir

---

304. Tércio Sampaio Ferraz Jr., *Introdução*, cit., p. 226.

305. Sobre coisa julgada: Roland, *Chose jugée et tierce opposition*, Paris, 1958; Allorio, *L'ordinamento nel prisma dell'accertamento giudiziale*, Milano, 1957, p. 53 e s.; La Coste, *De la chose jugée en matière civile, criminelle, disciplinaire et administrative*, 1914; Aldyr Dias Vianna, *Lições de direito processual civil*, Rio de Janeiro, Forense, 1985, v. 1, p. 411; Tércio Sampaio Ferraz Jr., *Introdução*, cit., p. 226; Coisa julgada em matéria fiscal, *RDTR*, *43*:73; Nelson Nery Jr., Eficácia preclusiva da coisa julgada: questão prejudicial, *RP*, *51*:164; Enrico Tullio Liebman, *Eficácia e autoridade da sentença*, Rio de Janeiro, Forense, 1945, p. 152-4; Kelsen, *Teoria generale delle norme*, cit., p. 139, 176 e 177; Ugo Rocco, *L'autorità della cosa giudicata i suoi limiti soggettivi*, 1917; M. Helena Diniz, *Norma constitucional*, cit.; Paulo Roberto de Oliveira Lima, *Contribuição à teoria da coisa julgada*, São Paulo, Revista dos Tribunais, 1997; José M. Tesheiner, *Eficácia da sentença e coisa julgada no processo civil*, São Paulo, Revista dos Tribunais, 2001; Carlos Alberto Alvaro de Oliveira (coord.), *Eficácia e coisa julgada*, Rio de Janeiro, Forense, 2005; Eduardo Talamini, *Coisa julgada e sua revisão*, São Paulo, Revista dos Tribunais, 2005; José Ignácio Botelho de Mesquita, *Coisa julgada*, Rio de Janeiro, Forense, 2004; Luiz Guilherme Marinoni, *Coisa julgada inconstitucional*, São Paulo, Revista dos Tribunais, 2008; Daniel G. Gonçalves, Análise do comportamento da coisa julgada diante da tutela de interesses individuais e transindividuais, *Revista Jurídica — De Jure 21*:263-98; Heloisa L. Buika, Limites temporais da coisa julgada, *Revista Síntese de Direito Civil e Processual Civil*, *86*:121-52; Fabio A. F. Lessnau, Coisa julgada: análise da declaração de inconstitucionalidade como óbice à execução da sentença transitada em julgado, *Revista Síntese de Direito Civil e Processual Civil*, *89*:35-59; Marcelo Figueiredo, *O controle de constitucionalidade e de convencionalidade no Brasil*, São Paulo, Malheiros, 2016, p. 70.

efeitos depois de rescindida por ação rescisória. Pelo art. 502 do CPC/2015 "denomina-se coisa julgada material a autoridade que torna imutável e indiscutível a decisão de mérito não mais sujeita a recurso".

A coisa julgada material torna imutável e indiscutível o preceito contido na sentença de mérito, não mais sujeita a recurso ordinário ou extraordinário (CPC, arts. 505, 502 e 496; STF, Súmula 423). Apenas se terá coisa julgada material se e quando a decisão de mérito (interlocutória ou sentença) tiver sido alcançada pela preclusão. Logo, a coisa julgada formal é seu pressuposto, na lição de Jauering, Pollak, Nelson Nery Jr. e Rosa M.ª de A. Nery. Coisa julgada formal é, como dizem Nelson Nery Jr. e Rosa M.ª de A. Nery, "a inimpugnabilidade da sentença no processo em que foi proferida. Trata-se, na verdade, de *preclusão* e não de coisa julgada".

As sentenças de mérito, proferidas com fundamento no art. 487 do Código de Processo Civil de 2015, ficam sob o manto da coisa julgada material, e as de extinção do processo sem resolução do mérito (CPC/2015, art. 485) são atingidas pela preclusão (coisa julgada formal).

Quando uma decisão judicial transita em julgado, adquire imutabilidade de seus efeitos dentro do processo pela preclusão dos prazos para recurso, adquirindo força de lei entre as partes, vinculando-as, não lesando nem alcançando terceiros ("*res inter alios iudicata aliis non praeiudicare*", Digesto, 44.1.63). Consequentemente, protegida estará tanto a *coisa julgada formal*, modalidade de preclusão que obsta qualquer discussão no mesmo processo sobre o que ficou decidido ante a imutabilidade da sentença, que põe fim à relação processual, impossibilitando que outro juiz ou tribunal venha praticar naquele processo qualquer ato que substitua a sentença irrecorrível, como a *coisa julgada material* (CPC/2015, art. 502), que, havendo apreciação do mérito do pedido, impede a discussão em outro processo do que já se decidiu[306], desde que envolva as mesmas partes, as mesmas

---

306. Consulte: Heinitz, *I limitti oggettivi della cosa giudicata*, 1937; Pontes de Miranda, *Comentários à Constituição de 1967 com a Emenda n. 1 de 1969*, São Paulo, Revista dos Tribunais, 1971, t. 5, obs. ao art. 153, § 3º; Liebman, Sentença e coisa julgada, *Revista da Faculdade de Direito da Universidade de São Paulo*, *40*:254 e s., 1945; Moacyr Amaral Santos, *Direito processual civil*, São Paulo, Max Limonad, 1969, p. 65 e 91; José Albuquerque Rocha, *Teoria geral do processo*, São Paulo, Saraiva, 1986, p. 220; Manuel Aureliano de Gusmão, *Coisa julgada*, 1914; René Japiot, *Traité élémentaire de procédure civile et commercial*, 1935, p. 125; Nelson Nery Jr. e Rosa M. A. Nery, *Código de Processo Civil*, São Paulo, Revista dos Tribunais, 1994, p. 580; Rodolfo de C. Mancuso, Coisa julgada *collateral estoppel* e eficácia preclusiva *secundum eventum litis*, *RT*, *608*:23; Ronaldo Cunha Campos, *Limites objetivos da coisa julgada*, 1988; Estevão Mallet, Os limites objetivos da coisa julgada e a questão prejudicial no processo do trabalho, *LTr*, 7:792; José Carlos Barbosa Moreira, Os limites objetivos da coisa julgada no sistema do novo Código de Processo Civil, *RF*, *246*:30; Maria Silvia Gazzi, Os limites subjetivos da coisa julgada, *RP*, *36*:79;

Lauro P. Restiffe, Aspectos práticos da coisa julgada, *RJTJSP*, *48*:13; Rogério Lauria Tucci, *Sentença e coisa julgada civil*, 1984; Egas Dirceu Moniz de Aragão, *Sentença e coisa julgada*, 1992; Fernando de Albuquerque Prado, *A "res judicata" no plano das relações interjurisdicionais*, 1953; Alcides Amaral Salles, Dos efeitos da coisa julgada civil na esfera criminal, *JTACSP, 81*:7; Álvaro Luiz Valery Mirra, A coisa julgada nas ações para tutela de interesses difusos, *RT, 631*:71; Hugo Nigro Mazzilli, Coisa julgada no processo coletivo: notas sobre a mitigação, *Revista Síntese de Direito Civil e Processual Civil*, *36*:38; Geandro Luiz Scopel, Coisa julgada sob o enfoque territorial na ação civil pública — uma visão crítica à Lei n. 9.494/97, *Revista Síntese de Direito Civil e Processual Civil*, *33*:70; Hugo de Brito Machado, Coisa julgada e relação jurídica continuativa tributária, *RT, 642*:33; Ivan B. Rigolin, Coisa julgada administrativa: decisão absolutória — imodificabilidade, *BDA*, *5*:306; Edson A. Miranda, A coisa julgada nas questões individuais e transindividuais, *Revista do IASP*, *16*:116-26; Eduardo C. Tess, Relativização da coisa julgada, *Informativo IASP*, 91, p. 10 e 11; Gelson A. de Souza, Coisa julgada no processo cautelar, *Revista Jurídica 329*, 19-42; Vivien Racy, Coisa julgada inconstitucional — uma interpretação acerca de sua flexibilização, *Revista de Direito Constitucional e Internacional*, *73*:246 a 264; José Henrique M. Araújo, A estabilização das decisões judiciais decorrente de preclusão e da coisa julgada no novo CPC: reflexões necessárias, *Revista Síntese, Direito Civil e Processual Civil*, *100*:18 a 42; Nelson Nery Jr. e Rosa Mª de A. Nery. *Comentários ao Código de Processo Civil*, RT, 2015, p. 1192 e 1197; Elder B. Santos e Éverson Manjinski, Coisa julgada presumida e sua incompatibilidade no processo. *Revista Síntese — Direito Civil e Processual Civil* — 123:47 a 63 (2020). Interessantes são as palavras de La Coste (*De la chose jugée*, cit., p. 73 e s.) sobre a autoridade da coisa julgada: "*Les raisons de droit ou de fait qui on peut déterminer cette décision ne sont pas les points mis en cause, les points deduits en justice par les parties; ces sont des simples mobiles de la conscience du juge appelé-à prononcer la décision. L'opinion du juge sur telle, ou telles, question de droit n'a qu'une valeur doctrinale et l'affirmation de tel ou tel fait ne doit pas faire présumer l'existence de ce fait alors que, toute en se rattichant au litige, tout ne l'influant sur la solution donnée il ne constitue pas le point contencieux*". Schöncke (*Derecho procesal civil*, 1950, p. 269), por sua vez, pondera: "*La cosa juzgada ha de tenerse siempre en cuenta de oficio, pues descansa en la autoridad que el Estado concede a los pronunciamientos de los tribunales, pudiendo quedar al arbitrio de las partes el que sea tenido en cuenta o no. Tampoco éstas pueden renunciar a los efectos de cosa juzgada a la sentencia; otra cosa es que las partes dejen de observarla produciendo una modificación de la situación jurídica material mediante acuerdo entre ellas*". René Morel (*Traité élémentaire de procédure civile*, 1949, p. 450) lembra que a jurisprudência francesa baseia-se em princípio contrário: "*La jurisprudence ne voit cependant dans l'autorité de la chose jugée qu'une règle d'intérêt privé; en conséquence, ni le juge, ni le ministère public ne peuvent soulever d'office la fin de non-recevoir tirée de la chose jugée; la partie intéressée peut renoncer à la chose jugée, de même qu'on peut renoncer à la prescription acquise*". Consulte, ainda, Wilson de S. Campos Batalha, *Lei de Introdução*, cit., v. 2, t. 1, p. 177; Alexandre L. Ramos. A coisa julgada inconstitucional, o efeito vinculante das teses firmadas em sistemática de repercussão geral e o art. 525, § 12, do CPC. *Cinco Anos do CPC: questões polêmicas* (org. Munhoz) São Paulo, Manole, 2021, p. 43 a 56. Já houve decisão de que "Coisa julgada estabelecida no Juizado de Pequenas Causas, fixando a culpa e o nexo etiológico, em tema de responsabilidade civil por acidente de veículos, tornando impossível a revisão disso no Juízo comum. A coisa julgada material também alcança os fatos constitutivos que ditaram a solução da lide — Recurso provido, para julgar extinto o processo, com inversão da sucumbência" (Ap. 500.985-8-SP, 7ª Câm., Rel. Juiz Vasconcellos Pereira, j. 27-10-1992). *BAASP*, *1.911*:226 — "A sentença absolutória atinge a coisa julgada formal e material no mesmo momento, pois se sobrepõe à condenatória, ainda que posterior a esta. A coisa julgada absolutória é a falta do poder-dever de punir, e não pode mais ser atacada com qualquer ato rescisório ou revisional. O indivíduo não está sujeito à nova acusação dos mesmos fatos, ainda que sob pretensões e o mesmo objeto. Consiste, portanto, na imutabilidade da situação declarada judicialmente e na intangibilidade dos efeitos substanciais da sentença de mérito. No conflito entre duas coisas julgadas prevalece a primeira, pois a segunda a ofendeu, sendo inconstitucional e suscetível de rescisória (CPC/2015, art. 966, IV).

Portanto, a coisa julgada é uma qualidade da sentença, declaratória ou constitutiva, e de seus efeitos, consistente na imutabilidade, que poderá existir: *a*) fora do processo, para impedir que a lei a prejudique, ou que o juiz volte a julgar o que já foi decidido (coisa julgada material); *b*) dentro do processo, em razão de uma preclusão máxima, de uma decisão colocada ao abrigo dos recursos definitivamente preclusos (coisa julgada formal). Além disso, a coisa julgada tem um limite subjetivo, uma vez que alcança apenas as partes, não podendo prejudicar nem beneficiar terceiros (CPC/2015, art. 506), salvo nos casos previstos na Lei de Ação Popular (Lei n. 4.717/65, art. 18), na Lei da Ação Civil Pública (Lei n. 7.347/85, art. 16) e no Código de Defesa do Consumidor (art. 103, I a III), em que se admite uma coisa julgada *erga omnes, secundum eventum litis*, mas também um limite objetivo (CPC/2015, art. 504), pois o que faz coisa julgada é apenas o dispositivo da sentença, a decisão propriamente dita, não fazendo coisa julgada o motivo e as questões prejudiciais, salvo se forem objeto de outro pedido, mediante uma reconvenção ou uma ação declaratória incidental, em que há uma cumulação de pedidos[307].

Poder-se-á dizer, com rigor dogmático, que, pelos arts. 5º, XXXVI, da Constituição Federal de 1988 e 6º, § 3º, da Lei de Introdução às Normas do Direito Brasileiro, a decisão acobertada pela *auctoritas rei judicatae* requer por parte dos três Poderes o seu respeito e o reconhecimento do direito subjetivo por ela garantido, exceto se contiver vício da anulabilidade, caso em que será cabível sua rescindibilidade no *modus procedendi* previsto legalmente (CPC/2015, arts. 966 a 975).

Convém lembrar, como já tivemos oportunidade de dizer alhures, que no conflito entre o *critério hierárquico* e o da *especialidade*, havendo uma norma superior geral (CF/88, art. 5º, XXXVI) e outra inferior especial (CPC/2015, art. 966), será impossível o estabelecimento de uma metarregra

---

qualificação diferente" (TACrim, Revisão n. 262.126-5-SP, 5ª Câm., Rel. Juiz Sérgio Pitombo, j. 15-3-1995, v. u.). "Quando a ação em curso não repete outra já decidida por sentença já transitada em julgado não há coisa julgada. Recurso especial não conhecido" (*RSTJ*, 82:209).

307. Ada Pellegrini Grinover, A coisa julgada perante a Constituição, a lei da ação civil pública, o Estatuto da Criança e do Adolescente e o Código de Defesa do Consumidor, *Estudos Jurídicos*, 5:409 e s. Pelos arts. 502 a 508 do CPC/2015 percebe-se que há permissão legal para que a coisa julgada beneficie e não prejudique terceiros.

geral, preferindo o hierárquico ao da especialidade, sem contrariar a adaptabilidade do direito, pois, na prática, a exigência de se aplicar a norma especial só se justificaria baseada no mais alto princípio da justiça: *suum cuique tribuere*, alicerçado na interpretação de que "o que é igual deve ser tratado como igual e o que é diferente, de maneira diferente" (CF/88, art. 5º). Assim sendo, a coisa julgada, devido a especialidade do art. 966 do estatuto processual, só poderia ser *prejudicada* pelo órgão judicante em ação rescisória interposta nos casos contemplados normativamente, por estar a decisão eivada de algum vício suscetível de conduzir à sua desconstituição[308].

A coisa julgada consiste na imutabilidade da decisão, que não será oponível entre as partes, que não mais poderão rediscutir o conflito. A decisão não soluciona, na verdade, o conflito; apenas o dissolve, absorvendo a insegurança que gera, pondo-lhe um fim, ou seja, impedindo que seja retomado em juízo. É este o real sentido da coisa julgada, que é um instrumento de controle ante o dinamismo jurídico[309].

---

308. É o que se deduz dos ensinamentos de: Bobbio, Des critères pour résoudre les antinomies, in *Les antinomies*, cit., p. 253-8; *Teoria*, cit., p. 115-9; Juan Ramon Capella, *El derecho*, cit., p. 285-6; Tércio Sampaio Ferraz Jr., Antinomia, in *Enciclopédia*, cit., p. 14; Alf Ross, *Sobre el derecho*, cit., p. 129 e 130; Silance, Quelques exemples d'antinomies et essai de classement, in *Les antinomies*, cit., p. 69 e 70; Du Pasquier, *Introduction*, cit., n. 147 e 148; Manoel Gonçalves Ferreira Filho, *Curso*, cit., p. 181, 199, 217, 267, 268, 280 e 281; José Afonso da Silva, Norma constitucional, in *A norma jurídica* (coord. Sérgio Ferraz), Rio de Janeiro, 1980, p. 42; M. Helena Diniz, *Conflito*, cit., p. 54.

309. Tércio Sampaio Ferraz Jr., *Interpretação e estudos da Constituição de 1988*, São Paulo, Atlas, 1990, p. 45-7; consulte, ainda: Jaeger, *Diritto processuale civile*, 1944; Calamandrei, *Istituzioni di diritto processuale civile*, 1944; Mattirolo, *Istituzioni di diritto giudiziario civile italiano*, 1899, p. 436; Redenti, *Profili pratici del diritto processuale civile*, 1939, p. 117 e s.; James Goldschmidt, *Derecho procesal civil*, 1944; Carnelutti, *Sistema di diritto processuale civile*, 1936, v. 1, p. 297; Maria Garcia, A inconstitucionalidade da coisa julgada, *Revista de Direito Constitucional e Internacional*, 47:48-54; Evandro Silva Barros, Coisa julgada inconstitucional e limitação temporal para a propositura da ação rescisória, *Revista de Direito Constitucional e Internacional*, 47:55-98; Glauco Salomão Leite, Coisa julgada inconstitucional: relativizando a "relativização", *Revista de Direito Constitucional e Internacional*, 57:155-91.

Pelo CPC/2015, art. 503, § 1º, com a eliminação da ação declaratória incidental, a coisa julgada pode "alcançar questão prejudicial resolvida expressa e incidentalmente no processo desde que, perante o juízo absolutamente competente, tiver havido contraditório prévio e efetivo, descartada no caso de revelia ou de eventual limite cognitivo", ensina Cassio Scarpinella Bueno, *Novo Código de Processo Civil Anotado*, São Paulo: Saraiva, 2015, p. 30.

Pelos Enunciados do Fórum Permanente de Processualistas Civis: *a*) n. 7: "O pedido, quando omitido em decisão judicial transitada em julgado, pode ser objeto de ação autônoma"; *b*) n. 100: "Não é dado ao tribunal conhecer de matérias vinculadas ao pedido transitado em julgado pela ausência de impugnação"; *c*) n. 138: "A partilha amigável extrajudicial e a partilha amigável judicial homologada por decisão ainda não transitada em julgado são impugnáveis por ação anulatória".

Se os elementos limitativos, que se manifestam nas normas atinentes aos direitos fundamentais e às garantias constitucionais, restringem a ação dos poderes estatais e dão a tônica do Estado de Direito, a atividade judicial tem na Constituição Federal e na lei seus limites e fundamentos. Consequentemente, a liberdade de julgar só será garantida dentro das limitações da órbita jurídica, que lhe corresponder; se o órgão judicante ultrapassar esses marcos, sua atividade tornar-se-á uma perturbação da ordem jurídico-social, por desgarrar-se dos fins constitucionais e legais, configurando-se um *abuso de direito*.

5. Critérios para a aplicabilidade dos princípios da retroatividade e da irretroatividade

Da análise do art. 6º da Lei de Introdução, a doutrina e a jurisprudência têm apresentado os seguintes critérios norteadores da questão da aplicabilidade dos princípios da retroatividade e da irretroatividade[310]:

a) A irretroatividade das leis é um princípio constitucional, apesar de não ser absoluto, já que as normas poderão retroagir, desde que não ofendam ato jurídico perfeito, direito adquirido e coisa julgada. O direito adquirido, o ato jurídico perfeito e a coisa julgada marcam a segurança e a certeza das relações que, na sociedade, os indivíduos, por um imperativo da própria convivência social, estabelecem, e que seriam mera ficção. Por isso Matos Peixoto chega a afirmar que o ato jurídico perfeito e a coisa julgada são modalidades do direito adquirido; logo não haveria necessidade de destacá-los para que sejam protegidos. Todavia, a lei houve por bem assegurá-los expressamente, evitando qualquer dúvida, pois fazer retroagir as normas em qualquer caso seria um ato contrário ao fim do direito, que é a realização da harmonia e do progresso social, e não há harmonia sem estabilidade, assim

---

310. Bento de Faria, *Aplicação*, cit., p. 25, 32 e 151; Vicente Ráo, *O direito*, cit., v. 1, p. 452 e 459; Porchat, *Da retroatividade*, cit., p. 46-7; Wilson Melo da Silva, Conflito de leis no tempo, in *Enciclopédia Saraiva do Direito*, p. 55-75; Fabreguettes, *Lógica judiciária e arte de julgar*, p. 305; Fiori, *Da irretroatividade e interpretação das Leis*, secção I, cap. 4, § 5º; Carvalho Santos, *Código Civil*, cit., v. 1, p. 49-55; M. Helena Diniz, *Norma constitucional*, cit., p. 53-6; Wilson de S. Campos Batalha, *Lei de Introdução*, cit., v. 2, p. 22; Roubier, *Des conflits des lois*, cit., v. 1, p. 186; Serpa Lopes, *Comentário teórico e prático*, cit., p. 199 e 207; Clóvis Beviláqua, *Código Civil*, cit., v. 1, obs. ao art. 6º, p. 19 e 20; Francisco dos Santos Amaral Neto, Irretroatividade das leis, in *Enciclopédia Saraiva do Direito*, v. 46, p. 248; R. Limongi França, *Direito intertemporal em matéria civil*, São Paulo, 1967, p. 539-40; Rogério Lauria Tucci, Irretroatividade das leis processuais, in *Enciclopédia Saraiva do Direito*, v. 46, p. 248-51; Adaucto Cezar Fróes, Irretroatividade das leis, in *Repertório enciclopédico do direito brasileiro*, Rio de Janeiro, Borsoi, v. 29, p. 345-6; J. C. Matos Peixoto, Limite temporal da lei, *RF*, 56:261; Goffredo Telles Jr., *Iniciação*, cit., p. 198-200.

como não é possível progresso algum sem a certeza de quais serão as consequências dos atos jurídicos. Não poderá, portanto, a lei posterior à ocorrência do fato, sob pena de inconstitucionalidade, retroagir, atingindo o ato jurídico perfeito, o direito adquirido e a coisa julgada. É princípio fundamental de direito que as leis sejam aplicáveis a atos anteriores à sua promulgação, contanto que tais atos não tenham sido objeto de demandas, que não estejam sob o domínio da coisa julgada (*RF*, *6*:129), nem configurem ato jurídico perfeito ou direito adquirido. Fácil é perceber que entre a retroatividade e a irretroatividade existe uma situação intermediária, a da aplicação imediata da nova norma às relações nascidas sob a vigência da anterior e que ainda não se aperfeiçoaram. O requisito *sine qua non* para a imediata aplicação é o respeito ao direito adquirido, ao ato jurídico perfeito e à coisa julgada (*AJ*, *116*:289, *112*:124 e *103*:143; *RT*, *168*:544).

b) O princípio da irretroatividade obriga tanto o legislador como o órgão judicante. Como a Constituição não se dirige ao cidadão, mas ao Poder Público, que fica sujeito não só a ela, mas também às modificações reclamadas pela conveniência da vida social, o juiz não pode aplicar a nova lei às relações jurídicas já consumadas na vigência da norma anterior, e o legislador, por sua vez, quando uma situação especial exigir revisão de certas relações jurídicas, não pode promulgar lei retroativa, pois deve, constitucionalmente, resguardar o direito adquirido, o ato jurídico perfeito e a coisa julgada.

c) A retroatividade poderá submeter-se a uma classificação quanto: 1) aos efeitos: *máxima*, se destruir ato jurídico perfeito, ou se atingir relações já acabadas (Dec.-lei n. 1.907, de 26-12-1939. Revogado pelo art. 4º do Dec.-lei n. 8.207/45); *média*, se ocorrer quando a norma nova alcançar efeitos pendentes do ato jurídico perfeito verificado antes dela (Dec. n. 22.626/33; CTN, art. 105); *mínima*, se afetar somente os efeitos dos atos anteriores, mas produzidos após a data em que entrou em vigor; e 2) ao alcance: *justa*, quando não se depara na aplicação do texto uma ofensa ao ato jurídico perfeito, direito adquirido ou coisa julgada; *injusta*, quando qualquer dessas situações vier a ser lesada com a aplicação da nova norma.

d) A irretroatividade é a regra, no silêncio da lei, mas poderá haver retroatividade, se expressa, e não ofender direito adquirido, ato jurídico perfeito e coisa julgada.

e) A lei antiga poderá aplicar-se a todos os efeitos futuros de fatos anteriores à nova norma. Ter-se-á, então: 1) *survie de la loi ancienne*, ou seja, a sobrevivência da velha lei; 2) *media tempora non nocet*, ou melhor, se um fato começa a se formar sob a égide de uma lei, uma segunda norma vem a modificá-la, e depois uma terceira retorna aos princípios formados pela primeira; para Roubier, a lei do tempo intermédio não terá qualquer influência sobre aquele fato; logo, na situação jurídica de formação sucessiva, devem-se considerar as normas vigentes no início e no final da mesma, pouco importando as alterações ocorridas no interregno; consequentemente, a disposição normativa advinda em segundo lugar não existirá, não devendo ser, portanto, considerada pelo intérprete-aplicador. A lei nova produz efeito imediato sobre situação jurídica em curso de formação, pois não há direito adquirido.

f) As leis interpretativas são retroativas (*RF*, *3*:407, *4*:74 e *5*:38) por serem consideradas vigentes desde a promulgação da lei interpretada; mas já se julgou (*Revista de Direito*, *42*:504) que a lei interpretativa, por ser nova lei que altera a antiga, cria direito novo, não podendo ter, por isso, efeito retroativo.

g) Os direitos adquiridos devem ceder ao interesse da ordem pública (*Revista de Direito*, *97*:465, *86*:415 e *98*:180; *AJ*, *1*:4, *2*:48, *3*:112 e 419 e *8*:481; *RF*, *8*:501, *25*:432 e *26*:160 e 356); logo as normas de ordem pública serão retroativas, desde que expressas e sem que haja desequilíbrio jurídico-social. O STF tem entendido que não há direito adquirido quando o intérprete se defronta com matéria de ordem pública (RE 86.924-RJ, j. em 13-11-79, Rel. Min. Décio Miranda), que não há direito adquirido contra a Constituição (STF, RE 93.290, Rel. Min. Moreira Alves).

h) As normas constitucionais, políticas, administrativas, as processuais, principalmente as de organização judiciária e de competência retroagem, alcançando os atos que estão sob seu domínio, ainda que iniciados sob o império da lei anterior. Não há, portanto, direito adquirido contra a Constituição Federal (*RTJ*, *140*:1008, *71*:461, *67*:327).

i) O princípio *tempus regit actum* faz com que os atos processuais realizados sob a vigência da lei anterior sejam válidos e que as normas processuais tenham aplicabilidade imediata, regendo o desenvolvimento restante do processo.

j) As leis fiscais aplicam-se aos atos anteriormente realizados. Tal afirmação, apenas aparentemente, contraria o art. 6º da Lei de Introdução às Normas do Direito Brasileiro, os arts. 5º, XXXVI, e 150, III, *a* e *b*, da Constituição Federal de 1988, e os arts. 105 e 106 do Código Tributário Nacional, por basear-se na teoria dogmática da incidência normativa, que privilegia os efeitos da norma, sob o prisma dinâmico, e acata o princípio de que as normas interpretativas são retroativas (CTN, art. 106, I) e o de que o direito adquirido deve ceder ao interesse da ordem pública, desde que a norma seja expressa e sem que haja desequilíbrio jurídico-social. Além disso, urge lembrar que: *a*) o art. 150, III, *a* e *b*, da Constituição é alusivo à cobrança de tributos, sendo apenas uma norma especial que institui o princípio da anterioridade; *b*) o art. 105 do Código Tributário Nacional admite que a lei tributária venha a alcançar fato pendente; e *c*) o art. 106 do Código Tributário Nacional admite que se aplique ao fato pretérito, desde que seja interpretativa e em se tratando de ato ainda não julgado definitivamente. Logo, a antinomia é meramente aparente, por serem os arts. 150, III, *a* e *b* (CF/88), e 105 e 106 (CTN) normas especiais. Estas últimas admitem, expressamente, a retroatividade das leis fiscais nos casos nelas previstos, colhendo fatos pendentes e pretéritos. Por serem de ordem pública, as leis fiscais podem atingir direitos adquiridos e atos jurídicos perfeitos.

k) As normas penais retroagirão quando extinguirem ou reduzirem penas (*AJ*, *11*:390; *RF*, *4*:107, *9*:221, *12*:344, *16*:122 e *18*:422). Haverá retroatividade da lei penal que decretar penas mais brandas do que a anterior ou inocentar atos tidos como passíveis de pena. A norma que for favorável ao indivíduo só poderá ser aceita no âmbito do direito penal em virtude do primordial princípio *nulla poena sine lege*, em homenagem à *humanitatis causa*.

l) As normas sobre estado e capacidade das pessoas aplicam-se aos que estiverem nas condições a que se referem. Por exemplo, a lei nova concernente ao estado da pessoa não poderá atuar sobre casos já existentes. Assim, se: 1) alterar as condições de naturalização, não poderá impedir de ser brasileiro um estrangeiro que se naturalizou após preencher os requisitos exigidos pela lei anterior por ela revogada; 2) aumentar a idade nupcial, não poderá atingir os casamentos já realizados, cujo cônjuge tenha a idade indicada na lei anterior, por já ter obtido o estado de casado.

m) As leis sobre direito de família são irretroativas, exceto as alusivas aos direitos pessoais puros e aos direitos pessoais patrimoniais (creditórios, p. ex.).

n) As execuções de sentenças proferidas no domínio da lei anterior são retroativas (*RF*, *21*:206).

o) As condições de validade, as formas dos atos e os meios de prova dos atos jurídicos deverão ser apreciados de conformidade com a lei em vigor, no tempo em que eles se realizaram.

p) Os direitos realizados ou apenas dependentes de prazo para seu exercício não poderão ser prejudicados por uma nova norma, que lhes modifique as condições de existência.

q) O direito subordinado a uma condição não alterável a arbítrio de terceiro terá o mesmo respeito que o já efetivado.

r) O direito adquirido, que a norma deve respeitar, é vantagem individual, mesmo se ligada ao exercício de alguma função pública.

s) A lei nova que modificar o caráter de um bem jurídico será aplicada. Assim, p. ex., se uma norma estipular que a apólice de dívida pública é bem móvel, deverá ser aplicada mesmo que a anterior a tenha considerado imóvel.

t) A nova lei sobre prazo prescricional aplica-se desde logo se o aumentar, embora deva ser computado o lapso temporal já decorrido na vigência da norma revogada. Se o encurtar, o novo prazo de prescrição começará a correr por inteiro a partir da lei revogadora, salvo disposição legal em contrário (p. ex., arts. 2.028, 2.029 e 2.030 do novo CC). Se o prazo prescricional já se ultimou, a nova lei que o alterar não o atingirá.

u) As normas extintivas de institutos jurídicos vigoram de imediato, sem qualquer atenuação.

Art. 7º A lei do país em que for domiciliada a pessoa determina as regras sobre o começo e o fim da personalidade, o nome, a capacidade e os direitos de família.

- *Decretos n. 5.647, de 8 de janeiro de 1929, que aprova a Convenção de Direito Internacional Privado, de Havana, e 18.871, de 13 de agosto de 1929, que a promulga.*

- *Vide Lei n. 6.815, de 19 de agosto de 1980, sobre o nome de estrangeiro (arts. 31, 42 e s.).*

- *Lei n. 7.064/82, com alteração da Lei n. 11.962/2009, sobre situação de trabalhadores contratados ou transferidos para prestar serviço no exterior.*

- *Lei n. 11.961/2009 (regulamentada pelo Decreto n. 6.893/2009) sobre residência provisória para estrangeiro em situação irregular no território nacional.*

- *Portaria n. 2.231, de 3 de julho de 2009, do Ministério da Justiça estabelece as atribuições da Secretaria Nacional de Justiça e do Departamento de Polícia Federal no procedimento de concessão de residência provisória para o estrangeiro em situação irregular no território nacional a que alude o Decreto n. 6.893, de 2 de julho de 2009.*

- *O Decreto n. 66.605, de 20 de maio de 1970, promulga a Convenção sobre Consentimento para Casamento.*

- *Lei n. 7.565, de 19 de dezembro de 1986, arts. 3º a 10.*

- *Lei n. 6.015, de 31 de dezembro de 1973, arts. 55 a 58.*
- *Decreto n. 1.979, de 9 de agosto de 1996, sobre Convenção Interamericana sobre Normas Gerais de Direito Internacional Privado, concluída em Montevidéu, em 8 de maio de 1979.*
- *Código Civil, arts. 1º a 8º, 11 a 21, 22 a 39, 70 a 78 e 1.511 a 1.783.*
- *Lei n. 8.069/90, com as alterações da Lei n. 12.010/2009, arts. 39, 46, §§ 3º e 4º, 50, § 10, e 51 a 52-D e da Lei n. 13.509/2017.*
- *Despacho do Presidente do Conselho Nacional de Imigração de 17.2.2014 dispõe sobre concessão de visto temporário ou permanente e permanência definitiva a título de reunião familiar.*

§ 1º **Realizando-se o casamento no Brasil, será aplicada a lei brasileira quanto aos impedimentos dirimentes e às formalidades da celebração.**

- *Código Civil, arts. 1.517, 1.521, I a VII, 1.523 e 1.533 a 1.542.*
- *Lei n. 1.110, de 23 de maio de 1950, arts. 8º e 9º.*

§ 2º **O casamento de estrangeiros poderá celebrar-se perante autoridades diplomáticas ou consulares do país de ambos os nubentes.**

- *§ 2º com redação determinada pela Lei n. 3.238, de 1º de agosto de 1957.*
- *O Decreto n. 64.216, de 18 de março de 1969, promulga a Convenção sobre Nacionalidade da Mulher Casada.*
- *Código Civil, art. 1.544.*

§ 3º **Tendo os nubentes domicílio diverso, regerá os casos de invalidade do matrimônio a lei do primeiro domicílio conjugal.**

- *Código Civil, arts. 1.548 a 1.564.*

§ 4º **O regime de bens, legal ou convencional, obedece à lei do país em que tiverem os nubentes domicílios, e, se este for diverso, à do primeiro domicílio conjugal.**

- *De acordo com a retificação feita no Diário Oficial da União, de 17 de junho de 1943. O texto anterior rezava: "O regime de bens, legal ou convencional, obedece à lei do país em que tiverem os nubentes domicílio conjugal".*
- *Código Civil, arts. 1.639, 1.640, parágrafo único, 1.641 e 1.653.*

§ 5º **O estrangeiro casado, que se naturalizar brasileiro, pode, mediante expressa anuência de seu cônjuge,** requerer ao juiz, no ato de entrega do decreto de naturalização, se apostile ao mesmo a adoção do regime de comunhão parcial de bens, respeitados os direitos de terceiros e dada esta adoção ao competente registro.

- § 5º com redação determinada pela Lei n. 6.515, de 26 de dezembro de 1977.
- Código Civil, arts. 1.639, § 2º, e 1.658 a 1.666.
- Constituição Federal, art. 12, com alteração da EC n. 54/2007.

§ 6º O divórcio realizado no estrangeiro, se um ou ambos os cônjuges forem brasileiros, só será reconhecido no Brasil depois de 1 (um) ano da data da sentença, salvo se houver sido antecedida de separação judicial por igual prazo, caso em que a homologação produzirá efeito imediato, obedecidas as condições estabelecidas para a eficácia das sentenças estrangeiras no País. O Superior Tribunal de Justiça, na forma de seu regimento interno, poderá reexaminar, a requerimento do interessado, decisões já proferidas em pedidos de homologação de sentenças estrangeiras de divórcio de brasileiros, a fim de que passem a produzir todos os efeitos legais.

- Pela EC n. 45/2004, a competência homologatória é do STJ (CF, art. 105, I, i).
- § 6º com redação determinada pela Lei n. 12.036/2009 e principalmente pelo disposto na Constituição Federal, art. 226, § 6º.
- Súmula STF, n. 381.
- Código de Processo Civil de 2015, arts. 53, I, a, b e c, 960, §§ 1º a 3º, e 961, §§ 1º a 6º.
- Regimento Interno do Supremo Tribunal Federal, art. 367 (a título histórico).
- Lei n. 8.408, de 13 de fevereiro de 1992, que alterou a Lei n. 6.515/77.
- Código Civil, arts. 1.571 e s.
- Artigo parcialmente revogado pela CF, art. 226, § 6º, com a redação da EC n. 66/2010.

§ 7º Salvo o caso de abandono, o domicílio do chefe da família estende-se ao outro cônjuge e aos filhos não emancipados, e o do tutor ou curador aos incapazes sob sua guarda.

- Vide arts. 76, parágrafo único, e 1.569 do Código Civil.
- Vide arts. 226, § 5º, e 227, § 6º, da Constituição Federal de 1988.
- Lei n. 10.216/2001, que dispõe sobre a proteção de pessoa portadora de transtorno mental e redireciona o modelo assistencial em saúde mental.

§ 8º Quando a pessoa não tiver domicílio, considerar--se-á domiciliada no lugar de sua residência ou naquele em que se encontre.

- Vide arts. 70 a 73 do Código Civil.
- Código de Processo Civil de 2015, art. 46, § 3º.

1. Doutrina da extraterritorialidade e estatuto pessoal

Pela *extraterritorialidade*, possível será a aplicação da lei em território de outro Estado, de conformidade com o estabelecido em princípios e convenções internacionais. A norma ultrapassará, portanto, suas fronteiras, atendendo aos interesses de vários países. O princípio *leges non valent ultra territorium* inclina-se ante o interesse das nações. Assim sendo, a territorialidade significaria a aplicabilidade de leis locais sem ater-se às alienígenas, e a extraterritorialidade designaria os efeitos legais das normas além dos limites do Estado. A lei extraterritorial teria duas funções: *a*) proteger a pessoa em território estrangeiro; e *b*) regular os efeitos de atos estrangeiros que venham a se cumprir, no todo ou em parte, no país. A extraterritorialidade, no entanto, encontrará restrições, pois o Estado apenas poderá permitir que, dentro de seu território, se aplique norma alienígena que não atente contra a soberania nacional, a ordem pública e os bons costumes.

Com isso, casos haverá em que se admite a interpenetração de norma estrangeira atuando no território brasileiro, pois nem sempre as leis poderão ficar enclausuradas dentro dos limites espaciais do Estado. Classicamente denomina-se *estatuto pessoal* a situação jurídica que rege o estrangeiro pela lei de seu país de origem. Trata-se da hipótese em que a norma de um Estado acompanha o cidadão para regular seus direitos em outro país. Esse estatuto pessoal baseia-se na lei da nacionalidade (critério político) ou na *lex domicilii* (critério político-geográfico). A lei nacional e a lei do domicílio constituem, portanto, critérios solucionadores dos conflitos interespaciais, sendo elementos de conexão indicativos da lei competente para reger o conflito de leis no espaço[311].

---

311. Vico, *Curso de derecho internacional privado*, 1934, p. 101-4; Cavaglieri, *Lezioni di diritto internazionale privato*, Napoli, 1933, p. 9; Oscar Tenório, *Direito internacional privado*, Rio de Janeiro, Freitas Bastos, 1967, v. 1, p. 392; Paulo de Lacerda, *Manual*, cit., v. 1, p. 45.

2. "Lex domicilii"

Pela anterior Lei de Introdução (art. 8º), o estatuto pessoal tinha como critério fundamental a *lei nacional*, uma vez que a do domicílio era subsidiária, sendo aplicada tão somente quando a pessoa não tivesse nacionalidade (apátrida, apólide ou *heimathlos*), porque nasceu sem pátria ou a perdeu em razão, p. ex., de desnacionalização a título de pena, por prestar serviço militar no exterior sem permissão do governo nacional etc., não tendo obtido outra nacionalidade, ou, se tivesse dupla nacionalidade (binacional, polipátrida ou plurinacional), por manter sua nacionalidade de origem por linha hereditária (*ius sanguinis*) ao adquirir outra em função do local do nascimento (*ius solis*) ou por ter nascido com as duas (LINDB, art. 9º, §§ 1º e 2º). O critério da nacionalidade, por ser político, convertendo a pessoa em súdito permanente de um Estado, traz problemas, pois, se a pessoa tiver várias nacionalidades, o juiz local dará prevalência a uma delas ou fará uso da *lex domicilii* para decidir a causa; se apátrida, três soluções apresentar-se-iam: a aplicação da última nacionalidade perdida, a de *ius fori* ou a da lei domiciliar. Por ser o estado de *heimathlosat* e a binacionalidade uma anomalia, o direito brasileiro, apesar de ter adotado a lei nacional, exigia a aplicação da lei do domicílio[312].

---

312. Tedeschi, *Del domicilio*, 1936; e *Domicilio nel diritto internazionale privato*, 1933; Zumbach, *Le domicile en droit civil comparé*, 1927; Calandrelli, *Cuestiones de derecho internacional privado*, v. 1, p. 7-52; Pontes de Miranda, *La conception du droit international privé d'après la doctrine et la pratique au Brésil*, Paris, Sirey, 1933, p. 67 e s.; Haroldo Valladão, *Direito internacional privado*, Rio de Janeiro, Freitas Bastos, 1970, p. 251 e s.; Ottolenghi, *Sulla funzione e sull'efficacia delle norme interni di diritto internazionale privato*, Torino, 1913; Oscar Tenório, *Direito internacional privado*, cit., v. 1, p. 145 e s., 301 e s., e 417 e s.; v. 2, p. 50 e s.; Ghirardini, *La comunità internazionale e il suo diritto*, *Rivista di Diritto Internazionale*, 1919, p. 3-31; Osiris Rocha, *Curso de direito internacional privado*, São Paulo, Saraiva, 1975, p. 68-9; Olívia C. G. Baptista, Nacionalidade: direito fundamental ou ônus invisível? *Direitos humanos na ordem contemporânea* (coord. Daniela Ikawa, Flávia Piovesan e Melina G. Fachin), Curitiba, Juruá, 2010, p. 519-32; Nádia C. Batista. A nacionalidade no ordenamento jurídico brasileiro: um direito constitucional. *Revista de direito constitucional e internacional*, n. 124:35 a 62 (2021); Guimarães, Marques e Alves, Formas atípicas de naturalização e de aquisição da nacionalidade primária: acertos e omissões da lei da migração brasileira, *Revista Jurídica — Unicuritiba*, v. 1, n. 63, 2021, p. 15-68. *Vide* Decreto Legislativo n. 38/95, que aprova o texto da Convenção sobre o Estatuto dos Apátridas, concluída em Nova York, em 28 de setembro de 1954, e o Decreto n. 4.246, de 22 de maio de 2002, que promulga tal convenção. Hermes Marcelo Huck (Dupla nacionalidade ou meia nacionalidade, *Tribuna do Direito*, nov. 1994, p. 31) observa, ao comentar o art. 12, § 4º, II, *a*, da Constituição de 1988, que aceitar uma nacionalidade estrangeira, em decorrência da origem dos ascendentes, não se caracterizaria como uma "naturalização voluntária", pois o filho ou neto de estrangeiro já teria sua segunda nacionalidade pelo direito de seus antepassados. Logo, somente quem requeresse sua segunda nacionalidade, sob qualquer outro fundamento, estaria praticando um ato de naturalização voluntária, perdendo a nacionalidade brasileira. Como se vê, a norma constitucional admite a existência de cidadão "binacional" que mantém a nacionalidade brasileira, apesar

No Brasil houve, ante tais problemas, reações doutrinárias e jurisprudenciais em favor da *lex domicilii*, que, finalmente, veio, com a edição da atual Lei de Introdução, a substituir a lei da nacionalidade, atendendo aos reclamos de um país onde o afluxo de estrangeiros é considerável, e a aplicação da lei nacional criara *véritables nappes juridiques étrangères*, usando a expressão de Maurice Carasso[313]. Calando assim as vozes que reconheciam, apesar *de lege lata* se aplicasse no Brasil a lei nacional, ser conveniente *de lege ferenda* que se utilizasse a lei domiciliar, que melhor atendia aos inte-

de ter reconhecida a sua originária, em razão do *jus sanguinis*. Portaria n. 5, de 5 de fevereiro de 2015, da Diretoria do Departamento de Estrangeiros, estabelece e institui documentos necessários à instrução de processos de alteração de assentamentos e averbação de nacionalidade constantes do registro de estrangeiros; Portaria n. 6, de 5 de fevereiro de 2015, da Diretoria do Departamento de Estrangeiros, estabelece e institui documentos necessários à instrução de processos administrativos de naturalização; Portaria n. 7, de 5 de fevereiro de 2015, da Diretoria do Departamento de Estrangeiros, estabelece e institui documentos necessários à instrução dos processos administrativos que regem o Estatuto da Igualdade entre Portugueses e Brasileiros; Portaria n. 1.956, de 1º de dezembro de 2015, do Ministério da Justiça, estabelece a gratuidade dos atos relacionados ao registro nacional de estrangeiro e à emissão de carteira de identidade do estrangeiro por refugiados e asilados. Vide: *RT, 730*:719; *RDA, 205*:393. A Lei n. 13.445/2017 (revogou o Estatuto do Estrangeiro — Lei n. 6.815/1980) e instituiu a Lei de Migração.

Decreto n. 8.501, de 18 de agosto de 2015, promulga a Convenção para a Redução dos Casos de Apatridia, firmada em Nova York, em 30 de agosto de 1961.

Pela CF: "Art. 12. São brasileiros:

I — *natos*:

a) os nascidos na República Federativa do Brasil, ainda que de pais estrangeiros, desde que estes não estejam a serviço de seu país;

b) os nascidos no estrangeiro de pai ou mãe brasileira, desde que qualquer deles esteja a serviço da República Federativa do Brasil;

c) os nascidos no estrangeiro de pai brasileiro ou de mãe brasileira, desde que sejam registrados em repartição brasileira competente ou venham a residir na República Federativa do Brasil e optem, em qualquer tempo, depois de atingida a maioridade, pela nacionalidade brasileira;

II — *naturalizados*:"

Ato das Disposições Constitucionais Transitórias passa a vigorar acrescido do seguinte art. 95 pela EC n. 54/2007.

"Art. 95. Os nascidos no estrangeiro entre 7 de junho de 1994 e a data da promulgação desta Emenda Constitucional, filhos de pai brasileiro ou mãe brasileira, poderão ser registrados em repartição diplomática ou consular brasileira competente ou em ofício de registro, se vierem a residir na República Federativa do Brasil."

"Contando o requerente, à época do pedido, com 16 anos de idade e, por isso, sendo menor relativamente incapaz, não estaria impedido de optar nem de postular a homologação de sua opção pela nacionalidade brasileira, mas a opção, neste caso, seria provisória, sujeita a confirmação depois de atingida a maioridade aos 18 anos, fato aliás já ocorrido" (TRF, 4ª Região. Ap. n. 2004.700.200.48241, rel. Des. Valdemar Capeletti, j. 15-2-2006).

Sobre opção de nacionalidade e naturalização: Lei n. 13.445/2017, arts. 63 a 76.

313. Maurice Carasso, *Des conflits de lois en matière de capacitè civile, spécialement en droit suisse*, 1938, p. 76-7.

resses nacionais[314]. Assim os direitos pessoais passaram a ser disciplinados pela lei do domicílio, de mais fácil determinação do que a da nacionalidade, satisfazendo a necessidade de se tornar com segurança conhecida a lei pessoal reguladora da capacidade das pessoas, eliminando o inconveniente da dupla nacionalidade ou da falta de nacionalidade (*heimathlosat*), e, além disso, veio a facilitar a solução de certos problemas[315]. Certeiras são, a respeito, as palavras de René Cassin de que "o sistema baseado sobre o domicílio repousa sobre uma noção de fato elementar, que nenhuma reviravolta (*'bouleversement'*) política poderá alterar. Permite aproximar a competência jurisdicional e a competência legislativa, sem as soldar, necessariamente. Permite atribuir a sua justa parte à vontade do indivíduo. É agente de conciliação do seu interesse com a segurança do grupo em que vive"[316]. Reforça essa ideia a lição de Thomas Henry Healy de que "interesses práticos, sociais e comerciais exigem que sejam os estrangeiros submetidos ao direito do território em que residem realmente; de outro modo o governo e seus súditos estariam em estado de constante incerteza a respeito dos direitos a serem observados quanto a essas pessoas"[317].

A *lex domicilii*, que rege o estatuto pessoal, é o critério que mais atende à conveniência nacional. Visto ser o Brasil um país de imigração, tem ele o interesse de sujeitar o estrangeiro aqui domiciliado à sua lei, integrando-o à vida nacional, independentemente de sua subordinação política. Comose vê, o critério do domicílio é político, geográfico e jurídico, uma vez que a pessoa passará a fazer parte da população. Se estrangeira, adquirirá direitos e assumirá obrigações de ordem pública; é por isso, no dizer de Niboyet, uma subnacionalidade ou vice-nacionalidade[318].

---

314. Rodrigo Otávio e outros, *Manual do Código Civil brasileiro*, 1932, p. 28.

315. Espínola e Espínola Filho, *A Lei de Introdução*, cit., v. 1, p. 539; Von Bar, *Theorie und Praxis des internationalen Privatrecht*, v. 1, n. 92; Pillet, *Principes de droit international privé*, 1903, n. 149; Despagnet, *Précis de droit international privé*, 1909, n. 11; Georges Levasseur, *Le domicile et sa détermination en droit international privé*, 1931; Nicolau Nazo, *A determinação do domicílio no direito internacional privado*, São Paulo, 1952.

316. René Cassin, La nouvelle conception du domicile, in *Recueil des Cours de l'Academie de Droit International*, 1930, v. 34, p. 772.

317. Thomas Henry Healy, *Théorie générale de l'ordre public*, in *Recueil des Cours*, v. 9, p. 523.

318. Rodrigo Otávio, *Manual*, cit., v. 1, n. 17; Oscar Tenório, *Direito internacional privado*, cit., v. 1, p. 421; Amílcar de Castro, *Direito internacional privado*, Rio de Janeiro, Forense, 1968, v. 1, p. 198; Norman Bentwich, Le développement récent du principe du domicile en droit anglais, in *Recueil des Cours*, v. 49, p. 381; Christiane Bernardes de Carvalho Mello, *Direito internacional privado e relação jurídica de trabalho: aspectos da legislação brasileira*, São Paulo, LTr, 2005, p. 29 a 82. A Instrução Normativa n. 1.542, de 22 de janeiro de 2015, altera a Instrução Normativa

RFB n. 1.214, de 12 de dezembro de 2011, que dispõe sobre os limites para remessa de valores, isentos do Imposto sobre a Renda Retido na Fonte (IRRF), destinados à cobertura de gastos pessoais, no exterior, de pessoas físicas residentes no País, em viagens de turismo, negócios, serviço, treinamento ou missões oficiais. A Lei n. 13.254, de 13 de janeiro de 2016, dispõe sobre o Regime Especial de Regularização Cambial e Tributária (RERCT) de recursos, bens ou direitos de origem lícita, não declarados ou declarados incorretamente, remetidos, mantidos no exterior ou repatriados por residentes ou domiciliados no País. A Instrução Normativa n. 407, de 17 de março de 2004, da Secretaria da Receita Federal, dispõe sobre a retenção na fonte do imposto de renda incidente sobre rendimentos e ganhos de capital, quando o beneficiário for residente ou domiciliado no exterior. A Portaria n. 2.524/2008 do Ministério da Justiça dispõe sobre expedição de Cédula de Identidade para Estrangeiros (CIE) maiores de 51 anos e deficientes físicos de qualquer idade. O Decreto n. 86.715/81, com alteração do Decreto n. 8.757/2016, sobre situação jurídica do estrangeiro no Brasil. Revogados estão os §§ 1º a 4º do art. 5º, § 2º do art. 31; §§ 1º e 2º do art. 36, art. 37 e §§ 1º a 3º do art. 41 do Dec. n. 5.773/2006.

Interessante é o seguinte julgado: Vara da Família, Órfãos, Infância e Juventude. Autos n. 020.02.024746-0 — SC — Juíza Ana Lia B. Moura. Ação: Guarda e Responsabilidade/Infância e Juventude.

Consta dos autos tenha a guarda da menor estado devidamente regulamentada em favor do ora requerido em decisão proferida pela Justiça do Japão, consoante assentado em documento devidamente traduzido por escrito juramentado constante às fls. 25/27.

Segundo o texto do art. 267 do Digesto Processual Civil, provocam a extinção do processo sem julgamento de mérito:

"Art. 267 (*omissis*) V — acolhimento da alegação de peremção, litispendência ou de coisa julgada". É que não se tolera, em direito processual, que se renove a propositura de uma ação que verse sobre o mesmo tema, quando já revestida de decisão judicial que lhe torne imutável e indiscutível (art. 467 do CPC). No caso, considerando-se reste a matéria ventilada na presente ação acobertada pelo instituto da coisa julgada, já que a pretensão nestes autos deduzida já restou devidamente apreciada, a extinção do feito é medida que se impõe. Assim, diante do reconhecimento da coisa julgada, declaro extinto o presente feito, sem julgamento de mérito, na forma do art. 267, V, do Código de Processo Civil.

Custas pela autora

P.R.I. Arquive-se oportunamente.

Criciúma (SC), 21 de julho de 2004

Ana Lia Barbosa Moura

Juíza de direito

Ação de Guarda e Responsabilidade, Processo n. 020.02.024746-0, Vara da Família, Infância e Juventude da comarca de Criciúma-SC. Já devidamente qualificada nos autos em epígrafe, inconformados com a respeitável sentença exarada neste feito, vem com o devido respeito e acatamento, de acordo com o artigo 513 e seguintes do Código de Processo Civil, apresentar Recuso de Apelação pelas razões de fato e de direito em anexo, esperando seja a presente inconformidade recebida e encaminhada à Superior Instância para a devida reforma.

Termos em que,

Pede deferimento,

Criciúma, 03 de setembro de 2004.

Sandra Regina Semeler Tomé

OAB/SC 15.014

Apelação Cível de Criciúma. Apelante. Apelado. Objeto: Contrarrazões do apelado.

Colenda Câmara:

A par de sua ilustre lavra, a douta sentença da eminente magistrada, Dra. Ana Lia Barbosa Moura, merece confirmação pelo seu conteúdo, ainda que de poucas palavras.

I — Do Agravo Retido. Antes, porém, de apreciá-la, é de ser rebatido o Agravo Retido manejado pela Apelante (fls. 148/155), revigorado nas razões de apelação (fl. 164), o que impõe seja conhecido, inconformada com a interlocutória que lhe revogou o benefício da assistência judiciária gratuita.

Bem andou a decisão agravada, ao retirar-lhe um benefício legal que foi instituído para permitir a todos o acesso ao Judiciário, ainda que, necessitados não disponham de meios para custeá-lo, o que, por certo, não é o caso da Agravante.

Com efeito, ao ajuizar a demanda, pleiteando a guarda da filha comum das partes, a Agravante jactava-se, na inicial, de suas condições para o exercício do mister: "4.2 — Não resta dúvida de que a requerente, mãe do menor, possui todas as condições de prestar a devida assistência à filha, tanto material quanto moral e educacional, como versa o art. 33 da Lei n. 8.069/90" (fl. 04). Pouco antes, no item 4.1, declinava sua profissão que lhe proporcionaria renda para tanto: "atividade profissional de tradutora/intérprete".

Justificava-se, ainda, demonstrando ter adquirido sua casa própria, ou seja, o apartamento, com Box, adquirido no ano de 2000, conforme escritura pública que acostou (fls. 12/13), imóvel esse com área real privativa de 71,25 metros quadrados, o que, efetivamente, confirma que tem bons ganhos.

E, mais, recentemente, ainda neste ano, viajou para o Japão, onde permaneceu largo tempo, inclusive celebrando novo pacto acerca da guarda da filha, em agosto (fls. 157/162), objeto deste feito, viagem que, como consabido, atrai altos custos financeiros.

Assim, não tem como deixar de pagar as ínfimas custas processuais, como o fez na interposição da apelação (fl. 171), o que não desfalcou suas finanças, confirmando o acerto da decisão agravada que, assim, merece ser mantida, negando-se provimento ao agravo retido.

II — Da Apelação. Melhor sorte não haverá de merecer a Apelante, na sua pretensão de ver reformada a douta sentença extintiva do feito. E, ainda que tivesse razão na busca da dita reforma, pelos argumentos que espraia, haveria de esbarrar em outro óbice, de igual hierarquia constitucional à coisa julgada, documentado na peça recém-produzida pelas partes, no Japão, que é o acordo juntado (fls. 157/162).

Convém lembrar o que os autos demonstram à sociedade: a Apelante, por muitos anos, residiu no Japão, onde conheceu o Apelado, com quem casou e teve uma filha. Casaram lá e lá nasceu a filha comum, continuando a morar lá.

Até que, vindo ao Brasil, em visita à sua mãe, no compromisso de retorno com data marcada, a Apelante resolveu aqui ficar e esquecer que sua filha tem pai e domicílio certo, bem definida sua situação pela lei japonesa. Adotou um ato violento, caracterizado como fuga e verdadeiro sequestro da filha, para torná-lo jurígeno, invertendo a competência para definir a guarda, amplamente concretizada pela lei japonesa.

O artigo 818, 1, do Código Civil do Japão estabelece, literalmente, que "o filho menor fica sujeito ao pátrio poder dos pais", enquanto o 820 reza que "o detentor do pátrio poder tem o direito e o dever da guarda e educação do filho".

Em seguimento, o artigo 821: "O domicílio do filho deve ser estabelecido no local determinado por detentor do pátrio poder", enquanto o 827 arremata: "O direito de pátrio poder deve ser exercido com a mesma diligência observada na condução dos próprios interesses".

Nossa Lei de Introdução ao Código Civil, em seu artigo 7º, assim dispõe: "A lei do país em que for domiciliada a pessoa determina as regras sobre... os direitos de família".

Comentando-o, a consagrada Maria Helena Diniz, em sua obra intitulada "Lei de Introdução ao Código Civil Brasileiro Interpretada", 9ª edição, adaptada à Lei n. 10.406/2002 — Saraiva — 2002, assim preleciona: "Assim, atualmente, no Brasil, em virtude do disposto no art. 7º da Lei de Introdução ao Código Civil vigente, funda-se o estatuto pessoal na lei do domicílio ou na da sede jurídica da pessoa, ou seja, na lei do país onde a pessoa está domiciliada" (p. 208).

E prossegue a insigne doutrinadora:

"O *ius domicilii* é observado, pois o recém-nascido só poderá ter o domicílio dos pais, do pai ou da mãe na ocasião do nascimento (CC, art. 76). Assim, se uma criança nascer no Brasil, e se seus pais, tendo pleno exercício do poder familiar, estiverem domiciliados na França, será o direito francês que determinará o modo de se conferir a personalidade do recém-nascido. Os filhos menores, não emancipados, terão, portanto, por domicílio o de seu pai" (p. 246).

E arremata a mestra:

"Preciso será esclarecer que não mais se considera a pessoa do marido em si, mas o domicílio da família, ou seja, de ambos os consortes, ou melhor, o do país onde o casal fixou domicílio logo após as núpcias, com a intenção de constituir família e estabelecer o seu centro negocial" (op. cit. p. 246).

Ora, é incontroverso que (a) *o casal fixou domicílio logo após as núpcias*, no Japão e lá viveu longos anos, (b) que a filha nasceu no Japão e japonesa continua, (c) que a Autora veio para o Brasil apenas para visitar sua mãe e para lá retornar, com o que (d) seu comportamento implicou em sequestro da filha frente ao pai e sua pátria, (e) que o novo domicílio buscado no Brasil não pode prevalecer frente ao oficial, no Japão, no mínimo porque o ato ilícito não é jurígeno, (f) que, pela lei japonesa a mãe já está destituída do pátrio poder e, finalmente (g) que a lei japonesa impõe ao pai o direito/dever da guarda e educação do filho, para o que haverá de exercer o pátrio poder com a mesma diligência observada na condução dos próprios interesses.

Assim, ainda, na esteira da ponderação da mesma festejada autora acima invocada:

"O órgão judicante deverá aplicar, quando for o caso, o direito alienígena em razão de determinação da 'lex fori', não podendo desprezá-lo para acolher o direito interno" (op. cit. p. 208).

Perante o direito japonês, inquestionável a regularização da guarda da menor atribuída ao pai, desimportando a forma.

Tanto é assim que, agora, em agosto, novos contornos foram dados a essa guarda, redimensionando-a, nos precisos termos do documento de folhas 157/158, que atende inteiramente à lei local, redigido por Oficial Público regulado pelo Poder Judiciário, tal como aqui, embora não profira decisões judiciais, o que não descaracteriza o ato oficial.

Praticado assim, o ato oficial de então, como o atual, identificam o *ato jurídico perfeito*, situado no mesmo patamar de garantia constitucional da coisa julgada.

Mesmo que não tivesse a eminente magistrada singular proferido a extinção do feito com a base que invoca, agora haveria de pronunciá-la, pelo esvaziamento da demanda, já que seu objeto (guarda de menor) restou oficialmente solvido pelo acordo recente, ato jurídico perfeito praticado no local certo e obedientemente às formalidades oficiais do país onde há de resolver-se qualquer questão que envolva direitos de família, como visto no texto legal acima transcrito.

Ainda mais quando nos precisos termos do mencionado acordo (cláusula 2ª — fl. 158) "a mãe deverá vir para o Japão, junto com a filha, até dia 25 de dezembro de 2004", com o que haverá de cumprir-se a mais ampla vontade das partes e, especialmente, da filha.

Afinal, *"Opus Justitiae Pax"*!

Seja, pois, negado provimento a ambos os recursos (agravo retido e apelação) veiculados, mantendo-se as judiciosas decisões da eminente magistrada de primeiro grau. Criciúma, 25 de outubro de 2004.

O Decreto n. 8.660, de 29 de janeiro de 2016, promulga a Convenção sobre a Eliminação da Exigência de Legalização de Documentos Públicos Estrangeiros, firmada pela República Federativa do Brasil, em Haia, em 5 de outubro de 1961.

O Decreto n. 5.311, de 15 de dezembro de 2004 (ora revogado pelo Decreto n. 5.978/2006), alterou os arts. 96 e 97 do Decreto n. 86.715, de 10 de dezembro de 1981, e o art. 30 do Decreto n. 1.983, de 14 de agosto de 1996, para estabelecer o prazo de validade do passaporte para estrangeiros e do *laissez-passer*, conceder validade para múltiplas viagens ao *laissez-passer* e dispor sobre o recolhimento desses documentos. O *Metro Brasil* noticia ("País todo já emite passaporte com chip", 15-2-2011, p. 5) que a Polícia Federal vem emitindo novo passaporte eletrônico com *chip*, contendo todos os dados do cidadão, inclusive sua foto e suas impressões digitais, que são lidos assim que o documento é colocado na máquina leitora. Têm dispositivos de segurança, como a marca-d´água, fundo invisível, fio de segurança e tinta opticamente variável. Sua duração é de 5 anos. O Decreto n. 7.821, de 5 de outubro de 2012, promulga o Acordo entre a República Federativa do Brasil e a União Europeia sobre Isenção de Vistos de Curta Duração para Portadores de Passaportes Comuns, firmado em Bruxelas, em 8 de novembro de 2010. Noticia o *BAASP*, *2808*:8, que: "Um acordo assinado em 2010, e promulgado no dia 8 de outubro de 2012, pelo Brasil e pela União Europeia, facilitará a ida de brasileiros para 25 dos 27 países do bloco. O Decreto n. 7.821/2012 detalhou em nove artigos as normas que norteiam o Acordo sobre Isenção de Vistos de Curta Duração para Portadores de Passaportes Comuns, firmado, em Bruxelas, em 8-11-2010. Com o acordo, os brasileiros interessados em fazer viagens de até três meses para os países da União Europeia, exceto para o Reino Unido e a Irlanda, não necessitarão de visto. A medida vale para 25 países: Áustria, Bélgica, Bulgária, Chipre, República Checa, Dinamarca, Eslováquia, Eslovênia, Espanha, Estônia, Finlândia, França, Alemanha, Grécia, Hungria, Itália, Letônia, Lituânia, Luxemburgo, Malta, Países Baixos, Polônia, Portugal, Romênia e Suécia. Cada país poderá romper o acordo caso haja divergências ao decorrer da parceria. Os nove artigos do decreto dispõem sobre temas específicos, como a permanência do estrangeiro no país e o intercâmbio de informações entre as autoridades. Também relaciona as situações nas quais haverá isenção do visto. A medida é recíproca, portanto vale também para os europeus que vierem para o Brasil, por até três meses. Conforme o documento, o período máximo de três meses pode ser estendido por até seis meses, desde que negociado com as autoridades de cada país.

O fim do visto vale para quem viajar a turismo, visitar parentes e participar de conferências, reuniões e congressos — exceto quando a pessoa recebe recursos públicos para a participação. Os viajantes que desejam exercer atividades remuneradas ou assalariadas, participar em atividades de pesquisa, estágios, estudos e trabalhos de caráter social, bem como realizar atividades de assistência técnica, de caráter missionário, religioso ou artístico, não estão abrangidos no acordo.

O documento também afirma que as negociações já existentes permanecem em vigência. Os governos podem suspender a vigência do texto se considerarem necessário".

O Decreto n. 5.978/2006 dá nova redação ao Regulamento de Documentos de Viagem; e, no art. 3º, revoga, expressamente, os arts. 96 e 97 do Decreto n. 86.715, de 10 de dezembro de 1981, que tinham a seguinte redação:

"Art. 96. O prazo de validade do passaporte para estrangeiro e do 'laissez-passer' será de até dois anos, improrrogável.

§ 1º O passaporte para estrangeiro é válido para uma única viagem e será recolhido pelo Departamento de Polícia Federal, quando do ingresso de seu titular no Brasil.

§ 2º O 'laissez-passer' será válido para múltiplas viagens e será recolhido, no Brasil, pelo Departamento de Polícia Federal, e no exterior, pelas missões diplomáticas ou repartições consulares, quando expirar seu prazo de validade ou, antes disso, em caso de uso irregular.

Art. 97. A concessão de novo 'laissez-passer' ou passaporte para estrangeiro é condicionada ao recolhimento e cancelamento do documento anterior, além do preenchimento dos requisitos legais pertinentes".

E o art. 30 do Regulamento aprovado pelo Decreto n. 1.983, de 14 de agosto de 1996, passa a vigorar com a seguinte redação:

"O passaporte para estrangeiro e o 'laissez-passer' terão validade de até dois anos, improrrogável.

§ 1º O passaporte para estrangeiro é válido para uma única viagem e será recolhido quando do ingresso de seu titular no Brasil.

§ 2º O 'laissez-passer' será válido para múltiplas viagens e será recolhido quando expirar seu prazo de validade ou, antes disso, em caso de uso irregular".

A Lei n. 12.968/2014 estabelece procedimento alternativo que simplifica concessão de visto de turismo a estrangeiro, alterando os arts. 9º, 10 e 56 da Lei n. 6.815/80 (ora revogada). A principal mudança é que agora o turista poderá realizar todo o procedimento pela internet, e as solicitações de visto serão processadas pelo Sistema Consular Integrado do Ministério das Relações Exteriores, na forma disciplinada pelo Poder Executivo. O art. 10 complementa o texto, afirmando que a exigência de visto pode ser dispensada ao turista nacional de país que dispense ao brasileiro idêntico tratamento. Isso significa que atletas, artistas e outros profissionais que vierem ao país tratar de negócios não precisam apresentar visto, desde que seu país dê o mesmo tratamento aos brasileiros. Para a obtenção do visto por meio eletrônico, a nova lei prevê que o estrangeiro preencha e envie o formulário e os documentos exigíveis, e pague as taxas cobradas, sempre por meio da internet. Segundo a nova lei, o visto concedido pela autoridade consular poderá ser aposto a qualquer documento de viagem emitido nos padrões estabelecidos pela Organização da Aviação Civil Internacional (Oaci), não implicando a oposição do visto o reconhecimento de Estado ou Governo pelo Governo brasileiro.

Vide: Resolução Normativa n. 68, de 7 de dezembro de 2005, do Conselho Nacional de Imigração, sobre concessão de visto a estrangeiro que venha ao Brasil prestar serviço voluntário junto a entidade religiosa, de assistência social ou organização não governamental sem fins lucrativos; Resolução Normativa n. 118, de 21 de outubro de 2015, do Conselho Nacional de Imigração, disciplina a concessão de autorização para fins de obtenção de visto permanente para investidor estrangeiro — pessoa física; Resolução Normativa n. 69, de 7 de março de 2006, do Conselho Nacional de Imigração, sobre concessão de autorização de trabalho a estrangeiros na condição de artista ou desportista, sem vínculo empregatício; Resolução Normativa n. 104/2013 do Conselho Nacional de Imigração, que disciplina os procedimentos para autorização de trabalho a estrangeiro; Portaria n. 3, de 24 de janeiro de 2007, do Departamento de estrangeiros, que estabelece novos modelos de Certificados de Igualdade de Direitos Civis, de Gozo de Direitos Políticos, bem assim a respectiva 2ª via, para portugueses beneficiados com o Tratado de Amizade, Cooperação e Consulta entre a República Federativa do Brasil e a República Portuguesa, promulgado pelo Decreto n. 3.927, de 19 de setembro de 2001; Provimento n. 129/2008 do Conselho Federal da OAB sobre inscrição de advogados de nacionalidade portuguesa na Ordem dos Advogados do Brasil.

André Meira observa (*Mudanças na nacionalidade portuguesa*, disponível em: www.guaranyjunior.com.br) que a Lei da Nacionalidade Portuguesa de 1981, além das alterações sofridas em 2018, apresenta mudanças, por força de Lei aprovada em 23-7-2020 e veio a permitir a aquisição da nacionalidade portuguesa, fazendo uso de critérios mais objetivos a: filhos de imigrantes, que estejam legalmente em Portugal há um ano, que nasçam em Portugal e cursem a escola básica; a netos de portugueses nascidos no exterior que falem a língua portuguesa e não tenham condenação por crime cuja pena seja superior a 3 anos ou não tenham envolvimento com ato terrorista; a cônjuges e companheiros de portugueses, sem exigência do critério temporal de 3 anos dessa união, quando houver filhos portugueses. Também houve mudança sobre a nacionalidade derivada para nascidos em Portugal após o 25 de abril (descolonização), permitindo a naturalização às pessoas nascidas em Portugal após 25-4-1974 e antes da entrada em vigor da Lei da Nacionalidade de 1981, que se encontraram privadas da nacionalidade portuguesa, por não viverem em Portugal desde há 5 anos quando os seus países deixaram de ser colônia de Portugal.

A Lei n. 12.134, de 18 de dezembro de 2009, alterou o art. 20 da Lei n. 6.815, de 19 de agosto de 1980 (ora revogada), para instituir a reciprocidade na concessão de prazos de permanência de estrangeiros no Brasil.

Tal art. 20 da Lei n. 6.815, de 19 de agosto de 1980, passou a vigorar com a seguinte redação:

"Art. 20 (...)

Parágrafo único. A validade para a utilização de qualquer dos vistos é de 90 (noventa) dias, contados da data de sua concessão, podendo ser prorrogada pela autoridade consular uma só vez, por igual prazo, cobrando-se os emolumentos devidos, aplicando-se esta exigência somente a cidadãos de países onde seja verificada a limitação recíproca".

Sobre documentos de viagem e vistos: Lei n. 13.445/2017, arts. 9º a 22.

A Resolução Normativa n. 77/2008 (revogada pela Res. Normativa n. 108/2014 — *vide* Despacho do Presidente do Conselho Nacional de Imigração, de 17-2-2014, sobre concessão de visto temporário ou permanente e permanência definitiva a título de reunião familiar) do Conselho Nacional de Imigração dispunha sobre critérios para concessão de visto temporário ou permanente, ou de autorização de permanência ao companheiro ou companheira em união estável, sem distinção de sexo. Hoje a matéria é regulada pela Lei n. 13.445/2017, art. 37 e pela Resolução Normativa n. 108/2014 do Conselho Nacional de Imigração, que assim dispõe:

"Art. 1º O Ministério das Relações Exteriores poderá conceder visto temporário ou permanente, a título de reunião familiar, aos dependentes de cidadão brasileiro ou de estrangeiro temporário ou permanente no Brasil.

Parágrafo único. As solicitações de visto de que trata esta Resolução Normativa deverão ser apresentadas às Missões diplomáticas, Repartições consulares de carreira ou Vice-consulados.

Art. 2º Para o efeito do disposto nesta Resolução, consideram-se dependentes:

I — descendentes menores de 18 anos, ou de qualquer idade, quando comprovada a incapacidade de prover o próprio sustento;

II — ascendentes ou descendentes, desde que demonstrada a necessidade de amparo pelo interessado;

III — irmão, neto ou bisneto se órfão, solteiro e menor de 18 anos, ou de qualquer idade, quando comprovada a incapacidade de prover o próprio sustento; e

IV — cônjuge ou companheiro ou companheira, em união estável, sem distinção de sexo, de cidadão brasileiro ou de estrangeiro temporário ou permanente no Brasil.

§ 1º Os dependentes a que se referem os incisos I e III do *caput* deste artigo, que estejam inscritos em curso de graduação ou pós-graduação, serão assim considerados até o ano calendário em que completarem 24 anos, desde que seja concedida igualdade de tratamento a brasileiro no país de origem do estrangeiro.

§ 2º Equiparam-se aos descendentes, a que se refere o inciso I do *caput* deste artigo, o enteado e o menor que, por determinação judicial ou de autoridade competente, se encontrem sob guarda ou tutela de cidadão brasileiro ou estrangeiro temporário ou permanente no Brasil, ou ainda de seu cônjuge, companheiro ou companheira.

§ 3º Para a obtenção de visto temporário ou permanente de que tratam os incisos I a III do *caput* deste artigo deverão ser apresentados às Missões diplomáticas, Repartições consulares de carreira ou Vice-consulados os seguintes documentos:

I — certidão de nascimento, decisão judicial ou outro documento que comprove a relação familiar, emitido por autoridade brasileira ou estrangeira;

II — atestado de antecedentes penais, quando cabível; e

III — declaração de compromisso de manutenção, subsistência e saída do território nacional, em favor do chamado, com firma reconhecida em cartório ou em Repartição consular de carreira.

Art. 3º Os casos de incapacidade de provimento do próprio sustento, de que tratam os incisos I e III, do *caput* do art. 2º desta Resolução, deverão ser comprovados por meio de decisão judicial ou de órgão competente no país de residência do chamado.

Parágrafo único. Em caso de enfermidade, deverá ser apresentado laudo médico emitido no local de residência do chamado.

Art. 4º O Ministério das Relações Exteriores levará em consideração, para configurar o amparo previsto no inciso II, do *caput* do art. 2º, desta Resolução, ao menos um dos seguintes aspectos:

I — não dispor o interessado de renda suficiente para prover o próprio sustento e comprovar a remessa regular de recursos para sua manutenção e sobrevivência;

II — não possuir o interessado descendentes ou colaterais em primeiro ou segundo grau que possam prover sua própria subsistência no país de residência; e

III — necessitar o interessado de assistência, em virtude de enfermidade comprovada por laudo médico.

Art. 5º Poderá ser concedido visto permanente ou permanência definitiva ao estrangeiro que possua filho brasileiro que esteja sob sua guarda e dele dependa economicamente.

Parágrafo único. O disposto neste artigo aplica-se, também, ao estrangeiro que possua a guarda judicial ou a tutela de brasileiro.

Art. 6º Para a obtenção de visto temporário ou permanente com base em casamento, deverão ser apresentados às Missões diplomáticas, Repartições consulares de carreira ou Vice-consulados os seguintes documentos:

I — certidão de casamento brasileira ou estrangeira consularizada;

II — atestado de antecedentes penais, quando cabível; e

III — declaração de compromisso de manutenção, subsistência e saída do território nacional, em favor do interessado, com firma reconhecida em cartório ou Repartição consular de carreira.

Art. 7º Para a obtenção de visto temporário ou permanente com base em união estável, sem distinção de sexo, deverão ser apresentados às Missões diplomáticas, Repartições consulares de carreira ou Vice-consulados os documentos elencados nos incisos II e III do art. 6º desta Resolução, bem como um dos seguintes documentos:

I — atestado de união estável emitido por autoridade competente do país de procedência do chamado; ou

II — comprovação de união estável emitida por juízo competente no Brasil ou autoridade correspondente no exterior.

Art. 8º Na ausência dos documentos a que se refere o art. 7º desta Resolução, a comprovação de união estável poderá ser feita mediante apresentação dos seguintes documentos:

I — certidão ou documento similar emitido por autoridade de registro civil nacional, ou equivalente estrangeiro;

II — declaração, sob as penas da lei, de duas pessoas que atestem a existência da união estável; e

III — no mínimo, um dos seguintes documentos:

a) comprovação de dependência emitida por autoridade fiscal ou órgão correspondente à Receita Federal;

b) certidão de casamento religioso;

c) disposições testamentárias registradas junto a cartório brasileiro ou autoridade competente no exterior que comprovem o vínculo;

d) apólice de seguro de vida ou plano de saúde em que conste um dos interessados como instituidor do seguro e, o outro, como beneficiário;

e) escritura de compra e venda, registrada em cartório de registro de imóveis ou perante autoridade competente no exterior, quando aplicável, onde os interessados constem como proprietários, ou contrato de locação de imóvel em que ambos figurem como locatários;

f) conta bancária conjunta;

g) certidão de nascimento de filho estrangeiro do casal.

Parágrafo único. Para efeito do disposto nas alíneas *b* a *f* do inciso III deste artigo, será exigido o tempo mínimo de um ano.

Art. 9º O Ministério da Justiça poderá conceder a permanência temporária ou definitiva de que trata esta Resolução Normativa.

Art. 10. Ficam revogadas as Resoluções Normativas n. 36, de 28 de setembro de 1999, e n. 77, de 29 de janeiro de 2008.

Art. 11. Esta Resolução Normativa entra em vigor 30 dias após a data de sua publicação".

Portaria n. 1.351, de 8 de agosto de 2014, do Ministério da Justiça, com alterações da Portaria n. 1.371/2014 e da Portaria n. 1.507/2014, dispõe sobre a desburocratização do procedimento de permanência definitiva e de registro de estrangeiros com base nas modalidades de reunião familiar, prole, casamento e união estável, e de transformação em registro permanente previsto no Acordo sobre Residência para Nacionais dos Estados-Partes do Mercado Comum do Sul, e institui Grupo de Trabalho sobre processos de estrangeiros.

Portaria n. 4, de 7 de janeiro de 2015, do Ministério da Justiça, dispõe sobre os procedimentos de permanência definitiva e registro de estrangeiros, com base nas modalidades de reunião familiar, prole, casamento e união estável, de prorrogação de visto temporário, de transformação do visto oficial ou diplomático em permanente, de transformação do visto oficial ou diplomático em temporário, de transformação do visto temporário em permanente, e de transformação da residência temporária em permanente.

A Resolução Normativa n. 84, de 10 de fevereiro de 2009, do Conselho Nacional de Imigração, disciplina a concessão de autorização para fins de obtenção de visto permanente para investidor estrangeiro — pessoa física.

A Resolução Normativa n. 110, de 10 de abril de 2014, do Conselho Nacional de Imigração, autoriza a concessão de permanência de caráter provisório, a título especial, com fins a estabelecimento de igualdade de condições para cumprimento de penas por estrangeiros no Território Nacional.

Resolução normativa n. 126, de 2 de março de 2017, do Conselho Nacional de Imigração, dispõe sobre a concessão de residência temporária a nacional de país fronteiriço.

A Resolução n. 3.854, de 27 de maio de 2010, do BACEN, dispõe sobre a declaração de bens e valores possuídos no exterior por pessoas físicas ou jurídicas residentes, domiciliadas ou com sede no País.

A nova Lei de Introdução introduziu o princípio domiciliar como elemento de conexão para determinar a lei aplicável, abandonando o princípio nacionalístico da antiga lei. Assim, atualmente, no Brasil, em virtude do disposto no art. 7º da Lei de Introdução às Normas do Direito Brasileiro vigente, funda-se o estatuto pessoal na lei do domicílio ou na da sede jurídica da pessoa, ou seja, na lei do país onde a pessoa está domiciliada. O intérprete ou aplicador só irá obter a qualificação jurídica do estatuto pessoal e a dos direitos de família após checar a análise da lei do país onde estiver domiciliada a pessoa. O órgão judicante deverá aplicar, quando for o caso, o direito alienígena em razão de determinação da *lex fori*, não podendo desprezá-lo para acolher o direito interno. A qualificação do domicílio será dada pela *lex fori*; logo o magistrado terá de saber, conforme o Código Civil (art. 70), qual o lugar onde a pessoa estabeleceu a sua residência com ânimo definitivo. Pelo Enunciado CJF n. 408, aprovado na V Jornada de Direito Civil: "Para efeitos de interpretação da expressão 'domicílio' do art. 7º da Lei de Introdução às Normas do Direito Brasileiro, deve ser considerada, nas hipóteses de litígio internacional relativo à criança ou adolescen-

---

A Instrução Normativa do INCRA n. 94/2018, dispõe sobre a aquisição e o arrendamento de imóvel rural por pessoa natural estrangeira residente no País e pessoa jurídica estrangeira autorizada a funcionar no Brasil.

A Resolução Normativa n. 14/2011, do Comitê Nacional para Refugiados (CONARE), dispõe sobre o Programa de Reassentamento Brasileiro.

A Resolução n. 97, de 20 de março de 2013, do CGICP-Brasil, autoriza procedimento específico para atendimento à emissão de passaportes brasileiros.

A Portaria n. 3.496, de 13 de maio de 2013 do Departamento de Polícia Federal, define o modelo do Cartão de Entrada e Saída de estrangeiros do País.

A Portaria n. 21, de 22 de maio de 2013, da Secretaria de Comércio Exterior, disciplina a representação legal das partes interessadas, nacionais ou estrangeiras, pessoas físicas ou jurídicas, em processos de defesa comercial; Portaria n. 4/2015, do Ministério da Justiça, estabeleceu novos procedimentos de permanência definitiva e registro de estrangeiros, com base nas modalidades de reunião familiar, prole, casamento e união estável, de prorrogação de visto temporário e para as hipóteses de transformação do visto oficial ou diplomático em permanente, do visto oficial ou diplomático em temporário, do visto temporário em permanente e da residência temporária em permanente. Lei complementar n. 149, de 12 de janeiro de 2015, altera a Lei Complementar n. 90, de 1º de outubro de 1997, que determina os casos em que forças estrangeiras possam transitar pelo território nacional ou nele permanecer temporariamente; Instrução n. 560, de 27 de março de 2015, da CVM, dispõe sobre o registro, as operações e a divulgação de informações de investidor não residente no País.

Portaria normativa n. 22, de 13 de dezembro de 2016, do Ministério da Educação, dispõe sobre normas e procedimentos gerais de tramitação de processos de solicitação de revalidação de diplomas de graduação estrangeiros e ao reconhecimento de diplomas de pós-graduação *stricto sensu* (mestrado e doutorado), expedidos por estabelecimentos estrangeiros de ensino superior.

Regime Especial de Regularização Cambial e Tributária (RERCT) tem por fim permitir regularizar bens ou recursos enviados ao exterior, lá mantidos ou repatriados, sem o cumprimento das formalidades legais, com preservação de sigilo das informações (Lei n. 13.254/2016, art. 7º, §§1º e 2º) STF — ADI 5.729.

te, a residência habitual destes, pois se trata de situação fática internacionalmente aceita e conhecida". O juiz brasileiro deverá qualificar o domicílio segundo o direito nacional e não de conformidade com o direito estrangeiro, estabelecendo a ligação entre a pessoa e o país onde está domiciliada, para aplicar as normas de direito cabíveis. Existindo o dado "domicílio", operar-se-á a conexão para o efeito da aplicabilidade da norma do Estado em que a pessoa tiver domicílio. Eis por que, no dizer de Haroldo Valladão, domicílio, no direito internacional privado, é o vínculo que liga uma pessoa a um *territorium legis*, ou seja, a uma ordem jurídica vigente em certo território. Como o domicílio (*vecindad*) é a sede jurídica da pessoa, o centro de seus negócios e de suas atividades, natural será que a *lex domicilii* discipline a sua vida na ordem privada; além disso, a exteriorização do domicílio facilitará e beneficiará terceiros interessados em manter relações jurídicas com ela[319].

---

319. Wilson de S. Campos Batalha, *Lei de Introdução*, cit., v. 1, p. 8; Oscar Martins Gomes, *O domicílio e a nacionalidade no direito internacional privado como princípios determinantes da lei pessoal nos conflitos de leis*, Curitiba, 1951; Oscar Tenório, *Direito internacional privado*, cit., v. 1, p. 426, 429, 161; Haroldo Valladão, *Direito internacional privado*, v. 1, 1974, cap. XXVIII; Manoel Adolfo Vieira, *El domicilio en el derecho privado internacional*, Montevideo, 1958; Antonio S. Bustamante y Sirven, *La nacionalidad y el domicilio*, Havana, 1927; Barbosa de Magalhães, La doctrine du domicile en droit international privé, in *Recueil des Cours*, 1928, v. 23; Levasseur, *Le domicile et sa détermination en droit international privé*, Paris, 1931; Champommunal, Le conflit des lois personnelles, *Revue de Droit International Privé de Darras e Lapradelle*, 1910, p. 57 e s., e 712 e s.; Surville, Du conflit des lois personnelles, *Journal de Droit International de Clunet*, 1912, p. 5 e s., e 595 e s.; Asser e Rivier, *Éléments de droit international privé*, § 22; Vareilles-Sommières, *Synthèse du droit international privé*, v. 2, n. 771 a 920; Pillet, *Traité pratique de droit international privé*, 1923, v. 1, p. 286; Carnelutti, Note critiche intorno ai concetti do domicilio, residenza e dimora nel diritto positivo italiano, *Archivio Giuridico*, 75:416-21, 1905; Loiseau, *Du domicile comme principe de compétence législative depuis de Code Civil*, 1893; Nicolau Nazo, *A determinação do domicílio no direito internacional privado brasileiro*, São Paulo, 1952. Klein (*Die Rechtshandlungen in engerem Sinne*, 1912, p. 65) aponta dois elementos do domicílio: *a*) objetivo (*tatsächliche Niederlassung*), o estabelecimento material; e *b*) subjetivo, a vontade de estabelecer-se permanentemente (*Wille zur ständigen Niederlassung*), a intenção de domicílio (*Domizilwille*). É o centro da atividade da pessoa.

Ao Departamento de Estrangeiros compete (Regimento Interno da Secretaria Nacional de Justiça, art. 7º, I a V):

a) processar, opinar e encaminhar os assuntos relacionados com a nacionalidade, a naturalização e o regime jurídico dos estrangeiros;

b) processar, opinar e encaminhar as matérias alusivas às medidas compulsórias de expulsão, extradição e deportação;

c) instruir os processos relativos à transferência de presos para cumprimento de pena no País de origem, a partir de acordos dos quais o Brasil seja parte;

d) instruir processos de reconhecimento da condição de refugiado e de asilo político; e

e) fornecer apoio administrativo ao Comitê Nacional para os Refugiados.

À Divisão de Permanência de Estrangeiros compete (Regimento Interno da Secretaria Nacional de Justiça, art. 8º, I a VI):

a) controlar, orientar e executar as atividades relativas à transformação de vistos, permanência definitiva, asilo político e prorrogação do prazo de estada de estrangeiros no País;

b) receber, instruir, analisar e controlar os processos de pedido de transformação de vistos, permanência definitiva, asilo político e prorrogação do prazo de estada de estrangeiros no País;

c) fixar prazo para cumprimento de exigências;

d) determinar o arquivamento, deferimento e o indeferimento dos processos;

e) observar e aplicar a legislação e a jurisprudência concernentes às matérias de sua área de competência; e

f) providenciar a publicação dos atos oficiais inerentes à Divisão;

À Divisão de Medidas Compulsórias compete (Regimento Interno da Secretaria Nacional de Justiça, art. 9º, I a XII):

a) controlar, orientar e executar as atividades relativas à instrução de processos de expulsão de estrangeiros do País;

b) receber, analisar e preparar os expedientes relativos à decretação de expulsão de estrangeiros, a serem encaminhados à apreciação do Ministro de Estado;

c) analisar e emitir parecer sobre os pedidos de revogação dos atos de expulsão;

d) providenciar portaria de expulsão e revogação e emitir despachos de indeferimento de pedidos de revogação a serem publicados no *Diário Oficial da União*;

e) receber, processar e controlar os processos relativos à transferência de presos nacionais e estrangeiros para cumprimento de pena no País de origem e no Brasil, em cumprimento a acordos internacionais dos quais o Brasil é parte, e emitir parecer;

f) receber, analisar e preparar os expedientes relativos aos pedidos de prisão preventiva de extraditandos, bem como a documentação formalizadora dos processos de extradição ativa e passiva;

g) receber, analisar e preparar os expedientes relativos à entrega imediata do extraditando, a serem submetidos à apreciação do Ministro de Estado;

h) receber, analisar e preparar os atos relativos aos pedidos de extensão das extradições ativas e passivas;

i) receber, registrar e controlar os processos de deportação de estrangeiros;

j) observar e aplicar a legislação e a jurisprudência correspondentes às matérias de sua área de competência;

k) receber, analisar e encaminhar as questões relativas às ocorrências com brasileiros no exterior; e

l) cooperar administrativamente em requerimentos formulados ao Governo brasileiro por organismos oficiais no exterior e pelo Poder Judiciário da União.

À Divisão de Nacionalidade e Naturalização compete (Regimento Interno da Secretaria Nacional de Justiça, art. 10, I a X):

a) controlar, orientar e executar as atividades relativas à instrução de processos de perda da nacionalidade brasileira e dos direitos políticos;

b) analisar os processos referentes à revogação de decreto ou portaria de perda e reaquisição da nacionalidade brasileira e dos direitos políticos;

c) reconhecer a igualdade de direitos e obrigações civis e/ou gozo dos direitos políticos;

d) alterar assentamentos dos estrangeiros, naturalização, segunda via do certificado de naturalização e/ou igualdade;

e) averbar e apostilar nos certificados de naturalização e de igualdade de direitos, bem como emitir certidão negativa de naturalização;

f) receber, instruir, analisar e controlar os processos;

g) fixar prazos para cumprimento das exigências;

h) propor arquivamento e indeferimento, bem como a inclusão em portaria dos processos devidamente instruídos;

i) observar e aplicar a legislação e a jurisprudência concernentes a matérias de sua área de competência; e

j) providenciar a publicação de arquivamento e indeferimento dos processos inerentes à Divisão.

Vide: Lei n. 7.064/82, alterada pela Lei n. 11.962/2009, que dispõe sobre a situação de trabalhadores contratados ou transferidos para prestar serviço no exterior.

A Portaria Interministerial n. 72, de 9 de janeiro de 2004, do Ministério da Justiça, cria Grupo de Trabalho permanente com a finalidade de propor e avaliar procedimentos especiais de controle de ingresso de estrangeiro no território nacional, baseados em critérios de reciprocidade de tratamento a brasileiros no exterior ou por motivos de segurança. O Grupo de Trabalho terá a seguinte composição: um representante do Ministério da Justiça, que o presidirá; um representante do Ministério das Relações Exteriores; e um representante da Advocacia-Geral da União. E sempre que se fizer necessário, serão convidados representantes de outras áreas do Governo Federal para oferecerem subsídios à consideração do Grupo de Trabalho. As propostas do Grupo de Trabalho, adotadas por consenso, serão submetidas à consideração dos respectivos titulares das Pastas nele representadas.

A Resolução Administrativa n. 6, de 16 de fevereiro de 2004, do Conselho Nacional de Imigração, disciplina os procedimentos para a Autorização de Trabalho a Estrangeiros, dispondo:

Art. 1º A pessoa jurídica interessada na chamada de mão de obra estrangeira, em caráter permanente ou temporário, solicitará autorização de trabalho junto à Coordenação-Geral de Imigração do Ministério do Trabalho e Emprego, mediante a apresentação de requerimento, modelo próprio conforme anexo à presente Resolução, assinado e encaminhado por seu representante legal, ou procurador, instruído com os seguintes documentos:

I — da empresa:

a) ato legal que rege a pessoa jurídica, devidamente registrado na Junta Comercial ou no Cartório de Registro Civil;

b) demais atos constitutivos da empresa necessários à comprovação de sua estrutura societária;

c) ato de eleição ou de nomeação de seu representante legal, devidamente registrado na Junta Comercial ou no Cartório de Registro Civil;

d) procuração por instrumento público ou se particular, com firma reconhecida, quando o requerente se fizer representar por procurador;

e) Certidão Negativa de Débitos junto ao INSS; Certificado de Regularidade junto ao FGTS; Certidão Negativa de Tributos e Contribuições Federais (SRF/MF); recibo de entrega da declaração de Imposto de Renda do último exercício fiscal; cópia do Cadastro Nacional de Pessoa Jurídica — CNPJ; cópia do Cadastro Técnico Federal expedido pelo Ministério do Meio Ambiente (IBAMA), atestando a regularidade da requerente (quando se tratar de empresa madeireira);

f) comprovante de seguro ou plano de saúde;

g) comprovante de recolhimento da taxa individual de imigração — DARF — cód. 6922;

h) documento que comprove o registro da sociedade junto ao Órgão de Classe competente, quando se tratar de atividade regulamentada e sujeita à fiscalização do exercício profissional;

i) estrutura salarial informando os cargos e respectivos salários, incluindo o nível do cargo ou função a ser exercida pelo estrangeiro;

j) ato de indicação do estrangeiro para a função de dirigente com poderes de representação geral, quando se tratar de cargo previsto nos atos constitutivos da empresa nacional que possua investimento de capital estrangeiro;

k) cópia autenticada do contrato social da empresa requerente, bem como de suas 10 (dez) últimas alterações contratuais, devidamente registradas na Junta Comercial, quando se tratar de pedido de concomitância em empresa do mesmo grupo ou conglomerado econômico, ainda que anteriores à indicação do Administrador, Gerente, Diretor ou quaisquer outros cargos com poderes de gestão, comprovando, ainda, o vínculo associativo entre a empresa requerente e a empresa que deu origem à autorização de trabalho;

l) instrumento público de procuração delegando poderes ao estrangeiro e carta de homologação da nomeação do representante no Brasil, ou de seu substituto, expedida pelo Departamento de Aviação Civil — DAC, do Ministério da Aeronáutica, quando se tratar de chamada de representante legal de sociedade estrangeira de exploração de transporte aéreo e de serviços acessórios;

m) carta de anuência do Banco Central — BACEN, quanto à indicação do estrangeiro para o cargo, quando se tratar de chamada de dirigente, com poderes de representação geral, em instituições financeiras e demais instituições autorizadas a funcionar pelo Banco Central do Brasil;

n) credenciamento junto ao BACEN, quando se tratar de representação de instituições financeiras e assemelhadas, que não efetue operação bancária;

o) documento de homologação expedido pela Superintendência de Seguros Privados — SUSEP, da indicação do estrangeiro para ocupar cargo na Diretoria, nos Conselhos de Administração, Deliberativo, Consultivo e Fiscal, ou em outros órgãos previstos nos atos constitutivos, em se tratando de sociedades seguradoras, de capitalização e de entidades abertas de previdência privada;

p) comprovação da situação migratória de entrada e de saída no território nacional dos integrantes dos Conselhos de Administração, Deliberativo, Consultivo ou Fiscal, além dos documentos constantes na presente Resolução, quando se tratar de pedido de concessão de autorização de trabalho a estrangeiro Administrador, Gerente, Diretor, Executivo ou ocupante de quaisquer outros cargos com poderes de gestão, de Sociedade Civil ou Comercial, Grupo ou Conglomerado Econômico;

q) outros documentos exigíveis em razão de disposições específicas do Conselho Nacional de Imigração;

II — do candidato:

a) cópia autenticada, na íntegra, do passaporte do estrangeiro;

b) comprovação de escolaridade mínima, qualificação e experiência profissional, compatíveis com a atividade a ser exercida, estabelecidos a critério do Conselho Nacional de Imigração, sem prejuízo das disposições legais que regulam o exercício de atividade profissional, quando se tratar de trabalho temporário com vínculo empregatício no Brasil;

c) informação do salário nominal e benefícios a serem percebidos no País, do valor do último salário no exterior, bem como quanto à continuidade no seu recebimento. Em caso afirmativo, declarar o valor e oferecer a tributação no Brasil, conforme normas baixadas pela Secretaria de Receita Federal do Ministério da Fazenda;

d) outros documentos exigíveis em razão de disposições específicas do Conselho Nacional de Imigração;

III — formulário de dados da empresa e do candidato (Modelo I);

IV — contrato de trabalho por prazo determinado, devidamente assinado pelas partes (Modelo II);

V — contrato de prestação de serviços para artista ou desportista, sem vínculo empregatício, para apresentações de curto prazo, devidamente assinado pelas partes (Modelo III);

VI — contrato de trabalho por prazo indeterminado ou determinado, para estrangeiro contratado com vínculo empregatício (professor, técnico ou especialista de alto nível e cientista) devidamente assinado pelas partes (Modelo II ou IV).

§ 1º A instrução do pedido observará, ainda, as normas estabelecidas por este Conselho para os casos específicos, bem como as normas previstas pela Lei n. 9.784, de 29 de janeiro de 1999.

§ 2º Os documentos não redigidos no idioma oficial do País deverão estar devidamente traduzidos e consularizados, na forma da legislação em vigor.

Art. 2º A ausência de qualquer dos documentos, bem como eventuais falhas na instrução do processo, implicará no seu sobrestamento para as necessárias diligências, tendo o requerente o prazo de 30 (trinta) dias para o cumprimento da mesma, contados da data de ciência por parte do interessado.

§ 1º A notificação de qualquer ato administrativo ou de decisão exarada pela Coordenação-Geral de Imigração, será efetuada por ciência do processo, por via postal com aviso de recebimento — AR, por telegrama ou por qualquer meio eletrônico que assegure a certeza da ciência do interessado.

§ 2º O prazo estipulado no *caput* deste artigo possui caráter peremptório, e a sua não observância implicará no indeferimento do pedido e respectivo arquivamento.

Art. 3º O contrato de trabalho ou de prestação de serviço do estrangeiro que ingressar no Brasil para qualquer tipo de atividade laboral, independente do prazo, somente será aceito com a anuência do contratado e mediante o reconhecimento de firma dos signatários e de seus procuradores, legalmente habilitados por instrumento público.

Art. 4º Para o registro de admissão do empregado será considerada a data de ingresso do estrangeiro no país como início do vínculo empregatício.

Art. 5º É vedada a autorização de trabalho, quando caracterizada redução salarial.

Art. 6º Concluída a instrução do processo, a Coordenação-Geral de Imigração decidirá quanto à autorização, no prazo de até 30 (trinta) dias, prorrogável por igual período desde que expressamente justificado.

Art. 7º Denegada a Autorização de Trabalho caberá Pedido de Reconsideração, no prazo de 15 (quinze) dias contados da data de publicação no Diário Oficial da União, e será dirigido a autoridade que proferiu a decisão.

Parágrafo único. Se a autoridade não a reconsiderar no prazo de 15 (quinze) dias, o pedido será recebido como recurso e será encaminhado de ofício ao Senhor Ministro de Estado do Trabalho e Emprego para decisão final.

Art. 8º Os pedidos de autorização de trabalho em decorrência de contrato de transferência de tecnologia e/ou de prestação de serviço de assistência técnica, ou decorrente de acordo de cooperação ou de convênio, sem vínculo empregatício com a empresa nacional, deverão ser instruídos com a seguinte documentação complementar:

I — Apresentação de projeto de qualificação na transferência de tecnologia ou assistência técnica, anexando:

a) o plano de treinamento detalhado e o número de brasileiros a serem treinados, em conformidade com os estágios previstos no contrato averbado pelo Instituto Nacional de Propriedade Industrial — INPI, bem como nos demais contratos previstos nas Resoluções do Conselho Nacional de Imigração;

b) descrição das atividades técnicas, a serem desenvolvidas de acordo com o prazo e o cronograma de execução do contrato;

c) o endereço da unidade da empresa, na qual o estrangeiro prestará os serviços.

Art. 9º A Coordenação-Geral de Imigração, desde que informada da ausência de contrato de seguro de saúde, poderá aceitar Termo de Responsabilidade onde a empresa chamante assumirá toda e qualquer despesa médica e hospitalar do estrangeiro chamado, bem como de seus dependentes, durante sua permanência no País.

Art. 10. A Coordenação-Geral de Imigração deverá observar o artigo 67, do Decreto-lei n. 2.627, de 26 de setembro de 1940, que dispõe sobre a autorização permanente de representante das Sociedades Anônimas Estrangeiras, desde que previamente autorizadas a funcionar pelo Banco Central do Brasil, na forma estabelecida no artigo 64 do referido Decreto-lei e na Resolução BACEN n. 2.592, de 25 de fevereiro de 1999.

Parágrafo único. As Instituições Financeiras e assemelhadas, que não efetuam operações bancárias, que necessitem manter representante no Brasil, submeter-se-ão aos mesmos critérios estabelecidos no *caput* deste artigo.

Art. 11. A Coordenação-Geral de Imigração deverá observar o artigo 214, da Lei n. 7.565, de 19 de dezembro de 1986, que dispõe sobre a autorização permanente de representante de empresa estrangeira de transporte aéreo que não opere serviços aéreos no Brasil, conforme previsto no artigo 208, do mesmo diploma legal.

Art. 12. A Coordenação-Geral de Imigração fica autorizada a:

I — manter em seus quadros, com autorização da Secretaria de Inspeção do Trabalho — SIT, Auditor-Fiscal do Trabalho, para a constatação da veracidade das informações trabalhistas, contidas nos processos de pedido de autorização de trabalho temporário ou permanente;

II — solicitar diretamente às Delegacias Regionais do Trabalho ou as Subdelegacias Regionais do Trabalho, com jurisdição na localidade onde se situa a unidade ou a empresa, a verificação do cumprimento das informações contidas no processo, inclusive no que concerne ao treinamento e à transferência de tecnologia;

III — indeferir de plano, sem prejuízo das multas e demais medidas administrativas previstas na legislação vigente, os pedidos de concomitância, quando a data de investidura do estrangeiro, constante das alterações contratuais anteriores, não obedecerem, rigorosamente, os comandos legais e os dados contidos nos processos originários;

IV — chamar a ordem o processo e indeferir o pedido quando verificado o não cumprimento de qualquer cláusula contratual, cabendo recurso no prazo legal.

Art. 13. A transferência do trabalhador para outra empresa do mesmo conglomerado econômico, obriga a empresa a comunicar e justificar o ato ao Ministério do Trabalho e Emprego, no prazo máximo de 60 (sessenta) dias após a sua ocorrência.

Art. 14. Na hipótese de mudança de função e/ou agregamento de outras atividades às originalmente desempenhadas pelo estrangeiro, deverá a empregadora apresentar justificativa, bem como aditivo ao contrato de trabalho junto ao Ministério do Trabalho e Emprego, no prazo máximo de 60 (sessenta) dias, após a ocorrência do fato.

Art. 15. A Coordenação-Geral de Imigração fica autorizada a solicitar diretamente aos órgãos oficiais competentes, as informações necessárias à comprovação da situação das empresas que se utilizam de mão de obra estrangeira.

Art. 16. A constatação de omissão, irregularidade ou fraude nas informações ou na documentação apresentada, autoriza a Coordenação-Geral de Imigração a expedir comunicação aos órgãos competentes para as providências cabíveis.

Art. 17. Esta Resolução Administrativa entrará em vigor na data de sua publicação, revogadas as disposições em contrário.

NILTON BENEDITO BRANCO FREITAS

ANEXO
FORMULÁRIO DE REQUERIMENTO DE AUTORIZAÇÃO DE TRABALHO

PROCESSO N.

1. Requerente				2. Ativ. Econômica	
3. Endereço				4. Cidade	
5. UF	6. CEP	7. Telefone	8. E-mail		9. CNPJ/CPF

VEM REQUERER, COM FUNDAMENTO LEGAL

10. Lei/Decreto/Resolução

AUTORIZAÇÃO DE TRABALHO para o estrangeiro abaixo qualificado

11. Nome

12. Filiação
Pai:
Mãe:

13. Sexo	14. Estado civil	15. Data de nascimento	16. Escolaridade	17. Profissão
18. Nacionalidade		19. Documento de viagem		
20. Função no Brasil		21. CBO	22. Local de exercício	

23. Dependentes legais	Parentesco	Data nasc.	Nacionalidade	Documento de viagem

24. Tipo de visto ☐ Temporário ☐ Permanente	25. Prazo	26. Repartição consular brasileira no exterior
27. Procurador		28. E-mail

Termo em que pede deferimento

Local e data

Assinatura do representante legal da requerente
(nome legível/cargo/carimbo)

A Resolução Normativa n. 64, de 13 de setembro de 2005, do Conselho Nacional de Imigração, dispõe sobre os critérios para autorização de trabalho a estrangeiros a serem admitidos no Brasil sob visto temporário, previsto no art. 13, V, da Lei n. 6.815, de 19 de agosto de 1980, com vínculo empregatício, resolvendo:

Art. 1º O estrangeiro que pretenda vir ao Brasil sob visto temporário, previsto no art. 13, inciso V, da Lei n. 6.815, de 19 de agosto de 1980, com vínculo empregatício no País, deverá comprovar qualificação e/ou experiência profissional compatíveis com a atividade que irá exercer.

§ 1º A comprovação a que se refere este artigo deverá ser feita por ocasião do pedido de autorização de trabalho pela instituição requerente, por meio de diplomas, certificados ou declarações das instituições nas quais o estrangeiro tenha desempenhado suas atividades, demonstrando o atendimento de um dos seguintes requisitos:

I — experiência de dois anos no exercício de profissão de nível médio, com escolaridade mínima de nove anos; ou

II — experiência de um ano no exercício de profissão de nível superior, contando esse prazo da conclusão do curso de graduação que o habilitou a esse exercício; ou

III — conclusão de curso de mestrado ou grau superior compatível com a atividade que irá desempenhar; ou

IV — experiência de três anos no exercício de profissão, cuja atividade artística ou cultural independa de formação escolar.

§ 2º Os documentos em idioma estrangeiro deverão ser autenticados pelas repartições consulares brasileiras e traduzidos por tradutor juramentado no Brasil.

§ 3º A chamada de mão de obra estrangeira deverá ser justificada pela instituição contratante.

Art. 2º No cumprimento desta Resolução Normativa deverão ser observadas as demais normas que tratam da matéria.

Art. 3º Fica revogada a Resolução Normativa n. 12, de 13 de maio de 1998.

Art. 4º Esta Resolução Normativa entra em vigor na data de sua publicação.

Resolução Normativa n. 121, de 8 de março de 2016, do Conselho Nacional de Imigração, disciplina a concessão de autorização de trabalho a estrangeiro na condição de atleta profissional, definido em lei.

Vide: Lei n. 11.961/2009, regulamentada pelo Decreto n. 6.893/2009, sobre residência provisória para o estrangeiro em situação irregular no território nacional.

A Portaria n. 17, de 25 de agosto de 2011, da Secretaria Nacional de Justiça, regulamenta o procedimento para a concessão da residência definitiva nos termos do Acordo para a Concessão de Permanência a Detentores de Vistos Temporários ou a Turistas celebrado entre a República Federativa do Brasil e a República Argentina e promulgado pelo Decreto n. 6.736, de 12 de janeiro de 2009.

O Conselho Nacional de Imigração editou a Resolução Normativa n. 101, de 24 de abril de 2013, que disciplina a concessão de visto a cientista, pesquisador e profissional estrangeiro que pretenda vir ao país para participar de atividades culturais e de estudos, e aos estudantes de qualquer nível de graduação ou pós-graduação. Pelas novas normas, o visto temporário previsto no inciso I do art. 13 da Lei n. 6.815, de 19 de agosto de 1980, poderá ser concedido pela autoridade consular brasileira ao profissional estrangeiro que pretenda vir ao Brasil para participar de conferências, seminários, congressos ou reuniões, caracterizados como eventos certos e determinados, por período que não ultrapasse 30 dias, quando receber pró-labore por suas atividades.

Poderá ser concedido também o visto de turista previsto no inciso II do art. 4º da Lei n. 6.815, de 1980, por período que não ultrapasse 30 dias, ao profissional estrangeiro que se enquadre nas situações acima, desde que não receba remuneração por suas atividades, mesmo que obtenha res-

Com isso se deu, em nosso país, uma integração dos imigrantes na vida nacional, uma vez que aqui passaram a desenvolver e a exercer suas atividades permanentes, pouco importando que, politicamente, tenham outra origem[320].

3. Estado civil e lei domiciliar

Regem-se pela *lex domicilii* o começo e fim da personalidade, o nome, a capacidade e os direitos de família, que constituem o estado civil. O *estado civil* é o conjunto de qualidades constitutivas da individualidade jurídica de uma pessoa, por constituir a soma das qualidades particulares ou fundamentais determinantes da sua capacidade, fazendo-a pertencer a certa categoria no Estado, na família ou como indivíduo. Portanto, subordinar-se-ão à lei do domicílio os conflitos interespaciais relativos ao nascimento e fim da personalidade, o nome civil (e não o empresarial) e suas mutações, a capacidade civil e os direitos de família. Observa, ainda, Serpa Lopes, com

---

sarcimento das despesas de estada, diretamente, ou por intermédio de diárias. Nesse caso, o pedido de autorização do início das atividades e da participação da equipe estrangeira deverá ser formulado junto ao Conselho Nacional de Desenvolvimento Científico e Tecnológico (CNPq), para autorização final do Ministro de Estado da Ciência, Tecnologia e Inovação, nas condições previstas na Portaria MCT n. 55, de 15 de janeiro de 1990. A Resolução Normativa estabelece, ainda, que o visto temporário poderá ser concedido pela autoridade consular brasileira ao estrangeiro que pretenda vir ao Brasil na condição de cientista ou pesquisador, para realizar pesquisas na área de ciência, tecnologia e inovação, no âmbito de atividades de cooperação internacional entre instituições de ensino ou de pesquisa, de que trata o Decreto n. 98.830, de 15 de janeiro de 1990. De acordo com o art. 7º desta Resolução Normativa, o visto temporário poderá ser concedido ao *estudante* de qualquer nível de graduação ou pós-graduação, com ou sem bolsa concedida pelo governo brasileiro. Caso não seja contemplado com bolsa de estudo, o estudante estrangeiro deverá comprovar, junto à autoridade consular brasileira, que contratou seguro-saúde, dispõe de recursos suficientes para manter-se durante o período de estudo e que se encontra matriculado ou formalmente aceito em instituição de ensino ou de pesquisa no Brasil.

A Portaria do Ministério da Justiça n. 2.231/2009 estabelece as atribuições da Secretaria Nacional da Justiça e do Departamento de Polícia Federal no procedimento de concessão de residência provisória para o estrangeiro em situação irregular no território nacional a que alude o Decreto n. 6.893/2009.

O Decreto n. 6.968/2009 dispõe sobre execução no território nacional da Convenção n. 166 da OIT, que trata da repatriação de trabalhadores marítimos.

Vide Lei n. 13.445/2017 sobre medidas de retirada compulsória (repatriação, deportação, expulsão) arts. 46 a 62 e sobre medidas de cooperação (extradição, transferência para execução de pena e transferência do condenado) arts. 81 a 105. Portaria n. 522, de 3 de maio de 2016, do Ministério da Justiça, estabelece os procedimentos a serem adotados em relação aos pedidos de extradição, ativos e passivos, bem como à prisão para fins de extradição, de que tratam os arts. 81 e 82 da Lei n. 6.815, de 19 de agosto de 1980, alterada pela Lei n. 12.878, de 4 de novembro de 2013.

320. Osiris Rocha, Lei do domicílio-II, in *Enciclopédia Saraiva do Direito*, v. 49, p. 22.

muita propriedade, que, "nas declarações dos atos de estado civil, cumpre distinguir as declarações formais das declarações-atos jurídicos; as primeiras são regidas pelo princípio *'locus regit actum'* e as segundas pelo estatuto pessoal, isto é, pela lei do domicílio. Assim sendo, quanto à validade extrínseca daqueles atos de estado civil, aplicar-se-á a *lex loci actus*, e quanto à intrínseca, a *lex domicilii*"[321].

Liga-se à pessoa a ideia de personalidade jurídica, que exprime a aptidão genérica para adquirir direitos e contrair obrigações. *Capacidade*, por sua vez, seria a medida jurídica da personalidade. Por isso Crome chega até mesmo a afirmar que personalidade jurídica e capacidade jurídica são expressões idênticas. A personalidade seria o efeito, como prefere Coviello, do reconhecimento operado pelo direito, da existência de algumas condições naturais, pelas quais se apresenta um ser como capaz de ter interesses dignos de tutela. Assim, para ser "pessoa" basta que o homem exista, e, para ser "capaz", o ser humano precisa preencher os requisitos necessários para agir, por si, como sujeito ativo ou passivo duma relação jurídica. Eis por que se distingue a capacidade de direito ou de gozo da capacidade de exercício ou de fato. A esta aptidão, oriunda da personalidade para adquirir direitos e contrair obrigações, dá-se o nome de *capacidade de gozo ou de direito* (*Rechtsfähigkeit*). A *capacidade de fato ou de exercício* (*Handlungsfähigkeit* ou *die Geschäftsfähigkeit*) é a aptidão de exercer por si os atos da vida jurídica, dependendo, portanto, do discernimento, que é o critério, a prudência, o juízo, o tino, a inteligência, e, sob o prisma jurídico, a aptidão que tem a pessoa de distinguir o lícito do ilícito, o conveniente do prejudicial e de manifestar sua vontade (CC, arts. 3º e 4º, com a redação da Lei n. 13.146/2015). A capacidade jurídica da pessoa natural é limitada, pois uma pessoa poderá ter o gozo de um direito sem ter o seu exercício por ser incapaz; logo seu representante legal é que o exerce em seu nome. A capacidade de exercício pressupõe a de gozo, mas esta pode subsistir sem a de fato ou de exercício. Como se vê, a capacidade de uma pessoa é determinada pelo seu estado, que é o conjunto de qualidades adquiridas que influenciam no exercício ativo e passivo do direito[322].

---

321. Serpa Lopes, *Curso*, cit., v. 1, p. 221; Surville e Arthuys, apud Serpa Lopes, *Comentário teórico e prático*, cit., p. 145. Interessantes são as lições de: Georges Brosset, *Les conflits de lois et le domicile des personnes physiques*, Gèneve, 1947; João Dias Rosas, *As qualificações em direito internacional privado*, Lisboa, 1949; Arminjon, Les qualifications légales en droit international privé, *Revue de Droit International et de Législation Comparée*, 1923; Manuel Adolfo Vieira, *El domicilio en el derecho privado internacional*, Montevideo, 1958; Francesco Ferrara, *Trattato*, cit., p. 338; Luigi Ferrara, *Istituzioni di diritto privato*, 1939, v. 1, p. 155; De Page, *Traité*, cit., p. 235.

322. Crome, *System des deutschen bürgerlichen Rechts*, 1900, v. 1, p. 190; Coviello, *Manuale di diritto civile italiano*, 1910, p. 138; Caio M. Silva Pereira, *Instituições*, cit., p. 198; Larenz, *Derecho civil*; parte general, v. 1, p. 104; Orlando Gomes, *Introdução ao direito civil*, 1971, p. 149;

A maioria dos internacionalistas trata tão somente da capacidade de exercício por haver entendimento de que a capacidade de direito deverá disciplinar-se pela mesma lei que é competente para o direito, cujo gozo é invocado ou recusado. Quando se quer saber quais os direitos de estrangeiros, em certo país, apenas a lei deste será competente; logo o problema é de direito público interno[323]. Muheim assevera: "Quando o Estado sujeita determinada relação jurídica à lei estrangeira, deve deixar também, consequentemente, a capacidade de direito à decisão do direito estrangeiro; porquanto não está em questão o interesse da ordem jurídica, mas o da comunhão jurídica estrangeira"[324]. Complementa essa ideia o fato de que não se confunde a condição jurídica do estrangeiro com o problema da incapacidade de direito. Na condição jurídica cogita-se de saber quais os direitos que são reconhecidos aos estrangeiros em determinado país, para o que somente a norma deste será competente; logo não há conflito de leis, não se trata, na verdade, de uma questão de direito internacional privado, mas sim de uma problemática da seara do direito público interno, ou de direito constitucional[325].

Para grande parte dos autores é a capacidade de exercício (*Geschäftsfähigkeit*) que se submete ao art. 7º, ou melhor, à lei pessoal (nacional ou domiciliar), e não a de direito (*Rechtsfähigkeit*). Para alguns juristas o art. 7º não se refere à aptidão para tornar-se sujeito de direitos e deveres, que se determinará de acordo com a norma aplicável à relação jurídica considerada, por se confundir com a personalidade, uma vez que, hodiernamente, não há no direito pessoa que não tenha capacidade civil genérica[326]. Todavia,

---

Antônio Chaves, Capacidade civil, in *Enciclopédia Saraiva do Direito*, v. 13, p. 2 e 3; M. Helena Diniz, *Curso*, cit., v. 1, p. 82-3 e 87; Espínola e Espínola Filho, *A Lei de Introdução*, cit., v. 2, p. 109, 140 e 145; Surville e Arthuys, *Cours élémentaire de droit international privé*, 1915; Arthur K. Kuhn, *Comparative commentaires on private international law or conflict of laws*, 1937, p. 125; Eltzbacher, *Die Handlungsfähigkeit*, 1903; W. Barros Monteiro, *Curso*, cit., v. 1, p. 63; Espínola, *Sistema do direito civil brasileiro*, 1938, v. 1, p. 342-3.

323. Von Bar, *Theorie und praxis des internationalen Privatrechts*, 1889, v. 2, p. 391.

324. Muheim, *Die Principien des internationalen Privatrechts in shweizerischen Privatrecht*, 1887, § 14, p. 108. No mesmo sentido: Carasso, *Des conflits*, cit., p. 27 e s.; Zitelmann, *Internationales Privatrecht*, 1912, v. 2, p. 80 e s. Há quem entenda que também a capacidade de direito é alcançada pela lei pessoal: Neumeyer, *Internationales Privatrecht*, 1932, p. 16; Walker, *Internationales Privatrecht*, 1926, p. 91 e s.; Lewald, *Das deutsche internationale Privatrecht auf Grundlage der Rechtsprechung*, 1930, p. 38 e s.

325. Pillet e Niboyet, *Manuel*, cit., p. 509.

326. Espínola e Espínola Filho, *A Lei de Introdução*, cit., v. 2, p. 105-6. Cheshire (*Private international law*, 1938, p. 208) afirma que a matéria de personalidade, estado e capacidade de direito e de exercício, na seara do direito internacional privado, é muito controvertida, podendo reger-se pela lei pessoal (da nacionalidade ou do domicílio), cuja competência está consagrada pelas várias legislações e convenções internacionais.

como o Código Bustamante, no art. 27, submete à lei pessoal tanto a capacidade de exercício como a de direito, ter-se-á de admitir que o art. 7º, ora comentado, abrange tanto a capacidade de direito como a de exercício; logo a *lex domicilii* será a competente para regê-las, subordinada às restrições decorrentes da ordem pública. A regra geral é a aplicação da lei domiciliar e a exceção a do direito brasileiro, quando a *lex domicilii* contrariar a ordem pública nacional[327].

Apreciar-se-á a capacidade de direito e a de exercício conforme a lei do lugar onde a pessoa estiver domiciliada (*ius domicilii*), por ser a sede da pessoa considerada em si mesma, sem olvidar o reconhecimento das incapacidades, pois, apesar da igualdade entre nacionais e estrangeiros, há restrições legais a estes. Por exemplo, nossa Constituição Federal de 1988, proclamando o princípio da igualdade civil, por razões de ordem pública e de interesse nacional, sem criar distinções entre brasileiros e estrangeiros, admite restrições e condições a estes no exercício de certos direitos, vedando-lhes, em certos casos, a exploração de minas e quedas-d'água (art. 176, § 1º, com alteração dada pela EC n. 6/95), a função de corretor de Bolsa e leiloeiro público, a propriedade de empresas jornalísticas (art. 222) e de embarcações (art. 178, parágrafo único, com alteração dada pela EC n. 7/95) etc., e, no campo político, reservando o direito de voto aos brasileiros natos ou naturalizados (art. 14, §§ 2º e 3º, I), e para adquirirem propriedade rural, os estrangeiros podem depender de certas limitações legais ou de autorização do Congresso Nacional (art. 190). Contudo, tais restrições não implicam desigualdade jurídica entre nacional e estrangeiro, mesmo porque, pelos arts. 1º do Código Bustamante e 3º do Código Civil de 1916, "a lei não distingue entre nacionais e estrangeiros quanto à aquisição e ao gozo dos direitos civis", o que o art. 1º do atual Código Civil vem a reforçar ao prescrever que toda pessoa é capaz de direitos e deveres na ordem civil. Pelo art. 7º da Lei de Introdução aplicar-se-á a *lex domicilii* à capacidade de exercício e à de direito, submetendo à lei pátria tanto os brasileiros como os estrangeiros domiciliados no Brasil, ao passo que à lei do seu domicílio se sujeitarão os que, brasileiros ou não, o tiverem noutro Estado. Para disciplinar a capacidade de direito e de exercício das pessoas que acidentalmente estiverem em nosso país, por estarem domiciliadas em outro Estado, será aplicável a lei estrangeira do seu domicílio para se saber se têm ou não capacidade. O direito do meio social onde a pessoa efetivamente vive e

---

327. Serpa Lopes, *Comentários à Lei de Introdução ao Código Civil*, 1944, v. 2, p. 62; João Grandino Rodas, Elementos de conexão do direito internacional privado brasileiro relativamente às obrigações contratuais, in *Contratos internacionais*, São Paulo, Revista dos Tribunais, 1985, p. 3, 4 e 8. *Vide* art. 2º do Código Bustamante.

exerce suas atividades, atendendo a seus interesses, respondendo juridicamente, é que deverá ser considerado na apreciação de sua capacidade[328].

Pelo art. 28 do Código Bustamante, "aplicar-se-á a lei pessoal para decidir se o nascimento determina a personalidade e se o nascituro se tem por nascido, para tudo o que lhe seja favorável, assim como para a viabilidade e os efeitos da prioridade do nascimento, nos casos de partos duplos ou múltiplos". Portanto, segundo o art. 7º da Lei de Introdução, será a lei domiciliar que resolverá tais questões por ser a lei pessoal.

A determinação do *início da personalidade natural* será dada pela *lex domicilii* dos pais. Se os pais, detentores do poder familiar, estão domiciliados na França, p. ex., será a lei francesa que determinará os requisitos da personalidade jurídica do recém-nascido, mesmo que tenha nascido no Brasil. Pouco importará o local do nascimento ou a nacionalidade e as questões sobre o começo da personalidade natural. Se pais italianos estiverem domiciliados no Brasil, a norma brasileira determinará que a personalidade jurídica do recém-nascido se inicie com o nascimento com vida, ainda que venha a falecer instantes depois, afastando o requisito da viabilidade exigida pelo direito francês. O recém-nascido adquirirá, ao nascer, o domicílio de seus pais, que é o domicílio legal. Trata-se do domicílio de origem, que é o primeiro da pessoa. O filho ao nascer terá por domicílio o lugar em que seu pai estiver domiciliado no dia do seu nascimento. Os direitos do nascituro (*infans conceptus*) serão determinados pela lei domiciliar dos pais. Assim, se domiciliados no Brasil, conquanto comece do nascimento com vida a personalidade civil do homem, a lei brasileira põe a salvo, desde a concepção, os direitos do nascituro (CC, arts. 2º, 1.609, parágrafo único, 1.778 e 1.779), que permanecem em estado potencial, se forem patrimoniais, pois os direitos da personalidade, assim como o direito à vida, à integridade física, à saúde, à assistência pré-natal adequada, a alimentos etc., independem do nascimento com vida. Poder-se-ia até mesmo afirmar que na vida intrauterina tem o nascituro personalidade jurídica formal, no que atina aos direitos personalíssimos, passando a ter personalidade jurídica material, alcançando os direitos patrimoniais, somente, com o nascimen-

---

328. René Cassin, La nouvelle conception du domicile, in *Recueil des Cours*, v. 34, p. 709-20; Maurice Carasso, *Des conflits*, cit., p. 1-2, 71-2; Caio M. S. Pereira, *Instituições*, cit., v. 1, p. 201-2; M. Helena Diniz, *Curso*, cit., v. 1, p. 87; Espínola e Espínola Filho, *A Lei de Introdução*, cit., v. 2, p. 151 e 145; George Melchior, *Die Grundlagen des deutschen internationalen Privatrechts*, 1932, p. 16-7; Machado Villela, *Tratado elementar (teórico e prático) de direito internacional privado*, 1921, v. 1, p. 428 e s.; Philonenko, La théorie du renvoi quant à la loi applicable à la capacité des personnes dans le projet de Code de Droit International de l'Amérique Latine, *Journal de Droit International Privé*, Clunet, 55:327-8, 1928; Paul Lerebours e Pigeonnière, *Précis de droit international privé*, p. 264; Amílcar de Castro, *Direito internacional privado*, cit., v. 2, p. 67.

to com vida. Se nascer com vida adquire personalidade jurídica material, mas se tal não ocorrer nenhum direito patrimonial terá. Por exemplo, suponhamos o caso de um homem que, recentemente casado pelo regime de comunhão parcial de bens, faleça num desastre, deixando pais vivos e viúva grávida. Se nascer morto, o bebê não adquirirá personalidade jurídica material e, portanto, não recebe nem transmite a herança de seu pai, que ficará com os avós paternos, em concorrência com sua mãe (CC, art. 1.837), pois em nosso direito a ordem de vocação hereditária (CC, art. 1.829) é: descendente, em concorrência com cônjuge sobrevivente; ascendente, em concorrência com consorte supérstite; cônjuge sobrevivente, colaterais até o quarto grau. Se nascer vivo, receberá a herança, concorrendo com sua mãe (CC, arts. 1.829, I, e 1.832), e, se por acaso vier a falecer logo em seguida, a herança passará, então, a sua mãe, provando-se o seu nascimento com vida pela demonstração de presença de ar nos pulmões[329].

A *lex domicilii* determinará também as normas sobre o *fim da personalidade*, as presunções de morte, comoriência e ausência[330].

O *nome* (CC, arts. 16 a 19; Lei n. 8.069/90, alterada pela Lei n. 12.010/2009, art. 47, §§ 5º e 6º; Lei n. 6.015/73, art. 57, § 8º, acrescentado pela Lei n. 11.924/2009), que integra a personalidade por ser o sinal exterior pelo qual se designa, se individualiza e se reconhece a pessoa no seio da família e da sociedade, deverá ser regido pela lei do domicílio. O nome paterno é um direito adquirido ao tempo em que lhe foi conferido e nenhuma influência sobre ele terá qualquer mudança posterior de domicílio. O novo estatuto pessoal do interessado não terá o condão de alterar a disciplina do seu nome. Se, porventura, houver conflito entre a lei do domicílio do pai e a do filho, a ser reconhecido ou adotado, p. ex., aplicar-se-á a do filho (Código Bustamante, arts. 57, 64 e 74)[331]. Se alguém

---

329. Espínola e Espínola Filho, *A Lei de Introdução*, cit., v. 2, p. 65; M. Helena Diniz, *Curso*, cit., v. 1, p. 100 e 109; Caio M. S. Pereira, *Instituições*, cit., v. 1, p. 324; Serpa Lopes, *Curso*, cit., v. 1, p. 275; De Page, *Traité*, cit., v. 1, n. 236; Planiol, *Traité*, cit., p. 150; Haroldo Valladão, Domicílio (Direito internacional privado), in *Enciclopédia Saraiva do Direito*, v. 29, p. 313; Antônio Chaves, *Tratado de direito civil*, São Paulo, Revista dos Tribunais, 1982, v. 1, p. 316. *Vide* Decreto n. 2.428/97, que promulga a Convenção Interamericana sobre Obrigação Alimentar, concluída em Montevidéu, em 15 de julho de 1989.

330. *Vide* Código Bustamante, art. 30, 1ª parte; Espínola e Espínola Filho, *A Lei de Introdução*, cit., v. 2, p. 77, 80 e 89; Giuseppe Sperdutti, La persona umana e il diritto internazionale, in *Comunicazioni e studi*, 1960, p. 161-86.

331. W. Barros Monteiro, *Curso*, cit., v. 1, p. 92; Caio M. S. Pereira, *Instituições*, cit., v. 1, p. 215; M. Helena Diniz, *Curso*, cit., v. 1, p. 102; Celestino Piotti, *El nombre de las personas físicas y su relación con el derecho internacional privado*, Imprensa de la Universidad de Córdoba, 1952; Espínola e Espínola Filho, *A Lei de Introdução*, cit., v. 2, p. 437-8.

se casa (CC, art. 1.565, § 1º), ou se pretende dissolver o vínculo matrimonial, a respeito da situação de seu nome, se adotará ou não o nome de seu cônjuge, se continuará ou não com o nome de solteiro (CC, arts. 1.571, § 2º, 1.578, §§ 1º e 2º; CPC/2015, art. 733), deverá prevalecer a solução do direito do país em que tiver domicílio[332].

A capacidade matrimonial reger-se-á pela lei domiciliar dos nubentes (Código Bustamante, art. 36, 1ª parte) e as relações pessoais dos cônjuges, ou seja, seus direitos e deveres oriundos do matrimônio regular-se-ão pela *lex domicilii*. A lei do país em que for domiciliada a pessoa casada determinará as normas relativas ao *direito de família* (casamento, união estável). Mas reger-se-ão pela *locus regit actum* não só as formalidades de celebração do casamento e os impedimentos matrimoniais (LINDB, art. 7º, § 1º), mas também, para alguns autores, as causas suspensivas. Será, p. ex., a justiça brasileira, mediante a aplicação de nossas leis, a competente para decidir sobre separação judicial ou divórcio ajuizado pelo nacional ou estrangeiro aqui domiciliado, seja a ação proposta pelo marido ou pela mulher. O art. 7º da Lei de Introdução excluirá o art. 46, §§ 2º e 3º, do Código de Processo Civil de 2015, pouco importando que o outro cônjuge esteja domiciliado no exterior, em local desconhecido ou não, pois se aplica o art. 53, I, do estatuto processual a essas ações, porque é norma de competência interna e não internacional, e, na hipótese de separação de fato, não prevalecerá o domicílio unitário[333].

---

332. Irineu Strenger, *Curso de direito internacional privado*, Rio de Janeiro, Forense, 1978, p. 385-90.

333. Cahali, *Divórcio e separação*, São Paulo, Revista dos Tribunais, 1991, p. 613; Numa P. do Valle, *Família no direito internacional privado*, São Paulo, 1923; Peter Benjamin, *Le divorce, la séparation de corps et leurs effets en droit international privé français et anglais*, Paris, 1955; Travers, *La convention de la Haye relative au mariage*, Paris, 1912; Ravá, *Il matrimonio secondo il nuovo ordinamento*, Padova, 1929; Emílio L. Gonzalez, *El divorcio ante el derecho internacional privado*, Buenos Aires, 1923; Eugène Audinet, Les conflits de lois en matière de mariage et divorce, in *Recueil des Cours*, 1926, t. 11; Regnault, *Le mariage, la séparation de corps et le divorce en droit comparé*, Paris, 1928; Gustavo Adolfo Holley, *De la separación de hecho o separación por autoridad privada de los conyuges*, Chile, 1937; Carlos Alberto Lazcano, Ley que rige la validez y la disolubilidad del matrimonio en el derecho internacional privado, *Anales de la Facultad de Ciencias Jurídicas de la Universidad de la Plata*, 1964; Carlos Boucault, Multiculturalismo e direito de família nas normas de direito internacional privado, *Família e cidadania*, Anais do III Congresso Brasileiro de Direito de Família — IBDFAM, Belo Horizonte, 2002, p. 163-72.

Na seara internacional, a igualdade de direitos no âmbito familiar é assegurada na Declaração Universal dos Direitos Humanos, art. XVI, no Pacto Internacional dos Direitos Civis e Políticos, art. 23, e na Convenção da ONU pela Eliminação de Todas as Formas de Discriminação contra a Mulher, art. 16.

Assim, "será competente o foro para a ação de divórcio, separação, anulação de casamento e reconhecimento ou dissolução de união estável: *a*) de domicílio do guardião do filho incapaz; *b*) do último domicílio do casal, caso não haja filho incapaz; e *c*) de domicílio do réu, se nenhuma das partes residir no antigo domicílio do casal".

Nas relações de paternidade, maternidade, filiação decorrente de matrimônio, reconhecimento e adoção aplica-se a *lex domicilii* das pessoas interessadas, ou seja, dos pais e dos filhos.

A filiação poderá ser classificada didaticamente em: *a*) matrimonial, se oriunda da união de pessoas ligadas por matrimônio válido ao tempo da concepção ou se resultante de união matrimonial que veio a ser anulada, posteriormente, estando ou não de boa-fé os cônjuges (CC, art. 1.561, §§ 1º e 2º); *b*) não matrimonial, provinda de pessoas que estão impedidas de casar ou que não querem contrair casamento.

Juridicamente, não mais há que se fazer distinção entre legitimidade e ilegitimidade de prole, ante o disposto na Constituição Federal de 1988 (art. 227, § 6º), pois os filhos havidos ou não do matrimônio têm os mesmos direitos e qualificações, sendo proibidas quaisquer designações discriminatórias. O ponto referencial básico, atualmente, no Brasil, é *matrimonialidade* e *não matrimonialidade*, pois se assim não fosse não se poderia falar em reconhecimento de filho (Lei n. 8.560/92, Provimento n. 494/93 do CSM; Provimento n. 10/93 da CGJ e CC, arts. 1.607 a 1.617).

A filiação é o vínculo existente entre pais e filhos; vem a ser a relação de parentesco consanguíneo, em linha reta de primeiro grau, entre uma pessoa e aqueles que lhe deram a vida.

Na filiação matrimonial a lei aplicável é a domiciliar do pai na época do nascimento. Outrora sob a égide do Código Civil de 1916, a forma da legitimação disciplinava-se pela *locus regit actum*, visto que a capacidade para legitimar-se era regida pela lei domiciliar do pai, ou seja, o domicílio conjugal, por decorrer *subsequens matrimonium*, e a capacidade para ser legitimado pela do filho, requerendo a legitimação a concorrência das condições exigidas em ambas. As consequências da legitimação e a ação para a impugnar submetiam-se à lei pessoal do filho (Código Bustamante, arts. 60 e 62). Legitimado o filho, sendo menor, sua situação regulava-se pelo domicílio paterno. A filiação legitimada não mais vigora no Brasil, tendo em vista que o atual Código Civil não contempla, em seus dispositivos, esse instituto.

A investigação da paternidade e da maternidade, o reconhecimento de filhos (CC, arts. 1.607 a 1.617; Lei n. 8.560/92, arts. 2º, §§ 5º e 6º (com redação da Lei n. 12.010/2009), e 2º-A e parágrafo único com alteração da

Lei n. 12.004/2009) e sua proibição regem-se pelo direito territorial (Código Bustamante, arts. 63 a 66). O remédio processual seguirá a *lex fori*, e os efeitos da investigação e reconhecimento, a lei domiciliar do filho. Assim sendo, o filho reconhecido terá direito ao nome, ou melhor, ao apelido paterno, conforme a lei de seu domicílio no momento em que for reconhecido (Código Bustamante, art. 64). Portanto, imprescindível será que a investigação e o reconhecimento seja admitido pela *lex loci* e pela lei pessoal dos interessados. Aplicar-se-á a lei pessoal (domiciliar) exceto se contrariar a ordem pública e os bons costumes. Se, porventura, houver conflito de instituição relativo à admissibilidade da investigação ou do reconhecimento entre a lei pessoal e a *lex fori*, prevalecerá esta. Há quem ache que, se a lei pessoal vedar a investigação ou o reconhecimento, não poderá ser requerido em país que o acolha. Se houver conflito entre as leis pessoais, Pillet recomenda que se aplique a pessoal do filho; Weiss já entende que será aplicável a do pai; Diena, a do pai e filho cumulativamente; e Valladão, a lei que for mais favorável ao filho. Entendemos que, se nessa matéria houver conflito normativo, ter-se-á a admissibilidade do reconhecimento e da investigação de paternidade ou de maternidade, que será regida pela *lex domicilii* dos interessados; se tiverem domicílios diferentes, a ação só será movida se autorizada pela lei do suposto pai e do presumido filho. Se ambas as leis admitirem a ação de investigação ou o reconhecimento quanto aos direitos, meios e condições do seu exercício prevalecerá a lei do filho. Se houver conflito entre a lei pessoal do pai e a do filho, aplicar-se-á a do filho, por ser o que se acha mais diretamente ligado à causa, não só na determinação dos meios e condições do exercício da ação e do reconhecimento, como também dos direitos respectivos. Se após o reconhecimento houver mudança de domicílio, tal fato nenhuma influência terá sobre o estado de filho reconhecido, que se estabeleceu de conformidade com a antiga *lex domicilii*, pouco importando que a nova não autorize a medida ou a vede nas condições em que se efetivou[334].

---

334. Roberto Socini, *La filiazione nel diritto internazionale privato*, Milano, 1958; Schuster, *De la paternité et de la filiation en droit international privé*, Paris, 1899; Weiss, *Manuel de droit international privé*, 1920, p. 511; Clóvis Beviláqua, *Princípios elementares de direito internacional privado*, 1938, p. 326; Machado Villela, *O direito internacional privado no Código Civil brasileiro*, 1921, p. 213; Pillet, *Traité pratique de droit international privé*, 1923, v. 1, p. 643-4; Diena, *Diritto internazionale privato*, 1917, p. 177-8; Von Bar, *Lehrbuch des internationalen Privat-und Strafrechts*, 1892, p. 86; Bustamante y Sirven, *Derecho internacional privado*, 1931, v. 2, p. 85; Cheshire, *Private international law*, 1938, p. 390; Graveson, La récente législation anglaise en matière d'adoption et de filiation légitime et le droit international privé, *Revue Critique*, 1959, p. 651-9; Artur M. da Silva Filho, Adoção internacional: ponderação entre o princípio da igualdade e o direito fundamental à convivência familiar, *Refugiados, imigrantes e igualdades dos povos* (coord. Vera Cruz e outros), São Paulo, Quartier Latin, 2017, p. 319 a 326. Léo Raape, Les rapports juridiques entre parents et enfants comme point de départ d'une explication pratique

Todavia será preciso lembrar que os conflitos de leis pessoais que advierem de filiação, legitimação e reconhecimento de filho deverão ser solucionados pela lei do domicílio do pai apenas em relação aos filhos menores não emancipados, pois o domicílio daquele estender-se-á a estes (LINDB, art. 7º, § 7º). Se o filho já estiver emancipado, aplicar-se-á a lei domiciliar deste. A emancipação reger-se-á pela lei pessoal daquele cuja capacidade se trata (Código Bustamante, art. 101)[335].

A adoção vem a ser o ato jurídico solene pelo qual, observados os requisitos legais, alguém estabelece, independentemente de qualquer relação de parentesco consanguíneo ou afim, um vínculo fictício de filiação, trazendo para sua família, na condição de filho, pessoa que geralmente lhe é estranha. Dá origem, portanto, a uma relação jurídica de parentesco civil entre adotante e adotado (CC, arts. 1.618 e 1.619; Lei n. 8.069/90, com as alterações da Lei n. 12.010/2009 e 13.509/2017, arts. 39 a 52-D, 197-A a 199-E e da Lei n. 12.955/2014, que acrescenta o § 9º ao art. 47 da Lei n. 8.069/90 (ECA) para estabelecer prioridade de tramitação aos processos de adoção em que o adotando for criança ou adolescente com deficiência ou com doença crônica.

---

d'anciens et de nouveaux problèmes fondamentaux du droit international privé, in *Recueil des Cours*, 1934, t. 50; João Baptista Villela, O reconhecimento da paternidade entre o pós-moderno e o arcaico: primeiras observações sobre a Lei n. 8.560/92, *Repertório IOB de Jurisprudência*, 4:76, 1993; Espínola e Espínola Filho, *A Lei de Introdução*, cit., v. 2, p. 438 e 421-7; Agenor Pereira de Andrade, *Manual de direito internacional privado*, São Paulo, 1987, p. 232-8; Audinet, *Principes élémentaires de droit international privé*, 1906, n. 623. Interessante é o seguinte julgado (*Tribuna do Direito*, dezembro de 2003, p. 7) do STJ: "Os ministros do STJ rejeitaram o recurso do português *A*, que alega que *B*, sua suposta filha, perdeu o direito de propor ação de investigação de paternidade em função de o prazo ter expirado, e mantiveram a ação. *A* argumentou que a decisão contraria os artigos 7º da Lei de Introdução ao Código Civil (hoje LINDB); 178, § 9º, inciso VI, 340, 344 e 362 do Código Civil de 1916; 27 do Estatuto da Criança e do Adolescente, e 3º — atualmente art. 17 do NCPC — do Código de Processo Civil. E mais: que o caso não se enquadra na legislação brasileira por se tratar de processo que envolve cidadãos portugueses e que *B* teria de ter o registro de nascimento anulado pelo Judiciário antes de propor a investigação de paternidade. *B*, que mora em São Paulo, afirma que o registro, feito em Portugal por meio de declaração paterna, no qual é reconhecida como filha do marido de sua mãe, *C*, é falso. O ministro Ruy Rosado de Aguiar deferiu a ação, que estava em trâmite no TJ-SP, suspendendo o exame de DNA até a decisão do recurso. O ministro relator César Asfor Rocha rejeitou o recurso por entender que deve ser aplicada a lei brasileira, já que *B* mora no Brasil, concluindo que a investigação de paternidade não depende da anulação do registro de nascimento. A Quarta Turma revogou, também, a liminar que concedia a suspensão do exame de DNA por julgar prejudicada a medida cautelar proposta pelo suposto pai (Processo em segredo de Justiça)".

335. Espínola e Espínola Filho, *A Lei de Introdução*, cit., v. 2, p. 159; Weiss, *Manuel de droit international privé*, 1920, p. 445; Diena, *Il diritto internazionale privato*, 1917, p. 114; Clóvis Beviláqua, *Princípios elementares de direito internacional privado*, 1938, p. 227.

Considera-se *adoção internacional* aquela na qual a pessoa ou casal postulante é residente ou domiciliado fora do Brasil, conforme previsto no artigo 2 da Convenção de Haia, de 29 de maio de 1993, relativa à Proteção das Crianças e à Cooperação em Matéria de Adoção Internacional, promulgada pelo Decreto n. 3.087, de 21 de junho de 1999 (art. 51 da Lei n. 8.069/90).

A adoção internacional de criança ou adolescente brasileiro ou domiciliado no Brasil somente terá lugar quando restar comprovado que: a colocação em família adotiva é a solução adequada ao caso concreto; foram esgotadas todas as possibilidades de colocação da criança ou adolescente em família adotiva brasileira, com a comprovação, certificada nos autos, da inexistência de adotantes habilitados residentes no Brasil com perfil compatível com o menor, após consulta aos cadastros estaduais e nacionais de pessoas ou casais habilitados à adoção; em se tratando de adoção de adolescente, este foi consultado, por meios adequados ao seu estágio de desenvolvimento, e que se encontra preparado para a medida, mediante parecer elaborado por equipe interprofissional (art. 51, § 1º, I a III, da Lei n. 8.069/90 com redação da Lei n. 13.509/2017).

A *adoção por estrangeiro de criança brasileira* tem sido combatida por muitos porque pode conduzir a tráfico de menor (Decreto Legislativo n. 105/96, que aprovou o texto da Convenção Interamericana sobre Tráfico Internacional de Menores, de 18-3-1994, e Decreto n. 3.087/99, que promulgou a Convenção Relativa à Proteção das Crianças e à Cooperação em Matéria de Adoção Internacional, concluída em Haia, em 29-5-1993) ou se prestar à corrupção. Por tais razões o Estatuto da Criança e do Adolescente (Lei n. 8.069/90, com as alterações das Leis n. 13.509/2017 e 12.010/2009, arts. 46, § 3º; 50, § 10; 51 a 52-D), além de punir, no art. 239, com reclusão de quatro a seis anos e multa, quem promover ou auxiliar a efetivação de ato destinado a enviar menor para o exterior, sem a observância de formalidades legais, visando lucro, veio impor restrições, como logo mais veremos, às adoções internacionais, que poderão dificultá-las ou até mesmo interrompê-las. Como a adoção internacional, em si mesma, não é um bem ou um mal, seria mais conveniente, então, que se estabelecessem medidas eficazes para punir corruptos e traficantes, em vez de se criarem exigências para sua efetivação, visto que o estrangeiro está mais preparado psicológica e economicamente para assumir uma adoção, não fazendo discriminações atinentes à raça, ao sexo, à idade ou até mesmo à doença ou defeito físico que o menor possa ter; ao passo que o brasileiro é mais seletivo, pois, em regra, procura, para adotar, recém-nascido branco e sadio, surgindo, assim, em nosso país problemas de rejeição racial.

Será preciso, ainda, lembrar que a venda, ou sequestro de menor para esse fim, o tráfico de menores ou a adoção lucrativa seria inexpressiva diante da quantidade de crianças carentes afetivamente, que precisam de um lar.

As adoções mal-intencionadas não deverão afastar as feitas com a real finalidade de amparar o menor. Não seria melhor prover-lhes o bem-estar material, moral ou afetivo, dando-lhes um teto acolhedor, ainda que no exterior, do que deixar as crianças vegetando nas ruas ou encerrá-las na Fundação Casa (antiga FEBEM)? Será possível rotular o amor de um pai ou de uma mãe como *nacional* ou *estrangeiro*? Seria, ou não, a nacionalidade o fator determinante da bondade, ou da maldade, de um pai ou de uma mãe?

Por isso entendemos que não se deve perquirir a conveniência, ou não, de serem os menores brasileiros adotados por estrangeiros não domiciliados no Brasil, mas sim permitir seu ingresso numa família substituta, sem fazer quaisquer considerações à nacionalidade dos adotantes, buscando suporte legal no direito pátrio e no direito internacional privado, estabelecendo penalidades aos que explorarem ilegalmente a adoção, coibindo abusos que, porventura, advierem. Seria justo negar às crianças brasileiras, abandonadas ou carentes, o direito de terem um bom padrão de vida na Europa, na América do Norte, deixando-as, no Brasil, num deplorável estado, sem educação e sem condições de terem uma vida digna?

Como no Brasil prevalece a lei do domicílio (LINDB, art. 7º), qualquer estrangeiro aqui radicado poderá adotar, mesmo que a lei de seu país de origem ignore o instituto da adoção.

Pela Constituição Federal de 1988 (art. 227, § 5º), a adoção será assistida pelo Poder Público, na forma da lei, que estabelecerá casos e condições de sua efetivação por parte de estrangeiros.

Assim sendo, "a colocação em família substituta estrangeira constitui medida excepcional, somente admissível na modalidade de adoção" (Lei n. 8.069/90, art. 31), apresentando as seguintes restrições legais, que poderão, infelizmente, até conduzir o adotante à desistência:

a) *Impossibilidade de adoção por procuração* (art. 39, § 2º), método que era muito usado por casais domiciliados no exterior, que, outorgando procuração a um conhecido brasileiro, davam entrada ao processo de adoção de nossas crianças.

b) *Estágio de convivência*, exigido na hipótese de adoção por estrangeiro residente ou domiciliado fora do Brasil, a ser cumprido no território nacional, de trinta dias, no mínimo e no máximo de 45 dias prorrogável por igual período uma única vez, mediante decisão judicial fundamentada (art.

46, § 3º, com a redação da Lei n. 13.509/2017). Esse estágio de convivência deverá ser cumprido no território nacional, de preferência na comarca de residência da criança e do adolescente, ou, a critério do juiz, em cidade limítrofe, respeitada, em qualquer hipótese, a competência do juízo da comarca do menor (art. 46, § 5º, acrescentado pela Lei n. 13.509/2017). Tal prazo de permanência ficará a critério do órgão judicante e poderá dificultar a adoção, pois sua exigência poderá trazer ao casal estrangeiro prejuízos de ordem econômica e trabalhista, pelo tempo que deverá ficar no Brasil. Esse estágio de convivência deverá ser acompanhado pela equipe interprofissional a serviço da Justiça da Infância e da Juventude, preferencialmente com apoio dos técnicos responsáveis pela execução da política de garantia do direito à convivência familiar, que apresentarão relatório minucioso acerca da conveniência do deferimento da medida (art. 46, § 4º).

c) Comprovação da habilitação do adotante à adoção, consoante as leis de seu país de origem ou de acolhida, mediante documento expedido pela autoridade competente do seu domicílio. Deveras, pela Lei n. 8.069/90 a *adoção internacional* observará o procedimento nos arts. 165 a 170 da Lei n. 8.069/90, com as seguintes adaptações:

c.1) a pessoa ou casal estrangeiro, interessado em adotar criança ou adolescente brasileiro, deverá formular pedido de habilitação à adoção perante a Autoridade Central em matéria de adoção internacional no país de acolhida, assim entendido aquele onde está situada sua residência habitual;

c.2) se a Autoridade Central do país de acolhida considerar que os solicitantes estão habilitados e aptos para adotar, emitirá um relatório que contenha informações sobre a identidade, a capacidade jurídica e adequação dos solicitantes para adotar, sua situação pessoal, familiar e médica, seu meio social, os motivos que os animam e sua aptidão para assumir uma adoção internacional;

c.3) a Autoridade Central do país de acolhida enviará o relatório à Autoridade Central Estadual, com cópia para a Autoridade Central Federal Brasileira;

c.4) verificada, após estudo realizado pela Autoridade Central Estadual, a compatibilidade da legislação estrangeira com a nacional, além do preenchimento por parte dos postulantes à medida dos requisitos objetivos e subjetivos necessários ao seu deferimento, tanto à luz do que dispõe a Lei n. 8.069/90 como da legislação do país de acolhida, será expedido laudo de habilitação à adoção internacional, que terá validade por, no máximo, 1 (um) ano;

c.5) de posse do laudo de habilitação, o interessado será autorizado a formalizar pedido de adoção perante o Juízo da Infância e da Juventude do local em que se encontra a criança ou adolescente, conforme indicação efetuada pela Autoridade Central Estadual (art. 52, I, II, III, VII e VIII).

Se a legislação do país de acolhida assim o autorizar, admite-se que os pedidos de habilitação à adoção internacional sejam intermediados por organismos credenciados (art. 52, § 1º).

Incumbe à Autoridade Central Federal Brasileira o credenciamento de organismos nacionais e estrangeiros encarregados de intermediar pedidos de habilitação à adoção internacional, com posterior comunicação às Autoridades Centrais Estaduais e publicação nos órgãos oficiais de imprensa e em sítio próprio da internet (art. 52, § 2º).

Somente será admissível o credenciamento de organismos que:

a) sejam oriundos de países que ratificaram a Convenção de Haia e estejam devidamente credenciados pela Autoridade Central do país onde estiverem sediados e no país de acolhida do adotando para atuar em adoção internacional no Brasil;

b) satisfizerem as condições de integridade moral, competência profissional, experiência e responsabilidade exigidas pelos países respectivos e pela Autoridade Central Federal Brasileira;

c) forem qualificados por seus padrões éticos e sua formação e experiência para atuar na área de adoção internacional;

d) cumprirem os requisitos exigidos pelo ordenamento jurídico brasileiro e pelas normas estabelecidas pela Autoridade Central Federal Brasileira (art. 52, § 3º, I a IV).

Os organismos credenciados deverão ainda:

a) perseguir unicamente fins não lucrativos, nas condições e dentro dos limites fixados pelas autoridades competentes do país onde estiverem sediados, do país de acolhida e pela Autoridade Central Federal Brasileira;

b) ser dirigidos e administrados por pessoas qualificadas e de reconhecida idoneidade moral, com comprovada formação ou experiência para atuar na área de adoção internacional, cadastradas pelo Departamento de Polícia Federal e aprovadas pela Autoridade Central Federal Brasileira, mediante publicação de portaria do órgão federal competente;

c) estar submetidos à supervisão das autoridades competentes do país onde estiverem sediados e no país de acolhida, inclusive quanto à sua composição, funcionamento e situação financeira;

d) apresentar à Autoridade Central Federal Brasileira, a cada ano, relatório geral das atividades desenvolvidas, bem como relatório de acompanhamento das adoções internacionais efetuadas no período, cuja cópia será encaminhada ao Departamento de Polícia Federal;

e) enviar relatório pós-adotivo semestral para a Autoridade Central Estadual, com cópia para a Autoridade Central Federal Brasileira, pelo período mínimo de 2 (dois) anos. O envio do relatório será mantido até a juntada de cópia autenticada do registro civil, estabelecendo a cidadania do país de acolhida para o adotado;

f) tomar as medidas necessárias para garantir que os adotantes encaminhem à Autoridade Central Federal Brasileira cópia da certidão de registro de nascimento estrangeira e do certificado de nacionalidade tão logo lhes sejam concedidos (art. 52, § 4º).

A não apresentação dos referidos relatórios pelo organismo credenciado poderá acarretar a suspensão de seu credenciamento (art. 52, § 5º).

O credenciamento de organismo nacional ou estrangeiro encarregado de intermediar pedidos de adoção internacional terá validade de 2 (dois) anos (art. 52, § 6º).

A renovação do credenciamento poderá ser concedida mediante requerimento protocolado na Autoridade Central Federal Brasileira nos 60 (sessenta) dias anteriores ao término do respectivo prazo de validade (art. 52, § 7º).

A Autoridade Central Federal Brasileira poderá, a qualquer momento, solicitar informações sobre a situação das crianças e adolescentes adotados (art. 52, § 10).

A cobrança de valores por parte dos organismos credenciados, que sejam considerados abusivos pela Autoridade Central Federal Brasileira e que não estejam devidamente comprovados, é causa de seu descredenciamento (art. 52, § 11).

Uma mesma pessoa ou seu cônjuge não podem ser representados por mais de uma entidade credenciada para atuar na cooperação em *adoção internacional* (art. 52, § 12).

A *habilitação* de postulante estrangeiro ou domiciliado fora do Brasil terá *validade máxima de 1(um) ano*, podendo ser renovada (art. 52, § 13).

É vedado o contato direto de representantes de organismos de adoção, nacionais ou estrangeiros, com dirigentes de programas de acolhimento institucional ou familiar, assim como com crianças e adolescentes em condições de serem adotados, sem a devida autorização judicial (art. 52, § 14).

A Autoridade Central Federal Brasileira poderá limitar ou suspender a concessão de novos credenciamentos sempre que julgar necessário, mediante ato administrativo fundamentado (art. 52, § 15).

Proibido está, sob pena de responsabilidade e descredenciamento, o repasse de recursos provenientes de *organismos estrangeiros* encarregados de intermediar pedidos de *adoção internacional* a organismos nacionais ou a pessoas físicas.

Eventuais repasses somente poderão ser efetuados via Fundo dos Direitos da Criança e do Adolescente e estarão sujeitos às deliberações do respectivo Conselho de Direitos da Criança e do Adolescente (art. 52-A e parágrafo único)[336].

---

336. Outrora, com a criação da Comissão Estadual Judiciária de Adoção Internacional, formada por três desembargadores, dois juízes de direito de 2º grau e dois juízes titulares de Varas de Infância, pelo Tribunal de Justiça de São Paulo, agilizava-se em nosso Estado o processo de adoção de crianças brasileiras por casais estrangeiros mediante a utilização de critérios objetivos para analisar cada caso. A comissão vinculada à presidência do Tribunal de Justiça de São Paulo fornecia aos casais estrangeiros habilitados certificados, com validade prorrogável, para adotar criança em qualquer Vara da Infância e Juventude.

O Decreto n. 5.491/2005 regulamentava a atuação de organismo estrangeiros e nacionais de adoção internacional no Brasil, no âmbito da Autoridade Central Administrativa Federal. Esse decreto, ao regulamentar a atuação de organismos estrangeiros e nacionais de adoção internacional no Brasil, exigia seu credenciamento no âmbito da Autoridade Central Administrativa Federal, como requisito obrigatório para posterior credenciamento junto a autoridade central do país de origem da criança estrangeira a ser adotada por brasileiros. Tais organismos (associações sem fins lucrativos) deviam ainda: solicitar à Coordenação Geral da Justiça, Classificação, Títulos e Qualificação, da Secretaria Nacional de Justiça do Ministério da Justiça, autorização para funcionamento no Brasil; estar de posse do registro assecuratório, obtido junto do Departamento de Polícia Federal; ser dirigidos e administrados por pessoas qualificadas por sua integridade moral e por sua formação ou experiência para atuar na área de adoção internacional; prestar sob pena de suspensão de seu credenciamento pelo prazo de até um ano informações solicitadas pela Autoridade Central Administrativa Federal; apresentar, anualmente, àquela Autoridade relatório geral das atividades desenvolvidas, bem como relatório de acompanhamento de adoções internacionais efetuadas no período, cuja cópia era encaminhada ao Departamento de Polícia Federal. A não apresentação do relatório anual pelo organismo credenciado podia também acarretar suspensão do credenciamento pelo prazo de até um ano (Dec. n. 5.491/2005, arts. 1º a 5º). Pelo art. 8º do Decreto n. 5.491/2005 (com a redação do Dec. n. 5.947, de 26-10-2006), na hipótese de o representante cadastrado substabelecer os poderes recebidos do organismo nacional ou estrangeiro representado, com ou sem reservas, o substabelecido somente podia atuar nos procedimentos após efetuar o seu cadastro junto ao Departamento de Polícia Federal, que devia dar ciência à Autoridade Central Administrativa Federal. O art. 10 do Decreto n. 5.491/2005 proibia a representação de mais de uma entidade credenciada para atuar na cooperação em adoção internacional por uma mesma pessoa ou seu cônjuge, sócio, parente em linha reta ou colateral até quarto grau ou por afinidade. Vedado estava o contato direto de representantes de organismos de adoção, nacionais ou estrangeiros, com dirigentes de abrigos, ou crianças em situação de adotabilidade, sem a devida autorização judicial (art. 11 do Dec. n. 5.491/2005). O organismo estrangeiro credenciado tinha a obrigação de comunicar à Autoridade Central Administrativa Federal em quais Estados de Federação estavam atuando os seus representantes, assim como qualquer alteração de estatuto ou composição de seus dirigentes e representantes; tomar as medidas necessárias para garantir não só que a criança ou adolescente brasileiro saísse do País com o passaporte brasileiro devidamente expedido e com visto de adoção emitido pelo consulado do país de acolhida; mas também que os adolescentes encaminhassem cópia à Autoridade Central Administrativa Federal da certidão de registro de nascimento estrangeira e do certificado de nacionalidade tão logo lhes fossem concedidos; apresentar relatórios semestrais à Autoridade Central Administrativa Federal de acompanhamento do adotado até que a ele se concedesse a nacionalidade no país de residência dos adotantes; apresentar relatórios semestrais de acompanhamento do adotado às Comissões Estaduais Judiciárias de Adoção Internacional pelo período mínimo de dois anos, independentemente da concessão da nacionalidade do adotado no país de residência dos adotantes (Dec. n. 5.491/2005, art. 17, IV e V, com a redação do Dec. n. 5.947, de 26-10-2006).

Vide Portaria n. 100/2015 da Secretaria de Direitos Humanos, que dispõe sobre a renovação do credenciamento do organismo estrangeiro *médecins du monde* para intermediar pedidos de adoção internacional; Portaria n. 44, de 27 de janeiro de 2016, do Ministério das Mulheres, da Igualdade Racial e dos Direitos Humanos, que dispõe sobre o credenciamento do organismo estrangeiro "A.I.B.I. — *Associazione Amici dei Bambini*" para atuar em matéria de adoção internacional no Brasil, e Portaria n. 254, de 15 de abril de 2014, da Secretaria de Direitos Humanos, que dispõe sobre o credenciamento do organismo estrangeiro "AAiM — *Associació D'Ajuda als Infants del Món*", encarregado de intermediar pedidos de habilitação à adoção internacional, prescrevendo:

"Art. 1º Renovar o credenciamento do organismo 'AAiM — Associació D'Ajuda als Infants del Món', com sede na 'C/ Balmes 67, Principal 2ª, 08007 — Barcelona/Espanha', encarregado de intermediar pedidos de habilitação à adoção internacional, de acordo com a Convenção Relativa à Proteção das Crianças e à Cooperação em Matéria de Adoção Internacional, concluída em Haia-Holanda, em 29 de maio de 1993, aprovada pelo Decreto Legislativo n. 1, de 14 de janeiro de 1999, e promulgada pelo Decreto n. 3.087, de 21 de junho de 1999.

Art. 2º O organismo deverá cumprir o disposto na Lei n. 8.069, de 13 de julho de 1990, assim como as disposições do Decreto n. 5.491, de 2005, sob pena de suspensão de seu credenciamento.

Art. 3º O credenciamento tem validade por 2 (dois) anos, contados da data da publicação desta Portaria, devendo o organismo pleitear a sua renovação junto à Autoridade Central Administrativa Federal, nos 60 (sessenta) dias anteriores ao término do respectivo prazo de validade, consoante o disposto no § 7º do art. 52 da Lei n. 8.069, de 1990.

Art. 4º Esta Portaria entra em vigor na data de sua publicação".

A Portaria da Secretária de Direitos Humanos n. 729/2014 dispõe sobre renovação de credenciamento do organismo estrangeiro "CIFA — *Centro Internazionale per l'infanzia e la famiglia*" (Torino — Itália), encarregado de intermediar pedido de habilitação à adoção internacional, de acordo com a Convenção Relativa à Proteção das Crianças e à Cooperação em Matéria de Adoção Internacional, concluída em Haia — Holanda, em 29.5.1993, aprovada pelo Decreto Legislativo n. 1/99, e promulgada pelo Decreto n. 3.087/99. Esse organismo deve cumprir a Lei n. 8.069/90, o Decreto n. 5.491/2005 e Portaria n. 240 — SDH/PR, de 8.4.2014, sob pena de suspensão de seu credenciamento. O credenciamento tem validade por 2 anos, contados da publicação daquela portaria, devendo o organismo pleitear sua renovação junto à Autoridade Central Administrativa Fe-

d) Apresentação de estudo psicossocial do adotante feito por equipe interprofissional especializada e credenciada no seu país de origem (art. 52, IV), que atestará sua sanidade mental, sua idoneidade moral, suas condições econômicas para adotar etc. A adoção internacional pressupõe a intervenção das Autoridades Centrais Estaduais e Federal em matéria de adoção internacional (art. 50, § 3º), que poderão fazer exigências e solicitar complementação sobre o estudo psicossocial do postulante estrangeiro à adoção, já realizado no país de acolhida (art. 52, VI). Logo a adoção internacional poderá ser condicionada a análises e estudos prévios de uma equipe técnica judiciária brasileira, que manterá cadastro centralizado de interessados estrangeiros em adoção e fornecerá laudo de habilitação para instruir processo competente. Esse cadastro somente será consultado se inexistirem postulantes nacionais habilitados nos cadastros estaduais e nacionais (art. 50, §§ 3º e 6º). A *adoção internacional* somente será deferida se, após consulta ao cadastro de pessoas ou casais habilitados à adoção, mantido pela Justiça da Infância e da Juventude na comarca, bem como aos cadastros estadual e nacional, não for encontrado interessado com residência permanente no Brasil (art. 50, § 10). Daí por que se deve procurar o aprimoramento ou o aperfeiçoamento daquelas equipes.

e) Apresentação de texto autenticado pertinente à legislação estrangeira, acompanhado de prova de sua vigência, a pedido do juiz, de ofício, ou do Ministério Público (art. 52, IV, 2ª parte), pois o conhecimento da lei alienígena é essencial para evitar problemas que, eventualmente, possam surgir. Daí a necessidade de estudo, pela Autoridade Central Estadual, da compatibilidade da lei estrangeira com a nacional (art. 52, VII, 1ª parte). Pelo Código Civil da Itália (arts. 29 a 43), p. ex., observa Paolo Vercellone, exige-se, além de uma decisão da autoridade brasileira, concedendo a adoção de um menor de dezoito anos, por terem sido preenchidos todos os pressupostos legais, sua custódia pré-adotiva experimental a um casal italiano, considerado pelo Tribunal da Itália moral e materialmente idôneo

---

deral, nos 60 dias anteriores ao término do respectivo prazo de validade, conforme o § 7º do art. 52 do ECA.

A Portaria n. 215, de 18 de maio de 2015, da Secretaria de Direitos Humanos, dispõe sobre o credenciamento do organismo estrangeiro "*ATWA — Across The World Adoptions*" para atuar em matéria de adoção internacional do Brasil e a Portaria n. 72/2016, sobre o credenciamento do organismo estrangeiro "*Azione per Famiglie Nuove* (AFN)", com a mesma finalidade. A Portaria n. 63, de 27 de abril de 2017, da Secretaria Especial de Direitos Humanos, dispõe sobre o credenciamento do organismo estrangeiro "*Médecins du monde*" para atuar em matéria de adoção internacional no Brasil.

A Portaria n. 1.076/2017, do Ministério da Justiça e da Segurança Pública, institui procedimentos para credenciamento e renovação de credenciamento de organismos estrangeiros e nacionais para atuarem em adoção internacional no Brasil, de acordo com o Decreto n. 3.087/1999.

para assumir o encargo de educá-lo como filho. O documento brasileiro, por sua vez, deverá ser ratificado pelo Juizado de Menores do domicílio do casal italiano, que controlará sua regularidade formal e verificará se a decisão brasileira não fere os princípios fundamentais do direito de família da Itália. Assim sendo, nossos juízes, zelando pelos interesses do menor brasileiro, só deverão conceder sua adoção a um casal italiano que esteja regularmente casado há pelo menos três anos, cuja idade não seja inferior a dezoito e superior a quarenta anos em relação à idade do adotando, e que apresente declaração de idoneidade expedida pelo Juizado de Menores da Itália, pois, se faltar esses requisitos, a criança adotada, ao chegar ao território italiano, poderá ser reenviada ao Brasil ou retirada da companhia do casal italiano que a adotou, para ser confiada a outro casal italiano desconhecido da justiça brasileira, o que lhe poderá acarretar seriíssimos danos morais. Se essa hipótese rara ocorrer, o juiz da Itália deverá comunicar o fato ao Brasil, através de embaixada ou consulado, aguardando a resposta da autoridade brasileira, sem ter, contudo, a obrigação de devolver o menor ao Brasil, se, porventura, nosso órgão judicante não anuir com a troca de adotantes deliberada pelo juiz italiano, que decidiu não confirmar a adoção feita pelo primeiro casal. Melhor seria, portanto, para evitar prejuízos maiores, que o Brasil acatasse a adoção de criança brasileira pela nova família, expedindo documento para revogar a primeira adoção, ou, então, que elaborasse um tratado com a Itália para regular esse fenômeno. Por tais razões uma boa adoção internacional deveria fundar-se no conhecimento das legislações do país do adotando e do adotante e na colaboração entre as autoridades judiciárias das duas nações. Devido aos possíveis problemas que possam surgir, causando gravames ao adotado, há, p. ex., na Itália, uma corrente doutrinária favorável à cooperação internacional como tipo de auxílio à criança brasileira, que permanecerá no Brasil, como filha de seus pais de sangue, recebendo do casal italiano tão somente subsídios econômicos, enviados para um grupo de cooperadores, para que ajudem a família daquele menor.

f) Juntada aos autos de documentos estrangeiros, devidamente autenticados pela autoridade consular, com observância dos tratados e convenções internacionais e acompanhados da respectiva tradução por tradutor público juramentado (art. 52, V).

g) Permissão da saída do adotando do território nacional apenas após a consumação da adoção, ou seja, depois de transitada em julgado a decisão que a concedeu (art. 52, § 8º). Transitada em julgado a decisão, a autoridade judiciária determinará a expedição de alvará com autorização de viagem, bem como para obtenção de passaporte, constando, obrigatoriamente, as características da criança ou adolescente adotado, como idade, cor, sexo, eventuais sinais ou traços peculiares, assim como foto recente e a aposição da impressão digital do seu polegar direito, instruindo o documento com cópia autenticada da decisão e certidão de trânsito em julgado (art. 52, § 9º).

Os *brasileiros residentes no exterior* devidamente cadastrados (art. 50, § 6º) terão preferência aos estrangeiros, nos casos de adoção internacional de criança ou adolescente brasileiro (art. 51, § 2º), e deverão cumprir o estágio de convivência, no Brasil, de no mínimo 30 dias (art. 46, § 3º).

A *adoção por brasileiro residente no exterior* em país ratificante da Convenção de Haia, cujo processo de adoção tenha sido processado em conformidade com a legislação vigente no país de residência e atendido o disposto na alínea *c* do artigo 17 da referida Convenção, será automaticamente recepcionada com o reingresso no Brasil, e, caso não tenha sido atendido o disposto na alínea *c* do artigo 17 da Convenção de Haia, deverá a sentença ser homologada pelo Superior Tribunal de Justiça. O pretendente brasileiro residente no exterior em país não ratificante da Convenção de Haia, uma vez reingressado no Brasil, deverá requerer a homologação da sentença estrangeira pelo Superior Tribunal de Justiça (art. 52-B, §§ 1º e 2º).

Nas *adoções internacionais, quando o Brasil for o país de acolhida*, a decisão da autoridade competente do país de origem da criança ou do adolescente será conhecida pela Autoridade Central Estadual que tiver processado o pedido da habilitação dos pais adotivos, que comunicará o fato à Autoridade Central Federal e determinará as providências necessárias à expedição do Certificado de Naturalização Provisório. A Autoridade Central Estadual, ouvido o Ministério Público, somente deixará de reconhecer os efeitos daquela decisão se restar demonstrado que a adoção é manifestamente contrária à ordem pública ou não atende ao interesse superior da criança ou do adolescente. Na hipótese de não reconhecimento dessa adoção, o Ministério Público deverá imediatamente requerer o que for de direito para resguardar os interesses da criança ou do adolescente, comunicando-se as providências à Autoridade Central Estadual, que fará a comunicação à Autoridade Central Federal Brasileira e à Autoridade Central do país de origem (art. 52-C, §§ 1º e 2º).

Nas *adoções internacionais*, quando o Brasil for o país de acolhida e a adoção não tenha sido deferida no país de origem porque a sua legislação a delega ao país de acolhida, ou, ainda, na hipótese de, mesmo com decisão, a criança ou o adolescente ser oriundo de país que não tenha aderido à Convenção referida, o processo de adoção seguirá as regras da adoção nacional (art. 52-D).

Na seara do direito internacional privado, no que concerne à adoção, apresentam-se dois *sistemas*:

a) O da *lei da nacionalidade*, pelo qual, se adotando e adotante tiverem nacionalidade diversa, prevalecerá, p. ex., na Alemanha, Portugal, Grécia, Japão, China e Coreia, a legislação, reguladora da adoção, nacional do adotante, ao passo que na França se aplicará a lei nacional do adotando, e se um deles, adotando ou adotante, for francês, prevalecerá a lei francesa.

b) O da *lei do domicílio*, acatado pelos países de *Common Law* e pelos da América Latina (Convenção Interamericana sobre conflitos de leis em matéria de adoção de menores de 1984), pelo qual, se ambos tiverem o mesmo domicílio, se aplicará a lei local, mas, se o adotando estiver domiciliado em outro país, sua lei deverá ser considerada. A Convenção sobre Cooperação Internacional e Proteção de Crianças e Adolescentes em Matéria de Adoção Internacional, concluída em Haia, em 29 de maio de 1993, aprovada pelos Decretos Legislativos n. 63/95 e n. 1/99 e promulgada pelo Decreto n. 3.087/99, será aplicada quando uma criança com residência habitual em um Estado Contratante ("o Estado de origem") tiver sido, for ou deva ser deslocada para outro Estado Contratante ("o Estado de acolhida"), quer após sua adoção no Estado de origem por cônjuges ou por uma pessoa residente habitualmente no Estado de acolhida, quer para que essa adoção seja realizada no Estado de acolhida ou no de origem; mas, para tanto, dever-se-á atender os requisitos processuais dos arts. 14 a 22 da citada Convenção. A forma a ser observada será a brasileira, se realizada a adoção no Brasil (*locus regit actum*), que requer, como vimos, decisão judicial; a capacidade para adotar e os efeitos da adoção deverão ser apreciados pela lei do domicílio do adotante, e a capacidade para ser adotado, pela legislação do domicílio do adotando (Código Bustamante, arts. 73 a 77). Casos há em que a adoção permitida pela lei pessoal dos interessados não poderá realizar-se em certo país cuja lei venha a impor limitações em razão de ordem pública. Por exemplo, no Brasil não estará permitido ao tutor adotar pupilo sem antes prestar contas de sua administração e saldar o seu alcance. Como no Brasil prevalece a lei do domicílio, qualquer estrangeiro aqui radicado poderá adotar, mesmo que a lei de seu país de origem ignore o instituto da adoção. Assim sendo, se a lei pessoal dos interessados admitir a adoção e a *lex fori* não, prevalecerá esta, pois não se poderá adotar em país que desconheça o instituto. Ter-se-á, então, um conflito de instituição, que se resolve em favor da lei territorial (Código Bustamante, art. 77). Os efeitos da adoção regem-se pela lei do domicílio do adotante, principalmente no que atina à sua sucessão, e pela lei domiciliar do adotando em tudo quanto se refira ao nome, direitos e deveres em relação à sua família natural e à que passa a integrar. É preciso não olvidar que os efeitos sucessórios da adoção dependerão da *lex domicilii* do *de cujus* (LINDB, art. 10), sendo inoperante a do local onde se efetivou a adoção ou a da nacionalidade ou a do domicílio do herdeiro. Já para Fiore, quanto aos "direitos decorrentes da paternidade e filiação adotiva e as relações jurídicas do adotante com o adotado e com a família deste, deve-se observar a lei nacional do adotante, ao passo que para reger os direitos e deveres entre o adotado e sua família deve-se cumprir a lei do adotado".

Ensina-nos Georgette Nacarato Nazo que a Convenção Interamericana sobre conflitos de leis em matéria de adoção de menores elaborada em 1984 antecede a Declaração sobre princípios sociais e jurídicos aplicáveis à proteção do bem-estar dos menores, tendo por escopo sobretudo as práticas em matéria de adoção e colocação em lares substitutos, nos planos nacional e internacional (Res. n. 41/85 da AG da ONU, de 3-12-1986), bem como as normas de Beijing da ONU para administração da justiça para menores e adolescentes (Res. n. 40/33 da AG de 29-11-1985). Essas normas, acrescidas à Declaração sobre proteção de mulheres e crianças em períodos de guerra ou de urgência (Res. n. 3.318 (XXIX) da AG de 14-12-1974), serviram de diretriz à Convenção relativa aos direitos da criança, adotada pelas Nações Unidas em 20 de novembro de 1989, assinada pelo governo brasileiro em 26 de janeiro de 1990 e aprovada pelo Decreto Legislativo n. 28, de 14 de setembro de 1990. O mesmo se diga da Convenção sobre Cooperação Internacional e Proteção de Crianças e Adolescentes em Matéria de Adoção Internacional, concluída em Haia, em 29 de maio de 1993, e aprovada pelos Decretos Legislativos n. 63/95 e 1/99, e promulgada pelo Decreto n. 3.087/99. A equiparação de direitos e qualificações dos filhos prevista na Constituição Federal de 1988, art. 227, § 6º, vem disciplinada na Lei n. 8.069/90 (arts. 39 a 52) e no Código Civil (arts. 1.618 e 1.619), que regem a adoção de menores não só no direito interno como no internacional.

O elemento de conexão apontado pela Convenção é o do domicílio das partes, que melhor atenderá às adoções internacionais no âmbito das Américas. Se estrangeiro quiser adotar no Brasil, subordinar-se-á às leis internas brasileiras. Sendo o adotado menor, aplicando-se-lhe as determinações da Lei n. 8.069/90 e do Código Civil, e com decisão judicial a respeito (Convenção Interamericana, arts. 3º, 4º, 12 a 19; Convenção Relativa à Proteção das Crianças e à Cooperação em Matéria de Adoção Internacional, concluída em Haia em 29 de maio de 1993, aprovada pelos Decs. Legs. n. 63/95 e 1/99, e promulgada pelo Dec. n. 3.087/99, arts. 4º a 13). Na lição de Georgette Nacarato Nazo, se a adoção se der no exterior, cumprida a exigência da lei local, reconhecer-se-á o julgado alienígena, sem entrar no mérito; semelhante condição de nosso direito positivo atende ao que está no art. 5º da Convenção Interamericana, não se podendo levantar, portanto, a exceção de instituição desconhecida. Para reforçar este entendimento, o enunciado no art. 2º conjugado com o art. 29 da Convenção Interamericana abre a possibilidade de "qualquer Estado-Parte poder declarar, ao assinar ou ratificar esta Convenção ou aderir a ela, que sua aplicação se estende a qualquer outra forma de adoção internacional de menores". Como a Lei n. 8.069/90 apenas permite adoção de menores e adolescentes e só excepcionalmente autoriza sua colocação em família substituta estrangeira sob a modalidade de adoção, proibida a guarda e a tutela conforme os arts. 31 e 33, § 1º, caberá ao Brasil apresentar "reserva" ao citado art. 2º da Convenção, amparada nas determinações específicas da lei interna. Pelo art. 40 da Convenção aprovada pelo Decreto Legislativo n. 63/95, "nenhuma reserva à Convenção será admitida".

A publicidade e o registro da adoção se fazem pela lei do país em que devem ser cumpridos, que é a lei do local da adoção. Pelos arts. 41 da Lei n. 8.069/90 e 9º da Convenção Interamericana, o adotado adquirirá a condição, direitos e deveres, inclusive sucessórios, de filho, desvinculando-se da família de origem, salvo com relação a impedimentos matrimoniais. Pelo art. 10 da mesma Convenção, as relações entre adotado com sua família de origem regem-se pela *lex domicilii* no momento da adoção. Feita a adoção (art. 25), os efeitos internos e a sua extensão extraterritorial reger-se-ão pela lei do novo domicílio do adotado, que é o do adotante, pois, fixada a adoção, a partir dela o adotado menor passará a ter o mesmo domicílio legal do adotante[337], mas atingindo a maioridade passará a ter o seu próprio domicílio.

---

337. Sobre adoção: Espínola e Espínola Filho, *A Lei de Introdução*, cit., v. 2, p. 428-34; Weiss, *Manuel*, cit., p. 518; Pillet e Niboyet, *Manuel*, cit., p. 573-4; Diena, *Diritto*, cit., p. 188; Clóvis Beviláqua, *Princípios elementares*, cit., p. 333; Agenor P. de Andrade, *Manual*, cit., p. 233-4; Georgette Nacarato Nazo, *Adoção internacional: valor e importância das convenções internacionais vigentes no Brasil*, São Paulo, Ed. Oliveira Mendes, 1997; Convenção Interamericana sobre Conflitos de Leis em Matéria de Adoção de Menores, *Rev. Trim. de Jurisprudência dos Estados*, 97:87-92; M. Helena Diniz, *Curso*, cit., v. 5, p. 280-96; Antônio Chaves, Adoção, in *Enciclopédia Saraiva do Direito*, v. 4, p. 361; Caio M. S. Pereira, *Instituições*, cit., v. 5, p. 256; Orlando Gomes, *Direito de família*, Rio de Janeiro, Forense, 1978, p. 387; Antonio José Azevedo Pinto, A adoção no Código Civil vigente e no Projeto — Um estudo comparativo, *Cadernos de Direito Privado da Universidade Federal Fluminense*, 2:163-75, 1979; Maria Stella Villela L. S. Rodrigues, Da adoção de crianças brasileiras por estrangeiros não domiciliados, *JB*, 156:35-46; Paolo Vercellone, As novas famílias, *JB*, 156:53-6; Amílcar de Castro, *Direito internacional privado*, cit., p. 383-7; Gemma, *Appunti di diritto internazionale privato*, n. 781; Oscar Tenório, *Direito internacional privado*, cit., v. 2, p. 153-5; Weiss, *Manuel*, cit., p. 539-40; Fiore, *Droit international privé*, p. 272; Rolin, *Principes de droit international privé*, 1897, v. 2, n. 634 e 635; Edson José da Fonseca, A constitucionalidade da adoção internacional, *Cadernos de Direito Constitucional e Ciência Política*, 11:247-64; Cláudia Lima Marques, Novas regras sobre adoção internacional no direito brasileiro, *RT*, 692:77; João D. Gatelli, *Adoção internacional*, Curitiba, Juruá, 2005; Luiz Carlos de B. Figueirêdo, *Adoção internacional*, Curitiba, Juruá, 2005; Andréia C. Vieira e outros, Os direitos humanos da criança e o instituto da adoção internacional: a função social da adoção sob a perspec-

tiva da nova lei, *Revista IOB de Direito de Família*, 59:105-118; Gabriel A. de Barros, Adoção por estrangeiro, *Revista Síntese — Direito de Família*, 76:50-74.

"Homologação de sentença estrangeira — Estados Unidos da América — Adoção — Requerido em lugar ignorado — Citação editalícia — Nomeação de curador especial — Requisitos preenchidos: 1 — É parte legítima a mãe que pretende ter homologada a sentença de adoção do filho pelo atual cônjuge, pois a decisão reflete de forma inequívoca na sua esfera jurídica, traduzindo legítimo interesse, já que se trata de definir com quem irá dividir os direitos e deveres da qualidade de pais e responsáveis pelo filho. Preliminar rejeitada. 2 — O consentimento do pai biológico para a adoção não foi exigido pelo magistrado sentenciante, porque nunca ofereceu apoio ao filho, abandonou-o, ausentando-se do seu último endereço sem deixar meios de ser encontrado. E, em face da constatação do referido abandono, por ocasião do divórcio da requerente com o pai biológico, foi deferida a guarda exclusiva do menor à mãe, em sentença homologada por este Superior Tribunal de Justiça. 3 — Foram atendidos os requisitos regimentais com a constatação da regularidade da citação para processo julgado por juiz competente, cuja sentença, transitada em julgado, foi autenticada pela autoridade consular brasileira e traduzida por profissional juramentado no Brasil, com o preenchimento das demais formalidades legais. 4 — Pedido de homologação deferido. Custas *ex lege*" (STJ — Corte Especial; Sentença Estrangeira Contestada n. 2.019-EX; Rel. Min. Laurita Vaz; j. 12-4-2010; *BAASP*, 2721:653).

"Adoção Internacional — Sentença estrangeira contestada. Adoção. Regularidade formal. Preenchimento dos requisitos. Homologação deferida. 1. Foram observados os pressupostos indispensáveis ao deferimento do pleito previstos nos artigos 5º e 6º da Resolução n. 9/05 desta Corte. 2. Nos termos do artigo 51 do Estatuto da Criança e do Adolescente — que remete ao artigo 2º da Convenção de Haia, de 29-5-1993 —, a adoção internacional ocorre quando a pessoa ou casal adotante seja residente ou domiciliado fora do Brasil e haja o deslocamento do adotando para outro Estado. No caso, a despeito de o adotante possuir nacionalidade suíça e o adotando brasileira, à época do pedido de adoção já conviviam há mais de 10 anos no país estrangeiro na companhia de sua genitora. 3. Para a adoção de menor que tenha pais biológicos no exercício do poder familiar, haverá a necessidade do consentimento de ambos, salvo se, por decisão judicial, forem destituídos desse poder, consoante a regra contida no art. 45 do ECA. 4. É causa autorizadora da perda judicial do poder familiar, nos termos do art. 1.638, II, do Código Civil, o fato de o pai deixar o filho em abandono. Na hipótese, há nos autos escritura pública assinada pelo pai biológico dando conta de que houve manifesto abandono de seu filho menor, situação, aliás expressamente levantada no título judicial submetido à presente homologação bem como no parecer do ministerial. 5. Excepcionalmente, o STJ admite outra hipótese de dispensa do consentimento sem prévia destituição do poder familiar, quando for observada situação de fato consolidada no tempo que seja favorável ao adotando, como no caso em exame. Precedentes. 6. Homologação de sentença estrangeira deferida" (STJ, SEC n. 274-EX, Rel. Min. Castro Meira, Corte Especial, pub. 19-11-2012).

Vide Decretos Legislativos n. 63/95 e 1/99, que aprovam o texto da Convenção sobre Cooperação Internacional e Proteção de Crianças e Adolescentes em Matéria de Adoção Internacional, concluída em Haia, em 29 de maio de 1993, o Decreto n. 3.087/99, que a promulga, o Decreto Legislativo n. 60/96, que aprovou o texto da Convenção Interamericana sobre Conflitos de Leis em Matéria de Adoção de Menores, celebrada em La Paz, em 24 de maio de 1984, e o Decreto n. 2.429/97, que promulgou tal Convenção, abaixo transcrita:

Convenção Interamericana sobre Conflito de Leis em Matéria de Adoção de Menores

Os Governos dos Estados-Membros da Organização dos Estados Americanos,

Desejosos de concluir uma convenção sobre conflito de leis em matéria de adoção de menores,

Convieram no seguinte:

Artigo 1

Esta Convenção aplicar-se-á à adoção de menores sob as formas de adoção plena, legitimação adotiva e outras formas afins que equiparem o adotado à condição de filho cuja filiação esteja legalmente estabelecida, quando o adotante (ou adotantes) tiver seu domicílio num Estado-Parte e o adotado sua residência habitual noutro Estado-Parte.

Artigo 2

Qualquer Estado-Parte poderá declarar, ao assinar ou ratificar esta Convenção, ou ao aderir a ela, que sua aplicação se estende a qualquer outra forma de adoção internacional de menores.

Artigo 3

A lei da residência habitual do menor regerá a capacidade, o consentimento e os demais requisitos para a adoção, bem como os procedimentos e formalidades extrínsecas necessários para a constituição do vínculo.

Artigo 4

A lei do domicílio do adotante (ou adotantes) regulará:

a) a capacidade para ser adotante;

b) os requisitos de idade e estado civil do adotante;

c) o consentimento do cônjuge do adotante, se for o caso, e

d) os demais requisitos para ser adotante.

Quando os requisitos da lei do adotante (ou adotantes) forem manifestamente menos estritos do que os da lei da residência habitual do adotado, prevalecerá a lei do adotado.

Artigo 5

As adoções feitas de acordo com esta Convenção serão reconhecidas de pleno direito nos Estados-Partes, sem que se possa invocar a exceção da instituição desconhecida.

Artigo 6

Os requisitos concernentes a publicidade e registro da adoção reger-se-ão pela lei do Estado em que devam ser cumpridos.

Nos registros públicos deverão constar a modalidade e as características da adoção.

Artigo 7

Garantir-se-á o sigilo da adoção, quando for pertinente. No entanto, quando for possível e se forem conhecidos, serão informados a quem legalmente proceder os antecedentes clínicos do menor e os dos pais, sem que sejam mencionados seus nomes nem outros dados que permitam sua identificação.

Artigo 8

Nas adoções regidas por esta Convenção as autoridades que outorgarem a adoção poderão exigir que o adotante (ou adotantes) comprove sua capacidade física, moral, psicológica e econômica por meio de instituições públicas ou privadas cuja finalidade específica esteja relacionada com a proteção do menor. Essas instituições deverão estar expressamente autorizadas por um Estado ou organização internacional.

As instituições que comprovarem os tipos de capacidade acima mencionados comprometer-se-ão a informar a autoridade outorgante da adoção sobre as condições em que esta se desenvolva, no decorrer de um ano. Para esse efeito, a autoridade outorgante comunicará à instituição acreditadora a outorga da adoção.

Artigo 9

Em caso de adoção plena, legitimação adotiva e formas afins:

a) as relações entre o adotante (ou adotantes) e o adotado, inclusive no que diz respeito a alimentos, bem como as relações do adotado com a família do adotante (ou adotantes), reger-se-ão pela mesma lei que regula as relações do adotante (ou adotantes) com sua família legítima;

b) os vínculos do adotado com sua família de origem serão considerados dissolvidos. No entanto, subsistirão os impedimentos para contrair matrimônio.

Artigo 10

No caso de adoção diferente da adoção plena, da legitimação adotiva e de formas afins, as relações entre o adotante (ou adotantes) e o adotado regem-se pela lei do domicílio do adotante (ou adotantes).

As relações do adotado com sua família de origem regem-se pela lei da sua residência habitual no momento da adoção.

Artigo 11

Os direitos sucessórios correspondentes ao adotado ou ao adotante (ou adotantes) reger-se-ão pelas normas aplicáveis às respectivas sucessões.

No caso de adoção plena, legitimação adotiva e formas afins, o adotado, o adotante (ou adotantes) e a família deste último ou destes últimos terão os mesmos direitos sucessórios correspondentes à filiação legítima.

Artigo 12

As adoções a que se refere o artigo 1 serão irrevogáveis. A revogação das adoções a que se refere o artigo 2 reger-se-á pela lei da residência habitual do adotado no momento da adoção.

Artigo 13

Quando for possível a conversão da adoção simples em adoção plena, legitimação adotiva ou formas afins, essa conversão reger-se-á, à escolha do autor, pela lei da residência habitual do adotado no momento da adoção ou pela lei do Estado de domicílio do adotante (ou adotantes) no momento de ser pedida a conversão.

Se o adotado for maior de 14 anos será necessário seu consentimento.

Artigo 14

A anulação da adoção será regida pela lei de sua outorga. A anulação somente será decretada judicialmente, velando-se pelos interesses do menor de acordo com o artigo 19 desta Convenção.

Artigo 15

Serão competentes para outorgar as adoções a que se refere esta Convenção as autoridades do Estado da residência habitual do adotado.

Artigo 16

Serão competentes para decidir sobre a anulação ou a revogação da adoção os juízes do Estado da residência habitual do adotado no momento da outorga da adoção.

Quando for possível a conversão da adoção simples em adoção plena, legitimação adotiva ou formas afins, serão competentes para decidir, alternativamente e à escolha do autor, as autoridades do Estado da residência habitual do adotado no momento da adoção, ou as do Estado onde tiver domicílio o adotante (ou adotantes) ou as do Estado onde tiver domicílio o adotado, quando tiver domicílio próprio, no momento de pedir-se a conversão.

Artigo 17

Serão competentes para decidir as questões referentes às relações entre o adotado e o adotante (ou adotantes) e a família deste último (ou destes últimos) os juízes do Estado de domicílio do adotante (ou adotantes), enquanto o adotado não constituir domicílio próprio.

A partir do momento em que o adotado tiver domicílio próprio será competente, à escolha do autor, o juiz do domicílio do adotado ou do adotante (ou adotantes).

Artigo 18

As autoridades dos Estados-Partes poderão recusar-se a aplicar a lei declarada competente por esta Convenção quando essa lei for manifestamente contrária à sua ordem pública.

Artigo 19

Os termos desta Convenção e as leis aplicáveis de acordo com ela serão interpretados harmonicamente e em favor da validade da adoção e em benefício do adotado.

Artigo 20

Qualquer Estado-Parte poderá, a qualquer momento, declarar que esta Convenção aplica-se à adoção de menores com residência habitual nesse Estado, por pessoas que também tenham residência habitual nesse mesmo Estado-Parte, quando, das circunstâncias do caso específico, a juízo da autoridade interveniente, resultar que o adotante (ou adotantes) propõe-se a constituir domicílio em outro Estado-Parte depois de formalizada a adoção.

Artigo 21

Esta Convenção ficará aberta à assinatura dos Estados-Membros da Organização dos Estados Americanos.

Artigo 22

Esta Convenção está sujeita à ratificação. Os instrumentos de ratificação serão depositados na Secretaria-Geral da Organização dos Estados Americanos.

Artigo 23

Esta Convenção ficará aberta à adesão de qualquer outro Estado. Os instrumentos de adesão serão depositados na Secretaria-Geral da Organização dos Estados Americanos.

Artigo 24

Cada Estado poderá formular reservas a esta Convenção no momento de assiná-la, ratificá-la ou de a ela aderir, desde que a reserva verse sobre uma ou mais disposições específicas.

Artigo 25

As adoções, outorgadas de conformidade com o direito interno, quando o adotante (ou adotantes) e o adotado tiverem domicílio ou residência habitual no mesmo Estado-Parte, surtirão efeitos de pleno direito nos demais Estados-Partes, sem prejuízo de que tais efeitos sejam regidos pela lei do novo domicílio do adotante (ou adotantes).

Artigo 26

Esta Convenção entrará em vigor no trigésimo dia a partir da data em que haja sido depositado o segundo instrumento de ratificação.

Para cada Estado que ratificar a Convenção ou a ela aderir depois de haver sido depositado o segundo instrumento de ratificação, a Convenção entrará em vigor no trigésimo dia a partir da data em que tal Estado haja depositado seu instrumento de ratificação ou de adesão.

Artigo 27

Os Estados-Partes que tenham duas ou mais unidades territoriais em que vigorem sistemas jurídicos diferentes com relação a questões de que trata esta Convenção poderão declarar, no momento da assinatura, ratificação ou adesão, que a Convenção aplicar-se-á a todas as suas unidades territoriais ou somente a uma ou mais delas.

Tais declarações poderão ser modificadas mediante declarações ulteriores, que especificarão expressamente a unidade ou as unidades territoriais a que se aplicará esta Convenção. Tais declarações ulteriores serão transmitidas à Secretaria-Geral da Organização dos Estados Americanos e surtirão efeito trinta dias depois de recebidas.

Artigo 28

Esta Convenção vigorará por prazo indefinido, mas qualquer dos Estados-Partes poderá denunciá-la. O instrumento de denúncia será depositado na Secretaria-Geral da Organização dos Estados Americanos. Transcorrido um ano da data do depósito do instrumento de denúncia, os efeitos da Convenção cessarão para o Estado denunciante, mas subsistirão para os demais Estados-Partes.

Artigo 29

O instrumento original desta Convenção, cujos textos em português, espanhol, francês e inglês são igualmente autênticos, será depositado na Secretaria-Geral da Organização dos Estados Americanos, que enviará cópia autenticada do seu texto à Secretaria das Nações Unidas, para seu registro e publicação, de conformidade com o artigo 102 da sua Carta constitutiva. A Secretaria-Geral da Organização dos Estados Americanos notificará aos Estados-Membros da referida Organização e aos Estados que houverem aderido à Convenção as assinaturas e os depósitos de instrumentos de ratificação, adesão e denúncia, bem como as reservas que houver. Outrossim, transmitir-lhes-á as declarações previstas nos artigos 2, 20 e 27 desta Convenção.

Em fé do que, os plenipotenciários infra-assinados, devidamente autorizados por seus respectivos governos, firmam esta Convenção.

Feita na Cidade de La Paz, Bolívia, no dia vinte e quatro de maio de mil novecentos e oitenta e quatro.

Consulte, ainda, o Decreto n. 5.491, de 18 de julho de 2005, que regulamenta a atuação de organismos estrangeiros e nacionais de adoção internacional.

O Presidente da República, no uso da atribuição que lhe confere o art. 84, inciso IV, da Constituição, e

Considerando a entrada em vigor, para o Brasil, da Convenção Relativa à Proteção das Crianças e à Cooperação em Matéria de Adoção Internacional, concluída na cidade de Haia, Holanda, em 29 de maio de 1993, aprovada pelo Decreto Legislativo n. 1, de 14 de janeiro de 1999, e promulgada pelo Decreto n. 3.087, de 21 de junho de 1999, e tendo em vista a designação da Secretaria Especial dos Direitos Humanos da Presidência da República, conforme determinação do inciso II do parágrafo único do art. 1º do Decreto n. 5.174, de 9 de agosto de 2004, como Autoridade Central Administrativa Federal encarregada de dar cumprimento às obrigações impostas por aquela Convenção;

Decreta:

Capítulo I

DO CREDENCIAMENTO DE ORGANISMOS NACIONAIS E ESTRANGEIROS QUE ATUAM EM ADOÇÃO INTERNACIONAL

Art. 1º Fica instituído o credenciamento de todos os organismos nacionais e estrangeiros que atuam em adoção internacional no Estado brasileiro, no âmbito da Autoridade Central Administrativa Federal.

Parágrafo único. O credenciamento de que trata este artigo é requisito obrigatório para posterior credenciamento junto à Autoridade Central do país de origem da criança, bem como para efetuar quaisquer procedimentos junto às Autoridades Centrais dos Estados Federados e do Distrito Federal, na forma do Decreto n. 3.174, de 16 de setembro de 1999.

Art. 2º Entende-se como organismos nacionais associações brasileiras sem fins lucrativos, que atuem em outros países exclusivamente na adoção internacional de crianças e adolescentes estrangeiros por brasileiros.

Art. 3º Entende-se como organismos estrangeiros associações estrangeiras sem fins lucrativos, que atuem em adoção internacional de crianças e adolescentes brasileiros, no Estado brasileiro.

Art. 4º Os organismos nacionais e estrangeiros que atuam em adoção internacional deverão:

I — estar devidamente credenciado pela Autoridade Central Administrativa Federal, se organismo nacional;

II — estar devidamente credenciado pela Autoridade Central de seu país de origem e ter solicitado à Coordenação-Geral de Justiça, Classificação, Títulos e Qualificação, da Secretaria; Nacional de Justiça do Ministério da Justiça, autorização para funcionamento no Brasil, para fins de reconhecimento da personalidade jurídica às organizações estrangeiras, na forma do Decreto-lei n. 4.657, de 4 de setembro de 1942, se organismo estrangeiro;

III — estar de posse do registro assecuratório, obtido junto ao Departamento de Polícia Federal, nos termos da Portaria n. 815/99 — DG/DPF, de 28 de julho de 1999;

IV — perseguir unicamente fins não lucrativos, nas condições e dentro dos limites fixados pela Autoridade Central Administrativa Federal; e

V — ser dirigido e administrado por pessoas qualificadas por sua integridade moral e por sua formação ou experiência para atuar na área de adoção internacional, cadastradas pelo Departamento de Polícia Federal e aprovadas pela Autoridade Central Administrativa Federal, mediante publicação de portaria do titular da Secretaria Especial dos Direitos Humanos da Presidência da República.

Art. 5º O organismo nacional ou estrangeiro credenciado deverá:

I — prestar, a qualquer tempo, todas as informações que lhe forem solicitadas pela Autoridade Central Administrativa Federal;

II — apresentar, a cada ano, contado da data de publicação da portaria de credenciamento, à Autoridade Central Administrativa Federal relatório geral das atividades desenvolvidas, bem como relatório de acompanhamento das adoções internacionais efetuadas no período, cuja cópia será encaminhada ao Departamento de Polícia Federal; e

III — requerer renovação do credenciamento a cada dois anos de funcionamento, no período de trinta dias que antecede o vencimento do prazo, de acordo com a data de publicação da portaria de credenciamento.

§ 1º A não prestação de informações solicitadas pela Autoridade Central Administrativa Federal poderá acarretar a suspensão do credenciamento do organismo pelo prazo de até seis meses.

§ 2º A não apresentação do relatório anual pelo organismo credenciado poderá acarretar a suspensão de seu credenciamento pelo prazo de até um ano.

Art. 6º O organismo nacional e o organismo estrangeiro credenciados estarão submetidos à supervisão da Autoridade Central Administrativa Federal e demais órgãos competentes, no que tange à sua composição, funcionamento, situação financeira e cumprimento das obrigações estipuladas no art. 5º deste Decreto.

Art. 7º A Autoridade Central Administrativa Federal poderá, a qualquer momento que julgue conveniente, solicitar informes sobre a situação das crianças e adolescentes adotados.

Art. 8º Qualquer pessoa que atue nos processos de adoção, mediante substabelecimento ou não, com ou sem reservas de poderes, deverá ser cadastrada previamente junto ao Departamento de Polícia Federal.

Art. 9º A cobrança de valores por parte dos organismos credenciados, que sejam considerados abusivos pela Autoridade Central Administrativa Federal e que não estejam devidamente comprovados, poderá acarretar o descredenciamento do organismo.

Art. 10. É proibida a representação de mais de uma entidade credenciada para atuar na cooperação em adoção internacional por uma mesma pessoa ou seu cônjuge, sócio, parente em linha reta, colateral até quarto grau ou por afinidade.

Art. 11. É proibido o contato direto de representantes de organismos de adoção, nacionais ou estrangeiros, com dirigentes de abrigos, ou crianças em situação de adotabilidade, sem a devida autorização judicial.

Art. 12. A Autoridade Central Administrativa Federal poderá limitar ou suspender a concessão de novos credenciamentos sempre que julgar necessário, mediante ato administrativo fundamentado.

Capítulo II
DOS ORGANISMOS NACIONAIS QUE ATUAM EM ADOÇÃO INTERNACIONAL EM OUTROS PAÍSES

Art. 13. O organismo nacional credenciado deverá comunicar à Autoridade Central Administrativa Federal em quais países estão atuando os seus representantes, assim como qualquer alteração de estatuto ou composição de seus dirigentes e representantes.

Art. 14. O requerimento de credenciamento dos organismos nacionais que atuam na cooperação em adoção internacional deverá ser dirigido ao titular da Secretaria Especial dos Direitos Humanos.

Art. 15. O credenciamento dos organismos nacionais que atuam em adoção internacional em outros países será expedido em portaria do titular da Secretaria Especial dos Direitos Humanos, após observado parecer da Coordenação-Geral do Departamento de Polícia Federal.

Art. 16. O certificado de cadastramento expedido pela Coordenação-Geral do Departamento de Polícia Federal não autoriza qualquer organismo nacional a atuar em adoção internacional em outros países, sendo necessário o credenciamento junto à Autoridade Central Administrativa Federal.

Capítulo III
DOS ORGANISMOS ESTRANGEIROS QUE ATUAM EM ADOÇÃO INTERNACIONAL NO ESTADO BRASILEIRO

Art. 17. O organismo estrangeiro credenciado terá como obrigações:

I — comunicar à Autoridade Central Administrativa Federal em quais Estados da Federação estão atuando os seus representantes, assim como qualquer alteração de estatuto ou composição de seus dirigentes e representantes;

II — tomar as medidas necessárias para garantir que a criança ou adolescente brasileiro saia do País com o passaporte brasileiro devidamente expedido e com visto de adoção emitido pelo consulado do país de acolhida;

III — tomar as medidas necessárias para garantir que os adotantes encaminhem cópia à Autoridade Central Administrativa Federal da certidão de registro de nascimento estrangeira e do certificado de nacionalidade tão logo lhes sejam concedidos;

IV — apresentar relatórios semestrais de acompanhamento do adotado até que a ele se conceda a nacionalidade no país de residência dos adotantes.

Art. 18. O credenciamento dos organismos estrangeiros que atuam na cooperação em adoção internacional será expedido por meio de portaria do titular da Secretaria Especial dos Direitos Humanos, após observados os pareceres da Coordenação-Geral de Justiça, Classificação, Títulos e Qualificação, da Secretaria Nacional de Justiça do Ministério da Justiça; da Divisão de Assistência Consular, do Ministério das Relações Exteriores e da Coordenação-Geral do Departamento de Polícia Federal.

Art. 19. O certificado de cadastramento expedido pela Coordenação-Geral do Departamento de Polícia Federal, por si só, não autoriza qualquer organização estrangeira a atuar em adoção internacional no Estado brasileiro, sendo necessário o credenciamento junto à Autoridade Central Administrativa Federal.

Art. 20. Somente será permitido o credenciamento de organismos estrangeiros de adoção internacional oriundos de países que ratificaram a Convenção de Haia e estejam devidamente credenciados pela Autoridade Central do país de origem para atuar em adoção internacional no Brasil.

Capítulo IV
DAS DISPOSIÇÕES FINAIS

Art. 21. O descumprimento do disposto neste Decreto implicará o descredenciamento do organismo nacional ou estrangeiro que atua em adoção internacional no Estado brasileiro.

§ 1º Após o descredenciamento, respeitada a ampla defesa e o contraditório, o organismo nacional ou estrangeiro não poderá voltar a atuar em adoção internacional no Estado brasileiro pelo prazo de até dez anos, contados a partir da data da publicação da portaria de descredenciamento.

§ 2º O descredenciamento será comunicado ao Departamento de Polícia Federal pela Autoridade Central Administrativa Federal.

Art. 22. Qualquer irregularidade detectada pelas Autoridades Centrais dos Estados Federados e do Distrito Federal deverá ser comunicada à Autoridade Central Administrativa Federal.

Art. 23. Fica a Autoridade Central Administrativa Federal encarregada de comunicar às Autoridades Centrais dos Estados Federados e do Distrito Federal e ao *Bureau* Permanente da Conferência de Haia de Direito Internacional Privado os nomes e endereços dos organismos nacionais e estrangeiros credenciados.

Art. 24. Este Decreto entra em vigor na data de sua publicação.

Brasília, 18 de julho de 2005; 184º da Independência e 117º da República.

Vide Resolução do CNJ n. 190/2014, que altera dispositivos da Res. do CNJ n. 54/2008 sobre implantação do Cadastro Nacional de Adoção para possibilitar inclusão dos pretendentes estrangeiros habilitados nos tribunais:

"Art. 1º Alterar os arts. 1º, 2º, 4º, 5º e 6º da Resolução CNJ n. 54, de 29 de abril de 2008, que passam a vigorar com a seguinte redação:

Art. 1º O Conselho Nacional de Justiça implantará o Cadastro Nacional de Adoção, que tem por finalidade consolidar dados de todas as comarcas das unidades da federação referentes a crianças e adolescentes disponíveis para adoção, após o trânsito em julgado dos respectivos processos, assim como dos pretendentes à adoção domiciliados no Brasil e no exterior, devidamente habilitados, havendo registro em subcadastro distinto para os interessados domiciliados no exterior, inserido no sistema do CNA.

§ 1º A consulta e convocação de interessados/pretendentes inscritos no subcadastro, de que trata este artigo, somente poderá ocorrer após malogradas as tentativas de inserção em família substituta nacional para candidatos representados por entidades credenciadas no Brasil para tal fim, ou quando a solicitação for formulada diretamente pela autoridade consular do país de acolhida.

§ 2º A inserção dos interessados/pretendentes domiciliados no exterior no Cadastro Nacional de Adoção compete às CEJAS/CEJAIS dos Tribunais de Justiça.

Art. 2º O Cadastro Nacional de Adoção e o Cadastro Nacional de Crianças e Adolescentes Acolhidos ficarão sob os auspícios do Conselho Nacional de Justiça, assegurado o acesso aos dados neles contidos, exclusivamente aos órgãos autorizados, neles incluídos as Comissões Estaduais Judiciárias de Adoção (CEJAS/CEJAIS) e as Coordenadorias da Infância e Juventude dos Tribunais de Justiça dos Estados e do Distrito Federal e dos Territórios.

De acordo com a Convenção aprovada pelos Decretos Legislativos n. 63/95 e 1/99 e promulgada pelo Decreto n. 3.087/99, a adoção certificada pela autoridade competente do Estado onde ocorreu será reconhecida de pleno direito pelos demais Estados Contratantes. O reconhecimento dessa adoção gera o vínculo de filiação entre adotado e adotantes, rompendo os liames com os pais de sangue. Tal reconhecimento apenas poderá ser recusado em um Estado contratante se a adoção for, manifestamente, contrária a sua ordem pública, levando em consideração o interesse superior da criança. E, além disso, ninguém poderá obter vantagens materiais indevidas em razão de adoção internacional. Apenas poderão ser cobrados os custos e despesas processuais e honorários advocatícios e profissionais daqueles que nela intervieram (arts. 23 a 27 e 32).

O poder familiar pode ser definido como um conjunto de direitos e obrigações, quanto à pessoa e bens do filho menor não emancipado, exercido, em igualdade de condições, por ambos os pais, para que possam desempenhar os encargos que a norma jurídica lhes impõe, tendo em vista o interesse e a proteção do filho (CC, arts. 1.630 a 1.638; Lei n. 8.069/90, arts. 161 a 166, com alterações da Lei n. 12.010/2009). Esse poder conferido aos genitores, exercido no proveito, interesse e proteção dos filhos menores, advém de uma necessidade natural, uma vez que todo ser humano, durante sua infância, precisa de alguém que o crie, eduque, ampare, defenda, guarde e cuide de seus interesses, regendo sua pessoa e seus bens. Com o escopo de evitar o jugo paterno-materno, o Estado tem intervindo, submetendo o exercício do poder familiar à sua fiscalização e controle ao limitar, no tempo, esse poder, ao restringir o seu uso e os direitos dos pais. O direito

Parágrafo único. Fica assegurado à Autoridade Central Administrativa Federal (ACAF) o fornecimento dos dados integrais referentes ao cadastro dos pretendentes à adoção domiciliados no exterior, bem como aos relatórios estatísticos referentes aos demais dados constantes no cadastro.

....

Art. 4º As Corregedorias-Gerais da Justiça e os juízes responsáveis pela alimentação diária do sistema encaminharão os dados por meio eletrônico ao Cadastro Nacional de Adoção e ao Cadastro Nacional de Crianças e Adolescentes Acolhidos.

Art. 5º O Conselho Nacional de Justiça prestará o apoio técnico necessário aos Tribunais de Justiça dos Estados e do Distrito Federal para alimentar os dados no Cadastro Nacional de Adoção e no Cadastro Nacional de Crianças e Adolescentes Acolhidos.

Parágrafo único. O Cadastro Nacional de Adoção será adaptado para absorver, em um único banco de dados, os cadastros estaduais e das comarcas de que trata o Estatuto da Criança e do Adolescente, quando então serão vedados a existência e o preenchimento de quaisquer cadastros paralelos.

Art. 6º O Conselho Nacional de Justiça, as Comissões Estaduais Judiciárias de Adoção (CEJAS/CEJAIS), as Coordenadorias da Infância e Juventude e as Corregedorias-Gerais dos Tribunais de Justiça devem promover e estimular campanhas incentivando a reintegração à família de origem, ou inclusão em família extensa, bem como adoção de crianças e adolescentes em acolhimento familiar ou institucional, sem perspectivas de reinserção na família natural.

Art. 2º Esta Resolução entra em vigor na data de sua publicação".

do domicílio do incapaz determinará quais as pessoas sujeitas ao poder familiar, quem terá tal dever, os direitos do protetor quanto às pessoas e bens do incapaz, os casos de suspensão e perda do poder familiar (Código Bustamante, arts. 69 a 72). Se houver conflito, predominará a lei do filho quando em choque com a dos genitores, detentores daquele poder. Em caso de antinomia de leis sucessivas do domicílio, relativamente ao poder familiar, à ação da lei nova somente escapam as situações definitivamente constituídas sob a égide da lei domiciliar anterior do incapaz, antes de haver, com a mudança daquele domicílio, a configuração do novo, como sendo o competente. Os direitos, cujo exercício se der ulteriormente, deverão sujeitar-se à nova *lex domicilii*, ressalvando-se sempre a observância das normas de ordem pública internacional prescritas pela *lex fori*[338].

338. M. Helena Diniz, *Curso*, cit., v. 5, p. 301; José Virgílio Castelo Branco Rocha, *Pátrio poder*, 1960, p. 47; Caio M. S. Pereira, *Instituições*, cit., v. 5, p. 281; W. Barros Monteiro, *Curso*, cit., v. 2, p. 277; Silvio Rodrigues, *Direito civil*, cit., v. 6, p. 358; Orlando Gomes, *Direito de família*, cit., p. 411; Amílcar de Castro, *Direito internacional privado*, cit., v. 2, p. 110-1; Eduardo Espínola, *Elementos de direito internacional privado*, 1925, p. 565; Anzilotti, *Corso di diritto internazionale privato*, 1919, p. 276; Bosco, *Corso di diritto internazionale privato*, 1937, § 56; Niboyet, *Manuel*, cit., p. 578; Pillet, *Traité pratique de droit international privé*, 1923, v. 1, p. 661; Clóvis Beviláqua, *Princípios elementares*, cit., p. 334; Grasso, *Principii di diritto internazionale pubblico e privato*, 1896, p. 254-5; Diena, *Il diritto internazionale*, cit., p. 191; Espínola e Espínola Filho, *A Lei de Introdução*, cit., v. 2, p. 434-7.

(...) A Convenção de Haia sobre os Aspectos Civis do Sequestro Internacional de Crianças, internalizada no ordenamento jurídico brasileiro por meio do Decreto n. 3.413/2000, prevê a promoção de medidas judiciais tendentes à restituição ao País de sua residência habitual os menores ilicitamente transferidos para o território de outro País; isso porque, considera-se essa situação — subtração indevida, ainda que por pai ou mãe da criança, do seu País de residência habitual, privando-a da convivência do outro genitor, prejudicial ao seu desenvolvimento psíquico e ao seu equilíbrio físico e emocional, ferindo o seu direito subjetivo de manter contato e conviver com ambos os pais, pois os dois são igualmente importantes na formação de seu caráter e personalidade. 2. A devida aplicação dessa Convenção passou a fazer parte das obrigações do Brasil no plano internacional, na qualidade de signatário de vários tratados nesta área, entre as quais a Convenção da ONU sobre os Direitos das Crianças, de 20-11-1989. (...) A residência habitual, para fins da Convenção de Haia é aquela em que a criança tinha as suas raízes, estava vivendo em caráter de permanência. E, *segundo a referida Convenção, é a Lei desse Estado soberano que deve decidir as questões relativas à guarda dos menores*. Pelo que dispõe o art. 3º do Decreto n. 3.413/2000, neste caso, mostra-se ilícita a transferência dos menores para o Brasil em 2006, ante a existência de um direito de guarda efetivamente exercido pelo genitor, que tinha a seu favor uma decisão judicial à qual a recorrente, por livre vontade, resolveu se submeter. 10. Ausente qualquer circunstância prevista no art. 13 do Decreto n. 3.413/2000 a desaconselhar o retorno dos menores ao seu País de residência habitual (Noruega). 11. A Convenção sobre os Aspectos Civis do Sequestro Internacional de Crianças, ao estabelecer como uma de suas finalidades possibilitar o exercício das relações parentais dentro da legalidade e a preservação dos vínculos familiares e rechaçar qualquer atitude unilateral que possa macular o pleno exercício dessas relações, nada mais fez do que proteger os superiores interesses das crianças, preservando-lhes a dignidade que a condição humana lhes garante. (...) (STJ, REsp 1315342/RJ, Rel. Min. Napoleão Nunes Maia Filho, 1ª Turma, pub. 4-12-2012).

Para proteção de menores que não se encontram sob o poder familiar ter-se-á a tutela, e para maiores, qualquer que seja a causa de sua incapacidade, gerada por causa transitória ou permanente que impeça a manifestação de sua vontade, da sua embriaguez, toxicomania ou prodigalidade, ter-se-á a curatela ou tomada de decisão apoiada como medidas protetivas excepcionais (CC, arts. 1.728 a 1.783-A; Lei n. 13.146/2015, art. 116; Lei n. 8.069/90, arts. 36 e 37).

Tutela é um complexo de direitos e obrigações conferidos pela lei a um terceiro, para que proteja a pessoa de um menor, que não se acha sob o poder familiar, e administre seus bens. A tutela, por envolver questões de capacidade e por ser uma instituição familiar, disciplinar-se-á pela lei domiciliar do incapaz, antes de assumido o encargo tutelar, que indicará o tutor e os atos que devem ser praticados nessa função. A *lex fori* poderá impor limites à aplicação da lei pessoal quanto às pessoas que não poderão ser nomeadas tutoras em virtude de condenação criminal ou mau procedimento. Antes da designação da tutela concorrerá a *lex domicilii* do tutor com a do menor, no que atina às questões ligadas à capacidade para ser tutor e às razões para escusa, ressalvadas as proibições do exercício da tutoria impostas pela lei do incapaz. Aplicar-se-á cumulativamente a lei local e a pessoal do tutor e do menor quanto ao registro. Os Estados signatários do Código Bustamante (art. 97) que aceitarem a lei domiciliar como elemento de conexão poderão exigir, na hipótese de mudança de domicílio de um país a outro, a ratificação da tutela ou que se outorgue outra. Somente após a instituição da tutela aplicar-se-á a lei do domicílio do tutor, que absorverá a do menor sob sua guarda, com as limitações de ordem pública, mas o poder de correção do tutor submeter-se-á à *lex fori*. Se o tutor vier a mudar de domicílio internacional, seu encargo tutelar reger-se-á pelo direito de outra jurisdição (Código Bustamante, arts. 84 a 97)[339].

Curatela é o encargo público cometido, por lei, a alguém para administrar os bens de maiores, protegendo seus direitos patrimoniais e negociais (Lei n. 13.146/2015, art. 85), que, por si sós, não estão em condições de fazê-lo em razão de embriaguez habitual, toxicomania, prodigalidade ou de enfermidade ou deficiência mental e física, que, transitória ou permanentemente, impede a manifestação de sua vontade (CC, arts. 4º, 1.767 a 1.783). Os princípios da tutela são aplicáveis à curatela, regendo-se pela lei domiciliar do curador e do curatelado, que se submeterá após a instituição da

---

339. Espínola e Espínola Filho, *A Lei de Introdução*, cit., v. 2, p. 151 e 177; Agenor P. de Andrade, *Manual*, cit., p. 235-6; Oscar Tenório, *Direito internacional privado*, cit., v. 2, p. 98-100; Wilson de S. Campos Batalha, *Tratado*, cit., v. 2, p. 177-8; Silvio Rodrigues, *Direito civil*, cit., v. 6, p. 396; M. Helena Diniz, *Curso*, cit., v. 5, p. 341 e s.

curatela à lei do curador (Código Bustamante, arts. 84, 86, 87, 88, 89, 90 e 93). Não se aplicarão as normas da lei pessoal sobre interdição se, ante a *lex fori*, forem ofensivas à liberdade, como o caso da prodigalidade, quando a lei territorial não restringir, p. ex., a capacidade dos pródigos. Assim sendo, a *lex domicilii* não terá aplicabilidade quanto à prodigalidade da pessoa cujo direito pessoal desconheça tal instituição. E, além disso, a declaração de prodigalidade feita num dos Estados signatários do Código Bustamante terá eficácia extraterritorial em relação aos demais, sempre que o permita o direito local (Código Bustamante, arts. 91, 92 e 98 a 100)[340].

A tomada de decisão apoiada é um novel regime alternativo à curatela, que evita a imposição de curador à revelia e até mesmo contra os interesses do deficiente, preservando sua autonomia da vontade (Lei n. 13.146/2015, art. 116, e CC, art. 1.783-A, §§ 1º a 11), pois o próprio apoiado poderá requerer a nomeação de duas pessoas (apoiadores) aptas e idôneas, por ele indicadas, por serem de sua confiança ou por manterem com ele vínculo de parentesco ou afetividade, com a finalidade de prestar-lhe apoio na tomada de decisão sobre atos da vida civil, fornecendo-lhe elementos necessários para o exercício de sua capacidade.

Os débitos alimentares disciplinam-se pela lei reguladora de institutos de direito de família, de que são acessórios. Fundam-se em relações de parentesco (*ius causae*), devendo reger-se em atenção ao interesse do alimentando, ou seja, pela sua lei domiciliar; se esta nada dispuser sobre a questão, aplicar-se-á o *ius fori*. A esse respeito bastante expressivas são as palavras de Machado Villela, de que, "se a *lex fori* reconhece o direito a alimentos num caso em que a lei pessoal não o admite, discute-se se a *lex fori* deverá aplicar-se como lei de ordem pública, obrigatória tanto para nacionais como para estrangeiros. E parece que a questão deve ser resolvida afirmativamente. É incontestavelmente uma lei moral a que estabelece o direito a alimentos, e, por isso, contra ela não devem prevalecer as leis estrangeiras". Entendemos, portanto, seguindo essa linha de pensamento, que, na verdade, em matéria de alimentos, se deveria aplicar a *lex fori*, pois ao órgão judicante brasileiro, p. ex., seria ato atentatório à moral negar a obrigação alimentar, porque a lei domiciliar não a admite. Deveras, as perplexidades e os conflitos oriundos do problema alimentar têm favorecido a doutrina que se inclina pela *lex fori*, por ser questão de ordem pública,

---

340. W. Barros Monteiro, *Curso*, cit., v. 5, p. 321; Cahali, Curatela, in *Enciclopédia Saraiva do Direito*, v. 22, p. 143; M. Helena Diniz, *Curso*, cit., v. 5, p. 353 e s.; Oscar Tenório, *Direito internacional privado*, cit., v. 2, p. 100; Espínola e Espínola Filho, *A Lei de Introdução*, cit., v. 2, p. 177; Clóvis Bevilágua, *Princípios elementares*, cit., p. 341; Agenor P. de Andrade, *Manual*, cit., p. 235-6.

substituindo-se a lei alienígena aplicável, por ser a domiciliar, pela do foro (Código Bustamante, arts. 67 e 68; LINDB, art. 17)[341].

Como se pôde ver, as questões pertinentes ao direito de família, na órbita internacional, regem-se pela *lex domicilii*.

4. "Lex loci celebrationis" e casamento

Ante a importância social do matrimônio e dos efeitos por ele produzidos, prevê a lei certas formalidades que devem precedê-lo, com o escopo de verificar a inexistência de impedimentos e de demonstrar que os nubentes estão em condições de convolar núpcias, evitando assim a realização de casamento com infração às normas jurídicas vigentes ou com a inobservância de requisitos essenciais à sua celebração. Por isso é o casamento um ato eminentemente formal, uma vez que deve ater-se às prescrições formais de ordem pública, que demonstram a capacidade nupcial ou a habilitação dos nubentes[342].

O casamento celebrar-se-á de conformidade com as solenidades impostas pela *lex loci celebrationis* (Código Bustamante, art. 41), mesmo quando for diferente a forma ordenada pela lei pessoal dos nubentes. Há quem aceite que, quanto às formalidades intrínsecas, seja admissível a aplicação da lei pessoal dos interessados, mas, no que disser respeito às formalidades extrínsecas do ato, dever-se-á atender ao comando da *lex loci actus*. Em todos os países há permissão para que estrangeiros se casem perante suas autoridades competentes, quer pertençam os nubentes à mesma nacionalidade, quer a nacionalidades diferentes, e qualquer que seja o domicílio dos noivos. Realizando-se as núpcias no Brasil, a habilitação matrimonial e as formalidades do casamento reger-se-ão pelos arts. 1.525 a 1.542 do nosso

---

341. Agenor P. de Andrade, *Manual*, cit., p. 237-8; Amílcar de Castro, *Direito internacional privado*, cit., v. 2, p. 115-6; Oscar Tenório, *Direito internacional privado*, cit., v. 2, p. 107-8; Espínola e Espínola Filho, *A Lei de Introdução*, cit., v. 2, p. 439-41; Arminjon, *Précis de droit international privé*, 1931, v. 3, p. 79; Lerebours e Pigeonnière, *Précis*, cit., p. 369-70; Clóvis Beviláqua, *Princípios elementares*, cit., p. 636; Machado Villela, *O direito internacional privado no Código Civil brasileiro*, 1921, p. 140; Audinet, *Principes élémentaires de droit international privé*, 1906, n. 561; Valéry, *Manuel de droit international privé*, 1914, p. 1089; Surville e Arthuys, *Cours élémentaire*, cit., p. 437-8. Vide CC, arts. 1.694 a 1.710.

342. W. Barros Monteiro, *Curso*, cit., v. 2, p. 22; Silvio Rodrigues, *Direito civil*, cit., v. 6, p. 23; Orlando Gomes, *Direito de família*, cit., p. 115; Caio M. S. Pereira, *Instituições*, cit., v. 5, p. 52; André de C. Ramos. O casamento no direito internacional privado no Brasil, *Revista IASP*, n. 35: 165 a 190; Valério de O. Mazzuoli, Lei aplicável ao rompimento de esponsais no direito internacional privado brasileiro, *Revista de direito civil contemporâneo*, n. 4, v. 11, 2017, p. 143 a 158.

Código Civil, pois a lei brasileira será a aplicável mesmo que os nubentes sejam estrangeiros. Os impedimentos matrimoniais (CC, art. 1.521, I a VII), cuja infração conduz à nulidade do matrimônio, previstos na lei brasileira, deverão ser respeitados; o mesmo se diga dos casos de anulabilidade do casamento (CC, art. 1.550, com redação da Lei n. 13.146/2015), ainda que conflitem com a lei pessoal dos nubentes. Com isso evitar-se-ão penosas investigações sobre direito estrangeiro. Logo, um estrangeiro casado não poderá casar-se pela segunda vez no Brasil, mesmo que sua lei nacional admita a poligamia, que pela nossa legislação é crime. Assim sendo, o matrimônio, no que concerne às formalidades de sua celebração e aos impedimentos (Código Bustamante, art. 38), submete-se ao princípio *locus regit actum*. Se um brasileiro casar-se na França com uma francesa, submeter-se-á à lei do local da celebração, mesmo que as formalidades da celebração sejam desconhecidas no Brasil. Trata-se do domínio da *lex loci celebrationis*, que emana da *lex loci actus*. Portanto, realizando-se um casamento em outro país, aplicar-se-lhe-á a lei do lugar da celebração do ato quanto aos impedimentos matrimoniais, às nulidades relativas e às formalidades.

O casamento celebrado no exterior, segundo as formalidades legais, será reconhecido como válido no Brasil, ante o princípio do respeito do direito adquirido no estrangeiro, ressalvados os casos de ofensa à ordem pública brasileira e de fraude à lei nacional, se não se observarem os impedimentos matrimoniais fixados legalmente (Código Bustamante, art. 40). O Código Bustamante, no art. 41, reza que se terá "em toda parte como válido, quanto à forma, o matrimônio celebrado na que estabeleça como eficazes as leis do país em que se efetua. Contudo, os Estados, cuja legislação exigir uma cerimônia religiosa, poderão negar validade aos matrimônios contraídos por seus nacionais no estrangeiro sem a observância dessa formalidade".

As causas suspensivas da celebração do casamento (CC, art. 1.523, I a IV), que desaconselham o ato nupcial sem contudo acarretar sua invalidação, sujeitando os infratores a determinadas sanções de ordem econômica (CC, arts. 1.641, I, e 1.489, II), principalmente a imposição do regime obrigatório da separação de bens, para obstar o mal que pretendiam evitar, não interessam à ordem pública internacional. Logo, mesmo que lei alienígena os contrarie, ela regerá os casamentos realizados no Brasil por pessoas não domiciliadas no exterior. Tais causas suspensivas dependerão da *lex domicilii*. Se algum estrangeiro casar-se no país, sendo viúvo, poderá fazê-lo independentemente de inventário dos bens do falecido e partilha aos filhos do leito anterior, se sua lei pessoal não reconhecer aquela causa. Se pretender casar-se no Brasil mulher cuja lei pessoal dispensa ou contém prazo reduzido de espera para evitar *turbatio sanguinis*, esta norma deverá ser observada, sem que isso venha a conflitar com o princípio da ordem pública nacional. Em tais hipóteses não se aplicará, portanto, a obrigatoriedade da separação de bens, por se tratar de cônjuge estrangeiro, cuja lei nacional não prescreve tal sanção (*RT, 167*:195 e *297*:275).

O critério *ius loci celebrationis* permite conferir efeitos ao casamento realizado no exterior. Se o ato for válido segundo a lei do Estado onde se celebrou, válido será em qualquer país.

O casamento realizado no exterior prova-se de acordo com a lei do país em que se celebrou (LINDB, art. 9º), em aplicação do princípio de direito internacional privado *locus regit actum*, ou seja, de que a lei local rege os atos ali cumpridos (*RT, 286*:882 e *197*:495; *RF, 100*:495). Porém, para que esse documento estrangeiro possa produzir efeitos no Brasil, deverá ser autenticado, segundo as leis consulares, isto é, deverá ser legalizado pelo cônsul brasileiro do lugar, cuja firma deverá ser reconhecida no Ministério das Relações Exteriores ou nas repartições fiscais da União (*RT, 180*:750, *186*:312, *193*:280 e *356*:149), dispensando-se tal formalidade se, além de não contar o Brasil com representação diplomática no lugar em que foi celebrado o matrimônio, se acha este corroborado por vários elementos probatórios (*RT, 217*:303). O casamento de brasileiro celebrado no estrangeiro perante as respectivas autoridades ou os cônsules brasileiros deverá ser registrado em 180 dias, a contar da volta de um ou de ambos os cônjuges ao Brasil, no cartório do respectivo domicílio ou, em sua falta, no 1º Ofício da Capital do Estado em que passarem a residir (CC, art. 1.544). Com esse registro, ter-se-á eficácia *ex tunc* do casamento, pois seus efeitos retroagirão à data de sua celebração[343].

Todavia, no que diz respeito à capacidade matrimonial e aos direitos de família, estes determinar-se-ão pela lei pessoal dos nubentes, ou seja,

---

343. Entretanto, o TJSP considera válido o casamento realizado no exterior sem registro no Brasil, pois, no dia 13 de setembro, o Tribunal de Justiça de São Paulo (TJSP) divulgou decisão considerando um casamento realizado no exterior e sem registro no Brasil válido para fins de partilha de bens entre os ex-cônjuges. A 7ª Câmara de Direito Privado do TJSP entendeu existente e válido casamento realizado nos Estados Unidos, mesmo sem registro no Brasil, e determinou a partilha de três dos quatro imóveis adquiridos durante o matrimônio.

O recurso foi interposto pela mulher, que recorreu ao TJSP sob a alegação de que o pedido de divórcio seria juridicamente impossível, uma vez que o casamento aconteceu em outro país, mas não foi registrado no Brasil. Além disso, argumentava que o fato de ter mais de sessenta anos à época da celebração, estabeleceria o regime de separação obrigatória de bens.

Para o advogado Rolf Madaleno (RS), diretor nacional do Ibdfam, a falta do registro não retira a validade e eficácia do casamento em relação aos cônjuges. Entende ele que:

"O cúmulo seria considerá-los solteiros e pior do que isto, não reconhecer o relacionamento que estabeleceram através do casamento oficial em território estrangeiro. Na minha opinião a decisão está corretíssima, porque houve casamento, ainda que no exterior, casados estão".

pela lei do seu domicílio (Código Bustamante, art. 36). Após o casamento, os efeitos e as limitações pessoais a ele relativos submeter-se-ão à lei domiciliar (Código Bustamante, arts. 43 a 46)[344].

5. Casamento de estrangeiros perante autoridade diplomática ou consular

Segundo o art. 7º, § 2º, da Lei de Introdução às Normas do Direito Brasileiro, com a redação da Lei n. 3.238/57, "o casamento de estrangeiros pode celebrar-se perante as autoridades diplomáticas ou consulares do país de ambos os nubentes", no próprio consulado ou fora dele (*AJ*, *80*:166).

Há uma facultatividade da *locus regit actum*, consagrando-se o critério da nacionalidade, pois permitido estará que os estrangeiros, casando-se fora de sua pátria, recorram ao agente consular ou diplomático do seu Estado, para, perante ele, unindo-se matrimonialmente segundo a forma da lei pessoal, ou seja, da lei do país do celebrante, se subtraírem à ação da autoridade local e às exigências legais do país em que se encontram, sob o fundamento de que não se justificaria o império da lei do local da celebração das núpcias em relação às pessoas sem qualquer dependência político-jurídica. Assim, se os noivos não tiverem a mesma nacionalidade, o casamento deverá ser feito pela autoridade local segundo a *lex loci celebrationis*.

Assim sendo, o cônsul estrangeiro só poderá realizar matrimônio quando ambos os contraentes forem conacionais, cessando sua competência se um deles for de nacionalidade diversa. É preciso deixar bem claro que o casamento de estrangeiros, domiciliados ou não no Brasil, perante cônsul

---

344. Niemeyer, *Das internationale Privatrecht des bürgerlichen Gesetzbuchs*, 1901, p. 109 e s., e 133 e s.; Leske e Loewenfeld, *Das Eherecht der europäischen Staaten und ihrer Kolonien*, 1904, p. 39 e s.; Espínola e Espínola Filho, *A Lei de Introdução*, cit., v. 2, p. 234-9 e 256-64; Ricardo Gallardo, *La solution des conflits de lois dans le pays de l'Amerique Latine. Divorce, separation de corps e de nullitè du mariage*, Paris, 1956; Pinto Ferreira, *Casamento e divórcio no direito civil internacional*, São Paulo, 1924; Serpa Lopes, *Comentário teórico e prático*, cit., v. 2, n. 182, e *Curso*, cit., v. 1, n. 119; M. Helena Diniz, *Curso*, cit., v. 5, p. 51-68; Valladão, *Direito internacional privado*, cit., v. 2, p. 61; Wilson de Souza Campos Batalha, *Tratado*, cit., v. 2, p. 95; Raccah, *Mariages et divorces des pays d'Orient en droit international privé*, Paris, 1916; Oscar Tenório, *Direito internacional privado*, cit., v. 2, p. 56-62; Paul Goulé, Mariage, in *Répertoire de droit international*, Paris, 1931, t. 9, n. 456-8; José Russo, Casamento perante autoridade consular, *Revista Brasileira do Direito de Família*, 23:55-65. Daí as certeiras palavras de Arminjon (*Précis*, cit., p. 200) de que "*les parties sont considerées comme valablement mariées si elles ont observé les formes de la lex loci actus et elles ne pourront pas en observer d'autres*". Quanto aos *esponsais*, convém lembrar que sua forma deverá ser apreciada pelo direito do lugar onde a promessa foi feita; quanto à substância, sendo comum o domicílio dos promitentes, a lei destes deverá ser observada; se forem diversos, a do *ius fori* deverá ser seguida em caso de rompimento (Código Bustamante, art. 39).

de seu país só é celebrado conforme o direito alienígena, no que concerne à forma do ato, pois seus efeitos materiais são apreciados de acordo com a lei brasileira (*RT, 200*:653). Entretanto, não será possível a transcrição de assento de casamento de estrangeiro, realizado no Brasil, em consulado de seu país, no cartório do Registro Civil do respectivo domicílio (*RT, 185*:285).

O matrimônio de estrangeiros no Brasil poderá ser celebrado por autoridade consular desde que os nubentes e a autoridade diplomática tenham a mesma nacionalidade e que a lei nacional comum confira tal competência ao cônsul (*AJ, 45*:23 e *48*:21). A esse respeito trazemos a lume a lição de Kahn de que, "quanto aos limites, nos quais esses Estados reconhecerão os casamentos, celebrados pelos agentes diplomáticos e consulares estrangeiros, no seu território, serão determinados pela extensão normal que a doutrina e a legislação interna conferem à instituição do casamento diplomático e consular. Assim, todos os Estados que atribuem aos seus agentes, no estrangeiro, competência para celebrar um casamento sob a condição de serem seus súditos os dois contraentes, só reconhecerão, como válidos, os casamentos contratados, por estrangeiros, no seu território, diante dos agentes diplomáticos e consulares, no caso em que ambos os esposos serão do Estado a que pertence o agente, que procedeu à celebração".

O casamento no exterior de brasileiros, mesmo que domiciliados fora do Brasil, poderá ser celebrado perante a autoridade consular brasileira, desde que ambos os nubentes sejam brasileiros. Logo, impossível será casamento diplomático entre uma brasileira e um estrangeiro ou apátrida. Brasileiro não poderá convolar núpcias no Brasil, em consulado estrangeiro, mesmo que domiciliado no país a que a autoridade consular celebrante pertence.

O casamento consular celebrado no exterior, sob o critério da nacionalidade ou do domicílio dos nubentes, desde que atendidos os requisitos do país a que pertence o celebrante e do local da celebração, deverá ser tido como válido (Código Bustamante, art. 42)[345].

O casamento contraído perante agente consular será provado por certidão do assento no registro do consulado (*RT, 207*:386), que faz as vezes do cartório do Registro Civil. E se, nessa hipótese, um ou ambos os cônju-

---

345. W. Barros Monteiro, *Curso*, cit., v. 2, p. 59; M. Helena Diniz, *Curso*, cit., v. 5, p. 84; Lasala Llanas, *Sistema español de derecho civil internacional y interregional*, 1933, p. 109; Agenor P. de Andrade, *Manual*, cit., p. 210; Oscar Tenório, *Direito internacional privado*, cit., v. 2, p. 73; Nascimento e Silva, *Manual de derecho consular*, Rosário, 1952, p. 179; Buzzati, *Le droit international privé d'aprés les conventions de la Haye*; e *Le mariage*, 1911, p. 381; Rodrigo Octávio, Casamento consular, in *Dicionário de direito internacional privado*, 1933, n. 185, p. 38; Kahn, Die dritte Haager Staaten Konferenz, in *Zeitschrift für internationales Privat-und öffentliches Recht*, 1902, v. 2, p. 421; Serpa Lopes, *Comentário*, cit., v. 2, p. 223. Vide: *RT, 778*:361.

ges vierem para o Brasil, o assento de casamento, convém repetir, para produzir efeitos entre nós, deverá ser trasladado dentro de 180 dias contados da volta ao nosso país, no cartório do respectivo domicílio ou, na sua falta, no 1º Ofício da Capital do Estado em que passarem a residir (CC, art. 1.544).

6. Invalidade de casamento de pessoas com domicílio comum ou com domicílios diferentes

A regra é a aplicação da *lex domicilii* dos nubentes, se o tiverem em comum. Não o tendo, a invalidade matrimonial reger-se-á pela lei do primeiro domicílio conjugal, ou seja, o estabelecido logo após o casamento.

Se os nubentes tiverem domicílio internacional diverso, prevalecerá para os requisitos intrínsecos do ato nupcial e para as causas de sua nulidade absoluta ou relativa, inclusive no que atina aos vícios de consentimento, a lei do primeiro domicílio conjugal estabelecido após o casamento. Com isso afastou-se nossa Lei de Introdução do art. 47 do Código Bustamante, pelo qual se aplicará a lei do local da celebração matrimonial, como se pode ver pelo seu teor: "A nulidade do matrimônio deve regular-se pela mesma lei a que estiver submetida a condição intrínseca ou extrínseca que a tiver motivado". Se uma domiciliada no Brasil, que se casou com um domiciliado na Bélgica, viesse a descobrir o passado criminoso de seu marido, só poderia requerer a anulação do casamento baseada no art. 1.557, II, do Código Civil brasileiro, se o Brasil fosse o primeiro domicílio conjugal. Se um domiciliado na Alemanha, que contraiu matrimônio com domiciliada na Itália, crendo ser sua esposa uma mulher honrada, tivesse após as núpcias ciência de sua vida irregular, por ser uma prostituta, somente poderia pleitear a invalidade do casamento invocando o art. 1.557, I, do Código Civil brasileiro se o Brasil for o primeiro domicílio conjugal, pouco importando que a lei pessoal de sua mulher não o considere como anulável por aquela razão. Se noivos franceses, domiciliados na França, casarem-se no Brasil, o casamento, ao celebrar-se, será regido pela lei brasileira (LINDB, art. 7º, § 1º), mas, se sua validade vier a ser discutida no Brasil, será aplicável a lei francesa, por ser a lei domiciliar comum dos nubentes.

A invalidade matrimonial será apurada pela lei do domicílio comum dos nubentes ou pela lei do primeiro domicílio conjugal, como se pode ver no gráfico a seguir:

Casamento + (Lex domicilii ou Primeiro domicílio conjugal) = validade ou invalidade

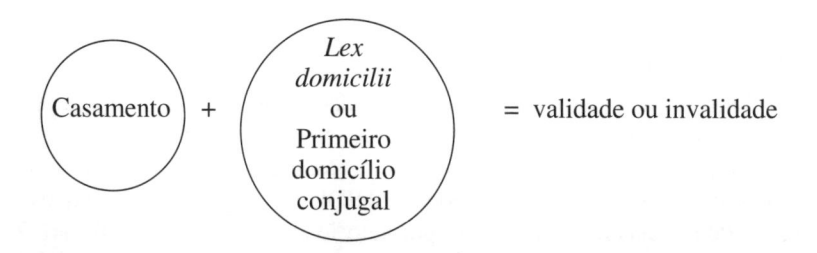

Portanto, não será a norma de direito internacional privado que esclarecerá se é válido determinado matrimônio, mas sim a *lex domicilii*, por ser o critério por ela indicado, mesmo que estrangeira, podendo ter conteúdo diferente da norma brasileira. Todavia, se for repugnante à ordem pública, não deverá ser aplicada. Para facilitar sua aplicabilidade será necessário: *a)* indicar, no processo do casamento, qual será o domicílio conjugal. Realmente, o casamento é precedido do processo de habilitação, regido pelo *ius loci celebrationis*, para a apuração da identidade e das qualidades dos nubentes, e por isso, nos casamentos realizados no Brasil, os nubentes que tiverem domicílio internacional diverso deverão declarar onde pretendem estabelecer o primeiro domicílio conjugal, presumindo-se, em falta dessa declaração, seja no Brasil; *b)* reajustar a situação jurídica da capacidade matrimonial, de conformidade com a lei daquele primeiro domicílio conjugal, que é o estabelecido pelo marido, salvo exceções especiais de acordo com os dados contidos na lei territorial. Nas relações pessoais dos cônjuges e nas entre pais e filhos prevalecerá a lei domiciliar.

O art. 7º, § 3º, somente poderá estar se referindo a casamento realizado no exterior, tendo os nubentes domicílio diferente e a intenção de estabelecer no Brasil o primeiro domicílio conjugal, embora vários juristas entendam que alude a matrimônio celebrado no Brasil de noivos com domicílio internacional diverso e com *intentio* de fixar domicílio conjugal fora do Brasil. O art. 7º, § 3º, segundo alguns autores e jurisprudência, seria ilógico por pretender que se acate princípio pelo qual o ordenamento jurídico de um Estado pudesse submeter a validade de um ato jurídico aí praticado à disciplina de uma norma que lhe é estranha. Por isso o Supremo Tribunal Federal, ao examinar a Sentença Estrangeira n. 2.085, em acórdão proferido em unanimidade, em 13 de setembro de 1972, julgou inócuo tal artigo: "Tendo a nova lei adotado o princípio domiciliar para reger, entre outros, o direito de família (art. 7º), ao contrário da antiga, para quem a lei pessoal era, não a do domicílio, mas a da nacionalidade, o legislador resolveu estender o princípio domiciliar aos casos de invalidade matrimonial (art. 7º, § 3º), esquecido de que, enquanto a lógica não for sepultada, a validade ou invalidade de um ato só pode ser aferida em face da lei a que ele obedecer"³⁴⁶.

Será preciso não olvidar que a invalidade matrimonial advém de vício quanto à forma ou quanto à substância. Quanto às formalidades extrínsecas, a questão da validade ou da invalidade do casamento reger-se-á, indubitavelmente, pela *lex loci celebrationis* (LINDB, art. 7º, § 1º), ressalvados os casos de núpcias levadas a efeito por autoridade consular (LINDB, art. 7º, § 2º). Claro está que o *ius loci celebrationis* disciplinará não só a nulidade ou a anulabilidade de um casamento, como também a competência para a celebração do ato nupcial. A Lei de Introdução, no art. 7º, § 3º, alude tão somente aos requisitos intrínsecos ou substanciais do casamento regidos pela lei domiciliar comum aos nubentes, ou pela lei do primeiro domicílio conjugal, se, por ocasião do matrimônio, os nubentes tiverem domicílio internacional diverso³⁴⁷.

7. Declaração da putatividade do casamento nulo ou anulável

A teoria das nulidades matrimoniais possui um princípio básico de que nulo ou anulável o casamento produz efeitos civis válidos em relação aos consortes e à prole, se um deles ou ambos o contraíram de boa-fé (CC, art. 1.561). Trata-se de *casamento putativo*, no qual a boa-fé suprime o impedimento, fazendo desaparecer a causa de sua nulidade por ignorá-la. A ig-

---

346. Espínola e Espínola Filho, *A Lei de Introdução*, cit., v. 2, p. 285 e 293; Machado Villela, *O direito internacional*, cit., p. 83-4; Ricardo Gallardo, *La solution des conflits de lois dans le pays de l'Amerique Latine, divorce, separation de corps e de nullitè du mariage*, Paris, 1956; Goodrich, *One conflict of laws*, p. 42; Morris, *Cases on private international law*, Oxford, Clarendon Press, 1951; Cahali, *Divórcio e separação*, São Paulo, Revista dos Tribunais, 1991, v. 1, p. 612-6; Agenor P. de Andrade, *Manual*, cit., p. 228; Serpa Lopes, *Comentário*, cit., v. 2, n. 182, p. 204; Amílcar de Castro, *Direito internacional privado*, cit., v. 2, p. 77-8; Osiris Rocha, *Curso*, cit., p. 48. Urge aqui observar que o art. 7º, § 3º, será aplicável se a mulher separada judicialmente tiver domicílio no exterior. Assim sendo, o art. 100, I — atualmente art. 53, I, do NCPC, cujo conteúdo não corresponde ao art. 100, I, do CPC/73 — do Código de Processo Civil de 1973 seria inoperante, pois o último domicílio do casal será o competente para apreciar a questão do divórcio (*RJTJSP*, 45:74). A 6ª Câmara do Tribunal de Justiça de São Paulo declarou ser competente a autoridade brasileira para ação de separação judicial de cônjuges estrangeiros casados no exterior, ajuizada pelo marido residente no Brasil contra esposa domiciliada em Beirute, reafirmando a inaplicabilidade do Código de Processo Civil de 1973 (art. 100, I — atualmente art. 53, I, do NCPC, cujo conteúdo não corresponde ao art. 100, I, do CPC/73), ante o fato de a mulher não ter oferecido exceção de incompetência, invocando o disposto no art. 88, I (hoje art. 21, I, do NCPC), desse mesmo Código, em harmonia com os arts. 7º e 12 da Lei de Introdução (*RJTJSP*, 58:48).

347. Wolff, *Private international law*, p. 293-333; Amílcar de Castro, *Direito internacional privado*, cit., v. 2, p. 85 e s.; Rodrigo Octávio, *Manual*, cit., p. 138 e s.

norância pode decorrer de erro de fato ou de direito. O erro de fato consiste na ignorância de evento que impede a validade do ato nupcial. Por exemplo, se se casam duas pessoas, que são irmãs, mas desconhecem tal parentesco, só descoberto após o casamento. O erro de direito advém de ignorância da lei que obsta a validade do enlace matrimonial. Por exemplo, se tio e sobrinha convolarem núpcias sem fazer exame pré-nupcial, por ignorarem sua exigência pelo Decreto-lei n. 3.200/41, art. 1º. O Supremo Tribunal Federal (*RF*, *102*:155) declarou a putatividade de casamento contraído entre genro e sogra, admitindo a alegação de erro de direito por ignorarem os cônjuges, a despeito de serem viúvos, que a afinidade em linha reta não se extingue com a dissolução do matrimônio que a originou (CC, art. 1.595, § 2º).

Essa boa-fé se presume até prova em contrário, competindo o ônus da prova a quem a negar, persistindo até o momento em que qualquer dos consortes descobre que as núpcias não poderiam ter sido convoladas, promovendo a decretação de sua nulidade absoluta ou relativa, e, como medida preliminar, a separação de corpos. O juiz terá tão somente, mesmo sem comprovação de boa-fé, ante as circunstâncias do caso, que proclamar a putatividade do matrimônio. A eficácia dessa sentença é *ex nunc*, não afetando os direitos já adquiridos[348].

Na seara internacional, a doutrina tem entendido que os efeitos do casamento putativo determinar-se-ão pela lei que teria disciplinado a família se não tivesse ocorrido a declaração de invalidade matrimonial. Para Fedozzi, no caso de haver diversidade das leis pessoais, a norma aplicável será a do cônjuge de boa-fé, por se tratar de uma medida equitativa, em favor da boa-fé. Atualmente, atender-se-á à lei domiciliar dos nubentes, ou, se eles não tinham o mesmo, à do primeiro domicílio conjugal. Os efeitos do casamento putativo relativamente aos cônjuges e prole são os mesmos que a lei pessoal reconhecer, seja ela a do domicílio comum, seja ela a do primeiro domicílio conjugal, havendo domicílio internacional diverso[349].

---

348. O termo "putativo" advém do latim *putativus* (imaginário), *putare* (crer, imaginar). Caio M. S. Pereira, *Instituições*, cit., v. 5, p. 109; W. Barros Monteiro, *Curso*, cit., v. 2, p. 97-100; Pacifici-Mazzoni, *Istituzioni*, cit., v. 7, p. 184; Orlando Gomes, *Direito*, cit., p. 141; Silvio Rodrigues, *Direito civil*, cit., p. 111; M. Helena Diniz, *Curso*, cit., v. 5, p. 178 e s.; Frederico Bittencourt, Casamento putativo, *Cadernos de Direito Privado da Universidade Federal Fluminense*, 2:91-109, 1979; *RF*, 255:224 e 263:212; *RTJ*, 71:300; *RJTJSP*, 67:252; *RJTJMT*, 67:105; *RT*, 480:236, 487:91, 500:105, 504:136, 511:113, 528:108, 538:107, 545:107, 554:112, 569:89, 576:110, 588:175.

349. Espínola e Espínola Filho, *A Lei de Introdução*, cit., v. 2, p. 296-301; Despagnet, *Précis de droit international privé*, 1909, p. 726 e s.; Weiss, *Manuel*, cit., p. 496-7; Fedozzi, *Il diritto internazionale privato*, 1935, p. 455; Lerebours e Pigeonnière, *Précis*, cit., p. 367; Pillet, *Traité*, cit., v. 1, p. 566-7; Manuel Lasala Llanas, *Sistema español*, cit., 1933, p. 121; Bustamante y Sirven,

8. Casamento de funcionário diplomático ou consular

Os funcionários diplomáticos e consulares dependem de autorização para casar, em razão de disciplina imposta pela carreira, e, pela Lei n. 1.542/52, art. 1º, Decreto n. 2/61, art. 45, e Lei n. 7.501/86 (ora revogada pela Lei n. 11.440/2006), art. 36, não poderão casar-se com estrangeira, salvo com licença do Ministro de Estado, sendo que, se a estrangeira se naturalizar cidadã brasileira, não haverá restrição alguma. A fim de resguardar o interesse do serviço público, a servidora pública que se casar com diplomata deverá exonerar-se do cargo (Dec.-Lei n. 9.202/46; *RT*, *205*:585). Pelo art. 37 da Lei n. 7.501/86, o funcionário do serviço exterior do Ministério das Relações Exteriores deve pedir autorização ao Presidente da República para casar com pessoa empregada de governo estrangeiro ou que dele receba comissão ou pensão. O casamento de funcionários diplomáticos e militares é regido[350] pelo Decreto n. 93.325/86 (arts. 48 a 50) e pela Lei n. 6.880/80 (arts. 144 e 145), respectivamente.

9. Lei disciplinadora das relações patrimoniais entre cônjuges

Os arts. 7º, § 4º, da Lei de Introdução e 187 do Código Bustamante contêm preceito unitário para o regime matrimonial de bens, legal ou convencional, impondo como elemento de conexão a *lex domicilii* dos nubentes à época do ato nupcial, ou a do primeiro domicílio conjugal, que decorre do casamento, cuja fixação dependerá, em nosso país, do casal (CC, art. 1.569), se os noivos não tiverem, por ocasião do matrimônio, o mesmo domicílio internacional. Se os cônjuges com domicílios diversos se estabelecerem logo após as núpcias em um país, estão revelando a intenção de submeter o regime matrimonial de bens à lei do lugar que escolheram para domicílio conjugal. Lógico será que o direito vigente do local onde fixaram morada e constituírem família venha a reger suas relações econômicas. Se os nubentes tinham o mesmo domicílio, a *lex domicilii* disciplinará o regime matrimonial de bens, na falta de pacto antenupcial. Com isso procuram aqueles artigos estabelecer os limites da aplicação do direito alienígena.

Há quem ache que o art. 7º, § 4º, refere-se, na verdade, ao casamento realizado no exterior, sendo o primeiro domicílio conjugal fixado no Brasil.

Derecho internacional privado, 1931, v. 2, p. 67; Kuhn, *Comparative commentaries on private international law or conflict of laws*, 1937, p. 184. Consulte Código Bustamante, arts. 49 a 51.

350. Sobre o assunto: W. Barros Monteiro, *Curso*, cit., v. 2, p. 45; Antônio Chaves, Impedimentos matrimoniais, in *Enciclopédia Saraiva do Direito*, v. 42, p. 301; *RF*, *294*:528 e *296*:527; Decreto n. 23.806/34.

Por exemplo, se o casamento se deu na França, sendo aqui o primeiro domicílio, tendo os desposados domicílios diferentes, aplica-se a lei brasileira no que atinar aos efeitos econômicos do ato nupcial. Todavia, estabelece, entendemos, restrições à aplicabilidade de norma estrangeira não apenas a casamentos celebrados no exterior, quanto às relações econômicas de nubentes que, por terem domicílio internacional diverso, escolheram o Brasil como primeiro domicílio conjugal, mas também aos realizados em território brasileiro. Este artigo contém, portanto, norma atinente aos efeitos econômicos admitidos legalmente ao matrimônio e aos pactos antenupciais realizados segundo a *locus regit actum* no exterior, caso em que, estabelecido aqui o primeiro domicílio conjugal, observar-se-á o direito brasileiro, se os desposados tiverem domicílios internacionais diferentes, ou o direito estrangeiro, se tiverem, por ocasião do ato nupcial, domicílio comum fora do Brasil. Quanto à capacidade para celebrar pacto antenupcial, cada um dos interessados ficará submetido à sua lei pessoal ao tempo da celebração do contrato (*lex domicilii*), pois trata-se de questão pertinente ao direito de família, submetendo-se à norma disciplinadora das relações patrimoniais dos cônjuges. Além disso, convém lembrar que é de ordem pública internacional o preceito que veda a celebração ou a modificação de pactos antenupciais na constância do casamento ou que se altere o regime de bens por mudança de nacionalidade ou de domicílio posterior ao matrimônio (Código Bustamante, art. 188). Pouco importará que o domicílio se transfira de um país a outro. Quanto ao regime matrimonial de bens prevalecerá a lei do domicílio que ambos os nubentes tiverem no momento da cerimônia nupcial ou a do primeiro domicílio conjugal, na falta daquele comum. Inócua será a mudança domiciliar para subtrair o regime matrimonial àquela lei a que se submetera.

Nas relações econômicas aplicar-se-á a lei domiciliar dos cônjuges, e, se esta for diversa, a do primeiro domicílio conjugal. A esse respeito escreve Amílcar de Castro que "atualmente, sendo o regime convencionado no Brasil, ou sendo o casamento realizado no Brasil sem convenção de regime, sendo o primeiro domicílio conjugal fixado no Brasil, pelo direito brasileiro deverá ser o regime apreciado; e se pretenderem os cônjuges fixar o primeiro domicílio fora do Brasil, não poderá a jurisdição brasileira ditar direito porque deve ser apreciado o regime na jurisdição estrangeira". Observa, ainda, Oscar Tenório que o princípio do art. 7º, § 4º, somente vigorará quando não surgir a questão da situação de bens em diversos países. Deveras, tal princípio poderá contrariar a *lex rei sitae*. Assim, se duas pessoas domiciliadas no Brasil aqui casarem, a lei brasileira não poderá determinar sua aplicação em relação a imóveis situados em Estados onde impera a *lex rei sitae*[351].

10. Regime matrimonial de bens de brasileiro naturalizado

Pelo *princípio da mutabilidade justificada do regime adotado* (CC, art. 1.639, § 2º), qualquer modificação do regime matrimonial, após a celebração do ato nupcial, está permitida, desde que haja autorização judicial atendendo a um pedido motivado de ambos os cônjuges após verificação da procedência das razões por eles invocadas e da certeza de que tal modificação não causará qualquer gravame a direitos de terceiros. Para dar maior segurança aos consortes e terceiros, prescrevia o Código Civil de 1916 (art. 230) que "o regime de bens entre cônjuges começa a vigorar desde a data do casamento e é irrevogável". Eis por que descabia a colocação de qualquer condição suspensiva ou resolutiva no que concernia ao regime de bens, por ser incompatível com o princípio de sua irrevogabilidade. Uma vez celebrado o casamento, não mais se permitia aos cônjuges adotar outro ou alterar total ou parcialmente aquele sob o qual estavam vivendo. Assim era por ser o matrimônio o termo inicial do regime de bens; decorria ele da lei ou de pacto; logo nenhum regime matrimonial podia ter início em data anterior ou posterior ao ato nupcial, pois começava, por imposição legal, a vigorar

---

351. Oscar Tenório, *Direito internacional privado*, cit., v. 2, p. 89-94; Ubertazzi, *I rapporti patrimoniali tra coniugi nel diritto internazionale privato*, Milano, Giuffrè, 1951; Eugène Audinet, Des conflits de lois relatifs aux effets patrimoniaux du mariage, in *Récueil des Cours*, 1932, t. 40; Clóvis Beviláqua, *Princípios elementares*, cit., p. 219; Henri Bateman, *O regime matrimonial no direito internacional privado*, São Paulo, Saraiva, 1941; Piotti, *El régimen matrimonial de bienes en el derecho internacional privado*, Córdoba, 1948; Espínola e Espínola Filho, *A Lei de Introdução*, cit., v. 2, p. 381-9; Haroldo Valladão, *Conflitos das leis nacionais dos cônjuges nas suas relações de ordem pessoal e econômica e no desquite*, São Paulo, Revista dos Tribunais, 1936; Amílcar de Castro, *Direito internacional privado*, cit., v. 2, p. 82-3; Ricaud, *Des regimes matrimoniaux, au point de vue du droit international privé*, 1886, p. 25. Para Kuhn (*Comparative commentaries on private international law or conflict of laws*, 1937, p. 148), a *lex rei sitae* determinará os efeitos patrimoniais do casamento. *Vide*, ainda, Fedozzi, Il diritto internazionale privato — teoria generale e diritto civile, v. 4 do seu *Trattato di diritto internazionale*, com Santi-Romano e outros, 1935, p. 436; Valladão e Batiffol, *Les conséquences de la différence de nationalité des époux sur les effets du mariage et les conditions du divorce*, Genève, 1952; Georgete N. Nazo, Regime de bens de brasileiros casados no estrangeiro, *Revista de Direito Civil, Imobiliário, Agrário e Empresarial*, 61:149-53, 1992; João Carlos de Siqueira, Regime de bens; cônjuges estrangeiros cujo casamento se tenha realizado no Brasil antes da Lei de Introdução ao Código Civil, *RT*, 167:15. *Vide*: *RT*, 572:78.

Sobre a aplicação do art. 7º, § 4º, consulte: STF, Recurso Extraordinário n. 86.787/RS, rel. Min. Leitão de Abreu, j. 20.10.1978; STF, Recurso Especial n. 123.633/SP, rel. Min. Aldir Passarinho Junior, j. 17.3.2009.

desde a data do casamento. Até a dissolução da sociedade conjugal inalterável era o regime adotado.

Todavia, esse princípio não era aceito por algumas legislações, como a suíça, a alemã e a austríaca. Segundo alguns autores, essa rejeição merecia ser aplaudida, desde que o *jus variandi* fosse limitado, a fim de se evitarem abusos, subordinando-se a certas condições, como: a alteração do regime matrimonial só deveria ser autorizada se requerida por ambos os cônjuges, acompanhada de justificativas, e seu acolhimento deveria depender de decisão judicial, verificando o órgão judicante se o pedido havia sido manifestado livremente, se motivos plausíveis aconselhavam seu deferimento e se não prejudicaria tal modificação direitos de terceiros. Neste sentido escrevia Carvalho Santos que, realmente, não se justificava o princípio da irrevogabilidade do regime matrimonial, já que o interesse dos consortes, em certos casos, permitia aconselhar-lhe a modificação, e que, no tocante a terceiros, seus direitos podiam ser ressalvados, sem que houvesse necessidade de se acolher inflexivelmente o princípio da imutabilidade, imposto pela legislação.

Deveras, se bem que a lei prescrevesse a imutabilidade do regime matrimonial de bens, exceções existiam a essa regra. A jurisprudência admitia a comunicação de bens adquiridos na constância do casamento, pelo esforço comum de ambos os consortes, mesmo se casados no estrangeiro pelo regime de separação de bens, pois justo não seria que esse patrimônio, fruto do mútuo labor, só pertencesse ao marido apenas porque, em seu nome, se fizera a respectiva aquisição.

O Supremo Tribunal Federal (*RF, 124*:105) passou a entender que o princípio da inalterabilidade do regime matrimonial de bens não era ofendido por pacto antenupcial que estipulasse que, na hipótese de superveniência de filhos, o casamento com separação se convertesse em casamento com comunhão.

Igualmente não violava a imutabilidade do regime adotado a circunstância de um dos consortes, casado pela separação, constituir o outro procurador para administrar e dispor de seus bens (*RT, 93*:46)[352]. Diante disso, o atual Código Civil, no art. 1.639, § 2º, veio a admitir a alterabilidade do regime matrimonial mediante decisão judicial, a requerimento de ambos os consortes, desde que o motivo seja justo e que direito de terceiro seja ressalvado.

---

352. Clóvis Beviláqua, *Direito de família*, § 32; Orlando Gomes, *Direito de família*, cit., p. 196; W. Barros Monteiro, *Curso*, cit., v. 2, p. 145-7; Carvalho Santos, *Código Civil*, cit., v. 4, p. 316; M. Helena Diniz, *Curso*, cit., v. 5, p. 117; *RT, 485*:167; *Adcoas*, 1983, n. 90.289.

No âmbito do direito internacional privado é, como vimos, inoperante qualquer alteração posterior do domicílio, para modificar, arbitrariamente, o regime matrimonial segundo a lei do domicílio comum a que o casal se submeteu, ante o princípio da mutabilidade justificada do regime de bens. Não se admitirá aos cônjuges que transferiram seu domicílio para o Brasil alterar, a seu bel-prazer, sem qualquer motivo justo, o pacto antenupcial. Deveras, a Lei de Introdução, respeitando o princípio da mutabilidade justificada do regime matrimonial de bens, que é o do domicílio comum dos nubentes ao se casarem, e, em caso de diversidade, o do primeiro domicílio conjugal, abre uma exceção a favor de estrangeiro casado que se naturalizar brasileiro, domiciliado no Brasil, que poderá, com o assentimento expresso de seu cônjuge — dado não só na petição inicial da naturalização ao ser assinada por ambos os consortes, desde que contenha manifestação de alteração do regime de bens, como também por termo nos autos e por instrumento particular —, requerer ao magistrado no ato da entrega do decreto de naturalização, havendo razão plausível, a adoção do regime da comunhão parcial de bens, alterando o regime matrimonial de bens com que começara a sociedade conjugal, respeitando-se os direitos de terceiros, efetuando-se o competente registro estabelecido para as convenções antenupciais. A Lei de Introdução, apesar de aceitar a *lex domicilii* para determinação do estatuto patrimonial dos consortes, quis dar consideração especial ao critério da nacionalidade brasileira.

O § 5º do art. 7º vem permitir, havendo expressa anuência de seu cônjuge, a estrangeiro naturalizado brasileiro a adoção da comunhão parcial de bens, que é o regime matrimonial comum no Brasil, resguardando os direitos de terceiros anteriores à concessão da naturalização, que ficarão inalterados, como se aquele regime não tivesse sofrido qualquer mudança. Como o princípio da mutabilidade justificada do regime matrimonial de bens (CC, art. 1.639, § 2º) visa a garantir terceiro de qualquer surpresa que possa advir de um regime matrimonial de bens mutável, exige-se o já mencionado registro da adoção do regime de comunhão parcial de bens, que é o meio de publicidade da alteração feita pelo brasileiro naturalizado.

O § 5º colidia com o princípio da inalterabilidade do regime de bens (CC de 1916, art. 230); colocava a estrangeira casada com brasileiro naturalizado em posição mais vantajosa que o brasileiro casado com estrangeira sob regime que excluísse a comunhão, que tinha tão somente com o óbito do marido a quarta parte do usufruto dos bens do falecido, se houvesse filhos brasileiros do casal, e a metade, se os não houvesse (Dec.-lei n. 3.200/41, art. 17); quebrava o critério domiciliar em favor de brasileiro naturalizado, ao passo que o brasileiro nato, domiciliado em país estrangeiro, tinha o regime de bens imposto pela sua *lex domicilii*, que era a única reconhecida pelo Brasil[353].

11. Divórcio realizado no estrangeiro e seu reconhecimento no Brasil

Na órbita do direito internacional privado, a lei aplicável ao divórcio será a lei do domicílio conjugal, se ambos os cônjuges forem domiciliados no mesmo país. Mas, se possuírem domicílio em Estados diferentes, a lei da última residência habitual comum durante o matrimônio seria, por analogia, a aplicável (LINDB, art. 7º, § 4º), ante a omissão da lei.

Pelo Código Bustamante (art. 53), "cada Estado contratante tem direito de permitir ou reconhecer, ou não, o divórcio ou o novo casamento de pessoas divorciadas no estrangeiro, em casos com efeitos ou por causas que não admitam o seu direito pessoal". Assim sendo, o divórcio de cônjuges estrangeiros, domiciliados no Brasil, é reconhecido no nosso País, e se se tratar de divórcio efetivado no estrangeiro, sendo um ou ambos os cônjuges brasileiros, será admitido em nosso País mesmo sem o decurso do prazo de um ano (CF/88, art. 226, § 6º, com a redação da EC n. 66/2010) da data da sentença, e sem ter sido antecedida de separação judicial por igual prazo, caso em que a homologação terá efeito imediato, desde que se obedeçam as condições estabelecidas para a eficácia das sentenças estrangeiras no País (Lei n. 6.515/77, art. 49). A lei brasileira constituía um obstáculo invencível ao reconhecimento do divórcio, antes do prazo de um ano, contado da sentença, se um ou ambos os cônjuges fossem brasileiros, exceto se já houvesse concessão da medida cautelar de separação de corpos, cuja data constituía marco inicial para a contagem daquele prazo legal, embora a separação de cama e mesa (*von Tisch und Bett*) possa ter significação no cômputo do prazo de conversão da separação judicial em divórcio. Florisbal de Souza Del'Olmo e Luís Ivani de Amorim Araújo ponderavam a esse respeito: "Convém ter em mente que o divórcio realizado no estrangeiro, se um ou ambos os cônjuges forem brasileiros, será perfilhado no Brasil somente após *um ano* da data da sentença, ou mais de *dois anos* de separação de fato, respeitados os requisitos previstos no art. 15 da Lei de Introdução ao Código Civil" (hoje LINDB).

---

353. Serpa Lopes, *Comentários à Lei de Introdução*, cit., v. 2, p. 235-6; Ricaud, *Des regimes matrimoniaux*, cit.; Piotti, *El régimen matrimonial*, cit.; Wilson de S. Campos Batalha, *Tratado*, cit., v. 2, p. 134; Espínola e Espínola Filho, *A Lei de Introdução*, cit., v. 2, p. 381-5; Oscar Tenório, *Direito internacional privado*, cit., v. 1, p. 218-9; v. 2, p. 95-6; Amílcar de Castro, *Direito internacional privado*, cit., v. 2, p. 83; M. Helena Diniz, *Comentários*, cit., v. 22, p. 311-405 (sobre regime de bens de casamento celebrado antes do novo CC).

Hodiernamente, com o advento da EC n. 66/2010, suprimiram-se do nosso cenário jurídico não só a separação judicial como requisito prévio para pedir o divórcio, bem como a obrigatoriedade do prazo de um ano de separação judicial ou de dois anos de separação de fato. Assim sendo, divórcio de brasileiro realizado no exterior poderá ser aqui reconhecido, desde que observados apenas os requisitos do art. 15 da LINDB, pois, para que a sentença estrangeira possa ser executada no Brasil, necessária será sua homologação pelo Superior Tribunal de Justiça (EC n. 45/2004).

Com a homologação do divórcio obtido no estrangeiro, permitido estará o novo casamento no Brasil, exigindo-se a prova da sentença do divórcio na habilitação matrimonial, ou seja, a *certidão da sentença de divórcio proferida no estrangeiro, com a devida homologação pelo Superior Tribunal de Justiça*. Para que um dos nubentes, sendo estrangeiro ou apátrida (*AJ*, *119*:123), divorciado em seu país de origem, possa casar-se novamente no Brasil (CPC/2015, arts. 960 e s.; *RT*, *538*:258), será preciso esclarecer que "Não é nulo, mas anulável, o segundo casamento de estrangeiro no Brasil, antes da homologação da sentença de divórcio. A anulação do segundo casamento está condicionada à negativa da homologação do divórcio pelo Supremo Tribunal" (STF, *DJ*, 13 ago. 1964, p. 2831 — ou melhor, pelo STJ, por força da EC n. 45/2004).

Esclarece-nos, ainda, Washington de Barros Monteiro que a homologação pode ser negada quando estrangeiros aqui domiciliados se dirigem à Justiça de outro país para obter sentença de divórcio, burlando a soberania nacional; tolera-se isso apenas se o divórcio foi pronunciado no foro da nacionalidade dos cônjuges. Mas — continua o eminente civilista —, se a sentença promana de país em que os cônjuges jamais residiram ou de onde não são naturais, a homologação tem sido denegada, podendo ser concedida, com restrições, somente para fins patrimoniais.

Vigoravam no Brasil, antes da admissibilidade do divórcio, os seguintes princípios atinentes a divórcio decretado no exterior: *a*) se ambos os consortes fossem estrangeiros, havendo observância das leis pessoais de ambos e da *lex fori*, o divórcio por eles obtido seria válido, produzindo todos os efeitos, podendo qualquer deles convolar núpcias no Brasil, independentemente de *exequatur*, necessário apenas para efeitos patrimoniais; *b*) se ambos os cônjuges fossem brasileiros, o divórcio decretado no exterior não produziria qualquer efeito no Brasil, não sendo, portanto, homologado; *c*) se um dos consortes fosse brasileiro e o outro estrangeiro, cuja lei pessoal permitisse o divórcio, homologava-se a sentença para efeitos patrimoniais, subsistindo o vínculo conjugal relativamente ao brasileiro, que não podia casar-se novamente no Brasil ou no exterior. Embora tal casamento fosse válido no estrangeiro, não o seria no Brasil, ao passo que o cônjuge estrangeiro estaria livre para se casar no exterior, sendo esse casamento válido no Brasil, apesar de estar impedido de convolar novas núpcias em território brasileiro; *d*) se ambos os cônjuges fossem brasileiros e, para fins de divórcio, se naturalizassem estrangeiros, fraudando a lei brasileira, ao readquirirem a nacionalidade brasileira aquele divórcio não seria reconhecido, mas, se comprovada a inexistência de fraude à lei, válido seria o divórcio.

Atualmente homologa-se sentença de divórcio obtida no exterior por brasileiro ou brasileiros, seja ou não meramente declaratória de estado, e por estrangeiro, tenha, ou não, efeito patrimonial (LINDB, art. 15), atendendo-se à lei nacional para evitar fraude à lei, abrindo-se assim, em matéria de divórcio, uma exceção à lei domiciliar. No Brasil, há possibilidade de pedido de divórcio sem limitação numérica, pois a Lei n. 7.841/89, no art. 3º, ao revogar o art. 38 da Lei n. 6.515, permite que, hodiernamente, uma pessoa possa divorciar-se quantas vezes quiser. Em nosso país, outrora, estabelecia-se como limite um único pedido de divórcio (Lei n. 6.515, art. 38; STF, Pleno, Repr. 1.000, 20-5-1981, *DJU*, 7 maio 1982, p. 4268; *RTJ*, *101*:908). Washington de Barros Monteiro pontificava, nessa época, com muita propriedade, que a esse respeito não havia prejuízo, p. ex., para a moça solteira que viesse a se casar com um divorciado, e este, após o casamento, cometesse grave violação dos deveres conjugais, pois não estaria ela impedida de postular o divórcio, porque o magistrado poderia conceder o divórcio sem restrição em relação a ela, e com restrição, para efeitos matrimoniais, no tocante ao cônjuge já divorciado, que não poderia convolar novas núpcias, como antes procedia o Supremo Tribunal Federal quando homologava as sentenças estrangeiras de divórcio (Súmulas 381 e 420 do STF; *RTJ*, *98*:41, *99*:216, *91*:778, *88*:44, *75*:57, *96*:984, *93*:40 e 512, *94*:1025, *97*:533, *98*:42, *105*:31 e *106*:479; *RT*, *487*:219, *531*:273, *534*:243, *558*:210 e *567*:247), pois caso contrário o ex-marido ficaria divorciado duas vezes. Só ela teria direito de pedir o divórcio, desde que ocorresse causa justificativa; ele não poderia, em hipótese alguma, pedir divórcio contra ela. Logo, não mais havendo limites numéricos ao pedido de divórcio, tais problemas não terão mais sentido no direito brasileiro[354].

---

354. Rossi, *Il divorzio nel rapporti del diritto internazionale*, Milano, 1900; Peter Benjamin, *Le divorce, la séparation de corps et leurs effets en droit international privé français et anglais*, Paris, 1955; Emílio L. Gonzalez, *El divorcio ante el derecho internacional privado*, Buenos Aires, 1923; Clóvis N. de Lemos, *Do divórcio e da separação de corpos no direito internacional privado*, Bahia, 1929; Laurent Bally, *Le divorce et la séparation de corps en France et à l'étranger*, Paris, 1910; M. Helena Diniz, *Curso*, cit., v. 5, p. 75 e 204; W. Barros Monteiro, *Curso*, cit., v. 2, p. 30; Nélson Carneiro, *Divórcio e anulação do casamento*, Rio de Janeiro, 1951; Aramy Dornelles da Luz, *O divórcio no Brasil*, São Paulo, Saraiva, 1978; Carlos Alberto Bittar, O divórcio no direito brasileiro, *RT*, *511*:30-46; Brunelli, *Divorzio e nullità di matrimonio negli Stati d'Europa*, 1937;

Lasala Llanas, *Sistema*, cit., p. 137 e s.; Goodrich, *Handbook on the conflict of laws*, 1938, p. 338-9; Kuhn, *Comparative commentaries*, cit., p. 167; Maurice Travers, *La convention de la Haye rélative au divorce et à la séparation de corps*, 1909; Pillet e Niboyet, *Manuel*, cit., p. 550 e s.; Lehr, *Le mariage et le divorce et la séparation de corps dans les principaux pays civilisés*, 1899; Anzilotti, *Corso*, cit., 1919, p. 266; Diena, *Il diritto internazionale*, cit., p. 162; George Melchior, *Die Grundlagen des deutschen internationalen Privatrechts*, 1932, p. 78, 116 e 148; Haroldo Valladão, Les effets des jugements étrangers de divorce, *Revue Critique*, 1959, p. 443-64; Zeballos, *Justicia internacional positiva*, Madrid, s.d.; Francescakis, Le divorce d'époux de nationalité différente, *Revue Critique*, 1954, p. 325-47; Ponsard, La reconnaissance et l'exécution en France des décisions étrangères concernant la garde des enfants et l'obligation alimentaire, *Revue Critique*, 1955, p. 33-61; Agenor P. de Andrade, *O divórcio no plano internacional e a eficácia no Brasil das sentenças estrangeiras de divórcio*, 1958; Loreto, *Sentencia extranjera de divorcio y solicitud de "exequatur"*, Caracas, 1944; Audinet, Les conflits de lois en matière de mariage et de divorce, in *Recueil de Cours*, 1926, v. 11; Haroldo Valladão e Batiffol, *Les conséquences*, cit.; Regnault, *Le mariage, la séparation de corps et le divorce en droit comparé*, Paris, 1928; Romero del Prado, Matrimonio, divorcio y demás instituciones del derecho de familia, in *Derecho internacional privado*, Córdoba, 1958; Wilson de S. Campos Batalha, *Tratado de direito internacional privado*, p. 150; Florisbal de Souza Del'Olmo e Luís Ivani de Amorim Araújo, *Introdução ao Código Civil brasileiro comentada*, 2003, p. 115; Conrado P. da Rosa e Cristiano Colombo, A Emenda n. 66/2010 e a autonomia da Lei de Introdução às Normas do Direito Brasileiro em matéria de reconhecimento de divórcio realizado no estrangeiro, *Revista Síntese de Direito de Família*, 73:67-73. *Vide*, ainda, Código Bustamante, arts. 52 a 56. Sobre competência internacional no âmbito do direito de família, interessante é o julgado:

"(...) Segundo o sistema processual adotado em nosso país em tema de competência internacional (CPC/73, arts. 88 a 90 — atual CPC/2015, arts. 21, 23 e 24), não é exclusiva, mas concorrente com a estrangeira, a competência da Justiça brasileira para, entre outras, a ação de divórcio, de alimentos ou de regime de guarda de filhos, e mesmo a partilha de bens que não sejam bens situados no Brasil (já que, relativamente a esses, a competência judiciária brasileira exclui qualquer outra, conforme o art. 89 — atual art. 23 — do CPC). Isso significa que "a ação intentada perante tribunal estrangeiro não induz litispendência, nem obsta que a autoridade judiciária brasileira conheça da mesma causa e das que lhe são conexas" (CPC, art. 90 — hoje, art. 24). E o inverso, evidentemente, também é verdadeiro (MOREIRA, José Carlos Barbosa. Comentários ao Código de Processo Civil, vol. V, 15. ed., Rio de Janeiro: Forense, 2009, p. 95). (...) A questão que se põe, em casos, tais, é a de saber qual das duas sentenças prevalece, se a nacional ou a estrangeira. Essa questão, como se percebe, diz respeito à eficácia do julgado, e não à homologabilidade da sentença estrangeira. E a resposta, já assentada pela jurisprudência dessa Corte (SEC 2.958, Min. Maria Thereza de Assis Moura, *DJ* de 14-10-11), se resolve pela prioridade da coisa julgada: prevalece a sentença que transitar em julgado em primeiro lugar, considerando-se, para esse efeito, relativamente à sentença estrangeira, o trânsito em julgado da decisão do STJ que a homologa, já que essa homologação é condição da eficácia da sentença homologada. Em outras palavras: prevalecerá a sentença brasileira se o seu trânsito em julgado ocorrer antes do trânsito em julgado da decisão homologatória da sentença estrangeira, e vice-versa. A propósito, eis a lição didática de Barbosa Moreira: (...) 4. Foi justamente à luz desses parâmetros que a Corte Especial decidiu mais de um caso semelhante ao presente. Exemplo disso, até pela estreita identidade quanto aos fatos e quanto ao direito, é a SEC 5.736/US, de minha relatoria, *DJE* de 19-12-2011, que também tratava da homologação de sentença estrangeira de divórcio, com regulação de guarda e alimentos de filhos. Na oportunidade, o acórdão teve a seguinte emenda: sentença estrangeira contestada. Divórcio. Guarda de filhos. Decisão judicial proferida nos Estados Unidos da América. Requisitos atendidos. 1. A regra do art. 226, § 6º, da CF/88 prevalece sobre o comando do art. 7º, § 6º, da LICC (LINDB).

12. Domicílio internacional legal dos incapazes e exceção à unidade do domicílio conjugal

O domicílio de origem dos filhos não emancipados é o primeiro domicílio certo de uma pessoa, o que lhe é outorgado ao nascer, ou seja, que lhe é imposto por lei; daí ser domicílio legal. O *ius domicilii* é observado, pois o recém-nascido só poderá ter o domicílio dos pais, do pai ou da mãe na ocasião do nascimento (CC, art. 76). Assim, se uma criança nascer no Brasil, e se seus pais, tendo o pleno exercício do poder familiar, estiverem domiciliados na França, será o direito francês que determinará o modo de se conferir personalidade ao recém-nascido. Os filhos menores não emancipados terão, portanto, por domicílio o de seu pai. Ante o critério da unidade do domicílio familiar, no que atina às relações pessoais entre cônjuges, seus direitos e deveres recíprocos, e aos direitos e obrigações decorrentes da filiação, aplicar-se-á a lei do domicílio familiar, que se estende ao marido, à mulher e aos filhos menores não emancipados. Preciso será esclarecer que não mais se considera a pessoa do marido em si, mas o domicílio da família, ou seja, de ambos os consortes, ou melhor, o do país onde o casal fixou domicílio logo após as núpcias, com a intenção de constituir família e estabelecer o seu centro negocial. Na verdade, o *domicílio conjugal* é da família, de ambos os cônjuges, e não apenas de um ou de outro, ante o princípio da igualdade jurídica dos cônjuges, no que atina ao exercício de seus direitos, desaparecendo o poder marital, e a autocracia do chefe de

---

2. É dispensável a prova da citação válida quando a homologação da sentença é requerida pelo próprio réu da ação em que ela foi proferida. 3. São homologáveis sentenças estrangeiras que dispõem sobre guarda de menor ou de alimentos, muito embora se tratem de sentenças sujeitas à revisão, em caso de modificação do estado de fato. Precedentes. 4. A pendência de ação, na justiça brasileira, não impede a homologação de sentença estrangeira sobre a mesma controvérsia. 5. Presentes os requisitos formais exigidos para a homologação, inclusive o da inexistência de ofensa à soberania nacional e à ordem pública (arts. 5º e 6º da Resolução STJ n. 9/2005). 6. Sentença estrangeira homologada" (STJ, EDcl na Sentença estrangeira contestada n. 4.127 — US, Rel. Min. Sidnei Beneti, Corte Especial, pub. 1º-7-2013).

A Comissão de Relações Exteriores e de Defesa Nacional aprovou o Projeto de Lei n. 791/2007, posteriormente transformado na Lei Ordinária n. 12.874/2013, que permite que autoridades consulares brasileiras realizem, desde que não haja filho menor ou incapaz, separação e divórcio consensuais de brasileiros domiciliados no exterior, por via administrativa e escritura pública, desde que esta contenha a descrição quanto à partilha dos bens comuns, à pensão alimentícia e à retomada pelo cônjuge de seu nome de solteiro ou à manutenção do nome adotado após o matrimônio, conforme disposto na Lei n. 11.441/2007.

Pelo CPC/2015 (art. 23, III), compete à autoridade judiciária brasileira, com exclusão de qualquer outra, em divórcio, separação judicial ou dissolução de união estável, proceder à partilha de bens situados no Brasil, ainda que o titular seja de nacionalidade estrangeira ou tenha domicílio fora do território nacional.

família é substituída por um sistema em que as decisões devem ser tomadas de comum acordo entre marido e mulher (CC, arts. 1.567 e 1.569).

O tutelado e o curatelado, depois de assumido o encargo tutelar, terão o domicílio de seu tutor ou curador, por estarem sob sua guarda, em virtude de lei. Consequentemente, os direitos e deveres da tutela e da curatela submeter-se-ão à lei domiciliar do tutor ou curador.

O § 7º do art. 7º da Lei de Introdução tem por objetivo a manutenção da unidade domiciliar, ou melhor, da unidade do direito privado aplicável à família, ante a diversidade de domicílio de seus membros. Sem embargo desta sua finalidade, abre exceção à unidade do domicílio conjugal ao permitir à mulher casada alegar o seu domicílio na hipótese de abandono pelo marido. A mulher casada e os filhos menores não emancipados deixarão, então, de ter o mesmo domicílio do marido e pai, que veio a abandoná-los. Assim também ocorrerá relativamente aos filhos abandonados pela mãe, que administrava o lar e detinha o poder familiar em razão de abandono, morte ou impedimento do pai. A qualificação do domicílio conjugal será dada pela lei brasileira quando aqui se suscitar o problema. A unidade do domicílio conjugal é a regra. Excepcionalmente a mulher terá, por exemplo, autonomia para eleger seu domicílio, no caso de abandono do marido, aplicando-se, então, quanto aos filhos menores não emancipados, a *lex domicilii* da mãe, respeitando-se, contudo, as situações já constituídas; mas, nas relações pessoais dos cônjuges, respeitar-se-á a lei do último domicílio conjugal. Portanto, se, em razão de abandono do lar, o marido fixar domicílio no exterior, continuando a mulher domiciliada no Brasil, para a ação movida por esta contra aquele será competente a lei brasileira. Se o abandono do lar se deu pela mulher, que passou a ter domicílio em outro Estado, não haverá razão para deixar de aplicar o art. 7º, § 7º, da Lei de Introdução, uma vez que a norma do Código de Processo Civil de 2015, art. 53, I, é de competência interna (*RT*, *515*:106; *RTJ*, *85*:836).

O art. 7º, § 7º, rege um caso de domicílio internacional legal ao dispor que, exceto a hipótese de abandono, o domicílio familiar, eleito pelo casal (CC, art. 1.569) ou pelo marido, em alguns países, estende-se ao outro cônjuge, quando for o caso, e aos filhos menores não emancipados, e o do tutor, ou curador, aos incapazes sob sua guarda (Código Bustamante, art. 24)[355]. Trata-se do *domicílio de dependência*.

---

355. Amílcar de Castro, *Direito internacional privado*, cit., v. 2, p. 24 e 83; v. 1, p. 203; Paul Guyot, Tutelle des mineurs, in *Répertoire de droit international*, Paris, 1931, t. 10; Lafon, *La tutelle des mineurs en droit international et la Convention de la Haye du 12 juin 1902*, Bordeaux, 1912; Loiseau, *Traité de la tutelle des mineurs en droit international*, Paris, 1887; Oscar Tenório, *Direito internacional privado*, cit., v. 2, p. 79. Consulte: Código Bustamante, arts. 25, 57 e 58; Código

13. Adômide e concurso sucessivo de elementos de conexão

Como o domicílio adquirido perdura até que haja aquisição de outro, na verdade, não há ninguém sem domicílio, já que, pelo menos, conservará o de origem; todavia, casos há em que nem mesmo o de origem se pode conhecer, surgindo a figura do *adômide*. Se o indivíduo não tiver domicílio conhecido será considerado adômide, e a lei, então, para solucionar suas pendências, adotou o critério da residência (Decreto Legislativo n. 38/95 e Decreto n. 4.246/2002). A residência é um *quid facti*, simples elemento de domicílio voluntário, a que se há de recorrer quando a pessoa não tiver domicílio. Constitui simples estada ou morada ocasional ou acidental, estabelecida transitória ou provisoriamente, sem intuito de permanência e, na falta desta última, poderá a pessoa ser demandada onde for encontrada. Deveras, aquele que não tiver domicílio conhecido considerar-se-á domiciliado no local de sua residência acidental ou naquele em que se encontrar (Código Bustamante, art. 26), desaparecendo com isso a possibilidade de dupla residência.

Ter-se-á, portanto, concurso sucessivo de elementos de conexão, pois, faltando o critério de conexão principal, que é o domicílio, a lei indica dois critérios de conexão subsidiários, ou seja, o do lugar da residência ou o daquele em que a pessoa se achar, destinados a funcionar sucessivamente na medida em que o anterior não possa preencher sua função. Não se trata, como se pode ver, de concurso cumulativo, onde os vários elementos funcionam em cada caso simultaneamente, como, p. ex., dispõe o art. 26 das Disposições Preliminares do Código Civil italiano: *"La forma degli atti tra vivi e degli atti di ultima volontà è regolata dalla legge del luogo nel quale l'atto è compuito o da quella che regola la sostanza dell'atto, ovvero dalla legge nazionale del disponente o da quella dei contraenti, se è comune"*. Contempla três elementos: a lei do lugar da realização do ato, a lei reguladora da substância do ato e a lei da nacionalidade. A solução será aplicar a lei mais favorável à validade do ato, ou seja, o princípio do *favor negotii*[356].

Civil brasileiro, arts. 76, 1.569, 1.570, 1.630, 1.633, 1.634, II, e 1.728; Nicolau Nazo (*A determinação do domicílio no direito internacional privado brasileiro*, p. 55 e 56) observa que o domicílio é o vínculo jurídico que prende o indivíduo a certa ordem jurídica territorial. Para qualificá-lo dever-se-á averiguar a lei do país em que a pessoa está domiciliada. Em alguns países o domicílio é adquirido instantaneamente; em outros exige-se um lapso temporal; em outros o domicílio acompanha o cidadão por toda parte, enquanto não tiver o domicílio de eleição, sem que este venha a abolir o de origem. É a doutrina do *"revival"* dos ingleses, para os quais, no momento em que o domicílio de eleição desaparecer, o de origem reviverá.

356. Espínola e Espínola Filho, *A Lei de Introdução*, cit., v. 1, p. 613; Haroldo Valladão, *Direito internacional privado*, cit., p. 360; Amílcar de Castro, *Direito internacional privado*, cit., v. 1, p. 203; Nicolau Nazo, *A determinação do domicílio no direito internacional privado brasi-*

leiro, São Paulo, 1952, p. 38; Saint-Clair S. Pinheiro, Aspectos simples sobre residência permanente e temporária no Brasil e laços familiares, *Revista de Direito Constitucional e Internacional*, 79:385-94. A Secretaria Nacional de Justiça (Regimento Interno, arts. 1º, IX, 13 e 14) coordena a política nacional sobre refugiados. A Resolução Normativa n. 71, de 5 de setembro de 2006, do Conselho Nacional de Imigração, disciplina a concessão de visto a marítimo estrangeiro empregado a bordo de embarcação de turismo estrangeira que opere em águas jurisdicionais brasileiras, e a Resolução Normativa n. 74/2007 do Conselho Nacional de Imigração trata dos procedimentos para a autorização de trabalho a estrangeiros.

A Portaria n. 2.650, de 25 de outubro de 2012, do Ministério da Justiça, dispõe sobre o registro permanente de nacionais angolanos e liberianos no Brasil, beneficiários da condição de refugiados. A Instrução Normativa n. 1.277, de 28 de junho de 2012, da SRFB, institui a obrigação de prestar informações relativas às transações entre residentes ou domiciliados no Brasil e residentes ou domiciliados no exterior que compreendam serviços, intangíveis e outras operações que produzam variações no patrimônio das pessoas físicas, das pessoas jurídicas ou dos entes despersonalizados. A Resolução n. 162/2012 do Conselho Nacional de Justiça regulamenta a uniformização do procedimento de comunicação da prisão de estrangeiro à missão diplomática de seu país de origem, ou, na sua falta, ao Ministério das Relações Exteriores e ao Ministério da Justiça. "Recentemente, com o objetivo de realizar estudos e troca de informações sobre a situação de estrangeiros presos nas penitenciárias brasileiras, em conjunto com o Ministério da Justiça, foi firmado termo de cooperação que prevê a implantação de um cadastro nacional de presos estrangeiros. O objetivo da parceria é criar condições para que estrangeiros condenados no Brasil possam cumprir as penas em seus próprios países" (*BAASP, 2815*:6).

Resolução Normativa n. 23, de 30 de setembro de 2016, do Comitê Nacional para os Refugiados, estabelece procedimentos de solicitação de passaporte e viagem ao exterior para pessoas refugiadas e solicitantes de refúgio.

Resolução Conjunta n. 1, de 9 de agosto de 2017, da Secretaria Nacional de Justiça e Cidadania – Departamento de Migrações – Coordenação-geral de assuntos de refugiados; Comitê Nacional para os Refugiados, estabelece procedimentos de identificação preliminar, atenção e proteção para crianças e adolescentes desacompanhados ou separados.

Portaria n. 1, de 25 de janeiro de 2018, do Comitê Nacional para os Refugiados, dispõe sobre o procedimento de notificação previsto no art. 18 da Lei n. 9.474, de 22 de julho de 1997.

Decreto n. 9.277, de 5 de fevereiro de 2018, dispõe sobre a identificação do solicitante de refúgio e sobre o Documento Provisório de Registro Nacional Migratório.

Portaria n. 1.315, de 23 de novembro de 2016, do Ministério da Justiça e Cidadania, dispõe sobre a elaboração do Plano Nacional de Políticas para os Povos Ciganos.

Decreto n. 9.285, de 15 de fevereiro de 2018, reconhece a situação de vulnerabilidade decorrente de fluxo migratório provocado por crise humanitária na República Bolivariana da Venezuela.

Lei n. 13.684, de 21 de junho de 2018, dispõe sobre medidas de assistência emergencial para acolhimento a pessoas em situação de vulnerabilidade decorrente de fluxo migratório provocado por crise humanitária.

Pela sua importância, transcrevemos aqui o Decreto n. 4.246, de 22 de maio de 2002, que promulga a Convenção sobre o Estatuto dos Apátridas:

"O Presidente da República, no uso da atribuição que lhe confere o art. 84, inciso VIII, da Constituição;

Considerando que o Congresso Nacional aprovou o texto da Convenção sobre o Estatuto dos Apátridas por meio do Decreto Legislativo n. 38, de 5 de abril de 1995;

Considerando que a Convenção entrou em vigor, para o Brasil, em 13 de novembro de 1996, nos termos do parágrafo 2º, de seu art. 39;
Decreta:
Art. 1º A Convenção sobre o Estatuto dos Apátridas, apensa por cópia ao presente Decreto, será executada e cumprida tão inteiramente como nela se contém.

Art. 2º São sujeitos à aprovação do Congresso Nacional quaisquer atos que possam resultar em revisão da mencionada Convenção, assim como quaisquer ajustes complementares que, nos termos do art. 49, inciso I, da Constituição, acarretem encargos ou compromissos gravosos ao patrimônio nacional.

Art. 3º Este Decreto entra em vigor na data de sua publicação.

Brasília, 22 de maio de 2002; 181º da Independência e 114º da República.

FERNANDO HENRIQUE CARDOSO
Osmar Chohfi"

O Regulamento de Documentos de Viagem (anexado ao Decreto n. 5.978/2006) traça normas para: a) *passaporte* (arts. 2º a 5º): passaporte diplomático (arts. 6º e 7º); passaporte oficial (arts. 8º e 9º); passaporte comum (art. 10); passaporte para estrangeiros (art. 12); passaporte de emergência (art. 13); b) *laissez-passer* (art. 14); c) *autorização de retorno ao Brasil* (art. 15); d) *salvo-conduto* (art. 16); e) *cédula de identidade civil* ou documento estrangeiro equivalente, quando admitido em tratado; acordo e outros atos internacionais (art. 17); f) *certificado de membro de tripulação de transporte aéreo* (art. 18); g) *carteira de marítimo* (art. 18); e h) *carteira de matrícula consular* (art. 18).

Pelo art. 12 do Regulamento de Documentos de Viagem: O passaporte para estrangeiro será concedido: 1. *no território nacional*: a) ao apátrida ou de nacionalidade indefinida; b) ao asilado ou refugiado no País, desde que reconhecido nestas condições pelo governo brasileiro; c) ao nacional de País que não tenha representação no território nacional, nem seja representado por outro País, ouvido o Ministério das Relações Exteriores; d) ao estrangeiro comprovadamente desprovido de qualquer documento de identidade ou de viagem, e que não tenha como comprovar sua nacionalidade; e) ao estrangeiro legalmente registrado no Brasil e que necessite deixar o território nacional e a ele retornar, nos casos em que não disponha de documento de viagem; 2. *no exterior*: a) ao apátrida ou de nacionalidade indefinida; b) ao cônjuge, viúvo ou viúva de brasileiro que haja perdido a nacionalidade originária em virtude de casamento; e c) ao estrangeiro legalmente registrado no Brasil e que necessite ingressar no território nacional, nos casos em que não disponha de documento de viagem válido, ouvido o Departamento de Polícia Federal.

Pelo art. 14 do novo Regulamento de Documentos de Viagem, o *laissez-passer* "é o documento de viagem, de propriedade da União, concedido, no território nacional, pelo Departamento de Polícia Federal, e no exterior, pelo Ministério das Relações Exteriores, ao estrangeiro portador de documento de viagem não reconhecido pelo governo brasileiro ou que não seja válido para o Brasil".

Sobre proteção do apátrida e da redução da apatrídia: Lei n. 13.445/2017, arts 26. Sobre asilado: Lei n. 13.445/2017, arts. 27 a 29. Sobre autorização de residência: Lei n. 13.445/2017, arts.30 a 37.

Portaria interministerial n. 5, de 27 de fevereiro de 2018 (Ministério da Justiça e da Segurança Pública), dispõe sobre o procedimento de reconhecimento da condição de apatridia e da naturalização facilitada dela decorrente.

"Convenção sobre o Estatuto dos Apátridas (1954)
Adotada em 28 de setembro de 1954 pela Conferência de Plenipotenciários convocada pela Resolução 526 A (XVII) do Conselho Econômico e Social (ECOSOC) das Nações Unidas, de 26 de abril de 1954.

Preâmbulo

As Altas Partes Contratantes,

Considerando que a Carta das Nações Unidas e a Declaração Universal de Direitos Humanos, aprovada em 10 de dezembro de 1948 pela Assembleia-Geral das Nações Unidas, afirmaram o princípio de que os seres humanos, sem discriminação alguma, devem gozar dos direitos e liberdades fundamentais;

Considerando que as Nações Unidas manifestaram, em diversas ocasiões, o seu profundo interesse pelos apátridas e se esforçaram por assegurar-lhes o exercício mais amplo possível dos direitos e liberdades fundamentais;

Considerando que a Convenção sobre o Estatuto dos Refugiados de 28 de julho de 1951 compreende apenas os apátridas que são também refugiados, e que existem muitos apátridas aos quais a referida Convenção não se aplica;

Considerando que é desejável regular e melhorar a condição dos apátridas mediante um acordo internacional;

Convieram nas seguintes disposições:

Capítulo I

Disposições Gerais

Artigo 1

Definição do Termo 'Apátrida'

1. Para os efeitos da presente Convenção, o termo 'apátrida' designará toda pessoa que não seja considerada seu nacional por nenhum Estado, conforme sua legislação.

2. Esta Convenção não se aplicará:

i) às pessoas que recebam atualmente proteção ou assistência de um órgão ou agência das Nações Unidas diverso do Alto Comissariado das Nações Unidas para os Refugiados, enquanto estiverem recebendo tal proteção ou assistência;

ii) às pessoas às quais as autoridades competentes do país no qual hajam fixado sua residência reconheçam os direitos e obrigações inerentes à posse da nacionalidade de tal país;

iii) às pessoas a respeito das quais haja razões fundadas para considerar:

a) que cometeram um delito contra a paz, um delito de guerra ou um delito contra a humanidade, definido nos termos dos instrumentos internacionais referentes aos mencionados delitos;

b) que cometeram um delito grave de índole não política fora do país de sua residência, antes da sua admissão no referido país;

c) que são culpadas de atos contrários aos propósitos e princípios das Nações Unidas.

Artigo 2

Obrigações Gerais

Todo apátrida tem, a respeito do país em que se encontra, deveres que compreendem especialmente a obrigação de acatar suas leis e regulamentos, bem como as medidas adotadas para a manutenção da ordem pública.

Artigo 3

Não Discriminação

Os Estados Contratantes aplicarão as disposições desta Convenção aos apátridas, sem discriminação por motivos de raça, religião ou país de origem.

Artigo 4
Religião

Os Estados Contratantes garantirão aos apátridas em seu território um tratamento pelo menos tão favorável quanto o que garantem aos seus nacionais em relação à liberdade de praticar sua religião e no tocante à liberdade de instrução religiosa de seus filhos.

Artigo 5
Direitos Concedidos Independentemente desta Convenção

Nenhuma disposição desta Convenção poderá afetar os outros direitos e vantagens concedidos aos apátridas, independentemente desta Convenção.

Artigo 6
A Expressão 'Nas Mesmas Circunstâncias'

Para os fins desta Convenção, os termos 'nas mesmas circunstâncias' implicam que todas as condições (e notadamente as que se referem à duração e às condições de permanência ou de residência) que o interessado deveria cumprir para poder exercer o direito em questão, se não fosse apátrida, devem ser cumpridas por ele, com exceção das condições que, em virtude da sua natureza, não podem ser cumpridas por um apátrida.

Artigo 7
Dispensa de Reciprocidade

1. Ressalvadas as disposições mais favoráveis previstas por esta Convenção, todo Estado Contratante concederá aos apátridas o regime que concede aos estrangeiros em geral.

2. Após um prazo de residência de três anos, todos os apátridas se beneficiarão, no território dos Estados Contratantes, da dispensa de reciprocidade legislativa.

3. Todo Estado Contratante continuará a conceder aos apátridas os direitos e vantagens de que eles já gozavam, na falta de reciprocidade, na data de entrada em vigor desta Convenção para o referido Estado.

4. Os Estados Contratantes considerarão com benevolência a possibilidade de conceder aos apátridas, na falta de reciprocidade, direitos e vantagens além dos de que gozavam em virtude dos parágrafos 2 e 3, bem como a possibilidade de fazer gozar da dispensa de reciprocidade apátridas que não preencham as condições mencionadas nos parágrafos 2 e 3.

5. As disposições dos parágrafos 2 e 3 acima aplicam-se tanto aos direitos e vantagens mencionados nos artigos 13, 18, 19, 21 e 22 desta Convenção como aos direitos e vantagens que não são por ela previstos.

Artigo 8
Dispensa de Medidas Excepcionais

No que concerne às medidas excepcionais que podem ser tomadas contra a pessoa, os bens ou os interesses dos nacionais ou dos ex-nacionais de um Estado determinado, os Estados Contratantes não as aplicarão a um apátrida apenas porque tenha ele tido a nacionalidade de tal Estado. Os Estados Contratantes que, de acordo com a sua legislação, não possam vir a aplicar o princípio geral consagrado neste artigo, deverão conceder em casos apropriados dispensas que favoreçam tais apátridas.

Artigo 9
Medidas Provisórias

Nenhuma das disposições da presente Convenção impedirá um Estado Contratante, em tempo de guerra ou em outras circunstâncias graves e excepcionais, de tomar provisoriamente, a propósito de determinada pessoa, as medidas que este Estado considere indispensáveis à segurança nacional, enquanto não for estabelecido pelo mencionado Estado Contratante que essa pessoa é efetivamente um apátrida e que a manutenção das referidas medidas a seu respeito se afigura necessária no interesse da segurança nacional.

Artigo 10
Continuidade de Residência

1. Quando um apátrida houver sido deportado durante a Segunda Guerra Mundial e transportado para o território de um dos Estados Contratantes e ali residir, a duração dessa permanência forçada será contada como residência regular nesse território.

2. Quando um apátrida houver sido deportado do território de um Estado Contratante durante a Segunda Guerra Mundial e para lá houver voltado antes da entrada em vigor desta Convenção, com o objetivo de residir, o período que precede e o que segue a essa deportação serão considerados, para todos os fins para os quais uma residência ininterrupta é necessária, como constituindo um só período ininterrupto.

Artigo 11
Marítimos Apátridas

Nos casos de apátridas que estejam regularmente empregados como membros da equipagem a bordo de um navio que hasteie pavilhão de um Estado Contratante, este Estado examinará com benevolência a possibilidade de autorizar os referidos apátridas a se estabelecerem no seu território e de expedir-lhes documentos de viagem ou de admiti-los a título temporário no seu território, principalmente com o fim de facilitar-lhes a fixação em outro país.

Capítulo II
Condição Jurídica

Artigo 12
Estatuto Pessoal

1. O estatuto pessoal de todo apátrida será regido pela lei do país de seu domicílio ou, na falta de domicílio, pela lei do país de sua residência.

2. Os direitos anteriormente adquiridos pelo apátrida e que decorrem do estatuto pessoal, notadamente os que resultem do casamento, serão respeitados por todo Estado Contratante, ressalvado, se for o caso, o cumprimento das formalidades previstas pela legislação do referido Estado, desde que, todavia, o direito em causa seja daqueles que seriam reconhecidos pela legislação do referido Estado, se o interessado não se houvesse tornado apátrida.

Artigo 13
Propriedade Móvel e Imóvel

Os Estados Contratantes outorgarão a todo apátrida um tratamento tão favorável quanto possível e, em todo caso, não menos favorável que aquele concedido, nas mesmas circunstâncias, aos estrangeiros em geral, no que diz respeito à aquisição da propriedade móvel ou imóvel e aos direitos a elas relativos, ao aluguel e a outros contratos relativos à propriedade móvel e imóvel.

Artigo 14
Propriedade Intelectual e Industrial

Em matéria de proteção da propriedade industrial, notadamente de invenções, desenhos, modelos, marcas de fábrica, nome comercial e em matéria de proteção da propriedade literária, artística e científica, todo apátrida gozará, no país em que tem sua residência habitual, da proteção que é garantida aos nacionais do referido país. No território de qualquer dos outros Estados Contratantes, gozará da mesma proteção dada naquele território aos nacionais do país no qual tenha residência habitual.

Artigo 15
Direito de Associação

Os Estados Contratantes concederão aos apátridas que residem regularmente no seu território, no tocante às associações sem fim político ou lucrativo e aos sindicatos profissionais, um tratamento tão favorável quanto possível e, em todo caso, não menos favorável que aquele conferido, nas mesmas circunstâncias, aos estrangeiros em geral.

Artigo 16
Direito de Demandar em Juízo

1. Todo apátrida gozará, no território dos Estados Contratantes, de livre e fácil acesso aos tribunais.

2. No Estado Contratante em que tem sua residência habitual, todo apátrida fruirá do mesmo tratamento que um nacional no que concerne ao acesso aos tribunais, inclusive a assistência judiciária e a isenção da caução 'judicatum solvi'.

3. Nos Estados Contratantes que não aquele em que tem residência habitual, no que se refere às questões tratadas no parágrafo 2, todo apátrida gozará do mesmo tratamento dispensado ao nacional do país no qual reside habitualmente.

Capítulo III
Empregos Lucrativos

Artigo 17
Profissões Assalariadas

1. Os Estados Contratantes concederão a todo apátrida que resida regularmente no seu território um tratamento tão favorável quanto possível e, em todo caso, um tratamento não menos favorável que aquele proporcionado, nas mesmas circunstâncias, aos estrangeiros em geral no que se refere ao exercício de uma atividade profissional assalariada.

2. Os Estados Contratantes considerarão, com benevolência, a adoção de medidas tendentes a assimilar os direitos de todos os apátridas, no que concerne ao exercício das profissões assalariadas, aos dos seus nacionais, notadamente para os apátridas que entraram em seu território em virtude de um programa de recrutamento de mão de obra ou de um plano de imigração.

Artigo 18
Profissões Não Assalariadas

Os Estados Contratantes concederão aos apátridas que se encontrem regularmente em seu território tratamento tão favorável quanto possível e, em todo caso, tratamento que não seja menos favorável que aquele garantido, nas mesmas circunstâncias, aos estrangeiros em geral, no que se reporta ao exercício de uma profissão não assalariada na agricultura, na indústria, no artesanato e no comércio, bem como quanto ao estabelecimento de firmas comerciais e industriais.

Artigo 19
Profissões Liberais

Todo Estado Contratante garantirá aos apátridas que residam regularmente no seu território, portadores de diplomas reconhecidos pelas autoridades competentes do referido Estado e que desejem exercer uma profissão liberal, um tratamento tão favorável quanto possível e, em todo caso, não menos favorável que aquele concedido, nas mesmas circunstâncias, aos estrangeiros em geral.

Capítulo IV
Benefícios Sociais
Artigo 20
Racionamento

Na hipótese de existir um sistema de racionamento ao qual esteja sujeita a população como um todo, e que regulamente a partilha geral de produtos de que há escassez, os apátridas serão tratados como os nacionais.

Artigo 21
Habitação

No que se refere a habitação, os Estados Contratantes, na medida em que esse tema seja regrado pelas leis e regulamentos ou esteja submetido ao controle das autoridades públicas, concederão aos apátridas que residam regularmente no seu território um tratamento tão favorável quanto possível, e, em todo caso, não menos favorável que aquele concedido, nas mesmas circunstâncias, aos estrangeiros em geral.

Artigo 22
Instrução Pública

1. Os Estados Contratantes concederão aos apátridas o mesmo tratamento dispensado aos seus nacionais, no tocante ao ensino primário.

2. Os Estados Contratantes assegurarão aos apátridas um tratamento tão favorável quanto possível e, em todo caso, não menos favorável que aquele concedido aos estrangeiros em geral, nas mesmas circunstâncias, no que se refere às categorias de ensino que não o ensino primário e, notadamente, no que concerne o acesso aos estudos, ao reconhecimento de certificados de estudos, de diplomas e de títulos universitários expedidos no estrangeiro, a isenção de direitos e taxas e a concessão de bolsas de estudos.

Artigo 23
Assistência Pública

Os Estados Contratantes outorgarão aos apátridas que residam regularmente no seu território o mesmo tratamento que aquele concedido aos seus nacionais em matéria de assistência e de socorros públicos.

Artigo 24
Legislação do Trabalho e Previdência Social

1. Os Estados Contratantes conferirão aos apátridas que residem regularmente no seu território o mesmo tratamento que aquele facultado aos nacionais no que diz respeito aos seguintes pontos:

a) na medida em que estas questões sejam regulamentadas pela legislação ou dependam das autoridades administrativas: a remuneração, inclusive adicionais de família quando estes adicionais fizerem parte da remuneração, a duração do trabalho, as horas suplementares, as férias pagas, as restrições ao trabalho doméstico, a idade de admissão no emprego, o aprendizado e a formação profissional, o trabalho das mulheres e dos adolescentes e o gozo das vantagens oferecidas pelas convenções coletivas;

b) à previdência social (as disposições legais relativas aos acidentes do trabalho, às moléstias profissionais, à maternidade, à doença, à invalidez, à velhice e à morte, ao desemprego, aos encargos de família, bem como a qualquer outro risco que, conforme a legislação nacional, seja coberto por um sistema de previdência social), ressalvados:

i) os ajustes apropriados que visem à manutenção dos direitos adquiridos e dos direitos em vias de aquisição;

ii) disposições particulares prescritas pela legislação nacional do país de residência e que visem aos benefícios ou frações de benefícios pagos exclusivamente pelos recursos públicos, bem como os benefícios pagos às pessoas que não reúnem as condições de contribuição exigidas para a concessão de uma pensão normal.

2. Os direitos a uma indenização pela morte de um apátrida ocorrida em virtude de acidente do trabalho ou de doença profissional não serão afetados pelo fato de o beneficiário residir fora do território do Estado Contratante.

3. Os Estados Contratantes estenderão aos apátridas o benefício dos acordos que concluíram ou vierem a concluir entre si relativos à manutenção dos direitos adquiridos ou em curso de aquisição em matéria de previdência social, conquanto que preencham as condições previstas para os nacionais dos países signatários dos acordos em questão.

4. Os Estados Contratantes examinarão com benevolência a possibilidade de, na maior medida possível, estender aos apátridas o benefício de acordos semelhantes que estão ou vierem a estar em vigor entre esses Estados Contratantes e Estados não contratantes.

Capítulo V
Medidas Administrativas

Artigo 25
Assistência Administrativa

1. Quando o exercício de um direito por um apátrida exigir normalmente a assistência de autoridades estrangeiras, às quais não possa recorrer, os Estados Contratantes em cujo território ele residir providenciarão para que essa assistência lhe seja prestada por suas próprias autoridades.

2. A ou as autoridades mencionadas no parágrafo 1 expedirão ou farão expedir, sob seu controle, em favor dos apátridas, os documentos ou certificados que, normalmente, seriam expedidos para um estrangeiro por suas autoridades nacionais ou por seu intermédio.

3. Os documentos ou certificados assim expedidos substituirão os atos oficiais expedidos para estrangeiros por suas autoridades nacionais, ou por seu intermédio, e farão fé até prova em contrário.

4. Ressalvadas as exceções que possam ser admitidas em favor dos indigentes, os serviços mencionados no presente artigo poderão ser retribuídos, mas essas retribuições serão moderadas e proporcionais ao que se cobra dos nacionais por serviços análogos.

5. As disposições deste artigo em nada afetam os artigos 27 e 28.

Artigo 26
Liberdade de Movimento

Todo Estado Contratante concederá aos apátridas que se encontrem regularmente no seu território o direito de escolher o local de sua residência e de circular livremente, com as restrições instituídas pela regulamentação aplicável, nas mesmas circunstâncias, aos estrangeiros em geral.

Artigo 27
Documentos de Identidade

Os Estados Contratantes expedirão documentos de identidade a todo apátrida que se encontre no seu território e que não tenha documento de viagem válido.

Artigo 28
Documentos de Viagem

Os Estados Contratantes expedirão aos apátridas que residam regularmente no seu território documentos de viagem destinados a permitir-lhes viajar fora desse território, a menos que a tanto se oponham razões imperiosas de segurança nacional ou de ordem pública. As disposições do anexo a esta Convenção se aplicarão a esses documentos. Os Estados Contratantes poderão expedir tal documento de viagem a qualquer outro apátrida que se encontre no seu território; atentarão particularmente para os casos de apátridas que se encontrem em seu território e que não estejam em condições de obter um documento de viagem do país onde residam regularmente (Vide anexo).

Artigo 29
Encargos Fiscais

1. Os Estados Contratantes não sujeitarão os apátridas a direitos, taxas, impostos, ou qualquer outra denominação, mais elevados que ou diferentes dos que são ou serão cobrados dos seus nacionais em situações análogas.

2. As disposições do parágrafo anterior não se opõem à aplicação, aos apátridas, das disposições das leis e regulamentos concernentes às taxas relativas à expedição de documentos administrativos aos estrangeiros, inclusive papéis de identidade.

Artigo 30
Transferência de Bens

1. Todo Estado Contratante, em conformidade com suas leis e regulamentos, permitirá aos apátridas transferir para outro país, no qual foram admitidos a fim de se reinstalarem, os bens que houverem levado para o território daquele Estado.

2. Todo Estado Contratante considerará com benevolência os pedidos apresentados pelos apátridas que desejarem obter a autorização de transferir todos os outros bens necessários à sua reinstalação em outro país onde foram admitidos a fim de ali se reinstalar.

Artigo 31
Expulsão

1. Os Estados Contratantes não expulsarão um apátrida que se encontre regularmente no seu território senão por motivos de segurança nacional ou de ordem pública.

2. A expulsão desse apátrida só ocorrerá em virtude de decisão proferida conforme processo legal. A não ser que a isso se oponham razões imperiosas de segurança nacional, o apátrida deverá ter permissão de fornecer provas com vistas à sua justificação, de interpor recurso e de se fazer representar para esse fim perante autoridade competente ou perante uma ou várias pessoas especialmente designadas pela autoridade competente.

3. Os Estados Contratantes concederão a tal apátrida um prazo razoável para procurar obter admissão regular em outro país. Os Estados Contratantes podem aplicar, durante esse prazo, as medidas de ordem interna que julgarem oportunas.

Artigo 32
Naturalização

Os Estados Contratantes facilitarão, na medida do possível, a assimilação e a naturalização dos apátridas. Esforçar-se-ão notadamente para acelerar o processo de naturalização e reduzir, na medida do possível, as taxas e despesas desse processo.

Capítulo VI
Cláusulas Finais

Artigo 33
Informações Relativas às Leis e Regulamentos Nacionais

Os Estados Contratantes comunicarão ao Secretário-Geral das Nações Unidas o texto das leis e dos regulamentos que promulgarem para assegurar a aplicação desta Convenção.

Artigo 34
Solução das Controvérsias
Qualquer controvérsia entre as Partes nesta Convenção, relativa à sua interpretação ou à sua aplicação, que não possa ser resolvida por outros meios, será submetida à Corte Internacional de Justiça, a pedido de uma das Partes na controvérsia.

Artigo 35
Assinatura, Ratificação e Adesão
1. Esta Convenção ficará aberta à assinatura na Sede da Organização das Nações Unidas até 31 de dezembro de 1955.

2. Ficará aberta à assinatura:

a) de qualquer Estado-membro da Organização das Nações Unidas;

b) de qualquer outro Estado não membro convidado para a Conferência das Nações Unidas sobre o Estatuto dos Apátridas;

c) de qualquer Estado ao qual a Assembleia-Geral das Nações Unidas tenha dirigido convite para assinar ou aderir.

3. Ela deverá ser ratificada e os instrumentos de ratificação serão depositados junto ao Secretário-Geral das Nações Unidas.

4. Os Estados mencionados no parágrafo 2 do presente artigo poderão aderir a esta Convenção. A adesão será feita pelo depósito de um instrumento de adesão junto ao Secretário-Geral das Nações Unidas.

Artigo 36
Cláusulas de Aplicação Territorial
1. Todo Estado poderá, no momento da assinatura, da ratificação ou da adesão, declarar que esta Convenção se estenderá ao conjunto dos territórios que representa no plano internacional, ou a um ou vários dentre eles. Tal declaração produzirá seus efeitos no momento da entrada em vigor da Convenção para o referido Estado.

2. A qualquer momento ulterior, essa extensão se fará por notificação dirigida ao Secretário-Geral das Nações Unidas e produzirá seus efeitos a partir do nonagésimo dia seguinte à data na qual o Secretário-Geral das Nações Unidas houver recebido a notificação ou na data da entrada em vigor da Convenção para o referido Estado, se esta última data for posterior.

3. No que se refere aos territórios aos quais esta Convenção não se aplique na data da assinatura, da ratificação ou da adesão, cada Estado interessado examinará a possibilidade de tomar, logo que possível, todas as medidas necessárias para fazer extensiva a aplicação desta Convenção aos referidos territórios, sob reserva, quando necessário por imposição constitucional, do consentimento dos governos desses territórios.

Artigo 37
Cláusula Federal
No caso de um Estado federal ou não unitário, aplicam-se as seguintes disposições:

a) no que concerne aos artigos desta Convenção cuja execução depende da ação legislativa do poder legislativo federal, as obrigações do governo federal serão, nesta medida, as mesmas que as das partes que não são Estados federativos;

b) no que se refere aos artigos desta Convenção cuja aplicação depende da ação legislativa de cada um dos Estados, províncias ou cantões constitutivos que não são, em virtude do sistema constitucional da federação, obrigados a tomar medidas legislativas, o governo federal levará com a maior brevidade possível, e com parecer favorável, os referidos artigos ao conhecimento das autoridades competentes dos Estados, províncias ou cantões;

c) um Estado federal Parte nesta Convenção fornecerá, a pedido de qualquer outro Estado Contratante que lhe haja sido transmitido pelo Secretário-Geral das Nações Unidas, um relato da legislação e das práticas em vigor na federação e nas suas unidades constitutivas no tocante a qualquer disposição da Convenção, indicando a medida em que, por uma ação legislativa ou outra, se conferiu efeito à referida disposição.

Artigo 38
Reservas

1. No momento da assinatura, da ratificação ou da adesão, qualquer Estado poderá formular reservas aos artigos da Convenção, com exceção dos artigos 1º, 3º, 4º, 16º (1), 33 a 42, inclusive.

2. Qualquer Estado Contratante que haja formulado uma reserva conforme o parágrafo 1 deste artigo poderá retirá-la a qualquer momento por uma comunicação para esse fim dirigida ao Secretário-Geral das Nações Unidas.

Artigo 39
Entrada em Vigor

1. Esta Convenção entrará em vigor no nonagésimo dia seguinte à data do depósito do sexto instrumento de ratificação ou de adesão.

2. Para cada um dos Estados que ratificarem a Convenção ou a ela aderirem depois do depósito do sexto instrumento de ratificação ou adesão, a mesma entrará em vigor no nonagésimo dia seguinte à data do depósito, por esse Estado, do seu instrumento de ratificação ou adesão.

Artigo 40
Denúncia

1. Qualquer Estado Contratante poderá denunciar a Convenção a qualquer momento, por uma notificação dirigida ao Secretário-Geral das Nações Unidas.

2. A denúncia produzirá efeitos, para o Estado Contratante interessado, um ano depois da data na qual houver sido recebida pelo Secretário-Geral das Nações Unidas.

3. Qualquer Estado que houver feito uma declaração ou notificação conforme o artigo 36 poderá notificar ulteriormente ao Secretário-Geral das Nações Unidas que a Convenção cessará de se aplicar a qualquer território designado na notificação. A Convenção cessará então de se aplicar ao território em questão um ano depois da data na qual o Secretário-Geral houver recebido essa notificação.

Artigo 41
Revisão

1. Qualquer Estado Contratante poderá, a qualquer tempo, por uma notificação dirigida ao Secretário-Geral das Nações Unidas, pedir a revisão desta Convenção.

2. A Assembleia-Geral das Nações Unidas recomendará as medidas a serem tomadas, se for o caso, a propósito de tal pedido.

Artigo 42
Notificações pelo Secretário-Geral das Nações Unidas

O Secretário-Geral das Nações Unidas notificará a todos os Estados-membros das Nações Unidas e aos Estados não membros mencionados no artigo 35:

a) as assinaturas, ratificações e adesões mencionadas no artigo 35;

b) as declarações e notificações mencionadas no artigo 36;

c) as reservas formuladas ou retiradas mencionadas no artigo 38;

d) a data na qual esta Convenção entrar em vigor, em virtude do artigo 39;
e) as denúncias e notificações mencionadas no artigo 40;
f) os pedidos de revisão mencionados no artigo 41.

Em fé do que os abaixo assinados, devidamente autorizados, firmaram, em nome dos seus respectivos Governos, a presente Convenção.

Feita em Nova York, em vinte e oito de setembro de mil novecentos e cinquenta e quatro, em um só exemplar cujos textos inglês, espanhol e francês fazem igualmente fé e que será depositado nos arquivos da Organização das Nações Unidas, e cujas cópias autênticas serão remetidas a todos os Estados-membros das Nações Unidas e aos Estados não membros mencionados no artigo 35.

Anexo
Parágrafo 1

1. O documento de viagem mencionado no Artigo 28 desta Convenção deve indicar que o possuidor e apátrida no sentido da Convenção 28 de setembro de 1954.

2. Esse documento será redigido em duas línguas pelo menos: uma delas será a língua inglesa ou a francesa.

3. Os Estados Contratantes examinarão a possibilidade de adotar um documento de viagem de acordo com o modelo anexo.

Parágrafo 2

Ressalvados os regulamentos do país de expedição, as crianças poderão ser mencionadas no documento de um dos pais, ou, em circunstâncias excepcionais, de outro adulto.

Parágrafo 3

As taxas cobradas pela expedição do documento não excederão a tarifa mais baixa aplicada aos passaportes nacionais.

Parágrafo 4

Ressalvados casos especiais ou excepcionais, o documento será válido para o maior número possível de países.

Parágrafo 5

A duração da validade do documento será de três meses no mínimo e de dois anos no máximo.

Parágrafo 6

1. A renovação ou prorrogação da validade do documento compete à assinatura que o expediu, enquanto o possuidor não se houver estabelecido regularmente em outro território e residir regularmente no território da referida autoridade. A expedição de novo documento compete, nas mesmas condições, à autoridade que expediu o documento anterior.

2. Os representantes diplomáticos ou consulares poderão ser autorizados a prorrogar, por um período que não ultrapassará seis meses, a validade dos documentos de viagem expedidos pelos seus respectivos governos.

3. Os Estados Contratantes examinarão com benevolência a possibilidade de renovar ou de prorrogar a validade dos documentos de viagem ou de expedir novos documentos a apátridas que já não residem regularmente no seu território nos casos em que esses apátridas não estejam em condições de obter um documento de viagem do país de sua residência regular.

Parágrafo 7

Os Estados Contratantes reconhecerão a validade dos documentos expedidos de acordo com as disposições do Artigo 28 desta Convenção.

Parágrafo 8
As autoridades competentes do país para o qual o apátrida deseja ir aporão, se estiverem dispostas a admiti-lo, um visto no documento de que é possuidor, se tal visto for necessário.

Parágrafo 9
1. Os Estados Contratantes comprometem-se a dar vistos de trânsito aos apátridas que hajam obtidos o visto de um território de destino final.
2. A aposição desse visto poderá ser recusada por motivos que possam justificar a recusa de um visto a qualquer estrangeiro.

Parágrafo 10
Os emolumentos devidos pela aposição de vistos de saída, de admissão ou de trânsito não ultrapassarão a tarifa mais baixa cobrada pelos vistos em passaportes estrangeiros.

Parágrafo 11
No caso de um apátrida que mude de residência e se estabeleça regularmente no território de outro Estado Contratante, a responsabilidade de expedir novo documento caberá, nos termos de condições do Artigo 28, a autoridade competente do referido território, a qual o refugiado terá direito de apresentar seu pedido.

Parágrafo 12
A autoridade que expedir um novo documento reconhecerá o documento anterior e o devolverá ao país que o expediu, se o documento anterior especificar que deve ser devolvido ao país que o expediu; em caso contrário, a autoridade que expedir o documento novo reconhecerá e anulará o anterior.

Parágrafo 13
1. Qualquer documento de viagem expedido em virtude do Artigo 28 desta Convenção dará ao possuidor, salvo indicação em contrário, o direito de voltar ao território do Estado que expediu a qualquer momento durante o período de validade desse documento. Todavia, o período durante o qual o possuidor poderá voltar ao país que expediu o documento de viagem não poderá ser inferior a três meses, salvo quando o país ao qual o apátrida desejar ir não exigir que do documento de viagem conste o direito de readmissão.
2. Ressalvadas as disposições da alínea anterior, um Estado Contratante pode exigir que o possuidor desse documento se submeta a todas as formalidades que podem ser impostas aos que saem do país ou aos que a ele regressam.

Parágrafo 14
Ressalvadas apenas as estipulações do parágrafo 13, as disposições desse Anexo em nada afetam as leis e regulamentos que regem, nos territórios dos Estados Contratantes, as condições de admissão, de trânsito, de permanência, de estabelecimento e de saída.

Parágrafo 15
Nem a expedição do documento nem as anotações nele feitas determinam ou afetam o estatuto do possuidor, notadamente no que concerne à nacionalidade.

Parágrafo 16
A expedição do documento não dá ao possuidor nenhum direito à proteção dos representantes diplomáticos e consulares do país de expedição, e não confere 'ipso facto' a esses representantes um direito de proteção.

Modelo do Documento de Viagem

Recomenda-se que o documento tenha forma de uma caderneta (15cm x 10cm aproximadamente), que seja impresso de tal maneira que as rasuras ou alterações por meios químicos ou outros possam notar-se facilmente, e que as palavras 'Convenção de 28 de setembro de 1954' sejam impressas em repartição contínua em cada uma das páginas, na língua do país que expede o documento.

(Capa da Caderneta)
Documento de Viagem
(Convenção de 28 de setembro de 1954)
N. ....

(1)
Documento de Viagem
(Convenção de 28 de setembro de 1954)
Este documento expira em ...., a não ser que sua validade seja prorrogada ou renovada.
Nome: ....
Prenome(s) ....
Acompanhado de .... Criança(s)

1. Este documento foi expedido com o único objetivo de proporcionar ao titular um documento de viagem que possa fazer as vezes de passaporte nacional. Não prejulga nem modifica de nenhum modo a nacionalidade do titular.

2. O possuidor está autorizado a voltar a .... (indicação do país cujas autoridades expedem o documento) até .... salvo menção adiante de data ulterior. (O período durante o qual o possuidor estará autorizado a voltar não deve ser inferior a três meses, salvo quando o país ao qual o possuidor deseja ir não exigir que deste documento consta o direito de readmissão).

3. Em caso de estabelecimento em país diferente do em que este documento foi expedido, o possuidor deve, se quiser deslocar-se de novo, requerer novo documento, às autoridades competentes do país de sua residência. [O documento de viagem anterior será remetido à autoridade que expede o novo documento para que o remeta, por sua vez, à autoridade que o expediu, (1)].

(Este documento contém 32 páginas, sem contar a capa).
(2)
Lugar e data de nascimento...
Profissão..
Residência atual ....
Nome (antes do casamento) e prenome(s) da Esposa ....
Nome e prenome(s) do Marido ....
Descrição ....
Altura ....
Cabelos ....
Cor dos olhos ....
Nariz..
Formato do rosto ....
Cútis ....
Sinais particulares ....

(1) A frase entre colchetes pode ser inserta pelos Governos que o desejarem.
Crianças que acompanham o portador
Nome Prenome(s) Lugar e data do nascimento Sexo
....
....
....

Cancelar o que não se aplicar.

(Este documento contém 32 páginas, exclusive a capa).

(3)
Fotografia do portador e selo da autoridade expedidora do documento
Impressões digitais do portador (facultativo)
Assinatura do portador..

(Este documento contém 32 páginas, exclusive a capa).

(4)
1. Este documento é válido para os seguintes países:
....
2. Documento (ou documentos) baseado no qual (ou nos quais) o presente documento é expedido.
....

Expedido em ....
Data...
Assinatura e selo da autoridade que expede o documento:
Emolumentos:

(Este documento contém 32 páginas, exclusive a capa).

(5)
Prorrogação de validade
Emolumentos: de ....
                                   a ....
Feita em..em ....
Assinatura e selo da autoridade que prorroga a validade do documento:
Prorrogação de validade
Emolumentos: de ....
                                   a ....
Feita em..em ....
Assinatura e selo da autoridade que prorroga a validade do documento:

(Este documento contém 32 páginas, exclusive a capa).

(6)
Prorrogação de validade
Emolumentos: de ....
                                   a ....
Feita em..em ....
Assinatura e selo da autoridade que prorroga a validade do documento:
Prorrogação de validade
Emolumentos: de ....
                                   a ....
Feita em .... em ....

(Este documento contém 32 páginas, exclusive a capa).

(7-32)
Vistos
Reproduzir em cada visto o nome do possuidor
(Este documento contém 32 páginas, exclusive a capa)."

14. Alguns subsídios jurisprudenciais relativos ao art. 7º da Lei de Introdução

A) *"Lex loci celebrationis" e prova do casamento*

RT, 356:149 — Tratando-se de casamento celebrado fora do país, a sua prova deve ser feita de acordo com a lei da nação onde se efetuou. Qualquer documento a ele relativo deve ser autenticado segundo as leis brasileiras para produzir efeitos no Brasil (TJSP).

B) *Casamento de brasileira com estrangeiro*

RF, 99:671 — O casamento entre italiano e brasileira rege-se pela lei brasileira. O regime de bens é o da comunhão (STF).

C) *Casamento religioso de pessoas estrangeiras e seus efeitos*

RT, 252:205 — Ação intentada pela esposa. Critério para fixação da pensão. Desde quando está devida. Os direitos de família são regulados pela lei domiciliar dos cônjuges, segundo a regra do art. 7º da Lei de Introdução ao Código Civil (hoje LINDB). Se, em ação de alimentos proposta pela esposa, o marido nega efeitos civis ao casamento eclesiástico realizado no Líbano, cabe-lhe fazer a prova do direito estrangeiro, conforme o art. 212 do Código de Processo Civil de 1939 (hoje art. 341 do CPC/2015). A pensão alimentícia devida pelo marido à esposa é igualmente fixada em 1/3 da renda líquida daquele. Esse direito retroage às prestações que vencerem após a propositura da ação.

RT, 361:143 — Pela legislação libanesa, tem efeitos civis o casamento religioso. A atribuição ao cônjuge de graves falhas constitui atroz injúria, capaz de autorizar concessão de desquite, quando, dando-se o ofendido por injustamente acusado, não patenteia a parte contrária a veracidade do que havia afirmado.

RTJ, 47:830 — Casamento religioso celebrado perante o chefe da comunidade israelita em outro país. Ação visando declarar sua inexistência para efeitos civis. Competência da justiça brasileira. Aplicação do art. 7º, § 3º, da Lei de Introdução ao Código Civil (atual LINDB). Recurso extraordinário conhecido e provido (STF).

RT, 125:224 — Sepulcro — Compra pelo viúvo para sepultamento da mulher com quem se havia casado somente no religioso. Propriedade. Nome civil. Uso entre os israelitas apenas casados perante sua religião — Sobrenome do marido acrescentado ao da mulher em inscrição tumular — Pretendida injúria à memória da morta. É do viúvo, que o adquiriu, e não dos herdeiros da mulher, que nele foi sepultada, o sepulcro, que é compreendido entre os direitos de natureza real (TJRS).

RF, 226:156 — O casamento religioso celebrado em Portugal produz os efeitos civis quando transcrito no Registro Civil daquele país.

RT, 364:114 — Casamento religioso celebrado em Portugal, em desacordo com o art. 1.069 do Código Civil Português, não produz efeitos civis nesse país e nem no Brasil (TJSP).

D) *Casamento consular*

RT, 211:160 — As autoridades consulares brasileiras somente têm competência para celebrar casamento de brasileiros ausentes do seu domicílio no país. O domicílio necessário cessa com a maioridade. Nos termos do art. 208 do Código Civil [de 1916], é nulo o casamento contraído perante autoridade incompetente (TJSP). (Hoje será anulável, por força do art. 1.550, VI, do novo Código Civil.)

RT, 164:626 — Para o casamento de estrangeiros, perante Cônsul de seu país, no Brasil, não é necessária a homologação, pela nossa justiça, de sentença que decretou o divórcio de um deles. É válido o casamento feito por autoridade consular na residência dos cônjuges no território de sua jurisdição (TJSP).

RF, 98:614 — Não é possível lobrigar ofensa da lei expressa no reconhecimento, para todos os efeitos, da sentença de divórcio, proferida no estrangeiro, de estrangeiro aqui não domiciliado ao tempo. Não há, na lei brasileira, preceito algum que permita ou proíba o casamento de estrangeiros perante o respectivo Cônsul. Mas o Cônsul estrangeiro é incompetente para celebrar casamento de estrangeiro com nacional (STF).

E) *Casamento de diplomata*

RF, 122:446 — Tem qualidade para impetrar mandado de segurança aquele a quem é negada autorização para o casamento com brasileira naturalizada — O recurso administrativo inútil ou incapaz de produzir resultado produtivo não obsta ao mandado de segurança. É manifestamente inconstitucional o dispositivo de lei que proíbe o casamento de diplomata com brasileira naturalizada, pois infringe o preceito que iguala brasileiros natos e naturalizados, sujeitos estes apenas às restrições constantes da Constituição (STF).

F) *Regime matrimonial de bens*

RF, 192:241 — Sírios e libaneses, casados no Brasil, ao tempo de vigência do art. 8º da antiga Lei de Introdução ao Código Civil, e que não optaram pela lei brasileira, têm seu regime de casamento regulado pela sua lei nacional, cujo regime legal é o de separação completa e absoluta, não admitindo a comunhão de aquestos.

AJ, *17*:402 — Não há dúvida que o estabelecimento do regime de comunhão em nosso direito não exige pacto antenupcial, mas, do que constitui exceção no sistema da lei aplicável, há de ser convencionado de acordo com os seus mandamentos (STF).

RF, *130*:199 — A opção pela aplicação da lei brasileira, quanto ao regime de bens no casamento, só se justifica no caso de favorecer o cônjuge nacional e, não ocorrendo a hipótese, predomina a lei civil do marido (TJRS).

RT, *247*:201 — Viúvo de nacionalidade portuguesa que convola segundas núpcias sem ter dado à partilha bens do casal anterior. Aplicação da lei portuguesa que não contém os preceitos dos arts. 183, n. XIII, 226 e 258, parágrafo único, n. I, do Cód. Civil Brasileiro [novo CC, art. 1.523, I] — Inteligência e aplicação dos arts. 8º da antiga Lei de Int. ao Cód. Civil e 6º e 7º da atual — Ementa: Se o regime de bens do casamento do inventariante se rege pela lei portuguesa, não é ele passível das limitações e sanções da lei brasileira (TJSP).

RF, *167*:261 — Quando os cônjuges de nacionalidades diferentes, casados antes da vigência da nova Lei de Introdução ao Código Civil (hoje LINDB), deixaram de celebrar pacto antenupcial, o regime de bens, que deve ser único, é regulado pela lei do primeiro domicílio conjugal, se o casamento foi realizado já na vigência do Decreto n. 5.647, de 8 de janeiro de 1929, que adotou no Brasil o Código Bustamante.

RF, *92*:499 — Tratando-se de casamento entre italiano e brasileira, o regime de bens é o regime da comunhão, porque no conflito de leis prevalece a lei brasileira (TJRS).

RF, *82*:104 — É desnecessário, para que se verifique a opção, o pacto antenupcial, bastando a simples declaração expressa no termo de casamento. Consideram-se "aquestos conjugais", sem se pôr em dúvida que o regime dos bens é regulado pela lei nacional dos cônjuges, os bens adquiridos na pendência da sociedade conjugal, desde que provado fique se tratar de imigrantes que, no Brasil, conseguiram, pelo trabalho de ambos, economias para a aquisição de tais bens.

RF, *82*:105 — Não tem força jurídica a simples declaração do regime de bens no termo de casamento de estrangeiro, uma vez que a opção pela lei brasileira só pode ser manifestada por escritura pública, anterior ao fato. Tendo sido os bens do casal adquiridos pelo esforço comum dos cônjuges, é de se reconhecer copropriedade destes sobre os mesmos, constituindo herança, no caso de morte, apenas a metade deles. Inteligência do art. 152, da Constituição Federal de 1946.

RF, 116:155 — A vontade de não mudar de nacionalidade deve ser manifestada no momento em que se integram os pressupostos legais da aquisição. Atos posteriores não invalidam a nacionalidade adquirida. No casamento de brasileiro com italiana, na Itália, a forma é regida pela lei italiana, mas os efeitos se regulam pela lei brasileira. Aplicação do art. 7º, § 4º, da Lei de Introdução ao Código Civil (hoje LINDB).

TJSP, AC 180.372-1 — Campinas, rel. Des. Munhoz Soares, j. 17-12-1992 — Casamento — Regime de bens — Celebração no exterior — Casal estrangeiro com domicílio atual no Brasil — Ausência de pacto antenupcial no domicílio do casamento que determina a comunhão total — Imutabilidade inclusive para fins patrimoniais, não obstante o regime brasileiro em vigor seja o da comunhão parcial — Recurso não provido. O fato de cônjuges estrangeiros após o casamento mudarem-se para o Brasil não importa, só por isso, em possibilidade de alterar-se o regime de bens por que optaram.

TJRS, AC 70006130173, 8ª C. Cív., rel. Des. Rui Portanova, j. 14-8-2003 — Apelação — Casamento no estrangeiro — ausência de contrato sobre o regime de bens — Legislação aplicável — Efeito jurídico-moral e econômico-afetivo da relação conjugal estabelecida. As regras sobre o direito de família e do regime de bens determinam-se pela lei do país em que os cônjuges tiveram domicílio. Bens inventariados adquiridos no Brasil. Registrado o domicílio conjugal no Rio Grande do Sul. Aplicando-se a legislação nacional, ante a falta de estipulação do regime de bens, vale o regime legal em vigor à data do matrimônio. Bens adquiridos na constância do casamento, em nome de ambos os cônjuges. Independentemente da discussão a respeito da legislação aplicável (se a austríaca ou a brasileira), deve o julgador, na aplicação da lei, atender aos fins sociais a que ela se dirige e ao bem comum (LICC — atual LINDB —, art. 5º). A própria incorporação do direito alienígena pode sofrer restrições (regra odiosa) conforme os preceitos de ordem pública e valores socioeconômicos da nação.

TJRJ, AC 2006.001.20505, 7ª C. Cív., Relª Desª Helena Cândida Gaede, j. 1º-8-2006 — Conteúdo probatório a que o primeiro domicílio conjugal teria sido o Brasil. Reconhecimento do regime da comunhão universal de bens, conforme a legislação pátria regente à época, com a consequente sobrepartilha dos bens arrolados na inicial. Art. 7º, § 4º, da LICC (atual LINDB), e 31 do CC/16. Desprovimento do recurso.

G) Naturalização e pacto antenupcial

AJ, 8:2010 — Quando a naturalização é de ambos os cônjuges, o império da lei da nova pátria compreende o contrato do casamento nos seus vários aspectos, tendo como limitação apenas direitos adquiridos de terceiros.

H) Invalidade de casamento

RT, 291:883 — Pode-se apreciar o pedido de anulação de casamento realizado no estrangeiro independentemente do registro do mesmo no cartório do domicílio do casal no Brasil (STF).

RF, 77:292 — Casamento de húngaros — Aplicação da lei brasileira — Retroatividade da Lei n. 13, de 21-1-1935 — Prescrição — Conhecimento de erro — Quando é de se considerar adquirido. Ementa: A lei brasileira deve ser aplicada, tendo-se em vista que o casamento ou o ato que quer anular foi realizado no Brasil, sendo o seu fundamento o defeito de forma ou de essência do ato jurídico, defeito de condição intrínseca — o consentimento válido que teria sido viciado por erro essencial de um dos cônjuges.

RT, 245:141 — É incompetente a justiça brasileira para conhecer de ação declaratória visando à declaração de nulidade de casamento de espanhóis realizado na Argentina (TJSP).

RF, 100:499 — Os tribunais brasileiros são competentes para julgar a ação de anulação de casamento proposta pelo marido, residente no Brasil, contra a mulher que se encontre em lugar incerto, fora do Brasil. Nenhuma restrição pode haver à atividade do defensor do vínculo. A figura é criação do Direito Canônico, reproduzida nas modernas leis de direito matrimonial. No Direito Canônico, o defensor do vínculo é considerado parte no processo, com todos os direitos peculiares, inclusive o de requerer provas e recorrer, sendo mesmo obrigatório recurso, quando pronunciada a nulidade do casamento. Pode opor exceção de incompetência, como valioso elemento de defesa, capaz de encerrar o processo.

I) Casamento putativo

RF, 62:48 — É adulterino e não simplesmente natural o filho de mulher desquitada (separada) com homem solteiro ou de mulher solteira com homem desquitado (separado). O desquite (separação judicial) não dissolve o casamento, porque só a morte de um dos cônjuges pode determinar essa dissolução (Cód. Civil [de 1916], art. 135, n. 3, parágrafo único [novo CC, art. 1.571]). Sendo brasileira a mulher desquitada, a qual não podia ignorar a sua lei nacional, e sendo inglês o marido, e, tendo o ato se realizado em

Nova York, não podia ele desconhecer a ilegitimidade de seu casamento, desde que em seu país de origem e no da realização do ato também não se permite o casamento sem a dissolução do vínculo anterior; não pode, pois, alegar boa-fé e, consequentemente, ser o casamento considerado putativo. O filho adulterino não tem qualidade para suceder; pode receber por testamento, não, porém, por sucessão (STF).

RT, *188*:244 — Tratando-se de incompetência relativa ou territorial, deve ser arguida, por via de exceção, dentro do prazo preclusivo de 3 (três) dias seguintes ao da citação. Só a incompetência *ratione materiae*, por ser absoluta, pode ser arguida em qualquer tempo ou instância. Provada a legalização de casamento anterior celebrado no estrangeiro perante autoridade eclesiástica, declara-se a nulidade do contrato no Brasil, ressalvando os efeitos civis do segundo, quanto ao cônjuge de boa-fé e ao filho do casal, nos termos do art. 221 do Código Civil [de 1916 — novo CC, art. 1.561] (TJSP).

J) Divórcio no exterior

RF, *128*:122 — Os estrangeiros residentes no Brasil podem divorciar-se perante a justiça de seu país de origem (STF).

DOMG, 15 abr. 2004 — Divórcio. Cônjuges residentes no exterior. Aplicação do direito de família no respectivo país. Inteligência do art. 7º da Lei de Introdução ao Código Civil (hoje LINDB). Impossibilidade jurídica do pedido. Caracterizada. Litispendência. Inocorrência. A litispendência ocorre quando o mesmo litígio é novamente instaurado em outro processo, idêntico ao que ainda está em curso, pendente de recurso, com as mesmas partes, a mesma causa de pedir e o mesmo pedido. Extinto o processo relativo às ações propostas anteriormente, fica afastada a litispendência. Estando os cônjuges residindo no exterior, enquanto lá permanecem, estão submetidos ao Direito de Família do respectivo país, nos termos do art. 7º da Lei de Introdução ao Código Civil (hoje LINDB). Assim, a propositura de ação de divórcio no Brasil caracteriza impossibilidade jurídica do pedido (TJMG, Ap. Cív. 354.957-3/000, Comarca de Governador Valadares, rel. Des. Caetano Levi Lopes).

K) Homologação de sentença estrangeira*

STF, Súmula 381 — Não se homologa sentença de divórcio obtida por procuração em país de que os cônjuges não eram nacionais.

---

*. Observação: a Emenda Constitucional n. 45/2004 transferiu do STF para o STJ a competência para homologação de sentença estrangeira.

STF, Súmula 420 — Não se homologa sentença proferida no estrangeiro sem prova do trânsito em julgado.

RTJ, 64:24 — De conformidade com a jurisprudência consubstanciada na Súmula n. 381, não se pode homologar, em atenção à ordem pública, o divórcio obtido em país categoricamente estranho aos cônjuges, quer quanto à nacionalidade, quer quanto ao domicílio.

RF, 171:246 — A sentença estrangeira declaratória de estado, sem nenhuma outra consequência, independe de homologação do STF.

RT, 233:178 — Os divorciados no seu país de origem que não tiverem seu divórcio homologado pelo STF não podem casar-se validamente no Brasil.

RT, 321:163 — Estrangeiro divorciado no seu país de origem. Sentença de divórcio não homologada pelo STF. Nulidade de matrimônio contraído no Brasil. Aplicação do art. 15, *e*, da Lei n. 4.547, de 1942. Recurso não provado. Ementa: A homologação de divórcio de estrangeiro pelo STF é formalidade indispensável para que se possa contrair casamento no Brasil (TJSP).

RF, 162:228 — Os divorciados no seu país de origem, que não tiverem o seu divórcio previamente homologado pelo STF, não poderão casar-se, validamente, no Brasil (TJSP). No mesmo sentido: *RT, 233*:178.

RT, 320:104 — Embora seja possível admitir-se a eficácia, no Brasil, de sentença estrangeira de divórcio, é indispensável que não tenha havido fraude à lei brasileira.

RT, 179:755 — Desde que não homologada pelo STF, a conversão posterior do desquite em divórcio, segundo a lei do lugar em que aquele se fez, não convalida o matrimônio de estrangeiro apenas desquitado (TJSP).

RT, 279:860 — Não é nulo o casamento de pessoa divorciada no estrangeiro ainda que a sentença de divórcio não tenha sido submetida à homologação do STF. Em direito matrimonial, tem toda procedência a máxima "nenhuma nulidade sem texto" (STF).

RF, 53:126 — A sentença de divórcio a vínculo independe de homologação. O estado civil do estrangeiro divorciado a vínculo no seu país de origem é o de solteiro.

RF, 47:115 — Admitem-se como carta de sentença para o efeito da homologação da sentença estrangeira de divórcio os documentos que, na respectiva legislação, satisfazem aos intuitos da nossa carta de sentença e lhe equivalem.

RTJ, 48:612 — A falta de homologação da sentença de divórcio não constitui, só por si, motivo de nulidade do casamento de estrangeiro no Brasil (STF).

RF, 213:244 — A sentença de divórcio, sendo declaratória, vale como documento, não dependendo de prévia homologação para ser aceita no Brasil — Não ocorrendo bigamia e a sentença de divórcio não exigindo homologação pelo STF, improcede a alegada nulidade do subsequente casamento (TJPR).

Jurisp. Mineira, 3:501 — Concedido o divórcio a vínculo a cônjuges estrangeiros e homologada a sentença, não lhes fica proibido contrair de novo novas núpcias no Brasil.

RF, 107:478 — Tratando-se de cônjuge cuja lei nacional permite o divórcio a vínculo, concede-se, sem restrição, homologação da sentença que o decretou.

RF, 52:304 — A sentença de divórcio proferida pelo Tribunal de uma nação que o admite como meio legítimo de dissolução do vínculo conjugal modifica a situação jurídica dos divorciados, atribuindo-lhes a posição de celibatários em qualquer que seja o país, ainda naquele em que o divórcio não é adotado.

RF, 53:281 — É de ser homologada para produzir todos os seus efeitos no Brasil a sentença estrangeira de divórcio a vínculo entre cônjuges estrangeiros pertencentes a país que o admite, pouco importando que o casamento haja sido efetuado no Brasil, uma vez que a capacidade nupcial dos nubentes foi regida pelo estatuto pessoal, que se estende também aos direitos de família, inclusive a dissolução do vínculo matrimonial (STF).

RF, 48:371 — A sentença estrangeira de divórcio a vínculo pode ser homologada para produzir todos os seus efeitos no Brasil, desde que os cônjuges divorciados sejam naturais de país que admita o divórcio com o rompimento do vínculo conjugal.

L) *Domicílio de origem*

RF, 46:218 — Nascimento ocorrido no estrangeiro. O domicílio do menor é o do seu pai, e, se este vem para o Brasil, satisfaz a condição para se fazer brasileiro, mediante transcrição do registro de nascimento ocorrido no estrangeiro.

M) *Lei domiciliar na Lei de Introdução*

RF, 116:496 — A nova Lei de Introdução ao Código Civil (hoje LINDB), rompendo com o direito anterior, firmou o princípio da lei domiciliar como reguladora da capacidade civil, dos direitos de família, das relações entre os cônjuges e da sucessão legítima e testamentária (TJSP).

Art. 8º Para qualificar os bens e regular as relações a eles concernentes, aplicar-se-á a lei do país em que estiverem situados.

• *Limites do mar territorial do Brasil: Lei n. 8.617, de 4 de janeiro de 1993.*

§ 1º Aplicar-se-á a lei do país em que for domiciliado o proprietário, quanto aos bens móveis que ele trouxer ou se destinarem a transporte para outros lugares.

§ 2º O penhor regula-se pela lei do domicílio que tiver a pessoa, em cuja posse se encontre a coisa apenhada.

• *Código Civil, arts. 1.431 a 1.472.*

1. Qualificação de bens e doutrina da territorialidade e da extraterritorialidade

A qualificação dos bens imóveis, delineada no *caput* do artigo ora examinado, é territorial, visto que se lhes aplicam as leis do país onde estiverem situados. Pela territorialidade a norma aplica-se no território do Estado (*leges non valent ultra territorium*), incluindo-se o ficto por ser havido como extensão do território nacional. A norma territorial é a aplicável apenas no território nacional, atendendo a interesses internos relativos à nação de origem, obrigando exclusivamente dentro do território. Uma lei será territorial, portanto, quando o órgão judicante não puder aplicar no território nacional outra norma por ocasião dos fatos ocorridos no seu território. É o que se dá com as leis relativas aos imóveis, p. ex., pois só se poderão aplicar a eles as normas do local de sua situação (CPC/2015, art. 47). Logo o juiz deverá aplicar a lei territorial estrangeira se o bem estiver localizado no exterior, uma vez que se sujeita à *lex rei sitae*. Será a lei extraterritorial se o juiz puder aplicar outra lei, que não é a sua, a fatos ocorridos no seu território ou no estrangeiro, como os contemplados nos §§ 1º e 2º do art. 8º, aos quais se aplica a *lex domicilii*. A norma extraterritorial imperará no exterior de conformidade com as normas estabelecidas pelas convenções ou pelos princípios de direito internacional. A lei extraterritorial solucionará interesses internos e externos da nação de origem, por ser obrigatória dentro da nação, embora seus efeitos se prolonguem, por sua matéria ou conteúdo, atuando em território estrangeiro. A lei extraterritorial é territorialmente interna, relativamente às nações onde se aplicar[357].

2. Conflito interespacial alusivo aos direitos reais: "lex rei sitae" e "ius in re"

Os conflitos de leis no espaço relativos aos direitos reais regem-se pelo princípio da territorialidade. O critério jurídico para regular coisas móveis de situação permanente, inclusive de uso pessoal, ou imóveis (*ius in re*) é o da *lex rei sitae*, que importa na determinação do território, espaço limitado no qual o Estado exerce competência. Essa norma é aplicada para qualificar bens, reger relações a eles concernentes e disciplinar as ações que os asseguram (Código Bustamante, arts. 112, 113, 121, 122 e 123). Regulará os bens móveis ou imóveis a lei do país onde estiverem situados, salvo a hipótese do § 1º, pois a propriedade deve subordinar-se às normas de ordem pública do Estado. Como Estado e territorialidade são incindíveis, as coisas subordinam-se à *lex rei sitae*, por se acharem em relação ao território e porque não têm nacionalidade, não conservam laços de procedência. A competência da *lex rei sitae* é técnica, uma vez que a sede das relações jurídicas está no local da situação da coisa como limite imposto pela ordem pública. Em tudo que for relativo ao regime da posse, da propriedade e dos direitos reais sobre coisa alheia nenhuma lei poderá ter competência maior do que a do território onde se encontrarem os bens que constituem seu objeto.

A lei da situação da coisa móvel em situação permanente ou imóvel imperará. Logo repelido está o princípio *mobilia sequuntur personam*, que somente será aplicável aos bens móveis em estado de mobilidade (art. 8º, § 1º). A tudo que disser respeito aos direitos reais (*ius in re*) aplica-se a *lex rei sitae*. Será preciso, ainda, não olvidar que a *lex rei sitae* regulará tão somente os bens móveis ou imóveis considerados individualmente (*uti singuli*), pertencentes a nacionais ou estrangeiros, domiciliados ou não no país. Quando forem elementos de uma universalidade, afastado estará tal critério, pois a lei normalmente competente para regê-los sob esse aspecto é aquela a que se subordina o instituto correspondente. Assim, os bens considerados *uti universitas*, como o espólio, o patrimônio conjugal, escapam à aplicação da *lex rei sitae*, passando a se reger pela reguladora da sucessão (*lex domicilii* do autor da herança) (LINDB, art. 10); da sociedade conjugal (LINDB, art. 7º). Todavia, sob determinados aspectos, os bens *uti univer-*

---

357. Ernst Isay, *A nova territorialidade do direito internacional privado*, São Paulo, 1943; Serpa Lopes, *Comentário*, cit., v. 2, n. 73; Paulo de Lacerda, *Manual*, cit., v. 1, p. 31 e 41; Niboyet, *Traité de droit international privé français*, Paris, 1944, t. 3, n. 842, nota 2; Oscar Tenório, *Direito internacional privado*, cit., v. 1, p. 409.

sitas também poderão disciplinar-se pela *lex rei sitae*, como, p. ex., a desapropriação de imóvel de tutelado ou da massa falida[358].

Se houver mudança de situação de um bem móvel, a lei da nova situação (*lex rei sitae*) aplicar-se-á, respeitando-se os direitos adquiridos. Pillet e Niboyet[359] nos ensinam a respeito que: "todo direito adquirido sobre um móvel corpóreo, na conformidade das disposições da lei do lugar da sua situação, deve ser respeitado no segundo país, para o qual tenha sido transportado, até que nasça um direito diferente, segundo a lei deste último país".

Devido a sua natureza especial, os navios e as aeronaves não se regem pela *lex rei sitae*, ante suas passagens de um Estado para outro, mas pela lei do pavilhão, isto é, pela lei do país onde estiverem matriculados, sendo que tal competência tão somente será afastada quando a ordem pública exigir. Sujeitar-se-ão, portanto, os navios e as aeronaves à lei do Estado em que se efetivou a sua matrícula. Tal lei disciplinará a aquisição, transferência e perda da propriedade desses bens etc.[360]

A *lex rei sitae* será, portanto, competente para:

a) classificar os bens em móveis e imóveis, públicos ou particulares, divisíveis ou indivisíveis, consumíveis ou inconsumíveis, fungíveis ou infungíveis, determinando, ainda, se estão ou não no comércio;

---

358. Reuter, *Droit international public*, Paris, 1958, p. 101; Diena, *Conflitti di legge in materia di diritti reali*, Milano, 1921, e *I diritti reali nel diritto internazionale privato*, Torino, 1895, n. 25, p. 71, 225 e s.; Lorber, *Les valeurs mobilières envisagées au point de vue des conflits de lois*, Paris, 1912; Oscar Tenório, *Direito internacional privado*, cit., v. 2, p. 168-9; Machado Villela, *O direito internacional*, cit., p. 247-8 e 267; Frankenstein, *Internationales Privatrecht-Grenzrecht*, 1929, v. 2, p. 78-9; Savigny, *System des heutigen römischen Rechts*, 1849, v. 8, § 367, n. 5; Bartin, *La théorie des qualifications en droit international privé*, 1899, p. 1 e s.; Espínola e Espínola Filho, *A Lei de Introdução*, cit., v. 2, p. 451-512; Niboyet, *Des conflits des lois relatifs à l'acquisition de la propriété et des droits sur les meubles corporels à titre particulier*, 1912; Pillet, *Principes de droit international privé*, 1903, p. 467-8; Meissner, *Vollstândige Darstellung der Lehre vom stills e weigenden Pfandrecht*, 1803, p. 39 e 40; Mancini, *Rapport à l'Institut de droit international sur les règles de droit international privé*, Genève, 1874; Fiore, *Droit international privé ou principes pour résoudre les conflits entre les législations diverses en matière de droit civil et de droit commercial*, 1875, p. 329, n. 195, e *Diritto internazionale privato*, 1907, v. 1, p. 116-7; Pillet e Niboyet, *Manuel*, cit., p. 470-1 e 467-9; Carvalho Santos, *Código Civil*, cit., v. 1, p. 151-2; Lainé, *Introduction au droit international privé*, 1892, v. 2, p. 200 e s.; Calandrelli, *Cuestiones de derecho internacional privado*, v. 1, p. 53 a 107; Brocher, *Cours de droit international privé*, v. 1, n. 48 e s.; Von Bar, *Lehrbuch*, § 29.

359. Pillet e Niboyet, *Manuel*, cit., p. 471.

360. Espínola e Espínola Filho, *A Lei de Introdução*, cit., v. 2, p. 474; Pillet, *Traité*, cit., v. 1, p. 743. *Vide* Código Bustamante, arts. 274 a 284.

b) reger a posse e seus efeitos, especificando a legitimidade ativa na proteção possessória;

c) dispor sobre a aquisição e perda dos direitos reais;

d) traçar normas sobre usucapião (Código Bustamante, arts. 227 e 228) de coisa imóvel ou móvel. Quanto à usucapião de coisa móvel que veio a mudar de território, Schaeffner entende que será competente a lei do primeiro país. Brocher já admite a competência combinada das duas leis, calculando-se, proporcionalmente, o prazo segundo o tempo decorrido num e noutro país. Von Bar pronuncia-se pela *lex domicilii* do possuidor como sendo a aplicável à usucapião de coisa móvel, e Niboyet proclama a competência da lei do último país, não considerando o tempo decorrido no primeiro. Dentre essas opiniões a razão está, entendemos, com Savigny, Frankenstein e Machado Villela, por estar mais conforme com o disposto no art. 228 do Código Bustamante, conjugando-se o prazo decorrido no primeiro país ao transcorrido no segundo, regulado pela lei deste último o prazo necessário para a aquisição do direito, uma vez que nele se completará o lapso temporal requerido para usucapir, somando-se, portanto, as posses sucessivas[361];

e) restringir o direito de propriedade mobiliária ou imobiliária;

f) resolver questões de transferência de propriedade por meio de ato *inter vivos*;

g) estipular as ações cabíveis ao titular do direito real;

h) decidir os bens que podem ser objeto de direito real sobre coisa alheia;

i) disciplinar o direito real sobre coisa alheia de fruição (enfiteuse, servidão, superfície, uso, usufruto e habitação) e de garantia (hipoteca e anticrese), regulando a sua constituição, os seus efeitos e a sua extinção[362].

Em arremate final, interessante será lembrar as certeiras palavras de Osiris Rocha de que "o critério legal de aplicação aos imóveis da lei de sua situação (*lex rei sitae*), universalmente observada, desde os tempos estatutários, é facilmente explicado pela ciência política: nenhum país admitirá

---

361. Schaeffner, *Entwickelung des internationalen Privatrechts*, 1841, § 67; Brocher, Théorie du droit international privé, *Revue de Droit International*, 1871, p. 550; Von Bar, *Theorie und praxis des internationalen Privatrechts*, 1889, v. 1, n. 237; Niboyet, *Des conflits*, cit., p. 328 e s. e 413 e s.; Machado Villela, *O direito internacional*, cit., p. 267; Frankenstein, *Internationales Privatrecht*, cit., v. 2, p. 78-9; Savigny, *System*, cit., v. 8, § 367, n. 5.

362. Consulte: Código Bustamante, arts. 105 a 117, 121 a 139, 214, 218 e 219.

qualquer dúvida a propósito da competência legislativa e do poder diretivo sobre a propriedade real, em razão de sua visceral inserção no território, um dos elementos fundamentais do Estado"[363]. Assim sendo, o *ius rei sitae* consagrado está em quase todas as legislações, por motivos políticos, econômicos e jurídicos, para assegurar e disciplinar os direitos reais. Além disso, a publicidade somente poderá ser feita no local da situação do bem e muito se dificultariam as negociações se se seguisse o *ius rei sitae*. Consequentemente, reconhecidos estarão os direitos reais adquiridos do estrangeiro que o forem segundo a lei da situação dos bens a que se referem[364].

É mister salientar que a capacidade para exercer direitos reais ou efetivar contratos a eles relativos rege-se pela *lex domicilii*, e a forma extrínseca dos atos negociais destinados à aquisição, transmissão e extinção de direitos reais obedece à *locus regit actum*, mas as condições da constituição da aquisição, da transferência do direito real, p. ex., exigência da tradição ou do assento no registro imobiliário, submetem-se à *lex rei sitae*[365].

3. Extraterritorialidade e regime de bens móveis sem localização permanente

A Lei de Introdução às Normas do Direito Brasileiro ordena a aplicação da lei domiciliar do proprietário quanto aos móveis que ele, em viagem, trouxer consigo, para uso pessoal, que poderão, num só dia, passar por vários países, e quanto aos que, em razão de negócio mercantil, destinar ao transporte rodoviário, ferroviário, aéreo ou marítimo para outros lugares (coisas *in transitu*), transitando por vários Estados até chegar ao local do destino, em pequenos intervalos de tempo. Em tais hipóteses não há caracterização de *situs*; logo, não há como aplicar a *lex rei sitae*, que traria muitas incertezas ante o fato de os bens atravessarem vários países, ante a dificuldade de se precisar o local em que se encontram. Diante da instabilidade de localização ou da mudança transitória de tais bens móveis, dever-se-á aplicar o *ius domicilii* de seu proprietário (réu) — CPC/2015, art. 46 —, atendendo assim a interesses econômicos, políticos e práticos, afastando a lei da situação e a do pavilhão do navio ou da aeronave que os transporta. Tais bens sem localização permanente deverão ser regulados pelo direito

---

363. Osiris Rocha, Uma interpretação política do direito internacional privado, *Revista Brasileira de Estudos Políticos*, 36:168.

364. Amílcar de Castro, *Direito internacional privado*, cit., v. 2, p. 124-5.

365. Machado Villela, *O direito internacional privado*, cit., p. 247-8; Espínola e Espínola Filho, *A Lei de Introdução*, cit., v. 2, p. 476-512.

do Estado em que seu proprietário tiver domicílio; no entanto, *de lege ferenda*, há preferência pelas doutrinas de Savigny e de Makarov, que consagram a aplicação da lei do país de destino. Todavia a regra é a prevalência da lei da pessoa mais interessada. Indubitável será, por isso, que se invoque a lei domiciliar do proprietário, porque ninguém terá mais interesse na carga do que ele. Quanto aos demais bens, localizados permanentemente, aplicável será, como vimos, a *lex rei sitae*[366].

4. Penhor e "ius domicilii"

Relativamente ao penhor prevalecerá a lei do domicílio que tiver a pessoa, em cuja posse direta se encontrar o bem empenhado, no momento da constituição da garantia real. Aplica-se, portanto, a lei domiciliar do possuidor da coisa empenhada, que decidirá não só qual será o objeto sobre o qual recairá o direito real e quais os seus efeitos, mas também as questões concernentes à publicidade, à necessidade ou dispensa de tradição real para sua validade. Pouco importará a localização do bem dado em penhor, pois pela lei considerar-se-á situado no domicílio do possuidor (*fictio iuris*) no momento de ser constituído o direito real de garantia. Isto é assim porque o penhor requer tradição efetiva do bem móvel, suscetível de alienação, que o devedor, ou alguém por ele, faz ao credor, ou a quem o represente, em garantia de dívida. Como é essencial essa tradição, exceto nas hipóteses de penhor mercantil, agrícola ou pecuário, em que o bem poderá ficar em poder do devedor, a coisa empenhada poderá não permanecer no domicílio do proprietário ou possuidor; o § 2º do art. 8º abandona, excepcionalmente, o *ius rei sitae*, substituindo-o pelo direito do lugar do domicílio do possuidor, no instante da constituição do ônus real, resguardando assim a segurança negocial, garantindo direitos de terceiros.

---

366. Espínola e Espínola Filho, *A Lei de Introdução*, cit., p. 466-70; Jan F. Hostie, Le transport des marchandises en droit international privé, in *Recueil des Cours*, 1951, v. 78; Savigny, *System*, cit., v. 8, p. 178; Pillet e Niboyet, *Manuel*, cit., p. 479; Pillet, *Traité*, cit., v. 1, p. 470 e 735; Amílcar de Castro, *Direito internacional privado*, cit., v. 2, p. 124-5; Wilson de S. Campos Batalha (*Lei de Introdução*, cit., v. 2, t. 2, p. 562-72) e Fahmy (*Les conflits mobiles*, 1951) lembram que se terá *conflito móvel* (*Statutenwechsel*) quando, pela mutação de um dos elementos de conexão, a situação jurídica é sucessivamente submetida a ordens jurídicas diferentes. Pelo art. 8º da Lei de Introdução, as relações alusivas a bens regem-se pela lei da situação, mas, quanto aos bens móveis trasladados de um país a outro, ter-se-á de indagar qual o domínio das respectivas legislações. Pelo mesmo dispositivo, aplica-se a lei do país em que for domiciliado o proprietário, quanto aos bens móveis que ele trouxer ou se destinarem a transporte para outros locais. Em ocorrendo mudança de domicílio do proprietário de um país para outro, é de se indagar qual o domínio das leis respectivas.

O penhor submeter-se-á, portanto, à *lex domicilii* da pessoa em cuja posse estiver a coisa empenhada, o que vem a conflitar com o Código Bustamante (art. 214), que o sujeita à lei territorial. Logo este prevalecerá na antinomia sobre a matéria entre nosso direito e o dos Estados signatários deste Código[367].

Art. 9º Para qualificar e reger as obrigações, aplicar-se-á a lei do país em que se constituírem.

§ 1º Destinando-se a obrigação a ser executada no Brasil e dependendo de forma essencial, será esta observada, admitidas as peculiaridades da lei estrangeira quanto aos requisitos extrínsecos do ato.

• *Decreto-lei n. 857/69 e Decreto n. 24.038/34.*

§ 2º A obrigação resultante do contrato reputa-se constituída no lugar em que residir o proponente.

• Vide *Código Civil, art. 435.*

1. "Locus regit actum" e "ius ad rem"

As obrigações *ex lege*, pelo art. 165 do Código Bustamante, reger-se-ão pelo direito que as tiver estabelecido, por terem como característica primordial o fato de serem consequência de uma relação jurídica principal, de que são acessórias. Logo, por não serem autônomas, regular-se-ão pela mesma lei que disciplina a relação principal. Por conseguinte, a obrigação alimentar entre parentes, decorrente de imposição legal relativa ao direito de família, será regida pela lei domiciliar (LINDB, art. 7º). O mesmo se pode dizer das obrigações oriundas da tutela. Entre proprietários vizinhos, as obrigações disciplinar-se-ão pela *lex rei sitae*, por constituírem consequência do direito real, por serem obrigações *propter rem*.

Os efeitos das obrigações *ex delicto*, ou seja, das decorrentes da prática de um ato ilícito, p. ex., a obrigação de indenizar o lesado por ato próprio, por ato de outrem ou por fato de coisa ou de animal, estão assegurados pela *lex loci delicti commissi*, que solucionará as questões sobre as causas justificativas e dirimentes, sobre culpabilidade, sobre qualificação do ato como ilícito etc. (Código Bustamante, arts. 167 e 168). Por exemplo,

---

367. Serpa Lopes, *Curso*, cit., v. 1, p. 223; Amílcar de Castro, *Direito internacional privado*, cit., v. 2, p. 126; Savigny, *System*, cit., v. 8, § 367, p. 188; Oscar Tenório, *Direito internacional privado*, cit., v. 2, p. 166; Código Bustamante, arts. 111, 214, 215 e 216.

se um espanholresidente e domiciliado na Áustria vier a atropelar aí uma pessoa, responderá civilmente por isso, pagando indenização, segundo a norma austríaca, que é a lei do local onde o ilícito se deu. Se um brasileiro aqui for julgado pela prática de ilícito no Paraguai, será a lei paraguaia que determinará as consequências do ato e não a *lex fori*. Se o ilícito for praticado sucessivamente em vários lugares, ter-se-á em conta o local onde ocorreu o último fato necessário para a caracterização da responsabilidade do lesante.

As obrigações convencionais (civis ou comerciais) e as decorrentes de atos unilaterais, desde que entre presentes, reger-se-ão: *a*) quanto à forma *ad probationem tantum* e *ad solemnitatem*, pela lei do local onde se originaram, seguindo-se a fórmula de Weiss: *locus actus regit instrumentum et jus* ou *locus regit formam*, cujo sentido é: *ius loci actus regit instrumentum et jus*, ou seja, deve-se apreciar a forma da manifestação volitiva pelo direito vigente no local onde o ato for realizado. Essa norma apenas vigorará no *forum* que aceitar que o ato seja realizado no exterior, pela forma estabelecida pelo *ius loci actus*; *b*) quanto à capacidade, pela lei pessoal das partes (art. 7º) que é a lei domiciliar, com a ressalva da ordem pública, pois a *lex fori* não admitirá que produza efeito o ato que tiver conteúdo contrário à lei, à moral e à ordem pública do país, perante cujas autoridades se pretenda fazer valer as respectivas obrigações (Código Bustamante, arts. 175 a 179). Se, porventura, as partes estiverem domiciliadas em Estados diferentes, a capacidade de cada uma obedecerá à sua lei domiciliar.

Como os atos jurídicos decorrem de declaração de vontade, antes de se averiguar a lei competente para reger os efeitos das obrigações deles resultantes imprescindível será delimitar a norma que disciplina as condições intrínsecas de tais atos. Nos atos unilaterais prevalecerá a lei pessoal do declarante, mas nos bilaterais, como os contratos, apresentam-se cinco correntes doutrinárias: *a*) a que salienta a competência da lei pessoal dos contratantes, pela qual as declarações de vontade devem ser examinadas separadamente, cada uma de conformidade com a lei do declarante (Frankenstein, Dreyfus, J. Aubry e Audinet); *b*) a que admite a competência da lei do local da celebração negocial (Pillet e Niboyet); *c*) a que entende ser competente a lei que rege a relação constituída pelo ato jurídico. Se se entender que a lei reguladora da relação jurídica constituída por um ato volitivo é a lei do local de sua celebração ou de sua execução, essa norma deverá determinar se a vontade foi manifestada em condições de produzir efeitos jurídicos (Machado Villela); *d*) a que proclama a competência da lei escolhida intencionalmente pelos contratantes para reger o acordo (*proper law of the contract* ou *applicable law* dos ingleses); *e*) a que proclama a prevalência da *lex fori* nos conflitos de leis que surjam entre o Brasil e os países signatários do Código Bustamante (art. 177) e a da lei do local da constituição da obrigação entre os demais Estados que não o ratificaram.

A *locus regit actum* é uma norma de direito internacional privado, aceita pelos juristas, para indicar a lei aplicável à forma extrínseca do ato. O ato, seja ele testamento, procuração, contrato etc., revestido de forma externa prevista pela lei do lugar e do tempo (*tempus regit actum*) onde foi celebrado, será válido e poderá servir de prova em qualquer outro local em que tiver de produzir efeitos, sendo que os modos de prova serão determinados pela *lex fori*. A lei restringe o domínio de aplicabilidade da *locus regit actum* apenas à forma extrínseca dos atos, ou seja, àquilo que serve para constatar o ato concluído, o que, para Ihering, concerne à visibilidade do ato, ou melhor, aos elementos exteriores que o torna visível ou aparente (p. ex., a escritura pública). Consequentemente, a forma intrínseca, referente ao seu conteúdo, à sua substância, às suas condições de fundo relativas à validade do consentimento, à legitimidade de seu objeto e das suas modalidades acessórias, e à prescrição extintiva (Código Bustamante, arts. 230 e 299), regular-se-á por outras normas.

Há uma presunção *juris tantum* de validade e legalidade de ato praticado no exterior por estar revestido de todas as formalidades legais. Logo, quem contestar deverá provar a irregularidade alegada. Sob pena de tornar impossível a produção de efeitos de ato realizado num Estado em outro, paralisando as relações internacionais, será imprescindível aceitar a *locus regit actum*, reconhecendo a validade, sob o prisma da forma extrínseca, do ato que observou os requisitos formais ou solenidades previstas pela lei do país onde foi ultimado. A eficácia do ato resultará, portanto, da harmonia entre a vontade do agente e a lei do local onde se efetivou tal ato. Para André Weiss, a *locus regit actum* justifica-se por ser *a priori* a declaração da validade de ato que satisfaça as condições formais previstas legalmente. Consequentemente, todo ato constituído quanto à forma extrínseca, nos termos da lei local, será válido em qualquer país. Daí a lição de Amílcar de Castro de que a *locus regit actum* é imperativa no *forum*, no sentido de que o ato, para ter validade, deve ser efetivado no exterior na forma estabelecida pelo *ius loci actus*. Assim sendo, para ter validade extrínseca, o ato não poderá ser realizado no estrangeiro por qualquer forma. Se, porventura, se conferisse, no *forum*, validade ao ato praticado no exterior por qualquer forma, ter-se-ia, por consequência, que, no *forum*, não vigoraria a regra *locus regit actum*; logo, tal regra não seria tida como permissiva, pois isso exigiria que o ato fosse celebrado no estrangeiro por forma diversa da que é mantida pelo *ius loci actus* e da que é estabelecida pelo *ius fori*.

A *lex loci actus* ou o *ius loci contractus* regula, portanto, a obrigação, mesmo se for condicional, quanto à sua forma externa ou extrínseca, que se sujeitará, então, às normas do país em que se constituir, pouco importando o local em que se verificar a condição. Assim sendo, o ato constituído no exterior terá eficácia no Brasil, se for atendida a forma do lugar de sua celebração. Não há como contestar que a forma dos atos e negócios jurídicos regula-se pela lei do lugar em que são praticados. Aplica-se, portanto, a lei do local de constituição do ato negocial, que confere *ius ad rem*, ou seja, direito pessoal que outorga um bem a uma pessoa, sempre, no que for atinente à questão da forma extrínseca.

Não há acolhida da autonomia da vontade como elemento de conexão em matéria alusiva a contratos. Os contratantes apenas poderão exercer sua liberdade contratual na seara das normas supletivas da lei aplicável imperativamente determinada pela *lex loci contractus*. Vigora o princípio da autonomia da vontade em matéria de obrigações contratuais, mesmo na seara internacional, pois poder-se-á considerar como contrato internacional o acordo de vontades em que a conclusão da avença, a capacidade das partes e o objeto contratual estão relacionados com mais de um sistema jurídico. Mas será preciso ressaltar que a autonomia da vontade só poderá prevalecer quando não estiver conflitante com norma imperativa ou de ordem pública, visto que a função da ordem pública é a de um remédio, para que não se aplique norma estrangeira, se tal aplicação puder lesar o país onde houvesse de se realizar. Tal conflito deverá ser solucionado por normas de direito internacional privado e não pelo princípio da autonomia da vontade dos contratantes. Eis a razão pela qual o Projeto de Código de Aplicação das Normas Jurídicas, em seu art. 51, após consagrar expressamente a autonomia da vontade, limitada pelo abuso de direito e pela ordem pública, observa João Grandino Rodas, fixou a lei do lugar em que forem contraídas como elemento de conexão para a substância e efeitos das obrigações voluntárias. Estabelecendo, ainda, no art. 53, que as modalidades da execução da obrigação, inclusive moeda de pagamento, deverão seguir a lei do lugar da respectiva execução. Se o contrato for entre ausentes, o referido Projeto, no art. 51, §§ 4º e 5º, dispõe que, se houver conflito de leis sobre a conceituação do local do contrato, dever-se-á aplicar a lei brasileira se esta o localizar no Brasil; se o conflito for entre normas estrangeiras, subsidiariamente deverão ser aplicadas as leis da residência habitual, do domicílio ou da nacionalidade dos declarantes ou comum dos contratantes, e, na falta, as do lugar da execução; permanecendo a dúvida, prevalecerão as leis mais favoráveis à realização da vontade ou da intenção dos interessados. E, se for impossível a localização do contrato no Brasil ou no exterior, aplicar--se-ão, subsidiariamente, as leis acima indicadas. Não haverá absoluta autonomia da vontade, nem mesmo no sistema *proper law* da Inglaterra, pelo qual, examinando-se o caso concreto, poder-se-á chegar à lei da regência do contrato, que vem a ser a escolhida pelos contraentes para governá-lo ou aquela com a qual o negócio apresenta maior conexão, mesmo que não haja menção expressa da intenção das partes nesse sentido, visto que tal intenção poderá ser inferida dos termos contratuais e da natureza do contrato e das circunstâncias gerais do caso. Esse sistema encontra-se também limitado pela ordem pública; logo nele não vigorará o princípio da autonomia da vontade dos contratantes em sua plenitude na eleição da lei aplicável ao contrato.

A autonomia da vontade no âmbito dos contratos internacionais consiste no exercício da liberdade contratual dentro das limitações fixadas em lei; logo, não há liberdade de escolha pelos contratantes da lei que regerá o contrato. Deveras, o art. 17 da Lei de Introdução às Normas do Direito Brasileiro considera ineficazes quaisquer atos que ofendam a ordem pública interna, a soberania nacional e os bons costumes. O princípio da boa-fé limita a autonomia da vontade nos contratos, inclusive no que atina à aceitação do laudo arbitral.

O princípio da autonomia da vontade, mesmo nos países de *common law*, não é absoluto, por limitar-se não só a imposições de ordem pública, como também às interpretações jurisprudenciais, que criam precedentes para casos similares.

Há contratos que, apesar da eleição da lei que irá regê-los, não se subordinam à lei da autonomia da vontade das partes, por estarem vinculados a determinada lei em razão de ditames de ordem pública. Subordinam-se às leis referentes à ordem social, econômica e política de um Estado, sendo inaplicáveis no foro da constituição do contrato.

O art. 9º da Lei de Introdução é cogente, não podendo as partes alterá-lo. Há autores, como Oscar Tenório, que não excluem a possibilidade de se aplicar a autonomia da vontade, desde que ela seja admitida pela lei do país onde a obrigação se constituir (*lex loci celebrationis*), sem que se contrarie norma imperativa. Mas, na verdade, será inaceitável a autonomia da vontade para indicar a lei aplicável; haverá tal autonomia para escolha do local para regulamentação de seus interesses ou do foro (*choice of forum clause*; AJ, *45*:2 e *73*:88; RTJ, *10*:401, *34*:404 e *35*:155) etc. Logo o art. 9º não excluirá a manifestação da livre vontade dos contratantes se ela for admitida pela lei do local do contrato (*lex loci contractus*). A norma do art. 9º da Lei de Introdução não afastará a autonomia da vontade, que abrange os *naturalia, accidentalia* e os *essentialia negotii*, já que o Código Civil, no art. 42, admite a eleição do domicílio como especificação do local onde exercerão e cumprirão os direitos e deveres dele resultantes, fixando tão somente a sede jurídica onde as obrigações assumidas deverão ser cumpridas e exigidas. A *lex loci contractus* regerá o negócio, atendendo às negociações feitas, fixando o elemento de conexão necessário, excluindo outras leis aplicáveis à avença, respeitando as limitações de ordem pública. Há contratos que, apesar da lei que irá regê--los, não se subordinam à lei da autonomia da vontade das partes, por estarem vinculados a determinada lei em razão de ditames de ordem pública. Subordinam-se às leis referentes à ordem social, econômica e política de um Estado, sendo inaplicáveis no foro da constituição do contrato. Haverá, portanto, a aplicação cumulativa da *lex fori*, em casos de ordem pública. Jacob Dolinger observa que a ordem pública interna limita a autonomia nos contratos internos; a ordem pública internacional restringe os contratos internacionais, as relações internas com vinculação internacional, e, como vem apontando a jurisprudência francesa, há, ainda, uma ordem pública mais verdadeiramente internacional que se antepõe a situações jurídicas universais, por configurar ilícito penal (p. ex., o tráfico de entorpecentes). Urge lembrar que não valerá a forma de ato praticado no exterior, se houver intenção do agente de burlar a lei nacional, praticando negócio em país estrangeiro para fugir às exigências da lei pátria. Havendo fraude à lei, tal ato não poderá subsistir.

    A *locus regit actum* refere-se, portanto, à forma *ad solemnitatem* e *ad probationem* dos atos e negócios jurídicos, e só encontra limites na ordem pública (LINDB, art. 17) e na fraude à lei de seu país[368].

---

368. Jitta, *La substance des obligations dans le droit international privé*, 1906, v. 1, p. 42, e v. 2, p. 505-9; Betti, Autonomia privata e competenza della "lex loci actus", *Rivista di Diritto Internazionale*, 1930; Georgette Nacarato Nazo, A lei aplicável ao contrato internacional e a ordem pública, *Revista de Direito Civil, Imobiliário, Agrário e Empresarial*, 35:145-53, 1986; Loussouarne e Bredin, *Droit du commerce international*, Paris, Sirey, 1969; Annie Toubiana, Le domaine de la loi du contrat en droit international privé, in *Contrats internationaux et dirigisme étatique*, Dalloz, 1972; Espínola e Espínola Filho, *A Lei de Introdução*, cit., v. 2, p. 525-628; Pacchioni, *Diritto internazionale privato*, 1935, p. 321 e 332; Diena, *Il diritto internazionale*, cit., p. 145; Von Bar, *Theorie*, cit., v. 2, p. 116-20; Dreyfus, *L'acte juridique en droit privé international*, 1904, p. 357 e s.; Cheshire, *Private international law*, 1938, p. 305; Oscar Tenório, *Direito internacional privado*, cit., v. 2, p. 39, 40, 43, 179, 181 e 182; Arnoldo Wald, Validade das convenções sobre foro do contrato, in *Estudos e pareceres de direito comercial*, São Paulo, Revista dos Tribunais, 1972, 1ª série; André Weiss, *Manuel*, cit., n. 399; Amílcar de Castro, *Direito internacional privado*, cit., v. 2, p. 207; Marcel Vauthier, *Sens et applications de la règle "locus regit actum"*, Bruxelles, 1926; Buzzati, *L'autorità delle leggi straniere relative alle forme degli atti civile*, Torino, 1894; Léon Duguit, *Des conflits de législation relatifs à la forme des actes civiles*, Paris, 1882; Homberger, *Die obligatorischen Verträge im internationalen Privatrecht*, Bern, 1925; Frankenstein, *Internationales Privatrecht*, cit., v. 1, p. 572-3; Carlo Cereti, *Le obbligazione nel diritto internazionale privato italiano*, Torino, 1925; Raymond Jeanprête, *Les conflits de lois en matière d'obligations contractuelles selon la jurisprudence et*

la doctrine aux États-Unis, Paris, 1936; Audinet, Des conséquences et des limites du principe de l'autonomie de la volonté en matière de donations entre vifs, *Revue de Droit International Privé*, 1909, p. 469, Domaine et limites de l'autonomie de la volonté dans les contrats à titre onereux, in *Mélanges Antoine Pillet*, Paris, 1929, v. 1; Boris Nolde, Conflits des lois en matière contractuele à titre impératif, *Annuaire de L'Institut de Droit International*, 1927, p. 935-42; Ihering, *Droit international privé*, § 210; Suzan Lee Z. de Rovira, Estudo comparativo sobre os contratos internacionais: aspectos doutrinários e práticos. In: *Contratos internacionais*, coord. J. G. Rodas, p. 39, 41-3, 56 e 57; João G. Rodas, Elementos de conexão do direito internacional privado brasileiro relativamente às obrigações contratuais, in *Contratos*, cit., p. 25, 33 e 34; Marcel Caleb, Essai sur le principe de l'autonomie de la volonté, in *Droit international privé*, Paris, Sirey, 1927; Niboyet, La théorie de l'autonomie de la volonté, in *Recueil des Cours de l'Academie de Droit International*, 1927, v. 1, t. 16; M. Helena Diniz, *Tratado teórico e prático dos contratos*, São Paulo, Saraiva, 1993, v. 1, p. 471-2 e 476; Wilson de Souza Campos Batalha, *Tratado*, cit., v. 2, p. 263-6; Adolf F. Schnitzer, La loi applicable aux contrats, *Revue Critique*, 1955, p. 459-84; G. R. De Laume, *L'autonomie de la volonté en droit international privé*, 1950, p. 321-40; Karl H. Neumayer, L'autonomie de la volonté et dispositions impératives en droit international privé des obligations, *Revue Critique*, 1957, p. 579-604, e 1958, p. 53-78; Picard, De la valeur et de l'effect des actes passés en pays étranger, *Journal de Clunet*, 1881, p. 464; Pillet, *Traité*, cit., v. 2, p. 312-3, 319 e s.; Despagnet, *Précis*, cit., p. 926; J. Aubry, *Domaine de la loi d'autonomie en droit international privé*, 1896, p. 473; Pillet e Niboyet, *Manuel*, cit., p. 588-9; Machado Villela, *O direito internacional privado*, cit., p. 297 e s.; Walker, *Internationales Privatrecht*, 1926, p. 353 e s.; Clóvis Beviláqua, *Princípios elementares*, cit., p. 362; Jacob Dolinger, *A evolução da ordem pública no direito internacional privado*, apud Georgette N. Nazo, A temática das obrigações internacionais *ex contractus* — As garantias dos créditos na execução — Problemas de jurisdição, *Revista da Academia Paulista de Direito*, 5:14, 1989; Haroldo Valladão, *Direito internacional privado*, v. 1, p. 366, v. 2, p. 195; Silz, *La notion de forme en droit international privé*, Paris, 1929; Bayitch, La autonomia de las partes en la eleción del derecho aplicable a los contratos, *Boletin Instituto de Derecho Comp.*, México, 7:41-84, 1954; José Inácio Gonzaga Franceschini, A lei e o foro de eleição em tema de contratos internacionais, in *Contratos internacionais*, coord. João Grandino Rodas, São Paulo, Revista dos Tribunais, 1985, p. 101-2; Henri Batiffol, Les conflits des lois en matière des contrats, in *Étude de droit international privé comparé*, Paris, 1938; Agenor P. de Andrade, *Manual*, cit., p. 262-4; Lainé, *Introduction*, cit., v. 1, p. 159 e 254, e v. 2, 1892, p. 217 e s.; Antenor P. Madruga Filho, A CIDIP-V e o direito aplicável aos contratos internacionais, *Revista Direito de Empresa*, 1:75-124. *Vide*, ainda, *RJTJSP*, 7:45 e *RT*, *781*:293.

Instrução Normativa RFB n. 1.277, de 28 de junho de 2012 (alterada pelas Instruções Normativas da SRFB, n. 1.526/2014 e 1.606/2015), que institui a obrigação de prestar informações relativas às transações entre residentes ou domiciliados no Brasil e residentes ou domiciliados no exterior que compreendam serviços, intangíveis e outras operações que produzam variações no patrimônio das pessoas físicas, das pessoas jurídicas ou dos entes despersonalizados.

Instrução Normativa n. 1.312 da SRFB, de 28 de dezembro de 2012 (alterada pelas IN n. 1431/2013 e IN n 1458/2014), dispõe sobre preço de operações de compra e venda de bens, serviços ou direitos efetuadas por pessoa física ou jurídica residente ou domiciliada no Brasil, com pessoa física ou jurídica residente ou domiciliada no exterior, desde que vinculadas a pessoa jurídica domiciliada no Brasil; Portaria n. 385, de 9 de dezembro de 2015, do Ministério do Desenvolvimento, Indústria e Comércio Exterior, altera a Portaria MDIC n. 113, de 17 de maio de 2012, que dispõe sobre a obrigação de prestar informações de natureza econômico-comercial ao Ministério do Desenvolvimento, Indústria e Comércio Exterior relativas às transações entre residentes ou

É preciso lembrar que, com a assinatura e ratificação pelo Brasil da Convenção Interamericana sobre o Direito Aplicável aos Contratos Internacionais elaborada, no México, no âmbito da Quinta Conferência Especializada Interamericana sobre Direito Internacional Privado (CIDIP-V), em 1994, o critério da *lex loci celebrationis* cederá espaço ao direito escolhido pelas partes, proporcionando a aplicação da lei mais estreitamente ligada ao contrato e apropriada à relação jurídica contratual e exaltando o princípio da autonomia da vontade na escolha da lei aplicável. Todavia é preciso não olvidar que, havendo um contrato celebrado entre parte domiciliada no Brasil e outra em um Estado não signatário da Convenção e sem vínculo objetivo com algum país participante da mesma, o juiz brasileiro deverá, em regra, aplicar o art. 9º da Lei de Introdução às Normas do Direito Brasileiro e não a Convenção. Aplicável será tal Convenção, como diz Antenor P. Madruga Filho, apenas "às relações contratuais cuja internacionalidade é determinada pela conexão a dois Estados Partes ou, em outras palavras, pela vinculação a dois Estados onde a Convenção esteja em vigor", a menos que as partes no contrato ou em aditivo contratual ulterior a excluam expressamente (Convenção, arts. 1º, § 3º, e 7º, § 1º). Pela Convenção consagrada está a autonomia da vontade como elemento de conexão entre o direito aplicável e o contrato internacional.

As partes devem eleger o direito vigente de um país, não podendo escolher o da *lex mercatoria* ou o de um organismo privado.

2. Exceções à aplicação da "lex loci celebrationis"

Como vimos, a Lei de Introdução, no art. 9º, não acolhe o princípio da autonomia da vontade como elemento de conexão para reger contratos

---

domiciliados no Brasil e residentes ou domiciliados no exterior que compreendam serviços, intangíveis e outras operações que produzam variações no patrimônio das pessoas físicas, das pessoas jurídicas e dos entes despersonalizados. Resolução do Comitê Executivo de Gestão da CAMEX n. 56/2017, que adotou o Regime Interno da Câmara de Comércio Exterior.

Em 2013, o Brasil ratificou a Convenção das Nações Unidas sobre Contratos de Compra e Venda Internacional de Mercadorias, para reduzir custos nessas aquisições e dar segurança aos envolvidos, pois elimina a incerteza no conhecimento das normas estrangeiras.

Portaria n. 201/2012 do Ministério da Saúde dispõe sobre remoção e doação de órgãos, tecidos e partes do corpo humano vivo para fins de transplantes no território nacional, envolvendo estrangeiros não residentes no país.

O STJ (REsp n. 804.306-SP — publ. 3-9-2008, rel. Nancy Andrighi), com fundamento no art. 88, II — hoje art. 21, II —, do CPC e no art. 9º da LINDB, reconheceu a justiça brasileira como competente para solucionar controvérsia decorrente de contrato em que as partes tinham escolhido o foro do Reino Unido para julgamento de litígios, visto que a obrigação contratual devia ser cumprida no Brasil, pois serviços de distribuição eram aqui realizados, embora os pagamentos fossem feitos no exterior, e, além disso, a indenização pleiteada na ação judicial deveria ser paga no Brasil.

na seara do direito internacional privado, que deverão ser disciplinados pela lei do local em que se constituírem no que tange à forma extrínseca. Mas, no mundo jurídico, apresentam-se algumas exceções à aplicação da *lex loci celebrationis*:

a) A dos contratos trabalhistas assumidos pelas partes, estrangeiras ou não, no território nacional ou no exterior (Lei n. 11.962/2009, que altera o art. 1º da Lei n. 7.064/82), que deverão obedecer à lei do local da execução do serviço ou do trabalho. O contrato de trabalho tornar-se-á um fato interjurisdicional se os contratantes forem domiciliados em vários países ou tiverem nacionalidades diferentes; se a pessoa for contratada numa jurisdição para trabalhar em outra ou se o contrato tiver de ser executado em vários países. Em tais hipóteses reger-se-á pelo local de sua execução, para garantir a uniformidade indispensável à harmonia das relações entre empregado e empregador.

O Instituto de Direito Internacional, na sua Resolução de Zagreb de 1971 sobre os conflitos espaciais de leis trabalhistas, expôs no art. 5º que: "A lei explícita ou implicitamente escolhida pelas partes aplica-se para excluir as leis anteriormente indicadas para regular contratos de trabalho, isto é, a lei do lugar onde o trabalho deva ser executado". Neste, por ser o domicílio do empregado, a lei da execução do serviço prevalecerá, embora possa ser postergada por outra explícita ou implicitamente escolhida, qual seja, a lei pessoal do empregado.

Pela Convenção de Roma de 1980, art. 6º, tratando-se de contrato individual de trabalho, a aplicação da lei escolhida não poderá privar o trabalhador da proteção que lhe for conferida pela lei: *a*) do país onde o trabalhador, ao executar o contrato, habitualmente exerce seu ofício; *b*) do Estado em cujo território se encontra situada a empresa que contratou o empregado que não realiza de modo habitual seu trabalho no mesmo país.

Assim, se um contrato de trabalho for formalizado no exterior, pelo princípio *locus regit actum*, deverá atender à lei de sua constituição ao estabelecer o vínculo empregatício. Após a contratação a prestação de serviços deverá efetuar-se no território nacional. Pelo art. 9º, § 1º, da Lei de Introdução às Normas do Direito Brasileiro aplicar-se-lhe-ão as disposições imperativas da Consolidação das Leis do Trabalho; portanto, tal contrato reger-se-á pela lei brasileira. Mas se do confronto de normas concorrentes — nacional e estrangeira — forem mais favoráveis ao empregado as do local da contratação do que as do da execução, dever-se-á aplicar aquela que beneficiar o trabalhador, devido o caráter protetivo do Direito do Trabalho, observando-se, porém, as limitações de ordem pública. Ter-se-á aqui o princípio do *favor laboriis*, oriundo da Constituição da Organização Internacional do Trabalho (art. 19, VIII). Se os contratos de trabalho forem celebrados pelo cônsul, reger-se-ão pela lei do país onde se executarem. Quanto aos empregados do consulado, sendo uma das partes a pessoa jurídica de direito público externo representada, esta não poderá ser compelida a responder perante a justiça do país receptor ante o princípio da imunidade de jurisdição. Logo os funcionários consulares não se sujeitam à jurisdição da autoridade judiciária ou administrativa do Estado receptor pelos atos realizados no exercício das funções consulares.

Contudo, a Súmula 207 do Tribunal Superior do Trabalho sobre conflitos de leis trabalhistas no espaço, que se resolviam pelo princípio da *lex loci executionis*, foi cancelada. Assim sendo, a relação jurídica trabalhista deve ser regida pelas leis vigentes no país da prestação de serviço, e não por aquelas do local da contratação.

b) A dos contratos de transferência de tecnologia, nos quais haverá competência absoluta do direito pátrio interno, ou seja, da lei brasileira, para regê-los, ante o art. 17 da Lei de Introdução às Normas do Direito Brasileiro e os princípios de direito internacional econômico defendido pelo Brasil, pois o Instituto Nacional de Propriedade Industrial (INPI) assim o exige, por serem as normas que os disciplinam de ordem pública, encerrando e garantindo interesses nacionais que deverão ser atendidos pelo Poder Público. Logo não poderão regular-se pela lei escolhida pelos contratantes nem pela do país onde se constituíram.

c) A dos atos relativos à economia dirigida ou aos regimes de Bolsa e Mercados, que se subordinarão à *lex loci solutionis* (*place of performance*), filiando-se, portanto, à lei do país de sua execução.

As partes poderão, portanto, escolher o lugar a ser firmado o contrato (LINDB, art. 9º), com exceção do contrato de trabalho, que obedecerá à lei do lugar da execução do trabalho, do ato relativo à economia dirigida ou à Bolsa, do contrato de transferência de tecnologia, regulamentado pelo direito interno pátrio, ou seja, pela lei brasileira, e do contrato concluído pelos consumidores, regulado pelo art. 5º da Convenção de Roma de 1980. Por essa Convenção, se o contrato, submetido pelas partes a determinada lei, tiver por escopo o fornecimento de bens móveis corpóreos ou de serviços a uma pessoa para uma finalidade alheia à sua atividade profissional, ou o financiamento desse fornecimento, a escolha da lei aplicável não poderá retirar do consumidor a proteção que lhe é assegurada pela norma do país da sua residência habitual. As normas de aplicação necessária ou *lois de police* poderão constituir um outro limite à aplicabilidade da lei escolhida pelos interessados, desde que tenham com a situação a regular uma estreita conexão (Convenção de Roma de 1980, art. 7º, n. 1; Convenção de Haia de 1978, art. 16). Hipótese em que as normas de aplicação necessária produzirão efeitos. Para tanto o órgão judicante deverá combinar essas disposições imperativas com as da lei normalmente aplicável à relação contratual firmada.

Se, porventura, os contratantes não escolherem a lei aplicável ao contrato ou se houver invalidação da *electio juris*, a lei aplicável será a que se apresentar em *conexão mais estreita* (*"the most significant relationship"*) com o mencionado negócio jurídico. Deveras reza a Convenção de Roma de 1980, no art. 4º, n. 1: *"Loi du pays avec lequel (le contrat) présent les liens les plus étroits"*. Para diminuir a incerteza que reina nesse critério, presume-se que o país ao qual o contrato se liga mais estreitamente é o da *residência habitual*, no momento da conclusão do negócio jurídico (ou o da administração central, se se tratar de pessoa jurídica), da parte contratante que deve efetuar a *prestação característica do contrato* (Convenção de Roma de 1980, art. 4º, n. 2). Mas se a avença for concluída no exercício da atividade profissional dessa parte, aplicar-se-á a lei do país da situação do seu principal estabelecimento, ou a do país da situação do estabelecimento que, nos termos contratuais, deverá efetivar a prestação característica. Se o contrato for unilateral, a determinação da prestação característica será simples, mas, se for bilateral, haverá dificuldades, já que cada contratante terá sua prestação. Como, em regra, a contraprestação consistirá no pagamento de certa quantia, a prestação característica somente poderá ser a da outra parte, que consistirá na entrega de uma coisa móvel, p. ex., na venda ou no fornecimento de mercadorias, ou, numa prestação de serviço, no mandato ou na empreitada. Na fiança, aplicar-se-á, normalmente, a lei da residência habitual do fiador. Nos contratos bancários, a lei do país onde a instituição financeira se situar. Nos contratos que versem sobre bem imóvel, a do país da situação deste. No transporte de mercadorias, a lei do estabelecimento principal do transportador, desde que nesse país esteja situado o local de carga ou descarga ou o estabelecimento principal do expedidor. Se não se puder delinear a prestação característica do contrato, aplicar-se-á o critério da *conexão mais estreita*[369].

---

369. Kurt Kronheim, *Les conflits de lois en matière de contrat de travail*, Paris, 1938, p. 6-10, 63-70, 123-4 e 133-47; César Lanfranchi, *Derecho internacional privado del trabajo*, p. 41 e s., e 55; Amílcar de Castro, *Direito internacional privado*, cit., v. 2, p. 175; Gilda M. C. Meyer Russomano, *Direito internacional privado do trabalho*, 2. ed., Rio de Janeiro, Forense, p. 179 e s.; Attila de Souza Leão Andrade Jr., *O capital estrangeiro no sistema jurídico-brasileiro*, Rio de Janeiro, Forense, 1979, p. 136; Wilson de S. Campos Batalha, *Tratado*, cit., v. 2, p. 263; Esther Engelberg, *Contratos internacionais do comércio*, São Paulo, Atlas, 1992, p. 22-3; Georgette Nacarato Nazo, Contrato internacional do trabalho e transferência de empregado, *LTr*, 56:930-2, 1992; A temática das obrigações internacionais *ex contractus* — As garantias dos créditos na execução — Problemas de jurisdição, *Revista da Academia Paulista de Direito*, 5:13, 1989; Frank E. Nattier, *Brazil technology transfer: laws and practice in Latin America*, American Bar Association, 1978; Marthe

3. Exequibilidade da obrigação no território brasileiro e "lex loci executionis"

Uma obrigação contraída no exterior atenderá pela *locus regit actum* à lei de sua constituição quanto aos requisitos extrínsecos mesmo se após a contratação a sua execução se der no Brasil, caso em que, pelo art. 9º, § 1º, da Lei de Introdução, se deverá observar a forma essencial requerida pela lei brasileira no que esta entender imprescindível para a validade do ato. A *locus regit actum*, devido a seu reconhecimento internacional, prevalecerá, aplicando-se, embora limitadamente, quanto à forma, apenas às obrigações que devam executar-se no Brasil e dependentes de forma essencial da lei brasileira. A obrigação executada no Brasil, dependendo de forma essencial, será observada segundo a lei brasileira, admitindo-se as peculiaridades da lei alienígena quanto à forma extrínseca.

O art. 9º, § 1º, visa contrapor a forma *ad solemnitatem* à *ad probationem*. A forma essencial ou *ad solemnitatem* é o requisito sem o qual a obrigação não chegará a existir, devendo, portanto, ser observada de conformidade com as exigências da lei brasileira. Exemplificativamente, se um imóvel situado no Brasil for vendido no estrangeiro, o contrato deverá ser feito mediante escritura pública, forma essencial reclamada pelo direito brasileiro onde será executado, mas os demais requisitos extrínsecos deverão seguir as peculiaridades do Estado onde a escritura for lavrada. Reconhecidos serão, portanto, os direitos adquiridos que seguirem a lei do local onde foi praticado o ato relativamente à sua forma extrínseca. É preciso lembrar que, se a obrigação for executar-se no território nacional, aplicar-se-áa *lex loci solutionis* quanto aos requisitos intrínsecos, isto porque a sede da relação jurídica obrigacional é o local de sua execução (*Erfullungsort*).A lei do local da constituição da obrigação convencional disciplinará sua validade e a produção de seus efeitos, ficando a *lex loci executionis* com a competência para disciplinar os atos e as medidas necessárias para a obten-

---

Simon-Dépitre, Droit du travail et conflit des lois, *Revue Critique*, 1958, p. 285-320; Nicolas Valticos, Conventions internationales du travail et droit interne, *Revue Critique*, 1955, p. 251-88; Osiris Rocha, *Curso*, cit., p. 158-63. Se ocorrer acidente de trabalho o critério a ser seguido para a indenização devida é o da lei do contrato; logo a *lex loci delicti* será inaplicável, uma vez que o acidente trabalhista não tem natureza delituosa. Exceção ao princípio da aplicação da lei do lugar da execução do trabalho constitui o disposto nos protocolos adicionais ao Tratado de Itaipu, firmado entre Brasil e Paraguai, de que prevalecerá o estatuto pessoal do trabalhador, no lugar da contratação. *Consulte*: A. Ferrer Correia, A Convenção de Berna e os contratos internacionais, *Revista Brasileira de Direito Comparado*, 9:11-6, 1990; M. Helena Diniz, *Tratado*, cit., v. 1, p. 477-8.

Vide: O Decreto n. 6.891, de 2 de julho de 2009, que promulga o Acordo de Cooperação e Assistência Jurisdicional em Matéria Civil, Comercial, Trabalhista e Administrativa entre os Estados-Partes do Mercosul, a República da Bolívia e a República do Chile.

ção da prestação devida ou exoneração do devedor, tais como: a tradição da coisa, a forma de pagamento ou de quitação, a consignação em pagamento, a constituição em mora, os meios de purgação da mora, a indenização em caso de inadimplemento obrigacional etc.

O art. 9º, § 1º, de um lado, impõe a aplicação da *locus regit actum* ao admitir as peculiaridades da lei do local da constituição da obrigação e, de outro, determina o respeito à lei brasileira relativamente à forma essencial consagrada pela nossa legislação, se tiver a referida obrigação de ser executada em nosso Estado, sem que com isso venha a desprestigiar a *locus regit actum*. Será preciso certa cautela para conciliar a exigência da forma essencial brasileira com as peculiaridades da lei local quanto aos requisitos extrínsecos do ato praticado no exterior. Assim, p. ex., se um contrato de compra e venda de um prédio for lavrado por um notário nos Estados Unidos, que não é oficial público, mas pessoa particular investida do poder de autenticar documentos, esse ato será válido e idôneo a produzir efeitos no Brasil, que exigirá apenas para ser executado a escritura pública.

É mister não olvidar que aos contratos não exequíveis no Brasil, mas aqui acionáveis, não se aplicará o art. 9º, § 1º, devendo-se seguir o *locus regit actum*[370].

4. Obrigação contratual "inter absentes" e residência do proponente

De acordo com o disposto do art. 435 do Código Civil, o negócio jurídico contratual reputar-se-á celebrado no lugar em que foi proposto. Esse local é aquele em que a proposta é expedida ou conhecida. Mais exato seria afirmar: "no local onde a proposta foi expedida". A esse res-

---

370. Buzzati, *L'autorità*, cit.; Ráo, *O direito*, cit., v. 1, p. 528; Serpa Lopes, *Comentários à Lei de Introdução*, cit., v. 2, p. 229; Agenor P. Andrade, *Manual*, cit., p. 266; Amílcar de Castro, *Direito internacional privado*, cit., v. 2, p. 140-1; Espínola e Espínola Filho, *A Lei de Introdução*, cit., v. 2, p. 590-3; Wilson de S. Campos Batalha, *Tratado*, cit., v. 2, p. 326; Oscar Tenório, *Direito internacional privado*, cit., v. 2, p. 44; Savigny, *System*, cit., v. 8, p. 209; Amarante e Marchi Mendonça, Contrato de trabalho de estrangeiro: duração do vínculo e restrições à liberdade de contratar, *Revista do IASP*, *23*:138 a 158. Arminjon (*Précis*, cit., v. 2, p. 163) assevera: "*La règle (locus regit actum) s'applique sans contestation aux formalités extrinsèques ou instrumentaires ordinaires qu'on pourrait appeler probatoires, c'est-à-dire aux formes qui sans avoir rien de sacramentel, servent à extérioriser la volonté des parties et à conserver la preuve*". Resolução Normativa n. 99, de 12 de dezembro de 2012, do Conselho Nacional de Imigração, disciplina a concessão de autorização de trabalho para obtenção de visto temporário a estrangeiro com vínculo empregatício no Brasil. *Vide* CLT, art. 651, e sobre pagamento em moeda estrangeira, Decs.-Leis n. 857/69 e 24.038/34.

peito afirma Clóvis Beviláqua que, "apesar de se ter adotado sob o ponto de vista do tempo a teoria da expedição da resposta, o Código Civil, a respeito do lugar, preferiu o da expedição da proposta, porque esta é que sugere a formação do contrato"[371]. A determinação do lugar onde se tem por concluído o contrato é de enorme importância no direito internacional privado, porque dele dependerá não só a apuração do foro competente, mas também a determinação da lei a ser aplicada à relação contratual. Deveras, a Lei de Introdução às Normas do Direito Brasileiro (art. 9º, § 2º) prescreve que a "obrigação resultante do contrato reputa-se constituída no lugar em que residir o proponente". Logo, se o ofertante residir no Brasil e o oblato na Dinamarca, o negócio reger-se-á pela lei brasileira. Se o proponente residir em Portugal e o solicitado no Brasil, sendo o contrato proposto naquele país, por meio de carta, ficará ele sob a égide da lei portuguesa, que disciplinará seus efeitos[372]. Como se pode ver, a lei da residência do proponente regerá os contratos entre ausentes, sendo os contratantes residentes em países diversos.

Há uma aparente contradição entre o art. 9º, § 2º, da Lei de Introdução e o art. 435 do Código Civil. Enquanto o art. 435, que é de direito interno, atendo-se ao problema de as partes terem residência no Brasil, reputa celebrado o contrato no lugar em que foi proposto, o art. 9º, § 2º, alude ao local em que residir o proponente, sendo aplicável quando os contratantes estiverem em Estados diferentes. Ora, o verbo "residir" significa "estabelecer morada" ou "achar-se em", "estar", e é nesta última acepção que está sendo empregado no art. 9º, § 2º; logo, o lugar em que residir o proponente significa onde estiver o proponente. Os arts. 435 do Código Civil, e 9º, § 2º, da Lei de Introdução visam o local onde foi feita a proposta; logo um está a confirmar o outro[373].

O art. 9º, § 2º, alude à obrigação convencional contratada entre ausentes, que se regerá pela lei do país onde residir o proponente, pouco impor-

---

371. Clóvis Beviláqua, *Código Civil*, cit., v. 4, p. 256. No mesmo sentido, J. M. Carvalho Santos, *Código Civil*, cit., v. 15, p. 126.

372. Cohen, *Des contrats par correspondance*, 1921, p. 14 e 69; Jules Valèry, *Des contrats par correspondance*, Paris, Ed. Thorin et Fils, 1895, p. 371; Pillet, *Traité*, cit., v. 7, p. 181; M. Helena Diniz, *Curso*, cit, v. 3, p. 50-1; Orlando Gomes, *Contratos*, Rio de Janeiro, Forense, 1979, p. 79.

373. Amílcar de Castro, *Direito internacional privado*, cit., v. 2, p. 140; Oscar Tenório, *Direito internacional privado*, cit., v. 2, p. 181-2. *Vide* Regulamento n. 593/2008 do Parlamento Europeu e do Conselho de 17-6-2008 sobre a lei aplicável a contratos (Roma I), que dispõem que, na falta de escolha da lei pelas partes, se o contrato apresentar conexão mais estreita com um país, a lei deste deverá ser a aplicada (art. 5º.3). No mesmo sentido é o Regulamento Roma II, quanto à lei aplicável às obrigações extracontratuais.

tando o momento e o local da celebração contratual. A lei a aplicar será a do lugar da residência do proponente, ou melhor, a do local onde foi feita a proposta, não adotando, portanto, a norma de direito internacional privado a *lex domicilii* do proponente. Afastou ela o critério domiciliar por entender que o elemento de conexão "residência" seria mais adequado à mobilidade negocial, uma vez que os negócios efetivam-se, não raro, fora do domicílio dos contratantes. A residência indicaria tão somente a lei do lugar da proposta. Os contratos *inter presentes* dependerão, por sua vez, como vimos, na seara internacional, da lei do lugar onde forem contraídos, não se considerando a nacionalidade, o domicílio ou a residência dos contratantes. Nos contratos por correspondência, em regra, as partes indicam o local da celebração do contrato, declarando qual das partes é o proponente, pois reputar-se-ão constituídos no lugar onde este residir, e a lei desse local será a competente para qualificar e reger as obrigações contratuais avençadas. Há, portanto, uma presunção *juris et de jure* de considerar os negócios *inter absentes* constituídos no lugar em que o proponente tiver sua residência, ainda que acidental, pouco importando a *lex loci actum* e a lei domiciliar ou nacional do proponente ou do aceitante[374].

5. Dados jurisprudenciais

A) *Contrato de trabalho em repartições diplomáticas*

RF, *156*:470 — As Missões diplomáticas e suas repartições constituem parte do território do país que representam, sujeitas, nas relações jurídicas com terceiros, à jurisdição deste e não à do em que atuam. Seus empregados, pois, não podem contra elas reclamar. Justiça do Trabalho (TRT da 1ª Região).

B) *Competência da lei do pavilhão no contrato de trabalho marítimo*

RTJ, *35*:464 — Não se aplica o costume que favorece a lei do pavilhão se a obrigação foi constituída no Brasil, estando sujeita à lei nacional.

LTr, *296*:377 — O critério da *lex loci* estabelecido no art. 9º da Lei de Introdução ao Código Civil Brasileiro (atual LINDB) não pode ser aplicado

---

374. Agenor P. Andrade, *Manual*, cit., p. 269. Os contratos internacionais preveem o juízo arbitral para a solução dos conflitos (*RT*, *142*:774; *RF*, *95*:56). Marcelo Figueiredo Santos, *O comércio exterior*, cit. Consulte: *RT*, *182*:810 e *781*:293.

Vide: IN do SRFB n. 1.312/2012, alterada pelo IN n. 1.568/2015, sobre preço em operações de compra e venda de bens, serviços ou direitos efetuados por pessoa física ou jurídica residente ou domiciliada no Brasil com pessoa física ou jurídica residente ou domiciliada no exterior, consideradas vinculadas.

para dirimir o dissídio oriundo de contrato de trabalho de marítimo engajado em navio estrangeiro, uma vez que o princípio prevalente é o da Lei do Pavilhão, *ex vi* do disposto nos arts. 279 e 281 do Código Bustamante, subscrito pelo Brasil e ratificado pelo Decreto Legislativo n. 5.647, de 7 de janeiro de 1929. Incompetência da autoridade judiciária trabalhista brasileira, em face do disposto no art. 12 da Lei n. 4.657, de 4 de setembro de 1942, combinado com o art. 651 da CLT (TRT da 8ª Região).

C) Prestação de serviço estrangeiro no Brasil

RE 289/290, 1961 — Contrato de trabalho com obrigações cumpridas em grande parte no país. Arts. 9º e 12 do Decreto-lei n. 4.657 e 651 da CLT.

RF, 138:269 — As relações jurídicas oriundas de contrato de trabalho ajustado no estrangeiro, desde que o empregado execute o trabalho em território brasileiro, regem-se pelas leis do Brasil. Para o julgamento de seus efeitos, competente é a Justiça do Trabalho (TST).

D) Transferência de empregado para o Brasil

LTr, maio/ago. 1965, p. 371 — A jurisprudência já se fixou no sentido de que o empregado que trabalhava no exterior e foi transferido para o Brasil tem contado todo o seu tempo de serviço, para fins de direito e em conformidade com a legislação pátria. É rigorosamente proibida a fixação dos salários em moeda estrangeira (RO 5.003/64, Ac. 1.479/65, ac. do TRT da 2ª Região, de 6-4-1965).

RT, 316:562 — Em se tratando de contrato de trabalho com cláusula implícita de transferência, esta jamais poderá efetivar-se para o estrangeiro (STF).

E) Rescisão de contrato no exterior

LTr, set./dez. 1965, p. 492 — Estando o contrato de trabalho subordinado à nossa legislação, é nula rescisão dele operada no estrangeiro, em desacordo com o imperativo do art. 500 da CLT. Sendo nulo o ato, nenhum efeito pode ele produzir, não se havendo de falar em complementação da indenização, uma vez que as partes foram restituídas ao estado primitivo. Em tais casos, cabe ao empregado o direito de pleitear, pela nulidade do ato, sua reintegração na empresa, devolvendo o que internacionalmente recebeu. Se não o fez, e não provada nos autos a incompatibilidade entre as partes, nada se lhe pode deferir. Declarado o reclamante carecedor de ação, é de se lhe ressalvar, contudo, seu direito de formalizar o pedido em outro feito (Ac. unân. do TRT da 2ª Região, no RO n. 3.360/63).

F) Competência para julgar ações trabalhistas contra empresa estrangeira em liquidação

RF, 156:468 — Compete à Justiça do Trabalho julgar as ações de empregados das empresas estrangeiras mandadas liquidar pelo governo federal (TRT da 1ª Região).

Art. 10. A sucessão por morte ou por ausência obedece à lei do país em que era domiciliado o defunto ou o desaparecido, qualquer que seja a natureza e a situação dos bens.

- *Código Civil, arts. 6º e 7º, 26 a 39, 1.784 a 1.990.*

§ 1º A sucessão de bens de estrangeiros, situados no País, será regulada pela lei brasileira em benefício do cônjuge ou dos filhos brasileiros, ou de quem os represente, sempre que não lhes seja mais favorável a lei pessoal do *de cujus*.

- *Parágrafo com redação dada pela Lei n. 9.047, de 18 de maio de 1995.*
- *Constituição Federal, art. 5º, XXXI.*
- *Vide arts. 17 e 18 do Decreto-lei n. 3.200, de 19 de abril de 1941, ora revogado pela Lei n. 2.514/55.*
- *Código Civil, arts. 1.829, I e II, 1.830 a 1.832, 1.837, 1.838, 1.851 a 1.856.*

§ 2º A lei do domicílio do herdeiro ou legatário regula a capacidade para suceder.

- *Vide arts. 1.787, 1.798 a 1.803 do Código Civil.*
- *Código de Processo Civil de 2015, arts. 23, II, 48 e parágrafo único, 610 e § 1º.*
- *Constituição Federal, art. 5º, XXX e XXXI.*

1. Teoria da unidade sucessória

Há três sistemas para solucionar conflito de leis, no caso de a sucessão do *de cujus* submeter-se a várias leis. São eles:

a) Sistema da unidade sucessória, pelo qual só uma lei deve reger a transmissão *causa mortis*, determinando os herdeiros, a ordem de vocação hereditária, a quantia da legítima, a forma de concorrência, a maneira de colacionar entre coerdeiros e a validade formal intrínseca do testamento. Tal lei pode ser a da nacionalidade ou a do domicílio do falecido.

b) Sistema da pluralidade sucessória, em que a cada bem singularmente considerado se deve aplicar a *lex rei sitae*, ou seja, a de sua situação; logo a transmissão *causa mortis* operará conforme essa lei. Se os bens estiverem localizados em vários países, ter-se-á tantos juízos sucessórios quantos forem os Estados em que houver bens do *auctor successionis*.

c) Sistema misto, pelo qual os imóveis do *de cujus* reger-se-ão pela *lex rei sitae* e os demais bens pela lei do domicílio ou da nacionalidade do autor da herança, atendendo a que *mobilia sequuntur personam, inmobilia vero territorium*.

O art. 10, *caput*, da Lei de Introdução não só abrange a sucessão *causa mortis*, seja ela legítima, imposta por lei, por não haver testamento, seja ela testamentária, se existir disposição de última vontade, como também alcança a sucessão por ausência.

Nesse dispositivo a Lei de Introdução às Normas do Direito Brasileiro veio a adotar a *teoria da unidade sucessória* (*RTJ*, *84*:495), seguindo a esteira de Savigny[375], pois, enquanto não se efetivar a partilha, os bens do falecido ou do ausente constituirão uma *universitas*, um todo, sendo uma projeção econômica da personalidade do autor da herança.

Como princípio da universalidade sucessória, em direito privado, que se prende à estrutura romana da unidade do patrimônio, deve corresponder ao da unidade em direito internacional privado, a sucessão *causa mortis*, ante o *universum ius defuncti*, deverá ser regida por um só direito: *o do domicílio*. O mesmo se diga em relação à morte presumida. A unidade da sucessão traz consequências práticas muito vantajosas, por simplificar as questões dela oriundas, conferindo direitos iguais aos sucessores, harmonizando suas relações recíprocas e as dos credores da herança.

A sucessão abre-se e liquida-se no último domicílio do *auctor successionis*, por ser sua sede jurídica, onde se operou a extinção da personalidade, a que se referiam os direitos e deveres, que a *morte real ou presumida* veio a transferir. A sucessão exige sua apreciação pelo direito local do último domicílio do *de cujus* vigente ao tempo de sua morte (CC, arts. 70, 71, 72 e 1.785, e CPC/2015, art. 48). O direito do meio econômico-social, onde o finado ou ausente realmente vivia e respondia juridicamente (CC, arts. 70, 71 e 72), é que deverá ser observado por ocasião da transferência do acervo

---

375. Savigny, *System*, cit., v. 8, §§ 375 e s.; Clóvis Beviláqua, *Código Civil*, cit., v. 1, p. 136-40; Zannoni, *Manual de derecho de las sucesiones*, Buenos Aires, Astrea, 1990, p. 35-6. O STJ vem sendo favorável à pluralidade sucessória: REsp 37.356, rel. Min. Barros Monteiro, *DJ*, 10-11-1997; REsp 397.769/SP, rel. Min. Nancy Andrighi, j. 26-11-2002, *DJ*, 19-12-2002; REsp 1.362.400/SP, j. 28-4-2015, rel. Min. Marco Aurélio Bellizze.

hereditário a quem de direito, pouco importando os laços políticos que o prendiam ao Estado onde não vivia, embora nele tivesse nascido. Logo, na sucessão não se levará em conta a nacionalidade do autor da herança ou a de seu sucessor, nem o local da situação dos seus bens móveis ou imóveis[376].

2. Lei do domicílio do "de cujus" na sucessão "causa mortis"

O princípio geral que rege a sucessão *causa mortis*, legítima ou testamentária, na sua universalidade, nos conflitos interespaciais de leis, é a lei do domicílio do *de cujus*, pouco importando a natureza ou a situação dos bens.

O domicílio é importante fator na seara do direito internacional privado para indicar a jurisdição competente.

A abertura da sucessão no último domicílio do *auctor successionis* determinará a competência do foro para os processos atinentes à herança e para as ações dos herdeiros e legatários e dos credores relacionadas com os bens do espólio.

Cumpre destacar a procedente afirmação de Clóvis Beviláqua de que a competência do juiz do último domicílio é absoluta, não só porque o *de cujus* estava sob sua jurisdição no momento em que a herança se transmitiu aos herdeiros, em virtude de sua morte, mas também porque é o que está

---

376. É a lição de: Mancini, *Rapport a l'Institut de Droit International*, cit.; Amílcar de Castro, *Direito internacional privado*, cit., v. 2, p. 142-56; Niboyet, *Traité*, cit., v. 4, p. 736 e 737; Oscar Tenório, *Direito internacional privado*, cit., v. 2, p. 194-217; Sucessão — Universalidade — domicílio do defunto, *RF*, 256:171; Pillet, *Principes de droit international privé*, 1903, §§ 174 a 178; M. Helena Diniz, Sucessão por morte ou por ausência — Questão da aplicabilidade do art. 10 da Lei de Introdução ao Código Civil, *Ciência Jurídica*, 47:11-23. Consulte: *Revista Síntese – Direito de Família*, n. 102 (2017) os artigos de: Gustavo B. de A. Pedras, Sucessão de bens de estrangeiros no Brasil, p. 9 a 11; Leandro Luzone, Inventário de bens de estrangeiros no Brasil, p. 12 a 13; Hugo P. A. Gurgel, Direito internacional privado: sucessão internacional, p. 14 a 33; Kauara O. L. Bertoluci, O direito sucessório e sua conexão internacional, p. 34 a 41. *Vide* arts. 2.041 e 2.042 do atual Código Civil.

Pelo CPC/2015, art. 23, II, compete à autoridade judiciária brasileira, com exclusão de qualquer outra, em matéria de sucessão hereditária, proceder à confirmação de testamento particular e ao inventário e à partilha de bens situados no Brasil, ainda que o autor da herança seja de nacionalidade estrangeira ou tenha domicílio fora do território nacional.

Pelo art. 48, parágrafo único, do NCPC "se o autor da herança não possuía domicílio certo, é competente: I — o foro de situação dos bens imóveis; II — havendo bens imóveis em foros diferentes, qualquer destes; III — não havendo bens imóveis, o foro do local de qualquer dos bens do espólio".

Há precedente judicial adotando a pluralidade sucessória (STJ, REsp 397.769/SP, rel. Min. Nancy Andrighi, j. 25-11-2002; REsp 37356, rel. Min. Barros Monteiro; REsp 1362.400/SP – rel. Min. Marco A. Bellizze, j. 28-4-2015.

mais bem aparelhado para resolver todas as questões relativas à sucessão, e, ainda, pela conveniência da unidade da liquidação da herança.

Se, porventura, o finado tivesse várias residências (CC, art. 71), ainda assim seria competente o foro onde o inventário foi requerido primeiro (*RT*, 79:347 e *117*:497)[377].

O domicílio do autor da herança indicará a lei aplicável à sua sucessão. A *lex domicilii* vigente no momento da morte do *de cujus* determinará:

a) a instituição e a substituição da pessoa sucessível;

b) a ordem de vocação hereditária, se se tratar de sucessão legítima;

c) a medida dos direitos sucessórios dos herdeiros ou legatários, sejam eles nacionais ou estrangeiros;

d) os limites da liberdade de testar;

e) a existência e proporção da legítima do herdeiro necessário;

f) a causa da deserdação;

g) a colação;

h) a redução das disposições testamentárias;

i) a partilha dos bens do acervo hereditário;

j) o pagamento das dívidas do espólio[378].

É o que também ordena o Código Bustamante, como se pode ver:

a) no seu art. 144, que dispõe: "As sucessões legítimas e testamentárias, inclusive a ordem de sucessão, a quota dos direitos sucessórios e a validade intrínseca das disposições, reger-se-ão, salvo as exceções adiante

---

377. M. Helena Diniz, *Curso*, cit., v. 6, p. 27-9; Clóvis Beviláqua, *Código Civil*, cit., v. 6, p. 21; Itabaiana de Oliveira, *Tratado de direito das sucessões*, São Paulo, Max Limonad, 1952, v. 3.

378. É o que ensinam: Julien Demey, *De la liquidation et du partage des successions en droit international*, Paris, 1926; José Alberto dos Reis, *Das sucessões no direito internacional privado*, Coimbra, 1899; Stolfi, *Il diritto delle successioni*, v. 6, p. 562; Calogero Gangi, *La successione testamentaria nel vigente diritto italiano*, v. 1, p. 152; Migliazza, La divisione ereditaria nel diritto internazionale privato, in *Comunicazioni e studi*, 1952, p. 159-229; Charron, Lewald, Hinkle, Monsarrat, Maw, Tanger e Patey, *Succession de l'étranger dans quatre pays différents*, Paris, 1934; Luiz Viana Filho, *A lei reguladora da sucessão "ab intestato" no direito internacional privado*, Bahia, 1930; Contuzzi, *Il diritto ereditario internazionale*, Milano, 1908; Louis Bridel, *Succession legale comparée*, 1909; Lewald, Questions de droit international des successions, in *Recueil des Cours*, t. 9, p. 64 e s. Consulte Código Bustamante, arts. 146 a 163.

estabelecidas, pela lei pessoal do *de cujus*, qualquer que seja a natureza dos bens e o lugar em que se encontram";

b) no seu art. 154, que prescreve: "A instituição e a substituição de herdeiros ajustar-se-ão à lei pessoal do testador"; e

c) no seu art. 163, que reza: "Subordina-se a essa mesma lei o pagamento das dívidas hereditárias...".

Ante a coexistência de várias ordens legislativas de direito internacional privado, podem surgir *conflitos duplos positivos*, pois um mesmo fato existente nos ordenamentos jurídicos de dois ou mais Estados poderá ser qualificado de diversos modos pelas leis daqueles países, pelo fato de cada qual ter optado por um elemento de conexão diferente. Por exemplo, a sucessão de espanhol domiciliado no Brasil reger-se-á, segundo o direito internacional privado brasileiro, pela norma substancial brasileira: *lex domicilii* (LINDB, art. 10), e, pelo direito internacional privado espanhol, pela norma espanhola: lei nacional do *de cujus*. Realmente, o Código Civil da Espanha reza no art. 9.8 que: "*La sucesión por causa de muerte se regirá por la Ley nacional del causante en el momento de su fallecimiento, cualesquiera que sean la naturaleza de los bienes y el país donde se encuentren. Sin embargo, las disposiciones hechas en testamento y los pactos sucesorios ordenados conforme a Ley nacional del testador o del disponente en el momento de su otorgamiento conservarán su validez, aunque sea otra la ley que rija la sucesión, si biens las legítimas se ajustarán en su caso, a esta última...*".

Essas normas antinômicas pretendem qualificar a mesma relação jurídica mediante a aplicação de seu próprio direito substancial, vinculado àquela situação por elementos de conexão diversos. Por isso, com o escopo de resolver tal conflito, o magistrado deverá aplicar a norma de direito internacional privado de seu país e não a do Estado estrangeiro. Quando se ordena ao juiz a qualificação de uma relação sucessória conforme o direito interno, *lex domicilii* do falecido, ele se curva ao mandamento de sua lei colisional (LINDB, art. 10). Logo não haverá, na seara do direito internacional privado, qualquer antinomia normativa, pois esta será aparente, tendo-se em vista que aquele próprio direito estabelece o princípio e a norma segundo os quais, no conflito de lei brasileira e alienígena, se determina qual delas será aplicável ao caso *sub judice*[379].

---

379. *Vide*: Graulich, *Les conflits de lois en droit international privé*, 1956, p. 209 e s.; J. R. Franco da Fonseca, Conflitos duplos positivos, in *Enciclopédia Saraiva do Direito*, v. 18, p. 134-47; Goldschmidt, *Derecho internacional privado*, Buenos Aires, Depalma, 1977; Haroldo Valladão, *Estudos de direito internacional privado*, Rio de Janeiro, 1947; Pierre Arminjon, *Précis*, cit., v. 1,

Portanto, se falecer, no Brasil, um estrangeiro aqui domiciliado, tendo herdeiro ou legatário estrangeiro, por ser o domicílio a sua sede jurídica e a de seu patrimônio, o juízo competente será o brasileiro e a sucessão obedecerá à lei brasileira[380]. Logo o órgão judicante deverá resolver a liquidação da herança, executando seu testamento, segundo sua própria norma de conflito (LINDB, art. 10), proferindo sentença em harmonia com a lei brasileira, que é a pessoal do *de cujus*, que era aqui domiciliado ao tempo da abertura da sucessão (*RT*, *186*:845, *405*:169 e *424*:239; *AJ*, *68*:289).

Não pode, por isso, a justiça brasileira atender à lei espanhola (lei nacional do autor da herança), porque a Lei de Introdução às Normas do Direito Brasileiro (art. 10), o Código Civil (art. 1.785) e o Código de Processo Civil/2015 (art. 48) expressamente lhe ordenam o contrário, sob pena de se quebrar o princípio da unidade da sucessão — princípio esse que obriga a manter para o processo a unidade do juízo sucessório — e de se criar nova fonte de conflitos de legislações, quando o art. 10 da Lei de Introdução tem por escopo resolvê-los[381].

O fato de ser aberto no Brasil o inventário, em aplicação à *lex domicilii*, implicará a incidência das leis civis e processuais brasileiras vigentes à data do óbito do autor da herança. E ante a cortesia internacional e o princípio de ordem pública da prevalência da lei pessoal do *de cujus* no que atina à sucessão, o inventário, aqui aberto e encerrado, produzirá efeitos no exterior[382].

---

2 e 3; Verplaetse, *Derecho internacional privado*, Madrid, 1954; Henri Batiffol, *Aspects philosophiques du droit international privé*, Paris, Dalloz, 1956; Raymond Vander Elst, Antinomies en droit international privé, in *Les antinomies en droit*, coord. Perelman, Bruxelles, Émile Bruylant, 1965, p. 138-76; Fiore, *Diritto internazionale privato o principii per risolvere i conflitti tra le leggi civili, commerciali, giudiziarie, penale di Stato diversi*, 1901, v. 1, 2 e 3; M. Helena Diniz, *Conflito*, cit., p. 47 e 48.

380. Espínola e Espínola Filho, *A Lei de Introdução*, cit., v. 3, p. 136.

381. É o que ensinam: Amílcar de Castro, *Direito internacional privado*, cit., v. 2, p. 142 e s., e Pillet e Niboyet, *Manuel*, cit., p. 618 e s.; André Tiran, *Les successions testamentaires en droit international privé*, Paris, 1932; Charles Antoine, *De la succession légitime et testamentaire en droit international privé ou du conflit des lois de différents nations en matière de succession*, Paris, 1876; Pillet, *De l'ordre public en droit international privé*, 1890, p. 26.

382. Sobre o assunto: Oscar Tenório, *Direito internacional privado*, cit., v. 2, p. 217; Thébault, Successions ("ab intest" et testamentaire), in *Répertoire de droit international*, Paris, 1931, t. 10, n. 199, p. 533 e 534; Ottolenghi, *Sulla funzione e sull'efficacia delle norme interne di diritto internazionale privato*, 1913; De Lapradelle, De la délimitation du droit international public et du droit international privé, *Nouvelle Revue*, 1934, p. 9 e s. e 16-9.

3. Comoriência

Embora o problema da comoriência (CC, art. 8º), que pode ocorrer em qualquer das espécies de morte (Enunciado 645 da IX Jornada de Direito Civil), tenha começado a ser regulado a propósito da hipótese de morte conjunta no mesmo acontecimento, ele coloca-se com igual relevância, em matéria de efeitos dependentes de sobrevivência, no caso de pessoas falecidas em lugares e acontecimentos distintos, mas em datas e horas simultâneas ou próximas e incertas. Se, p. ex., "A", idoso, cardíaco, por não saber nadar, falece num naufrágio junto com seu filho "B", de trinta anos, saudável e bom nadador. Não há presunção *juris de iure* da premorte de "A", mas os interessados poderão demonstrar isso, por qualquer meio probatório, e o órgão judicante considerar essa prova. No Brasil, Alemanha, Espanha e Itália, presume-se que faleceram ao mesmo tempo, não se podendo averiguar quem morreu primeiro. Ter-se-á, portanto, presunção *juris tantum*, que admite prova em contrário, ou seja, a da premoriência. O *onus probandi* é do interessado que pretender demonstrar que o óbito não foi simultâneo, o que traz como consequência a mudança na ordem de vocação hereditária.

Pela Lei de Introdução (art. 10) declarar-se-á o fim da personalidade jurídica, proclamando-se seus efeitos de conformidade com o direito em vigor no país em que o *de cujus* estava domiciliado, e, como não tratou da comoriência ou morte simultânea, dever-se-á, se ela ocorrer, observar a lei do domicílio de cada um dos finados relativamente à sua sucessão, ante o disposto no art. 29 do Código Bustamante de que "as presunções de sobrevivência ou de morte simultânea, na falta de prova, serão reguladas pela lei pessoal de cada um dos falecidos em relação à sua respectiva sucessão".

Assim sendo, se os comorientes tinham domicílio diverso, a lei pessoal de cada um regerá a sucessão, o que poderá gerar conflitos.

4. Morte presumida e sucessão

Ter-se-á a ausência quando alguém desaparece de seu domicílio sem dar notícias de seu paradeiro, sem deixar representante ou procurador ou se, havendo mandatário, este não quiser ou não puder exercer o mandato, ou se seus poderes forem insuficientes (CC, arts. 6º, 22 e 23). Sendo declarado como ausente pelo magistrado, institui-se sua curatela (CC, arts. 22, *in fine*, a 25).

Considerar-se-á a presunção de morte, atendendo-se ao interesse do ausente que tem necessidade de assistência e proteção ao seu patrimônio;

ao interesse de terceiros, que poderão ter direito sobre os bens do desaparecido; ao interesse social, que reclama a administração dos bens do ausente, por não ser admissível que fiquem sem possuidor ou proprietário. Antes que se tenha a declaração de morte presumida, ter-se-á a presunção preliminar de ausência, para que se tomem as devidas providências sobre a conservação do patrimônio do desaparecido, evitando assim sua ruína. Para tanto, qualquer interessado na sua sucessão ou o Ministério Público poderá requerer ao juiz a declaração de sua ausência e nomeação do curador. Após isso, sem que, dentro de um ano da arrecadação dos bens, ou se deixou representante, em se passando três anos, haja sinal de vida do ausente, poderá ser requerida a declaração de ausência e a sucessão provisória (CPC/2015, art. 745, § 1º), fazendo-se a partilha dos bens, visto que seus herdeiros deverão administrá-los, prestando caução real, garantindo a restituição caso o ausente apareça (CC, arts. 26 a 36). Dez anos após o trânsito em julgado da sentença de abertura da sucessão provisória sem que o ausente retorne, ou cinco anos depois das últimas notícias do ausente, que conta com oitenta anos de idade, será declarada a morte presumida do desaparecido a requerimento de qualquer interessado, convertendo-se a sucessão provisória em definitiva (CPC/2015, art. 745, § 3º), com levantamento daquelas cauções prestadas (CC, arts. 37 a 39). Mas se o ausente regressar depois de dez anos da abertura da sucessão definitiva não terá direito a nada; se antes, poderá pedir os bens, os sub-rogados ou o preço de sua venda. Para a declaração de ausência na seara do direito processual civil internacional vigora a norma de que é competente o tribunal do último domicílio do ausente, pouco importando sua lei nacional ou o local da situação dos seus bens, e os efeitos reais e pessoais da ausência seguirão a *lex domicilii* do desaparecido, por ser a mais adequada.

    Portanto, em caso de ausência, aplicar-se-á a lei domiciliar do ausente no que concerne às condições da declaração de ausência, aos efeitos dela decorrentes e aos direitos eventuais do ausente, seja qual for a natureza e a localização dos bens que compõem seu patrimônio (Código Bustamante, arts. 73 a 83). O juiz brasileiro não poderá declarar ausente pessoa que não tiver tido seu domicílio no Brasil; por conseguinte, não poderá, também, proceder à sua sucessão provisória nem processar inventário e partilha e, muito menos, declarar a presunção de morte em caso de sucessão definitiva[383].

---

    383. Amílcar de Castro, *Direito internacional privado*, cit., v. 2, p. 30-3; Espínola e Espínola Filho, *A Lei de Introdução*, cit., v. 2, p. 99-101. Olivi (Du conflit des lois en matière d'absence, *Revue Générale du Droit*, 1887, p. 425, 435 e s., e 520 e s.) e Demolombe (*Traité de l'absence*, 1881, n. 14) entendem que se deverá invocar a lei nacional do ausente. *Vide*, ainda: Bustamante y Sirven, *Derecho internacional privado*, 1931, v. 2, n. 874, e Chausse, Du rôle international du

Pelo atual Código Civil (art. 7º, I e II) ter-se-á, ainda, a declaração de morte presumida, sem decretação de ausência: se for extremamente provável a morte de quem estava em perigo de vida e se alguém desaparecido em campanha, ou feito prisioneiro, não for encontrado até dois anos após o término da guerra. A declaração de morte presumida, nesses casos, apenas poderá ser requerida depois de esgotadas as buscas e averiguações, devendo a sentença fixar a data provável do falecimento (CC, art. 7º, parágrafo único). O óbito deverá ser, nestes casos, justificado judicialmente, diante da presunção legal da ocorrência do evento morte. É óbvio que a morte presumida, sem decretação de ausência, gerará os mesmos efeitos pessoais e patrimoniais da decorrente de declaração de ausência, aplicando-se-lhe a lei do domicílio do desaparecido.

5. Lei disciplinadora da capacidade para suceder do herdeiro e do legatário

Como pelo § 2º do art. 10 da Lei de Introdução às Normas do Direito Brasileiro: "A lei do domicílio do herdeiro ou legatário regula a capacidade para suceder", a lei espanhola vigente ao tempo da abertura da sucessão deverá, então, ser aplicada para apurar a capacidade sucessória dos herdeiros do autor da herança, se estiverem, p. ex., domiciliados na Espanha.

Todavia, será preciso assinalar, de antemão, que se deve repelir toda e qualquer interpretação extensiva a esse dispositivo legal, devido à ambiguidade do termo "capacidade para suceder". Deve-se buscar seu exato sentido e alcance, interpretando essa norma restritivamente, pondo-a em

---

domicile, *Journal de Droit International*, de Clunet, 24:21; 1897; M. Helena Diniz, *Curso*, cit., v. 5, p. 365-9. No direito português, antes da declaração da morte presumida, podem ocorrer dois períodos: a *curadoria provisória* e a *curadoria definitiva*. O tribunal nomeia um curador provisório (CC português, art. 89, n. 1 e 2) para administrar os bens, frutificando-os, sem que haja qualquer efeito sucessório. Se dentro de dois anos não aparecer o desaparecido, o Ministério Público, o consorte e os herdeiros poderão abrir *processo de justificação de ausência* (CPC português, art. 1.103) para estabelecer a curadoria definitiva, procedendo-se à abertura de testamento deixado pelo ausente (CC português, arts. 101 a 109), entregando-se os bens ao legatário, sendo que o herdeiro apenas os receberá após a partilha (CC português, arts. 103 e 1.108). O curador definitivo (ascendente, descendente ou cônjuge do desaparecido), apesar de poder usufruir dos bens, ficando com os frutos, não poderá alienar nem onerar os bens entregues, a não ser com autorização judicial, que o permitirá beneficiar-se do patrimônio do ausente (CC português, art. 111). Se o ausente regressar termina a curadoria (CC português, art. 112), devolve-se-lhe os bens e os sub-rogados. Declara-se, dez anos depois do desaparecimento ou cinco anos após se o ausente contava com oitenta anos de idade, a *morte presumida*, abrindo-se a sucessão, sendo que os bens são entregues ao herdeiro e legatário sem necessidade de caução (CC português, arts. 115 a 119), podendo aliená-los. Se o ausente regressar, devolve-se os bens no estado em que estiverem, o preço dos alienados e os sub-rogados.

conexão com outros comandos normativos, limitando-se sua incidência. Assim sendo, numa análise técnico-linguística, o vocábulo "capacidade para suceder", contido naquela disposição legal, deverá ser entendido de acordo com os termos do art. 1.787 do Código Civil. "Legitimação, ou melhor, capacidade para suceder" é a aptidão para herdar os bens deixados pelo *de cujus* ou a qualidade de suceder na herança. Não teria, por exemplo, tal capacidade o deserdado ou o indigno[384].

Será preciso, ante a ambiguidade terminológica, distinguir, como fazem os alemães, a capacidade para ter direito à sucessão (*Erbfähigkeit*), que se sujeita à lei do domicílio do *auctor successionis*, da capacidade de agir relativamente aos direitos sucessórios, ou seja, da aptidão para suceder ou para aceitar ou exercer direitos do sucessor (*Erbrechtliche Handlungsfähigkeit*), que se subordina à lei pessoal do herdeiro ou sucessível (LINDB, art. 10, § 2º; *RSTJ, 102*:292). Deveras, a capacidade para a situação de herdeiro ou para ter direitos sucessórios rege-se pela lei competente para regular a sucessão (LINDB, art. 10, *caput*). Consequentemente, a extensão dos direitos sucessórios e a proporção resultante de determinado estado jurídico deverão submeter-se à *lex domicilii* do *de cujus*, logo tal capacidade não é inerente à pessoa do herdeiro ou legatário por ser conferida pela norma regular da sucessão[385].

O art. 10, § 2º, disciplina a "aptidão para exercer o direito de suceder", reconhecido pela lei domiciliar do autor da herança e regido pela lei pessoal do herdeiro, e não a "capacidade para ter direito de sucessor", que se rege pela *lex domicilii* do falecido. Este dispositivo regerá, portanto, apenas a qualidade para herdar do sucessível, não disciplinando as condições de que depende a situação de herdeiro relativamente à herança do *de cujus*, tam-

---

384. *Vide* a esse respeito: M. Helena Diniz, *Curso*, cit., v. 6, p. 34-7, 114-7. No mesmo teor de ideias: Caio Mário da Silva Pereira, *Instituições*, cit., v. 6, p. 30 e 31; Cunha Gonçalves, *Tratado de direito civil*, São Paulo, Max Limonad, v. 10, t. 2, p. 595; Migliazza, L'indegnità a succedere nel diritto internazionale privato, *Comunicazione e studi*, 1950.

385. É a lição que se infere das seguintes obras: Espínola e Espínola Filho, *A Lei de Introdução*, cit., v. 3, p. 21 e 26; Diena, Sulla legge regolatrice della capacità di succedere e in specie se un medico francese possa succedere per testamento ad un cittadino italiano da lui curato, *Archivio Giuridico*, 58:403-4, 1897, e *Il diritto internazionale*, cit., p. 205, n. 117; Von Bar, *Theorie*, cit., v. 2, p. 314; Weiss, *Traité théorique et pratique de droit international privé*, Paris, 1927, v. 4, p. 574 e 575; Lewald, Questions de droit international des successions, in *Recueil des Cours*, cit., v. 9, p. 61, 65 e 121; Despagnet, *Précis*, cit., p. 1.047; Itabaiana de Oliveira, *Tratado de direito das sucessões*, v. 1, p. 140; Contuzzi, *Il diritto ereditario internazionale*, 1908, n. 256, p. 567 e 568; Jean Derruppe, *Droit international privé*, Paris, 1970, p. 95; M. Helena Diniz, *Curso*, cit., v. 1, p. 67. *Vide* Código Bustamante, arts. 152 e 153; *RF, 256*:171; *RTJ, 84*:495; *84*:491; *EJSTJ, 19*:69 e 70; *RSTJ, 102*:292; *JSTJ, 101*:120.

pouco a extensão dos direitos sucessórios[386]. Assim sendo, um filho natural reconhecido ou adotivo, cuja lei pessoal seja diversa da do falecido pai, terá seu direito à sucessão regido pela lei deste (LINDB, art. 10, *caput*), mesmo que sua lei pessoal não admita tal direito sucessório. Apenas se deverá averiguar se o reconhecimento ou a adoção, em sua forma extrínseca, se deu de acordo com a lei competente e se o herdeiro tem aptidão para herdar, isto é, p. ex., se não é indigno, segundo sua lei pessoal.

A lei domiciliar do herdeiro vigente na data da morte do *auctor successionis* regerá a sua aptidão para suceder. Assim, se, p. ex., estiver domiciliado na Espanha, prescreve o art. 758 do Código Civil espanhol: "Para calificar la capacidad del heredero o legatario se atendera al tiempo de la persona de cuya sucesión se trate".

Segundo, ainda, o Código Civil citado, serão incapazes para suceder: *a*) as criaturas abortivas (arts. 30 e 745); *b*) as associações ou corporações não permitidas por lei, ou seja, as ilícitas (Constituição espanhola, art. 22.2 e 22.5; CC espanhol, art. 745; CP espanhol, arts. 172 e s.; Lei n. 191, de 24-1-1964); *c*) os estabelecimentos públicos, a quem se imponha condição ou encargo, a não ser que o governo autorize a sua sucessão (arts. 748 e 994); *d*) as pessoas incertas (arts. 750, 670 e 773); *e*) o sacerdote confessor do testador, bem como seus parentes até o quarto grau e sua igreja, ordem, comunidade ou instituto (arts. 746 e 752); *f*) o tutor em testamento de pupilo, a não ser que haja entre eles vínculo matrimonial ou de parentesco em linha reta e colateral de segundo grau (arts. 257, 753 e 900); *g*) o notário que atuar no testamento, como também seu cônjuge ou parentes afins e consanguíneos até o quarto grau, salvo a hipótese do art. 682 deste Código (art. 754); *h*) as testemunhas testamentárias (art. 754, *in fine*); *i*) os indignos (art. 756); *j*) os herdeiros ou legatários que faleceram antes do testador (art. 759)[387].

---

386. Espínola e Espínola Filho, *A Lei de Introdução*, cit., v. 3, p. 27 e 28. A capacidade para suceder, pelo direito brasileiro, ater-se-á aos arts. 1.718 e 1.719, se se tratar, p. ex., de sucessão testamentária.

387. Transcrevemos, para facilitar a compreensão do leitor, os seguintes artigos:
   a) da Constituição espanhola:
   — "*Art. 22.2. Las asociaciones que persigan fines o utilicen medios tipificados como delito son ilegales*".
   — "*Art. 22.5. Se prohíben las asociaciones secretas y las de carácter paramilitar*";
   b) do Código Civil espanhol (com alterações da Lei n. 41/2003):
   — "*Art. 257. El tutor designado en testamento que se excuse de la tutela al tiempo de su delación perderá lo que, en consideración al nombramiento, le hubiere dejado el testador*".

— *"Art. 682. En el testamento abierto tampoco podrán ser testigos los herederos y legatarios en él instituidos, sus cónyuges, ni los parientes de aquéllos, dentro del cuarto grado de consanguinidad o segundo de afinidad.*

No están comprendidos en esta prohibición los legatarios ni sus cónyuges o parientes cuando el legado sea de algún objeto mueble o cantidad de poca importancia con relación al caudal hereditario".

— *"Art. 744. Podrán suceder por testamento o abintestato los que no estén incapacitados por la Ley".*

— *"Art. 745. Son incapaces de suceder:*

1º Las criaturas abortivas, entendiéndose tales las que non reúnan las circunstancias expresadas en el artículo 30.

2º Las asociaciones o corporaciones no permitidas por la Ley".

— *"Art. 746. Las iglesias y los cabildos eclesiásticos, las Diputaciones provinciales y las provincias, los Ayuntamientos y Municipios, los establecimientos de hospitalidad, beneficiencia y instrucción pública, las asociaciones autorizadas o reconocidas por la Ley y las demás personas jurídicas pueden adquirir por testamento con sujeción a lo dispuesto en el artículo 38".*

— *"Art. 748. La institución hecha a favor de un establecimiento público bajo condición o imponiéndole un gravamen sólo será válida si el Gobierno la aprueba".*

— *"Art. 750. Toda disposición en favor de persona incierta será nula, a menos que por algún evento pueda resultar cierta".*

— *"Art. 752. No producirán efecto las disposiciones testamentarias que haga el testador durante su última enfermedad en favor del sacerdote que en ella le hubiese confesado, de los parientes del mismo dentro del cuarto grado, o de su iglesia, cabildo, comunidad o instituto".*

— *"Art. 753. Tampoco surtirá efecto la disposición testamentaria en favor de quien sea tutor o curador del testador, salvo cuando se haya hecho después de aprobadas definitivamente las cuentas o, en el caso en que no tuviese que rendirse éstas, después de la extinción de la tutela o curatela.*

Serán, sin embargo, válidas las disposiciones hechas en favor del tutor o curador que sea ascendiente, descendiente, hermano, hermana o cónyuge del testador".

— *"Art. 754. El testador no podrá disponer del todo o parte de su herencia en favor del Notario que autorice su testamento, o del cónyuge, parientes o afines del mismo dentro del cuarto grado, con la excepción establecida en el artículo 682.*

Esta prohibición será aplicable a los testigos del testamento abierto, otorgado con o sin Notario.

Las disposiciones de este artículo son también aplicables a los testigos y personas ante quienes se otorguen los testamentos especiales".

— *"Art. 756. Son incapaces de suceder por causa de indignidad:*

1º Los padres que abandonaren, prostituyeren o corrompieren a sus hijos.

2º El que fuere condenado en juicio por haber atentado contra la vida del testador, de su cónyuge, descendientes o ascendientes.

Si el ofensor fuere heredero forzoso, perderá su derecho a la legítima.

3º El que hubiese acusado al testador de delito al que la Ley señale pena no inferior a la de presidio o prisión mayor, cuando la acusación sea declarada calumniosa.

4º El heredero mayor de edad que, sabedor de la muerte violenta del testador, no la hubiese denunciado dentro de un mes a la justicia, cuando ésta no hubiera procedido ya de oficio.

Cesará esta prohibición en los casos en que, según la Ley, no hay la obligación de acusar.

Portanto, como se pode inferir, se o herdeiro atender a essas exigências da lei espanhola, *possuirá capacidade para suceder* por testamento e até mesmo sem ele; por isso nada obsta a que receba o *quantum* a que faz jus do acervo hereditário do autor da herança, desde que esteja domiciliado na Espanha.

Tanto a capacidade para suceder como a sucessão legítima ou testamentária reger-se-ão por lei vigente na abertura da sucessão, seja ela a domiciliar do herdeiro ou do *de cujus*, pois nenhum direito existirá sobre herança de pessoa viva, uma vez que só se poderá falar em direito adquirido após o óbito do *auctor successionis*. Logo, lei nova que, porventura, vier a alterar normas relativas à sucessão deverá ser aplicada[388].

6. Execução de testamento feito no exterior

A execução de testamento de estrangeiro feito no exterior poderá apresentar conflitos legislativos que o magistrado terá de resolver.

Se se tratar de sucessão testamentária, será preciso averiguar a validade extrínseca e intrínseca do ato de última vontade.

5º *El que, con amenaza, fraude o violencia, obligare al testador a hacer testamento o a cambiarlo.*

6º *El que por iguales medios impidiere a otro hacer testamento, o revocar el que tuviese hecho, o suplantare, ocultare o alterare otro posterior.*

7º *Tratándose de la sucesión de una persona con discapacidad, las personas con derecho a la herencia que no le hubieren prestado las atenciones debidas, entendiendo por tales las reguladas en los artículos 142 y 146 del Código Civil".*

— "*Art. 759. El heredero o legatario que muera antes de que la condición se cumpla, aunque sobreviva al testador, no transmite derecho alguno a sus herederos".*

— "*Art. 773. El error en el nombre, apellido o cualidades de heredero no vicia la institución cuando de otra manera puede saberse ciertamente cuál sea la persona nombrada.*

Si entre personas del mismo nombre y apellidos hay igualdad de circunstancias y éstas son tales que no permiten distinguir al instituido, ninguno será heredero".

— "*Art. 994. Los establecimientos públicos oficiales no podrán aceptar ni repudiar herencia sin la aprobación del Gobierno".*

388. Carvalho Santos, *Código Civil*, cit., v. 1, p. 55. No mesmo sentido: Código Civil espanhol, disposição transitória:

"*Duodécima. Los derechos a la herencia del que hubiese fallecido, con testamento o sin él, antes de hallarse en vigor el Código, se regirán por la legislación anterior. La herencia de los fallecidos después, sea o no con testamento, se adjudicará y repartirá con arreglo al Código; pero cumpliendo, en cuanto éste lo permita, las disposiciones testamentarias. Se respetarán, por lo tanto, las legítimas, las mejoras y los legados pero reduciendo su cuantía, si de otro modo no se pudiera dar a cada partícipe en la herencia lo que le corresponda según el Código".*

Preliminarmente, dever-se-á, então, verificar se o testamento realizado no estrangeiro obedeceu a forma legal e se foi lavrado por oficial competente; enfim, se houve observância de todos os requisitos formais exigidos por lei para aquela modalidade de disposição de última vontade, aplicando-se a *lex loci actus* vigente ao tempo em que o *de cujus* manifestou seu ato volitivo[389].

Quanto à *forma extrínseca*, p. ex., uma modalidade de testamento levada a efeito num país que a admita valerá em outro que a proíba, mesmo que seja a lei pessoal do testador, em obediência ao princípio *locus regit actum*. Assim sendo, lícito será a estrangeiro, domiciliado no Brasil, testar, p. ex., na Espanha, por alguma das formas testamentárias admitidas pela lei deste país, mesmo que a modalidade por ele escolhida não seja reconhecida pela *lex domicilii*[390].

Logo, a *forma extrínseca* do testamento do *auctor successionis* regular-se-á pelo princípio *locus regit actum*, ou seja, pela lei espanhola[391].

Dever-se-á, então, observar se as formalidades extrínsecas requeridas pela lei espanhola foram observadas por ocasião do testamento aberto por ele feito, ou seja, se se cumpriu o comando dos arts. 676, 679, 681 a 683, 685 a 687, 694 a 699, 700 a 705 do Código Civil espanhol[392].

---

389. *Vide*: *RT, 375*:122; Espínola e Espínola Filho, *A Lei de Introdução*, cit., v. 1, p. 428, e v. 3, p. 105; Oscar Tenório, *Direito internacional privado*, cit., p. 33-48; Edouard Silz, *La notion de forme en droit international*, Paris, 1929; Marcel Vauthier, *Sens et applications de la régle "locus regit actum"*, Bruxelles, 1926; Pontes de Miranda, *Tratado de direito internacional privado*, 1935, v. 2, p. 379; Migliazza, La disciplina della forma degli atti di ultima volontà nel diritto internazionale privato, *Comunicazione e Studi*, 1954, p. 181 a 250; Lainé, *De la forme du testament privé en droit international privé*, Paris, 1968.

390. Consulte sobre essa temática: Buzzati, *L'autorità*, cit., p. 382; Bartin, De l'impossibilité d'arriver à la supréssion définitive des conflits de lois, *Journal de Clunet*, 1897, p. 229 e s. e 941 e s.; Diena, Sui limiti all'applicabilità del diritto straniero, in *Studi senesi*, v. 15, p. 26 e 30. *Vide* art. 2.042 do Código Civil de 2002.

391. Interessantes são as obras de: Lasala Llanas, *Sistema español*, cit., p. 253 e s.; Eugène Audinet, Régle *locus regit actum*, in *Répertoire de droit international privé*, Paris, 1931, t. 10, p. 388 e s.; Clóvis Beviláqua, *Princípios elementares*, p. 396 e 397. *Vide*, ainda, o Código Civil espanhol, art. 11.

392. *Vide* Código Civil espanhol:

— "*Art. 676. El testamento puede ser común o especial. El común puede ser ológrafo, abierto o cerrado*".

— "*Art. 679. Es abierto el testamento siempre que el testador manifiesta su última voluntad en presencia de las personas que deben autorizar el acto, quedando enteradas de lo que en él se dispone*".

— "*Art. 681. No podrán ser testigos en los testamentos:*

1º Los menores de edad, salvo lo dispuesto en el artículo 701.

2º Los ciegos y los totalmente sordos o mudos.

*3º Los que no entiendan el idioma del testador.
4º Los que no estén en su sano juicio.
5º El cónyuge o los parientes dentro del cuarto grado de consanguinidad o segundo de afinidad del Notario autorizante y quienes tengan con éste relación de trabajo.*
— *"Art. 683. Para que un testigo sea declarado inhábil, es necesario que la causa de su incapacidad exista al tiempo de otorgarse el testamento".*
— *"Art. 685. El Notario deberá conocer al testador, y si no lo conociese, se identificará su persona con dos testigos que le conozcan y sean conocidos del mismo Notario o mediante la utilización de documentos expedidos por las autoridades públicas cuyo objeto sea identificar a las personas. También deberá el Notario asegurarse de que, a su juicio, tiene el testador la capacidad legal necesaria para testar.
En los casos de los artículos 700 y 701 los testigos tendrán obligación de conocer al testador y procurarán asegurarse de su capacidad".*
— *"Art. 686. Si no pudiere identificarse la persona del testador en forma prevenida en el artículo que precede, se declarará esta circunstancia por el Notario, o por los testigos, en su caso, eseñando los documentos que el testador presente con dicho objeto y las señas personales del mismo.
Si fuere impugnado el testamento por tal motivo, corresponderá al que sostenga su validez la prueba de la identidad del testador".*
— *"Art. 687. Será nulo el testamento en cuyo otorgamiento no se hayan observado las formalidades respectivamente establecidas en este capítulo".*
— *"Art. 694. El testamento abierto deberá ser otorgado ante Notario, hábil para actuar en el lugar del otorgamiento, y tres testigos idóneos que vean y entiendan al testador, y de los cuales uno, a lo menos, sepa y pueda escribir.
Solo se exceptuarán de esta regla los casos expresamente determinados en esta misma sección".*
— *"Art. 695. El testador expresará oralmente o por escrito su última voluntad al Notario. Redactado por éste el testamento con arreglo a ella y con expresión del lugar, año, mes, día y hora de su otorgamiento y advertido el testador del derecho que tiene a leerlo por si, lo leerá el Notario en alta voz, para que el testador manifieste si está conforme con su voluntad. Si lo estuviere, será firmado en el acto por el testador que pueda hacerlo y, en su caso, por los testigos y demás personas que deban concurrir.
Si el testador declara que no sabe o no puede firmar, lo hará por él y a su ruego, uno de los testigos".*
— *"Art. 696. El Notario dará fe de conocer al testador o de haberlo identificado debidamente y, en su defecto, efectuará la declaración prevista en el artículo 686. También hará constar que, a su juicio, se halla el testador con la capacidad legal necesaria para otorgar testamento".*
— *"Art. 697. Al acto de otorgamiento deberán concurrir dos testigos idóneos:
1. Cuando el testador declare que no sabe o no puede firmar el testamento.
2. Cuando el testador, aunque pueda firmarlo, sea ciego o declare que no sabe o no puede leer por sí el testamento.
Si el testador que no supiese o no pudiese leer fuera enteramente sordo, los testigos leerán el testamento en presencia del Notario y deberán declarar que coincide con la voluntad manifestada.
3. Cuando el testador o el Notario lo soliciten".*
— *"Art. 698. Al otorgamiento también deberán concurrir:
1. Los testigos de conocimiento, si los hubiera, quienes podrán intervenir además como testigos instrumentales.*

Todavia, relativamente à *validade intrínseca* do testamento, ou seja, ao seu conteúdo, à admissibilidade de suas cláusulas e aos seus efeitos, aplicar-se-á a lei do domicílio do testador, que rege a sucessão, vigente ao tempo de seu falecimento, pouco importando as normas do país onde a disposição testamentária foi feita, podendo até ser considerada nula se a *lex domicilii* do falecido não admitir o que no seu teor textual se contém[393].

Assim sendo, se estrangeiro aqui domiciliado fizer testamento de acordo com a sua lei nacional, esse ato de última vontade romper-se-á no que atina à sua validade intrínseca se não se ajustar às normas brasileiras, pois a sua sucessão sujeitar-se-á ao direito brasileiro, que rege seu domicílio à data do óbito.

Aplicar-se-á, no caso espanhol, portanto, na execução do testamento aberto do finado[394]: *a) a lei espanhola* no que diz respeito à *forma extrínseca*

---

2. *Los facultativos que hubieran reconocido al testador incapacitado.*
3. *El intérprete que hubiera traducido la voluntad del testador a la lengua oficial empleada por el Notario".*
— *"Art. 699. Todas las formalidades expresadas en esta Sección se practicarán en un solo acto que comenzará con la lectura del testamento, sin que sea lícita ninguna interrupción, salvo la que pueda ser motivada por algún accidente pasajero".*
— *"Art. 700. Si el testador se hallare en peligro inminente de muerte, puede otorgarse el testamento ante cinco testigos idóneos, sin necesidad de Notario".*
— *"Art. 701. En caso de epidemia puede igualmente otorgarse el testamento sin intervención de Notario ante cinco testigos mayores de dieciséis años".*
— *"Art. 702. En los casos de los dos artículos anteriores, se escribirá el testamento, siendo posible; no siéndolo, el testamento valdrá aunque los testigos no sepan escribir".*
— *"Art. 703. El testamento otorgado con arreglo a las disposiciones de los tres artículos anteriores quedará ineficaz si pasaren dos meses desde que el testador haya salido del peligro de muerte, o cesado la epidemia.*
Cuando el testador falleciere en dicho plazo, también quedará ineficaz el testamento si dentro de los tres meses siguientes al fallecimiento no se acude al Tribunal competente para que se eleve a escritura pública, ya se haya otorgado por escrito, ya verbalmente".
— *"Art. 704. Los testamentos otorgados sin autorización del Notario serán ineficaces si no se elevan a escritura pública y se protocolizan en la forma prevenida en la Ley de Enjuiciamiento Civil (78)".*
— *"Art. 705. Declarado nulo un testamento abierto por no haberse observado las solemnidades establecidas para cada caso, el Notario que lo haya autorizado será responsable de los daños y perjuicios que sobrevengan, si la falta procediere de su malicia, o de negligencia o ignorancia inexcusables".*

393. Carvalho Santos, *Código Civil*, cit., v. 1, p. 180; Espínola e Espínola Filho, *A Lei de Introdução*, cit., v. 3, p. 84, 89, 106 e s. *Vide*, ainda, Código Bustamante, arts. 144, 154 e 163.

394. *Vide* Espínola e Espínola Filho, *A Lei de Introdução*, cit., v. 3, p. 21-3, 105 e 106; Goirand, *Étude sur les conditions de validité du testament en droit international privé*, Paris, 1901; Duen Bunnag, *L'exécuteur testamentaire dans le droit international privé anglais*, Paris, 1930;

do ato de última vontade, em atenção ao princípio *locus regit actum*; e *b*) *a lei brasileira*, reguladora de sua sucessão e vigente ao tempo de sua morte, no que concerne à *interpretação*, ao *conteúdo*, aos *poderes do inventariante*, à *capacidade testamentária passiva*, aos *direitos sucessórios dos herdeiros*, às *quotas dos herdeiros necessários*, aos *efeitos*, aos *limites da liberdade de testar*, à *quota disponível* e à *redução das disposições testamentárias*, em virtude da *lex domicilii* do disponente. Nenhuma norma anterior à abertura da sucessão poderá alterar o poder aquisitivo do herdeiro, visto que será a lei do domicílio do dia do falecimento do *auctor successionis* que regerá o seu direito sucessório (*AJ, 106*:284), e, além disso, pelo princípio da transmissão dos direitos hereditários, o domínio e a posse dos bens do espólio transmitem-se, a quem de direito, apenas no instante da morte do *de cujus*.

Assim sendo, p. ex., os direitos sucessórios de filho adotivo, quanto à herança de seu falecido pai, sujeitar-se-ão à lei brasileira vigente ao tempo da abertura da sucessão, e não à espanhola vigente por ocasião de sua adoção.

Se o autor da herança, domiciliado no Brasil, excluiu seu filho adotivo da legítima, em seu *testamento aberto*, feito na Espanha, em razão de tê-lo adotado por meio da "adoção simples", que pelo Código Civil espanhol da época não lhe conferia direitos legitimários na sua sucessão, tal fato não poderá ser levado em conta pelo juiz do inventário, por ser contrário ao espírito do direito brasileiro e ao princípio constitucional da igualdade da legítima de todos os filhos, independentemente da origem da filiação, consagrado tanto pela Constituição espanhola de 1978 como pela Constituição Federal brasileira de 1988.

Se o rapaz foi adotado segundo as formalidades extrínsecas exigidas pela lei espanhola competente, a lei da sucessão (lei domiciliar do *de cujus*) acatará sua "adoção simples" sem os efeitos alusivos à quota hereditária e determinará o direito sucessório que lhe cabe, de acordo com a Constituição Federal brasileira de 1988 e com as normas do Código Civil brasileiro.

A nossa Carta Magna, no seu art. 227, § 6º, prescreve que: "Os filhos, havidos ou não da relação do casamento ou por adoção, terão os mesmos direitos e qualificações, proibidas quaisquer designações discriminatórias relativas à filiação".

Julien Demey, *De la liquidation et du partage des successions en droit international*, Paris, 1926; Oscar Tenório, *Estudos sobre a substância dos testamentos em direito privado internacional*, Rio de Janeiro, 1936; André Tiran, *Les successions testamentaires en droit international privé*, Paris, 1932; Charles Antoine, *De la succession légitime et testamentaire en droit international privé ou du conflit de lois de différents nations en matière de succession*, Paris, 1876; Pontes de Miranda, *Tratado dos testamentos*, v. 1, n. 185 e s.; Buzzati, *L'autorità*, cit., p. 382.

Observa Espínola e Espínola Filho (*A Lei de Introdução*, cit., v. 3, p. 23) que os bens vacantes existentes no Brasil serão deferidos à União qualquer que seja a nacionalidade do *de cujus*, por ter sido o seu último domicílio.

Como não há qualquer discriminação legal dos adotados, inclusive em direito sucessório, o filho adotivo do *de cujus*, para efeito de sucessão, equiparar-se-á, então, ao filho matrimonial, ou extramatrimonial reconhecido, herdando como se fosse descendente do falecido, devendo ter sua legítima respeitada, por ser *herdeiro necessário*[395].

Urge interpretar o ato de última vontade, no que atina à sua validade intrínseca, segundo a lei do domicílio do *de cujus*, que deverá ser respeitada e cumprida pelo juiz do inventário, ainda que contrária à espanhola, que é a nacional do autor da herança. O testamento reger-se-á, convém repetir, pelas leis vigentes ao tempo e no local de sua elaboração no que atina às suas formalidades extrínsecas, pois o testador adquiriu o direito a que se o reconheça como ato formalmente válido. Contudo, tal já não se dará com sua validade intrínseca ou eficácia das disposições testamentárias, uma vez que os direitos do sucessor disciplinar-se-ão pela lei vigorante ao tempo da abertura da sucessão. Consequentemente, a validade do conteúdo do testamento dependerá, não da lei vigente à época de sua feitura, mas da *lex domicilii* do testador do tempo de sua morte[396]. Enquanto o testador for vivo não há que se falar em herdeiro. Logo os direitos hereditários reger-se-ão pela "lei em vigor ao tempo do óbito de seu adotante" e não pela vigente à época da adoção ou da feitura do testamento. Enquanto não se deu o falecimento do adotante, o adotado teve todos os efeitos da "adoção simples" regidos pela lei espanhola, menos os alusivos à quota hereditária, que recaem sob a égide da *lex domicilii* do *de cujus* do dia do seu óbito, uma vez que a sua "adoção simples" não havia, ainda, produzido quaisquer efeitos hereditários[397].

Como a validade intrínseca do testamento rege-se pela *lei do domicílio* e não pela lei nacional ou foral do *auctor successionis*, o filho adotivo terá *direito à metade do acervo hereditário*, por ser *herdeiro necessário* (CC, art. 1.789), à *destituição do inventariante dativo* e à *sua nomeação como inventariante*, segundo a ordem do Código de Processo Civil brasileiro de 2015 (art. 617), passando a ter a posse direta, a administração e a representação ativa e passiva da herança (*RT, 465*:98) até a homologação da partilha[398].

---

395. M. Helena Diniz, *Curso*, cit., v. 5 (1992), p. 280 e s., e v. 6 (1991), p. 81 e s.

396. Paulo de Lacerda, *Manual*, cit., v. 1, p. 197-9.

397. É o que se deduz das lições de: Gabba, *Teoria*, cit., v. 1, p. 190 e 191; Lassale, *Théorie systématique des droits acquis*, Paris, 1904; Guillermo A. Borda, *Retroactividad de la ley y derechos adquiridos*, Buenos Aires, 1951; Paul Roubier, *Le droit transitoire*, Paris, 1960; Simongelli, *Sui limiti della legge nel tempo*, 1905, v. 1; M. Helena Diniz, *Conflito*, cit., p. 41-3. No Brasil não há mais a distinção entre adoção plena e simples (CC, arts. 1.618 e 1.619; Lei n. 8.069/90, com as alterações da Lei n. 12.010/2009, arts. 39 a 52-D).

398. *Vide* M. Helena Diniz, *Curso*, cit., v. 6, p. 29-31.

Com o escopo de assegurar a intangibilidade da quota legitimária do herdeiro necessário, o Código Civil, ao adotar o regime da relativa liberdade de testar, conferiu-lhe o direito de pleitear a redução das disposições de última vontade, para obter a integralidade de sua legítima hereditária desfalcada por liberalidades efetuadas pelo *auctor successionis* mediante ato *inter vivos* ou *causa mortis*.

Deve-se dar valor preponderante à intenção do testador (*mens testandis*), mas isso não significa que se deva afastar a interpretação do testamento resultante da *lei do domicílio* do autor da herança, vigente ao tempo de sua morte. A questão é *ex lege*, independente da vontade do *de cujus*. Mesmo contrária a ela, a *lex domicilii* regulará a condição dos bens hereditários e precisará os limites daquela vontade, no que concerne ao conteúdo das disposições testamentárias.

A intenção do testador e a aplicação de lei estrangeira encontram limites intransponíveis na ordem pública internacional regulada pela *lex domicilii*. Por isso, o adotado, a quem se defere a herança até mesmo contra a vontade do testador, por ser herdeiro necessário, na qualidade de descendente sucessível do *de cujus*, não poderá ser preterido e muito menos prejudicado na disposição testamentária de seu pai adotivo, fazendo jus à redução do testamento (CC, art. 1.967)[399].

No caso hipotético, o direito espanhol apenas será aplicável à capacidade ou aptidão para suceder do herdeiro e à validade extrínseca da adoção simples e do testamento aberto. Quanto aos direitos sucessórios do herdeiro, à execução, à validade intrínseca e aos efeitos do testamento, a norma de direito internacional privado (LINDB, art. 10) ordena que se aplique a lei brasileira por ser a *lex domicilii* do *de cujus*.

7. Variação da ordem de vocação hereditária em benefício de cônjuge ou filhos brasileiros

Pelo disposto no art. 1.829 do Código Civil, "a sucessão legítima defere-se na ordem seguinte: I — aos descendentes, em concorrência com o cônjuge sobrevivente, salvo se casado este com o falecido no regime da comunhão universal, ou no da separação obrigatória de bens (art. 1.640, parágrafo único); ou se, no regime da comunhão parcial, o autor da herança

---

[399]. Relativamente ao tema, consulte: Kuhn, *Comparative commentaires on private international law or conflict of laws*, 1935, p. 339 e 340; Triepel, *Diritto internazionale e diritto interno*, 1913; Cheshire, *Private international law*, 1938, p. 531-4; M. Helena Diniz, Sucessão por morte, *Ciência Jurídica*, 47:16-23.

não houver deixado bens particulares; II — aos descendentes, em concorrência com o cônjuge; III — ao cônjuge sobrevivente; IV — aos colaterais". Portanto, a base dessa sucessão é o parentesco, segundo as linhas e os graus próximos ou remotos, respeitando-se a afeição conjugal.

Na sucessão legítima convocam-se os herdeiros segundo tal ordem legal, de forma que uma classe só será chamada quando faltarem herdeiros da classe precedente. A relação é, sem dúvida, preferencial; há uma hierarquia de classes obedecendo a uma ordem, porque a existência de herdeiro de uma classe exclui o chamamento à sucessão dos herdeiros da classe subsequente. Assim sendo, se o autor da herança apenas deixar descendentes e ascendentes, só os primeiros herdarão, pois a existência dos descendentes retira da sucessão os ascendentes. Só se convocam ascendentes se não houver descendentes; o consorte supérstite só herdará por inteiro na ausência de descendentes e ascendentes; mas, se houver, por exemplo, descendente, sendo casado sob o regime de comunhão parcial, herdará, se o *de cujus* deixou bens particulares, quinhão igual ao daquele, e sua quota não poderá ser inferior a 1/4 da herança, se for ascendente do herdeiro com que concorrer (CC, art. 1.832). E, havendo ascendentes em primeiro grau, ao cônjuge tocará 1/3 da herança. Caber-lhe-á metade desta se houver um só ascendente ou se maior for aquele grau (CC, art. 1.837); os colaterais até quarto grau, se não existirem descendentes, ascendentes e cônjuge sobrevivente (art. 1.839); e o Município, Distrito Federal ou União receberão o acervo hereditário não havendo descendentes, ascendentes, cônjuge e colaterais até o quarto grau (CC, art. 1.822). Logo, se houver herdeiro sucessível de uma classe considerada preferencial por razões especiais, ele será chamado à sucessão do autor da herança, deixando de fora os herdeiros de outra classe. A lei, ao fixar essa ordem, inspirou-se na vontade presumida do finado de deixar seus bens aos descendentes apesar de concorrerem em certos casos com o cônjuge supérstite e, na falta daqueles, aos ascendentes em concorrência com o consorte sobrevivente; não havendo nenhum dos dois, somente ao cônjuge sobrevivente, e, na inexistência de todas essas pessoas, aos colaterais até quarto grau, pois na ordem natural das afeições familiares é sabido que o amor primeiro desce, depois sobe e em seguida dilata-se. Deveras, se o *de cujus* quisesse dar seus bens a determinada pessoa, teria feito testamento; se não o fez é porque se conformou que seus bens se incorporassem ao patrimônio das pessoas arroladas na ordem de vocação hereditária; daí ser válida aquela presunção.

Todavia, toda regra comporta exceção, pois há casos, admitidos por lei, de variação da ordem de vocação hereditária, ou seja, em que não se aplica o princípio de que a existência de herdeiro de uma classe exclui da sucessão os herdeiros da classe subsequente, como dispõem:

a) O art. 5º, XXXI, da Constituição Federal, que repete com pequena alteração o art. 10, § 1º, da Lei de Introdução às Normas do Direito Brasileiro, ao prescrever: "A sucessão de bens de estrangeiros situados no País será regulada pela lei brasileira em benefício do cônjuge ou dos filhos brasileiros, sempre que não lhes seja mais favorável a lei pessoal do *de cujus*". Assim, a ordem de vocação hereditária, estabelecida no art. 1.829 do Código Civil, pode ser alterada, tratando-se de bens existentes no Brasil, pertencentes a estrangeiro falecido, casado com brasileira ou com filhos brasileiros, se a lei nacional do *de cujus* for mais vantajosa àquelas pessoas do que o seria a brasileira. Por exemplo, se o autor da herança for mexicano (lei pessoal) e houver deixado cônjuge brasileiro, que deve concorrer com ascendentes daquele, não se aplicará a lei brasileira, mas a mexicana, pois pelo Código Civil do México, no art. 1.626, concorrendo à sucessão cônjuge supérstite e ascendentes, dividir-se-á a herança ao meio, ficando uma metade com o consorte e outra metade com os ascendentes; se se fosse aplicar a ordem de vocação hereditária que vigora no Brasil, o cônjuge herdaria 1/3, cabendo 2/3 do acervo hereditário aos ascendentes do *de cujus* (*RF, 81*:647 e *112*:91; *RT, 148*:237).

Se o inventário for promovido no Brasil, a partilha dos bens será feita segundo a lei brasileira, em benefício do cônjuge ou filhos brasileiros, exceto se a lei nacional do *de cujus* lhes for mais favorável. Se o inventário for feito no exterior, a sentença somente será homologada no Brasil se tiver sido aplicada ou a lei brasileira ou a lei pessoal do finado, na dependência de se apurar qual a mais vantajosa para o cônjuge ou filhos brasileiros. Se a sentença estrangeira for desfavorável ao consorte ou aos filhos brasileiros ou a quem os represente, será necessário, ensina-nos Osiris Rocha, um novo inventário, no Brasil, que propicie a divisão dos bens situados no Brasil, de acordo com o critério da Constituição Federal. Portanto, a lei brasileira aplicar-se-á à vocação para suceder, em relação aos bens deixados no Brasil, mesmo quando a lei do último domicílio do falecido for a estrangeira, se este deixou cônjuge e filho brasileiros e a lei alienígena do domicílio não lhes for mais benéfica. Como se pode ver, há um concurso cumulativo de elementos de conexão, pois a aplicação da lei brasileira pelo art. 10, § 1º, com redação dada pela Lei n. 9.047/95, subordinar-se-á: à situação do bem no Brasil; à existência de cônjuge ou de filhos brasileiros ou de quem os represente (CC, arts. 1.851 a 1.856), e à lei pessoal do *de cujus*, que não lhes poderá ser mais favorável[400].

---

400. Polacco, *Delle successioni*, v. 1, p. 35; Silvio Rodrigues, *Direito civil*, cit., v. 7, p. 78-82; M. Helena Diniz, *Curso*, cit., v. 6, p. 78; W. Barros Monteiro, *Curso*, cit., v. 6, p. 79-87; Planiol, Ripert e Boulanger, *Traité*, cit., v. 3, n. 1.725; Espínola e Espínola Filho, *A Lei de Introdução*, cit.,

A esse respeito interessantes são as seguintes observações de Serpa Lopes: "Com o dizer a Constituição Federal que se aplica a lei pessoal do *de cujus* se ela for mais favorável, poder-se-á entender que houve alteração no critério sucessório, passando do domiciliar para o da nacionalidade? Entendemos que não, pelos seguintes motivos: 1) porque o critério do conflito de leis em matéria de sucessão não é objetivo; 2) o fato de haver imóveis situados no Brasil não implica a regência da lei brasileira; 3) esta prevalece se o *de cujus* for domiciliado no Brasil; 4) prevalece, ainda, a despeito da ausência desse requisito, se houver cônjuge brasileiro ou filhos brasileiros ou de quem os represente; 5) se a lei nacional do *de cujus* for entretanto mais favorável, aplica-se esta. Eis o entendimento que deixa perfeitamente subsistente o princípio do domicílio na sucessão"[401].

Realmente, a incidência da lei brasileira somente não se dará quando a *lex successionis* não for mais favorável ao consorte e filhos brasileiros do *de cujus*.

b) O art. 17 do Decreto-lei n. 3.200/41, com a alteração do Decreto-lei n. 5.187/43, que rezava: "À brasileira, casada com estrangeiro sob regime que exclua a comunhão universal, caberá, por morte do marido, o usufruto vitalício de quarta parte dos bens deste, se houver filhos brasileiros do casal ou do marido, e de metade, se não os houver". Concedia, assim, à brasileira casada com estrangeiro por outro regime matrimonial que não o da comunhão um direito sucessório de caráter limitado, simultâneo ao direito outorgado aos herdeiros de seu finado marido, uma vez que, ao conferir-lhe o usufruto, a nua propriedade dos bens da herança passava aos herdeiros legítimos, conforme a ordem do art. 1.603 do Código Civil de 1916, pois, se fosse casada sob o regime de comunhão universal, com a viuvez receberia sua meação, não precisando dos bens ou dos haveres do marido para subsistir. Igualmente, a Lei n. 4.121/62, ao acrescentar ao art. 1.611 do Código Civil de 1916 dois parágrafos com o intuito de proteger o cônjuge sobrevivente, em casamento efetuado sob o regime de bens que não o da comunhão universal, conferia-lhe, enquanto durar a viuvez, o direito real de usufruto da quarta parte dos bens do finado, se houvesse filhos deste ou do casal, e a metade, se não houvesse prole, embora sobrevivessem ascendentes do *de cujus* e o direito real de habitação relativamente ao imóvel destinado à residência da família, desde que fosse o único bem daquela natureza a inventariar. Beneficiavam-se simultaneamente herdeiros de classes diversas, pois enquanto se transmitia a nua propriedade aos suces-

---

v. 3, p. 136-7; Osiris Rocha, *Curso*, cit., p. 145-6. Vide *RF*, 76:519, 87:462, *100*:507 e *137*:139; *RT*, *136*:701, *305*:637, *568*:53, *656*:82.

401. Serpa Lopes, *Comentários à Lei de Introdução*, cit., p. 224.

sores legítimos da classe preferencial (descendente ou ascendente), ao consorte supérstite outorgava-se um direito real limitado de usufruto ou de habitação. É preciso lembrar que essa sucessão do cônjuge sobrevivente em usufruto e habitação era temporária e condicional — prevalecia enquanto durasse a viuvez, cessando se convolasse novas núpcias —, ao passo que o direito do herdeiro era perpétuo[402], ou melhor, permanente. O usufruto vidual não mais vigora hoje no Brasil; nem mesmo em caso de casamento de brasileiro com estrangeira se poderá admitir a sucessão no usufruto de cônjuge supérstite, por ser instituição ora desconhecida juridicamente no Brasil. Mas é admitida a sucessão no direito real de habitação (CC, art. 1.831) do imóvel destinado à residência, se este for o único do gênero a inventariar, qualquer que seja o regime de bens e sem prejuízo da participação que lhe caiba na herança.

8. Adendo jurisprudencial

A) *Lei aplicável à sucessão*

RT, *211*:433 — A sucessão e o regime de bens de cidadão estrangeiro que aqui contraiu matrimônio e aqui faleceu regulam-se pela lei brasileira — Os direitos à sucessão não surgem com o casamento, mas sim com o fato do falecimento. Aplica-se em matéria de sucessão a lei vigente ao tempo desse fato (2ª Câm. Cív. do TASP). No mesmo sentido: RT, *181*:705.

RF, *81*:647 — Havendo o *de cujus* deixado filhos brasileiros, embora tenha sido casado pelo regime de bens estabelecido na Itália, regula-se pela lei brasileira a sua sucessão (TJSP).

RF, *112*:91 — Quando a lei nacional do marido é mais favorável ao cônjuge brasileiro e aos filhos do casal, é forçoso aplicar o estatuto do *de cujus* (STF).

B) *Juízo competente para processar inventário de estrangeiro*

RT, *277*:499 — O agravo de petição é o recurso legítimo da decisão que nega execução, no Brasil, a testamento de pessoa falecida no estrangeiro. A justiça brasileira é competente para o processamento de inventário de

---

402. W. Barros Monteiro, *Curso*, cit., v. 6, p. 80 e 87; Silvio Rodrigues, *Direito civil*, cit., v. 7, p. 81; Luigi Ferri, *Successioni in generale*, p. 44; Santoro-Passarelli, *Vocazione legale*, p. 86; Caio M. S. Pereira, *Instituições*, cit., v. 5, p. 107-8; M. Helena Diniz, *Curso*, cit., v. 5, p. 79. A Lei n. 10.050, de 14 de dezembro de 2000, acrescentou o § 3º ao art. 1.611 do Código Civil de 1916, que outorgava direito real de habitação da residência da família ao filho portador de deficiência, que o impossibilitasse de trabalhar, desde que fosse o único bem daquela natureza a inventariar.

estrangeiro falecido na Itália e que deixou bens situados no Brasil, aos herdeiros aqui domiciliados (TJSP).

RF, *222*:128 — A justiça brasileira é competente para processar o inventário relativo a bens imóveis situados no Brasil ainda quando se tenha verificado no exterior o óbito do autor da herança (TJGB).

RF, *147*:295 — Não sendo brasileiro o cônjuge supérstite, nem havendo filhos do casal, o inventário do *de cujus* estrangeiro deve ser requerido no exterior, onde era ele domiciliado, qualquer que seja a natureza e a situação dos bens (TJSP).

RT, *186*:845 — O fato de ter o *de cujus* brasileiro falecido em outro país, onde seria domiciliado, não impede o processamento do inventário no Brasil (TJSP).

RT, *186*:270 — O inventário e partilha de bens se processam no último domicílio do *de cujus*, embora seja no estrangeiro e os bens situados no Brasil. Procede-se no lugar da situação e avaliação para efeitos fiscais (TJSP).

RTJ, *53*:593 — Se o *de cujus* era domiciliado no estrangeiro, tendo bens no Brasil, o Juízo competente para o processo de inventário e partilha é o do seu último domicílio, obedecida a Lei do País em que tinha domicílio (art. 1.578 do Cód. Civil [hoje art. 1.785] e art. 10 da Lei de Intr. ao Cód. Civil — atual LINDB). Recurso extraordinário improvido (STF).

RF, *90*:792 — Competente para o inventário dos bens de pessoa falecida no estrangeiro, deixando bens no Brasil, deve ser o juízo do último domicílio do *de cujus* no país (TJRS).

RF, *117*:137 — Se o falecimento do inventariado tiver ocorrido no estrangeiro, é competente para o inventário o foro do seu último domicílio no Brasil e, incerto esse domicílio, o foro da situação do imóvel (STF).

RT, *197*:182 — Compete ao STF o julgamento do recurso ordinário interposto em inventário em que é interessado um Estado estrangeiro (TJSP).

C) *Inventariança*

RT, *234*:434 — A simples circunstância de residir o herdeiro fora do país não o impede de exercer o cargo de inventariante.

RT, *275*:445 — Deve ser mantida no cargo de inventariante a viúva de nacionalidade italiana que se casara com italiano, pelo regime de separação de bens, desde que lhe caiba o usufruto de dois terços do patrimônio do *de cujus*, assegurado pela lei da Itália e desde que esteja a viúva de posse dos bens (TJSP).

RF, 99:420 — À mulher casada com estrangeiro sob regime que exclua a comunhão universal, por isso que é herdeira de usufruto vitalício, nos termos da lei de proteção à família, e, principalmente, se nomeada em testamento herdeira usufrutuária de todos os bens situados no Brasil, deve ser deferido o cargo de inventariante, de preferência ao testamenteiro, que só exerce tal cargo na falta de cônjuge meeiro ou de herdeiro.

D) Forma de testamento

RF, 221:182 — É válido no Brasil o testamento feito em país estrangeiro de acordo com as disposições legais neste vigentes (TJSP).

RF, 204:160 — Homologa-se o testamento hológrafo feito na França, que não exige testemunha, constituindo isso simples formalidade do ato jurídico — Não tem cabimento agravo no auto do processo porque não há coisa julgada no simples processo administrativo de apresentação do testamento, nem, consequentemente, no despacho meramente formal que não o manda cumprir desde logo.

E) Invalidade de testamento

RF, 175:220 — Só a captação dolosa da vontade do testador pode anular o testamento — Prevalece a lei portuguesa para o regime de bens entre cônjuges portugueses casados na vigência do art. 8º da Lei n. 3.071, de 1º de janeiro de 1916 (TJSP).

TJSP — Ap. Cível 9184283-93.2009.826.0000) — rel. Christine Santini — j. 1º-2-2012 — Sucessões — Anulatória e declaratória de nulidade de testamento — Pacto sucessório firmado em país estrangeiro (Suíça) reconhecido como válido no Brasil — Alteração do regime de bens do casal levada a efeito posteriormente, que, pelo direito suíço, aplicável à espécie segundo a regra do *tempus regit actum*, não implicou em revogação tácita do pacto sucessório — Falecimento do cônjuge varão e alteração do rol dos herdeiros, por testamento lavrado no Brasil pela cônjuge virago supérstite — Testamento que viola o pacto sucessório, já que possível era à cônjuge supérstite tão só a alteração de seus próprios herdeiros legais sendo vedada qualquer alteração dos herdeiros de seu finado marido — Nulidade parcial dos testamentos e codicilos lavrados no que toca a 3/4 dos bens integrantes do monte-mor, que deve ser conferido aos parentes consanguíneos de E. J. W. segundo disposições do pacto sucessório. Dá-se provimento ao recurso de apelação interposto pelo autor e nega-se provimento ao recurso adesivo interposto pelos réus.

BAASP, 3025:9 – Direito Processual Civil. Ação de inventário. Agravo de instrumento. Decisão que suspendeu o feito e determinou que a discussão acerca da validade do testamento fosse realizada em autos próprios, por ser tratar de questão de alta indagação. Testamento particular feito por brasileiro no exterior acompanhado de tradução por tradutor público juramentado. Documento cuja eficácia depende de certificação da autoridade consular brasileira, assim como do ajuizamento de ação de registro e cumprimento de testamento para se examinar a regularidade formal extrínseca necessária à sua validade. Decisão mantida. Recurso desprovido (TJPR – 12ª Câmara Cível, Agravo de Instrumento n. 1.441.534-6, Guaratuba-PR, rel. Des. Ivanise Maria Tratz Martins, j. 15-6-2016, v.u).

F) Execução de testamento no Brasil

RF, 101:515 — O processo a observar na execução de testamento no Brasil há de ser indicado pela lei processual brasileira.

G) Herança jacente e ascendente no exterior

RF, 102:70 — Não há herança jacente quando comprovada a existência de ascendentes do *de cujus* ainda quando residentes no estrangeiro. Em tal caso admite-se a habilitação dos herdeiros convertendo-se a arrecadação em inventário (STF).

H) Sucessão aberta no estrangeiro

RTJ, 68:27 — I — Partilha ali processada, compreendendo bens situados no Brasil. II — Homologação de sentença deferida, sujeita sua execução ao pagamento dos tributos devidos pela transmissão, e em conformidade com as leis brasileiras (STF).

I) Capacidade para suceder

EJSTJ, 19:69-70 — Direito internacional privado. Art. 10, § 2º, do Código Civil de 1916. Condição de herdeiro. Capacidade de suceder. Lei aplicável.

Capacidade para suceder não se confunde com qualidade de herdeiro.

Esta tem a ver com a ordem da vocação hereditária, que consiste no fato de pertencer a pessoa que se apresenta como herdeiro a uma das categorias que, de um modo geral, são chamadas pela lei à sucessão, por isso haverá de ser aferida pela mesma lei competente para reger a sucessão do morto que, no Brasil, "obedece à lei do país em que era domiciliado o defunto" (art. 10, *caput*, da LICC — atual LINDB).

Resolvida a questão prejudicial de que determinada pessoa, segundo o domicílio que tinha o *de cujus*, é herdeira, cabe examinar se a pessoa indicada é capaz ou incapaz para receber a herança, solução que é fornecida pela lei do domicílio do herdeiro (art. 10, § 2º, da LICC — atual LINDB). Recurso conhecido e provido (REsp 61.434-0-SP, rel. Min. Cesar Asfor Rocha, 4ª T., maioria, *DJ*, 8 set. 1997).

J) Adoção do sistema da pluralidade sucessória

STJ, REsp 397.769/SP, rel. Min. Nancy Andrighi, j. 25-11-2002: "Processual civil. Inventário. Requerimento para expedição de carta rogatória com o objetivo de obter informação a respeito de eventuais depósitos bancários na Suíça. Inviabilidade. Adotado no ordenamento jurídico pátrio o princípio da pluralidade de juízos sucessórios, inviável se cuidar, em inventário aqui realizado, de eventuais depósitos bancários existentes no estrangeiro".

Art. 11. As organizações destinadas a fins de interesse coletivo, como as sociedades e as fundações, obedecem à lei do Estado em que se constituírem.

- *Código Civil, arts. 44, II e III, 62 a 69, 981 a 1.141.*

- *Presume-se autorizado o gerente da filial ou agência de pessoa jurídica estrangeira, a receber citação inicial para qualquer processo civil — Código de Processo Civil, art. 75, § 3º.*

- *Decreto Legislativo n. 102/95, que aprova o texto da Convenção Interamericana sobre Personalidade e Capacidade das Pessoas Jurídicas no Direito Internacional Privado, concluída em La Paz, em 24 de maio de 1984, e o Decreto n. 2.427, de 17 de dezembro de 1997, que o promulga.*

- *Decreto n. 3.441, de 26 de abril de 2000, que delega competência ao Ministro de Estado da Justiça para autorizar o funcionamento no Brasil de organizações estrangeiras destinadas a fins de interesse coletivo.*

- *Resolução BACEN n. 2.743/2000, que altera procedimentos para a participação societária, direta ou indireta, no país e no exterior, por parte de instituições financeiras e demais instituições autorizadas a funcionar pelo Banco Central do Brasil.*

§ 1º Não poderão, entretanto, ter no Brasil filiais, agências ou estabelecimentos antes de serem os atos constitutivos aprovados pelo Governo brasileiro, ficando sujeitas à lei brasileira.

- *Vide art. 4º do Decreto n. 14.728, de 16 de março de 1921, e arts. 18 e 39 da Lei n. 4.595, de 31 de dezembro de 1964, sobre bancos e casas bancárias.*

- Vide art. 1º do revogado Decreto n. 22.456, de 10 de fevereiro de 1933, arts. 4º e 6º do Decreto-lei n. 261, de 28 de fevereiro de 1967, arts. 5º, 32, 74 e 143 do Decreto-lei n. 73, de 21 de novembro de 1966, sobre companhias de capitalização e autorização para funcionamento de sociedades seguradoras.

- Vide Decreto n. 24.575, de 4 de julho de 1934, sobre estabelecimentos de crédito industrial.

- Vide art. 74 do Decreto-lei n. 73, de 21 de novembro de 1966, sobre sociedades seguradoras.

- Vide Decreto-lei n. 227, de 28 de fevereiro de 1967 — Código de Mineração.

- Vide Decreto n. 24.503, de 29 de junho de 1934, sobre sociedades de economia coletiva.

- Vide Decreto-lei n. 2.784, de 20 de novembro de 1940, sobre navegação de cabotagem.

- Vide Decreto n. 24.643, de 10 de julho de 1934, sobre aproveitamentos de quedas-d'água e energia elétrica.

- Vide Decreto-lei n. 3.492, de 12 de agosto de 1941, sobre construção e exploração de pontes entre os Estados.

- Vide Decreto-lei n. 2.980, de 24 de janeiro de 1941; Decreto-lei n. 6.259/44, arts. 33 a 39 e Lei n. 9.615/98, arts. 6º, 8º, 9º e 56 sobre loterias.

- Registro de sociedades: Código Civil, arts. 1.150 a 1.154.

- Sociedades estrangeiras — Delegação de competência: Decreto n. 69.827, de 22 de dezembro de 1971, ora revogado pelo Decreto de 5 de setembro de 1991 — Delega competência ao Ministro da Indústria e do Comércio para aprovar alterações nos atos que regem o funcionamento das sociedades estrangeiras. Texto: Decreto-lei n. 200, de 25 de fevereiro de 1967, art. 12; Decreto de 26 de abril de 2000 (art. 1º) sobre delegação de competência ao Ministro da Justiça para autorizar funcionamento no Brasil de organizações estrangeiras; cuja competência passou para o Ministro de Estado do Desenvolvimento, Indústria e Comércio Exterior por força dos Decretos n. 3.444/2000, art. 1º e n. 5.664/2006. Pelo Decreto n. 9.787/2019, atualmente o Ministro de Estado da Economia tem competência para autorizar funcionamento de pessoa jurídica estrangeira no Brasil. CC, arts. 1.134 a 1.141 e 1.195.

- Sobre atos alusivos ao registro público de empresas mercantis estrangeiras autorizadas a funcionar no Brasil: Lei n. 8.934/94, art. 32, II, c.

- Vide Código de Processo Civil de 2015, art. 21, parágrafo único.

- Instrução Normativa n. 7/2013 do DRE sobre pedidos de autorização para nacionalização ou instalação de filial, agência, sucursal ou estabelecimento no País por sociedade empresária estrangeira.

- Sobre aquisição e arrendamento de imóvel rural por estrangeiro no Brasil: Lei n. 5.709/71; Decreto n. 74.965/74 e IN do INCRA n. 76/2013.
- Constituição Federal, art. 170, parágrafo único.

§ 2º Os governos estrangeiros, bem como as organizações de qualquer natureza, que eles tenham constituído, dirijam ou hajam investido de funções públicas, não poderão adquirir no Brasil bens imóveis ou suscetíveis de desapropriação.

§ 3º Os governos estrangeiros podem adquirir a propriedade dos prédios necessários à sede dos representantes diplomáticos ou dos agentes consulares.

- Leis n. 4.331, de 1º de junho de 1964, 5.791, de 6 de julho de 1972, e 6.235, de 8 de setembro de 1975.

1. Lei do lugar da constituição da sociedade ou fundação

Para atender a fins da vida social, a precariedade do esforço pessoal conduz à criação de pessoas jurídicas de direito público e de direito privado, porém o art. 11 da Lei de Introdução, ora comentado, não trata da constituição, da administração ou da extinção de uma pessoa jurídica de direito público, mas sim da sociedade e da fundação particular.

Na seara do direito internacional privado surge a questão de se saber qual o direito que se deve seguir ao se apreciar a constituição, o funcionamento e a dissolução de sociedade e fundação, tendo-se em vista que a pessoa jurídica poderá ter sido constituída em um determinado país para exercer suas atividades em outro Estado; os sócios poderão ter várias nacionalidades ou até mesmo domicílios em outros países; o capital social poderá estar subscrito em vários Estados; a sede da pessoa jurídica poderá estar em dado país, e o exercício da atividade em outro. Dever-se-á, então, aplicar o direito da nacionalidade; do domicílio dos sócios; do país da subscrição do capital; do local da exploração da atividade empresarial; da sede da administração; da constituição da pessoa jurídica?

Cada Estado será soberano para optar por um desses critérios. O Brasil, para solucionar tal problemática, contém, na Lei de Introdução (art. 11), norma ordenando que se aplique o direito vigente no local da constituição da sociedade ou da fundação, pouco importando a lei do lugar onde se dá o exercício da sua atividade. O Código Bustamante, no art. 32, veio a adotar o princípio da territorialidade para reger o conceito e o reconhecimento das pessoas jurídicas, prescrevendo no art. 33 que a capacidade civil das corporações será disciplinada pela lei que as tiver criado ou reconhecido; das fundações, pelas normas da sua instituição, aprovadas pela autoridade correspondente, se o exigir o seu direito nacional; e das associações, pelos seus estatutos, em iguais condições, acrescentando, ainda, no art. 34, que a capacidade civil das sociedades simples e empresárias regular-se-á pelas disposições relativas ao contrato social.

A Lei de Introdução ao impor a lei do Estado em que as pessoas jurídicas de direito privado se constituírem, desprezando o critério da nacionalidade, do domicílio dos sócios ou dos fundadores, do país da subscrição do capital social, da sede empresarial, da autonomia da vontade, não veio, contudo, a quebrar o princípio da lei domiciliar. O critério da lei do lugar da constituição é o mais adequado por ser o do local onde a pessoa jurídica se formou, obedecendo às formalidades legais que lhe dão existência. A pessoa jurídica submeter-se-á à lei do Estado em que se constituir, que irá determinar as condições de sua existência ou do reconhecimento de sua personalidade jurídica. Assim sendo, se se tratar de pessoa jurídica de direito privado, como os sócios podem ter nacionalidade e domicílio diversos, como pode haver subscrição do capital social em vários Estados, como a firma pode ter diferentes centros de exploração, o art. 11, *caput*, manda aplicar o direito que vigorar no local da constituição da sociedade e da fundação de caráter privado. As organizações destinadas a fins de interesse coletivo regem-se, portanto, pela lei do Estado em que se constituírem. Desse modo, ao surgir, relativamente às pessoas jurídicas de direito privado, o interesse de saber qual sua atuação no âmbito do gozo de seus direitos e no dos conflitos normativos, o direito internacional privado especifica que a lei do local de sua constituição determinará a apreciação no *forum* da sua criação, funcionamento e dissolução. Com isso nosso art. 11, acertadamente, ao ordenar a aplicação da lei do lugar da constituição das sociedades e fundações, veio a permitir que se reconheçam como existentes as pessoas jurídicas de acordo com critérios de leis estrangeiras, constituídas de conformidade com tais leis[403].

---

403. Ivon Loussouarn, *Les conflites de lois en matière de sociétés*, Paris, 1949; Homero Pires, *Do reconhecimento das pessoas jurídicas no direito internacional privado e outros estudos*, Bahia, 1916; Prospero Fedozzi, *Gli enti colletivi nel diritto internazionale privato*, Padova, 1897; Abrams, *Les sociétés en droit international privé*, 1957; Rühland, Le problème des personnes morales en droit international privé, in *Recueil des Cours de l'Academie de Droit International de Haia*, 1933, v. 45, p. 430-41; Isay, *Die Staatsangehörigkeit der juristischen Personen*, 1907, p. 22 e s.; Fenwick, *International law*, 3. ed., p. 264; Schirmeister, *Das buergerliche Recht Englands*, §§ 20 e 21; Vareilles-Sommières, *Personnes morales*, n. 94-103; Amílcar de Castro, *Direito internacional privado*, cit., v. 2, p. 39-54; Pillet, *Les personnes morales en droit international privé*, 1941; Oscar Tenório, *Direito internacional privado*, cit., v. 2, p. 6 e s.; Espínola e Espínola Filho,

Não se pode negar a existência de pessoas jurídicas nacionais (CC, arts. 1.126 a 1.133) e estrangeiras (CC, arts. 1.134 a 1.141), uma vez que não poderão ser *heimathlos*, por estarem ligadas a um país, cuja lei rege sua constituição, suas funções, seus direitos e deveres, dando-lhes personalidade jurídica. Quando se fala em nacionalidade de pessoa jurídica, apenas se quer indicar sua relação com certo Estado. Deveras, a nacionalidade é, como pondera Isay, o laço que faz com que a pessoa pertença a um país, na qualidade de membro; é, portanto, a *Mitgliedshaft*, na corporação estatal. A nacionalidade da pessoa jurídica consistirá na sua vinculação a determinado meio social, com cujos interesses fundamentais se entrosam; logo, haverá uma relação de dependência entre a pessoa jurídica e o Estado que lhe deu origem e a considera existente como realidade jurídica na qualidade de súdito nacional, mesmo que esteja funcionando fora de seu território. Consequentemente, a nacionalidade da pessoa jurídica é conferida pela ordem jurídica estatal de sua constituição e pelo local de sua sede social ou o centro da exploração de suas atividades, pouco importando a nacionalidade dos sócios ou fundadores (CC, art. 1.126)[404].

O Código Bustamante estabeleceu no art. 16 que a nacionalidade de origem das corporações e das fundações será determinada pela lei do Estado que as autorizar ou as aprovar, acrescentando, no art. 17, que a naciona-

---

A Lei de Introdução, cit., v. 3, p. 174-240. *Vide* Decreto n. 2.427/97, que promulga a Convenção Interamericana sobre Personalidade e Capacidade de Pessoas Jurídicas no Direito Internacional Privado, concluída em La Paz, em 24 de maio de 1984.

404. Barbosa Lima Sobrinho, *A nacionalidade da pessoa jurídica*, Belo Horizonte, 1963; Maurice Travers, La nationalité des sociétés commerciales, in *Recueil des Cours*, v. 33, p. 18-24; Antonio Lefebvre d'Ovidio, *La nazionalità delle società commerciali*, Milano, 1939; Leven, *De la nationalité des sociétés et du régime des sociétés étrangers en France*, 1925, p. 42 e s. e 166; Alex Martin-Achard, *La nationalité des sociétés anonymes*, Zürich, 1918; Pepy, *La nationalité des sociétés*, 1920; Luiz Viana, *Da nacionalidade das sociedades*, Bahia, 1959; Theóphilo de Azeredo Santos, *Da nacionalidade das sociedades comerciais*, Belo Horizonte, 1957; Vicente Ráo, *O direito*, cit., v. 2, p. 278-9; Wilson de S. Campos Batalha, *Tratado*, cit., v. 2, p. 16-7; Isay, De la nationalité, in *Recueil des Cours*, v. 5, p. 434-5; Curt Rühland, Le problème des personnes morales en droit international privé, in *Recueil des Cours*, v. 45, p. 394-9; Niboyet, *Traité de droit international privé français*, n. 77, p. 86-7; Espínola e Espínola Filho, *A Lei de Introdução*, cit., v. 3, p. 184; Adler, *Nationalitätswechsel*, 1931; Anzilotti, Il mutamento di nazionalità delle società commerciali, *Rivista di diritto internazionale*, 1912, p. 124 e s.; Zitelmann, *Internationales Privatrecht*, 1912, v. 2, p. 111; Amílcar de Castro, *Direito internacional privado*, cit., v. 2, p. 41-6; Osiris Rocha, *Curso*, cit., p. 107; Arminjon, Nationalité des personnes morales, *Revue de Droit International et de Législation Comparées*, 1902, p. 407; Houpin e Bosvieux, *Traité général théorique e pratique des sociétés civiles et commerciales*, 1935, v. 3, p. 279 e s.; Cavaglieri, *Diritto internazionale commerciale*, v. 5 do *Trattato di diritto internazionale* de Fedozzi, Santi Romano e outros, 1936, p. 174; M. Helena Diniz, *Curso de direito civil brasileiro*, São Paulo, Saraiva, 2008, p. 512 a 533. Consulte: Código Bustamante, arts. 9, 10, 11, 16, 17, 18, 19, 20 e 21, e Emenda Constitucional n. 6/95, que revogou o art. 171 da CF/88.

lidade das associações será a do país em que se constituírem, e nele deverão, então, ser registradas, se a legislação local exigir, e estipulando, no art. 18, que as sociedades simples ou as empresárias, que não forem anônimas, terão a nacionalidade avençada no pacto social, e, na sua falta, a do lugar onde tiver sede a sua gerência ou direção principal. Prescreve, ainda, no art. 19, que a nacionalidade das sociedades anônimas será determinada pelo contrato social e, eventualmente, pela lei do local onde, normalmente, se reúna a junta geral de acionistas, ou, em sua falta, pela do lugar onde estiver funcionando seu principal Conselho Administrativo ou Junta Diretiva.

A Lei de Introdução não se pronunciou, expressamente, sobre a nacionalidade das pessoas jurídicas, partindo do pressuposto de que, por constituírem criações de determinado ordenamento jurídico, reger-se-ão pela mesma lei que as criou, pouco importando, por isso, definir-lhes a nacionalidade. Não há no direito brasileiro norma na Lei de Introdução determinante do critério pelo qual se possa saber se dada pessoa jurídica é nacional ou não. Poder-se-á determinar a nacionalidade da pessoa jurídica pela lei na qual ela tem sua origem, ou seja, aplicar-se-á o princípio *locus regit actum* no que atina à constituição das pessoas jurídicas, o que está, no nosso entender, previsto implicitamente no art. 11 da Lei de Introdução e explicitamente nos arts. 1.126 a 1.141 do Código Civil[405]. Assim sendo, o critério dominante é aquele segundo o qual o local de sua constituição e da sede de sua administração determinarão o nascimento da pessoa jurídica e sua nacionalidade (*ius soli*).

Consequentemente, a pessoa jurídica será brasileira se se constituir no Brasil, onde tem sua sede administrativa, mesmo que os sócios não sejam brasileiros, uma vez que a nacionalidade da pessoa jurídica e a das pessoas físicas que a compõem são realidades distintas. Para uma sociedade ser brasileira não será preciso que seja constituída por brasileiros. Todos os sócios poderão ser estrangeiros. Pelo art. 1.126, parágrafo único, 1ª parte, do Código Civil, quando a lei exigir que todos ou alguns sócios sejam brasileiros, as ações da sociedade anônima revestirão, no silêncio da lei, a forma nominativa. Mas, se se constituir no exterior, tendo no Brasil a sede de seu principal estabelecimento, empregando capital e organizando seus estatutos de acordo com a lei brasileira, obtendo aprovação governamental para funcionar, deverá ser considerada brasileira[406]. É o que se infere dos

---

405. Makarov, *Précis de droit international privé d'aprés la législation et la doctrine russes*, p. 199; Oscar Tenório, *Direito internacional privado*, cit., v. 2, p. 11; Pillet, *Des personnes morales*, cit., n. 92, p. 133-4.

406. Amílcar de Castro, *Direito internacional privado*, cit., v. 2, p. 47-9; Fenwick, *International law*, 3. ed., p. 264; Darci Azambuja, Parecer, *RF*, *135*:390; Oscar Tenório, *Direito interna-*

princípios apontados por Clóvis Beviláqua[407], de que: *a*) a nacionalidade da pessoa jurídica dependerá do local de sua constituição, conservando-a enquanto não mudar sua sede administrativa ou domicílio; *b*) será brasileira: a pessoa jurídica constituída no território nacional; a constituída por brasileiros fora do país, mas com contrato social arquivado no Brasil, com firma inscrita, tendo sua gerência confiada a brasileiro; a estipulada no exterior com estabelecimento no Brasil; a sociedade anônima e em comandita por ações constituída no exterior que, obtida a autorização para funcionamento no Brasil, transferir sua sede para o território brasileiro, tendo por diretores cidadãos brasileiros.

As sociedades constituídas no Brasil serão brasileiras; se, porém, vierem a mudar sua sede para o exterior, desnacionalizar-se-ão, pois passarão a submeter-se à lei do Estado em cujo território vierem a exercer suas atividades.

Como se vê, as pessoas jurídicas também têm sua nacionalidade, ligando-se ao país em que se constituírem, predominando o critério da sede social, pois para adquirirem personalidade jurídica precisam ser constituídas de acordo com a lei vigente em determinado Estado. Logo, sua nacionalidade dependerá do local onde se celebrou o ato de sua constituição.

As pessoas jurídicas estrangeiras constituídas de conformidade com a lei do lugar onde nasceram (*lex loci actus*) serão tidas como válidas em outros Estados que as reconhecerem. A sociedade estrangeira necessita, em nosso país, de prévia autorização do poder executivo federal para registrar seus atos constitutivos (CC, art. 1.134) e funcionar em território brasileiro, sendo-lhe permitido requerer sua nacionalização, transferindo sua sede para o Brasil (CC, art. 1.141). Pelo novel Código Civil a sociedade estrangeira poderá exercer suas atividades no Brasil: *a*) se realizar diretamente suas atividades, em seu próprio nome, por meio de filial aqui instalada, desde que haja prévia autorização governamental para seu funcionamento; *b*) se participar como acionista em sociedade brasileira constituída sob a forma de sociedade anônima (CC, art. 1.134), da qual é subsidiária, o que daria

---

cional privado, cit., v. 2, p. 19-32; Luiz Antonio S. Hentz e Gustavo Saad Diniz, Nacionalidade da pessoa jurídica — sistemática no novo Código Civil, *Revista Síntese de Direito Civil e Processual Civil*, *35*:48-54. O Tratado de Lisboa evita o termo *nacionalidade* para a pessoa jurídica e prefere falar em *sede social, administração central* ou *estabelecimento principal* (art. 54). Para a Convenção Interamericana sobre Personalidade e Capacidade das Pessoas Jurídicas no Direito Internacional Privado, o que importa é a *lei do lugar onde se constituírem* para reger sua existência, capacidade, funcionamento, dissolução e fusão (art. 2º).

407. Clóvis Beviláqua, *Princípios elementares*, cit., p. 213; Oscar Tenório, *Lei de Introdução*, cit., p. 367. Pillet, *Des personnes morales*, cit., p. 117; Carvalho Santos, *Código Civil*, cit., p. 229-30; Von Bar, *Theorie und Praxis*, cit., v. 1, p. 162 e s.; Agenor P. de Andrade, *Manual*, cit., p. 159;

ensejo para o ingresso de capital estrangeiro no Brasil. Com seu reconhecimento, a pessoa jurídica alienígena gozará, no território brasileiro, da mesma capacidade que tem no país de origem (Código Bustamante, arts. 31 e 32). O art. 11 da Lei de Introdução sujeita a pessoa jurídica à lei do Estado em que se constituiu. Claro está que à lei desse país se deverá recorrer para reconhecer, ou não, a entidade estrangeira como sujeito de direito. Como não há nenhuma norma alusiva ao reconhecimento de pessoa jurídica estrangeira, tem a doutrina entendido que tal pessoa poderá ser reconhecida independentemente de qualquer autorização expressa, pois o art. 11, pressupondo esse reconhecimento incondicionado, determina que as organizações destinadas a fins de interesse coletivo, como as sociedades e as fundações, obedecem à lei do país em que se constituíram. O país de origem determinará, portanto, as condições de existência e constituição das pessoas jurídicas de direito privado, e, nesse aspecto, suas leis poderão ter valor extraterritorial, tendo como limite a ordem pública. As pessoas jurídicas estrangeiras serão reconhecidas e admitidas como sujeito de direito, de conformidade com a lei do Estado onde se constituíram[408].

408. Pillet, *Des personnes morales*, cit., p. 117; Carvalho Santos, *Código Civil*, cit., p. 229-30; Von Bar, *Theorie und Praxis*, cit., v. 1, p. 162 e s.; Agenor P. de Andrade, *Manual*, cit., p. 159;

Victor Romero del Prado, *Manual de derecho internacional privado*, Buenos Aires, 1944, v. 1, p. 858; Espínola e Espínola Filho, *A Lei de Introdução*, cit., v. 3, p. 189-94; Maria Helena Diniz, *Curso de direito civil brasileiro*, São Paulo, Saraiva, 2012, v. 8, p. 553-66. *Vide* IN do INCRA n. 76/2013, sobre aquisição e arrendamento de imóvel rural por pessoa jurídica estrangeira autorizada a funcionar no Brasil. Interessante e elucidativo é o Decreto n. 2.427/97, nestes termos:

"Promulga a Convenção Interamericana sobre Personalidade e Capacidade de Pessoas Jurídicas no Direito Internacional Privado, concluída em La Paz, em 24/05/84.

O Presidente da República, no uso das atribuições que lhe confere o art. 84, VIII, da CF/88,

Considerando que a Convenção Interamericana sobre Personalidade e Capacidade de Pessoas Jurídicas no Direito Internacional Privado foi concluída em La Paz, em 24/05/84;

Considerando que o ato multilateral em epígrafe foi oportunamente aprovado por meio do Dec. Legis. n. 102, de 24/08/95;

Considerando que a Convenção em tela entrou em vigor internacional em 09/08/92;

Considerando que o Governo brasileiro depositou o instrumento de ratificação da Convenção em 20/03/97, passando a mesma a vigorar, para o Brasil, em 19/04/97, na forma de seu art. 14, Decreta:

Art. 1º A Convenção Interamericana sobre Personalidade e Capacidade de Pessoas Jurídicas no Direito Internacional Privado concluída em La Paz, em 24/05/84, apensa por cópia ao presente Decreto, deverá ser cumprida tão inteiramente como nela se contém.

Art. 2º O presente Decreto entra em vigor na data de sua publicação.

Brasília, 17 de dezembro de 1997; 176º da Independência e 109º da República.

Fernando Henrique Cardoso
Luiz Felipe Lampreia

ANEXO AO DECRETO QUE PROMULGA A CONVENÇÃO INTERAMERICANA SOBRE PERSONALIDADE E CAPACIDADE DE PESSOAS JURÍDICAS NO DIREITO INTERNACIONAL PRIVADO/MRE

Convenção Interamericana sobre Personalidade e Capacidade de Pessoas Jurídicas no Direito Internacional Privado

Os Governos dos Estados-Membros da Organização dos Estados Americanos,

Desejosos de concluir uma convenção sobre personalidade e capacidade de pessoas jurídicas no direito internacional privado,

Convieram no seguinte:

Art. 1º Esta Convenção aplicar-se-á às pessoas jurídicas constituídas em qualquer dos Estados-Partes entendendo-se por pessoa jurídica toda entidade que tenha existência e responsabilidade próprias, distintas das dos seus membros ou fundadores e que seja qualificada como pessoa jurídica segundo a lei do lugar de sua constituição.

Esta Convenção será aplicada sem prejuízo de convenções específicas que tenham por objetivo categorias especiais de pessoas jurídicas.

Art. 2º A existência, a capacidade de ser titular de direitos e obrigações, o funcionamento, a dissolução e a fusão das pessoas jurídicas de caráter privado serão regidos pela lei do lugar de sua constituição.

Entender-se-á por 'lei do lugar de sua constituição' a do Estado-Parte em que forem cumpridos os requisitos de forma e fundo necessários à criação das referidas pessoas.

Art. 3º As pessoas jurídicas privadas devidamente constituídas num Estado-Parte serão reconhecidas de pleno direito nos demais Estados-Partes. O reconhecimento de pleno direito não exclui a faculdade do Estado-Parte de exigir comprovação de que a pessoa jurídica existe conforme a lei do lugar de sua constituição.

Em caso algum a capacidade reconhecida às pessoas jurídicas privadas constituídas num Estado-Parte poderá ser maior do que a capacidade que a lei do Estado-Parte que as reconheça outorgue às pessoas jurídicas constituídas neste último.

Art. 4º À realização de atos compreendidos no objeto social das pessoas jurídicas privadas aplicar-se-á a lei do Estado-Parte em que se realizem tais atos.

Art. 5º As pessoas jurídicas privadas constituídas num Estado-Parte que pretendam estabelecer a sede efetiva de sua administração em outro Estado-Parte poderão ser obrigadas a cumprir os requisitos estabelecidos na legislação deste último.

Art. 6º Quando uma pessoa jurídica privada atuar por intermédio de representante em Estado-Parte que não seja o de sua constituição, entender-se-á que esse representante, ou quem o substituir, poderá responder, de pleno direito, às reclamações e demandas que contra a referida pessoa se intentem por motivo dos atos de que se trate.

Art. 7º Cada Estado-Parte e demais pessoas jurídicas de direito público organizadas de acordo com sua lei gozarão de personalidade jurídica privada de pleno direito e poderão adquirir direitos e contrair obrigações no território dos demais Estados-Partes, com as restrições estabelecidas por essa lei e pelas leis destes últimos, especialmente no que se refere aos atos jurídicos relativos a direitos reais e sem prejuízo de invocar, quando for o caso, imunidade de jurisdição.

Art. 8º As pessoas jurídicas internacionais criadas por um acordo internacional entre Estados-Partes ou por uma resolução de organização internacional reger-se-ão pelas disposições do acordo ou resolução de sua criação e serão reconhecidas de pleno direito como sujeitos de direito privado em todos os Estados-Partes da mesma forma que as pessoas jurídicas privadas e sem prejuízo de invocar, quando for o caso, imunidade de jurisdição.

Art. 9º A lei declarada aplicável por esta Convenção poderá não ser aplicada no território do Estado-Parte que a considerar manifestamente contrária à sua ordem pública.

2. Condição para abertura de filiais, agências ou estabelecimentos de pessoa jurídica estrangeira no Brasil

A nacionalidade da pessoa jurídica de direito privado é de grande importância se se tratar de sociedade empresária, uma vez que a associação, a fundação e a sociedade simples têm pouca irradiação internacional. A

Art. 10. Esta Convenção ficará aberta à assinatura dos Estados-Membros da Organização dos Estados Americanos.

Art. 11. Esta Convenção está sujeita à ratificação. Os instrumentos de ratificação serão depositados na Secretaria-Geral da Organização dos Estados Americanos.

Art. 12. Esta Convenção ficará aberta à adesão de qualquer outro Estado. Os instrumentos de adesão serão depositados na Secretaria-Geral da Organização dos Estados Americanos.

Art. 13. Cada Estado poderá formular reservas a esta Convenção no momento de assiná-la, ratificá-la ou a ela aderir, desde que a reserva se refira a uma ou mais disposições específicas.

Art. 14. Esta Convenção entrará em vigor no trigésimo dia a partir da data em que haja sido depositado o segundo instrumento de ratificação.

Para cada Estado que ratificar a Convenção ou a ela aderir depois de haver sido depositado o segundo instrumento de ratificação, a Convenção entrará em vigor no trigésimo dia a partir da data em que tal Estado haja depositado seu instrumento de ratificação ou de adesão.

Art. 15. Os Estados-Partes que tenham duas ou mais unidades territoriais em que vigorem sistemas jurídicos diferentes com relação a questões de que trata esta Convenção poderão declarar, no momento da assinatura, ratificação ou adesão, que a Convenção se aplicará a todas as suas unidades territoriais ou somente a uma ou mais delas.

Tais declarações poderão ser modificadas mediante declarações ulteriores, que especificarão expressamente a unidade ou as unidades territoriais a que se aplicará esta Convenção. Tais declarações ulteriores serão transmitidas à Secretaria-Geral da Organização dos Estados Americanos e surtirão efeito 30 dias depois de recebidas.

Art. 16. Esta Convenção vigorará por prazo indefinido, mas qualquer dos Estados-Partes poderá denunciá-la. O instrumento de denúncia será depositado na Secretaria-Geral da Organização dos Estados Americanos. Transcorrido um ano da data do depósito do instrumento de denúncia, os efeitos da Convenção cessarão para o Estado denunciante, mas subsistirão para os demais Estados-Partes.

Art. 17. O instrumento original desta Convenção, cujos textos em português, espanhol, francês e inglês são igualmente autênticos, será depositado na Secretaria-Geral da Organização dos Estados Americanos, que enviará cópia autenticada do seu texto à Secretaria das Nações Unidas, para seu registro e publicação, de conformidade com o art. 102 da sua Carta constitutiva. A Secretaria-Geral da Organização dos Estados Americanos notificará aos Estados-Membros da referida Organização e aos Estados que houverem aderido à Convenção as assinaturas e os depósitos de instrumentos de ratificação, adesão e denúncia, bem como as reservas que houver. Outrossim, transmitir-lhes-á as declarações previstas no art. 15 desta Convenção.

Em fé do que, os plenipotenciários infra-assinados, devidamente autorizados por seus respectivos governos, firmam esta Convenção.

Feita na Cidade de La Paz, Bolívia, no dia 24-5-1984."

Ato declaratório executivo n. 3, de 14 de julho de 2017, da Subsecretaria da Arrecadação, Cadastros e Atendimento, Coordenação-geral de Atendimento e Educação Fiscal, institui formulário digital para a apresentação de informações pelos interessados em solicitar alteração cadastral e baixa no Cadastro Nacional de Pessoa Jurídica – CNPJ a ser utilizado por empresas domiciliadas no exterior e nacionais nos casos em que especifica.

sociedade empresária procura expandir suas atividades empresariais para além dos limites territoriais. Logo a pessoa jurídica estrangeira de direito privado, mesmo que não tenha agência no Brasil, poderá relacionar-se com as pessoas aqui domiciliadas e ser amparada por nossa legislação (LINDB, arts. 2º, 11 e 17 interpretados *a contrario sensu*; Lei n. 8.884/94, art. 2º (revogado pela Lei n. 12.529/2011), com a redação da Lei n. 10.149/2000; e Instrução Normativa n. 7, de 5 de dezembro de 2013, do DREI, Lei n. 8.934/94, art. 4º, X (com a redação da Lei n. 14.195/2021), sobre os pedidos de autorização para nacionalização ou instalação de filial, agência, sucursal ou estabelecimento no País, por sociedade empresária estrangeira).

Se a pessoa jurídica estrangeira conservar a sede no exterior, exercendo atividade no Brasil, desde que não contrarie a nossa ordem social, sem aqui manter filial, sucursal, agência ou estabelecimento, poderá efetivar atos negociais no Brasil, recorrer aos tribunais brasileiros, sem qualquer necessidade de autorização governamental, uma vez que não pretende aqui fixar agência ou filial, pois continuará obedecendo à lei do país de sua constituição.

Se a pessoa jurídica deslocar sua sede para o Brasil, exercendo aqui suas atividades, ou se conservar sua sede no estrangeiro, abrindo aqui filial, sucursal, agência ou estabelecimento, deverá, para evitar fraude à lei, obter a aprovação de seu estatuto social ou ato constitutivo pelo governo federal brasileiro, sujeitando-se, então, à lei brasileira, uma vez que adquirirá domicílio no Brasil (CC, arts. 1.134 a 1.141). A lei brasileira reger-lhe-á as relações jurídicas, a capacidade de gozo ou de exercício de direitos etc. Firmada estará a competência da lei domiciliar (*RF*, *45*:549 e *33*:323). Com isso não se nacionaliza a pessoa jurídica estrangeira; apenas determina-se-lhe o exercício de seus direitos, com as restrições estabelecidas pela ordem pública e bons costumes.

Pelos Decretos n. 3.444, de 28 de abril de 2000, art. 1º, e n. 5.664/2006 ficou delegada competência ao Ministro de Estado do Desenvolvimento, Indústria e Comércio Exterior, vedada a subdelegação, para decidir e praticar os atos de autorização de funcionamento no Brasil de organizações estrangeiras destinadas a fins de interesse coletivo, inclusive para a alteração de estatutos e a cassação de autorização de funcionamento.

Atualmente, tal competência, por força do Decreto n. 9.787/2020, do Ministério do Estado da Economia, vem sendo permitida a subdelegação de sua competência ao Diretor do Departamento Nacional de Registro Empresarial e Integração da Secretaria de Governo Digital da Secretaria Especial de desburocratização, gestão e governo digital do Ministério da Economia. Se a atividade da sociedade estrangeira envolver produtos controlados relacionados no Regulamento para Fiscalização de Produtos

Controlados – R – 105 aprovado pelo Decreto n. 3.665/2000, a autorização para seu funcionamento dependerá de anuência prévia do Comando do Exército (Decreto n. 9.787/2019, art. 1º, §§ 1º e 2º).

Para tanto, será necessário um requerimento de autorização dirigido ao Ministro de Estado da Economia, por delegação do Presidente da República Federativa do Brasil, conforme o modelo abaixo:

Exmo. Sr. Ministro de Estado da Economia, do Brasil

....(nome da associação, sociedade ou fundação), entidade com sede em.................................

....(especificar o endereço da matriz), constituída em conformidade às leis do........................

....(especificar o nome do país de origem), vem por seu ....

................................(Presidente, representante legal ou procurador),

.... (nome e qualificação do Presidente, representante legal ou procurador, com indicação precisa de endereço para contato), abaixo assinado, solicitar a V. Exa., nos termos do art. 11, § 1º, da Lei de Introdução às Normas do Direito Brasileiro, autorização para seu funcionamento no território da República Federativa do Brasil.

———————————————
(local e data)

———————————————
(assinatura do Presidente, representante
legal ou procurador)

Esse pedido de autorização deverá ser instruído (CC, art. 1.134, § 1º, I a VI) com:

a) prova de a sociedade encontrar-se legal e regularmente constituída de acordo com a lei de seu país;

b) cópia integral do seu estatuto social e da ata da Assembleia-Geral que autorizou seu funcionamento no Brasil e fixou o capital destinado às operações no território brasileiro;

c) rol dos sócios e dos membros dos órgãos administrativos devidamente qualificados, indicando-se, ainda, o valor da participação de cada um no capital social, salvo se as ações forem ao portador;

d) comprovante da nomeação do representante no Brasil, devidamente munido de poderes expressos para aceitar as condições em que for dada a autorização;

e) apresentação do último balanço da firma;

f) procuração para representante no Brasil, ao qual devem ser concedidos poderes para aceitar as condições em que a autorização será concedida;

g) autenticação de todos os documentos conforme a lei nacional da sociedade requerente, legalizados pelo Consulado, e traduzidos em vernáculo por tradutor juramentado (CC, art. 1.134, § 2º).

Imprescindível será a apresentação de toda essa documentação, pois a autorização para funcionamento de filiais no território brasileiro implicará o prévio exame da legitimidade de sua constituição no exterior e a verificação de que o exercício de suas atividades não colide com a ordem pública interna. Isto é assim porque poderá ocorrer que uma pessoa jurídica de certo país organize firma em outro para fugir a rigores fiscais e depois volte ao país de origem com aquela sociedade caracterizada como estrangeira. Por isso a Lei de Introdução, no art. 17, determina que, pelo princípio da ordem pública, dever-se-lhe-á negar os efeitos pretendidos. A exigência de autorização para funcionamento no Brasil é política, reconhecendo-se a pessoa jurídica estrangeira e sua filial tão somente para efeito de exercício de atividade empresarial em território brasileiro. A pessoa jurídica autorizada poderá exercer suas operações no Brasil, sujeitando-se, como vimos, à lei brasileira, e terá livre acesso aos tribunais, embora possa sofrer algumas limitações constitucionais.

A sociedade ou fundação estrangeira, mesmo sendo nulo o ato de sua constituição, poderá ser reconhecida como organização de fato, sem personalidade jurídica, quanto às operações já levadas a efeito, podendo, no que disser respeito a essas operações, recorrer ao tribunal brasileiro, pois a nulidade de sua constituição não terá efeito quanto aos fatos consumados.

Não se quer confundir a questão do reconhecimento da personalidade jurídica com a do exercício de atividade de pessoa jurídica estrangeira em outro Estado, que reclama a aprovação de seus atos constitutivos para que possa ter agência ou filial que a represente, passando *ipso facto* a disciplinar-se pela lei brasileira. Com aquela aprovação estará habilitada a aqui funcionar regularmente. Tal aprovação pelo governo federal de seu estatuto refere-se, portanto, à sua capacidade funcional. O seu reconhecimento como pessoa jurídica independerá de qualquer autorização governamental. A pessoa jurídica estrangeira terá personalidade jurídica no Brasil, sem necessidade de qualquer aprovação especial, desde que sua lei nacional lhe confira a qualidade de pessoa jurídica. Mas, se quiser alcançar em nosso território, instalando sucursal, as finalidades empresariais a que se destina, ficará para tanto dependendo de autorização do governo federal, mediante aprovação de seu estatuto social. Não precisará dessa autorização, convém repetir, para que possa praticar negócios ou para que seja admitida em juízo, ativa ou passivamente, se tiver de pleitear direitos decorrentes de seu funcionamento regular fora do Brasil, já que o direito de estar em juízo constitui consectário jurídico de reconhecimento de sua personalidade jurídica e não ato de exercício de sua capacidade funcional. Reclama-se a aprovação pelo governo brasileiro de ato constitutivo de sociedades simples, empresária ou de fundação, para que possam ter agência, filial ou estabelecimento que as representem, passando a regular-se pela lei brasileira que regerá o exercício de suas funções, impondo até mesmo restrições ao exercício de certos direitos, afastando inclusive atividade profissional que possa lesar as empresas nacionais, contrariar o interesse público ou afetar a segurança nacional. Logo, lícito não será afirmar que o reconhecimento da existência de sua personalidade jurídica dependerá de autorização, que será necessária para que tais entidades coletivas constituídas no exterior possam funcionar no Brasil regularmente, permitindo que, mediante sucursais, prossigam no território nacional as atividades para as quais foram criadas[409].

---

409. Espínola e Espínola Filho, *A Lei de Introdução*, cit., v. 3, p. 212-27; Machado Villela, *O direito internacional*, cit., p. 31; Wilson de S. Campos Batalha, *Tratado*, cit., v. 2, p. 30-4; Amílcar de Castro, *Direito internacional privado*, cit., v. 2, p. 51-4; Albéric Rolin, *Principes de droit international privé*, v. 3, p. 277-8; Osiris Rocha, *Curso*, cit., p. 106; Oscar Tenório, *Direito internacional privado*, cit., v. 2, p. 21 e 27. *Vide*, p. ex., o Decreto de 15 de julho de 1994, que concede à "Hope Of The Future", com sede em Oslo (Noruega), autorização para funcionar com uma filial no Brasil. Não serão recebidos os pedidos de autorização para funcionar no Brasil: *a*) entidade de fomento à adoção internacional de menores, enquanto não se der a aprovação pela ONU de um projeto de Regras Mínimas das Nações Unidas para aquela adoção; *b*) entidade destinada à divulgação de notícia, por ser vedado a estrangeira a propriedade ou a sociedade em empresas jornalísticas. Sobre autorização para estabelecer filial no Brasil: IN do DREI n. 7/2013 e n. 27/2014. A Lei n. 8.934/94, art. 32, II, *c*, requer o arquivamento dos atos concernentes a empresas mercantis estrangeiras autorizadas a funcionar no Brasil no Registro Público de Empresas Mercantis e Atividades Afins. *Vide* Instrução Normativa n. 34/2017 do DREI, que dispõe sobre o arquivamento de atos de empresas mercantis ou de cooperativas em que participem estrangeiros residentes e domiciliados no Brasil, pessoas físicas, brasileiras ou estrangeiras, residentes e domiciliadas no exterior e pessoas jurídicas com sede no exterior, e o Decreto sem número, de 31 de dezembro de 1996, que delega competência ao Ministro da Justiça para aprovar ou indeferir alteração no ato constitutivo que rege

3. Restrições à aquisição, ao gozo e exercício de direito real no território nacional pelas pessoas jurídicas de direito público

Um Estado estrangeiro reconhecido será considerado como sujeito de direitos. Mas o reconhecimento feito internacionalmente da personalidade jurídica de entidade de direito público externo não constituirá impedimento a que se lhe estabeleçam certos limites quanto ao gozo e exercício de determinados direitos em território estrangeiro. Poderia resultar sérios danos à segurança, à soberania nacional ou à integridade do solo pátrio se não se restringisse a capacidade aquisitiva de pessoa jurídica de direito público externo. As pessoas jurídicas de direito público externo serão, por lei, absolutamente incapazes para adquirir a posse ou a propriedade de imóvel situado no Brasil ou de bens suscetíveis de desapropriação, como direitos autorais, patentes de invenção, direitos reais sobre coisa alheia de fruição, ações de sociedade anônima etc. Tais pessoas estarão impedidas de possuir ou adquirir imóveis localizados em território brasileiro não só por testamento, mas também por qualquer título, como compra e venda, doação, permuta, porque permiti-lo representaria um perigo à soberania nacional (LINDB, art. 17), criando dificuldades ao seu pleno exercício, dado que nesses bens os governos estrangeiros poderiam instalar seus súditos, gerando, talvez, problemas diplomáticos. Veda-se-lhes a aquisição de bens suscetíveis de desapropriação, pois, dada a hipótese de se efetuar tal aquisição, caberia ao órgão brasileiro o direito de desapropriar o bem. E se o Estado estrangeiro se opuser ao ato expropriatório? Por isso se estipulou que tais pessoas jurídicas não poderão adquirir esses bens. Isto é assim porque esses bens sujeitam-se à *lex rei sitae*, o que confere legitimidade àquelas limitações.

Restringe, portanto, o art. 11, § 2º, o exercício de direitos reais pela pessoa jurídica de direito público estrangeira, que tem direitos e deveres internacionais, como o Estado, a confederação de Estados, o organismo internacional (ONU, OEA etc.), a colônia, o domínio, a Santa Sé, a corte internacional e organização de qualquer natureza investida de função pública e constituída por governo estrangeiro, como empresa pública, sociedade de economia mista, sindicato, Estado-Membro da federação, município,

---

o funcionamento de sociedade civil estrangeira. Consulte: CC, arts. 1.134 a 1.141, e Portaria n. 21/2005 do Ministério do Trabalho e Emprego sobre contratação, por empresa estrangeira, de brasileiro para trabalhar no exterior.

Vide: IN do DREI n. 27/2014 e 7/2013. O Ministério da Economia terá competência para decidir e praticar atos de autorização de funcionamento de sociedade estrangeira no Brasil, incluídos atos para aprovação de modificação no contrato e estatuto social, nacionalização e cassação de autorização de funcionamento (Dec. n. 9.787/2019, art. 1º, I, II e III).

autarquia, fundação pública etc. Consequentemente o mencionado artigo não alcança a pessoa jurídica de direito privado[410].

4. Exceção à incapacidade aquisitiva de imóveis por governos estrangeiros

O § 3º do art. 11 da Lei de Introdução abre exceção à aquisição de imóveis situados no Brasil por pessoas jurídicas de direito público estrangeiras ao permitir que adquiram prédios para sede de representantes diplomáticos ou agentes consulares, atendendo-se à ficção da extraterritorialidade dos edifícios das embaixadas e legações e ao privilégio necessário para assegurar o livre exercício de funções diplomáticas e de atividades consulares.

Pillet assevera ser compreensível que um país possa impedir outro de ser proprietário de prédios ou de grandes extensões territoriais, limitando ou reduzindo suas aquisições, exceto as imprescindíveis às suas sedes e legações, evitando com isso atritos entre governos.

O direito de propriedade imobiliária de um Estado estrangeiro restringir-se-á, no território de outro país, ao edifício de suas embaixadas, consulados ou legações, imprescindíveis à prestação de serviços diplomáticos, e aos prédios residenciais dos agentes consulares e diplomáticos, mesmo que neles não se encontre a chancelaria. Essa exceção encontra sua justificação na *comitas gentium*[411].

5. Jurisprudência

RT, 345:266 — Competência — Seguro — Cobrança — (Apólice emitida no exterior — Ação ajuizada no Brasil — Segurado aqui domiciliado — Seguradora com agência no país — Acidente com pessoas a bordo de navio estrangeiro, em viagem para o Brasil — Apólice emitida em Johannesburg

---

410. Agenor P. de Andrade, *Manual*, cit., p. 160; Carvalho Santos, *Código Civil*, cit., v. 1, p. 225-6; M. Helena Diniz, *Curso*, cit., v. 6, p. 115; Ferreira Coelho, *Código Civil comparado*, v. 2, n. 997-8; Itabaiana de Oliveira, *Tratado de direito das sucessões*, São Paulo, Max Limonad, 1952, v. 2, p. 413; Espínola e Espínola Filho, *A Lei de Introdução*, cit., v. 3, p. 227-31; Oscar Tenório, *Direito internacional privado*, cit., v. 2, p. 171-2; Strupp, *Lei de Introdução ao Código Civil brasileiro*, 2. ed., n. 700, p. 373-4. *Vide* IN da SRFB n. 1.455/2014 (alterada pela IN n. 1.664/2016) sobre incidência de IR na fonte sobre rendimentos remetidos para pessoa jurídica domiciliada no exterior.

411. Oscar Tenório, *Direito internacional privado*, cit., v. 2, p. 7 e 172; Espínola e Espínola Filho, *A Lei de Introdução*, cit., v. 3, p. 232-40; Pillet, *Traité*, v. 1, n. 765 e 340 e s. *Vide* Lei n. 4.331/64 relativa à aquisição por governo estrangeiro, no Distrito Federal, de imóveis necessários à residência dos agentes diplomáticos das respectivas missões diplomáticas (*RT, 347*:651). O seu prazo de cinco anos de vigência foi prorrogado pelo Decreto-lei n. 607/69 por mais três anos (*RF, 227*:403), revigorado até 31 de dezembro de 1974 pela Lei n. 5.791/72 (*RF, 240*:448) e até 30 de junho de 1977 pela Lei n. 6.235/75. *Vide* Theotonio Negrão, *Código Civil*, São Paulo, Ed. Malheiros, 1992, p. 23.

— Acidentado domiciliado em São Paulo onde a seguradora mantém agência — Ação aqui ajuizada — Admissibilidade — Aplicação dos arts. 206 e 207 do Dec. n. 2.063, de 7-3-1940, ora prejudicado pelo Dec.-Lei n. 73/66, e 12 da Lei de Intr. ao Cód. Civil) — Ementa: A lei brasileira exige que as seguradoras estrangeiras, para operarem no território nacional, propiciem aos interessados que aqui tenham domicílio a possibilidade de demandá-las em foro brasileiro, instalando-se no Brasil com domicílio amplo e não restrito aos negócios operados por sua agência (Ac. do AgI 120.905).

Art. 12. É competente a autoridade judiciária brasileira, quando for o réu domiciliado no Brasil ou aqui tiver de ser cumprida a obrigação.

• *Código de Processo Civil de 2015, arts. 13, 21, I a III e parágrafo único, 22, 23, I e II, e 24 (concorrência de jurisdições).*

§ 1º Só à autoridade judiciária brasileira compete conhecer das ações relativas a imóveis situados no Brasil.

• *Código de Processo Civil de 2015, art. 23, I.*

§ 2º A autoridade judiciária brasileira cumprirá, concedido o exequatur e segundo a forma estabelecida pela lei brasileira, as diligências deprecadas por autoridade estrangeira competente, observando a lei desta, quanto ao objeto das diligências.

• *Constituição Federal de 1988, art. 105, I, i, c/c o art. 109, X.*

• Vide *Código de Processo Civil de 2015, arts. 21, 22, 23, 28, 30, 36, §§ 1º e 2º, 40, 46, § 3º, 47, 256, § 1º, 263, 268 e 377.*

• *Lei de Introdução às Normas do Direito Brasileiro, art. 15.*

• *Regimento Interno do Supremo Tribunal Federal, arts. 225 a 229 c/c os arts. 6º, I, l, 13, IX, e 52, III.*

• *Lei n. 11.419/2006, art. 7º.*

• *Emenda regimental do STJ n. 18/2014 inclui Título VII-A no regimento interno daquela corte sobre procedimento para concessão de* exequatur *de carta rogatória.*

1. Critério de determinação da competência internacional e a questão do conflito de jurisdição

O direito processual civil internacional trata do conflito entre as normas processuais de vários Estados, fixando preceitos alusivos à competência, à jurisdição, à tramitação dos juízos e à execução das sentenças estrangeiras, com o intuito de assegurar aos particulares, no âmbito do direito internacional privado, a preservação de seus direitos adquiridos.

A competência internacional determinará o poder do tribunal de um Estado para conhecer o litígio que se lhe submete e para prolatar sentença em condições de receber o *exequatur* em outro país. Tal competência internacional precederá a fixação da competência especial, que, ao indicar, dentre os juízes e tribunais do Estado, o competente *ratione materiae, personae* (Código Bustamante, art. 317) e *loci* (Código Bustamante, art. 316) para julgar a questão *sub judice*, vincular-se-á à norma de direito internacional privado aplicável. Realmente, num dado caso em que se deverá resolver um conflito depois, antes da determinação da competência legislativa, ou seja, da norma de direito internacional privado aplicável, preciso será indicar o país competente para conhecer do litígio.

Cada Estado, ao delimitar sua competência internacional, deverá considerar dois princípios fundamentais: o da *efetividade*, que estabelece ser o juiz incompetente para proferir decisão que não tenha possibilidade de ser executada (*RTJ, 153*:59), e o da *submissão*, que estabelece que em certas hipóteses mais ou menos limitadas uma pessoa poderá sujeitar-se, voluntariamente, a uma jurisdição a que não estaria normalmente submetida.

A lei de cada país determinará as formas processuais. As formas obrigatórias (*ordinatoriae litis*), que são formalidades propriamente ditas do procedimento, prescritas com a finalidade de garantir a marcha justa e correta do processo, não influindo no conteúdo da sentença, submeter-se-ão à *lex fori*, por dependerem da organização judiciária do Estado, sendo evidentemente de ordem pública (Código Bustamante, art. 314). As formas decisórias (*decisoriae litis*), que fixam a relação jurídica existente entre as partes, obedecerão à lei que rege a relação, objeto do litígio.

Além disso, conveniente será lembrar que o princípio da *perpetuatio jurisdictionis* será aplicável também na seara do direito internacional privado, uma vez que configurada estará a imutabilidade da competência legalmente estabelecida, ressalvadas as situações especiais que tornam sua aplicação logicamente impossível.

Na verdade, urge salientar que, na vida internacional, não será possível determinar a competência do tribunal de qualquer país relativamente àquela dos outros. Não se poderá falar tecnicamente em norma de competência internacional, pois o que realmente há é o direito de um Estado recusar sua competência quando um determinado fato não tiver qualquer relação com a jurisdição local ou quando, pelo domicílio das partes litigantes ou situação dos bens, o tribunal verifique que não terá meios para executar sua decisão. Portanto, as normas atinentes à delimitação da competência internacional são as locais, de cada jurisdição, determinando, ante os fatos, se essa jurisdição local é, ou não, a competente para apreciá-los. Consequentemente cada jurisdição é autônoma, uma vez que cada país terá seu próprio direito sobre a competência de seus juízes e tribunais, sem qualquer ligação ou subordinação com outro Estado.

A diferenciação de critérios de determinação de competência internacional poderá gerar conflitos de jurisdição. Jurisdição é o poder de julgar considerado na relação entre o Estado e os litigantes, e competência é o poder de julgar considerado relativamente aos juízes e tribunais, uns com os outros. O conflito de jurisdição se dará, portanto, quando mais de um Estado se julgar competente para decidir o litígio. Segundo Bartin, os conflitos de jurisdição constituem o problema da delimitação do domínio do poder jurisdicional de um país em oposição ao domínio de outro Estado, pois cada país contém norma sobre competência internacional.

Quando se depara com alguma questão de direito internacional privado, ante a existência de conflitos de leis no espaço, surge o problema de se saber qual a autoridade competente para decidir a controvérsia, porque poderá ocorrer um conflito de autoridades ou de jurisdições. Seria competente a autoridade brasileira ou a *lex fori* considera competente a jurisdição estrangeira? A noção de conflito de jurisdição é distinta da de conflito de leis. No conflito de autoridade procurar-se-á determinar qual a jurisdição chamada para decidir a demanda, ou seja, a competência *ratione materiae* ou *ratione personae* do tribunal a que se deve dirigir. No conflito de leis delimitar-se-á a lei aplicável ao caso vertente. O conflito de jurisdição diz respeito ao *forum*, e o de leis, ao *jus*. Primeiramente, dever-se-á verificar se o juiz tem poder para julgar o litígio. Decidida a jurisdição, a questão imediata é alusiva à escolha da norma que deverá ser aplicada: a nacional ou a estrangeira[412].

---

412. Prospero Fedozzi, *Il diritto processuale civile internazionale*; parte generale, Bologna, 1905; Pillet, *Les conventions internationales relatives a la compétence judiciaire et a l'exécution des jugements*, Paris, 1913; Barbosa Magalhães, *Da competência internacional*, Coimbra, 1947; De Paepe, *Études sur la compétence civile a l'égard des étrangers*, t. 1 e 2, Bruxelles, 1900; Dias da Silva, *Direito processual internacional*, Rio de Janeiro, 1971; A. Migliazza, A proposito dei concetti di giurisdizione e di competenza per territorio nel diritto processuale civile internazionale, *Comunicazione e Studi*, 1959, p. 233-68; Agenor P. de Andrade, *Manual*, cit., p. 319-27; Victor N. Romero del Prado, *Manual de derecho*, cit., v. 2, p. 697, 705 e 794; Osiris Rocha, *Curso*, cit., p. 161-4; Bartin, *Principes de droit international privé, selon la loi et la jurisprudence française*, 1930, v. 1, p. 4 e 5; Cheshire, *Private international law*, cit., p. 8 e 10; Morelli, *Il diritto processuale civile internazionale*, v. 7 do *Trattato di diritto internazionale*, por Fedozzi, Santì Romano e outros, 1938, p. 73; Niboyet, *Sources, nacionalité e domicile*, 1938, p. 1; Espínola e Espínola Filho,

Nenhum Estado soberano e independente exercerá jurisdição sobre outro país igualmente soberano e independente. As questões entre Estados só serão submetidas a juízo quando eles o aceitarem sob a forma de arbitragem, ou quando for criada uma ordem jurídica superior que não seja de nenhum deles e à qual se sujeitem. O Código Bustamante consigna o princípio *par in parem non habet jurisdictionem*, reconhecido em todos os países em respeito à soberania dos Estados e às imunidades admitidas em prol de seus representantes, ao prescrever: *a*) no art. 333, que: "Os juízes e tribunais de cada Estado contratante serão incompetentes para conhecer dos assuntos cíveis ou comerciais em que sejam parte demandada os demais Estados contratantes ou seus chefes, se se tratar de uma ação pessoal, salvo o caso de submissão expressa ou de pedido de reconvenção"; *b*) no art. 334, referindo-se às ações reais, que: "Em caso idêntico e com a mesma exceção, eles serão incompetentes quando se exercitarem ações reais, se o Estado contratante ou o seu chefe tiverem atuado no assunto como tais e no seu caráter público, devendo aplicar-se, nessa hipótese, o disposto na última alínea do art. 318", que reza: "a submissão não será possível para as ações reais ou mistas sobre bens imóveis se a proibir a lei de sua situação"; *c*) no art. 335, que: "Se o Estado estrangeiro contratante ou o seu chefe tiverem atuado como particulares ou como pessoas privadas, serão competentes os juízes ou tribunais para conhecer dos assuntos em que se exercitarem ações reais ou mistas, se essa competência lhes corresponder em relação a indivíduos estrangeiros, de acordo com este código". Com isso prevalecerá a norma da competência normal; *d*) nos arts. 337 e 338 que os diplomatas e os cônsules estrangeiros somente isentar-se-ão da competência dos tribunais do país no que atina aos seus atos oficiais. Tal privilégio residirá na necessidade de se lhes garantir a independência para a execução de seus deveres, decorrendo, portanto, do interesse recíproco dos Estados. Aliás, tais privi-

---

A Lei de Introdução, cit., v. 3, p. 248-348; José Ignácio Botelho de Mesquita, Da competência internacional e dos princípios que a informam, *RP*, *50*:51; Donaldo Armelin, Competência internacional, *RP*, 2:131; José Carlos de Magalhães, Competência internacional do juiz brasileiro e denegação de justiça, *RT*, *630*:52; Edison Araújo da Silva, *Competência jurisdicional em matéria de contratos internacionais*, dissertação de mestrado, apresentada na PUCSP em 2003.

Art. 13 do CPC/2015: "A jurisdição civil será regida pelas normas processuais brasileiras, ressalvadas as disposições específicas previstas em tratados, convenções ou acordos internacionais de que o Brasil seja parte".

O art. 24 do CPC/2015: disciplina concomitância de demandas idênticas perante o judiciário brasileiro e o estrangeiro (litispendência). Deveras, reza que "a ação proposta perante tribunal estrangeiro não induz litispendência e não obsta a que a autoridade judiciária brasileira conheça da mesma causa e das que lhes são conexas, ressalvadas as disposições em contrário de tratados internacionais e acordos bilaterais em vigor no Brasil".

O art. 24, parágrafo único, do CPC permite, portanto, a homologação de sentença estrangeira, embora haja similar nacional, em hipóteses de concorrência de jurisdições.

légios consagrados pelo uso e acordo tácito dos países serão indispensáveis para a manutenção das relações internacionais.

À guisa de conclusão, conveniente será trazer a lume a lição de Machado Villela de que a teoria da competência internacional é a da delimitação da jurisdição dos tribunais de um país relativamente aos tribunais dos demais Estados. Logo a competência nacional é de ordem pública, não podendo ser considerada de interesse privado a determinação da esfera do poder de jurisdição de um Estado em face dos outros. Quer as normas que definem a competência internacional sejam de direito internacional, decorrendo de convenção ou tratado, quer sejam normas de direito interno, a sua função será sempre a mesma: delimitar o exercício do poder jurisdicional do Estado e, por isso, a observância dessas normas não poderá depender da vontade das partes. E, além disso, à justiça do Estado, que se considera internacionalmente competente, caberá opor-se ao cumprimento e execução, em seu território, da sentença prolatada em outro, negando-lhe o *exequatur*[413].

---

413. Accioly, *Tratado de direito internacional público*, 1934, v. 2, p. 308; Bustamante y Sirven, *Derecho internacional privado*, cit., v. 3, n. 1.669, p. 128; Cheshire, *Private international law*, cit., p. 62; Machado Villela, *Direito internacional privado*, cit., v. 2, p. 197; Enrico la Loggia, *La esecuzione delle sentenze straniere*, n. 233; Código Bustamante, arts. 333 a 339. Transcrevemos aqui o Decreto n. 2.095/96 que:

"*Promulga o Protocolo de Buenos Aires sobre Jurisdição Internacional em Matéria Contratual, concluído em Buenos Aires, em 5 de agosto de 1994.*

O Presidente da República, no uso das atribuições que lhe confere o art. 84, VIII, da Constituição, e

Considerando que o Protocolo de Buenos Aires sobre Jurisdição Internacional em Matéria Contratual foi concluída em Buenos Aires, em 5 de agosto de 1994.

Considerando que o Protocolo de Buenos Aires sobre Jurisdição Internacional em Matéria Contratual foi oportunamente submetido ao Congresso Nacional que o aprovou por meio do Dec. Legisl. n. 129, de 05/10/95;

Considerando que o Protocolo em tela entrou em vigor internacional em 06/06/96;

Considerando que o Governo brasileiro depositou a Carta de Ratificação do instrumento em epígrafe em 07/05/96, passando o mesmo a vigorar para o Brasil em 06/06/96, na forma de seu art. 16, Decreta:

Art. 1º O Protocolo de Buenos Aires sobre Jurisdição Internacional em Matéria Contratual, assinado em Buenos Aires, em 05/08/94, apenso por cópia ao presente Decreto, deverá ser executado e cumprido tão inteiramente como nele se contém.

Art. 2º O presente Decreto entra em vigor na data de sua publicação.

Brasília, 17 de dezembro de 1996; 175º da Independência e 108º da República.

Fernando Henrique Cardoso

Luiz Felipe Lampreia

Protocolo de Buenos Aires sobre Jurisdição Internacional em Matéria Contratual

Os Governos da República Argentina, da República Federativa do Brasil, da República do Paraguai e da República Oriental do Uruguai,

Considerando que o Tratado de Assunção, firmado em 26/03/91, estabelece o compromisso dos Estados-Partes de harmonizar suas legislações nas áreas pertinentes;

Reafirmando a vontade dos Estados-Partes de acordar soluções jurídicas comuns para o fortalecimento do processo de integração;

Destacando a necessidade de proporcionar ao setor privado dos Estados-Partes um quadro de segurança jurídica que garanta justas soluções e a harmonia internacional das decisões judiciais e arbitrais vinculadas à contratação no âmbito do Tratado de Assunção;

Convencidos da importância de adotar regras comuns sobre jurisdição internacional em matéria contratual, com o objetivo de promover o desenvolvimento das relações econômicas entre o setor privado dos Estados-Partes;

Conscientes de que, em matéria de negócios internacionais, a contratação é a expressão jurídica do comércio que tem lugar em decorrência do processo de integração; Acordam:

Título I
ÂMBITO DE APLICAÇÃO

Art. 1º O presente Protocolo será aplicado à jurisdição contenciosa internacional relativa aos contratos internacionais de natureza civil ou comercial celebrados entre particulares — pessoas físicas ou jurídicas:

a) com domicílio ou sede social em diferentes Estados-Partes do Tratado de Assunção;

b) quando pelo menos uma das partes do contrato tenha seu domicílio ou sede social em um Estado-Parte do Tratado de Assunção e, além disso, tenha sido feito um acordo de eleição de foro em favor de um Juiz de um Estados-Parte e exista uma conexão razoável segundo as normas de jurisdição deste Protocolo.

Art. 2º O âmbito de aplicação do presente Protocolo exclui:

1. as relações jurídicas entre os falidos e seus credores e demais procedimentos análogos, especialmente as concordatas;

2. a matéria tratada em acordos no âmbito do direito de família e das sucessões;

3. os contratos de seguridade social;

4. os contratos administrativos;

5. os contratos de trabalho;

6. os contratos de venda ao consumidor;

7. os contratos de transporte;

8. os contratos de seguro;

9. os direitos reais.

Título II
JURISDIÇÃO INTERNACIONAL

Art. 3º O requisito processual da jurisdição internacional em matéria de contratos será considerado satisfeito quando o órgão jurisdicional de um Estado-Parte assuma jurisdição de conformidade com o estabelecido no presente Protocolo.

Capítulo I
ELEIÇÃO DE JURISDIÇÃO

Art. 4º 1. Nos conflitos que decorram dos contratos internacionais em matéria civil ou comercial serão competentes os tribunais do Estado-Parte em cuja jurisdição os contratantes tenham acordado submeter-se por escrito, sempre que tal ajuste não tenha sido obtido de forma abusiva.

2. Pode-se acordar, igualmente, a eleição de tribunais arbitrais.

Art. 5º 1. O acordo de eleição de jurisdição pode realizar-se no momento da celebração do contrato, durante sua vigência ou uma vez suscitado o litígio.

2. A validade e os efeitos de eleição de foro serão regidos pelo direito dos Estados-Partes que teriam jurisdição de conformidade com o estabelecido no presente Protocolo.

3. Em todo caso, será aplicado o direito mais favorável de validade do acordo.

Art. 6º Eleita ou não a jurisdição, considerar-se-á esta prorrogada em favor do Estado-Parte onde seja proposta a ação quando o demandado, depois de interposta esta, a admita voluntariamente, de forma positiva e não ficta.

Capítulo II
JURISDIÇÃO SUBSIDIÁRIA

Art. 7º Na ausência de acordo, têm jurisdição à escolha do autor:

a) o juízo do lugar de cumprimento do contrato;

b) o juízo do domicílio do demandado;

c) o juízo de seu domicílio ou sede social, quando demonstrar que cumpriu sua prestação.

Art. 8º 1. Para os fins do artigo 7, alínea 'a', será considerado lugar do cumprimento do contrato o Estado-Parte onde tenha sido ou deva ser cumprida a obrigação que sirva de fundamento de demanda.

2. O cumprimento da obrigação reclamada será:

a) nos contratos sobre coisas certas e individualizadas, o lugar onde elas existiam ao tempo de sua celebração;

b) nos contratos sobre coisas determinadas por seu gênero, o lugar do domicílio do devedor ao tempo em que foram celebrados;

c) nos contratos sobre coisas fungíveis, o lugar do domicílio do devedor ao tempo de sua celebração;

d) nos contratos que versem sobre prestação de serviços:

1. se recaírem sobre coisas, o lugar onde elas existiam ao tempo de sua celebração;

2. se sua eficácia se relacionar com algum lugar especial, daquele onde houverem de produzir seus efeitos;

3. fora destes casos, o lugar do domicílio do devedor ao tempo da celebração do contrato.

Art. 9º 1. Para os fins do artigo 7, alínea 'b', considerar-se-á domicílio do demandado:

a) quando se tratar de pessoas físicas:

1. sua residência habitual;

2. subsidiariamente, o centro principal de seus negócios; e,

3. na ausência destas circunstâncias, o lugar onde se encontrar — a simples residência;

b) quando se tratar de pessoa jurídica, a sede principal da administração.

2. Se a pessoa jurídica tiver sucursais, estabelecimentos, agências ou qualquer outra espécie de representação, será considerada domiciliada no lugar onde funcionem, sujeita à jurisdição das autoridades locais, no que concerne às operações que ali pratiquem. Esta qualificação não obsta o direito do autor de interpor a ação junto ao tribunal da sede principal da administração.

Art. 10. São competentes para conhecer dos litígios que surjam entre os sócios sobre questões societárias, os juízes da sede principal da administração.

Art. 11. As pessoas jurídicas com sede em um Estado-Parte, que celebrem contratos em outro Estado-Parte, podem ser demandadas perante os juízes deste último.

2. Territorialidade das leis de organização e competência dos tribunais

Ter-se-á territorialidade das leis de organização e competência judiciárias e das relativas ao processo porque a administração da justiça é um dos poderes fundamentais do Estado, consistindo num direito e

---

Art. 12. 1. Se vários forem os demandados, terá jurisdição o Estado-Parte do domicílio de qualquer deles.

2. As demandas sobre obrigações de garantia de caráter pessoal ou para a intervenção de terceiros podem ser propostas perante o tribunal que estiver conhecendo a demanda principal.

Capítulo III
RECONVENÇÃO

Art. 13. Se a reconvenção se fundamentar em ato ou em fato que serviu de base para a demanda principal, terão jurisdição para conhecê-la os juízes que intervierem na demanda principal.

Título III
A JURISDIÇÃO COMO REQUISITO PARA O RECONHECIMENTO E EXECUÇÃO DE SENTENÇAS E LAUDOS ARBITRAIS

Art. 14. A jurisdição internacional regulada pelo artigo 20, alínea 'c', do Protocolo de Las Leñas sobre Cooperação e Assistência Jurisdicional em Matéria Civil, Comercial, Trabalhista e Administrativa ficará submetida ao disposto no presente Protocolo.

Título IV
CONSULTA E SOLUÇÃO DE CONTROVÉRSIAS

Art. 15. 1. As controvérsias que surgirem entre os Estados-Partes em decorrência da aplicação, interpretação ou descumprimento das disposições contidas no presente Protocolo serão resolvidas mediante negociações diplomáticas diretas.

2. Se, mediante tais negociações, não se alcançar um acordo ou se a controvérsia só for solucionada parcialmente, aplicar-se-ão os procedimentos previstos no Sistema de Solução de Controvérsias vigentes entre os Estados-Partes do Tratado de Assunção.

Título V
DISPOSIÇÕES FINAIS

Art. 16. 1. O presente Protocolo, parte integrante do Tratado de Assunção, entrará em vigor 30 (trinta) dias depois do depósito do segundo instrumento de ratificação com relação aos dois primeiros Estados-Partes que o ratifiquem.

2. Para os demais signatários, entrará em vigor no 30º (trigésimo) dia posterior ao depósito do respectivo instrumento de ratificação e na ordem em que forem depositadas as ratificações.

Art. 17. A adesão por parte de um Estado ao Tratado de Assunção implicará, 'ipso jure', na adesão ao presente Protocolo.

Art. 18. 1. O Governo da República do Paraguai será o depositário do presente Protocolo e dos instrumentos de ratificação e enviará cópia devidamente autenticada dos mesmos aos Governos dos demais Estados-Partes.

2. O Governo da República do Paraguai notificará, aos Governos dos demais Estados-Partes, a data de entrada em vigor do presente Protocolo e a data de depósito dos instrumentos de ratificação.

Feito na Cidade de Buenos Aires, em 05/08/94, em um original, nos idiomas português e espanhol, sendo ambos os textos igualmente autênticos".

num dever. Logo, cada país estabelecerá suas normas de direito internacional privado, mediante lei interna ou convenção e tratado, organizando sua justiça, fixando a competência de seus tribunais e juízes para processar e julgar as questões de direito internacional privado, de modo que o conflito de jurisdição será resolvido em determinado Estado de conformidade com sua própria lei ou convenção ou tratado de que seja signatário. A competência do juiz ou do tribunal que deverá resolver a questão de direito internacional privado é, portanto, determinada pelo sistema de organização judiciária do país. Deveras, como já apontamos alhures, pelo Código Bustamante, a lei de cada Estado determinará a competência do órgão judicante, a organização judiciária e regerá as formas e os termos do processo, a execução das sentenças e os recursos contra suas decisões (art. 314).

Somente o direito interno de cada país poderá declarar se a competência internacional jurisdicional *ratione materiae* ou *ratione personae* pertencerá aos seus tribunais (Código Bustamante, arts. 314 a 317). Logo, só a *lex fori* determinará a competência internacional dos juízes e tribunais[414].

3. Direito do estrangeiro ao acesso aos tribunais brasileiros e a "cautio judicatum solvi"

Qualquer pessoa, no que atina aos seus direitos reconhecidos, poderá invocar ou ser submetida à jurisdição brasileira, pouco importando sua nacionalidade ou domicílio, ou que a demanda tenha causa verificada em outro país ou com este relacionada. Esta norma é aceita pela doutrina e pelas convenções e tratados internacionais, desde que o tribunal seja competente para apreciar a controvérsia.

O estrangeiro, domiciliado ou não em nosso país, poderá comparecer, portanto, como autor ou réu, perante o tribunal brasileiro, onde haja alguma controvérsia de seu interesse, mas a sua capacidade para estar em juízo, ativa ou passivamente, obedecerá à *lex domicilii*, com a ressalva da *lex fori* no que for relativo a preceito de ordem pública (LINDB, art. 7º). Nenhum

---

414. Bartin, *Principes*, cit., v. 1, p. 304-8; Espínola e Espínola Filho, *A Lei de Introdução*, cit., v. 3, p. 261-3. Pillet e Niboyet (*Droit international privé*, cit., n. 553, p. 637) escrevem: "*La compétence judiciaire d'un tribunal et la compétence législative sont indépendantes l'une de l'autre. Ceci signifie: 1) que la compétence de la loi d'un pays n'entraîne pas celle des tribunaux de ce même pays; 2) inversement que la compétence des tribunaux d'un pays n'entraîne pas l'application, au fond, de la loi de ce pays. Il ne suffit pas qu'un tribunal français soit compétent, pour appliquer la loi française au fond du litige, dont il est saisi*". Vide, ainda, Bustamante y Sirven, *Derecho internacional privado*, cit., v. 3, n. 1.615, p. 94.

tribunal do Estado poderá recusar-se a aplicar o direito a estrangeiro, por força de princípios de direito internacional, pelo simples fato de ser ele sujeito de direito e de ter capacidade de ser sujeito processual. Como se reconhece a personalidade jurídica do estrangeiro, terá ele a garantia do livre acesso aos tribunais para tutelar seus direitos, podendo ser também acionado perante os tribunais de um Estado, quer pelos nacionais deste, quer por estrangeiros de qualquer outra nacionalidade. Daí a importância da determinação da competência do tribunal de um Estado para apreciar e julgar as controvérsias entre nacionais e estrangeiros ou entre estrangeiros da mesma ou de diversa nacionalidade[415].

Fedozzi chega até mesmo a salientar que, na prática internacional e na jurisprudência arbitral, há um ponto incontestável: o de que o reconhecimento da personalidade do estrangeiro implicará a garantia do livre acesso aos tribunais, para a tutela jurisdicional do direito, sendo que a denegação de justiça constituirá uma violação do direito internacional, reclamando intervenção diplomática. Deveras, os povos civilizados, relativamente à tutela jurídica, não poderão distinguir entre nacionais e estrangeiros, pois a igualdade de todos perante a lei é fundamental no tocante ao gozo dos direitos civis e à capacidade de comparecer em juízo. A lei protege nacionais e estrangeiros, exigindo não só tratamento judiciário igual a todos, como também que as formas processuais e os princípios jurídicos aplicáveis a favor ou contra eles sejam os mesmos[416].

Apesar disso, há países que instituem a *cautio judicatum solvi* ou caução às custas para assegurar o pagamento das despesas processuais pelo estrangeiro, embora haja grande tendência de abolir tal garantia; outros requerem a reciprocidade e outros asseguram a igualdade entre nacionais e estrangeiros, procurando apenas uma garantia patrimonial.

Brasileiro ou estrangeiro (autor da ação), residente no exterior ou que deixou de residir no Brasil ao longo da tramitação do processo, não tendo imóveis no território nacional, deverá prestar caução suficiente ao pagamento das custas e dos honorários advocatícios da parte contrária (CPC/2015, art. 83, *caput*). Tal caução não será exigível: a) quando houver dispensa prevista em acordo ou tratado internacional de que o Brasil

---

415. Espínola e Espínola Filho, *A Lei de Introdução*, cit., v. 3, p. 254; Agenor P. de Andrade, *Manual*, cit., p. 327-8; Morelli, *Il diritto processuale civile*, 1938, p. 73; Georges A. Mandy, *Les étrangers devant la justice en droit international privé (la "cautio judicatum solvi")*, Paris, 1897.

416. Fedozzi, *Introduzione al diritto internazionale*; parte generale, v. 1 do *Trattato di diritto internazionale*, 1933, p. 344; Ihering, Die Gastfreundschaft in altertum, *Deustche Rundschau*, 1887, fasc. 9, p. 359.

seja signatário; b) na execução fundada em título extrajudicial e no cumprimento de sentença; c) na reconvenção (CPC/2015, art. 83, § 1º). O CPC/2015, art. 83, § 2º, prescreve que, em caso de caução no trâmite do processo, o interesse poderá exigir reforço da caução, alegando depreciação do bem dado em garantia e indicando o "*quantum*" do reforço que pretende obter.

No Brasil (CPC/2015, art. 83), a caução às custas não se apresenta como uma restrição imposta à capacidade processual do estrangeiro, mas como garantia para o pagamento das custas processuais, a cargo não somente do estrangeiro não residente no Brasil, mas dos próprios nacionais, que residam no exterior ou que se ausentem durante a lide, desde que não haja bens imóveis situados no Brasil que possam assegurar o pagamento daquelas despesas. Essa fiança às custas não se confunde com a *cautio judicatum solvi* (*cautio pro expensis*, *cautio actoria*, *cautio judicio sisti*), que limita a capacidade processual do estrangeiro para subordinar a certa condição o seu direito de ação, pois visa tão somente assegurar o pagamento das despesas judiciais, sem atenção à nacionalidade dos litigantes, aplicando-se tanto a nacionais como a estrangeiros (*Revista de Direito*, *105*:97; *RJTJSP*, *62*:132, *60*:167 e *40*:50; *RT*, *506*:123 e *497*:99). Em nosso país proscreve-se a fiança às custas por consideração de nacionalidade. Fora da hipótese arrolada no Código de Processo Civil de 2015 (art. 83), não se exigirá que estrangeiro preste fiança às custas do processo ao invocar a intervenção de tribunal brasileiro, para a solução de um conflito jurídico, por constituir uma restrição à proteção jurídica que o Estado oferece aos indivíduos e uma limitação à capacidade do estrangeiro de estar em juízo. E além disso o Código Bustamante, do qual é signatário, dispõe no art. 386 que: "Nenhum dos Estados contratantes imporá aos nacionais de outro a caução *judicio sisti* ou o *onus probandi*, nos casos em que não exija um ou outra aos próprios nacionais"[417].

---

417. *Vide* Código Bustamante, arts. 382 a 387 e as lições de: Wilson de S. Campos Batalha, *Tratado*, cit., p. 400-2; Clóvis Beviláqua, *Princípios elementares*, cit., p. 428; Espínola e Espínola Filho, *A Lei de Introdução*, cit., v. 3, p. 308-21; Fedozzi, *Il diritto*, cit., p. 129-30; Philonenko, La caution judicatum solvi, *Journal de Droit International Privé* de Clunet, 1929, p. 611 e s.; Druker, La caution judicatum solvi en Allemagne, in *Clunet*, 1893, p. 314; Meili e Mamelok, *Das internationale Privat-und Zivilprozessrecht, auf Grund der Haager Konventionem*, 1911, p. 304-43; Von Bar, *Theorie*, cit., v. 2, p. 394; Leske e Loewenfeld, *Die Rechtsvergolgung im internationalen Verkehr*, 1897, v. 2, p. 147-8 e 521.

Enunciado da ENFAM n. 49: "No julgamento antecipado parcial de mérito, o cumprimento provisório da decisão inicia-se independentemente de caução (art. 356, § 2º, do CPC/2015), sendo aplicável, todavia, a regra do art. 520, IV".

4. Competência estrangeira eventual e "forum prorrogatae jurisdictionis"

Pelo art. 12 (*caput*, 1ª parte) da Lei de Introdução, o réu domiciliado no Brasil, seja brasileiro, seja estrangeiro, sujeitar-se-á à competência da autoridade judiciária brasileira, perante a qual, conforme os moldes legais atinentes à forma processual e meios de defesa, será intentada qualquer ação que lhe diga respeito (*actio sequitur forum rei*). Se dois forem os réus e só um deles estiver domiciliado no Brasil, aplicar-se-á o princípio da prevenção, que admite a competência do juiz que vier a tomar conhecimento da causa em primeiro lugar. O domicílio do réu (não sua residência) poderá de per si fixar a competência da justiça brasileira.

Se, estando ou não o réu domiciliado no Brasil, a obrigação tiver de ser aqui cumprida, a autoridade brasileira será competente para decidir o litígio que, porventura, surgir (LINDB, art. 12, *caput*, 2ª parte; CPC/2015, art. 21, I, II, III), pois nos contratos escritos poderão as partes especificar onde se cumprirão os direitos e deveres deles resultantes (CC, art. 78; STF, Súmula 335), surgindo o *forum contractus* (CPC, arts. 22, III, 25, §§ 1º e 2º, 63, §§ 1º a 4º). Pelo CPC/2015, art. 25, não compete à autoridade judiciária brasileira processar e julgar ação, se houver cláusula de eleição de foro exclusivo estrangeiro em contrato internacional, arguida pelo réu na contestação. Portanto, para as obrigações exequíveis no Brasil não se aplicará a competência do local onde a obrigação se constituiu (*forum obligationis*) nem a da lei domiciliar, pois a do lugar da execução da obrigação é especial, enquanto aquelas são gerais; logo a especial prevalecerá sobre a geral.

Há quem entenda que a competência da justiça brasileira, nesses casos, é obrigatória, não podendo ser arredada. Mas há juristas que entendem, com os quais concordamos, que tal obrigatoriedade só diz respeito à disposição do § 1º do art. 12, ou seja, de que só à autoridade judiciária brasileira competirá conhecer das ações concernentes a imóveis aqui situados. Logo, em relação ao réu domiciliado no Brasil e à obrigação a ser aqui executada, as partes poderão convencionar de outro modo, excluindo a competência da justiça brasileira.

Nada obsta a que as partes, expressa ou tacitamente, resolvam se submeter à jurisdição nacional, caso em que competirá à autoridade judiciária brasileira processar e julgar as ações em que forem autoras ou rés, em razão de cláusula de eleição de foro com opção pelo judiciário nacional (art. 22, III, do CPC/2015).

O art. 12, em harmonia com os arts. 314 e 316 do Código Bustamante, contém norma supletiva. Na hipótese de as partes não terem convencionado o foro de eleição, a justiça brasileira decidirá a demanda se o réu for domiciliado no Brasil e se o cumprimento da obrigação se der em nosso país.

Assim sendo, possível será a renúncia do foro do domicílio, exceto o caso do art. 12, § 1º, alusivo às ações sobre imóveis situados no território brasileiro (CPC/2015, art. 23, I e II). Nada obsta a renúncia ao foro assegurado para eleger outro, esteja o réu domiciliado no Brasil ou deva a obrigação ser aqui cumprida. Trata-se do critério do *forum prorrogatae jurisdictionis*, que envolve o princípio da submissão voluntária, pelo qual, respeitadas determinadas condições especiais, como a da situação dos bens, poderá uma pessoa domiciliada em determinado Estado sujeitar-se voluntariamente à competência da autoridade judiciária de outro país, desde que tal eleição não venha a implicar fraude à lei aplicável de conformidade com as normas de direito internacional privado do Brasil nem afrontar à ordem pública nacional. Hipóteses em que negar-se-á o *exequatur*, pouco importando que as partes interessadas tenham reconhecido ou admitido a competência do tribunal estrangeiro.

Pelo Código Bustamante (art. 318), será em primeiro lugar competente para conhecer dos pleitos a que dê origem o exercício das ações civis e mercantis de toda a classe o juiz a quem os litigantes se submetam expressa ou tacitamente, sempre que um deles, pelo menos, seja nacional do Estado contratante a que o magistrado pertença, ou tenha nele o seu domicílio, e salvo o direito local contrário. A submissão não será possível para as ações reais ou mistas sobre bens imóveis se a proíbe a lei de sua situação, pois será, então, competente o juiz da situação dos bens. A exigência de que um dos litigantes seja cidadão ou domiciliado no Estado a que pertence o magistrado admitido prevalece apenas para os Estados contratantes e não para os demais. Tal submissão voluntária somente deverá, entendemos, referir-se às questões patrimoniais, em que se pode fazer predominar a autonomia da vontade, e às pessoais, inclusive as relativas ao direito de família. Mas essa submissão deverá ser repelida se a ação tiver por objeto pretensão que fira a ordem pública. Essa submissão poderá ser expressa, se feita pelos interessados, renunciando ao seu próprio foro, designando o juiz a que se submeterem (Código Bustamante, art. 321), ou tácita, se o autor se dirigir ao magistrado movendo a ação, ou se o réu praticar, depois de intimado para o juízo, qualquer ato que não seja a exceção declinatória (Código Bustamante, art. 322). Logo, não se considera a revelia como submissão tácita.

Portanto, poder-se-á concluir que permitida está a competência estrangeira eventual, pois se o réu não for domiciliado no Brasil, se a obrigação não tiver de ser aqui executada e se ação não versar sobre imóvel situado em nosso território, a justiça brasileira não será a competente para apreciar a demanda[418].

5. Competência geral brasileira necessária e "forum rei sitae"

Pelo art. 12, § 1º, da Lei de Introdução será necessária a competência da justiça brasileira para conhecer das ações relativas a imóveis situados no Brasil, embora a competência judiciária estrangeira possa ser eventual, por eleição ou por submissão voluntária das partes, admissível em todas as ações, desde que uma das partes seja domiciliada no país onde a ação foi proposta (Código Bustamante, art. 318), salvo na hipótese do *forum rei sitae*, relativa a imóvel localizado em território brasileiro. O mencionado art. 12, § 1º, da Lei de Introdução e o art. 23, I, do Código de Processo Civil de 2015 não aludem apenas às ações reais imobiliárias, mas a todas as ações concernentes a imóveis situados no Brasil, sendo que o Código de Processo Civil de 2015, no art. 47, *caput* e § 1º, contém preceito relativo tão somente à competência interna. O Código Bustamante, por sua vez, dispõe, no art. 325, que: "Para o exercício de ações reais sobre bens imóveis e para o das ações mistas de limites e divisão de bens comuns, será juiz competente o da situação dos bens, abrangendo, assim, as ações *communi dividundo*.

Se a ação versar sobre imóveis aqui localizados, a competência jurisdicional sempre será da autoridade judiciária brasileira. Mesmo que estrangeiros sejam domiciliados no Brasil, a competência do tribunal estrangeiro será, havendo eleição do foro, indiscutível, porque a única hipótese de competência geral brasileira irrecusável ou necessária é a relativa às ações pertinentes a imóveis situados no Brasil. O art. 12, § 1º, é norma compulsória ao impor a competência judiciária brasileira para processar e julgar as ações condizentes com imóvel situado em território brasileiro, competindo à lei nacional fazer a devida qualificação do bem e da natureza da ação intentada. Por consequência, se o imóvel estiver localizado em mais de um país, a justiça de cada Estado será competente para resolver pendência relativa à parcela do bem que se situar em seu território. Não se poderia, aqui, acatar o princípio da prevenção da competência, exceto se o outro Estado o reconhecer.

---

418. Espínola e Espínola Filho, *A Lei de Introdução*, cit., v. 3, p. 274-304; Amílcar de Castro, *Direito internacional privado*, cit., v. 2, p. 226; Agenor P. de Andrade, *Manual*, cit., p. 321-3; Oscar Tenório, *Direito internacional privado*, cit., v. 2, p. 356; Vicente Ráo, *O direito*, cit., v. 1, p. 530; Wilson de S. Campos Batalha, *Tratado*, cit., p. 367 e 386; Arrigo Cavaglieri, *Lezioni di diritto internazionale privato*, 1933, p. 365 e s. e 374 e s.; *RT*, *577*:152; *RTJ*, *45*:317.

Quanto às ações que versarem sobre bens móveis, deverão ser propostas no foro do domicílio do réu, atendendo-se ao princípio de que *mobilia personam sequuntur* (CPC/2015, art. 46). E, se a ação disser respeito a móveis que venham a se deslocar após a propositura da demanda, prevalecerá o domicílio das partes no instante em que a petição inicial foi registrada e distribuída, de conformidade com o disposto no art. 43 do Código de Processo Civil de 2015[419].

6. "Exequatur" de "litterae requisitoriales" e cumprimento de diligências deprecadas por autoridade competente

Imprescindível será a cooperação internacional no que atina à administração da justiça para a prestação recíproca de auxílios, pois, se assim não fosse, a atividade jurisdicional das autoridades de um país ficaria impedida de decidir o litígio, ante a impossibilidade de conseguir em território alienígena a realização de diligências, a efetivação de investigações ou a apuração de fatos. Pelo art. 27, I a VI, do CPC/2015 a *cooperação jurídica internacional* tem por objeto: citação, intimação e notificação judicial e extrajudicial; colheita de provas e obtenção de informações; homologação e cumprimento de decisão; concessão de medida judicial de urgência; *assistência jurídica internacional* (§ 2º do art. 12 da LINDB) ou qualquer outra medida judicial ou extrajudicial não proibida pela lei brasileira. O art. 26, §§ 1º a 3º, do CPC

---

419. Amílcar de Castro, *Direito internacional privado*, cit., v. 2, p. 226; Espínola e Espínola Filho, *A Lei de Introdução*, cit., v. 3, p. 281-94; Wilson de S. Campos Batalha, *Tratado*, cit., p. 369-70. *Vide* CPC/2015, art. 377 e parágrafo único, e arts. 28 a 34. O CPC/2015, art. 21, I, II e III e parágrafo único, prescreve que compete à autoridade judiciária brasileira processar e julgar as ações em que: o réu, qualquer que seja a sua nacionalidade, estiver domiciliado no Brasil — para esse fim considerar-se-á domiciliada no Brasil a pessoa jurídica estrangeira que nele tiver agência, filial ou sucursal; no Brasil tiver de ser cumprida a obrigação; no fundamento seja fato ocorrido ou ato praticado no Brasil.

Pelo art. 22 do CPC/2015, compete à autoridade judiciária brasileira processar e julgar ações: a) de alimentos, quando o credor tiver domicílio ou residência no Brasil; o réu mantiver vínculos no Brasil, como posse ou propriedade de bens, recebimento de renda ou obtenção de benefícios econômicos; b) decorrentes de relações de consumo, quando o consumidor tiver domicílio ou residência no Brasil; c) em que as partes, expressa ou tacitamente, se submeterem à jurisdição nacional. Trata-se de cláusula da eleição de foro com opção pelo Judiciário Nacional.

Compete à autoridade judiciária brasileira, com exclusão de qualquer outra, conhecer de ações relativas a imóveis situados no Brasil (CPC/2015, art. 23, I) em matéria de sucessão hereditária, proceder à confirmação de testamento particular e ao inventário e à partilha de bens situados no Brasil, ainda que o autor da herança seja de nacionalidade estrangeira ou tenha domicílio fora do território nacional (CPC/2015, art. 23, II); em divórcio, separação judicial ou dissolução de união estável, proceder à partilha de bens situados no Brasil, ainda que o titular seja de nacionalidade estrangeira ou tenha domicílio fora do território nacional (CPC/2015, art. 23, III).

estabelece que a cooperação internacional será regida por tratado de que o Brasil é signatário, e, não havendo tratado, com base na reciprocidade manifestada por via diplomática, salvo na hipótese de homologação de sentença estrangeira, observando o respeito às garantias do devido processo legal no Estado requerente e a igualdade de tratamento entre nacionais e estrangeiros, residentes ou não no Brasil, em relação ao acesso à justiça e à tramitação dos processos, assegurando-se assistência judiciária aos necessitados, publicidade processual, salvo nos casos de sigilo previstos em lei nacional ou estrangeira, isto é, na do Estado requerente; existência de autoridade central para recepção e transmissão dos pedidos de cooperação, e espontaneidade na transmissão de informações a autoridades estrangeiras. No âmbito da cooperação internacional, o pedido de *assistência jurídica internacional* (§ 2º do art. 12 da LINDB) não é admitido ato incompatível com as normas brasileiras. Para tanto, ter-se-á: a) *auxílio direto*, pois o art. 28 o admite, por ser forma de cooperação internacional, que dispensa expedição de carta rogatória, para viabilizar não só a comunicação, mas também a tomada de providências solicitadas entre Estados. É cabível quando a medida não decorrer diretamente de decisão de autoridade jurisdicional estrangeira a ser submetida a juízo de delibação no Brasil. Observam Nelson Nery Jr. e Rosa Mª de A. Nery que o auxílio direto, ante a necessidade de prestação jurisdicional mais rápida, evitaria procedimentos intermediários, como, p. ex., a carta rogatória e ação de homologação, cujos trâmites serão demorados. O pedido é encaminhado diretamente para a autoridade nacional encarregada de recebê-lo e tomar as providências cabíveis. O art. 28, observa Cassio Scarpinella Bueno, não é inconstitucional, apesar de a CF, art. 105, I, *i*, prescrever que compete ao STJ processar e julgar originariamente a homologação de sentenças estrangeiras e a concessão de *exequatur* às cartas rogatórias, pois o STJ, ao expedir a Resolução n. 9/2005, dispôs no art. 7º, parágrafo único, que "os pedidos de cooperação jurídica internacional que tiverem por objeto atos que não ensejem juízo de delibação pelo STJ, ainda que denominados como carta rogatória, serão encaminhados ou devolvidos ao Ministério da Justiça para as providências necessárias ao cumprimento por auxílio direto". Pelo art. 29 do CPC/2015, o auxílio direto deve ser solicitado pelo órgão estrangeiro interessado à autoridade central, cabendo ao requerente assegurar a autenticidade e a clareza do pedido. O auxílio direto tem por objeto (CPC/2015, art. 30, I a III): a) obtenção e prestações de informações sobre o ordenamento jurídico e sobre processos administrativos ou jurisdicionais findos ou em curso; colheita de provas, exceto se a medida for adotada em processo, em curso no estrangeiro, de competência exclusiva de autoridade judiciária brasileira e qualquer outra medida judicial ou extrajudicial não proibida pela lei brasileira; ou b) *procedimento de carta rogatória* perante o STJ, que é de jurisdição contenciosa e deve assegurar às partes as garantias do devido processo legal. A defesa só pode discutir se houve, ou não, atendimento dos requisitos para que o pronunciamento judicial estrangeiro produza efeitos no Brasil. Não poderá haver revisão do mérito do pronunciamento judicial estrangeiro pela autoridade judiciária brasileira (CC, art. 36, §§ 1º e 2º). A cooperação jurídica internacional para execução de decisão estrangeira será realizada por intermédio de carta rogatória ou de ação de homologação de sentença estrangeira, de acordo com o disposto nos arts. 960 e s.

Observa Octávio Fragata Martins de Barros que: "O auxílio direto, junto com a carta rogatória e a homologação de sentença, constituem mecanismos de cooperação jurídica internacional da justiça brasileira. Nas situações classificadas como de auxílio direto, por um lado, será dispensado o procedimento de homologação da decisão perante o Superior Tribunal de Justiça e, por outro, o controle que o judiciário brasileiro realiza sobre o ato ocorrerá de forma mais completa, abrangendo a verificação dos requisitos quanto ao mérito da medida solicitada pelo juiz estrangeiro.

Como se sabe, nas cartas rogatórias e na homologação de sentença estrangeira, ocorre o inverso. Não é permitido ao judiciário brasileiro controlar o mérito da decisão, mas apenas e tão somente realizar o chamado juízo de delibação, no qual os requisitos formais daquela decisão são verificados.

O auxílio direto se aplica a outro conjunto de atos processuais, como, por exemplo, a produção de provas no Brasil para instrução de processos em trâmite no exterior ou a obtenção de informações acerca de processos brasileiros, findos ou em andamento. Nesses casos, a "entrada" e a "saída" de tais atos de cooperação serão concentradas no Ministério da Justiça (a "autoridade central" a que se refere a lei), o qual remeterá o procedimento para a tramitação perante os juízos de primeiro grau da Justiça Federal. Haverá hipóteses, inclusive, em que nenhuma providência jurisdicional será necessária, cabendo ao próprio Ministério da Justiça prestar tal auxílio direto. O conjunto das medidas que se enquadram nessa categoria depende da previsão em tratados internacionais aos quais o Brasil tenha aderido, cabendo ao CPC tão somente regular o seu procedimento, a autoridade competente e outras exigências formais, como a tradução dos documentos que instruem os pedidos" (*BAASP, 2943*:5).

Eis a razão pela qual os Estados passarão a admitir normas sobre o cumprimento das cartas e comissões rogatórias para a realização de investigações e diligências deprecadas pelas autoridades locais competentes, para satisfazer o que lhes for requerido pela autoridade estrangeira.

As cartas rogatórias ou *litterae requisitoriales* consistem em pedidos feitos pelo juiz de um país ao de outro, tendo por fim solicitar a prática de atos processuais. Ter-se-á carta precatória se o juiz deprecado for da mesma categoria; carta de ordem, se de categoria inferior; e carta rogatória, se as diligências tiverem de realizar-se no exterior. A rogatória é uma forma de cooperação no sentido de providenciar, no estrangeiro, o cumprimento de medidas cientificatórias, atos ou diligências sem caráter executório, como, p. ex., intimação, notificação, citações, provas periciais, inquirições de testemunhas, vistorias, exames de livros, avaliações (*RTJ, 110*:55, *98*:47, *95*:38 e 518, *87*:402 e *52*:299). As diligências sobre massa falida, arresto, sequestro, transferência de bens ou de títulos, em razão de partilha, não poderão ser objeto de carta rogatória, por terem caráter executório (*RTJ, 72*:659, *93*:517 e *103*:536).

A rogatória subordina-se à lei do país rogante, no que diz respeito ao conteúdo ou matéria de que é objeto; quanto ao procedimento, disciplina-se conforme as leis do país rogado (Código Bustamante, art. 391). As formalidades da rogatória seguem a *locus regit actum*; logo a rogatória deverá conter indicação exata das diligências que deverão ser realizadas e ser cumprida nos termos da diligência requerida sem quaisquer limitações ou ampliações.

Apesar de o art. 12, § 2º, se referir apenas à competência em sentido estrito, o juiz poderá levantar o conflito de jurisdição a ser decidido na forma da lei brasileira.

A lei local poderá impedir o cumprimento de rogatória ofensiva à ordem pública e aos bons costumes (LINDB, art. 17). Isto é assim porque os atos processuais sujeitam-se à *lex fori*, sendo, então, inadmissíveis os que atentarem contra as leis brasileiras. Logo, se os atos judiciais, que deverão ser realizados no Brasil por solicitação de autoridade judiciária estrangeira, dependem de *exequatur*, subordinando-se aos requisitos formais da norma brasileira, impossível será admitir a prática de tais atos no território brasileiro segundo a lei alienígena. Consequentemente, a forma do *exequatur*, a competência para concedê-lo e o modo de execução das diligências sujeitar-se-ão à lei do Estado da autoridade rogada.

A remessa das cartas rogatórias das justiças estrangeiras será feita por via diplomática (Código Bustamante, art. 388). O governo estrangeiro as remete, devidamente traduzidas por tradutor oficial (Código Bustamante, art. 392), ao Ministério das Relações Exteriores, que as transmitirá ao Presidente do Superior Tribunal de Justiça Federal (CF, art. 105, I, *i*; CPC/2015, art. 961, *in fine*), para o *exequatur* ou "cumpra-se", sendo preciso que se dê vista prévia ao Procurador-Geral da República, que poderá impugnar o seu cumprimento se lhe faltar autenticidade, por contrariar a ordem pública ou a soberania nacional. Concedido o *exequatur* (CPC/2015, art. 963, parágrafo único), a rogatória será enviada, para cumprimento da diligência, ao juiz da comarca onde deva ser cumprida, segundo as normas gerais de competência, observando o direito estrangeiro quanto ao seu objeto. Uma vez cumprida a rogatória será devolvida à justiça rogante por meio do Ministério da Justiça.

O "cumpra-se" ou sua denegação não produzirá coisa julgada formal; logo os pedidos poderão ser renovados e as concessões revogadas, quando se perceber, exemplificativamente, que, para processar e julgar a causa, apenas a justiça brasileira é a competente, pois o juiz rogado poderá resolver sobre sua própria competência *ratione materiae* para o ato que se lhe atribui (Código Bustamante, art. 390).

A concessão de *exequatur* à carta rogatória (Emenda Regimental do STJ, n. 18/2014, cap. II) não implicará que haja necessidade de homologação da sentença que vier a ser prolatada por autoridade judiciária estrangeira no mesmo processo.

Será conveniente, ainda, lembrar que a carta rogatória destinada à prova não terá efeito suspensivo, podendo ser a decisão pronunciada sem a devolução da referida carta·devidamente cumprida. Mas, se a prova for essencial para o encerramento da instrução, imprescindível será sua devolução, desde que a expedição da rogatória tenha sido requerida antes do despacho saneador (CPC/2015, art. 377 e parágrafo único; *RBDP*, 8:186)[420].

---

420. Arthur Briggs, *Cartas rogatórias internacionais*, Rio de Janeiro, 1913; Armando Álvares Garcia Júnior, Cartas rogatórias, *Coleção Saber Jurídico*, São Paulo, Ed. Juarez de Oliveira, 1999; Agenor P. de Andrade, *Manual*, cit., p. 330-3; Espínola e Espínola Filho, *A Lei de Introdução*, cit., v. 3, p. 340-6; Accioli, *Atos internacionais vigentes*, 1937, v. 2, p. 44; Oscar Tenório, *Direito internacional privado*, cit., v. 2, p. 368-72; Wilson de S. Campos Batalha, *Tratado*, cit., p. 403-16; Cavaglieri, *Lezioni*, p. 382; Morelli, *Il diritto processuale civile internazionale*, v. 7 do *Trattato di diritto internazionale* de Fedozzi e outros, 1938, p. 254 e s.; Pontes de Miranda, *Comentários*, cit., t. 4, p. 493; Amílcar de Castro, *Direito internacional privado*, cit., v. 2, p. 265 e 300-2; Pedro Batista Martins, *Recursos e processos da competência originária dos tribunais*, 1957, p. 65; Paulo Polly Nepomuceno, Rogatória para citação de pessoa domiciliada no Brasil, *Livro de Estudos Jurídicos*, 6:31-48; Nelson Nery Jr. e Rosa Mª de A. Nery, *Comentários ao Código de Processo Civil*, São Paulo, RT, 2015, p. 288 e 289; Cassio Scarpinella Bueno, *O novo CPC anotado*, São Paulo, Saraiva, 2015, p. 63; Carmen Tiburcio, Avanços em matéria de cooperação jurídica internacional: Cartas rogatórias, homologação de sentenças estrangeiras e auxílio direto. *Revista da Escola da Magistratura de TRF – 4ª Região*, n. 3, p. 361 e 390 (2015); Roberto Furian Ardenghy, Carta rogatória no Mercosul, *Consulex*, *11*:58. O *exequatur* (do latim *esequi*, ou seja, "cumpra-se"), consiste na autorização dada pelo presidente do Supremo Tribunal Federal para que haja execução válida de diligência e ato processual requisitado por juiz estrangeiro, mediante carta rogatória. Consulte: *RF*, 266:451 sobre carta rogatória para os EUA; Código Bustamante, arts. 388 a 393; Código de Processo Civil de 2015, arts. 256 e § 1º, 260, 377 e parágrafo único; Decreto n. 1.900/96, que promulgou a Convenção Interamericana sobre Cartas Rogatórias, de 30 de janeiro de 1975, e

Deveras, pelo art. 377 do Código de Processo Civil de 2015, a carta rogatória suspenderá o processo, no caso previsto na alínea *b* do inciso V do art. 313 do diploma processual, quando, tendo sido requerida antes da decisão de saneamento, a prova nela solicitada apresentar-se imprescindível.

7. Subsídios jurisprudenciais

A) *Competência recursal do Supremo Tribunal Federal e do Superior Tribunal de Justiça*

RF, 206:1510 — Não basta invocar, *incidenter tantum*, artigo do Código Bustamante para afirmar a competência recursal do STF. As normas do Código de Processo Civil sobre conexidade e litispendência são de ordem

---

o Decreto n. 2.022/96, que promulgou o Protocolo Adicional à Convenção Interamericana sobre Cartas Rogatórias, concluído em Montevidéu em 8 de maio de 1979. A Secretaria Nacional de Justiça (Regimento Interno — arts. 1º, IV, 28, I a IV 29, I, 30, I e II, aprovado pela Portaria n. 1.424/2006 do Ministério da Justiça) tem por fim instruir cartas rogatórias. *Vide* sobre *exequatur* de cartas rogatórias estrangeiras: Constituição Federal de 1988, art. 105, I, *i*, c/c o art. 109, X; Código de Processo Civil de 2015, arts. 263 e 268; RISTF, arts. 225 a 229 c/c os arts. 6º, I, *l*, 13, IX, e 52, III. Lei n. 11.419/2006, prescreve: no art. 7º as cartas precatórias, rogatórias, de ordem e, de um modo geral, todas as comunicações oficiais que transitem entre órgãos do Poder Judiciário, bem como entre os deste e os dos demais Poderes, serão feitas preferencialmente por meio eletrônico. *Vide* CPC/2015, que no art. 263 dispõe: "as cartas deverão, preferencialmente, ser expedidas por meio eletrônico, caso em que a assinatura do juiz deverá ser eletrônica, na forma da lei". A Emenda Regimental do STJ n. 18/2014, ao Regimento Interno desse tribunal, incide, no Capítulo II, sobre a concessão de executoriedade à carta rogatória. Ato de competência do presidente do STJ, será concedido *exequatur* à carta rogatória que tiver por objeto atos decisórios ou não decisórios, sendo que os pedidos de cooperação jurídica internacional que tiverem por objeto atos que não ensejem juízo deliberatório do STJ serão encaminhados ou devolvidos ao Ministério da Justiça para as providências necessárias ao cumprimento por auxílio direto (§ 2º do art. 216-O). Por outro lado, não será concedido o *exequatur* à carta rogatória que ofender os três princípios mencionados (art. 216-P). A parte requerida será intimada para, no prazo de 15 dias, impugnar o pedido de concessão do *exequatur*, porém a medida solicitada poderá ser realizada sem ouvir a parte, quando sua intimação prévia puder resultar na ineficiência da cooperação internacional. Havendo impugnação ao pedido de concessão de *exequatur* a carta rogatória de ato decisório, o presidente poderá determinar a distribuição dos autos do processo para julgamento da corte. Após a concessão, a carta rogatória será remetida ao juízo federal competente para cumprimento. Das decisões proferidas pelo juiz federal caberão embargos, que poderão ser opostos pela parte interessada ou pelo Ministério Público Federal também no prazo de dez dias. Esses embargos poderão versar sobre qualquer ato referente ao cumprimento da rogatória, exceto sobre a própria concessão da medida ou o seu mérito. Da decisão que julgar os embargos caberá agravo, e o presidente ou relator do agravo, quando possível, poderá ordenar diretamente o atendimento à medida solicitada. Cumprida a ordem ou verificada a sua impossibilidade, a carta será devolvida ao presidente do tribunal, no prazo de dez dias, e ele a remeterá, em igual prazo, por meio do Ministério da Justiça ou do Ministério das Relações Exteriores, à autoridade estrangeira de origem (*BAASP 2925*:5 e 6). Sobre juízo arbitral, *vide* M. Helena Diniz, *Tratado*, cit., v. 1, p. 508-12. Consulte: *RT, 347*:651, *RF, 227*:403 e *240*:448.

pública interna e inidônea para regular a matéria do chamado Direito Processual Civil Internacional.

STJ, REsp 63981/SP; Recurso Especial, RO 39/MG; Recurso Ordinário, 2004/0088522-2, Rel. Min. Sálvio de Figueiredo Teixeira. Data do julgamento: 6-10-2005 — Processo Civil e Internacional — Recurso Ordinário — Competência do STJ — Estado Estrangeiro — Promessa de Recompensa — Cidadão brasileiro — Paranormalidade — Ação ordinária visando ao recebimento da gratificação — Competência concorrente da Justiça brasileira — Imunidades de jurisdição e execução — Possibilidade de renúncia — Citação/notificação do Estado réu — Necessidade — Extinção do processo sem julgamento do mérito — Afastamento — Recurso provido. 1 — Competência ordinária deste Colegiado para o julgamento da presente via recursal, porquanto integrada por "Estado estrangeiro (...), de um lado, e, do outro, (...) pessoa residente ou domiciliada no País" (art. 105, II, c, da CF/88). 2 — Recurso Ordinário interposto contra r. sentença que, concluindo pela incompetência da Justiça pátria, extinguiu, sem exame de mérito, ação ordinária proposta por cidadão brasileiro contra Estados Unidos da América — EUA, sob alegação de constituir-se em credor da promessa de recompensa publicamente efetivada pela Estado recorrido, equivalente a US$ 25.000.000,00 (vinte e cinco milhões de dólares norte-americanos), porquanto, possuindo o dom da premonição, teria indicado o esconderijo do ex-ditador iraquiano Saddam Hussein, capturado aos 14-12-2003. 3 — Conquanto o local de constituição/cumprimento da obrigação unilateral decorrente da promessa de recompensa não sirva à determinação da competência judiciária nacional (art. 88, II — hoje art. 21, II, do NCPC — do CPC), o local em que supostamente praticado o fato do qual deriva a presente ação (ou seja, em que remetidas as cartas indicativas do paradeiro do ex-ditador), é dizer, o território brasileiro, mediante a qual se busca justamente provar o adimplemento das condições impostas pelo Estado ofertante, a fim de que lá se possa buscar a recompensa prometida, configura a competência das autoridades judiciárias pátrias (art. 88, III — atual art. 21, III, do NCPC —, do CPC), não obstante, como assinalado, em concorrência à competência das autoridades jurisdicionais norte-americanas. 4 — Contudo, em hipóteses como a vertente, a jurisdição nacional não pode ser reconhecida com fulcro, exclusivamente, em regras interiores ao ordenamento jurídico pátrio; ao revés, a atividade jurisdicional também encontra limitação externa, advinda de normas de direito internacional, consubstanciado aludido limite, basicamente, na designada "teoria da imunidade de jurisdição soberana" ou "doutrina da imunidade estatal à jurisdição estrangeira". 5 — *In casu*, seja com fulcro na distinção entre atos de império e gestão, seja com lastro na comparação das praxes enumeradas em leis internas de diversas nações como excludentes do privilégio da imunidade, inviável considerar-se o litígio, disponente sobre o recebimento, por cidadão brasileiro, de recompensa prometida por Estado estrangeiro (EUA) enquanto participante de conflito bélico, como afeto à jurisdição nacional. Em outros termos, na hipótese, tal manifestação unilateral de vontade não evidenciou caráter meramente comercial ou expressou relação rotineira entre o Estado promitente e os cidadãos brasileiros, consubstanciando, ao revés, expressão de soberania estatal, revestindo-se de oficialidade, sendo motivada, de forma atípica, pela deflagração de guerra entre o Estado ofertante (EUA) e Nação diversa (Iraque), e consequente persecução, por aquele, de desfecho vitorioso; por outro lado, não se inclui a promessa de recompensa, despida de índole negocial, entre as exceções habitualmente aceitas pelos costumes internacionais à regra da imunidade de jurisdição, quais sejam, ações imobiliárias e sucessórias, lides comerciais e marítimas, trabalhistas ou concernentes à responsabilidade civil extracontratual, pelo que de rigor a incidência da imunidade à jurisdição brasileira. 6 — Ademais, releva consignar a previsão, em princípio, no tocante ao Estado estrangeiro, do privilégio da imunidade à execução forçada de bens de sua propriedade, eventualmente localizados em território pátrio, não obstante traduzindo-se tal argumento em mera corroboração à imunidade de jurisdição já reconhecida, porquanto "o privilégio resultante da imunidade de execução não inibe a justiça brasileira de exercer jurisdição nos processos de conhecimento instaurados contra Estados estrangeiros" (STF, AgRg RE n. 222.368-4/PE, Rel. Min. Celso de Mello, DJU 14-2-2006). 7 — Mesmo vislumbrando-se, em tese, a incidência ao réu, Estado estrangeiro, das imunidades de jurisdição e execução a obstacularizar o exercício da atividade jurisdicional pelo Estado brasileiro, cumpre não olvidar a prerrogativa soberana dos Estados de renúncia a mencionados privilégios. 8 — Recurso Ordinário conhecido e provido para, reconhecendo-se a competência concorrente da autoridade judiciária brasileira, nos termos do art. 88, III, do CPC (hoje art. 21, III, NCPC) e, simultaneamente, as imunidades de jurisdição e execução ao Estado estrangeiro, determinar o prosseguimento do feito, com a notificação ou citação do Estado demandado, a fim de que exerça o direito à imunidade jurisdicional ou submeta-se voluntariamente à jurisdição pátria.

B) *Competência internacional da autoridade judiciária brasileira*

REsp 2.170-SP, *DJU*, 3 set. 1990 — A competência da autoridade judiciária brasileira firma-se quando verificada alguma das hipóteses previstas nos arts. 88 e 89 — hoje arts. 21 e 23 do NCPC — do CPC. O direito brasileiro não elegeu a conexão como critério de fixação da competência internacional, que não se prorrogará, por conseguinte, em função dela.

RTJ, 78:48 — Sentença estrangeira proferida em processo de inventário. Competência exclusiva da Justiça brasileira, relativamente aos bens aqui situados (CPC, art. 89 — atual art. 23 do NCPC —, II; SE 2.289, de 18-9-75). No mesmo sentido: *RTJ, 78*:675, *76*:41.

RJTJSP, 119:422 — É competente a justiça brasileira para ação de separação judicial, visando casamento de estrangeiro realizado no exterior (LICC — atual LINDB —, art. 7º), movida pelo marido residente no Brasil contra mulher que está em lugar ignorado, se aqui tiver sido o último domicílio do casal (no mesmo sentido: *RJTJSP, 85*:62).*

Bol. AASP, 1917:303 — Possibilidade, contudo, de homologação da sentença estrangeira, se anteriormente prolatada. Na ação de divórcio, é competente a justiça brasileira quando há domicílio de um dos cônjuges no Brasil, ou quando a ação se origina de fato ou ato ocorrido em território nacional (TJSP).

C) Incompetência da justiça brasileira

AgI 9.795-SP, *DJ*, 26 ago. 1991 — A circunstância de a ação proposta no Brasil, com supedâneo no art. 88, I — atualmente, art. 21, I, do NCPC —, do CPC, obstar ao chamamento ao processo de outros devedores solidários domiciliados no exterior, não torna incompetente a Justiça brasileira. Hipótese em que deve prevalecer o direito à jurisdição invocada pelo autor da ação.

RT, 152:158 — Não será competente a justiça brasileira quando se tratar de ação movida a pessoa não domiciliada no país, salvo se a questão versar sobre imóveis situados no Brasil, ou aqui tiver de ser cumprida.

RT, 148:133 — O foro brasileiro é incompetente para propositura de ação oriunda de contrato concluído no Brasil por intermediário, mas exequível no estrangeiro por pessoa aí domiciliada.

RT, 334:438 — A justiça brasileira é incompetente para o processamento de inventário de pessoa domiciliada no estrangeiro, embora aqui tenha deixado bens.

RJTJSP, 91:66 — A justiça brasileira é incompetente para julgar ação de divórcio de casal estrangeiro, cujo casamento foi realizado no exterior, quando a mulher reside no exterior. Não obstante tenha ela abandonado o lar conjugal no Brasil, é inaplicável o Código de Processo Civil, art. 88, III, — hoje art. 21, III, do CPC/2015 — porque não se trata de descumprimen-

---

* Jurisprudência anterior à EC n. 66/2010, que alterou a CF, art. 226, § 6º, que não mais requer a separação judicial e prazo de carência, como requisitos necessários, para pedir divórcio.

to do dever obrigacional, mas personalíssimo, derivado de relação de direito de família (no mesmo sentido: *RJTJSP, 81*:54; *RT, 572*:55).

RJTJSP, 75:53 — Casamento de poloneses realizado na Polônia, primeiro e único domicílio do casal. Mulher residente no Brasil. Marido não emigrou. É incompetente a justiça brasileira porque o réu não é domiciliado aqui (LICC — atual LINDB —, art. 12), nem aqui deve ser cumprida a obrigação, porque, se aqui o casal nunca teve residência, não pôde no Brasil ocorrer o abandono do lar conjugal (CPC, art. 88, III — atual art. 21, III, do CPC/2015). A separação ocorreu na Polônia; aqui o casal não conviveu e também não se separou.

D) *Competência de justiça de país estrangeiro*

RF, 101:311 — Competente é a justiça de país estrangeiro para a sentença de divórcio quando o casal nele residia ao tempo do pedido. A mudança posterior de domicílio não afeta a competência internacional (STF).

RJTJSP, 105:62 — A competência para a ação visando desconstituir casamento celebrado segundo as leis norte-americanas, por autoridade daquele país, é da justiça americana, se a esposa está vivendo naquele país.

E) *Incompetência da justiça estrangeira*

RF, 105:69 — Não pode a justiça inglesa decretar o divórcio de casal com domicílio no Brasil (STF).

RF, 94:482 — Falta competência ao tribunal estrangeiro para decretar a dissolução de casamento de pessoa domiciliada no Brasil, ainda que ambos os cônjuges estrangeiros (STF).

F) *Carta rogatória*

RTJ, 114:500 — A chancela consular na origem confere autenticidade aos documentos que instruem a carta rogatória, apesar de a versão para o vernáculo ter sido feita no país estrangeiro.

Bol. AASP, 1826:544 — Objeções, relativas à legitimidade ativa, à prescrição da dívida e até ao mérito de controvérsia, devem ser declinadas à Justiça rogante, sem lhes caber o exame na sede da concessão do "exequatur" (STF, 2ª T., AgRg, em Carta Rogatória 6.411-1-EUA, rel. Min. Octavio Gallotti, j. 23-9-1993, v.u., *DJU*, 22 nov. 1993, p. 24660, Seção I, ementa).

RT, 511:146 — A falta de convenção entre países não impede a expedição de carta rogatória e seu cumprimento, o que somente pode ser apurado com a recusa no cumprimento. Portanto, se não há convenção, a carta deve ser remetida por via diplomática, através do Ministério do Exterior.

G) *Revogação de "exequatur" de carta rogatória*

RTJ, 45:317 — Revogação do *exequatur*, pelo recebimento dos embargos opostos pelos réus domiciliados no Brasil, que não renunciaram à competência da autoridade judiciária brasileira. Agravo não provido. Art. 12 da Lei de Introdução (STF).

Art. 13. A prova dos fatos ocorridos em país estrangeiro rege-se pela lei que nele vigorar, quanto ao ônus e aos meios de produzir-se, não admitindo os tribunais brasileiros provas que a lei brasileira desconheça.

- *Código Civil, arts. 108, 109, 212 a 232.*
- *Código de Processo Civil de 2015, arts. 369, 373 e 374, 384, 385, 389, 396, 405 e s., 442 e s., 481 e s. e 464 e s.*
- *Código de Processo Penal, arts. 155 a 250.*
- *Lei n. 6.015, de 31 de dezembro de 1973, art. 32.*
- *Lei de Introdução às Normas do Direito Brasileiro, arts. 18 e 19.*
- *CF, art. 5º, III, XI e XII.*

1. Princípio da territorialidade e prova dos fatos ocorridos no exterior

Para que se possam admitir efeitos a fato ou ato ocorrido no estrangeiro, será imprescindível sua prova. O art. 13 *sub examine* não se refere à prova do direito estrangeiro, mas à dos fatos que se efetivaram em território alienígena. Para o *forum* a lei estrangeira é um fato; porém, por efeito da norma de direito internacional privado, passará a ter juridicidade na ordem interna; logo, se admitida pela norma de direito internacional privado, deverá ter tratamento de norma jurídica.

A prova dos fatos jurídicos será feita pelos meios apontados pela lei do lugar onde ocorreram (*lex loci*), mas, quanto ao modo de produzi-la, submeter-se-á à *lex fori*, pois, no curso da ação, não serão admitidas quaisquer provas não autorizadas pela lei do juiz, sob pena de se ferir o sistema da territorialidade da disciplina do processo. Daí se proscrever prova de fato passado no estrangeiro, produzida por algum meio desconhecido do direito pátrio.

2. "Onus probandi", meios de prova e modos de produção da prova

O *onus probandi* (*Burden of proof*) disciplinar-se-á pela lei do lugar onde ocorreu o fato que se quer demonstrar e não pela norma que regula a relação do direito material em litígio, embora alguns juristas, como Bartin e Batiffol, sujeitem-no à *lex causae*, por ser a orientação seguida pelo art. 398 do Código Bustamante, que prescreve: "A lei que rege o delito ou a relação de direito objeto do juízo civil ou mercantil determina a quem incumbe a prova".

Os meios de prova (*Admissibility of evidence*) reger-se-ão pela lei do local onde se deu o fato ou onde o ato foi celebrado (*lex loci actus*). Dessa lei dependerá a indicação das provas admissíveis em direito, a que as partes poderão recorrer (*decisoria litis*). A Lei de Introdução prescreve a incidência da *lex loci* para decidir se as formalidades extrínsecas por ela exigidas foram fielmente observadas, indicando as provas subsidiárias se as diretas forem insuficientes. Tal norma também está consagrada pelo Código Bustamante, que reza no art. 399: "Para decidir os meios de prova que podem utilizar-se em cada caso é competente a lei do lugar em que se realizou o ato ou o fato que se trate de provar, excetuando-se os não autorizados pela lei do lugar em que se segue o juízo".

A *lex loci actus* aplicar-se-á a qualquer gênero de prova, apontando quais as provas admissíveis. Isto é assim porque, apesar disso, há autores, como Savatier, que proclamam a aplicabilidade da *lex fori*, permitindo tão somente que haja permissão judicial para que o autor venha a invocar a *lex loci*, desde que lhe seja mais favorável. Outros como Bustamante e Sirven entendem ser aplicável na indicação dos meios probatórios a *lex causae*, com base na seguinte fundamentação: "*No debe admitirse otro sistema que prefiere la ley vigente en el lugar onde se ha realizado el hecho que trata de probarse. Cuando es la ley aplicable al mismo, como sucede generalmente en lo penal, será este último factor el que por sí sólo determine esa aplicación; pero cuando los hechos, realizados materialmente en un lugar determinado, están sometidos a otra ley, debe ser esta segunda y en modo alguno la primera, la llamada a determinar los medios de prueba admisibles. Es el derecho mismo de la relación jurídica el que puede precisar como se demuestra su existencia y efectividad ante los jueces y tribunales, no en cuanto a la forma material de producir y tramitar esas pruebas, sino en cuanto a la posibilidad de que el juzgador las acepte como tales*".

Em que pesem tais opiniões, em nosso direito internacional privado, firmada está a incidência da *lex loci* quanto aos meios de prova, excetuando-se os não autorizados pela lei do lugar em que corre a ação (*lex fori*). Se é lícito dar ao ato a forma estabelecida pela *lex loci celebrationis*, conveniente será submeter à mesma lei, que regula a forma extrínseca dos atos, a prova da constituição e existência desses mesmos atos. Assim, a *locus regit formam actus* referir-se-á aos atos jurídicos, quanto à forma e aos meios de prova. Mas os fatos jurídicos, que não são declarações de vontade, serão alheios a essa norma. Se um ato foi celebrado de acordo com lei estrangeira, será esta mesma lei que indicará sua prova. Os meios probatórios serão admitidos pela lei que disciplina a forma do ato que se pretende provar.

Os meios probatórios (*ad decidendam litis*) regular-se-ão pela norma vigente no Estado onde se passou o fato, mas o modo de produção dessas provas indicadas pela *lex loci* na jurisdição brasileira (*ad ordinandam litis*), por pertencer à ordem processual, reger-se-á pelo nosso direito (*lex fori*), uma vez que o caso está sendo aqui julgado. Deveras, dispõe o Código Bustamante, no art. 400, que "a forma por que se há de produzir qualquer prova regula-se pela lei vigente no lugar em que for feita". A *lex fori*, se a *lex loci* indicar a prova, irá tão somente disciplinar, p. ex., a maneira pela qual se processará, em juízo, a inquirição de testemunhas, resguardando-se princípios de ordem pública internacional, como o de dispensa de certas testemunhas em razão de segredo profissional ou do disposto no art. 228 do nosso Código Civil, pelo qual determinadas pessoas, como os menores de dezesseis anos, os enfermos mentais etc., não poderão depor no Brasil como testemunhas, embora tenham presenciado ou testemunhado o ato em outro país, de conformidade com a sua legislação.

O modo de produção de provas em juízo competirá à *lex fori*.

Com isso firmou-se a unidade da lei disciplinadora dos meios probatórios e do ônus correspondente, que é a *lex loci*, ficando a *lex fori* com a regência do modo de produção daquelas provas em juízo.

3. "Lex loci" e "lex fori"

A *lex loci*, por ser a lei que presidiu a formação do ato, prevalecerá para dizer quais as provas admissíveis, pois não seria aceitável, p. ex., que à *lex fori* se sujeitasse a validade de documentos requeridos *ad substantiam* ou *ad probationem*. O mesmo se diga das presunções *juris et de jure* e *juris tantum*. Como se vê, a prova documental (instrumento público ou particular, declaração notarial etc.) reger-se-á pela lei do local do contrato, sendo que para adquirir força executiva extraterritorial deverá estar revestida das formalidades exigidas, além de submeter-se ao *exequatur* (Código Bustamante, arts. 402 e 403), embora alguns autores o dispensem.

A *lex fori* regerá, por sua vez, o modo de produção das provas em juízo, por ser assunto alusivo ao processo (*ordinatoria litis*), pois a apreciação da prova, sendo um ato subjetivo, que busca o convencimento, dependerá da lei do julgador (Código Bustamante, art. 401). Se houver ausência de imposição pela *lex loci actus* de provas legais obrigatórias, a *lex fori* aplicar-se-á por serem as provas elementos para formar o livre convencimento do órgão judicante.

4. Apreciação das provas e inadmissibilidade de prova desconhecida pelo direito pátrio

A apreciação da prova dependerá da lei do juiz (Código Bustamante, art. 401), por ser ato mental ou subjetivo para chegar ao convencimento. Como esse processo mental sujeita-se a normas que obrigam a dar preferência a certa prova ou a subordinar a prova a determinados requisitos, a autoridade judiciária não poderá submeter-se ao direito alienígena, devendo basear-se nas prescrições legais de seu país, averiguando (Código Bustamante, art. 402):

a) a licitude do ato ou contrato;

b) a capacidade das pessoas que se obrigaram;

c) a observância das formas extrínsecas ou solenidades requeridas pela lei do lugar da celebração do ato (*locus regit actum*);

d) a autenticidade do documento, que deverá estar traduzido no idioma usado no país da *lex fori* e legalizado pelo cônsul.

Apesar de ser princípio universalmente aceito de que a prova dos fatos jurídicos (sentido amplo) é feita pelos meios prescritos pela lei do local onde se derem e de que o modo de produção dessas provas sujeita-se à *lex fori*, por pertencer à seara processual, não se podem admitir, como já dissemos, numa ação, quaisquer meios probatórios não autorizados pela lei do órgão judicante que preside o processo, pois isso fere o princípio da territorialidade da disciplina do processo. Será preciso, portanto, que a prova do fato ocorrido no estrangeiro seja produzida por meio conhecido do direito pátrio, pois, se assim não for, será inaplicável pelo juiz local.

Não se admitirão no curso da ação quaisquer provas que não sejam autorizadas pela lei do julgador. Assim sendo, se a lei alienígena permitir a venda de imóvel por instrumento particular e a lei *fori* exigir a escritura pública, o juiz brasileiro não poderá aceitar o instrumento particular como meio probatório. Se, p. ex., o juramento for apontado como meio probatório, dependerá da *lex loci*, ou seja, da lei a que se submete a relação jurídica que se pretende provar. Mas a maneira de prestar tal juramento, como rito processual que é, será indicada pela *lex fori*, dependendo sua eficácia da lei que rege o fato sobre o qual se jura (Código Bustamante, art. 405). Ora, o juramento supletório, decisório ou *in litem* é meio de prova que não se encontra previsto no direito brasileiro. Como o modo de prestá-lo deverá seguir o *ius fori*, consequentemente não poderá ser feito no Brasil, mas nada obstará a que se apresente a juiz brasileiro uma certidão de juramento regularmente prestado no exterior. A exclusão da aplicabilidade pelo nosso juiz ou tribunal de prova desconhecida pelo nosso direito justificar-se-á não só ante a ressalva da ordem pública, mas também ante a circunstância da impossibilidade de produzir tal prova pela inexistência de preceito legal indicativo da forma processual para levá-la a efeito adequadamente[421].

Art. 14. Não conhecendo a lei estrangeira, poderá o juiz exigir de quem a invoca prova do texto e da vigência.

• Vide *art. 376 do Código de Processo Civil de 2015.*

• *Regimento Interno do Supremo Tribunal Federal, art. 116 c/c o art. 115, I.*

1. Princípio "iura novit curia" e "ius communis"

Pelo princípio *iura novit curia*, o órgão judicante deverá ter, pela sua função de aplicar a lei, conhecimento preciso do direito nacional, e saber encontrar a norma aplicável ao caso *sub judice*. Tal princípio apresenta duas faces: *a)* o dever do magistrado de conhecer e aplicar de ofício a norma; *b)* o poder de o juiz procurar e aplicar a lei, ainda que não alegada e provada pelas partes.

O direito nacional não precisará ser alegado nem provado pelos interessados. Todavia, nada obstará a que as partes o aleguem em colaboração com o Judiciário, sem que, contudo, tenham tal obrigação. Daí os seguintes corolários do *iura novit curia: a)* os litigantes apenas deverão provar os

---

421. Consulte: Zitelmann, *Internationales Privatrecht*, cit., v. 2, p. 253 e s.; Espínola e Espínola Filho, *A Lei de Introdução*, cit., v. 3, p. 349-61; Amílcar de Castro, *Direito internacional privado*, cit., v. 2, p. 197-8; Clóvis Beviláqua, *Código Civil*, cit., v. 1, p. 129-34, e *Princípios elementares*, cit., p. 270-1; Carvalho Santos, *Código Civil*, cit., v. 1, p. 161-3; Luigi Ferrari Bravo, *La prova nel processo internazionale*, Napoli, Jovene, 1958; Machado Villela, *O direito internacional*, cit., p. 234; Moselli, *Lezioni di diritto internazionale privato*, p. 46; Diena, *Il dirittto internazionale*, cit., p. 399; Von Bar, *Theorie*, cit., v. 2, 1889, p. 403 e s.; Bustamante y Sirven, *Derecho internacional privado*, cit., v. 3, p. 296-7 e 305-6; Chiovenda, *Principii*, cit., p. 129 e 179; Wilson de S. Campos Batalha, *Tratado*, cit., p. 413-23. *Vide RT, 170*:583 e *172*:673; *Revista de Direito, 35*:639. Sobre profissão de tradutor e intérprete público: *Vide* Lei n. 14.195/2021, arts. 22 e 23.

fatos, pois ao juiz ou tribunal competirá dizer qual a norma que lhes será aplicável; *b)* o Judiciário, ante a proibição do *non liquet* (CPC/2015, art. 140), não poderá eximir-se de sentenciar, nem mesmo em caso de lacuna ou obscuridade, uma vez que a lei lhe dá os meios supletivos (LINDB, art. 4º) e interpretativos (LINDB, art. 5º).

Diante de um caso de direito internacional privado, o juiz deverá decidir se lhe é aplicável o direito brasileiro ou o estrangeiro. Se verificar a inaplicabilidade da norma brasileira, deverá, então, determinar qual a lei estrangeira, invocada pela norma de direito internacional privado, que manda aplicar àquele caso a norma alienígena. O juiz poderá aplicar *ex officio* a lei estrangeira, tendo dela conhecimento, até mesmo contra a vontade das partes. Todavia, como não terá o dever funcional de conhecer norma alienígena, o art. 14 da Lei de Introdução, ora comentado, permite-lhe, se invocada por alguma das partes litigantes, exigir a prova, daquela que a invocou, de seu teor e de sua vigência. Condena-se, portanto, a atitude de mero expectador do magistrado, por ter ele o dever de inteirar-se das normas mesmo quando não fornecidas pelas partes, tendo absoluta independência para formar seu convencimento, podendo, inclusive, providenciar a prova do direito estrangeiro se não estiver convencido. Como se pode verificar, o *iura novit curia* não terá lugar no que atina à lei alienígena, que deverá ser aplicada por força da norma de direito internacional privado brasileiro, pois o órgão judicante, apesar de ter a obrigação, em razão da *lex fori*, de aplicá-la, dever tão imperioso quanto o de aplicar o direito nacional, poderá reclamar a prova do direito estrangeiro.

Portanto, relativamente ao *ius specialis*, o juiz de ofício poderá aplicar o direito estrangeiro mesmo que os litigantes não queiram, apesar de não ser obrigado a conhecê-lo, nem ter o dever de prová-lo. Assim sendo, quem o apontar como modelo deverá demonstrar sua vigência e conteúdo, exceto se o magistrado dispensar a prova[422]. Eis o porquê da afirmação de Martin Wolff de que o órgão judicante conhece melhor o direito de seu país, onde tem a possibilidade de acompanhar as modificações da jurisprudência, ao passo que do estudo do direito alienígena, mesmo que o juiz domine línguas estrangeiras ou tenha à mão legislação, jurisprudência e doutrina de outros países, terá dúvidas a respeito de haver, ou não, cometido algum erro no trabalho de encontrar a norma aplicável ou na consideração da matéria jurídica, e especialmente sobre se teve ciência das últimas leis e sentenças do

---

422. Espínola e Espínola Filho, *A Lei de Introdução*, cit., v. 3, p. 363-9; Calamandrei, in *Nuovo Digesto Italiano*, t. 7; Oscar Tenório, *Direito internacional privado*, cit., v. 1, p. 146 e 107-8; Amílcar de Castro, *Direito internacional privado*, cit., v. 1, p. 251-3; Pacchioni, *Diritto internazionale privato*, cit., p. 140-1; Ferrara, *Interpretação e aplicação das leis*, p. 113.

país estrangeiro. Assim, o juiz, que venha a aplicar norma estrangeira, nunca estará consciente de haver dado sentença justa, como quando aplica o seu próprio direito[423].

A norma vigorante no *ius communis* de que "é dever profissional do juiz conhecer o direito" (*iura novit curia*) sofrerá uma limitação aparente no que atina ao direito alienígena, pois poderá invocar em seu auxílio a cooperação das partes, impondo-lhes o *onus probandi*.

2. Meios de prova do direito estrangeiro aplicável

Quando o direito internacional privado indicar que certo fato se subordinará ao direito estrangeiro, estará ordenando ao juiz sua aplicação, excluindo a possibilidade de recusar-se a aplicá-lo, alegando ignorância, devendo, então, invocar o auxílio do interessado, com a apresentação do texto legal, ou socorrer-se dos meios diplomáticos para obter conhecimento seguro da lei e da jurisprudência alienígenas (Código Bustamante, art. 410).

Se o juiz se dispuser *ex officio* (Código Bustamante, art. 408) a observar direito estrangeiro ou se este for invocado pela parte litigante, dever-se-á exigir prova do *ius specialis*, pois quanto ao *ius communis* vigora o princípio de que o tribunal conhece o direito (*ius novit curia*). Realmente: *a*) o magistrado deverá aplicar a lei estrangeira, mesmo sem alegação e prova da parte interessada, sempre que o direito internacional privado (*lex fori*) julgar competente aquela lei; *b*) se o juiz não conhecer o direito estrangeiro poderá exigir prova da parte a quem aproveita (CPC/2015, art. 376); *c*) o interessado, sem provocação do juiz, poderá alegar a lei que lhe é aplicável, propondo-se a provar sua existência e conteúdo; *d*) o órgão judicante poderá de ofício investigar a norma estrangeira alegada pela parte, se a prova apresentada não o convencer, não estando adstrito às afirmações ou provas produzidas por ela.

Isto é assim porque a norma estrangeira é considerada como um fato, cuja demonstração competirá a quem a alegar, mas há quem ache que é *res juris* e não *res facti*, e como tal deveria ser conhecida do magistrado, com o que não concordamos, pois tal entendimento estaria impondo ao órgão judicante o dever de conhecer leis dos mais diversos Estados, o que seria impossível.

---

423. Martin Wolff, *Derecho internacional privado*, p. 126. Consulte, ainda, Serpa Lopes, *Curso*, cit., v. 1, p. 91.

Os meios de prova do direito estrangeiro serão indicados pelo *ius fori*, como, p. ex.: *a*) apresentação do jornal oficial em que venha publicada a lei; *b*) certidão autenticada por autoridade diplomática ou consular (*affidavit*), contendo relatório sobre o texto legal, vigência e sentido do direito aplicável (Código Bustamante, art. 410); *c*) declaração de dois advogados em exercício no país a que o direito que se pretende aplicar pertence, declarando a vigência da norma (Código Bustamante, art. 409), e se dúvida houver pode-se pedir ao tribunal, Procuradoria-Geral, Secretaria ou Ministério da Justiça, desse país, informação sobre o conteúdo e existência daquela lei (Código Bustamante, art. 411); *d*) pedido por carta rogatória de informação sobre o texto legal, sentido e vigência da norma; *e*) referências a obras doutrinárias alienígenas; *f*) pareceres de juristas de nomeada do Estado, cuja norma se pretende provar.

Logo, não terão, segundo alguns autores e tribunais, valor probante as simples presunções e o depoimento testemunhal produzido em juízo, não especialmente qualificados para o fim de caracterizar a vigência da lei alienígena (*RF, 39*:455).

Além disso, conveniente será lembrar que o termo "lei estrangeira" está sendo empregado no art. 14 em sentido amplo, indicando a lei, o decreto, o regulamento, o costume etc. Logo, para a prova do costume ou uso comercial no direito francês é praxe, quando exigida, a expedição de um atestado chamado *parère*, fornecido pelas câmaras de comércio ou pelos sindicatos profissionais.

Há quem ache, como Lewald, que justo seria controlar cautelosamente, no interesse dos litigantes e da boa administração da justiça, a aplicação de lei estrangeira à luz da jurisprudência dada pelo tribunal sobre o mesmo texto da lei estrangeira, sendo até mesmo admissível ação rescisória para desconstituir sentença que apresente ofensa literal a disposição de lei estrangeira[424].

---

424. Sobre o tema: Amílcar de Castro, *Direito internacional privado*, cit., v. 1, p. 251-4; Espínola e Espínola Filho, *A Lei de Introdução*, cit., v. 3, p. 363-90; Burgin e Fletcher, *Thestudent conflicts of laws, being an Introduction to the study of private international law, based on Dicey*, 1937, p. 393; Pedro Sampaio, Prova do direito estrangeiro, *Ciência Jurídica, 17*:7; Oscar Tenório, *Direito internacional privado*, cit., v. 1, p. 147; Nicolau Nazo, *Da aplicação e da prova do direito estrangeiro*, São Paulo, 1941; Alcides Darras, De la connaissance, de l'application et de la preuve de la loi étrangère, *Clunet*, 1901, p. 204-31 e 442-56; André Weiss, *Traité théorique*, cit., t. 3, p. 182-3; Anzilotti, *Il diritto internazionale*, cit., p. 41 e 219; Triepel, *Diritto internazionale e diritto interno*, 1913, p. 12 e s. e 271; Schnell, Ueber die Zuständigkeit zum Erlass von Gesetzlichen, in *Zeitschriff für Internationalen- Privat-und Strafrecht*, 1896, p. 337; Ottolenghi, *Sulla funzione e sull'efficacia delle norme interne di diritto internazionale privato*, 1913, p. 94 e s.; Windscheid, *Lehrbuch des Pandektenrechts*, v. 1, 1882, p. 41, nota 4; Walker, *Internationales Privatrecht*, 1926,

3. Teoria da remissão receptícia e teoria das normas sobre produçãojurídica

A norma de direito internacional privado tem a função de determinar a esfera de competência legislativa dos Estados. Tal norma de aplicação não terá, contudo, o condão de nacionalizar o direito estrangeiro, mas tão somente de declarar o seu valor no país como norma jurídica estrangeira. Todavia, Balladore Pallieri entende que a lei estrangeira tornar-se-á norma do Estado invocante e continuará a valer aí como norma alienígena. Como se poderia admitir que ela seja ao mesmo tempo nacional e estrangeira?

Haverá uma simples declaração da ineficácia da lei brasileira em dado caso, além de certo limite, de onde admitir-se, no espaço assim deixado livre, o valor de uma norma jurídica alienígena. Ou seja, conferir-se-á eficácia ao direito estrangeiro ao ordenar ao órgão judicante que aplique lei estrangeira à questão que deverá decidir. Isto é assim porque a norma de direito internacional privado tem por escopo dar adequada disciplina substancial interna às relações de natureza internacional naquilo que não puder ser regido pela lei interna de um Estado. As normas de direito internacional privado indicam que, excepcionalmente, certas relações deverão subordinar-se à lei alienígena, que deverá, então, ser aplicada pelo magistrado. Ter-se-ia uma remissão receptícia ou material, incorporando-a, tal como é entendida e aplicada, ao país a cuja ordem pertence. A teoria da remissão receptícia ou material transforma o direito remetido em direito interno, desprendendo-se dos laços de origem quanto à interpretação do seu conteúdo, modo de aplicação etc.[425].

Há uma teoria sustentada por Roberto Ago que, considerando inaceitável a tese da remissão receptícia ou material, concebe as normas de direito internacional privado como normas sobre a produção jurídica ou sobre

---

p. 63 e s.; Agenor P. de Andrade, *Manual*, cit., p. 166; Cyrille David, *La loi étrangère devant le juge de fond*, 1965; Haroldo Valladão, *Direito internacional privado*, cit., p. 471; Pontes de Miranda, *Comentários*, cit., v. 2, p. 168; Georges Ripert, *Traité élémentaire*, cit., n. 45; Palewski, Certificat de coutume, in *Répertoire de droit international*, Paris, 1929, v. 5, p. 333; Lewald, Le contrôle des cours suprêmes sur l'application des lois étrangères, in *Recueil des Cours*, t. 57, 1936, p. 279; Antônio Carlos de Araújo Cintra, Prova do direito estrangeiro, *RT, 485*:16.

425. Zitelmann, *Internationales Privatrecht*, cit., v. 1, p. 200; Anzilotti, *Il diritto internazionale*, cit., p. 219; Romano, *Corso di diritto internazionale*, 1933, p. 54; Cavaglieri, *Lezioni*, cit., p. 69 e s.; Pacchioni, *Diritto internazionale privato*, cit., p. 114-8; Ottolenghi, *Sulla funzione*, cit.; Marinoni, La natura giuridica del diritto internazionale privato, *Rivista di Diritto Internazionale*, 1913, p. 54 e s.; Lorenzen, *Cases and materials on the conflict of laws*, 1937; Balladore Pallieri, Il concetto di rinvio formale e il problema del diritto internazionale privato, *Rivista di Diritto Civile*, 1929, p. 443.

as fontes da ordem jurídica, admitindo que, em vez de estatuir, diretamente, as normas materiais para a regência de determinado fato ou relação, o legislador poderá tomar, em seu ordenamento jurídico, a fonte de uma ordem jurídica estrangeira, que, nessa ordem, terá competência para criar as normas que regem os mesmos fatos e relações. Essa teoria das normas sobre produção jurídica sustenta que a lei, oriunda da fonte a que a norma de direito internacional privado se reporta, será interpretada de conformidade com o que se efetua no Estado em que foi produzida, aplicando-se tal como é entendida e aplicada no país a cujo ordenamento pertence. Por isso, por considerarmos esta corrente como a mais realista, o juiz brasileiro, ao aplicar lei estrangeira, por ordem de sua norma de direito internacional privado, deverá averiguar sua vigência e interpretá-la, verificando os limites dentro dos quais se admite sua aplicabilidade[426].

4. Soluções doutrinárias ante a impossibilidade de se conhecer o direito alienígena

Se a prova oferecida for insuficiente, o órgão judicante poderá exigir prova convincente (*AJ, 50*:321-2; *RF, 72*:27). Se, malgrado todas as providências tomadas, impossível for a determinação segura do conteúdo do direito alienígena que deveria ser aplicado, o juiz, segundo Oscar Tenório, não deverá decidir contra a parte que invocou a lei estrangeira que não conseguiu provar, mas julgar de conformidade com o direito vigente do *forum*, sem presumir, como prefere Espínola, que a norma estrangeira seja idêntica à brasileira, salvo prova em contrário, sem que haja violação à proibição do *non liquet*. Ter-se-ia a denegação de justiça somente se o magistrado se recusasse a aplicar o direito estrangeiro competente, sob o pretexto de o ignorar ou de que suas disposições escapam ao seu entendimento, hipóteses em que não poderia deixá-lo de lado para aplicar o direito interno.

Baseando-se na teoria processual das provas, entendemos, seguindo a esteira de Wilson de S. Campos Batalha, que, se o autor, ao invocar direito alienígena, não puder prová-lo, o julgamento deverá ser convertido em diligência para tal finalidade, e, se esta não puder ou não for cumprida, o órgão judicante poderá admitir a prova apresentada pela parte contrária, decretar a absolvição da instância por abandono de causa ou promover as diligências que julgar necessárias. Não se deverá decidir a demanda por

---

426. Roberto Ago, *Lezioni di diritto internazionale privato*; parte generale, 1939, p. 92-4; Perassi, *Lezioni di diritto internazionale*, 1933, v. 2, p. 66; Schnitzer, *Handbuch des internationalen Privatrechts*, 1937, p. 103.

norma diferente da indicada pelo direito internacional privado ao apontar o elemento de conexão.

Sem embargo dessa opinião, no caso de não se conseguir conhecer ou provar o direito alienígena, os juristas têm apontado algumas soluções, como:

a) a conversão do julgamento em diligência, para que a prova se faça mediante, p. ex., a obtenção de informação necessária fornecida pelo próprio tribunal do país cujo direito se pretende aplicar (Pontes de Miranda, Rodrigo Otavio);

b) o julgamento do litígio contra a parte que alegou o direito estrangeiro e não o demonstrou;

c) a aplicação do *ius communis* vigente no *forum*, na falta de prova concludente do direito alienígena, pois, para que o caso não fique sem solução, ante a proibição do *non liquet*, aplicar-se-á, excepcionalmente, o *ius fori*, como se fosse a lei estrangeira, presumindo esta igual àquela (Espínola, Von Bar, Cavaglieri, Batiffol);

d) a rejeição da demanda fundada em tal lei, julgando improcedente a ação (Zitelmann, Machado Villela, Morelli, Anzilotti);

e) a decisão conforme a norma provavelmente em vigor no país em que se cogita (Wolff, Melchior);

f) o julgamento de acordo com os princípios gerais de direito, ou seja, com um direito comum a que a norma alienígena se coaduna (Haroldo Valladão, Despagnet)[427];

g) o uso da analogia e de princípios gerais de direito, na ótica dos que consideram, como Luiz Olavo Baptista, a ausência de prova do direito estrangeiro como similar à lacuna (LINDB, art. 4º).

Art. 15. Será executada no Brasil a sentença proferida no estrangeiro, que reúna os seguintes requisitos:

a) haver sido proferida por juiz competente;

b) terem sido as partes citadas ou haver-se legalmente verificado a revelia;

---

427. Oscar Tenório, *Direito internacional privado*, cit., v. 1, p. 147 e 154-5; Espínola, *Sistema de direito civil brasileiro*, 1917, p. 120-1; Von Bar, *Theorie*, cit., v. 1, p. 135; Amílcar de Castro, *Direito internacional privado*, cit., v. 1, p. 253-4; Wilson de S. Campos Batalha, *Tratado*, cit., p. 425-8; Luiz Olavo Baptista, Aplicação do direito estrangeiro pelo juiz nacional, *RIL,* n. 142, p. 267-277.

c) ter passado em julgado e estar revestida das formalidades necessárias para a execução no lugar em que foi proferida;

d) estar traduzida por intérprete autorizado;

- Vide *Código Civil, art. 215, §§ 3º e 4º; Código de Processo Civil de 2015, arts. 192,* caput *e parágrafo único; Lei de Registros Públicos, arts. 129, n. 6º, e 130,* caput.

e) ter sido homologada pelo Supremo Tribunal Federal.

- *Pela Constituição Federal de 1988, art. 105, I, i, e Emenda Constitucional n. 45/2004, a competência homologatória passou a ser do STJ.*

- *Lei n. 9.307/96, art. 35 e 39, com a redação da Lei n. 13.129/2015.*

- *Resolução n. 18/2014 do STJ.*

- *Provimento n. 51/2015 da Corregedoria Nacional de Justiça.*

Parágrafo único. Não dependem de homologação as sentenças meramente declaratórias do estado das pessoas.

- *Revogado pela Lei n. 12.036/2009.*

- Vide *Código Penal, art. 9º; Código de Processo Civil de 2015, arts. 24, parágrafo único, 268, 960, § 2º, 961,* caput, *963, I a IV, e 965,* caput; *Código de Processo Penal, arts. 787 a 790.*

- *Lei de Introdução às Normas do Direito Brasileiro, arts. 12, § 2º, e 7º, § 6º.*

- *Supremo Tribunal Federal, Súmulas 381 e 420.*

- *Constituição Federal de 1988, art. 105, I, i, e Emenda Constitucional n. 45/2004.*

- *Regimento Interno do Supremo Tribunal Federal, arts. 6º, I, l, 13, IX, 52, III, 55, XXV, 215 a 224, 347, I, e 367.*

- *Lei n. 9.307, de 23 de setembro de 1996, arts. 34 a 40.*

- *Resolução n. 14/2013 do STJ sobre obrigatoriedade de peticionamento eletrônico naquela Corte relativamente à sentença estrangeira.*

- *Emenda Regimental do STJ n. 18/2014, que inclui Título VII-A do Regimento Interno daquela Corte para disciplinar procedimento de homologação de sentença estrangeira.*

- *Instrução normativa STJ/GP n. 11/2019 sobre disponibilização em meio eletrônico de carta de sentença para cumprimento de decisão estrangeira homologada.*

1. Eficácia da decisão judicial limitada à jurisdição de sua prolação

Em razão da independência das jurisdições, as sentenças prolatadas em um país somente terão valor onde tal fato se deu. Consequentemente sua eficácia executória será territorial, conforme o célebre princípio de que *extra territorium jus dicenti impune non paretur*. Assim sendo, decisão de juiz italiano só valerá, de per si, na Itália. Todavia poderá ocorrer, p. ex., que um italiano possa ter alguma pretensão, em nosso Estado, baseada em sentença estrangeira. Tal sentença não poderá ser diretamente executada na jurisdição brasileira, por não ter eficácia executória no Brasil. Essa sentença deverá, então, submeter-se a uma apreciação pela jurisdição local, antes de produzir efeitos no Brasil. A aprovação do órgão judiciário do país onde deverá ser executada a sentença alienígena constitui o *exequatur*. A jurisdição local aceitará a sentença estrangeira como produto de um tribunal, mas a submeterá a exame preliminar, que indicará se ela poderá, ou não, ser executada. O processo de *exequatur* será, portanto, indispensável para que sentença estrangeira seja executada em outro Estado.

A sentença estrangeira, de mérito, seja ela civil, comercial ou penal, não passará de simples fato ou de ato oficial de jurisdição autônoma, destituído de obrigatoriedade, não tendo força executória em jurisdição de outro país. Para que possa produzir efeito em outro Estado, a ordem jurídica desse país deverá reconhecer sua validade e obrigatoriedade. Portanto, será o ordenamento jurídico do *forum* que conferirá efeito ao julgado de outro Estado, reconhecendo sua eficácia. A decisão estrangeira somente será eficaz, total ou parcialmente no Brasil, após a sua prévia homologação pelo STJ ou a concessão do *exequatur* às cartas rogatórias, salvo disposição em sentido contrário de lei (CPC, art. 40) ou de tratado. Incluem-se nesta exigência decisões interlocutórias e as decisões administrativas; estrangeiras, tidas no Brasil como atos jurisdicionais (CPC/2015, art. 961, §§ 1º e 2º). O STJ poderá deferir pedidos de urgência e realizar atos de execução provisória no processo de homologação de decisão estrangeira (CPC/2015, art. 961 § 3º). Pelo art. 961, § 4º, haverá homologação de decisão estrangeira para fins de execução fiscal quando prevista em tratado ou promessa de reciprocidade apresentada à autoridade brasileira. Todavia, há quem ache, como Batista Martins e Lugo, que com a homologação a sentença estrangeira não se executa, pois é a decisão homologatória que, por ser constitutiva, conferirá efeitos à sentença alienígena.

Para Morelli será possível admitir o reconhecimento da eficácia dos atos judiciais estrangeiros por constituírem um equivalente jurisdicional, ou seja, por atingirem a mesma finalidade a que se destina o exercício da função jurisdicional tal qual a transação feita pelos particulares. Mas já houve época em que se repeliu qualquer força executiva da sentença estrangeira fora do país onde foi proferida. Hodiernamente, há forte tendência de conferir eficácia às decisões judiciárias estrangeiras, permitindo sua execução em território nacional, desde que submetidas à homologação de competência do Superior Tribunal de Justiça, por força da Emenda Constitucional n. 45/2004, respeitando-se assim os pronunciamentos judiciais de Estado alienígena, atendendo ao interesse do país onde serão executados. Dessa maneira a soberania nacional e a ordem pública internacional estarão garantidas pelo dever que têm seus juízes de subordinar a um *exequatur* ou a uma homologação qualquer sentença exequível.

Na seara internacional, portanto, a competência para decidir difere da para executar, visto que a decisão estrangeira apenas será eficaz se outra jurisdição a acatar mediante nova ação de conhecimento para constituir título executivo (*actio judicati*) ou obter autorização para sua execução (*exequatur*). Há uma relativização do conceito de soberania em prol da garantia de direitos reconhecidos judicialmente. Um país disponibiliza sua máquina judiciária para executar sentença prolatada por magistrado vinculado a outro Estado, gerando uma cooperação interjurisdicional, ou melhor, um intercâmbio internacional para cumprir, extraterritorialmente, medidas processuais advindas do poder judiciário de outra nação.

A finalidade da homologação é conferir força à sentença, ordenando sua execução, comunicando *imperium* ao veredito estrangeiro, ou seja, à declaração de direito pelo tribunal de outro Estado. Apenas em hipóteses excepcionais o Estado, prevalecendo de sua soberania, poderá opor-se à execução de sentença estrangeira em seu território[428]. Pelo CPC/2015, art.

---

428. Hans Sperl, La réconnaissance et l'exécution des jugements étrangers, in *Recueil des Cours*, v. 36, p. 394; José Antônio de Almeida Amazonas, *Da execução das sentenças estrangeiras*, p. 80; Haroldo Valladão, Force exécutoire des jugements étrangers au Brésil, *Clunet*, 1931, p. 592; Santiago Sentis Melendo, *La sentencia extranjera (exequatur)*, Buenos Aires, 1958; Henry de Cock, Effets et exécution des jugements étrangers, in *Recueil des Cours*, v. 10, p. 442 e s.; Osiris Rocha, Homologação de sentença estrangeira, in *Enciclopédia Saraiva do Direito*, v. 41, p. 437, e *Manual*, cit., p. 165-6; Wilson de S. Campos Batalha, *Tratado*, cit., p. 435; Amílcar de Castro, *Direito internacional privado*, p. 234-9; Batista Martins, *Recursos e processos da competência originária dos tribunais*, n. 36, p. 55; Lugo, *Manuale di diritto processuale civile*, Milano, 1958, p. 376; Morelli, *Il diritto processuale civile internazionale*, Padova, 1938, p. 137 e 281; Francesco Carnelutti, *Sistema*, cit., v. 1, p. 154 e s.; Espínola e Espínola Filho, *A Lei de Introdução*, cit., v. 3, p. 395-6 e 412; Pillet, *Traité*, cit., v. 2, p. 523-4; Kuhn, *Comparative commentaries*, cit., p. 103-4; Cheshire, *Private international law*, cit.; Lewald, *Das deutsche internationale Privatrecht*, 1931, p. 127; Oscar Tenório, *Direito internacional privado*, cit., v. 2, p. 376-7 e 382; Cremieu, *Traité élémentaire de droit international privé*, Paris, 1958, p. 233 e s.; Enrico la Loggia, *La esecuzione*, cit., p. 53; Maria do Carmo P. Caminha, *Os juízes do Mercosul e a extraterritorialidade dos atos jurisdicionais*, cit., p. 50-9; Margareth Leister, Execução de decisões estrangeiras, *Processo de execução* (coord. Gilberto G. Bruschi), São Paulo, RCS, 2005, p. 257-94; Carlos Alberto Álvaro de Oliveira,

964, parágrafo único, não será homologada a decisão estrangeira nem concederá *exequatur* à carta rogatória na hipótese de competência exclusiva da autoridade judiciária brasileira.

2. Diferentes critérios sobre o problema da eficácia jurídica e da força executiva de sentença estrangeira

Relativamente à problemática da eficácia jurídica e força executiva da sentença fora do país onde foi prolatada, há critérios diferentes, tais como:

a) o da exigência de nova ação, novo processo e nova decisão, repelido pela doutrina brasileira, pelo fato de a jurisdição local não respeitar a justiça estrangeira, negando valor à sua decisão, substituindo-a por outra proferida pela justiça nacional. Tal critério, aceito pela Holanda, Suécia, Noruega, Dinamarca, Suíça, França e Bélgica, exige, para que uma sentença estrangeira possa ser executada em outro país, a instauração de uma nova instância, o que implicará fatalmente uma deliberação do tribunal daquele Estado inclusive, quando for possível, quanto ao mérito, admitindo ou não a sentença alienígena. Mas, em regra, a sentença estrangeira é considerada, na forma e no conteúdo, como um ato jurisdicional, gerando presunção *iuris et de iure*;

b) o da consideração da sentença estrangeira como documento ou elemento probatório, dando-lhe mero valor de prova, embora requeira novo processo e julgamento. O interessado, ao promover a nova ação, deverá juntar certidão daquela sentença como documento comprobatório de sua pretensão. É o sistema adotado na Inglaterra e nos Estados Unidos. Nos Estados Unidos e no Reino Unido, em respeito ao direito adquirido, a sentença estrangeira é tida como fundamento para uma nova ação *to bring an action on foreign judgement*, mediante apresentação de certidão daquela

---

O problema da eficácia da sentença, *Revista Brasileira de Direito Comparado*, 27:123-44. Sobre a eficácia executória meramente territorial da sentença, interessantes e certeiras são as seguintes palavras de Paulus Voet (*De statutis eorumque concursu*, sect. X, cap. I, § 14): "*Ut de moribus nostris dicendum sit ex humanitate per requisitorialia judices alterius territorii sententiam alibi latam executioni mandare solere, ut tamen ad hoc non sint abstricti...*". Vide Decreto n. 1.560/95, que promulga o Acordo de Cooperação Judiciária em matéria civil, comercial, trabalhista e administrativa entre Brasil e Argentina, de 20 de agosto de 1991.

O art. 15 da LINDB trata do reconhecimento, homologação e execução no Brasil de sentenças judiciais e arbitrais, que é uma modalidade de *cooperação jurídica internacional*.

Vide: Portaria conjunta da Secretaria Nacional da Justiça e Segurança Pública, n. 1/2019 sobre fluxo de tramitação de pedidos de cooperação jurídica, internacional de alimentos para criança e outros membros da família.

decisão como prova da pretensão. A nova ação de conhecimento gera nova sentença, que substitui a estrangeira;

c) o da reciprocidade, acatado na Espanha, Áustria e Alemanha, que reconhece a sentença alienígena, mediante exame da competência interna do juiz que a prolatou, desde que ela tenha advindo de país onde a sentença local seja também aceita e reconhecida. Nesse sistema não se examinará o mérito se a decisão estrangeira for final e definitiva; não se reconhecerá a sentença de tribunal alienígena se ela não tiver atendido a certas condições como, p. ex., citação pessoal, competência etc.;

d) o do juízo de delibação, pelo qual se reconhece a eficácia da sentença estrangeira para ser executada no território do Estado ou para atender aos direitos adquiridos dela decorrentes, submetendo-a a processo e julgamento limitados ao exame de requisitos extrínsecos, ou seja, da competência, da regularidade da citação e do respeito da ordem pública nacional, não havendo, portanto, qualquer exame do mérito. Esse é o critério adotado por Portugal e Brasil (CPP, arts. 787 e s.; LINDB, art. 15; CPC/2015, arts. 960, § 2º, 961, *caput*, e 965, *caput*), onde a sentença estrangeira passará a ter eficácia na ordem jurídica do país, em razão da sentença de delibação, que conferirá valor formal de ato de soberania nacional ao conteúdo de ato jurisdicional alienígena, ordenando sua aplicação e execução[429]. A delibação não passará de uma modalidade mais aceitável de *exequatur*, por constituir um prévio juízo, que, sem apreciar o mérito, apenas toma conhecimento da sentença alienígena, verificando, como logo mais veremos, seus requisitos extrínsecos e se foi prolatada pela autoridade competente, antes de ordenar sua execução[430].

---

429. Delibação vem do latim *delibatio-onis* (colher um pouco de cada coisa, no sentido de experimentar). Charles Constant, *De l'exécution des jugements étrangers dans les divers pays*, Paris, 1890; Felix Moreau, *Effets internationaux des jugements en matière civile*, Paris, 1884; Hans Sperl, La réconnaissance et l'exécution étrangers, in *Recueil des Cours*, 1931, v. 36, p. 430; Haroldo Valladão, Force exécutoire des jugements étrangers au Brésil, *Journal du Droit International Privé*, Paris, 1931; Espínola e Espínola Filho, *A Lei de Introdução*, cit., v. 3, p. 394-455; Pillet, *Traité*, cit., v. 2, p. 523-4; Rogério Lauria Tucci, Homologação de sentença estrangeira, in *Enciclopédia Saraiva do Direito*, v. 41, p. 439-40; Kuhn, *Comparative commentaries*, cit., p. 103-4; Lewald, *Das deutsche international Privatrecht*, 1931, p. 127; Cock, Effets de exécution des jugements étrangers, in *Recueil des Cours*, cit., v. 10, p. 466; Morelli, *Il diritto processuale civile internazionale*, v. 7 do *Trattato di diritto internazionale* de Fedozzi e outros; Petitpierre, *La réconnaissance et l'exécution des jugements civils étrangers en Suisse*, 1924, p. 19-22; Amílcar de Castro, *Direito internacional privado*, cit., v. 2, p. 238-40.

430. Delibação advém do latim *delibatio-onis*, significando examinar, verificar, tocar de leve (Amílcar de Castro, *Das execuções de sentenças estrangeiras no Brasil*, Belo Horizonte, 1939, p. 55, n. 26). Consulte: Nikolai S. Rebelo e Alysson D. R. Garcia, Arbitragem internacional — forma de citação — desnecessidade de Carta Rogatória (Comentários ao Julgamento do Superior

3. "Actio judicati" e "exequatur"

Não há execução direta de sentença estrangeira, ou seja, sem nova ação de conhecimento (*actio judicati*) ou autorização (processo de *exequatur*) necessária à execução, que lhe dará eficácia restrita ao *forum* por ser fato ocorrido em jurisdição estranha. Sendo tal sentença um ato público, praticado validamente em jurisdição alheia, não poderia ter, no *forum*, seu valor contestado ou não reconhecido; e, como a execução de sentença alienígena em outro país requer certas cautelas ou precauções, nenhum Estado permitirá sua execução direta, ou seja, sem intermédio de nova ação ou de homologação, ante a conveniência de, para considerá-la legítima e válida, resolver previamente determinadas questões, sob pena de ferir a soberania nacional e a ordem pública. Mesmo que não se venha a exigir a *actio judicati*, a autorização não será dada por meio de mera apresentação da sentença, requerendo-se, portanto, sempre um processo, ainda que homologatório.

Deveras, pelos critérios acima apontados, fácil será perceber que, hodiernamente, na maioria dos Estados, executam-se sentenças estrangeiras, conferindo-lhes eficácia, mediante:

a) *actio judicati* ou ação de conhecimento, própria de país de *common law*, pela qual poderá haver ou não revisão e apreciação do mérito do julgado alienígena, pois o portador da sentença estrangeira, para obter título exequendo, deverá propor no *forum* outra ação para reconhecer a existência do *iudicatum* ou da obrigação do réu criada pela sentença. A sentença estrangeira, reexaminada ou não quanto ao mérito, será considerada como meio probatório do pedido, em nova demanda movida no *forum*, constituindo em alguns ordenamentos jurídicos uma presunção *juris et de jure* e em outros *juris tantum*. A sentença, portanto, apenas servirá como instrumento para provar o direito nela declarado, servindo de base da nova ação de conhecimento destinada a averiguar e declarar aquele direito;

b) *exequatur*, que é o processo pelo qual se concederá no *forum* valor de título exequendo à sentença estrangeira, que, então, não será tida como mero meio probatório. Consiste, portanto, no processo homologatório para que a sentença estrangeira possa ser executada, que se limitará a um exame

---

Tribunal de Justiça na Sentença Estrangeira Contestada n. 3660) *Revista Síntese — Direito Empresarial n. 35*: 209 a 218. *Vide* Decreto Legislativo n. 93/95, que aprovou o texto da Convenção Interamericana sobre Eficácia Extraterritorial de Sentenças e Laudos Arbitrais Estrangeiros, concluída em Montevidéu, em 8 de maio de 1979, e Lei n. 9.307/96, com alteração da Lei n. 13.129/2015, sobre arbitragem. *Vide* o novo Código Civil, arts. 851 a 853, e os Decretos n. 4.982/2004, que promulga o Protocolo de Olivos para a Solução de Controvérsias no Mercosul, e n. 4.719/2003, relativo ao Acordo sobre Arbitragem Comercial Internacional do Mercosul.

formal da decisão sem analisar o mérito. Nesse processo será inadmissível apresentar novo pedido que não foi apreciado pelo juiz estrangeiro. O juiz do *exequatur* apenas poderá conceder a homologação ou recusá-la, sem poder alterar o julgamento feito no exterior[431].

4. Requisitos para execução de sentença estrangeira no Brasil

O art. 15 submete a executoriedade de sentença estrangeira a determinados requisitos externos e internos[432].

---

431. Segundo Lafayette Rodrigues Pereira (*Princípios de direito internacional*, v. 1, § 260, p. 444), *exequatur*, além de designar a autorização necessária para que uma sentença estrangeira seja executada em outro Estado, indica também o ato pelo qual o governo estrangeiro aceita a pessoa do cônsul, reconhece seus poderes e prescreve às autoridades locais que o tratem como tal e o atendam em tudo que for de direito e de seu ofício. *Vide*: Amílcar de Castro, *Direito internacional privado*, cit., v. 2, p. 235-8; Pierre Wigny e W. J. Brockelbank, *Exposé du droit international privé américain*, p. 439; Felix Moreau, *Effets internationaux des jugements*, p. 229; Fouad Abdel Moneim Riad, *La valeur internationale des jugements en droit comparé*, Paris, 1955; La Loggia, *La esecuzione delle sentenze straniere*, Torino, 1902, p. 147; Georges Kaeckenbeeck, La protection international des droits acquis, in *Recueil des Cours*, v. 59, p. 323.

432. *JTACSP, 117*:163; *RJTJRS, 143*:117; Haroldo Valladão, Carta de homologação de sentença estrangeira, in *Enciclopédia Saraiva do Direito*, v. 13, p. 272-3; Rogério Lauria Tucci, Homologação de sentença estrangeira, in *Enciclopédia Saraiva do Direito*, v. 41, p. 443-4; Amílcar de Castro, *Direito internacional privado*, cit., v. 2, p. 243-53; Wilson de Souza Campos Batalha, *Tratado*, cit., p. 440-56; Pontes de Miranda, *Comentários*, cit., v. 4, p. 445; Celso Agrícola Barbi, *Comentários ao Código de Processo Civil*, Rio de Janeiro, Forense, 1975, v. 1, p. 396; Sperl, La reconnaissance et l'exécution des jugements étrangers, in *Recueil des Cours*, v. 36, p. 400; Henry de Cock, Effets et exécution des jugements étrangers, in *Recueil des Cours*, v. 10, p. 444; Oscar Tenório, *Direito internacional privado*, cit., p. 378-80; Álvaro da Costa Machado Villela, *Tratado elementar teórico e prático de direito internacional privado*, v. 1, p. 675; Riccardo Monaco, *Il giudizio di delibazione*, Padova, 1940; Georges Kaeckenbeeck, La protection international des droits acquis, in *Recueil des Cours*, 1937, t. 59; Pierre Arminjon, La notion des droits acquis en droit international privé, in *Recueil des Cours*, t. 44, 1933; Tiret, *Essai sur la notion de droit internationalement acquis et sur son domaine d'application*, Aix, 1930; Niboyet, Droits acquis, in *Répértoire de Droit International*, t. 5, p. 711, n. 10 a 12; Ruchelli e Ferrer, *La sentencia extranjera*, Buenos Aires, Abeledo-Perrot, 1983; Hermes Marcelo Huck, *Sentença estrangeira e "lex mercatoria"*, São Paulo, Saraiva, 1994; Francisco de P. Sena Rebouças, Reconhecimento de firma nos documentos escritos em idioma estrangeiro, *RT, 497*:428. *Vide* Decreto n. 1.476/95, que promulga o Tratado relativo à Cooperação Judiciária e ao Reconhecimento e Execução de Sentenças em Matéria Civil entre Brasil e Itália, de 17 de outubro de 1989; Decreto n. 4.719/2003, que promulga o acordo sobre arbitragem comercial internacional do Mercosul; Decreto n. 4.311/2002, que promulga a Convenção sobre o Reconhecimento e a Execução de Sentenças Arbitrais Estrangeiras. Convenção Interamericana sobre Eficácia Extraterritorial das Sentenças e Laudos Arbitrais Estrangeiros de 1979, promulgada pelo Decreto n. 2.411/97:

"Os Governos dos Estados Membros da Organização dos Estados Americanos, considerando que a administração da justiça nos Estados Americanos requer sua cooperação mútua a fim de assegurar a eficácia extraterritorial das sentenças e laudos arbitrais proferidos em suas respectivas jurisdições territoriais, convieram no seguinte:

Artigo 1

Esta Convenção aplicar-se-á às sentenças judiciais e laudos arbitrais proferidos em processos civis, comerciais ou trabalhistas em um dos Estados Partes, a menos que no momento da ratificação seja feita por algum destes reserva expressa de limitá-la às sentenças condenatórias em matéria patrimonial. Qualquer deles poderá, outrossim, declarar, no momento da ratificação, que se aplica também às decisões que ponham termo ao processo, às tomadas por autoridades que exerçam alguma função jurisdicional e às sentenças penais naquilo em que digam respeito à indenização de prejuízos decorrentes do delito.

As normas desta Convenção aplicar-se-ão, no tocante a laudos arbitrais, em tudo o que não estiver previsto na Convenção Interamericana sobre Arbitragem Comercial Internacional, assinada no Panamá em 30 de janeiro de 1975.

Artigo 2

As sentenças, os laudos arbitrais e as decisões jurisdicionais estrangeiras a que se refere o artigo 1 terão eficácia extraterritorial nos Estados Partes, se reunirem as seguintes condições:

a) se vierem revestidos das formalidades externas necessárias para que sejam considerados autênticos no Estado de onde provenham;

b) se a sentença, o laudo e a decisão jurisdicional, e os documentos anexos que forem necessários de acordo com esta Convenção, estiverem devidamente traduzidos para o idioma oficial do Estado onde devam surtir efeito;

c) se forem apresentados devidamente legalizados de acordo com a lei do Estado onde devam surtir efeito;

d) se o juiz ou tribunal sentenciador tiver competência na esfera internacional para conhecer do assunto e julgá-lo de acordo com a lei do Estado onde devam surtir efeito;

e) se o demandado tiver sido notificado ou citado na devida forma legal de maneira substancialmente equivalente àquela admitida pela lei do Estado onde a sentença, laudo e decisão jurisdicional devam surtir efeito;

f) se tiver assegurado a defesa das partes;

g) se tiverem o caráter de executáveis ou, conforme o caso, se tiverem passado em julgado no Estado em que houverem sido proferidas;

h) se não contrariarem manifestamente os princípios e as leis de ordem pública no Estado em que se pedir o reconhecimento ou o cumprimento.

Artigo 3

Os documentos de comprovação indispensáveis para solicitar o cumprimento das sentenças, laudos e decisões jurisdicionais são os seguintes:

a) cópia autenticada da sentença, laudo ou decisão jurisdicional;

b) cópia autenticada das peças necessárias para provar que foi dado cumprimento às alíneas *e* e *f* do artigo anterior;

c) cópia autenticada do ato que declarar que a sentença ou o laudo tem o caráter de executável ou força de coisa julgada.

Artigo 4

Se uma sentença, laudo ou decisão jurisdicional estrangeiras não puderem ter eficácia na sua totalidade, o juiz ou tribunal poderá admitir sua eficácia parcial mediante pedido de parte interessada.

Artigo 5

O benefício de justiça gratuita reconhecido no Estado de origem da sentença será mantido no de sua apresentação.

Artigo 6

Os procedimentos, inclusive a competência dos respectivos órgãos judiciários, para assegurar a eficácia das sentenças, laudos arbitrais e decisões jurisdicionais estrangeiros, serão regulados pela lei do Estado em que for solicitado o seu cumprimento.

Artigo 7

Esta Convenção ficará aberta à assinatura dos Estados Membros da Organização dos Estados Americanos.

Artigo 8

Esta Convenção está sujeita a ratificação. Os instrumentos de ratificação serão depositados na Secretaria-Geral da Organização dos Estados Americanos.

Artigo 9

Esta Convenção ficará aberta à adesão de qualquer outro Estado. Os instrumentos de adesão serão depositados na Secretaria-Geral da Organização dos Estados Americanos.

Artigo 10

Cada Estado poderá formular reservas a esta Convenção no momento de assiná-la, ratificá-la ou a ela aderir, desde que a reserva verse sobre uma ou mais disposições específicas e que não seja incompatível com o objeto e fim da Convenção.

Artigo 11

Esta Convenção entrará em vigor no trigésimo dia a partir da data em que tenha sido depositado o segundo instrumento de ratificação.

Para cada Estado que ratificar a Convenção ou a ela aderir depois de haver sido depositado o segundo instrumento de ratificação, a Convenção entrará em vigor no trigésimo dia a partir da data em que tal Estado haja depositado seu instrumento de ratificação ou de adesão.

Artigo 12

Os Estados Partes que tenham duas ou mais unidades territoriais em que vigorem sistemas jurídicos diferentes com relação a questões de que trata esta Convenção, poderão declarar, no momento da assinatura, ratificação ou adesão, que a Convenção se aplicará a todas as suas unidades territoriais ou somente a uma ou mais delas.

Tais declarações poderão ser modificadas mediante declarações ulteriores, que especificarão expressamente a ou as unidades territoriais a que se aplicará esta Convenção. Tais declarações ulteriores serão transmitidas à Secretaria-Geral da Organização dos Estados Americanos e surtirão efeito trinta dias depois de recebidas.

Artigo 13

Esta Convenção vigorará por prazo indefinido, mas qualquer dos Estados Partes poderá denunciá-la. O instrumento de denúncia será depositado na Secretaria-Geral da Organização dos Estados Americanos. Transcorrido um ano, contado a partir da data do depósito do instrumento de denúncia, cessarão os efeitos da Convenção para o Estado denunciante, continuando ela subsistente para os demais Estados Partes.

Artigo 14

O instrumento original desta Convenção, cujos textos em português, espanhol, francês e inglês são igualmente autênticos, será depositado na Secretaria-Geral da Organização dos

Estados Americanos, que enviará cópia autenticada do seu texto para o respectivo registro e publicação à Secretaria das Nações Unidas, de conformidade com o artigo 102 da sua Carta constitutiva. A Secretaria-Geral da Organização dos Estados Americanos notificará aos Estados Membros da referida Organização, e aos Estados que houverem aderido à Convenção, as assinaturas e os depósitos de instrumentos de ratificação, de adesão e de denúncia, bem como as reservas que houver. Outrossim, transmitirá aos mesmos as declarações previstas no artigo 12 desta Convenção.

Em fé do que, os plenipotenciários infra-assinados, devidamente autorizados por seus respectivos Governos, firmam esta Convenção.

Feita na Cidade de Montevidéu, República Oriental do Uruguai, no dia oito de maio de mil novecentos e setenta e nove".

CONVENÇÃO SOBRE O RECONHECIMENTO E A EXECUÇÃO DESENTENÇAS ARBITRAIS ESTRANGEIRAS FEITA EM NOVA YORK,EM 10 DE JUNHO DE 1958
(promulgada pelo Decreto n. 4.311/2002)

Artigo I

1. A presente Convenção aplicar-se-á ao reconhecimento e à execução de sentenças arbitrais estrangeiras proferidas no território de um Estado que não o Estado em que se tencione o reconhecimento e a execução de tais sentenças, oriundas de divergências entre pessoas, sejam elas físicas ou jurídicas. A Convenção aplicar-se-á igualmente a sentenças arbitrais não consideradas como sentenças domésticas no Estado onde se tencione o seu reconhecimento e a sua execução.

2. Entender-se-á por "sentenças arbitrais" não só as sentenças proferidas por árbitros nomeados para cada caso mas também aquelas emitidas por órgãos arbitrais permanentes aos quais as partes se submetam.

3. Quando da assinatura, ratificação ou adesão à presente Convenção, ou da notificação de extensão nos termos do Artigo X, qualquer Estado poderá, com base em reciprocidade, declarar que aplicará a Convenção ao reconhecimento e à execução de sentenças proferidas unicamente no território de outro Estado signatário. Poderá igualmente declarar que aplicará a Convenção somente a divergências oriundas de relacionamentos jurídicos, sejam eles contratuais ou não, que sejam considerados como comerciais nos termos da lei nacional do Estado que fizer tal declaração.

Artigo II

1. Cada Estado signatário deverá reconhecer o acordo escrito pelo qual as partes se comprometem a submeter à arbitragem todas as divergências que tenham surgido ou que possam vir a surgir entre si no que diz respeito a um relacionamento jurídico definido, seja ele contratual ou não, com relação a uma matéria passível de solução mediante arbitragem.

2. Entender-se-á por "acordo escrito" uma cláusula arbitral inserida em contrato ou acordo de arbitragem, firmado pelas partes ou contido em troca de cartas ou telegramas.

3. O tribunal de um Estado signatário, quando de posse de ação sobre matéria com relação à qual as partes tenham estabelecido acordo nos termos do presente artigo, a pedido de uma delas, encaminhará as partes à arbitragem, a menos que constate que tal acordo é nulo e sem efeitos, inoperante ou inexequível.

Artigo III

Cada Estado signatário reconhecerá as sentenças como obrigatórias e as executará em conformidade com as regras de procedimento do território no qual a sentença é invocada, de acordo com as condições estabelecidas nos artigos que se seguem. Para fins de reconhecimento ou de execução das sentenças arbitrais às quais a presente Convenção se aplica, não serão impostas condições substancialmente mais onerosas ou taxas ou cobranças mais altas do que as impostas para o reconhecimento ou a execução de sentenças arbitrais domésticas.

Artigo IV

1. A fim de obter o reconhecimento e a execução mencionados no artigo precedente, a parte que solicitar o reconhecimento e a execução fornecerá, quando da solicitação:

a) a sentença original devidamente autenticada ou uma cópia da mesma devidamente certificada;

b) o acordo original a que se refere o Artigo II ou uma cópia do mesmo devidamente autenticada.

2. Caso tal sentença ou tal acordo não for feito em um idioma oficial do país no qual a sentença é invocada, a parte que solicitar o reconhecimento e a execução da sentença produzirá uma tradução desses documentos para tal idioma. A tradução será certificada por um tradutor oficial ou juramentado ou por um agente diplomático ou consular.

Artigo V

1. O reconhecimento e a execução de uma sentença poderão ser indeferidos a pedido da parte contra a qual ela é invocada, unicamente se esta parte fornecer, à autoridade competente onde se tenciona o reconhecimento e a execução, prova de que:

a) as partes do acordo a que se refere o Artigo II estavam, em conformidade com a lei a elas aplicável, de algum modo incapacitadas, ou que tal acordo não é válido nos termos da lei à qual as partes o submeteram, ou, na ausência de indicação sobre a matéria, nos termos da lei do país onde a sentença foi proferida; ou

b) a parte contra a qual a sentença é invocada não recebeu notificação apropriada acerca da designação do árbitro ou do processo de arbitragem, ou lhe foi impossível, por outras razões, apresentar seus argumentos; ou

c) a sentença se refere a uma divergência que não está prevista ou que não se enquadra nos termos da cláusula de submissão à arbitragem, ou contém decisões acerca de matérias que transcendem o alcance da cláusula de submissão, contanto que, se as decisões sobre as matérias suscetíveis de arbitragem puderem ser separadas daquelas não suscetíveis, a parte da sentença que contém decisões sobre matérias suscetíveis de arbitragem possa ser reconhecida e executada; ou

d) a composição da autoridade arbitral ou o procedimento arbitral não se deu em conformidade com o acordado pelas partes, ou, na ausência de tal acordo, não se deu em conformidade com a lei do país em que a arbitragem ocorreu; ou

e) a sentença ainda não se tornou obrigatória para as partes ou foi anulada ou suspensa por autoridade competente do país em que, ou conforme a lei do qual, a sentença tenha sido proferida.

2. O reconhecimento e a execução de uma sentença arbitral também poderão ser recusados caso a autoridade competente do país em que se tenciona o reconhecimento e a execução constatar que:

a) segundo a lei daquele país, o objeto da divergência não é passível de solução mediante arbitragem; ou

b) o reconhecimento ou a execução da sentença seria contrário à ordem pública daquele país.

Artigo VI

Caso a anulação ou a suspensão da sentença tenha sido solicitada à autoridade competente mencionada no Artigo V, 1. (e), a autoridade perante a qual a sentença está sendo invocada poderá, se assim julgar cabível, adiar a decisão quanto a execução da sentença e poderá, igualmente, a pedido da parte que reivindica a execução da sentença, ordenar que a outra forneça garantias apropriadas.

Artigo VII

1. As disposições da presente Convenção não efetarão a validade de acordos multilaterais ou bilaterais relativos ao reconhecimento e à execução de sentenças arbitrais celebrados pelos Estados signatários nem privarão qualquer parte interessada de qualquer direito que ela possa ter de valer--se de uma sentença arbitral da maneira e na medida permitidas pela lei ou pelos tratados do país em que a sentença é invocada.

2. O Protocolo de Genebra sobre Cláusulas de Arbitragem de 1923 e a Convenção de Genebra sobre a Execução de Sentenças Arbitrais Estrangeiras de 1927 deixarão de ter efeito entre os Estados signatários quando, e na medida em que, eles se tornem obrigados pela presente Convenção.

Artigo VIII

1. A presente Convenção estará aberta, até 31 de dezembro de 1958, a assinatura de qualquer Membro das Nações Unidas e também de qualquer outro Estado que seja ou que doravante se torne membro de qualquer órgão especializado das Nações Unidas, ou que seja ou que doravante se torne parte do Estatuto da Corte Internacional de Justiça, ou qualquer outro Estado convidado pela Assembleia-Geral das Nações Unidas.

2. A presente Convenção deverá ser ratificada e o instrumento de ratificação será depositado junto ao Secretário-Geral das Nações Unidas.

Artigo IX

1. A presente Convenção estará aberta para adesão a todos os Estados mencionados no Artigo VIII.

2. A adesão será efetuada mediante o depósito de instrumento de adesão junto ao Secretário--Geral das Nações Unidas.

Artigo X

1. Qualquer Estado poderá, quando da assinatura, ratificação ou adesão, declarar que a presente Convenção se estenderá a todos ou a qualquer dos territórios por cujas relações internacionais ele é responsável. Tal declaração passará a ter efeito quando a Convenção entrar em vigor para tal Estado.

2. A qualquer tempo a partir dessa data, qualquer extensão será feita mediante notificação dirigida ao Secretário-Geral das Nações Unidas e terá efeito a partir do nonagésimo dia a contar do recebimento pelo Secretário-Geral das Nações Unidas de tal notificação, ou a partir da data de entrada em vigor da Convenção para tal Estado, considerada sempre a última data.

3. Com respeito àqueles territórios aos quais a presente Convenção não for estendida quando da assinatura, ratificação ou adesão, cada Estado interessado examinará a possibilidade e tomar as medidas necessárias a fim de estender a aplicação da presente Convenção a tais territórios, respeitando-se a necessidade, quando assim exigido por razões constitucionais, do consentimento dos Governos de tais territórios.

Artigo XI

No caso de um Estado federativo ou não unitário, aplicar-se-ão as seguintes disposições:

a) com relação aos artigos da presente Convenção que se enquadrem na jurisdição legislativa da autoridade federal, as obrigações do Governo federal serão as mesmas que aquelas dos Estados signatários que não são Estados federativos;

b) com relação àqueles artigos da presente Convenção que se enquadrem na jurisdição legislativa dos estados e das províncias constituintes que, em virtude do sistema constitucional da confederação, não são obrigados a adotar medidas legislativas, o Governo federal, o mais cedo

Os *requisitos externos* dessa decisão exigidos para sua execução no Brasil são:

a) ter obedecido às formalidades extrínsecas reclamadas para sua execução segundo a lei do Estado em que foi proferida, por darem a garan-

---

possível, levará tais artigos, com recomendação favorável, ao conhecimento das autoridades competentes dos estados e das províncias constituintes;

c) um Estado federativo Parte da presente Convenção fornecerá, atendendo a pedido de qualquer outro Estado signatário que lhe tenha sido transmitido por meio do Secretário-Geral das Nações Unidas, uma declaração da lei e da prática na confederação e em suas unidades constituintes com relação a qualquer disposição em particular da presente Convenção, indicando até que ponto se tornou efetiva aquela disposição mediante ação legislativa ou outra.

Artigo XII

1. A presente Convenção entrará em vigor no nonagésimo dia após a data de depósito do terceiro instrumento de ratificação ou adesão.

2. Para cada Estado que ratificar ou aderir à presente Convenção após o depósito do terceiro instrumento de ratificação ou adesão, a presente Convenção entrará em vigor no nonagésimo dia após o depósito por tal Estado de seu instrumento de ratificação ou adesão.

Artigo XIII

1. Qualquer Estado signatário poderá denunciar a presente Convenção mediante notificação por escrito dirigida ao Secretário-Geral das Nações Unidas. A denúncia terá efeito um ano após a data de recebimento da notificação pelo Secretário-Geral.

2. Qualquer Estado que tenha feito uma declaração ou notificação nos termos do Artigo X poderá, a qualquer tempo a partir dessa data, mediante notificação ao Secretário-Geral das Nações Unidas, declarar que a presente Convenção deixará de aplicar-se ao território em questão um ano após a data de recebimento da notificação pelo Secretário-Geral.

3. A presente Convenção continuará sendo aplicável a sentenças arbitrais com relação às quais tenham sido instituídos processos de reconhecimento ou de execução antes de a denúncia surtir efeito.

Artigo XIV

Um Estado signatário não poderá valer-se da presente Convenção contra outros Estados signatários, salvo na medida em que ele mesmo esteja obrigado a aplicar a Convenção.

Artigo XV

O Secretário-Geral das Nações Unidas notificará os Estados previstos no Artigo VIII acerca de:
   a) assinaturas e ratificações em conformidade com o Artigo VIII;
   b) adesões em conformidade com o Artigo IX;
   c) declarações e notificações nos termos dos Artigos I, X e XI;
   d) data em que a presente Convenção entrar em vigor em conformidade com o Artigo XII;
   e) denúncias e notificações em conformidade com o Artigo XIII.

Artigo XVI

1. A presente Convenção, da qual os textos em chinês, inglês, francês, russo e espanhol são igualmente autênticos, será depositada nos arquivos das Nações Unidas.

2. O Secretário-Geral das Nações Unidas transmitirá uma cópia autenticada da presente Convenção aos Estados contemplados no Artigo VIII.

tia da sua autenticidade. Assim sendo, na instância preliminar da delibação apenas se poderá conferir força executiva à sentença formalmente válida na jurisdição de origem, onde apresenta condições de exequibilidade. Impossível será, portanto, conferir eficácia num Estado a uma sentença que não a tenha segundo a lei do país em que foi prolatada;

b) estar traduzida, em língua portuguesa, por intérprete autorizado ou juramentado, salvo disposição que a dispense prevista em tratado, por ser imprescindível sua inteligibilidade; pois não seria possível ao magistrado o conhecimento de todos os idiomas. Sem que um tradutor oficial traduza sentença prolatada *aliunde*, redigida em língua estrangeira, será impossível sua apresentação no *forum*, uma vez que o juiz brasileiro não está obrigado a compreender o exato significado do texto; se a tradução for deficiente ou errônea, o tribunal deverá determinar que se faça outra;

c) ser autenticada pelo cônsul brasileiro (STF, Súmula 259), isto porque, para a delibação, exige-se o documento público, certidão comprobatória do caso julgado ou carta de sentença (título formal) em que a apreciação jurisdicional está declarada, por isso preciso será que antes de sua apresentação no *forum* seja autenticada pelo cônsul nacional, que atestará sua existência. A autenticação da decisão estrangeira pelo cônsul brasileiro no Estado em que foi proferida será, portanto, imprescindível, exceto se tiver sido requisitada por via diplomática. Além disso será bom lembrar a inexigibilidade de assento de sentença estrangeira no Registro de Títulos e Documentos.

Os *requisitos internos* para que se opere a executoriedade de sentença alienígena em nosso país são:

a) Haver sido prolatada por juiz competente, conforme competência internacional, que será averiguada segundo o critério do *forum executionis*. Por conseguinte a lei do país onde foi prolatada a decisão não orientará o exame do requisito da competência geral. O juiz brasileiro aplicará na delibação normas de nosso ordenamento jurídico, sendo a competência geral regida pela *lex fori*, ressalvada a hipótese de convenção internacional. A competência especial regular-se-á pelo direito estrangeiro. Como a competência é a medida da jurisdição, isto é, do poder do magistrado, sendo, por sua natureza, territorial, constitui um princípio de ordem pública; por isso o juiz do *exequatur* deverá verificar a competência geral do juiz alienígena que prolatou a sentença exequenda, averiguando, portanto, se a causa era da competência do Estado onde foi a decisão prolatada. Daí a lição de Sperl de que "o Estado estrangeiro não tem nem interesse nem obrigação de ser guardião da observância das normas de competência interna do país onde se desenvolveu o processo; mas, na verdade, tem interesse e até dever de averiguar se, pelo direito internacional, o órgão desse Estado era competente para julgar o litígio em causa, a fim de só admitir a execução pretendida com perfeito conhecimento do que ocorreu". Pois, se assim não fosse, pondera Oscar Tenório, "constituiria interferência indevida da justiça brasileira na vida soberana de país estrangeiro a apreciação dos elementos da competência interna, o que tiraria ao sistema brasileiro da homologação o caráter de delibação. Ainda mais: a aceitação da tese contrária incorreria em desprezo da certidão de ter passado em julgado a sentença estrangeira. Se a sentença, para ser homologada, necessita de tal requisito, o exame da competência segundo o direito estrangeiro levaria a justiça brasileira a violar o respeito à coisa julgada estrangeira". Logo, ao juiz do *exequatur* competirá tão somente o exame da questão da competência geral alusiva ao Estado competente para resolver a controvérsia, sem restringir-se à competência especial, que deverá ser presumida, regendo-se a questão relativa à *ratione materiae*, *personae* e *loci* pelo direito interno do país onde foi prolatada a decisão exequenda. Ao juiz da delibação competirá apenas averiguar, baseado no *ius fori*, se a causa era da competência do Estado onde a sentença foi proferida e se não foi julgada no exterior causa da competência necessária do país onde se pretende executar a referida decisão (*RF*, 77:87, 80:80, 94:482; *RTJ*, 64:24). Embora alguns autores entendam que se deve verificar caso por caso tanto a competência geral como a especial, entendemos que só a geral deverá ser levada em conta pelo juiz do *exequatur*. Somente a falta de competência internacional ou geral (*lack of jurisdiction*) impedirá a homologação de sentença proferida *aliunde*. Portanto, no processo homologatório, não há discussão sobre a relação de direito material, nem reexame do mérito da decisão estrangeira.

b) Terem sido citadas as partes ou verificada sua revelia de conformidade com a lei onde foi prolatada a decisão (*RTJ*, 34:404 e 14:272). Na instância da delibação dever-se-á verificar se houve ou não citação regular ou revelia, para garantir a distribuição da justiça. Se não houve citação, ou por ter sido omitida, ou por não ser exigida pelo direito do país de origem, a carta de sentença não poderá obter homologação. O mesmo se diga da ausência de verificação legal da revelia. Isto é assim tendo-se em vista que informa o moderno processo o princípio do contraditório (*RTJ*, 8:275-6).

c) Ter transitado em julgado (STF, Súmula 420 — "Não se homologa sentença proferida no estrangeiro, sem prova do trânsito em julgado"). Sem coisa julgada formal não se poderá ordenar a execução da sentença estrangeira, pois enquanto puder ser alterada não possui a consistência exigível para ser executada no *forum*, uma vez que a execução provisória apenas poderá ser admitida na mesma jurisdição em que a decisão foi prolatada.

d) Não contrariar a coisa julgada brasileira, a ordem pública, a soberania nacional; os bons costumes e a dignidade da pessoa humana (CPC/2015, arts. 163, VI, 963, I a VII, Res. 18/2014 do STJ, art. 216, *f*; LINDB, art. 17).

e) Ter sido previamente homologada pelo Superior Tribunal de Justiça (EC n. 45/2004; CPC/2015, art. 960, § 2º e 961, *caput*; Resolução 18/2014 do STJ, arts. 216-A a 216-X), com ouvida das partes (*RF*, *74*:41; *RT*, *588*:216 e *579*:221; *JSTF*, *69*:56) e do Procurador-Geral da República. A homologação de decisão estrangeira é ação de conhecimento que visa sentença constitutiva, destinada a reconhecer a produção de efeitos, no território brasileiro, dos atos judiciais oriundos de outros países. A homologação é o ato que dará força executória à sentença estrangeira (inclusive a proferida por árbitros), desde que obedecidas as condições legais. Todavia, será preciso esclarecer que, se homologada a decisão estrangeira, não será ela que se executará no Brasil, mas sim a decisão homologatória, pois esta lhe conferirá efeitos. O Superior Tribunal de Justiça deverá examinar a decisão judicial estrangeira para decidir se está ela ou não em condições de ser executada e de produzir efeitos no território nacional. Não se repararão lesões a interesses individuais nem se eliminarão dúvidas sobre a relação jurídica; tão somente se homologará ou não o julgado alienígena. No Brasil ter-se-á delibação pura, em que aparecerá preclusa qualquer indagação sobre o mérito da causa, uma vez que não haverá lide a compor, entre os interessados, relativamente às formalidades extrínsecas da carta de sentença, já que a competência geral do juiz estrangeiro, a citação ou revelia, o trânsito em julgado da sentença exequenda, a averiguação de que é autêntica ou de que está devidamente acompanhada de tradução são assuntos nos quais não se vislumbra relação entre os interessados. Nem mesmo haverá litígio a respeito de ser ou não o julgado ofensivo à ordem social brasileira. Na delibação ter-se-á mera apreciação inquisitiva da prova documental, examinando-se se as alegações e as provas alusivas, p. ex., a falta de citação, procedem ou não. Logo, em momento algum poderá declarar válido ou inválido o processo estrangeiro. A delibação não alterará o mérito da decisão alienígena; examinará tão somente se houve cumprimento dos requisitos internos e externos exigidos pelo art. 15 da Lei de Introdução. Negar-se-á a homologação apenas se se constatar falta de formalidade extrínseca da carta de sentença, por não se revestir da forma exigida pelo país de origem; ausência de autenticação por cônsul brasileiro; incompetência internacional do juiz que prolatou a sentença; falta de tradução ou de citação do opositor; ofensa à ordem social brasileira ou ausência de trânsito em julgado. Serão suscetíveis de homologação não só as sentenças cíveis e as contencioso-administrativas, bem como as arbitrais, ainda que não homologadas no país de origem (*RTJ*, *54*:74, *60*:28, *91*:48 e *92*:1077; Lei n. 9.307/96, art. 35).

A sentença arbitral estrangeira será reconhecida e executada no Brasil de conformidade com os tratados internacionais com eficácia no ordenamento interno e, na sua ausência, conforme a Lei n. 9.307/96, sujeitando-se unicamente à homologação do Superior Tribunal de Justiça (EC n. 45/2004), que só pode ser negada: 1) quando o réu demonstrar que: *a*) as partes na convenção de arbitragem eram incapazes; *b*) a convenção de arbitragem era inválida; *c*) não foi notificado da designação do árbitro ou do procedimento de arbitragem, ou que foi violado o princípio do contraditório, impossibilitando a ampla defesa; *d*) a sentença arbitral foi prolatada fora dos limites da convenção de arbitragem e não foi possível separar a parte excedente da submetida à arbitragem; *e*) a instituição da arbitragem não está de acordo com o compromisso arbitral ou cláusula compromissória; *f*) a sentença arbitral não se tornou ainda obrigatória para as partes ou foi anulada ou suspensa por órgão judicial do país onde foi prolatada; 2) quando o STJ (EC n. 45/2004) constatar que: *a*) pela lei brasileira, o objeto do litígio não pode ser solucionado por arbitragem; *b*) a decisão ofende a ordem pública nacional. Os efeitos da sentença alienígena em nada serão alterados pelo processo homologatório, em respeito aos direitos adquiridos em outro país, embora possam ser limitados em atenção à ordem pública social do Estado em que será executada. Deveras, observa Pillet[433], "a necessidade de semelhante princípio do reconhecimento do direito adquirido é por si mesma evidente. Não seria possível nenhum comércio internacional entre particulares, nem relações de direito privado existiriam na sociedade internacional, se os direitos adquiridos num Estado fossem respeitados apenas nesse Estado. Uma pessoa ao passar de um país para outro deveria então constituir nova personalidade, assim como um peregrino muda de hábitos, mudando de clima. São hipóteses absurdas. Ademais, o reconhecimento da soberania de um Estado leva diretamente ao reconhecimento dos direitos adquiridos sob o império desta soberania, e esta regra indispensável à prática se acha também de acordo com os dados da teoria".

O julgado alienígena será homologado e reconhecido pelo Superior Tribunal de Justiça se atender a todos aqueles requisitos exigidos para a delibação, não comportando nenhum pronunciamento relativo ao seu conteúdo ou à sua conveniência ou oportunidade[434].

---

433. Pillet, *Traité*, cit., t. 1, n. 41, p. 120.

434. Beat Walter Rechsteiner, Sentença arbitral estrangeira? Aspectos gerais de seu reconhecimento e de sua execução no Brasil, *RT Informa*, 38:13; Athos Gusmão Carneiro, Arbitragem. Cláusula compromissória. Cognição e *imperium*. Medidas cautelares e antecipatórias. *Civil law* e *Common Law*. Incompetência da Justiça Estatal, *Revista Brasileira de Arbitragem*, 3:42-59; Carla Fernanda de Marco, *Arbitragem internacional no Brasil*, São Paulo, RCS, 2005; Lauro Gama Jr., O STJ e a homologação de sentenças arbitrais estrangeiras: novas perspectivas? *Revista Brasileira*

de Arbitragem, 5:62-6; Maria Isabel de Almeida Alvarenga, Homologação de sentença arbitral estrangeira, *Novos rumos da arbitragem no Brasil* (coord. Luiz Fernando de A. Guilherme), São Paulo, Fiuza Ed., 2004, p. 275-94); André de A. C. Abbud, *Homologação de sentenças arbitrais estrangeiras*, São Paulo, Atlas, 2007; Cláudio Finkelstein e Marina A. Egydio de Carvalho, Homologação de sentença estrangeira e execução de carta rogatória no Brasil, *Revista de Direito Constitucional e Internacional*, 50:255-89; Marcos Vinicius T. da Costa Fernandes, Anulação da sentença arbitral, *Carta Forense*, fevereiro-2013, p. B-12; Renato X. da Silveira Rosa, Meios de impugnação das sentenças judiciais à anulação de sentenças arbitrais, um traço distintivo no Brasil e no Direito Comparado, *Revista do IASP*, 30:185-222. Vide CF/88, art. 105, I, *i*. Essa questão está prevista nos arts. 423 a 433 do Código Bustamante, que prescreve no art. 423: "Toda sentença civil ou contencioso-administrativa proferida em um dos Estados contratantes terá força e poderá ser executada nos demais se reunir as seguintes condições: I — que tenha competência para conhecer do assunto e julgá-lo, de acordo com as regras deste Código, o juiz ou tribunal que a haja proferido; II — que as partes tenham sido citadas pessoalmente ou por seu representante legal, para o juízo; III — que a decisão não contravenha à ordem pública ou ao Direito público do país em que se queira executar; IV — que seja executória no Estado em que se profira; V — que se traduza autorizadamente por um funcionário ou intérprete oficial do Estado em que se há de executar, se ali for distinto o idioma empregado; VI — que o documento em que conste reúna os requisitos necessários para ser considerado como autêntico no Estado de que proceda e os que exige para que faça fé pela legislação do Estado onde se pretende que a sentença seja cumprida. A Res. n. 9/2005 do STJ traça os seguintes requisitos para homologação de sentença estrangeira (art. 5º): ter sido proferida por autoridade competente; citação ou revelia das partes; trânsito em julgado; autenticação por cônsul brasileiro e acompanhada de tradução feita por tradutor oficial ou juramentado no Brasil.

J. C. Barbosa Moreira (*Comentários ao Código de Processo Civil*, v. V, p. 68) esclarece: "Na homologação de sentença estrangeira, o modelo que se tem em vista é a sentença de igual conteúdo que porventura fosse proferida pela Justiça brasileira. O modelo, por si só, seria apto a produzir, no território nacional, os efeitos próprios. A sentença estrangeira, não: a lei considera-a '*capaz* de adquirir eficácia' no país, mas subordina tal aquisição a um ato formal de reconhecimento, praticado por órgão judiciário nacional. Esse ato, no sistema pátrio, é precisamente a homologação. Com o ato formal de reconhecimento, a sentença estrangeira passa a surtir, no território nacional, efeitos *iguais* aos que surtiria uma sentença brasileira de igual conteúdo. Isso não quer dizer, porém, que, para tornar admissível a homologação, seja necessário que no Brasil se pudesse efetivamente obter, acerca da matéria decidida no outro Estado, sentença de igual conteúdo, ou até *qualquer* sentença: a espécie talvez escape, em termos absolutos, à cognição da nossa Justiça. O modelo, a que a homologação assimila a sentença estrangeira, é concebido *in abstracto*, sendo irrelevante a indagação quer sobre a coincidência entre o respectivo conteúdo e o de alguma sentença que *in concreto* se houvesse de proferir no território nacional, quer sobre a possibilidade mesma de proferir-se aqui tal sentença. O ato formal de reconhecimento (homologação, conforme a técnica do direito brasileiro) é acontecimento futuro e incerto a que a lei subordina a eficácia, no território nacional, da sentença estrangeira. Por isso, costuma a doutrina atribuir-lhe a função de verdadeira condição legal (*condicio iuris*)".

A Emenda Constitucional n. 45/2004 transferiu do Supremo Tribunal Federal para o Superior Tribunal de Justiça a competência para homologação de sentença estrangeira e concessão de *exequatur* às cartas rogatórias. E a Presidência do Superior Tribunal de Justiça editou a Resolução n. 22/2004, sujeitando tais feitos aos ritos do Regimento Interno do STF para a homologação de sentença estrangeira (arts. 215 a 224) e cartas rogatórias (arts. 225 a 229).

Sobre homologação de sentença estrangeira: *RTRF* — 3ª Região — 31:63; Súmula STF n. 420 e 381; *RT*, 769:138. Pelo CPC/2015, art. 24, parágrafo único, "a pendência de causa perante a

5. Juízo de delibação

Pelo sistema de controle limitado de revisão parcial ou delibação, o julgado alienígena deverá, para produzir efeito no Brasil, sujeitar-se à prévia análise de certos requisitos, sem que haja reexame do mérito da questão. Pelo sistema da delibação, o processo homologatório da sentença estrangeira, que é sumário, visa tão somente o exame formal do cumprimento daqueles requisitos externos e internos acima aludidos e da inocorrência de ofensa à ordem pública, aos bons costumes e à soberania nacional (LINDB, art. 17). A homologação é ato jurisdicional que visa prolatar sentença homologatória que imprimirá eficácia à decisão estrangeira no território brasileiro (CPC/2015, arts. 960, § 2º, 961, *caput*, e 965, *caput*), reconhecendo os direitos adquiridos dela resultantes.

O juízo de delibação é uma modalidade de *exequatur*, em que o tribunal, em cuja jurisdição a sentença deve ser executada, certifica que sentença proferida *aliunde* atende a certos requisitos legais, imprimindo valor formal de ato de soberania estatal ao conteúdo do ato jurisdicional estrangeiro.

---

jurisdição brasileira não impede a homologação de sentença judicial estrangeira quando exigida para produzir efeito no Brasil".

Sobre arbitragem: CPC/2015, art. 3º, § 1º.

Sobre homologação de laudo arbitral: *RT, 579*:84, *588*:84; *RTJ, 54*:704 e 714, *91*:48, *97*:537, *107*:563, *109*:31, *111*:157, *119*:597, *126*:926, *127*:94, *135*:949; Lei n. 9.307/96, arts. 34 a 40; CPC/2015, arts. 960, § 2º, 961, *caput*, e 965, *caput*. Pelo Enunciado n. 7 do TJSP: "a sentença que homologa o laudo arbitral é irrecorrível".

Enunciados do Fórum Permanente de Processualistas Civis: a) n. 85: "deve prevalecer a regra de direito mais favorável na homologação de sentença arbitral estrangeira em razão do princípio da máxima eficácia (art. 7º da Convenção de Nova York — Decreto n. 4.311/2002) — redução revista no III FPPC — Rio); b) n. 86: "art. 976 não se aplica à homologação da sentença arbitral estrangeira, que se sujeita aos tratados em vigor no País e à legislação aplicável, na forma do § 3º do art. 972 (arts. 964 e 960, § 3º, do CPC/2015) respectivamente".

Sobre anulabilidade de sentença arbitral: Lei n. 9.307/96, arts. 30, 32 e 33; CPC/2015, art. 966, I.

As sentenças arbitrais condenatórias são tidas como título executivo judicial (CPC/2015, art. 515, VII).

https://br.lexlatin.com/reportagens/punitive-damages-stj-valida-primeira-vez-no-pais. O STJ autorizou, pela primeira vez, que uma decisão estrangeira a respeito dos chamados "danos punitivos" (ou "punitive damages', em inglês) fosse validada no Brasil, para fins de execução. O dispositivo, que não existe na legislação brasileira, é o centro de uma controversa jurisprudência mundo afora – e que agora conta com uma porta de entrada para o Brasil. Por unanimidade, a Corte Especial do STJ entendeu que a decisão da justiça estrangeira, por mais que se baseie em princípios inexistentes no Brasil, não viola a ordem pública nacional se aplicada pelo sistema de Justiça local. A decisão, tomada em fevereiro, não foi acolhida sem muitas dúvidas dos ministros da Corte.

O processo de homologação é, apesar de Amílcar de Castro entender ser processo de jurisdição voluntária, de jurisdição contenciosa, por dirimir conflito de interesses diante do fato de ser possível a formulação de pretensão à não homologação. Observa Vicente Greco Filho que, mesmo que se trate de homologar sentença oriunda de processo de jurisdição voluntária, p. ex. um divórcio amigável, em que ambos os interessados apresentam a sentença à homologação, ter-se-á uma contenciosidade virtual, suficiente para que a sentença homologatória tenha o conteúdo de jurisdição contenciosa. E, além disso, tem efeito constitutivo e não meramente declaratório, uma vez que concede à sentença sua exequibilidade no Brasil.

Passemos a enumerar os trâmites do processo homologatório:

a) Início da delibação mediante requisição diplomática, com ou sem comparecimento de qualquer interessado, hipótese em que o tribunal nomeará *ex officio* um curador que participará da formação do contraditório, ou requerimento de todos ou de um dos interessados, com ou sem o seu comparecimento. Como na delibação requisitada por via diplomática não deixará de haver pedido do interessado, pois sem este não virá do exterior carta rogatória de execução de um julgado, poder-se-á afirmar que tal processo, qualquer que seja a forma de requisição, diplomática ou não, iniciar--se-á por petição assinada por advogado, devidamente instruída com a sentença estrangeira autenticada por cônsul brasileiro e traduzida por tradutor oficial. Tal petição deverá ser indeferida se inepta ou se o requerente, dentro do prazo legal, não promover os atos e as diligências que lhe forem exigidos.

b) Distribuição do pedido, devidamente instruído com autêntica prova da sentença a ser homologada.

c) Citação do executado (CPC/2015, art. 238) para deduzir seus embargos dentro de quinze dias, contados da referida citação, tendo o exequente igual prazo para contestá-los, alegando matéria dos arts. 243 e 244 do Código de Processo Civil de 2015. Se o executado não comparecer, for menor ou incapaz, o relator nomeará curador à lide para que fale por ele. Tal curador será escolhido entre advogados militantes no Distrito Federal, perante o Supremo Tribunal Federal, devendo ser notificado pessoalmente. Como na delibação não há defesa, o interessado será ouvido como tal e não como parte, embora possa levantar obstáculos à homologação pretendida pelo outro interessado. Não se terá litígio algum, mesmo que o citado tenha sido chamado para se defender ou para contestar qualquer demanda. Isto é assim porque o interessado só poderá apresentar oposições atinentes à autenticidade dos documentos, à observância dos requisitos internos ou externos e à questão da ofensa ao art. 17 da Lei de Introdução. A oposição apenas poderá basear-se em dúvidas concernentes à autenticidade do documento apresentado, à validade da citação, à *legitimatio ad causam* etc.

d) Contestação do pedido.

e) Apresentação pelo requerente, após a contestação, dentro de cinco dias da réplica, manifestando-se em seguida o Procurador-Geral da República, que dará parecer, dentro de cinco dias.

f) Julgamento dos autos pelo relator ou revisor, na forma estabelecida para as apelações.

g) Carta de sentença para a execução no juízo competente, se houver homologação do julgado alienígena operando sua nacionalização. A sentença estrangeira condenatória homologada pelo STJ (CF, art. 105, I, *i*) é título executivo judicial e o juízo competente para a execução é o da capital do Estado do domicílio do executado perante a Justiça Federal Comum de primeiro grau (CF/88, art. 109, X). Se parcial a homologação, liberar-se-á a eficácia apenas no tocante à parte que foi homologada. Tal execução operar-se-á na forma da *lex fori* (Código Bustamante, art. 430; CPC/2015, art. 965, *caput*).

Haverá, ainda, a possibilidade de agravo regimental para o plenário do tribunal contra deferimento ou indeferimento de homologação. O despacho que indeferir a petição inicial liminarmente equivalerá à negação da homologação, que porá fim ao processo, sendo possível o agravo regimental[435].

---

435. Consulte a respeito: Agenor P. de Andrade, *Manual*, cit., p. 335; Amílcar de Castro, *Das execuções de sentenças estrangeiras no Brasil*, Belo Horizonte, 1939, e *Direito internacional privado*, cit., v. 2, p. 250-3 e 288-91; Wilson de S. Campos Batalha, *Tratado*, cit., p. 438-40, 456-9 e 471-9; Vicente Greco Filho, *Homologação de sentença estrangeira*, São Paulo, Saraiva, 1978, e *Direito processual civil brasileiro*, São Paulo, Saraiva, 1992, v. 2, p. 350-8 e 475-9; Diena, La sentenza straniera e il giudizio di delibazione, *Rivista di Diritto Internazionale*, 1908, p. 73; Oscar da Cunha, *A homologação da sentença estrangeira e o direito judiciário civil brasileiro*, Rio de Janeiro, 1933; Riccardo Monaco, *Il giudizio di delibazione*, Padova, 1940; Fouad Abdel Moneim Riad, *La valeur international des jugements en droit comparé*, Paris, 1955; Enrico la Loggia, *La eseculzione*, cit.; Morelli, *Il diritto processuale civile internazionale*, v. 7 do *Trattato di diritto internazionale* de Fedozzi e outros, 1938, n. 131, p. 287; Anzilotti, Il riconoscimento delle sentenze straniere di divorzio in ordine alla seconda convenzione dell'Aja, 12 giugno 1902, in *Memorie della reale academia delle scienze di Bologna*, 1908, 1ª série, t. 2, p. 113; Afonso Fraga, *Teoria e prática na execução das sentenças*, 1922, p. 90 e s.; José Frederico Marques, *Manual de direito processual civil*, São Paulo, Saraiva, 1987, v. 3, p. 253 e s.; Beat W. Rechsteiner, Arbitragem privada internacional no Brasil, São Paulo, Revista dos Tribunais, 1997; Enrico Tullio Liebman, L'azione per la delibazione delle sentenze straniere, in *Problemi*, Ed. Morano, 1962; Carlos Miguel y Alonso, *El reconocimiento de sentencias extranjeras en el derecho procesal español*, 1967; Cansacchi, *La funzione del riconoscimiento di sentenze straniere*, Milano, Giuffrè, 1976; Mauro Cappelletti, *Las sentencias y las normas extranjeras en el proceso civil*, EJEA, 1968; Georgette Nazo, A exceção de litispendência no juízo de delibação, *Revista do Instituto de Pesquisas e Estu-*

dos *Jurídico-Econômico-Sociais da Instituição Toledo de Ensino*, 1967, n. 6; Adolf Wach, *Vorträge über die Reichs-Zivilprozessordnung*, 1958, p. 339 e s.; Loreto, *Sentencia extranjera de divorcio y solicitud de "exequatur"*, Caracas, 1944; Luiz Olavo Baptista, A homologação de laudos arbitrais estrangeiros na jurisprudência brasileira, *Vox, 158*:1; Notas sobre homologação de laudos arbitrais estrangeiros em direito brasileiro, *RT, 556*:269; Jorge Antonio Zepeda, Reconocimiento y ejecución de sentencias arbitrales extranjeras, *RP, 43*:149; Guilherme Gonçalves Strenger, Homologação de sentença estrangeira de divórcio, *RT, 622*:46; José Russo, Sentença estrangeira de divórcio — homologabilidade, *Revista Brasileira de Direito de Família, 19*:31-40.

O STJ expediu a Emenda Regimental n. 18/2014 ao seu Regimento Interno, incluindo o Título VII-A alusivo aos processos oriundos de Estados estrangeiros, disciplinando o procedimento para homologação de sentença estrangeira. De acordo com a alteração realizada no art. 162 do Regimento Interno pela Emenda Regimental n. 17, os ministros que formularem pedido de vista dos autos deverão restituí-los em até 60 dias, devendo prosseguir o julgamento na sessão subsequente ao fim do prazo, com ou sem o voto-vista. Esse prazo poderá ser prorrogado por mais 30 dias, mediante requerimento fundamentado ao colegiado. O prazo de restituição dos autos ficará suspenso nos períodos de recesso do fórum e no período de férias coletivas dos ministros.

A nova redação dada ao § 3º estabelece que, mesmo com o afastamento do ministro relator, ou na ausência de ministros ou que tenham deixado o exercício do cargo, o julgamento iniciado terá continuidade, integrando-se aos votos já proferidos pelos ministros.

De acordo com o novo texto, o ministro que não assistir ao relatório apenas poderá participar do julgamento se tiver sido declarado habilitado a votar.

Se, para efeito do quórum ou desempate na votação, for necessário o voto de ministro que não tenha assistido à leitura do relatório, esta será renovada, bem como a sustentação oral, computando-se os votos anteriormente proferidos. O voto do ministro que se ausentar no início do julgamento será dispensado, desde que obtidos votos suficientes concordantes sobre todas as questões.

Com a inclusão do § 7º fica estabelecido que, na ausência do presidente que iniciou o julgamento, seu substituto dará sequência. Na corte especial ou na seção, a substituição será feita por quem não houver proferido voto.

Homologação de sentença estrangeira (Capítulo I)

Com a inclusão do Título VII-A (Emenda Regimental n. 18/2014), relativo aos processos oriundos de Estados estrangeiros, o qual se refere à homologação de sentença estrangeira, cuja ação compete ao presidente do tribunal, serão homologados os provimentos não judiciais que, pela lei brasileira, tiveram natureza de sentença. Essa sentença também poderá ser homologada parcialmente, conforme disposto no art. 216-A.

De acordo com o art. 216-B, a sentença estrangeira não terá eficácia no Brasil sem a prévia homologação do STJ. O texto estabelece que a homologação da sentença estrangeira será proposta pela parte requerente, devendo a petição inicial conter os requisitos indicados na lei processual, bem como ter sido proferida por autoridade competente, conter elementos que comprovem terem sido as partes regularmente citadas ou ter sido legalmente verificada a revelia, e ter transitado em julgado, e ser instruída com o original ou cópia autenticada da decisão homologanda e de outros documentos indispensáveis, devidamente traduzidos por tradutor oficial ou juramentado no Brasil e chancelados pela autoridade consular brasileira competente quando for o caso. Se a petição inicial não preencher os requisitos exigidos, o presidente do STJ determinará novo prazo ao requerente para emendar ou completar o referido documento. Após a intimação, se o requerente ou o seu procurador não promover, no prazo assinalado, o ato ou a diligência que lhe foi determinada, o processo será arquivado pelo presidente.

No art. 216-F está previsto que não será homologada a sentença estrangeira que ofender a soberania nacional, a dignidade da pessoa humana e/ou a ordem pública. Será admitida a tutela de

O pedido de homologação não poderá ser reiterado, uma vez que a decisão fará coisa julgada, sendo, então, suscetível de ser atacado por meio de ação rescisória. Não se está, convém esclarecer, admitindo ação rescisória (CPC/2015, art. 966, V) da sentença estrangeira, mas de sentença homologatória de decisão proferida no exterior. Daí a lição de Pontes de Miranda[436] de que:

"Nem a Justiça brasileira pode rescindir sentenças proferidas por juízes estrangeiros; nem as Justiças estrangeiras podem rescindir sentenças proferidas por juízes brasileiros; nem os juízes de qualquer Estado podem rescindir sentenças interestatais, ou, *a fortiori*, supraestatais. No grau atual da organização supraestatal, as sentenças dos Estados não são suscetíveis de rescisão pela Corte Internacional de Justiça, nem por outros tribunais interestatais. Em casos especiais, poderão ser tidas como *fatos*... A sentença estrangeira não é suscetível de ser rescindida pelos juízes do Brasil. A homologação da sentença estrangeira, que é prestação jurisdicional do Estado brasileiro, pode ser objeto de ação rescisória. Correrá segundo as regras jurídicas relativas à rescisão das sentenças do Supremo Tribunal Federal. Revogada ou rescindida a sentença estrangeira, cai a de homologação, ainda que já se tenha decidido desfavoravelmente à rescisão dessa, mediante a homologação da nova sentença estrangeira".

Indeferido o pedido homologatório, os documentos em que se baseou poderão ter valor probante que a *lex fori* lhes conferir, afastando-se, entretanto, os efeitos próprios da homologação.

6. Questão da dispensa da homologação de sentença estrangeira meramente declaratória de estado de pessoa

A homologação tem por escopo acautelar interesses de ordem patrimonial, tornando efetiva a relação jurídica dessa natureza, sendo exigida

---

urgência nos procedimentos de homologação de sentença estrangeira. O prazo para a parte interessada contestar o pedido será de 15 dias. Caso o requerido não compareça ou seja incapaz, será pessoalmente notificado um curador especialmente para representá-lo.

As contestações apresentadas terão direito a réplica e tréplica em até cinco dias e, após contestado o pedido, o processo será distribuído para julgamento pela Corte Especial, cabendo ao relator os demais atos relativos ao andamento e à instrução do processo, o qual poderá decidir monocraticamente nas hipóteses em que já houver jurisprudência consolidada da Corte Especial a respeito do tema. Vale ressaltar que o Ministério Público Federal terá vista dos autos pelo prazo de dez dias, podendo impugnar o pedido (*BAASP, 2925*:5).

436. Pontes de Miranda, *Comentários*, cit., t. 4, p. 49 e 60; Wilson de S. Campos Batalha, *Tratado*, cit., p. 439 e 478-9.

para as sentenças estrangeiras que têm de ser executadas em outro Estado, ou seja, para as sentenças exequíveis. A *intentio legis* indica que somente haverá submissão ao juízo da delibação de sentenças cuja execução se dê no Brasil.

A delibação, juízo preliminar da instância da execução, não era exigida, conforme prescrevia o parágrafo único do art. 15, ora revogado, para as sentenças meramente declaratórias de estado das pessoas que independessem de execução. Logo, tais decisões não precisavam ser homologadas ante a desnecessidade de se lhes conferir no *forum* força executória, apresentando-se como documentos idôneos para determinar uma qualidade ou um fato, podendo ser utilizados como prova indiscutível da existência da relação jurídica neles declarada perante a autoridade brasileira. Por serem similares às leis e aos atos de outro país, à justiça nacional competia tão somente admitir ou não sua eficácia extraterritorial nos termos do art. 17 da Lei de Introdução. As sentenças meramente declaratórias de estado não tinham no *forum* eficácia imediata, independentemente de averiguação incidente, feita pelo juiz competente para a causa e não pelo Superior Tribunal de Justiça, por ser necessário averiguar se os documentos apresentados continham sentenças alienígenas válidas na jurisdição de onde advierem. Tais sentenças apresentadas como documentos, e não como títulos exequendos, podiam ser tidas como válidas sem processo de delibação, desde que não ofendessem a ordem pública, a soberania nacional e os bons costumes. Tinham, portanto, mera eficácia documental.

As sentenças meramente declaratórias, por terem por único fim a produção do efeito direto e imediato de tornar certo o estado ou capacidade da pessoa, eram insuscetíveis de homologação. Era o que, exemplificativamente, ocorria com a sentença de interdição para comprovar a representação do interdito por um curador, com a de reconhecimento de paternidade, que se limitasse apenas a essa declaração, mas, se esta última estivesse cumulada com a de petição de herança, exigível era o processo homologatório, para que pudesse produzir efeitos no Brasil. Era dispensável homologação de julgado proferido em outro país, decretando *divórcio de estrangeiros*, desde que não tivesse força executória por não envolver qualquer efeito patrimonial, que devesse ser executado no Brasil, servindo apenas como documento hábil para atestar a dissolução do vínculo matrimonial de pessoas estrangeiras. Sendo um dos consortes divorciados *brasileiro*, pelo art. 7º, § 6º, da Lei de Introdução, preciso era e será a homologação daquela sentença, pois além de resolver a questão de estado, servirá de título executivo para invocar a prestação jurisdicional relativa a efeitos patrimoniais ou para decidir problemas atinentes ao requerimento para novo casamento[437].

Dispensava-se, portanto, no nosso entender, de homologação a sentença meramente declaratória de estado e capacidade da pessoa, que não requeria o juízo de delibação, salvo se tivesse de produzir efeito patrimonial ou fosse passível de execução no território brasileiro. Podia, contudo, ser recebida como documento probatório similarmente às certidões de nascimento, de óbito, de casamento, devidamente legalizadas, que carecessem de homologação. Nesse teor de ideias manifestava-se Clóvis Beviláqua: "As sentenças sobre o estado das pessoas, opinam alguns, dispensam homologação, por serem meramente declaratórias, não dando lugar à execução forçada; outros não veem necessidade, nem reconhecem a razão jurídica dessa exceção. Em princípio, é certo que uma sentença sobre o estado e a

---

437. Espínola e Espínola Filho, *A Lei de Introdução*, cit., v. 3, p. 408-47; Eduardo Espínola, O problema da homologação das sentenças estrangeiras declaratórias do estado das pessoas, in *Homenagem de direito a Clóvis Beviláqua*, 1943, v. 20, p. 525-34; Nussbaum, *Principles of private international law*, 1943, § 23; Glasson, Morel e Tissier, *Traité de procédure civile*, v. 4, n. 1.017, p. 54; Lopes da Costa, *Direito processual civil brasileiro*, v. 3, n. 69 e 70, p. 85-6; Guido Raggi, *L'efficacia degli atti stranieri di volontaria giurisdizione*, Milano, 1941, p. 133 e s.; Machado Villela, *Tratado elementar teórico e prático de direito internacional privado*, Coimbra, 1922, v. 1, p. 663; José Russo, Sentença estrangeira de divórcio — homologabilidade, *Revista Brasileira de Direito de Família*, 19:31-40. Cavaglieri (*La cosa giudicata e le questioni di stato nel diritto internazionale privato*, 1909, p. 135) diz que as sentenças sobre estado são proferidas acerca de direito, que "*non hanno per obbietto una cosa del mondo esterno, ma riguardano relazioni essenzialmente morali tra persona e persona, relazioni che possono essere causa di diritti patrimoniali, ma che, pero, non si confondono con essi e non fanno parte del patrimonio*". Logo não são exequíveis e nada têm que ver com a homologação. No mesmo sentido Enrico la Loggia, *La esecuzione*, cit., p. 282; Mattirolo, *Il diritto giudiziario*, v. 6, p. 916. Ernesto Cucionota (*L'assistenza giudiziaria nei rapporti internazionali*, 1935, p. 134) escreve: "*il giudizio di delibazione è necessario tutte le volte che si debba procedere all'esecuzione materiale e coattiva del giudicato straniero*". Carlos Lazcano (*Las sentencias extranjeras y el exequatur judicial*, apud Santiago Sentis Melendo, La sentencia extranjera, *Revista de Derecho Procesal*, 2:259, 1944) ensina que: "*ninguna doctrina jurídicamente fundada puede negar efectos a los factos extranjeros desprovidos de la exequatur, puesto que los mismos son susceptibles de aplicarse directamente cuando no importan actos de ejecución sobre bienes, ni representan coación sobre las personas*". Salvatore Satta (Gli effetti secondari della sentenza, *Rivista di Diritto Processuale Civile*, 1934, p. 261, nota 1) pondera que "*no è necessaria la delibazione quando la sentenza straniera ha prodotto direttamente o immediatamente la modificazione giuridica, e sono gli effetti di questa modificazione che si vogliono raggiungere nel regno. Tipico il caso della sentenza di divorzio fra stranieri*". Vide, ainda: Marnoco, *Execução extraterritorial das sentenças*, n. 46; Amílcar de Castro, *Direito internacional privado*, cit., v. 2, p. 241-2; Francisco C. de Almeida Santos, Homologação de sentenças estrangeiras de divórcio consensual, *Família e Jurisdição*, III (coord. Eliene Bastos, Arnoldo C. de Assis e Marlouve M. S. Santos), Belo Horizonte, Del Rey, 2010, p. 171-187; *Revista de Direito*, *81*:174, *86*:389 e *93*:313; Solano de Camargo, Homologação de sentenças estrangeiras cibernéticas. *Cinco anos do CPC: questões polêmicas* (org. Munhoz), Barueri, Manole, 2021, p. 387 a 408; *RT*, *769*:137, *233*:180, *254*:144, *269*:82, *278*:53 e *292*:312; *AJ*, *98*:376; *RF*, *138*:401.

capacidade da pessoa é, apenas, uma declaração dessas qualidades; equivale a uma prova indiscutível do modo de existir da pessoa, na ordem jurídica do país, onde se proferiu a sentença. Nada há que executar e, consequentemente, não há que pedir homologação dessa sentença. Ela valerá, em toda parte, como documento que afirma um fato. Se, entretanto, a sentença sobre o estado envolve relações patrimoniais, a homologação é necessária, porque será o título executivo, que o indivíduo apresentará, invocando a coação do poder público, a fim de lhe serem assegurados os direitos, que a sentença declara lhe pertencerem"[438].

Haroldo Valladão, por sua vez, veio a arguir a inconstitucionalidade do parágrafo único do art. 15 da Lei de Introdução (ora revogado), por dispensar homologação às sentenças alienígenas meramente declaratórias de estado de pessoas, interpretando que a Constituição Federal (art. 105, I, *i*), ao conferir competência ao Superior Tribunal de Justiça, por força da EC n. 45/2004, para homologar cartas de sentenças de tribunais estrangeiros, está a abranger toda e qualquer sentença, inclusive as de jurisdição graciosa, p. ex., partilhas, habilitação de herdeiros, emancipação, divórcio, separação, interdição etc. Afirma, o insigne jurista, que a distinção entre sentenças meramente declaratórias de estado e sentenças que impliquem efeitos patrimoniais não prosperou, sendo condenada jurisprudencialmente (*RSTF*, *24*:356; *RF*, *36*:90), salientando ainda que o tiro de misericórdia no parágrafo único do art. 15 da Lei de Introdução foi dado pelo art. 483 — atualmente arts. 960, § 2º, e 961, *caput* — do Código de Processo Civil/73, ao dispor sem restrição que: "A sentença proferida por tribunal estrangeiro não terá eficácia no Brasil senão depois de homologada pelo STF"[439], ou melhor, pelo STJ, por força da EC n. 45/2004. Havia quem entendesse que o parágrafo único do art. 15 da Lei de Introdução foi derrogado pelo art. 483 — hoje arts. 960, § 2º, e 961, *caput* — do diploma processual de 1973, e já se decidiu que havia "indispensabilidade da homologação prévia de qualquer sentença estrangeira, quaisquer que fossem os efeitos postulados pela parte

---

438. Clóvis Beviláqua, comentando o art. 16 da antiga Lei de Introdução, apud Wilson de Souza Campos Batalha, *Tratado*, cit., p. 462. *Vide*: STJ, REsp 535.646 — RJ — 2003/0049909-4.

De acordo com os termos do Provimento n. 51, de 22 de setembro de 2015, da Corregedoria Nacional da Justiça, os Cartórios de Registro Civil de Pessoas Naturais estão autorizados a promover a averbação de cartas de sentença de divórcio ou separação oriundas de homologação de sentença estrangeira pelo Superior Tribunal de Justiça (STJ), independentemente do cumprimento ou execução em juízo federal. Tal deliberação decorre da necessidade de homologação das sentenças estrangeiras no âmbito daquela Corte para que produzam os efeitos no Brasil e da exigência contida no Código de Processo Civil, que supõe o cumprimento ou a execução acionando a via judicial (*BAASP*, *2964*:6).

439. Haroldo Valladão, Carta de homologação de sentença estrangeira, in *Enciclopédia Saraiva do Direito*, v. 13, p. 271-2.

interessada" (ementa do despacho do Min. Celso de Mello na Petição Avulsa 11, publicada no *DJU*, 10 out. 1997, e em *Inf. STF* 121, de 31-8-1998, p. 4).

Em que pesasse essa opinião doutrinária, entendíamos que tal não ocorria; dever-se-iam interpretar restritivamente tais dispositivos, como o fez Oscar Tenório ao asseverar que: "Limita-se a Constituição a estabelecer a competência exclusiva do Supremo Tribunal Federal (hoje, pela EC n. 45/2004, do STJ) para homologar sentença estrangeira. É uma regra de competência constitucional. Só o Supremo Tribunal (STJ, atualmente) e só ele. Não contém o texto constitucional a regra de que a sentença estrangeira, seja qual for a sua natureza, tenha de ser homologada. A homologação, mantida a competência do Supremo Tribunal Federal (do STJ), que é constitucional, depende da legislação ordinária. A esta compete determinar a natureza das sentenças que dependem de homologação"[440].

Poder-se-á concluir que "a homologação se requer para aqueles atos que têm por si força executória, que a soberania estrangeira só lhe pode conferir dentro das próprias fronteiras, transpostas as quais necessitam do *placet* da soberania nacional, para que aquela força não percam" (*RT, 178*:197), sem olvidar, ainda, a lição de Pontes de Miranda[441], de que é indispensável a homologação de decisão prolatada *aliunde*, para que possa produzir no território brasileiro os seguintes efeitos: *a*) execução forçada (executiva); *b*) coisa julgada material (força e efeitos declarativos); *c*) atuação nos registros públicos ou em órgãos instrumentais de execução (força e efeito mandamentais); *d*) nulidade de ato que esteja a produzir efeitos positivos no país (força e efeito constitutivos), *exempli gratia*, se o casamento foi realizado no Brasil ou um dos cônjuges é domiciliado no Brasil; *e*) a legitimação à execução ou outro efeito em virtude de sentença condenatória (força e efeito de condenação).

Com a revogação do parágrafo único do art. 15 pela Lei n. 12.036/2009, torna-se, hodiernamente, indispensável a homologação pelo Superior Tribunal de Justiça de qualquer sentença estrangeira, pouco importando se seu efeito é pessoal ou patrimonial (CPC, arts. 960 a 965). Mas, pelo art. 961, § 5º, do CPC/2015, a sentença estrangeira de divórcio consensual produz efeitos no Brasil independentemente de homologação pelo STJ. Nesse caso, contudo, competirá a qualquer juiz examinar a validade da decisão, em caráter incidental ou principal, quando essa questão for suscitada em processo de sua competência (CPC/2015, art. 961, § 6º).

---

440. Oscar Tenório, *Lei de Introdução*, cit., p. 433.
441. Pontes de Miranda, *Tratado das ações*, 1972, t. 3, p. 541 e s.

7. Desnecessidade do juízo de delibação para o cumprimento de carta rogatória estrangeira e de título executivo extrajudicial

A justiça de um país às vezes poderá necessitar que determinados atos sejam praticados no exterior. Para tanto lançará mão de carta rogatória.

Tal carta rogatória, acompanhada de tradução em língua nacional, feita por tradutor juramentado, deverá ser redigida em termos deprecativos, sem expressão de ordem imperativa, sendo autenticada pelo cônsul do local de procedência ou pelo visto do Ministro das Relações Exteriores, que a receberá e a remeterá por intermédio do Ministro da Justiça ao Vice-Presidente do Superior Tribunal de Justiça, que verificará sua regularidade formal (arts. 218 e 219 do RISTF c/c o art. 37 da Lei n. 9.307/96 ou art. IV da Convenção de Nova York), mandará citar o requerido para em quinze dias contestá-la e, ainda, deverá conceder o *exequatur*. Para isso deverá abrir vista ao Procurador-Geral da República, que poderá impugnar o cumprimento se atentar contra a ordem pública, a soberania nacional, ou se lhe faltar autenticidade.

Se o pedido for impugnado pelo requerido, pelo seu curador especial (havendo revelia) ou pelo Procurador-Geral da República, a homologação já não será da competência da Vice-Presidência do Superior Tribunal de Justiça, mas sim de um dos integrantes da Corte Especial (RISTF, art. 223 c/c o art. 1º, parágrafo único, da Resolução 22/2004): Presidente do Superior Tribunal de Justiça, Vice-Presidente do Superior Tribunal de Justiça e Coordenador-Geral da Justiça e 18 ministros (seis de cada seção: de direito privado, de direito público e de direito penal).

A carta rogatória vinda do exterior não tem caráter executório por visar tão somente ordenar o processo de conhecimento, que se move no estrangeiro, dependente de providência processual, que só poderá realizar-se no Brasil, tais como citação, ouvida de testemunha, vistorias, exame de livros, remessa de documentos etc. Tal carta rogatória não passa pelo juízo de delibação, dependendo apenas do *exequatur* ou "cumpra-se" do Presidente do Superior Tribunal de Justiça, que marcará prazo para cumprimento da diligência, segundo a forma processual brasileira.

A carta rogatória advinda de autoridade estrangeira será cumprida somente depois que obtiver o *exequatur* do governo federal, requerido pelo Ministro da Justiça. No cumprimento da rogatória cabem embargos alusivos a qualquer de seus atos opostos por qualquer interessado, inclusive representante do Ministério Público, e que serão julgados pelo Vice-Presidente do Superior Tribunal de Justiça (Ato n. 15, de 16-2-2005, publicado no *DJ*, de 18 fev. 2005), após audiência do Procurador-Geral da República. Do despacho do Vice-Presidente do Superior Tribunal de Justiça que conceder ou denegar *exequatur*, bem como da decisão que julgar os embargos, caberá agravo regimental. Concedido o *exequatur*, remeter-se-á a rogatória ao juiz competente, perante o qual deverá ser cumprida. O "cumpra-se" e sua denegação não produzirão coisa julgada. Logo, tanto o pedido poderá ser renovado como a concessão revogada, p. ex., se se descobrir que o julgamento da causa compete à justiça brasileira.

E, finalmente, para encerrarmos este comentário, preciso será, ainda, lembrar que pelo art. 784, §§ 2º e 3º, do Código de Processo Civil de 2015 não dependerá de homologação pelo Superior Tribunal de Justiça, para ser executado, o título executivo extrajudicial advindo de Estado estrangeiro, desde que satisfaça os requisitos exigidos pela lei do local de sua celebração e indique o Brasil como o lugar em que se deverá cumprir a obrigação[442].

---

442. Sobre o *exequatur* de carta rogatória, vide: Código Bustamante, arts. 388 a 393; Lei de Introdução às Normas do Direito Brasileiro, art. 12, § 2º; Constituição Federal de 1988, art. 102, I, *h*; Código de Processo Civil de 2015, art. 83. Consulte: Artur Briggs, *Cartas rogatórias internacionais*, Rio de Janeiro, 1913; Amílcar de Castro, *Direito internacional privado*, cit., v. 2, p. 263-5; Wilson de S. Campos Batalha, *Tratado*, cit., p. 475; Lauro Gama Jr., *O STJ*, cit., p. 63; Antonio Rulli Jr., A carta rogatória, jurisdição, Supremo Tribunal Federal, direito comunitário e Mercosul, *Estudos em homenagem* a *Sydney Sanches*, APM, São Paulo, Fiuza, 2003, p. 75-85. A Secretaria Nacional de Justiça e o Departamento de Justiça, Classificação de Títulos e Qualificação devem instruir e opinar sobre cartas rogatórias (arts. 9º e 12 do Decreto n. 4.685/2003). A competência do Presidente do Superior Tribunal de Justiça foi delegada ao Vice-Presidente pelo Ato n. 15/2005. Suspensas, por ora, estão as custas processuais nos novos pedidos, tendo em vista que o Superior Tribunal de Justiça não as prevê nos processos de sua competência originária (Res. n. 22/2004, art. 3º, e RISTJ, art. 112). Lauro Gama Jr. (*O STJ*, cit., p. 64-5) ressalta a necessidade de o Superior Tribunal de Justiça rever a posição do Supremo Tribunal Federal sobre descabimento de medida de urgência (cautelar, antecipação de tutela etc.) em homologação de sentença estrangeira, arbitral ou judicial (STF, SE 3.408 Agr.). A jurisprudência do Superior Tribunal de Justiça já concedeu tutela de urgência em casos que envolvam execução de sentenças arbitrais, desde que comprovada a fumaça do bom direito e o fundado receio de dano irreparável (STJ, MC 8.485 e 4.278, rel. Min. Nancy Andrighi; MC 5.503, rel. Min. Aldir Passarinho Junior). Além disso, para o referido autor, o Superior Tribunal de Justiça deveria admitir a concessão de *exequatur* em cartas rogatórias de *conteúdo executório*, como as que determinam a apreensão, penhora ou indisponibilidade de bens, quebra de sigilo etc. O deslocamento, para o Superior Tribunal de Justiça, da competência para a homologação de sentenças estrangeiras possibilita a interposição de *recurso extraordinário* ao Supremo Tribunal Federal contra decisões inconstitucionais ou declaratórias de inconstitucionalidade de lei ou tratado. É a lição de Lauro Gama Jr. (*O STJ*, cit., p. 66). Pelo art. 377 do CPC/2015, "a carta precatória, a carta rogatória e o auxílio direto suspenderão o julgamento da causa no caso previsto no art. 313, inciso V, alínea *b*, quando, tendo sido requerido antes da decisão de saneamento à prova neles solicitada apresentar-se imprescindível".

8. Jurisprudência*

A) Indeferimento e deferimento de homologação de sentença arbitral

STF — Homologação de sentença arbitral estrangeira. Caução: desnecessidade. Competência do juiz estrangeiro. Aplicabilidade da Lei 9.307/96. Inexistência de outorga de procuração ao representante da requerida. Citação não comprovada. Prejudicialidade de outras questões em virtude da falta de representação. Possibilidade de renovar-se o pedido: 1. Não se exige caução em tema de homologação de sentença estrangeira (SEC 3.407, Oscar Corrêa, *DJ* de 7-12-84). 2. Não se tratando da hipótese prevista no artigo 89 do CPC— atual art. 23 do NCPC —, a jurisprudência do STF tem admitido a competência concorrente dos juízos brasileiro e estrangeiro para julgamento de causa em que é parte pessoa domiciliada no Brasil. 3. A Lei 9.307/96, dado seu conteúdo processual, tem incidência imediata nos casos pendentes de julgamento. 4. Não supre a citação o comparecimento à Câmara de Arbitragem de suposto representante da requerida desprovido de procuração. 5. Comprovada a ilegitimidade da representação, fica prejudicado qualquer exame sobre questões vinculadas ao contrato. 6. Hipótese em que, cumpridos os requisitos, poderá o pleito ser repetido. Pedido de homologação indeferido (SE 5.378-1 — República Francesa — Pleno — STF — rel. Min. Maurício Corrêa, j. 3-2-2000).

STF — Sentença estrangeira. República Francesa. Sentença arbitral. Ré não citada. Ausência de fundamentação. I — Ainda se alegue prescindir o *exequatur* de citação, eis que desvestido de caráter contraditório, não há como tornar o argumento oponível ao Brasil, cujo ordenamento jurídico desconhece tal prática. II — Decisão que se limita a revelar a sanção aplicada à ré, sem dizer das razões que orientaram o árbitro, não se qualifica como hábil à homologação. Votação: unânime. Resultado: indeferido (SE 3.977 — Pleno — STF — rel. Min. Francisco Rezek, j. 1º-7-1988, *DJ*, 26 ago. 1988, p. 21033).

STF — Homologação de laudo arbitral estrangeiro. Requisitos formais: comprovação. Caução: desnecessidade. Incidência imediata da Lei 9.307/96. Contrato de adesão: inexistência de características próprias. Inaplicação do Código de Defesa do Consumidor. 1. Hipótese em que restaram comprovados os requisitos formais para a homologação (RISTF, artigo 217). 2. O Supremo Tribunal Federal entende desnecessária a caução em homologação de sentença estrangeira (SE 3.407, rel. Min. Oscar Corrêa, *DJ*, 7-12-84). 3.

---

* Observação: a Emenda Constitucional n. 45/2004 transferiu do STF para o STJ a competência para homologação de sentença estrangeira.

As disposições processuais da Lei 9.307/96 têm incidência imediata nos casos pendentes de julgamento (RE 91.839/GO, Rafael Mayer, *DJ*, 15-5-81). 4. Não é contrato de adesão aquele em que as cláusulas são modificáveis por acordo das partes. 5. O Código de Proteção e Defesa do Consumidor, conforme dispõe seu artigo 2º, aplica-se somente a "pessoa física ou jurídica que adquire ou utiliza produto ou serviço como destinatário final". Pedido de homologação deferido. Votação: unânime (SEC 5.847-1 — Reino Unido da Grã-Bretanha e da Irlanda do Norte — Pleno — STF — rel. Min. Maurício Corrêa, j. 1º-12-1999).

STF — Sentença arbitral estrangeira. Convenção de arbitragem. Inexistência. Competência não demonstrada. Homologação. Impossibilidade. 1. O requerimento de homologação de sentença arbitral estrangeira deve ser instruído com a convenção de arbitragem, sem a qual não se pode aferir a competência do juízo prolator da decisão (Lei 9.307, artigos 37, II e 39, II; RISTF, artigo 217, I). 2. Contrato de compra e venda não assinado pela parte compradora e cujos termos não induzem a conclusão de que houve pactuação de cláusula compromissória, ausentes, ainda, quaisquer outros documentos escritos nesse sentido. Falta de prova quanto à manifesta declaração autônoma de vontade da requerida de renunciar à jurisdição estatal em favor da particular. 3. Não demonstrada a competência do juízo que proferiu a sentença estrangeira, resta inviabilizada sua homologação pelo Supremo Tribunal Federal. Pedido indeferido (SEC 6.753-7 — Reino Unido da Grã-Bretanha e da Irlanda do Norte — Pleno — STF — rel. Min. Maurício Corrêa — j. 13-6-2002).

STF — Sentença estrangeira. Inadmissibilidade de homologação, no Brasil, de laudo arbitral, não chancelado, na origem, por autoridade judiciária ou órgão público equivalente. Precedentes. Reafirmação da jurisprudência: 1. É da jurisprudência firme do STF que "sentença estrangeira", susceptível de homologação no Brasil, não é o laudo do juízo arbitral, ao qual, alhures, se tenham submetido as partes, mas, sim, a decisão do tribunal judiciário ou órgão público equivalente que, no Estado de origem, o tenham chancelado, mediante processo no qual regularmente citada a parte contra quem se pretenda, no foro brasileiro, tornar exequível o julgado (...). 2. O que, para a ordem jurídica pátria, constitua ou não sentença estrangeira, como tal homologável no "forum", é questão de direito brasileiro, cuja solução independe do valor e da eficácia que o ordenamento do Estado de origem atribua à decisão questionada (SEC 4.724-2, rel. Min. Sepúlveda Pertence, j. 27-4-1994).

RTJ, *60*:28 — Sentença estrangeira. Decisão proferida por juízo arbitral, sem haver sido homologada por tribunal do país de origem. Pedido de homologação indeferido.

RTJ, *138*:466 — Quanto à competência, não ocorrendo as hipóteses do art. 89 — hoje art. 23 do NCPC — do Código de Processo Civil, a circunstância de a requerida ter domicílio no Brasil não a impede de submeter-se, como se submeteu, a juízo arbitral no exterior, e, consequentemente, à homologação de sua decisão pelo Tribunal competente do país em que ocorreu a arbitragem.

No tocante à citação tardia alegada pela requerida, persistem os fundamentos da decisão anterior desta Corte, que teve como válida e eficaz a citação então feita.

Homologação deferida.

RTJ, *109*:30 — Sentença estrangeira. Homologação. Sentença estrangeira, que teve por exequível decisão arbitral. Sua homologabilidade, em princípio, no Brasil. Precedente na Sentença Estrangeira n. 2.178 (*RTJ*, *92*:515 e *91*:48). Regimento Interno do STF, art. 217. Requisitos à homologação de sentença estrangeira. Sentença que se há de ter por suficientemente motivada. Requerido domiciliado no Brasil. Lei de Introdução ao Código Civil (hoje LINDB), art. 12. Competência relativa. Se as partes acordaram solver, por meio de arbitragem, em praça estrangeira, as questões que se apresentassem na execução do contrato, não cabe alegar o requerido incompetência do Tribunal estrangeiro competente, que homologou a decisão arbitral. É, entretanto, princípio de ordem pública, no Brasil, seja o réu, conhecida sua residência, diretamente, citado no País, para responder à ação, perante a Justiça estrangeira, constituindo a citação válida, dessa sorte, requisito indispensável à homologação da sentença alienígena. Lei de Introdução ao Código Civil (atual LINDB), art. 12, § 2º. A citação deve ser feita, mediante carta rogatória, após obtido o *exequatur* do Presidente do Supremo Tribunal Federal. No caso, não houve citação da requerida, mediante carta rogatória, nem compareceu ela, voluntariamente, ao Juízo estrangeiro. Não afastaria o vício da falta de citação, sequer, o fato alegado, pela requerente, segundo o qual a requerida não ignorava a existência da decisão arbitral. Trânsito em julgado da decisão estrangeira homologanda, não regularmente comprovado. Sentença estrangeira, cujo pedido de homologação se indefere, por falta de citação regular da requerida, mediante carta rogatória, e porque não comprovado, suficientemente, seu trânsito em julgado (RISTF, art. 217, II e III).

SEC 3.660/GB, Rel. Min. Arnaldo Esteves Lima, Corte Especial, j. em 28-5-2009, *Dje* 25-6-2009. Sentença estrangeira — Juízo arbitral — Contrato internacional firmado com cláusula arbitral — Contrato inadimplido — Lei n. 9.307/1996 (Lei de arbitragem), arts. 38, III, e 39, parágrafo único — Sentença homologada. 1. Contrato internacional de fornecimento de algodão firmado entre agricultor brasileiro e empresa francesa, com cláusula arbitral expressa. Procedimento arbitral instaurado ante o inadimplemento do contrato pela parte brasileira. 2. Nos termos do art. 39, parágrafo único, da Lei de Arbitragem, é descabida a alegação, *in casu*, de necessidade de citação por meio de carta rogatória ou de ausência de citação, ante a comprovação de que o requerido foi comunicado acerca do início do procedimento de arbitragem, bem como dos atos ali realizados, tanto por meio das empresas de serviços de *courier*, como também via correio eletrônico e fax. 3. O requerido não se desincumbiu do ônus constante no art. 38, III, da mesma lei, qual seja, a comprovação de que não fora notificado do procedimento de arbitragem ou que tenha sido violado o princípio do contraditório, impossibilitando sua ampla defesa. 4. Doutrina e precedentes da Corte Especial. 5. Sentença arbitral homologada.

BAASP, 2977:12 — Sentença estrangeira contestada — Divórcio — Requisitos formais — Cumprimento — Ausência de ofensa à soberania nacional e à ordem pública — Deferimento do pedido homologatório. 1 — Com a Emenda Constitucional n. 66, de 13 de julho de 2010, que instituiu o divórcio direto, a homologação de sentença estrangeira de divórcio para alcançar eficácia plena e imediata não mais depende de decurso de prazo, seja de um ou três anos, bastando a observância das condições gerais estabelecidas na Lei de Introdução às Normas do Direito Brasileiro (LINDB) e no Regimento Interno do STJ. 2 — Uma vez atendidos os requisitos previstos no art. 15 da LINDB e nos arts. 216-A a 216-N do RISTJ, bem como constatada a ausência de ofensa à soberania nacional, à ordem pública e à dignidade da pessoa humana (LINDB, art. 17; RISTJ, art. 216-F), é devida a homologação de sentença estrangeira. 3 — Pedido de homologação deferido, estendendo seus efeitos ao pacto antenupcial, com a homologação também da sentença estrangeira parcial, tal como pleiteado pelas partes.

B) Recusa de homologação de sentença estrangeira: falta de prova do trânsito em julgado, citação irregular e incompetência do juiz

STF, Súmula 420 — Não se homologa sentença proferida no estrangeiro sem prova do trânsito em julgado.

STJ, Sentença estrangeira contestada n. 819 — Ex. (2005/0031316-3) — rel. Min. Humberto Gomes de Barros, j. 30-6-2006 — Homologação de sentença estrangeira. Visitação e hospedagem de filho brasileiro. Tema apreciado pela justiça pátria. Não se pode homologar sentença estrangeira envolvendo questão decidida pela Justiça brasileira. Nada importa a circunstância de essa decisão brasileira não haver feito coisa julgada.

Lex, 200:256 — Não é suscetível de homologação a sentença estrangeira que, além de desacompanhada da certidão do respectivo trânsito em julgado, não é exibida em seu texto integral.

RTJ, 138:471 — Internacional. Processual civil. Sentença estrangeira. Homologação. Citação por carta rogatória.

I — Ré domiciliada no Brasil e aqui citada, no processo que corre no estrangeiro, mediante carta registrada e não por carta rogatória. Nulidade da citação, que não foi sanada, porque a ré não compareceu ao processo e ofereceu, nos autos da homologação, impugnação à citação, que deveria dar-se mediante carta rogatória.

II — Pedido de homologação indeferido.

RTJ, 25:50 — É recusada a homologação de sentença estrangeira proferida por juiz incompetente em ação para que não foi citado, regularmente, o réu, porquanto, residente em lugar sabido e certo, não foi pessoalmente intimado da propositura da ação.

RF, 80:80 — Homologação de sentença estrangeira não é de ser atendida se evidente é a incompetência do juiz estrangeiro para proferir a sentença, por estar provado não residirem os cônjuges divorciantes na sua jurisdição.

Lex, 198:234 — Homologação de sentença estrangeira. Autorização judicial para a venda de bens hereditários de menores impúberes a ser executada no Brasil. Autorização que já havia caducado, quando do pedido de homologação. Homologação indeferida.

C) Finalidade da homologação

RT, 716:324 — Sentença estrangeira — Homologação — Sistema de controle limitado — Impossibilidade de o STF, no que se refere ao ato sentencial formado no exterior, examinar a matéria de fundo ou a apreciação de questões pertinentes ao *meritum causae* — Ressalva tão somente para efeito do juízo de delibação que lhe compete da análise referente à soberania nacional, à ordem pública e aos bons costumes.

RTJ, 78:49 — Sentença estrangeira. Homologação.

II — Para se conceder a homologação de sentença estrangeira não é indispensável carta de sentença. Basta que a sentença se revista das formalidades externas necessárias à sua execução, contenha os elementos indispensáveis à compreensão dos fatos em que se fundou, seja motivada e tenha conclusão.

No tocante ao objeto da condenação não é preciso que seja determinado, sendo suficiente que seja determinável.

Exegese do art. 217, I, do RI.

III — Pedido de homologação deferido.

Lex, *199*:239 — As sentenças proferidas por tribunais estrangeiros somente terão eficácia no Brasil depois de homologadas pelo Supremo Tribunal Federal.

O processo de homologação de sentença estrangeira reveste-se de caráter constitutivo e faz instaurar uma situação de contenciosidade limitada. A ação de homologação destina-se, a partir da verificação de determinados requisitos fixados pelo ordenamento positivo nacional, a propiciar o reconhecimento de decisões estrangeiras pelo Estado brasileiro, com o objetivo de viabilizar a produção dos efeitos jurídicos que são inerentes a esses atos de conteúdo sentencial.

O sistema de controle limitado que foi instituído pelo direito brasileiro em tema de homologação de sentença estrangeira não permite que o Supremo Tribunal Federal, atuando como Tribunal do foro, proceda, no que se refere ao ato sentencial formado no Exterior, ao exame da matéria de fundo ou à apreciação de questões pertinentes ao *meritum causae*, ressalvada, tão somente, para efeito do juízo de delibação que lhe compete, a análise dos aspectos concernentes à soberania nacional, à ordem pública e aos bons costumes.

Não se discute, no processo de homologação, a relação de direito material subjacente à sentença estrangeira homologanda.

A legalização consular da certidão comprobatória do trânsito em julgado da sentença estrangeira constitui requisito que, desatendido, impede a homologação do título sentencial.

O ato de chancela consular destina-se a conferir autenticidade ao documento formado no exterior (*RTJ*, *49*:148). Os Cônsules brasileiros, quer em face de nosso ordenamento positivo interno, quer à luz do que prescreve a Convenção de Viena sobre Relações Consulares (1963), dispõem de funções certificantes e de autenticação de documentos produzidos por órgãos públicos do Estado estrangeiro perante o qual desempenham as suas atribuições.

A jurisprudência do Supremo Tribunal Federal tem expressamente admitido a aplicação do princípio da sucumbência aos processos de homologação de sentença estrangeira, observando-se, para efeito de fixação dos honorários advocatícios devidos à parte vencedora, o critério estabelecido pelo art. 20, § 4º — hoje art. 85, § 8º, do NCPC — do Código de Processo Civil. Precedentes (no mesmo sentido: *RT*, *716*:324-5).

SEC 259/HK, rel. Min. João Otávio de Noronha, Corte Especial, j. 4-8-2010, *DJe*, 23 ago. 2010.

Sentença estrangeira contestada — Adoção — Falta de consentimento do pai biológico — Abandono — Situação de fato consolidada em benefício da adotanda — Homologação.

1. Segundo a legislação pátria, a adoção de menor que tenha pais biológicos no exercício do pátrio poder (hoje poder familiar) pressupõe, para sua validade, o consentimento deles, exceto se, por decisão judicial, o poder familiar for perdido. Nada obstante, o STJ decidiu, excepcionalmente, por outra hipótese de dispensa do consentimento sem prévia destituição do pátrio poder (hoje poder familiar): quando constatada uma situação de fato consolidada no tempo que seja favorável ao adotando (REsp 100.294/SP).

2. Sentença estrangeira de adoção assentada no abandono pelo pai de filho que se encontra por anos convivendo em harmonia com o padrasto que, visando legalizar uma situação familiar já consolidada no tempo, pretende adotá-lo, prescinde de citação, mormente se a justiça estrangeira, embora tenha envidado esforços para localizar o interessado, não logrou êxito.

3. Presentes os demais requisitos e verificando que o teor da decisão não ofende a soberania nem a ordem pública (arts. 5º e 6º da Resolução STJ n. 9/2005).

4. Sentença estrangeira homologada.

BAASP, *2773*:13 — Sentença estrangeira contestada — Contrato internacional firmado com cláusula arbitral — Requisitos atendidos — Pedido deferido.

1 — Resguardada a ordem pública e a soberania nacional, o juízo de delibação próprio da ação de homologação de sentença estrangeira não comporta exame do mérito do que nela ficou decidido. 2 — A exigência de autenticação consular a que se refere o art. 5º, inciso IV, da Resolução STJ n. 9, de 5-5-2005, como requisito para homologação de sentença estrangeira, deve ser interpretada à luz das Normas de Serviço Consular e Jurídico (NSCJ), do Ministério das Relações Exteriores (expedidas nos termos da delegação outorgada pelo Decreto n. 84.788, de 16-6-1980), que regem as

atividades consulares e às quais estão submetidas também as autoridades brasileiras que atuam no exterior. 3 — Segundo tais normas, consolidadas no Manual de Serviço Consular e Jurídico (MSCJ) (Instrução de Serviço n. 2/2000 do MRE), o ato de fé pública, representativo da autenticação consular oficial de documentos produzidos no exterior, é denominado genericamente de "legalização" e se opera (a) mediante reconhecimento da assinatura da autoridade expedidora (que desempenha funções no âmbito da jurisdição consular), quando o documento a ser legalizado estiver assinado (MSCJ — 4.7.5), ou (b) mediante autenticação em sentido estrito, relativamente a documentos não assinados ou em que conste assinatura impressa ou selos secos (MSCJ — 4.7.14). 4 — No caso, a sentença estrangeira recebeu ato formal de "legalização" do Consulado brasileiro mediante o reconhecimento da assinatura da autoridade estrangeira que expediu o documento, com o que fica atendido o requisito de autenticação. 5 — Sentença estrangeira homologada.

D) Homologação de sentença para execução de testamento

RF, 99:670 — A vênia concedida pela Justiça de país estrangeiro para execução de testamento lá feito por brasileiro, na forma prescrita pela lei nacional, não está sujeita à fiscalização do STF, devendo o ato, para produzir efeitos no Brasil, ser apreciado por nossos Juízes, mediante o "cumpra-se" de caráter administrativo — As decisões administrativas não fazem coisa julgada nem ensejam a ação rescisória.

E) Homologação de sentença que decreta falência

RF, 32:363 — O Tribunal do domicílio do comerciante é o competente para proferir as sentenças de cessação dos seus pagamentos e de sua falência. As sentenças estrangeiras provisórias poderão ser homologadas. A lei brasileira admite a homologação das sentenças que abrirem falência a comerciantes ou sociedades anônimas que tenham domicílio no país, onde foram proferidas. Só não são susceptíveis de execução no Brasil as sentenças estrangeiras que declararem a falência de devedor brasileiro aqui domiciliado.

F) Sentença declaratória de estado *

RF, 171:246 — Não constitui nulidade o fato de os nubentes, para fins de habilitação, terem declarado a residência em lugar diverso do que, efetivamente, lhes corresponde. A sentença estrangeira declaratória de estado, sem nenhuma outra consequência, independe de homologação do STF.

---

* Decisões anteriores à revogação do art. 15, parágrafo único.

RF, 45:329 — As sentenças estrangeiras que regulam, modificam ou definem a capacidade civil da pessoa não dependem de homologação; apresentam-se como documentos, cujo valor probatório deve ser apreciado.

EJSTJ, 2:46 — Casamento, nos Estados Unidos da América, de norte-americano, regularmente divorciado, com brasileira solteira. O assento do casamento no registro público, vindo o casal a residir no Brasil, não depende de prévia homologação, por parte do Supremo Tribunal Federal, da sentença relativa ao divórcio do cônjuge estrangeiro. Recurso especial não conhecido.

STJ — 3ª T.; REsp 535.646-RJ, rel. Min. Carlos Alberto Menezes Direito, j. 8-11-2005, v. u. — Separação decretada na Espanha — Competência da Justiça brasileira para decidir a partilha de bens imóveis localizados no país — Ausência de necessidade de homologação de sentença estrangeira sobre o estado das pessoas — Art. 15, parágrafo único, da Lei de Introdução ao Código Civil (atual LINDB).

1 — Havendo nos autos, confirmada pelo acórdão, partilha de bens realizada em decorrência da separação, impõe-se o processo de homologação no Brasil, aplicando-se o art. 89, II — atualmente art. 23, II, do CPC/2015 — do Código de Processo Civil apenas em casos de partilha por sucessão *causa mortis*.

2 — Não há necessidade de homologação de sentenças meramente declaratórias do estado das pessoas (art. 15, parágrafo único (hoje revogado pela Lei n. 12.036/2009), da Lei de Introdução ao Código Civil — atual LINDB).

3 — Recurso Especial conhecido e provido (Bol. *AASP, 2.483*:1230).

G) Sentença estrangeira proferida em ação contenciosa de pesquisa de paternidade

RF, 126:482 — A sentença estrangeira, proferida em ação contenciosa de pesquisa de paternidade, para que se execute no Brasil, há de atender aos requisitos do art. 15 da Lei de Introdução ao Código Civil (atual LINDB) — O processo de inventário não comporta questões de alta indagação, como a de reconhecimento de filiação ilegítima, devendo as partes ser remetidas às vias ordinárias.

H) Homologação e a questão de invalidade de casamento

Ciência Jurídica, 31:157 — Cônjuge-varão casado e divorciado no estrangeiro. Invalidade do casamento contraído em segundas núpcias no Brasil. Arts. 15, *e*, da Lei de Introdução ao Código Civil (atual LINDB),

483 — hoje arts. 960, § 2º, e 961, *caput*, do NCPC — do Código de Processo Civil e 102, inciso I, *h*, da Constituição da República. Sentença confirmada (TJSP).

RF, *204*:171 — Deve ser julgada procedente a ação de anulação proposta pela mulher brasileira, abandonada pelo marido de nacionalidade norte-americana divorciado em seu país onde tem maus antecedentes, que aquela ignora, máxime quando dependente de homologação a sentença estrangeira para que produza efeitos no país, em resguardo da boa-fé e de nossos costumes. No mesmo sentido: *RT*, *322*:231.

I) Separação judicial e sua homologação*

RTJ, *97*:64 — Sentença de divórcio amigável proferida por Tribunal Administrativo dinamarquês — Homologabilidade — A matéria que impõe reflexão é a referente ao fato de a *sentença dinamarquesa haver sido proferida na instância administrativa* e não na jurisdicional propriamente dita. Será ofensiva à ordem pública? Relevante na questão é a competência, prevista na *lex fori*, da autoridade administrativa para resolver questão jurídica. Se o direito dinamarquês admite que autoridade administrativa julgue divórcio amigável, e o faz pela consideração de que tal divórcio, por sua natureza, é pertinente à jurisdição voluntária, a decisão julgadora do caso tem eficácia idêntica à que se confere à sentença jurisdicional e pode ser homologada no Brasil. O assunto foi amplamente versado por Haroldo Valladão quando emitiu parecer, em 05.12.1932, sobre o ser homologável um decreto régio de divórcio proferido pelo Rei da Dinamarca, parecer que sustentou a tese da homologabilidade no caso de tal divórcio. Suas razões foram aceitas pelo Supremo Tribunal Federal ao julgar a Homologação de SE 912, da Dinamarca (*Arq. Jud.* 29/248). Veja-se o texto do mencionado parecer na conhecida obra de Valladão (*Estudos de direito internacional privado*, 1947, Rio de Janeiro, p. 499 e ss.). Note-se que a Lei n. 221, de 20.11.1894, e a primitiva Introdução ao Código Civil brasileiro (atual LINDB) admitiam a homologação de sentenças proferidas por *tribunais estrangeiros*, e que o vigorante Regimento Interno do Supremo Tribunal Federal, art. 210, permite a homologação de *sentenças estrangeiras*. Parece claro que o legislador do Regimento Interno foi atento ao caso dinamarquês acima indicado, pois há sentenças que, proferidas por autoridades administrativas, resolvem questões jurídicas e são homologáveis no Brasil. Naturalmente, por isso, foi que o legislador do Regimento Interno desta Corte preferiu expressar que homologável no Brasil é a *sentença estrangeira* e não a *sentença de tribunal estrangeiro*. Destaco no acórdão, que julgou a

---

* Julgados anteriores à alteração da CF, art. 226, § 6º, pela EC n. 66/2010.

SE 912, a seguinte fundamentação, aplicável ao caso vertente (*Arq. Jud.* 29/256): "A primeira dúvida se origina nas expressões de que usa o legislador nos dois textos básicos de nosso direito, pelos quais se regula a execução no Brasil das sentenças estrangeiras: o art. 12, § 4º, da Lei n. 221, de 1894, e o art. 16 da Introdução do CC — atual LINDB — (no 1º — *cartas de sentença dos tribunais estrangeiros*; no 2º — *sentença dos tribunais estrangeiros*)". A meu ver, mesmo interpretadas em seu puro sentido gramatical, técnico, tais expressões não excluem nem as *decisões dos tribunais administrativos*, quando resolvam sobre direitos privados (porque são, na essência, verdadeiras sentenças), nem as decisões de juízes singulares ou autoridades administrativas que singularmente deliberem e julguem (porque, em sentido genérico, todo o lugar onde se julga, singular ou coletivamente, é um "tribunal", vocábulo que, por metonímia, aplica-se também ao Magistrado que aí julga), como não exclui, tampouco, os atos de jurisdição graciosa (porque, além de revestirem, muitas vezes, a forma de sentenças, são atribuídos, normalmente, a quem tenha função judiciária e, outras vezes, são verdadeiras decisões sobre direitos privados litigiosos, declarados e definidos por acordo das partes nos termos da lei [sentenças, na essência]). Se da interpretação puramente gramatical subirmos, como convém, à indagação da "razão da lei", como o mais seguro meio de se conhecer o pensamento do legislador, toda a dúvida se desvanece; porquanto, exigindo, para serem exequíveis no Brasil, a homologação, pelo Supremo Tribunal Federal, das sentenças estrangeiras, teve a lei por intuito resguardar nossa soberania e a ordem pública interna contra os julgados que as possam violar; e é manifesto que nem a uma, nem a outra, interessa o modo como os outros Estados soberanos organizam suas jurisdições e as distribuem em competência, e bem assim o modo como atribuem aos diversos poderes do Estado as funções de sua soberania: legislativas, executivas e judiciárias. Com a amplitude que lhe damos, interpreta os textos de nossa legislação, que ora se estudam, Machado Villela, na passagem transcrita no parecer de Haroldo Valladão. Vem, finalmente, a propósito, ponderar que o Código Bustamante (...) prescreve, em seu art. 435, que: "As resoluções em atos de jurisdição voluntária, em matéria cível, procedente de um Estado contratante, serão aceitas pelos demais, se reunirem as condições exigidas por este Código para a eficácia dos documentos outorgados em país estrangeiro, e procederem de juiz ou tribunal competente, e terão, por conseguinte, eficácia extraterritorial". Não é de crer que o aceitasse o Brasil, assim em termos tão amplos, sem reserva alguma, se tal preceito estivesse em contradição com as normas fundamentais sobre a execução das sentenças estrangeiras, vigentes, em geral, no País. Especialmente quanto à exequibilidade em toda a parte das *decisões sobre divórcio e separação de corpos e de bens*, pronunciadas nos países escandinavos por decreto real, nos casos em que a legislação desses países as permitem, ficou exaustivamente demonstrado no parecer do curador à lide, que é ponto pacífico na doutrina e na jurisprudência dos povos cultos, e resulta de cláusula expressa (art. 7º, 2ª alínea) da *Convenção de Haia*, de 12.07.1902, *sobre os conflitos de leis e de jurisdições em matéria de divórcio e de separação de corpos*, que não vigora entre nós como lei, mas cuja autoridade doutrinal é muito grande (STF, SE 2.703, 14-12-1979).

RF, 38:53 — Se a lei nacional dos cônjuges desconhece o desquite amigável, não pode ser homologado pela justiça brasileira.

*J) Homologação de sentença de divórcio**

RTJ, 109:38 — Sentença estrangeira de divórcio. Homologação concedida, com restrição quanto a bens imóveis situados no Brasil.

JB, 164:222 — Sentença estrangeira de divórcio. Falta de comprovação, de requisitos processuais básicos. Homologação indeferida. Precedentes do STF.

JB, 130:47 — Não é possível a transcrição, no Cartório de Registro Civil, de casamento celebrado no exterior, ainda que um dos cônjuges seja brasileiro, se não foi previamente homologada pelo STF (hoje STJ) a sentença de divórcio do cônjuge estrangeiro, em especial se este residia no Brasil, por ocasião do casamento (STF).

RF, 91:396 — Não pode ser homologada a sentença de divórcio proferida pela justiça estrangeira em relação a cônjuges estrangeiros residentes no Brasil ao tempo da celebração de casamento na embaixada do seu país, continuando a residir no Brasil ao tempo em que foi proferida aquela sentença.

RT, 270:376 — A sentença de divórcio é meramente declaratória do estado das pessoas, e, como tal, independente de homologação do colendo STF, face ao disposto no art. 15, parágrafo único (ora revogado), da Lei de Introdução ao Código Civil (hoje LINDB), máxime se, quando proferida em país estrangeiro, inexistiam bens a ser partilhados.

RT, 200:655 — É a sentença estrangeira de divórcio constitutiva e não simplesmente declaratória de estado, exigindo, portanto, para ser válida no Brasil, a prévia homologação na forma da lei.

Súmula 381 do STF — Não se homologa sentença de divórcio obtida, por procuração, em país de que os cônjuges não eram nacionais.

---

* Decisão anterior à revogação do art. 15, parágrafo único, e à reforma constitucional operada pela nova redação dada ao art. 226, § 6º, da CF pela EC n. 66/2010.

RTJ, 95:1107 — No caso de homologação de sentença estrangeira os honorários advocatícios devem ser fixados pelo critério previsto no § 4º do art. 2º — não há artigo correspondente no CPC/2015 — do CPC.

STJ, AgRg-SE 2.598/US (2007/0048658-0) — Corte Especial — rel. Min. Cesar Asfor Rocha — *DJe*, 28-9-2009 — Homologação de sentença estrangeira de divórcio. Sentença norte-americana. Carimbo de arquivamento. Prova do trânsito em julgado. Contestação. Desnecessidade de distribuição. Agravo regimental não provido. O carimbo de arquivamento é suficiente à comprovação do trânsito em julgado da sentença norte-americana. Precedentes da Corte Especial: SE 756 e SE 1.397. Desnecessária a distribuição da sentença estrangeira contestada, quando a impugnação versa sobre questão já debatida e decidida pelo órgão especial deste Tribunal. Agravo regimental improvido.

RTJ, 97:67 — 1. Sentença de divórcio proferida nos Estados Unidos da América pela qual se julgou também a partilha de bens que se acham situados no Brasil. Caso em que os divorciados têm a nacionalidade americana, em que o varão tem domicílio nos Estados Unidos, a mulher em lugar ignorado, e em que o casamento foi celebrado no referido País. É sentença que merece homologação parcial, pois no tocante à partilha de bens localizados no Brasil ela ofende a ordem pública brasileira (C. Pr. Civil, arts. 89, II, 1.121 e 1.124 — hoje arts. 23, II, e 731 do NCPC — Lei n. 6.515, de 26-12-1977, arts. 7º, 31 e 40). 2. Ação homologatória que procede apenas em parte.

STJ, SEC 4127/EX, Rel. Min. Nancy Andrighi, 3ª Turma, pub. 27-9-2012 — Sentença estrangeira contestada. Divórcio. Partilha de bens estrangeiros, alimentos e guarda de filhos. Decisão judicial proferida nos Estados Unidos da América. Homologabilidade. Requisitos atendidos. 1. Segundo o sistema processual adotado em nosso País em tema de competência internacional (CPC, arts. 88 a 90 — atualmente arts. 21 a 24 do NCPC), não é exclusiva, mas concorrente com a estrangeira, a competência da Justiça brasileira para, entre outras, a ação de divórcio, de alimentos ou de regime de guarda de filhos, e mesmo a partilha de bens que não sejam bens situados no Brasil. Isso significa que "a ação intentada perante tribunal estrangeiro não induz litispendência, nem obsta que a autoridade judiciária brasileira conheça da mesma causa e das que lhe são conexas" (CPC, art. 90 — hoje art. 24 do CPC/2015) e vice-versa. 2. Por isso mesmo, em casos tais, o ajuizamento de demanda no Brasil não constitui, por si só, empecilho à homologação de sentença estrangeira (SEC 393, Min. Hamilton Carvalhido, *DJe* de 5-2-2009; SEC 1.043, Min. Arnaldo Esteves Lima, *DJe* de 25-2-2009; SEC (Emb. Decl.) 4.789, Min. Félix Fischer, *DJe* de 11-11-2010; e

SEC 493, Min. Maria Thereza de Assis Moura, *DJe* de 6-10-2011), sendo que a eventual concorrência entre sentença proferida pelo Judiciário brasileiro e decisão do STJ homologando sentença estrangeira, sobre a mesma questão, se resolve pela prevalência da que transitar em julgado em primeiro lugar. 3. É firme a jurisprudência da Corte Especial no sentido de que, inobstante sujeitas a revisão em caso de modificação do estado de fato, são homologáveis as sentenças estrangeiras que dispõem sobre guarda de menor ou de alimentos, mesmo que penda, na Justiça brasileira, ação com idêntico objeto. Precedentes: SEC 3.668/US, Min. Laurita Vaz, *DJe* de 16-2-2011; SEC 5.736/US, de minha relatoria, *DJe* de 19-12-2011. 4. A sentença estrangeira é homologada nos termos e nos limites em que foi proferida, a significar que, quanto à partilha dos bens, sua eficácia fica limitada aos bens estrangeiros nela partilhados, não a outros. 5. Pedido deferido.

K) *Homologação de sentença estrangeira sobre guarda provisória de menor e a questão da proibição da análise do mérito*

STJ, SEC 651/FR (2009/0107926-8) — Corte Especial — rel. Min. Fernando Gonçalves — *DJe*, 5-10-2009 — Sentença estrangeira. Acordo de cooperação em matéria civil entre o Governo da República Federativa do Brasil e o Governo da República francesa. Decreto n. 3.598/2000. Guarda provisória de menor. Mérito da sentença. Análise no STJ. Impossibilidade. Dispensa de legalização. 1. O mérito da sentença estrangeira não pode ser apreciado pelo Superior Tribunal de Justiça, pois o ato homologatório restringe-se à análise dos seus requisitos formais. Precedentes. 2. Consoante art. 18, *c*, do Decreto n. 3.598/2000, em matéria relativa à guarda de menor, não é necessário que a sentença tenha transitado em julgado para ser reconhecida no território brasileiro, mas deve ter força executória. 3. O pedido de homologação merece deferimento, uma vez que, a par da ausência de ofensa à ordem pública, reúne os requisitos essenciais e necessários a este *desideratum* previstos na Resolução n. 9/2005 do Superior Tribunal de Justiça e no Decreto n. 3.598/2000. 4. Pedido de homologação deferido.

L) *"Exequatur" de carta rogatória*

STF — Homologação de sentença estrangeira e concessão de *exequatur* às cartas rogatórias passivas. Evolução do tratamento normativo desse tema no direito positivo brasileiro (Império/República). Limites ao poder de deliberação do tribunal do foro. Sistema de contenciosidade limitada. Doutrina. Jurisprudência. Promulgação da EC 45/2004. Incidência imediata da nova regra de competência constitucional. Superveniente cessação da competência originária do STF. Atribuição jurisdicional agora deferida ao STJ (CF, art. 105, I, *i*). Inaplicabilidade, ao caso, do postulado da *perpetuatio jurisdictionis* (CPC, art. 87, *in fine* — corresponde hoje ao art. 43 do

NCPC). Remessa imediata dos autos ao eg. STJ (SEC 5.778 — rel. Min. Celso de Mello, j. 10-2-2005).

DJ, 4 fev. 1998, p. 4 — Carta rogatória. *Exequatur*. STF. Presidente. Competência Originária. Juiz de direito. Usurpação. Reconhecimento. *Reclamação* (cível). Liminar. Concessão. Ato impugnado.

(...) No caso, o ato ora impugnado projeta-se, iniludivelmente, sobre a esfera de competência originária e monocrática do Presidente do Supremo Tribunal Federal, a quem incumbe, nos termos do art. 102, I, *h*, da Constituição, homologar sentenças estrangeiras e conceder *exequatur* às cartas rogatórias emanadas de autoridades judiciárias de outros Países. A celebração do Protocolo de Las Leñas em nada alterou essa regra constitucional de competência, mesmo porque os atos de direito internacional público, como os tratados ou convenções internacionais, estão rigidamente sujeitos, em nosso sistema jurídico, à supremacia e à autoridade normativa da Constituição da República (...) (STF, CLR-717-RS, rel. Min. Celso de Mello, j. 30-12-1997).

RBAr-5:144-6 — STF — O Tribunal Superior do Cantão de Zurique roga pela intimação de TV Globo Ltda., para responder a ação ajuizada perante aquele Tribunal. A interessada apresentou impugnação (fls. 64-78 da CR 11444, CR 11445 e da CR 11446). Alega que "(...) Trata-se de um verdadeiro ato citatório destinado a submeter a impugnante a um *tribunal de exceção*, que a empresa alemã quer instituir com base em cláusula compromissória que perdeu totalmente sua eficácia (...). A referida cláusula foi instituída em negócio jurídico celebrado entre as partes (...) que a antecessora da empresa alemã cedeu à ora impugnante, em instrumento formalizado no ano de 1998, o direito de transmissão da Copa do Mundo de 2006, por aquela detido (...)". Transcreve a cláusula compromissória: "Todas as disputas decorrentes deste Contrato ou ligadas ao mesmo serão resolvidas, à exclusão dos tribunais ordinários, por um tribunal arbitral de três pessoas, constituído de acordo com as Regras Internacionais de Arbitragem da Câmara de Comércio de Zurique, devendo um árbitro ser nomeado pelo *licenciante*, um pelo *licenciado* e o terceiro pelos árbitros nomeados. Os procedimentos serão conduzidos em inglês e serão realizados em Zurique. A decisão do Tribunal Arbitral será definitiva e vinculatória sobre as partes (grifamos) (...) a impugnante só concordou em submeter à arbitragem eventuais lides decorrentes do contrato porque ficou expressa e claramente previsto na cláusula compromissória que o Tribunal Arbitral se realizaria através do citado órgão arbitral institucional (...). Com a recusa da Câmara de Comércio de Zurique de exercer a jurisdição arbitral, porque impedida esta pelo próprio compromisso arbitral, a consequência foi a automática e inexorável ineficácia da cláusula, insuscetível de suportar unilateralmente a pretendida alteração para a forma de arbitragem *ad hoc* (...)" (fls. 64-78). A PGR opinou pela concessão do *exequatur* (fls. 486/487). 2. *Análise*. A impugnação deve estar restrita ao que prescreve o § 2º do art. 226 do RISTF. No caso dos autos, a interessada aborda a ineficácia de cláusula compromissória. Essa questão deve ser examinada no juízo rogante, não neste Tribunal, conforme decidido na CR 7.870, de cujo teor destaco esta parte: "(...) De outra parte, o ora impugnante deduziu argumentos de mérito, pretendendo, com base neles, discutir matéria cuja apreciação compete, exclusivamente, ao juízo rogante. É preciso ter presente, neste ponto, que, em tema de comissões rogatórias passivas — tanto quanto em sede de homologação de sentenças estrangeiras —, o ordenamento normativo brasileiro instituiu o sistema de contenciosidade limitada, somente admitindo impugnação contrária à concessão do *exequatur* quando fundada em pontos específicos, como a falta de autenticidade dos documentos, a inobservância de formalidades legais ou a ocorrência de desrespeito à ordem pública, aos bons costumes e à soberania nacional (RISTF, art. 226, § 2º). Daí a advertência de Hermes Marcelo Huck (*Sentença estrangeira e 'lex mercatoria'*, p. 37, item n. 6, 1994, Saraiva), que assinala: 'O procedimento para a obtenção do *exequatur* não aceita contraditório, pois seu objetivo é meramente o de dar cumprimento à solicitação do juízo estrangeiro. A impugnação à carta rogatória somente será admitida sob argumento de que ela atenta contra a ordem pública ou a soberania nacional' (...)" (CR 7.870, Celso, *DJ* 27.11.1998) O PGR opina seja rejeitada a impugnação nestes termos: "(...) Examinados os autos, verifica-se que a impugnação da interessada não prospera, na medida em que não logrou demonstrar que a concessão da ordem fere a soberania nacional ou a ordem pública, hipóteses em que não é possível conceder a diligência rogada. É de se atentar que a diligência requerida visa, apenas, a notificar a interessada de um procedimento que está em curso perante à Justiça estrangeira, onde poderão ser arguidas as exceções cabíveis (...)" (fl. 487 da CR 11.444, fl. 489 da CR 11.445 e fl. 484 da CR 11.146). Com efeito, o objetivo desta carta é a intimação da interessada para: "(...) a) apresentar eventuais objeções contra a obrigação da constituição de um tribunal de arbitragem, sob pena de presunção, de outra forma, dessa obrigação; b) formular propostas referentes à nomeação eventual de um árbitro, sob pena de, de outra forma, o Tribunal nomear tal árbitro à sua própria escolha; c) para (...) designar uma pessoa na Suíça investida de poderes para receber citações judiciárias (...)" (fls. 46/47 das CR 11.444, CR 11.445 e CR 11.446). Isso não atenta contra a soberania nacional ou a ordem pública. 3. *Decisão*. Ante o exposto, concedo o *exequatur* (art. 225, RISTF) para cumprimento desta rogatória. Tal decisão estende-se às Cartas Rogatórias n. 11.445 e 11.446, apensadas a estes autos. Encaminhem-se os autos à Justiça Federal do Estado do Rio de Janeiro para as providências cabíveis (rel. Min. Nelson Jobim, j. 11-8-2004, *DJ*, 4 ago. 2004).

STF — Sentença estrangeira: Protocolo de Las Leñas: homologação mediante carta rogatória. O Protocolo de Las Leñas ("Protocolo de Cooperação e Assistência Jurisdicional em Matéria Civil, Comercial, Trabalhista, Administrativa" entre os países do Mercosul) não afetou a exigência de que qualquer sentença estrangeira — à qual é de equiparar-se a decisão interlocutória concessiva de medida cautelar —, para tornar-se exequível no Brasil, há de ser previamente submetida à homologação do Supremo Tribunal Federal, o que obsta à admissão de seu reconhecimento incidente, no foro brasileiro, pelo juízo a que se requeira a execução; inovou, entretanto, a convenção internacional referida, ao prescrever, no art. 19, que a homologação (dito reconhecimento) de sentença provinda dos Estados-partes se faça mediante rogatória, o que importa admitir a iniciativa da autoridade judiciária competente do foro de origem e que o *exequatur* se defira independentemente da citação do requerido, sem prejuízo da posterior manifestação do requerido por meio de agravo à decisão concessiva ou de embargos ao seu cumprimento (CR 7.613-AgRg/AT — Argentina — AgRg na Carta Rogatória — Pleno — STF — rel. Min. Sepúlveda Pertence, j. 3-4-1997, *DJ*, 9 maio 1997, p. 18154).

RTJ, 97:69 — 1. No procedimento do *exequatur* a carta rogatória é admissível discussão a respeito de matéria de ordem pública (LICC (hoje LINDB), art. 17; Regimento Interno do STF, arts. 211 e 219). 2. Ação indenizatória de ato ilícito praticado no Brasil e proposta noutro país. Por força do princípio da *lex loci delicti*, que é de ordem pública, deve ser ajuizada neste nosso país. O direito brasileiro sobre a matéria. 3. Decisão que revogou *exequatur*. 4. Agravo regimental a que o plenário do Supremo Tribunal Federal nega provimento. Votação uniforme (CR 3.119 — AgRg/AT — Argentina — Pleno — STF — rel. Min. Antonio Neder, j. 9-10-1980, *DJ*, 31 out. 1980).

Art. 16. Quando, nos termos dos artigos precedentes, se houver de aplicar a lei estrangeira, ter-se-á em vista a disposição desta, sem considerar-se qualquer remissão por ela feita a outra lei.

1. Resolução dos conflitos de qualificação de relações jurídicas

Como já pudemos apontar em páginas anteriores, o direito internacional privado tem por finalidade a solução de conflitos entre leis aplicáveis a uma dada relação jurídica, estabelecendo critério normativo para indicar qual daquelas leis será a competente para disciplinar aquele caso.

Como as normas de direito internacional privado vigentes nos diferentes Estados não apresentam uniformidade a respeito daquele critério, surgem conflitos entre as próprias normas de direito internacional privado, uma vez que as leis de um país ordenam a aplicação a certa relação jurídica de determinado direito material, ao passo que as de outro Estado julgam competente para o mesmo fato interjurisdicional outro direito material. Tais *conflitos*, convém repetir, poderão ser:

a) Positivos, se as normas de direito internacional privado de dois ou mais Estados conferirem competência ao seu respectivo direito material para regular determinada relação jurídica. É o que se dá, p. ex., quando houver divergência no critério de fixação da lei pessoal, que em um Estado é o do domicílio e, em outro, o da nacionalidade. Para determinar a capacidade de um alemão na Inglaterra, pelo direito inglês aplicar-se-á a *lex domicilii*, e pelo alemão, a lei nacional. Se a ação fosse levada ao foro inglês, seria aplicável a lei inglesa, se o alemão estivesse domiciliado na Inglaterra. Se a ação fosse conduzida a um tribunal alemão, este determinaria a aplicação do direito alemão, por ser a nacionalidade da pessoa interessada.

Aponta a doutrina dois critérios para solucionar tais conflitos: o da *renúncia*, pelo aplicador da norma de direito internacional privado, à aplicação de sua lei, passando a qualificar a relação jurídica segundo a norma de direito internacional privado estrangeiro, e o da *obrigatoriedade*, pelo qual o magistrado aplicará a norma de direito internacional privado de seu Estado, ignorando a norma de direito internacional privado alienígena.

Todavia, entendemos que o conflito positivo resolver-se-á pela *lex fori*, por ser um conflito aparente, não havendo que se falar em renúncia, submetendo-se o órgão judicante à sua norma de direito internacional privado. Assim sendo, p. ex., se um juiz brasileiro tiver de julgar a capacidade de espanhol aqui domiciliado, deverá fazê-lo de conformidade com a norma de direito internacional privado do Brasil, ou seja, deverá aplicar o art. 7º da Lei de Introdução, que ordena a apreciação sob a luz da *lex domicilii*. Logo, a lei brasileira resolveria a demanda. Se, porventura, o magistrado espanhol fosse o competente, aplicar-se-ia a lei nacional, uma vez que assim dispõe a norma de direito internacional privado da Espanha.

b) Negativos, se a norma de direito internacional privado de um Estado estabelecer a competência do direito de outro país, e a norma de direito internacional privado deste último ordenar que se aplique o direito do primeiro Estado ou de um terceiro. Por exemplo, na determinação da capacidade de um inglês domiciliado na Alemanha. Levada a ação ao foro inglês, aplicar-se-á a norma alemã, por estar a pessoa domiciliada na Alemanha e por mandar a norma de direito internacional inglesa aplicar a *lex domicilii*. Se a lide se processar no tribunal alemão, este indicará como competente a lei inglesa, pois a norma de direito internacional privado ordena a aplicação da lei nacional, já que o interessado é de nacionalidade inglesa.

Para solucionar tais conflitos, surgiram duas correntes doutrinárias:

— a do *retorno* ou devolução (*Gesamtverweisung*), que vislumbra no reenvio uma vantagem para o país que o admite, uma vez que seus magistrados, aplicando a *lex domicilii*, estatuem como teria feito a jurisdição nacional do estrangeiro, no exemplo acima, se tivesse apreciado o litígio, garantindo assim à sua sentença, em país alienígena, o *exequatur* para a produção de seus efeitos. Entretanto, há quem ache que nem sempre se poderá evitar divergência de julgamento, e o *exequatur* poderá falhar, porque não se poderá saber de antemão onde se dará a execução da sentença, e casos haverá em que o conflito poderá advir se o juiz de cada Estado aplicar a lei do conflito do outro, que devolve o caso vertente para suas leis internas;

— a da *referência ao direito material estrangeiro* (*Sachnormverweisung*), pela qual a norma de direito internacional privado remete o aplicador para reger dada relação jurídica ao direito substancial alienígena, qualificador do fato *sub judice*, e não ao direito internacional privado estrangeiro. Essa corrente é a aceita pela nossa Lei de Introdução (art. 16). Assim, quando, p. ex., um juiz brasileiro tiver de apreciar a capacidade de brasileiro domiciliado em Portugal, aplicar-lhe-á a lei domiciliar, que é a portuguesa, por força do art. 7º da Lei de Introdução às Normas do Direito Brasileiro (*lex fori*), pouco importando que a lei de direito internacional privado de Portugal venha a submeter, em retorno, à lei brasileira, como lei nacional, a decisão do caso em tela. Por essa teoria o magistrado deverá atender exclusivamente à norma de direito internacional privado de seu país, sem se preocupar com a de outro Estado, seja ela idêntica ou não[443].

O direito internacional privado terá, portanto, por escopo determinar, na hipótese de conflito entre duas ou mais leis, qual a competente para reger

---

443. Espínola e Espínola Filho, *A Lei de Introdução*, cit., v. 3, p. 477-81 e 495; Haroldo Valladão, Conflito no espaço entre normas de direito internacional privado — Renúncia e devolução, in *RT, 358*:7-14; Franco da Fonseca, *Contra a renúncia e a devolução*, São Paulo, 1967; Conflitos duplos positivos, in *Enciclopédia Saraiva do Direito*, v. 18, p. 135-47; Agenor P. de Andrade, *Manual*, cit., p. 65-6; Esther Engelberg, *Contratos internacionais do comércio*, São Paulo, Atlas, 1992, p. 19 e s.; Arminjon, *Précis*, cit., v. 1, p. 152; Weiss, *Manuel*, cit., p. 373.

a relação jurídica, que encontra qualificação diferente nas duas normas conflitantes. Em caso de conflito de qualificação entendem Pillet e Niboyet que só a *lex fori* deverá ser levada em consideração para qualificar dada relação jurídica que encontrar qualificação diversa em duas normas colisionais. O órgão judicante, atendendo à *lex fori*, optará por uma das qualificações (Código Bustamante, art. 6º). Nesse mesmo sentido a lição de Pacchioni, para quem as qualificações deverão ser feitas de conformidade com o direito material a que a norma de direito internacional privado (*lex fori*) remete. Por esta razão entende que a referência a certa lei estrangeira implicará a remissão às qualificações nela contidas. Rabel, por sua vez, chega à mesma conclusão ao lecionar que o problema da qualificação de uma questão de interpretação, tomando como ponto de partida a ordem jurídica do órgão judicante, será a norma de direito internacional privado do ordenamento jurídico do julgador (*lex fori*) que determinará a qualificação da relação jurídica *sub examine*[444].

2. Teoria do reenvio ("Gesamtverweisung")

O retorno é o modo de interpretar a norma de direito internacional privado, mediante substituição da lei nacional pela estrangeira, desprezan-

---

444. Gama e Silva, *As qualificações em direito internacional privado*, São Paulo, 1952; A. H. Robertson, *Characterization in the conflict of laws*, Harvard, 1940; Espínola e Espínola Filho, *A Lei de Introdução*, cit., v. 3, p. 460-9; Despagnet, Des conflits de lois rélatifs à la qualification des rélations juridiques, *Journal de Droit International Privé de Clunet*, 1898, p. 253 e s.; João Dias Rosas, *As qualificações em direito internacional privado*, Lisboa, 1949; Isabel M. Colaço, *Da qualificação em direito internacional privado*, Lisboa, 1964; Rigaux, *La théorie des qualifications en droit international privé*, Paris, 1956; Reyan Hakki, *Les conflits des qualifications dans les droits français, anglo saxon e italien comparès*, Paris, 1934; Bartin, *La théorie des qualifications*, cit., p. 32; Arminjon, Nature, objet et portée des règles de droit international privé, leur place dans la législation, *Revue de droit international privé et de droit pénal international*, 1920, p. 38-9; *Précis de Droit International Privé*, 1927, v. 1, p. 134-46; Kahn, Gesetzeskollisionem, *Iherings Jahrbücher*, 30:107 e s., 1891; Lea Meriggi, Les qualifications en droit international privé, *Revue de Droit International Privé*, 1933, p. 5 e s., e Saggio critico sulle qualificazioni, *Rivista Italiana di Diritto Internazionale Privato e Procedurale*, 1932, p. 215 e s. e 279 e s.; Neuner, *Der Sinn der international privatrechtlichen Norm*, 1932, p. 27; Joseph Unger, *The place of classification in Private International Law*, 1937, p. 16 e s.; Falconbridge, *Characterization in the conflict of laws*, 1937, p. 245; Beckett, The question of classification (qualification), in *Private International Law*, 1934, p. 58-60; Ernest G. Lorenzen, *The theory of qualifications and the conflict of laws*. Pillet e Niboyet (*Manuel*, cit., p. 376-8) asseveram: "*L'indépendance des Etats conduit, dans l'état actuel des choses, à ce double phénomène: 1º) que chaque pays possède ses propres règles de solution des conflits de lois qui seules s'impossent à ses juges; 2º) que les qualifications doivent être empruntées à la lex fori*". Consulte, ainda: Pacchioni, *Diritto internazionale privato*, cit., p. 187; Ago, Règles générales des conflits de lois, in *Recueil des Cours*, cit., v. 58, t. 4, p. 313 e s.; Rabel, Das Problem der qualification, in *Zeitschrift f. ausl. und Intern. Privatrecht*, 1937, p. 245 e s.

do o elemento de conexão apontado pela ordenação nacional, para dar preferência à indicada pelo ordenamento alienígena. Consiste, portanto, na operação ou mecanismo utilizado por juiz ou tribunal de alguns países para facilitar a aplicação de sua própria lei ou para atender a certos interesses, voltando ao seu próprio direito ou indo a um terceiro direito, conforme indicação da norma de direito internacional privado consultada, por ordem do direito internacional privado de seu país.

Exemplificativamente, gostaríamos de apontar um caso notável de retorno ocorrido na França. Forgo, bávaro, filho natural, fixou-se com sua mãe aos cinco anos de idade em Pau, na França, onde viveu até a idade de sessenta e oito anos, deixando, ao falecer, herança de bens móveis. Pelo direito internacional privado francês, a lei aplicável à sucessão de bens móveis era a do domicílio do *de cujus*. Embora Forgo tivesse vivido sessenta e três anos na França, não adquirira juridicamente o domicílio francês, mantendo-o na Baviera. Logo a lei bávara deveria reger sua sucessão. Ao se examinar a legislação da Baviera, verificou-se que havia norma mandando aplicar à sucessão de bens móveis a lei de domicílio de fato do *auctor successionis*. Qual seria, então, o direito a ser aplicado? O francês, que remetia a solução do conflito à lei da Baviera, por nesta estar o domicílio de direito do finado, ou o bávaro, que a devolvia ao direito francês, por ter o falecido domicílio de fato na França? Se se aplicasse a lei da Baviera, a herança passaria aos parentes colaterais naturais de Forgo; se fosse aplicado o direito francês, os bens iriam para o Estado francês, por excluir tais parentes da herança. Aplicou-se a tese do retorno, sob o argumento de que o direito francês remetera a solução à lei bávara e esta a devolvera ao direito francês, cabendo a este aceitá-la, recolhendo, a França, com isso, a herança. Como se pode ver pelo teor da decisão da Corte Suprema de 24 de junho de 1878: "De acordo com o direito bávaro os móveis se regem, em matéria de sucessão, pela lei do domicílio de fato ou da residência habitual do falecido. Donde decorre que a vocação hereditária dos bens móveis que Forgo possuía na França, onde estabeleceu o domicílio, deve ser regida pela lei francesa. Tal decisão foi confirmada e mantida por um terceiro acórdão da Corte Suprema (de 22-2-1882), que assim dispôs: "Segundo a lei bávara, deve-se aplicar, em matéria de estatuto pessoal, a lei do domicílio ou da residência habitual, e, em matéria de estatuto real, a lei da situação dos bens móveis ou imóveis... sem que tenha lugar a indagação sobre se, segundo a lei bávara, a matéria das sucessões *ab intestato* dependeria do estatuto pessoal ou do real".

A teoria do retorno, como vimos, requer que as leis entrem em choque a fim de que se possa chegar ao conflito de segundo grau negativo, que é, como em páginas anteriores especificamos, aparente, para que se aplique o direito que a lei estrangeira ordena, pois se recusa a fornecer a norma, devolvendo a questão ao direito local ou a um terceiro direito. Poder-se-á ter: *a*) o *renvoi au premier degré* (*Ruckverweisung*), ou seja, o retorno de primeiro grau, o *renvoi retour* de Bartin, pelo qual a norma de direito internacional privado do Estado "B" devolve a qualificação da relação ao Estado "A", que lha remetera, consistindo, portanto, na admissibilidade da remissão apenas à *lex fori*; ou *b*) o *renvoi au second degré* (*Weiterverweisung*), ou melhor, o retorno de segundo grau, quando a norma de direito internacional privado do Estado "B" declara a aplicabilidade do direito de um terceiro país à relação jurídica. Será preciso, ainda, esclarecer que somente uma minoria admite a devolução com referência a uma terceira lei, distinta da *lex fori* ou da lei a que faz remissão. Quase todos os julgados que vieram a admitir o reenvio referem-se à devolução em primeiro grau, inclusive a decisão acima descrita, alusiva ao caso Forgo.

No que atina ao retorno somente poderá haver dúvida quando a lei silenciar a respeito. Logo, se ela explicitamente o ordena ou o proíbe, óbvio está que deve ser obedecida. Os adeptos da validade da devolução ou da teoria da *Gesamtverweisung* argumentam que, quando se determina a competência de uma lei estrangeira, esta deverá ser aplicada como um todo indivisível, levando em consideração a lei de fundo e as normas de conflito que enviem a outra legislação. Além disso, seus adeptos consideram a devolução um excelente meio de solução dos conflitos negativos entre normas de direito internacional privado, por entenderem que garantia o *exequatur*, pois, com o respeito às disposições do direito estrangeiro no que concerne à qualificação da relação jurídica, assegurada estará a exequibilidade da decisão[445].

---

445. Consulte: J. Perroud, Encore la question du renvoi, *Journal du Droit International de Clunet*, Mai/Juin 1937, *64*:429-95; Hans Lewald, La théorie du renvoi, in *Recueil des Cours*, v. 29, p. 591; Haroldo Valladão, *A devolução nos conflitos sobre lei pessoal*, 1929; John D. Falconbridge, Le renvoi et la loi du domicile, *Revue Critique*, 1947, p. 45-71; Anzilotti, La questione del rinvio, in *Scritti di diritto internazionale privato*, Padova, CEDAM, 1960, v. 3, p. 268-374; Francescakis, *La théorie du renvoi et les conflits de systèmes en droit international privé*, Paris, 1958; Emile Potu, *La question du renvoi en droit international privé*, Dijon, 1913; G. C. Buzzati, *Il rinvio nel diritto internazionale privato*, Milano, 1898; Von Mehren, The renvoi and its relations to various approaches to the choice of law problem, in *XXth Century Comparative and Conflicts of Law*; Pawley Bate, Notes on the doctrine of renvoi, in *Private international law*, 1904; Maximilien Philonenko, *La théorie du renvoi en droit comparé*, 1935; La théorie du renvoi quant à la loi applicable à la capacité des personnes dans le projet de Code de Droit International de L'Amerique Latine, *Journal de Droit International Privé de Clunet*, 1928, *55*:327 e s.; A. Tommasi di Vignano, *Note critiche su alcuni recenti saggi in tema di rinvio*, Milano, Giuffrè, 1960; Vasco Taborda Ferreira, *A devolução na jurisprudência portuguesa*, Coimbra, 1958; Amílcar de Castro, *Direito internacional privado*, cit., v. 1, p. 225-8; J. R. Franco da Fonseca, Conflitos duplos negativos, in *Enciclopédia Saraiva do Direito*, v. 18, p. 122-33; Niboyet, *Manuel*, cit., n. 403; Oscar Tenório, *Direito internacional privado*, cit., v. 1, p. 350-1; Bartin, *Principes*, cit., v. 1, p. 204; Osiris Rocha,

3. Teoria da referência do direito material estrangeiro ("Sachnormverweisung") e proibição do retorno

A nossa Lei de Introdução, no art. 16, ora comentado, contém proibição expressa e categórica do retorno, quer no primeiro, quer no segundo grau, para a solução dos conflitos negativos entre duas normas de direito internacional privado. Este texto normativo, ao repelir o reenvio, estabelecendo normas sobre a qualificação de fato interjurisdicional, deverá ser encarado como sendo norma interpretativa em que se adotou a teoria da referência ao direito material estrangeiro, pela qual as normas de direito internacional privado se referem ao direito material, ao direito positivo interno alienígena, e não às suas normas de direito internacional privado. Assim sendo, em matéria não regida pela Lei de Introdução, proibida estará a devolução. A norma proibitiva do art. 16 da Lei de Introdução alcançará todos os casos em que se tiver de aplicar o direito estrangeiro, sejam comerciais, cíveis etc., a não ser nas hipóteses em que se determinar o contrário. O juiz deverá atender tão somente às normas de direito internacional privado do país a que pertencer, aplicando o direito substancial alienígena, sem se incomodar com as normas de direito internacional privado, idênticas ou não, adotadas em outro Estado. A remissão feita a outra lei, ainda que seja a *lex fori* brasileira, contrariará o preceito legal.

O princípio adotado pelo art. 16 é o de que a remissão feita pela norma brasileira de direito internacional privado a direito estrangeiro importará em remissão às disposições materiais substanciais do ordenamento jurídico estrangeiro (*Sachnormverweisung*) e não ao ordenamento jurídico em sua totalidade, inclusive às normas alienígenas de direito internacional privado (*Gesamtverweisung*). O juiz, ao examinar a norma de direito internacional privado que revela o caminho a ser seguido, deverá localizar a norma jurídica substancial aplicável. Inspirou-se o art. 16 no direito italiano, pois o art. 30 do Título Preliminar do Código Civil italiano reza: "*Rinvio ad altra legge. Quando, ai termini degli articoli precedenti, si deve applicare una legge straniera, si applicano le disposizioni della legge stessa senza tener conto del rinvio da essa fatta ad altra legge*". Nos Estados Unidos da América do Norte, o *Restatement on the law of conflict of laws*, no art. 7º, também proíbe, expressamente, o retorno ao prescrever que, quando a lei do foro prevê a aplicação da lei de outro país a uma determinada situação, a lei

---

Curso, cit., p. 57-61; Agenor P. Andrade, *Manual*, cit., p. 66-7; Weiss, *Manuel de droit international privé*, cit., p. 373; Cavaglieri, La teoria di rinvio in qualche sua speciale manifestazioni, in *Il filangieri*, 1905, n. 6; Lainé, La théorie du renvoi en droit international privé, *Revue de Droit International Privé*, *196*:605-43; Balladore Pallieri, Il concetto di rinvio formale e il problema del diritto internazionale privato, *Rivista di diritto civile*, 1929, p. 443.

estrangeira aplicável é a que rege a matéria, e não a norma de direito internacional privado alienígena, salientando, ainda, que as únicas normas sobre conflitos legais a considerar na solução de um caso são as do *forum*, e não as do Estado estrangeiro.

Realmente, cada caso deverá ser apreciado em certo Estado de conformidade com sua norma. Logo, como admitir o retorno? Se o fato está sendo examinado no seu *forum* e não pela jurisdição estrangeira, claro está que o direito internacional privado estrangeiro não poderá em retorno indicar a lei para a apreciação daquele caso *sub judice*. Daí as palavras certeiras de Lewald de que "o magistrado deverá encontrar a solução sob o prisma de seu direito internacional privado". Admitir o retorno seria conferir às normas de direito internacional privado uma função muito diversa da que têm, ou seja, em lugar de indicarem o direito primário, passariam a indicar o direito internacional privado estrangeiro, para que, por meio deste, se faça aquela indicação. Seria aceitar que o direito nacional seja alterado por lei alienígena. Isto deve ser assim porque, sendo o direito internacional privado norma de direito interno, o juiz só poderá decidir de conformidade com o próprio direito internacional privado; consequentemente o direito alienígena apenas poderá comportar aplicação no *forum* dentro dos limites determinados pela lei deste.

Se se admitisse o reenvio ter-se-ia um *perpetuum mobile* ou presenciar-se-ia uma infindável partida de *lawn-tennis* jurídico-internacional, uma vez que não se teria razão jurídica alguma para que se terminasse qualquer dos lances; logo o juiz arbitrariamente poria fim ao jogo. Realmente, se se aceitasse a devolução feita pela norma de direito internacional privado do foro ao direito estrangeiro como um todo, inclusive às suas normas conflituais, não se poderia evitar que o retorno feito por esta última lei se operasse em favor de norma de direito internacional privado de um terceiro país, formando um *circulus inextricabilis*, que obstaria a aplicação de qualquer direito substancial.

O art. 16, ora examinado, veda terminantemente o retorno, admitindo, convém repetir, tão somente a aplicação de norma substancial estrangeira aplicável ao caso vertente, por ordem da norma de direito internacional privado do *forum* e não da norma de direito internacional alienígena, pois as únicas normas sobre conflito normativo, que poderão ser levadas em conta na resolução de um dado fato interjurisdicional, serão as do *forum* e não as de outro Estado. O *forum* aplica o seu próprio direito a situações fáticas que contiverem *strainetà*, fixando os critérios de julgamento e, consequentemente, a lei aplicável, seja ela nacional ou estrangeira. Há apenas a exceção da convenção destinada a regular conflitos de leis em matéria de letras de câmbio e notas promissórias feita em Genebra, em 7 de junho de 1930, e da convenção destinada a reger conflitos de leis em matéria de cheques, assinada em Genebra, em 19 de março de 1931, promulgadas pelos Decretos n. 57.663/66 e 57.595/66, que recomendam o retorno nas questões relativas à capacidade para obrigar-se mediante letra de câmbio, nota promissória ou cheque, estipulando, no art. 2º, que tal capacidade reger-se-á pela lei nacional, salvo se esta declarar competente a lei de outro país. Tais convenções não revogam o art. 16 por valerem apenas entre as partes contratantes.

Proibido está, portanto, o retorno, pois seria um contrassenso que um Estado estrangeiro pudesse estipular os limites espaciotemporais das leis de outro Estado. Seria um Estado a legislar sobre o direito de outro. ParaLainé a teoria do retorno confunde as leis estrangeiras que pertencem ao direito internacional privado com as pertencentes ao direito interno, e aplica as primeiras, quando deveria ordenar a aplicação das segundas. Logo, como assevera Labbé, "a lei, que um juiz tem de aplicar, deve ser-lhe revelada por seu legislador; um tribunal não deverá esperar de um legislador estranho a indicação do caminho a seguir".

Portanto, seria, ante o exposto, ilógico dizer que o órgão judicante, aplicando a norma substancial alienígena, estaria a arriar a bandeira da soberania nacional à frente da estrangeira, pois está, simplesmente, cumprindo a norma de direito internacional privado do *forum*, que ordenou a aplicação daquela norma estrangeira material[446].

---

446. Pillet, Contre la doctrine du renvoi, in *Mélanges Antoine Pillet*, Paris, v. 2, 1929; Irineu Strenger, *Curso de direito internacional privado*, Rio de Janeiro, Forense, 1978, p. 534; Lerebours-Pigeonnière, Observations sur la question du renvoi, *Journal de Droit International de Clunet*, Paris, 1924; Osiris Rocha, *Curso*, cit., p. 63-4; Oscar Tenório, *Direito internacional privado*, cit., v. 1, p. 60 e 362; Espínola e Espínola Filho, *A Lei de Introdução*, cit., v. 3, p. 494-5; Wilson de S. Campos Batalha, *Tratado*, cit., v. 1, p. 162 e 173-4; Hans Lewald, La théorie du renvoi, in *Recueil des Cours*, v. 29, p. 591; J. Perroud, Encore la question du renvoi, *Journal du Droit International de Clunet*, 64:493; Batiffol, Les conflits de lois en matière de contracts, in *Recueil des Cours*, 1938, p. 355; Amílcar de Castro, *Direito internacional privado*, cit., v. 1, p. 238; Franceschini, *A lei e o foro de eleição*, p. 107; Lainé, De l'application des lois étrangères en France et en Belgique, *Journal de Clunet*, 1896, p. 253-4; Labbé, Du conflit et la loi nationale du juge saisi et une loi étrangère relativamente à la determination de la loi applicable à la cause, *Journal de Clunet*, 1885, p. 5-16. Ante a proibição do retorno, dever-se-á respeitar numa questão de direito transitório a norma jurisprudencial favorável ao reenvio? Para Gavalda (*Les conflits dans le temps en droit international privé*, Paris, 1955, n. 170, p. 222-7) a interpretação jurisprudencial, sem expressão de texto positivo, não deve ser aplicada; a nova norma terá aplicação a todos os litígios em curso ou futuros. O juiz deverá dar preferência à norma de direito contemporânea ao litígio consoante a *lex fori*.

4. Dado jurisprudencial

RF, 113:382 — Sentença estrangeira — Divórcio — Homologação sem restrições — Aplicação da "lex fori" — Teoria da devolução — Ordem pública. As sentenças validamente proferidas no estrangeiro podem dissolver o vínculo conjugal, ainda que seja isso contrário à lei nacional, quando a própria lei nacional permite que o divórcio de seus súditos no estrangeiro obedeça a *lex fori* — A nova Lei de Introdução ao Código Civil — atual LINDB — consagrou o sistema da lei do domicílio e excluiu, coerentemente, a teoria da remissão, que é, no entanto, o remédio mais adequado para as consequências ligadas ao sistema da lei nacional — No regime da lei nacional prevalecia entre nós o princípio do reconhecimento da dissolução do vínculo matrimonial resultante do divórcio legalmente pronunciado no estrangeiro, entre cônjuges estrangeiros — A ordem pública não se opõe que a homologação do divórcio se faça sem restrições, pois é preciso distinguir ordem pública, como limite ao reconhecimento das sentenças estrangeiras, do conceito de ordem pública, como limite à aplicação da lei estrangeira (Sent. estr. n. 926, Uruguai, ac. do STF, Pleno, de 2-1-1947).

Art. 17. As leis, atos e sentenças de outro país, bem como quaisquer declarações de vontade, não terão eficácia no Brasil, quando ofenderem a soberania nacional, a ordem pública e os bons costumes.

• *Código de Processo Penal, art. 781.*

• *CF/88, art. 4º, I a X.*

1. Limites à extraterritorialidade da lei

Determinada a aplicação de uma lei estrangeira no Brasil, num dado caso concreto, por força de imposição da norma de direito internacional privado, o órgão judicante deverá averiguar se sua aplicabilidade não ofenderá os princípios de nossa organização política, jurídica e social, ou seja, a soberania nacional, a ordem pública ou os bons costumes. Tudo que vier a contrariar a ordem pública, a soberania nacional e os bons costumes será contrário à ordem social. Assim sendo, a ofensa à soberania nacional, à ordem pública ou aos bons costumes constituirão uma restrição à aplicação de lei estrangeira regularmente aplicável a certo caso, cuja competência normal será então afastada. Não se observará, portanto, lei alienígena cuja aplicação no Brasil for incompatível com a soberania nacional, a ordem pública ou os bons costumes, por constituírem circunstâncias nas quais a norma privatística local deixará de cumprir sua disposição indicativa.

O magistrado está obrigado a aplicar a norma de direito internacional privado, não podendo deixar de curvar-se ante o ato jurídico perfeito, o direito adquirido e a coisa julgada. Logo, leis, atos e sentenças de outro Estado, que não ofenderem a soberania nacional, a ordem pública e os bons costumes, terão eficácia no Brasil. Reconhecidos e respeitados estarão os direitos adquiridos no estrangeiro, pois serão acatados, considerando-se ineficazes tão somente leis, atos e sentenças de outro país que ofenderem a ordem pública, a soberania nacional e os bons costumes. Haverá, portanto, uma submissão dos atos alienígenas aos princípios da soberania nacional, da ordem pública e dos bons costumes.

Não se deverá, ao caso *sub judice*, aplicar a lei estrangeira se ela vier a contrariar o direito público do Estado ou o direito privado decretados, tendo em vista o interesse socioeconômico e político, a moral, constituindo base da sociedade. Essa não aplicação de norma alienígena traz como consequência a aplicação da *lex fori*. Deverá haver uma tomada de consciência do Poder Judiciário para que haja prestação jurisdicional adequada nos casos que requerem aplicação de lei estrangeira, sem ferir a ordem social, aplicando-a lei substancial interna, ou melhor, a lei do *forum*.

Saber se há motivo ou não para deixar de aplicar no *forum* norma alienígena, por ofender a ordem social, dependerá do momento em que o órgão judicante irá apreciar o caso, baseado em norma constitucional, leis e decisões do país, considerando o meio social. O magistrado terá o poder--dever de afastá-la, ou seja, o art. 17 da Lei de Introdução confere ao juiz uma espécie de poder de polícia, não sendo uma norma de direito de exceção à regra de que o fato deve ser apreciado segundo a norma estrangeira. A soberania nacional, a ordem pública e os bons costumes são, como vimos, aspectos de um mesmo fenômeno: a ordem social. Constituem limites que visam assegurar a ordem social, ao considerar ineficaz lei, ato ou sentença estrangeira que ofender a ordem pública, a soberania nacional e os bons costumes. Tais conceitos são variáveis passíveis de exame tão somente no caso concreto *sub examine*. Apesar disso tentaremos fornecer algum subsídio ao aplicador, apontando logo a seguir uma análise científica desses conceitos, procurando na medida do possível delineá-los[447].

---

447. Espínola e Espínola Filho, *A Lei de Introdução*, cit., v. 3, p. 500-34; Dennis Lloyd, *Public Policy*, London, 1953; Antonio Sanchez de Bustamante y Sirven, *Derecho internacional privado*, cit., t. 1, p. 158-9; Riccardo Monaco, *L'efficacia della legge nello spazio*, 1954, p. 89; Betti, *Problematica del diritto internazionale*, 1956, p. 254 e 277; Roberto Ago, *Lezioni*, cit., p. 103; Jaques Maury, *Derecho internacional privado*, 1949, p. 46 e 292; Amílcar de Castro, *Direito in-*

2. Soberania nacional

O conceito de soberania nacional é, historicamente, variável. No âmbito interno, observa Giannini, corresponde à efetividade da força pela qual as determinações da autoridade são observadas e tornadas de observância incontornável mesmo através de coação. A soberania indicaria a autoridade do Estado, ou seja, o fato de que as normas que edita alcançarão a todos que estiverem em seu território. No âmbito externo, num sentido negativo, corresponderia à não sujeição a determinações de outros centros normativos. A soberania externa designaria que, nas relações recíprocas entre os países, se teria igualdade, não podendo haver qualquer relação de dependência ou subordinação. Ao conceito de soberania estão, em geral, coligados o do caráter originário e o do absoluto do poder soberano. O primeiro, no sentido de fundamento de si próprio, e o segundo, no de capacidade de determinar, no campo de sua atuação, a relevância ou o caráter irrelevante de qualquer outro centro normativo que ali atue.

A Declaração dos Direitos do Homem e do Cidadão de 1789, em seu art. 3º, reza: "o princípio de toda soberania reside essencialmente na nação". Essa substituição do rei pela nação, conceito bem mais abstrato e, portanto,

---

ternacional privado, cit., v. 1, p. 268-77, e *Das execuções de sentenças estrangeiras no Brasil*, Belo Horizonte, 1939; Werner Goldschmidt, La consecuencia jurídica de la norma del derecho internacional privado, Barcelona, Bosch, 1935. Pillet (*Principes*, cit., p. 514 e s.) chega a observar que: "*Tout État doit, en règle générale, assurer sur non territoire le respect et l'observation des droits acquis à l'étranger.*

Cette loi peut être qualifiée l'un des fondements du droit international privé", salvo duas exceções:

a) inexistência, no país, de direito análogo ao de que se cogita, carecendo de meios para garantir-lhe a execução;

b) incompatibilidade do referido direito com a ordem pública local. Paulo de Lacerda (*Manual*, cit., v. 1, p. 277), por sua vez, leciona que: "Se a lei do país do reconhecimento repele a do país de origem do direito, é claro que não pode haver tal reconhecimento, e, pois, que naquele país se não reconhece como lei hábil a deste outro país, prevalecendo assim, por força da mesma situação jurídica do problema e da ordem natural das coisas, a lei do país do reconhecimento que não dará execução a direitos repelidos pela sua própria lei. Por falhar o reconhecimento em determinado país, nem por isso deixa de subsistir, em si mesmo, o direito adquirido, cuja eficácia poderia ser experimentada no seu país de origem, ou noutros cujas legislações não repelissem a deste país, ou ainda limitadamente a certas consequências, até no próprio país que o desconheceu". Niboyet (*Cours de droit international privé français*, 1949, p. 438) chega a ponderar que todo direito regularmente criado, em conformidade com as instituições competentes de um país, é eficaz nos outros países, na medida em que inexista incompatibilidade entre as instituições respectivas desses países.

Sobre eficácia de sentença estrangeira de reconhecimento ou dissolução de União estável: Lei n. 14.382/2022 que altera o art. 94-A, §§ 1º e 3º, da Lei n. 6.015/73.

de uma maleabilidade maior, permite a manutenção do caráter "uno, indivisível, inalienável e imprescritível" (Constituição francesa de 1791) da soberania, em perfeito acordo com a divisão de poderes, influenciada pela teoria dos três poderes de Montesquieu, com base na fórmula: *"Pour qu'on ne puisse pas abuser du pouvoir, il faut que par la disposition des choses, le pouvoir arrête le pouvoir"*.

Os grupos humanos estão divididos em nações, que, para se manterem politicamente como entidades, precisam ser independentes. A soberania nacional consiste nessa autonomia completa, não admitindo aplicação de norma que altere a organização política brasileira, daí o disposto no art. 17 da Lei de Introdução.

Soberania é o conjunto de poderes que constituem, na lição de Clóvis Beviláqua, a nação politicamente organizada. Abrange, então, a autoridade de legislar, governar, julgar e policiar com autonomia e independência, de sorte que dentro do território nacional nenhum outro Estado poderá legislar ou praticar atos da competência exclusiva do Poder Público estatal. Logo, quando se afirma que um Estado é soberano, entende-se que ele estaria a representar um poder que não depende de nenhum outro poder, nem é igualado por qualquer outro dentro de seu território. Soberania é, como prefere Schmitt, o poder de decisão em última instância concreta (*letze-Konkrete entscheidende Instanz*), que se revelará na seara política, econômica, social e cultural. A soberania, segundo Carré de Malberg, não é propriamente o poder, mas sim uma qualidade do poder do Estado, não podendo ser limitado por nenhum outro poder, devendo ser entendida como um atributo do poder de auto-organização nacional e de autodeterminação, resultante da institucionalização no órgão estatal[448].

---

448. Eliesco, *Essai sur les conflits de lois dans l'espace, sans conflit de souveraineté*, Paris, 1925; Paulo de Lacerda, *Manual*, cit., v. 1, p. 35; Clóvis Beviláqua, *Código Civil*, cit., v. 1, p. 148-9; Oscar Tenório, *Direito internacional privado*, cit., v. 1, p. 337; Pinto Ferreira, Soberania-I, in *Enciclopédia Saraiva do Direito*, v. 69, p. 366-87; Sukionicki, *La souveraineté des États en droit international moderne*, Paris, 1927, p. 5; Mattern, *Concepts of the State, sovereignty and international law*, Baltimore, 1929; Machado Paupério, *O conceito polêmico da soberania e a sua revisão contemporânea*, Rio de Janeiro, 1949; Suontausta, *La souveraineté des États*, Helsinki, 1955; H. Heller, *Die Souveraenitaet*: Beitraege zum auslaendischen öff. Recht und Voelkerrecht, Berlin-Leipzig, 1927, v. 4; Kelsen, *Das Problem, der Staat und die Theorie des Voelkerrechts*, Tübingen, 1920-1928; Schmitt, *Verfassungslehre*, München-Leipzig, 1928; Carré de Malberg, *Théorie générale de l'État*, v. 1; Bertrand de Jouvenel, *De la souveraineté à la recherche du bien politique*, Paris, 1955, p. 216 e s.; Massimo S. Giannini, *Diritto amministrativo*, Milano, v. 1, p. 95 e s.; Tércio Sampaio Ferraz Jr., *Função social da dogmática jurídica*, São Paulo, Revista dos Tribunais, 1978, p. 62-4; Roy Reis Friede, Limites da soberania nacional no cenário internacional, *Estudos Jurídicos*, 6:319-39; Montesquieu, *Esprit des lois*, I, XI, Cap. VI.

3. Ordem pública

A delimitação conceitual de "ordem pública" (*Gute Sitten*) é um desafio à argúcia e à sagacidade dos juristas, que, apesar disso, são unânimes no entendimento de que é o reflexo da ordem jurídica vigente em dado momento, numa determinada sociedade. A ordem pública interessa à vida, à incolumidade da prosperidade da comunidade, à organização da vida social, sendo, por isso, oficialmente reconhecida pela ordenação jurídica. Como sinônimo de ordem social, a ordem pública abrange todas as manifestações sociais relevantes, inclusive a soberania nacional e os bons costumes. A ordem social é a relativa ao interesse geral da sociedade, regido por normas jurídicas, tradições, concepções morais e religiosas, ideologias políticas e econômicas etc. A ordem social é o patrimônio espiritual do povo, por refletir seus hábitos, suas tradições, sua liberdade, suas ideias políticas, econômicas, religiosas, morais, seus direitos fundamentais em determinada época e lugar.

A noção de ordem pública conduz à não aplicação da lei alienígena, que, em virtude de desajustamento às concepções legais territoriais, possa prejudicar o Estado onde deveria ser aplicada. Logo, é evidente que ao juiz do foro competirá a difícil tarefa de qualificar o conceito em apreço, com a finalidade de salvaguardar interesse público, afastando a norma estrangeira apontada como a aplicável pelo direito internacional privado nacional se contrariar a ordem pública. A ordem pública poderá ser ofendida por ato praticado em outra jurisdição, e se defenderá, como logo mais veremos, por meio de normas imperativas, sendo resguardada pela proibição de se dar juridicidade a leis, atos e sentenças de outro Estado[449].

---

449. Thomas Henry Healy, Théorie générale de l'ordre public, in *Recueil des Cours*, 1925, v. 9, p. 445-536; Scerni, Ordine pubblico, in *Nuovo Digesto Italiano*, v. 9, p. 319; Niboyet, Ordre Public, in *Répertoire de droit international*, t. 10, n. 9, p. 96; Mircea C. Moldovan, *L'ordre public en droit international privé*, Paris, 1932; De Roa, *Del orden publico en el derecho positivo*, Buenos Aires, 1925; Rapisardi-Mirabelli, *L'ordine pubblico nel diritto internazionale privato*, Roma, 1938; Paul Lagarde, *Recherches sur l'ordre public en droit international privé*, Paris, 1959; Marmion, *Étude sur les lois d'ordre public en droit civil interne*, Paris, 1924; Luiz Antonio da Gama e Silva, *A ordem pública em direito internacional privado*, São Paulo, 1944; Wolff, *Private international law*, p. 306 e s.; Fedozzi, Quelques considérations sur l'idée d'ordre public international, *Journal de Droit International Privé*, 1897, p. 69 e s.; Despagnet, *L'ordre public en droit international privé*, 1889; Charles Knapp, *Sauveguarde de l'ordre public et la protection des faibles en droit international privé*, Lausanne, 1950, e *De la notion de l'ordre public dans les conflits de lois*, Neuchâtel, 1933; Giuseppe Musacchia, *L'ordine pubblico nel diritto internazionale privato*, Roma, 1938; Wilson de S. Campos Batalha, *Tratado*, cit., p. 274-81; Vicente Ráo, *O direito*, cit., v. 1, p. 534-5; Oscar Tenório, *Direito internacional privado*, cit., v. 1, p. 324-38 e 387, e *Lei de Introdução ao Código Civil brasileiro*, 1955, p. 450; Giorgio Badiali, *Ordine pubblico e diritto estraniero*, Milano, Giuf-

A ordem pública, por ser um critério axiológico, caracteriza-se pela sua apreciação de conformidade com o *forum* no momento atual. Como a noção de ordem pública é ambígua, imprecisa e variável no tempo e no espaço, ao órgão judicante caberá, caso por caso, averiguar se a ordem pública está ou não em jogo. Será necessário verificar se há entre a lei nacional e a estrangeira a ser aplicada um mínimo de equivalência. Se não houver, impossível será aplicar a norma alienígena. As circunstâncias fáticas deverão ter, portanto, algum liame com o país do *forum*. Por isso Fiore considera o problema da ordem pública como sendo o da concorrência entre a lei local e a estrangeira, cabendo a solução do conflito, de acordo com os princípios gerais do direito internacional privado, à fixação das normas relativas à autoridade preponderante de uma das duas leis, tendo por base a competência legislativa de onde elas promanam, aplicando-se, então, em regra a *lex fori* em lugar da lei estrangeira contrária à ordem pública. A ordem pública é um limite à aplicação das leis estrangeiras, mas, apesar de ser um critério justificador da aplicação exclusiva da lei substancial do *forum*, em lugar da que seria competente para regular a relação jurídica, têm prevalecido a competência cumulativa da lei pessoal e da *lex fori* e a competência da lei pessoal com a ressalva da ordem pública.

Como todo direito adquirido de modo regular, em razão de lei internacionalmente competente, deve ser reconhecido e protegido por todos os países, embora haja limitação da ordem pública. Exemplificativamente, se um árabe, transferindo-se para um Estado que não aceita a poligamia, aí pretendesse exercer legalmente seus direitos de marido sobre suas mulheres, ou, se tendo três, pretendesse casar-se pela quarta vez, negar-se-lhe-ia no país do foro quaisquer desses direitos, inclusive os efeitos

---

frè, 1963; Otávio de Mendonça, *Aspectos de ordem pública em direito internacional privado*, Belém, 1951; Amílcar de Castro, *Direito internacional privado*, cit., v. 1, p. 264-77; Henri Rolin, Verso un concetto di ordine pubblico realmente internazionale, *Comunicazioni e Studi*, 1960, p. 55-75; Pillet, *De l'ordre public en droit international privé*, Grenoble, 1890; Victor Romero del Prado, *Manual de derecho internacional privado*, Buenos Aires, 1944, v. 1, p. 625; Adolfo Zerboglio, *Delitti contro l'ordine pubblico*, Milano, s. d., p. 1-8; Philippe Malaurie, *L'ordre public et le contrat*, Reims, 1953; Bartin, *Principes de droit international privé*, Paris, 1930, v. 1, p. 269; Pillet e Niboyet, *Manuel*, cit., p. 409-10; Burdeau, *Traité de science politique*, Paris, 1949, v. 1, n. 116, p. 142; Comba, Ordine pubblico, in Scialoja, *Dizionario pratico*, v. 4, p. 540; Eduardo Espínola, *Elementos de direito internacional privado*, 1925, p. 338 e s.; Espínola e Espínola Filho, *A Lei de Introdução*, cit., v. 3, p. 523 e s.; Agenor P. de Andrade, *Manual*, cit., p. 168-70; Osiris Rocha, *Curso*, cit., p. 49-51. Vide *RF*, *113*:382 e *RT*, *148*:771. Contra o conceito de ordem pública, como limite à aplicação estrangeira: Walker, *Internationales Privatrecht*, 1926, p. 261; Kahn, Die Lehre vom ordre public (Prohibitivgesetze), *Iherings Jahrbücher*, *39*:4 e s., 1938; Humberto Ruchelli e Horácio C. Ferrer, *El orden público*, Buenos Aires, Abeledo-Perrot, 1991.

pretendidos relativamente à vida em comum com as várias esposas, mas não se poderia deixar de reconhecer a legitimidade de filhos nascidos dessa união poligâmica[450].

Ordem pública é o conjunto de normas essenciais à convivência nacional; logo não comporta classificação em ordem pública interna e ordem pública internacional, mas tão somente a de cada Estado. Sem embargo, autores existem, como Despagnet, que vislumbram três categorias de leis de ordem pública, em todas as legislações:

a) a compreensiva de institutos e leis que interessam à consciência jurídica e moral de todos os povos civilizados, como as alusivas ao casamento, ao parentesco em linha reta;

b) a que engloba leis tidas como aplicação de verdadeiros princípios da moral e da boa organização social;

c) a referente às disposições imperativas inspiradas em considerações de ordem regional.

As duas primeiras categorias são as de ordem pública internacional (Código Bustamante, arts. 4º, 5º, 8º, 59 e 61), e a terceira, de ordem pública interna.

O termo "ordem pública internacional" surgiu pela primeira vez no cenário jurídico com Boulay de la Meurthe, sendo que, para se compreendê-lo como princípio que limita a aplicabilidade da lei estrangeira, será preciso lembrar que a norma alienígena não será aplicada à relação jurídica, mesmo que seja competente, se a lei territorial, com a qual conflita, estiver inspirada na ordem pública internacional. Para Clóvis Beviláqua a ordem pública internacional consistirá nos princípios cuja manutenção será indispensável à organização da vida social e nos que se relacionam diretamente com a proteção da organização do Estado, sob o ponto de vista político, econômico e social. Despagnet, por sua vez, a considera o conjunto de normas que, dadas as ideias particulares admitidas em determinado país, são tidas como alusivas aos interesses religiosos, morais, políticos ou econômicos. De Ruggiero esclarece-nos que o conceito de ordem pública internacional compreende outra série de normas relativas ao mesmo tempo aos nacionais e estrangeiros, as quais, constituindo normas comuns aos

---

450. Pillet e Niboyet, *Manuel*, cit., p. 412-6. Niboyet (*Précis élémentaire de droit international privé*, 1928, p. 169 e s.) observa: "*on fait alors appel à l'idée de l'ordre public pour justifier ce résultat et éviter de heurter l'ordre du pays où on demande de l'invoquer*". Vide, ainda: Espínola e Espínola Filho, *A Lei de Introdução*, cit., v. 3, p. 532; Wilson de S. Campos Batalha, *Tratado*, cit., p. 278-9; Tavares Paes, O direito adquirido e a ordem pública, *RDC*, 55:69.

povos civilizados, impedem o reconhecimento do direito alienígena quando houver instituições que as contrariem. Continua ele: "não basta o não acolhimento de um instituto jurídico por uma legislação para obstar o reconhecimento do direito estrangeiro que o admite, mas é preciso, ainda, que esse instituto contrarie o sentimento generalizado e comum da sociedade internacional (como, por exemplo, a poligamia, a escravidão etc.); não basta, tampouco, que a norma seja de natureza *cogens* relativamente aos cidadãos, para se criar, só por isso, um impedimento à disciplina, por outra norma, das relações entre estrangeiros (como, por exemplo, as atinentes ao estado e à capacidade das pessoas, à sucessão); preciso é, ao contrário, que ela seja tal que não possa admitir, sem grave perturbação da ordem pública ou ofensa aos bons costumes, uma regulamentação diversa, mesmo aplicável somente aos estrangeiros. Por isso, a esfera da ordem pública, para os efeitos do direito internacional, é mais restrita do que a esfera da ordem pública para os efeitos da ordem interna; e uma delimitação mais rigorosa, por via abstrata e teórica, não é possível, devido à natureza do conceito da ordem pública, que é essencialmente variável e contingente; sua determinação deve ser confiada para cada caso ao prudente arbítrio do juiz"[451].

As leis de *ordem pública interna* são as que, em um país, estabelecem os princípios indispensáveis à organização do Estado, sob o prisma social, político, econômico e moral, seguindo os preceitos de direito. Como tão bem define Clóvis Beviláqua, fazendo com que todos caiam sob seu comando, por serem leis marcadas pelo interesse público relevante, não permitem que a vontade individual nelas interfira. A ordem pública interna dita normas que não tenham caráter supletivo ou dispositivo por ser *jus cogens*, dirigindo-se a todos os cidadãos que não podem subtrair-se ao seu comando, embora os estrangeiros possam escapar aos seus efeitos. Daí a lição de Miguel Reale de que as normas de ordem pública traduzem a ascendência ou primado de um interesse por ela tutelado, o que implica a exigência irrefragável do seu cumprimento, quaisquer que sejam as intenções ou desejos das partes contratantes ou dos indivíduos a que se destinam. O Estado não subsistiria, nem a sociedade poderia lograr seus fins, se não existissem certas normas dotadas de conteúdo estável, cuja obrigatoriedade não fosse insuscetível de alteração pela vontade dos obrigados. Assim, quando determinadas normas amparam altos interesses sociais, os chamados interesses

---

[451]. De Ruggiero, *Istituzioni*, cit., v. 1, p. 181; Vicente Ráo, *O direito*, cit., v. 1, p. 534-5, e v. 2, p. 376; Bartin, *Principes de droit international privé*, Paris, 1930, v. 1, p. 269; Despagnet, *Précis*, n. 108, p. 362 e s.; Eduardo Espínola, *Elementos de direito internacional privado*, 1925, p. 338 e s.; Espínola e Espínola Filho, *A Lei de Introdução*, cit., v. 3, p. 523-4; Agenor P. de Andrade, *Manual*, cit., p. 168; J. A. Carranza, Necesidad de una interpretación estricta de las normas imperativas del derecho privado, *RDC*, *20*:11.

de ordem pública, não é lícito às partes contratantes disporem de maneira diversa. Trata-se, na lição de Goffredo Telles Jr., das normas de imperatividade absoluta ou impositivas, também chamadas absolutamente cogentes ou de ordem pública. São as que ordenam ou proíbem alguma coisa (obrigação de fazer ou de não fazer) de modo absoluto. São as que determinam, em certas circunstâncias, a ação, a abstenção ou o estado das pessoas, sem admitir qualquer alternativa, vinculando o destinatário a um único esquema de conduta (CC, arts. 1.526, 1.226, 1.227, 1.245 e 426). A imperatividade absoluta de certas normas é motivada, ensina Goffredo Telles Jr., pela convicção de que certas relações e certos estados da vida social não podem ser deixados ao arbítrio individual, o que acarretaria graves prejuízos para a ordem social. Existem determinadas relações humanas que, pela sua grande importância, são reguladas, taxativamente, por normas jurídicas, a fim de evitar que a vontade dos particulares perturbe a vida social. As normas impositivas tutelam interesses fundamentais, diretamente ligados ao bem comum. Por isso é que são também chamadas de "ordem pública". Essa denominação, muitas vezes, acarreta equívocos devido à existência de outra espécie de normas — as de direito público —, que não se confundem com as de ordem pública. Há, sem dúvida, normas de direito público que são de ordem pública e, igualmente, normas de direito privado que também o são, como as de direito de família, das obrigações, dos contratos de trabalho, de locação de imóveis etc.

Serão leis de ordem pública as constitucionais; logo, não se pode falar em direito adquirido contra a Constituição (STF, RE 93.920), as administrativas, as processuais, as penais, as de organização judiciária, as fiscais, as de polícia, as que protegem os incapazes, as sobre organização de família, as que estabelecem condições e formalidades essenciais para certos atos etc. Para Serpa Lopes, as leis de ordem pública costumam ser classificadas em quatro categorias:

a) as de organização social, inerentes à organização da família, liberdade individual etc.;

b) as de organização política, como as constitucionais, as administrativas, as fiscais e as relativas à organização judiciária;

c) as de organização econômica, como, p. ex., as atinentes aos salários, à moeda, ao regime de bens, ao direito de pedir a extinção do condomínio, ao bem de família, à inalienabilidade. Eis a razão das seguintes palavras de Paul Roubier ao se referir à incidência das leis monetárias nos contratos em curso: *"Et précisément, si elle a effet dans les contrats en cours, c'est parce qu'elle n'est pas une loi relative à une situation contractuelle, mas une loi relative à un statut légal, le statut de la monnaie; la loi, considérée comme loi de droit public, atteint aussi bien dans leur contrats qu'en dehors de tout contrat*";

d) as de organização moral, como a proibição da poligamia, os pactos sucessórios, os que importem na diminuição da capacidade civil de um dos contratantes ou tragam a exclusão de responsabilidade civil, no caso de obrigação por perdas e danos. Nestas matérias, por serem eminentemente de ordem pública, não há que se falar em direito adquirido.

Como vimos, o intuito é determinar as normas de ordem pública interna como sendo as aplicáveis às pessoas em razão de seu domicílio ou nacionalidade, acompanhando-as sempre, mesmo que venham a residir em outro Estado, e as leis de ordem pública internacional, como as obrigatórias a todos os que residem no território, sejam ou não nacionais. A ordem pública é um limite ao foro ou à manifestação da vontade individual, às disposições e convenções particulares (ordem pública interna), ou à aplicação do direito estrangeiro, às leis, atos e sentenças de outro país (ordem pública internacional). Logo, a diferença entre ordem pública interna e internacional está tão somente nos meios de sua defesa[452].

Será preciso, ainda, não olvidar que no termo "ordem pública" poder--se-á abranger a fraude à lei. Deveras, a fraude à lei está em conexão com a ordem pública, pois ao vedá-la visa-se evitar a violação de norma cogente. Tem a mesma finalidade do princípio da ordem pública, ou seja, excluir a aplicação da lei alienígena. A exceção da ordem pública exclui a aplicação do direito estrangeiro injusto ou imoral. A fraude à lei procura excluir uma norma sob cujo império se colocou a pessoa, com o objetivo de fugir às normas imperativas a que deveria sujeitar-se. A fraude à lei subordinar-se--á à ordem pública. Na fraude, o que se pretende é aplicar certa norma estrangeira, deixando de lado a lei nacional ou a domiciliar, para que o ato se efetive sem os gravames que ela poderia impor, fugindo dos efeitos da norma cogente. Por exemplo, com o fim de escapar ao pagamento da pensão alimentícia à mulher, o marido maronita naturaliza-se muçulmano, cujo estatuto pessoal o libera daquele ônus. Clara está a fraude à lei. Como a Lei de Introdução não contém preceito relativo à fraude à lei, a sua apreciação restringir-se-á à *lex fori*. Assim, antes da Lei do Divórcio, no Brasil, a questão da fraude à lei quanto aos divórcios de brasileiros, decretados no Uruguai, e consequente celebração de núpcias no mesmo país, por se tratar de fraude

---

452. Goffredo Telles Jr., *Introdução à ciência do direito*, 1972, fasc. 5º (postila), p. 347-8; M. Helena Diniz, *Conceito*, cit., p. 89; Haroldo Valladão, *Direito internacional privado*, cit., p. 496; Clóvis Beviláqua, *Princípios elementares*, cit., p. 78-9; Serpa Lopes, *Curso*, cit., v. 1, p. 58; Miguel Reale, *Lições preliminares de direito*, cit., p. 131; Paul Roubier, *Le droit transitoire*, Paris, Sirey, 1960, p. 426. *Vide* parágrafo único do art. 2.035 do Código Civil de 2002.

à norma brasileira da época, nosso tribunal tinha competência para apreciá-la segundo a *lex fori*[453].

4. Bons costumes

É legítima a ressalva dos bons costumes feita pelo art. 17, ora examinado, porque, como escrevem Chironi e Abello, o caráter diverso e a condição de cada povo se revela no conteúdo e na extensão da moral. Do mesmo modo que a prevalência absoluta das leis territoriais de ordem pública é imposta pela própria existência do grupo, como entidade político-jurídica independente, assim o império das leis, inspiradas na moral e no bom costume, é reclamado pela existência do grupo, como organismo ético. Ofender a ordem pública, o bom costume significaria ofensa à existência independente do grupo, cujo legítimo e natural interesse de viver e desenvolver-se, segundo as condições, que lhe são próprias, é prevalente. Isto é assim porque são condizentes com a moral e a ética-social.

Os *bons costumes*, segundo Clóvis Beviláqua, são os que estabelecem as normas de proceder nas relações domésticas e sociais em harmonia com os elevados fins da vida humana, cuja ofensa mais direta e profunda fere os sentimentos de honestidade e estima recíproca. São preceitos de ordem moral, ligados à honestidade familiar, ao recato do indivíduo e à dignidade social. Constituem os princípios que regem a sociabilidade, para assegurar a coesão, a prosperidade social, a dignidade e a decência pública. Para Wilson de Souza Campos Batalha seriam os princípios da conduta impostos pela moralidade média do povo, sendo apurados no meio social e não de conformidade com certa religião ou filosofia. Os *bons costumes* variam conforme a pessoa ou o aplicador do direito, o lugar e a época.

Os postulados éticos inseridos nos bons costumes projetam-se na seara jurídica, que se concretizará na ordem pública e boa-fé. Dão, como pondera Hueck, a medida da conduta a ser observada diante de tudo que intervém numa relação jurídica concreta. Daí dizer Huc que são os hábitos adquiridos para o bem, enquanto protegidos ou determinados pelas leis positivas. Os bons costumes, observa Oscar Tenório, abrangem os valores morais tutelados direta ou indiretamente pelo direito e não todos os que

---

453. Oscar Tenório, *Direito internacional privado*, cit., v. 1, p. 365-76; Niboyet, La fraude à la loi en droit international privé, *Revue de Droit International et Législation comparée*, 1926; A. Ligerpoulo e L. Aulagnon, Fraude à la loi, in *Répertoire de droit internatio*nal, t. 8, p. 439-86; Julien Verplaetse, *La fraude à la loi en droit international privé*, Paris, 1938.

modelam os caracteres morais de determinado povo, porque se assim fosse ter-se-ia a anulação da aplicação da norma estrangeira.

Como os bons costumes são os que se podem inferir dos preceitos da moral, resultantes da aplicação da moral conforme a entendem os povos cultos, o critério para considerar algo ofensivo aos bons costumes deverá basear-se em fatos, ou seja, avaliar o grau médio de moralidade do povo, o de civilização e o desenvolvimento da legislação[454].

5. Instituição jurídica desconhecida

Na aplicação do direito estrangeiro poderá surgir a questão da instituição desconhecida, que está intimamente ligada à de ordem pública, constituindo uma exceção à aplicação ou ao reconhecimento da lei alienígena, uma vez que o órgão judicante, em regra, a terá como competente, mediante preceito da *lex fori* do seu ordenamento, apesar de sujeitar-se à análise de sua compatibilidade. Se houver incompatibilidade entre a instituição jurídica da *lex fori* e a do país estrangeiro, a questão colocar-se-á no plano da ordem pública e como tal deverá ser resolvida. O juiz deverá analisar a controvérsia na seara da ordem pública interna, deixando de lado a aplicação da lei estrangeira para decidir de acordo com a lei do *forum*. A instituição desconhecida poderá apresentar-se como uma instituição ignorada pela *lex fori* (p. ex., a condição jurídica discriminatória da classe baixa na categoria "pária" é desconhecida no Ocidente), hipótese em que se aplicará a lei substancial do foro. Logo o conflito entre instituições, na verdade, inexistirá, sendo tão somente aparente. Se a instituição estrangeira for desconhecida pela *lex fori*, mas não contrária à ordem pública interna, poderá ser, excepcionalmente, admitida se condições técnicas o permitirem, embora não deva sê-lo se vier a reconhecer à alienígena mais direitos que aos nacionais. Consequentemente, poder-se-á ter dupla qualificação: a primeira, dada pela lei do *forum*, é de natureza prejudicial; confronta-se a ordem jurídica nacional com a estrangeira, para averiguar se a instituição é desconhecida. A segunda qualificação é a de saber se a instituição desconhecida

---

454. Silvio de Macedo, Bons costumes, in *Enciclopédia Saraiva do Direito*, v. 12, p. 129-31; Trabucchi, *Istituzioni di diritto civile*, 1960, p. 164; Chironi e Abello, *Trattato*, cit., v. 1, p. 106; Clóvis Beviláqua, *Código Civil*, cit., v. 1, p. 153-4; Hueck, *Die Treuegedanke in modernen Privatrecht*, p. 11; Oscar Tenório, *Direito internacional privado*, cit., v. 1, p. 337; Huc, *Commentaire théorique et pratique du Code Civil*, 1892, v. 1, p. 181-2; Espínola e Espínola Filho, *A Lei de Introdução*, cit., v. 3, p. 533; Wilson de S. Campos Batalha, *Tratado*, cit., v. 1, p. 266; Fèlix Senn, *Des origines et du contenu de la notion de bonnes moeurs*, in *Recueil d'études sur les sources du droit en l'honneur de François Gény*, t. 1, p. 53 e s.; Amílcar de Castro, *Direito internacional privado*, cit., v. 1, p. 276-7.

poderá ser ou não qualificada entre as instituições nacionais vigentes, ou seja, se há, ou não, possibilidade de adaptação[455].

6. Jurisprudência

A) Efeitos de sentença estrangeira de divórcio anterior à Lei n. 6.515/77, em atenção à ordem pública e aos bons costumes

RTJ, 63:138 — Os efeitos imediatos da sentença estrangeira são determinados pela lei do país onde foi proferida tal sentença. Não se pode reputar contrária à ordem pública no Brasil a sentença estrangeira de divórcio, proferida por Juiz competente e de acordo com a lei reguladora do casamento, embora consagre esta o rompimento do vínculo conjugal. Deve ser homologada para todos os efeitos a sentença estrangeira de divórcio a vínculo, desde que os cônjuges sejam estrangeiros, naturais de país que o admite. Aplicação do Decreto n. 6.987, de 1878, art. 7º, e do Decreto n. 7.084, de 1898, art. 11, parte 5ª.

Revista Jurídica, 7:200 — Decretado em país estrangeiro o divórcio entre um estrangeiro, cuja lei nacional permite o divórcio com rompimento do vínculo, e uma brasileira (cuja lei nacional o veda), a homologação da sentença pela justiça brasileira tem por fim unicamente assegurar direitos de ordem patrimonial. No estado atual do direito brasileiro, a mulher brasileira, divorciada no estrangeiro, de cônjuge cuja lei nacional faculta o divórcio (no sentido próprio do termo) não pode casar de novo.

RF, 113:385 — Homologa-se a sentença estrangeira de divórcio para todos os efeitos, mas com a ressalva de não contraírem novas núpcias no Brasil, embora sejam os cônjuges estrangeiros (STF).

RT, 122:629 — Divórcio entre brasileiro e estrangeira — Respeito aos nossos bons costumes — Deferimento do pedido apenas para efeitos patrimoniais — Aplicação do art. 17 da Lei de Introdução ao Código Civil (atual LINDB) — *Ementa*: Homologa-se no Brasil a sentença que decretou o divórcio de nacional com norte-americano, apenas para efeitos patrimoniais, sem extinção do vínculo matrimonial.

RT, 148:771 — Matéria internacional. Sentença estrangeira. Sua decretação contra pessoa com morada no Brasil. Carência de valor. Aplicação do princípio do art. 12 da nova Lei de Introdução ao Código Civil (atual

---

455. Oscar Tenório, *Direito internacional privado*, cit., v. 1, p. 339-45; Joaquin Garde Castillo, *La institución desconocida en derecho internacional privado*, Madrid, 1947. *Vide* Normas do Manual de Serviço Consular e Jurídico, tomo 1, cap. 4º, 4.8.11.

LINDB). Ordem pública. Conceito e compreensão da matéria. Sentença estrangeira que a ofende. Recusa de homologação. Divórcio. Aplicação do princípio do art. 17 da nova Lei de Introdução ao Código Civil (atual LINDB). Sua ofensa ao conceito de bons costumes brasileiros. Homologação de sentença estrangeira que o decretou. Recusa — *Ementa*: Não é homologável a sentença estrangeira de divórcio proferida contra pessoa que more no Brasil — A noção de ordem pública, que é mais fácil de ser sentida do que definida, resulta de um conjunto de princípios de ordem superior, políticos, econômicos, morais e algumas vezes religiosos, aos quais uma sociedade considere estreitamente vinculada a existência e conservação da organização social estabelecida (STF).

RF, 95:125 — O divórcio de brasileiro no estrangeiro vale no Brasil como simples separação de corpos, pelo desquite. No Brasil de nenhum modo se reconhece o rompimento do vínculo matrimonial de seus nacionais e a sentença que o decretar, como divórcio, será uma sentença inerte. Se, após divórcio nessas condições, contrai o brasileiro novas núpcias no estrangeiro, o segundo casamento não é reconhecido no Brasil, sendo de julgar improcedente o pedido de desquite que formule, por falta de pressuposto legal (TJRS).

RF, 192:151 — A disposição da Lei de Introdução ao Código Civil (hoje LINDB) reconhece, no Brasil, o divórcio celebrado no exterior, quando os cônjuges são estrangeiros. Sendo, porém, um deles brasileiro, a homologação da sentença só produzirá efeitos quanto ao cônjuge estrangeiro, valendo como desquite quanto àquele (STF).

RTJ, 7:43 — Nos termos do art. 12, § 4º, letra *b*, n. 5, da Lei n. 221, de 1894, não pode ser homologada a sentença estrangeira, decretando o divórcio com dissolução do vínculo conjugal, para ter efeitos no Brasil, em face do direito brasileiro que repele aquela forma de divórcio. Votos vencidos: Homologa-se a sentença estrangeira para efeitos patrimoniais, embora haja decretação do divórcio com dissolução do vínculo. A sentença deve ser homologada na parte em que não ofende o direito público do Brasil. As sentenças, que têm por exclusivo objeto o estado e a capacidade, não precisam de homologação. Tais sentenças se apresentam unicamente em documentos aptos para determinar uma qualidade ou estabelecer um fato, e nada mais. A mulher brasileira, casada com súdito de nação que admite o divórcio absoluto, não perde a sua nacionalidade *ex vi* do Decreto de 10 de setembro de 1860, e, por conseguinte, não pode convolar segundas núpcias porque ofende o direito brasileiro e sua lei pessoal, o que se não verifica com o marido em face de seu direito nacional (STF).

AJ, 95:57 — Cônjuges portugueses não domiciliados no México, onde pediram o divórcio. Nega-se a homologação.

B) *Fraude à lei ocorrida antes da Lei do Divórcio*

RTJ, 43:505 — Homologação de divórcio — Pedido indeferido, por ocorrer fraude à lei e contrariar os bons costumes (Sent. estr. n. 1.926, México, Tribunal Pleno, STF).

RF, 89:154 — O casamento realizado no Uruguai, de brasileiro desquitado, estando vivo o outro cônjuge, é nulo de pleno direito. Não é, portanto, susceptível de desquite.

RT, 75:581 — Se um dos cônjuges, desquitado no Brasil, casa-se no Uruguai, pratica ato contrário à lei brasileira, que não admite o divórcio a vínculo, considerado como ofensivo da ordem pública e dos bons costumes, e por isso não poderá tal cônjuge conservar a guarda dos filhos menores que lhe tenha sido atribuída pela sentença homologatória do desquite.

C) *Inaplicabilidade de lei estrangeira contrária à nacional*

RF, 34:188 — O estrangeiro não pode invocar o seu estatuto pessoal, quando for contrário à ordem pública do país. Desta espécie, perante o direito pátrio, é a lei estrangeira que admite o divórcio.

RSTF, 30:194 — A justiça federal é a competente para processar as causas em que ocorra um conflito de leis a ser resolvido pelo Direito Internacional Privado. Perante a justiça brasileira não é lícito pedir-se a aplicação de uma lei estrangeira contrária aos princípios da organização social do país. Embora do ponto de vista internacional não possa ser o divórcio "a vínculo" considerado ofensivo da ordem pública e dos bons costumes, desde que ele tem de ser pronunciado em um país que o repele de sua legislação, contraria diretamente o direito social desse país. Aplicação da Constituição Federal, art. 60, letra *h*.

RF, 41:299 — Ao juiz brasileiro é vedado aplicar dentro do território do país lei estrangeira contrária aos seus institutos e organização social. E neste caso a lei portuguesa que admite o divórcio a vínculo.

D) *Casamento no exterior e impedimento dirimente absoluto*

EJSTJ, 12:63 — Direito de Família. Casamento no exterior. Ato anterior à introdução do divórcio no Brasil. Se, ao tempo do casamento realizado no exterior, havia impedimento dirimente absoluto, segundo a lei brasileira, e por isso mesmo o ato não era apto a produzir efeitos no país, na conformidade do disposto no art. 17 da LICC (hoje LINDB), não se há de admitir, por razão de boa lógica jurídica, que, desaparecido o impedimento, em razão da superveniência da Lei do Divórcio, haja se tornado eficaz, pois tanto implicaria reconhecer possível a simultaneidade de casamentos, visto que, no divórcio, a sentença só põe termo ao casamento e aos seus efeitos civis *ex nunc*. Recursos conhecidos e providos.

TJ/MS — Nulidade de casamento. Inexistência de impedimento. Impossibilidade. Casamento celebrado no exterior. Impedimento. Inciso VI do art. 183 do CC de 1916 (correspondente ao art. 1.521, VI, do novo CC). Cônjuges brasileiros. Assentamento no registro civil. Ineficaz. Art. 17 da LICC (atual LINDB). Celebração de casamento no exterior, de cônjuges brasileiros e domiciliados no Brasil, em razão de impedimentos das leis nacionais, não se convalidam no tempo, sendo ineficaz o assentamento levado a efeito em notarial civil, impondo ao magistrado reconhecer de ofício tal situação. Não há anulação de casamento se não houver a incidência das causas constantes do art. 183, I a VIII, do CC de 1916 [correspondente ao art. 1.521, I a VII, do novel Código Civil] (Reexame de sentença 65.298-8 — Relator Des. Nildo de Carvalho, j. 27-6-2000, *DJ*, 28 set. 2000).

> **Art. 18. Tratando-se de brasileiros, são competentes as autoridades consulares brasileiras para lhes celebrar o casamento e os mais atos de Registro Civil e de tabelionato, inclusive o registro de nascimento e de óbito dos filhos de brasileiro ou brasileira nascidos no país da sede do Consulado.**

- *Artigo com redação determinada pela Lei n. 3.238, de 1º de agosto de 1957.*
- *CF, art. 12, I, a, b e c; ADT, art. 95, acrescentado pela EC n. 54/2007.*
- *Vide art. 32 da Lei n. 6.015, de 31 de dezembro de 1973.*
- *Decreto n. 24.113/34.*
- *Vide Decreto n. 360, de 3 de outubro de 1935, sobre funções consulares.*
- *Decreto n. 23.102/47, art. 15, VII.*
- *Lei de Introdução às Normas do Direito Brasileiro, art. 19.*
- *Decreto n. 84.451, de 31 de janeiro de 1980, que simplifica a legalização de certidões de atos consulares.*
- *Lei n. 8.829, de 22 de dezembro de 1993, com as alterações da Lei n. 12.269/2010, sobre carreiras de oficial de chancelaria e de assistente de chancelaria, regulamentada pelo Decreto n. 1.565, de 21 de julho de 1995, e alterada pela Lei n. 11.440/2006 (com a alteração da Lei n. 11.907/2009 e a das Leis n. 12.337/2010 e 12.702/2012), que institui o Regime Jurídico dos Servidores do Serviço Exterior Brasileiro.*

- *Decreto n. 1.018/93, sobre repartições consulares de carreira.*
- *CPC/2015, art. 733, §§ 1º e 2º.*
- *Portaria n. 434/2010 do Ministério das Relações Exteriores que aprova Regulamento para cobrança de Emolumentos Consulares.*
- *Portaria n. 657/2010 do Ministério das Relações Exteriores que aprova Regimento do Conselho de Representantes de Brasileiros no Exterior (CRBE).*
- *Portaria n. 656/2013 do Ministério das Relações Exteriores sobre atividade de legalização de atos notariais e documentos brasileiros, destinados a produzir efeitos no exterior para tramitação junto a Embaixadas e Repartições consulares estrangeiras no Brasil.*

§ 1º As autoridades consulares brasileiras também poderão celebrar a separação consensual e o divórcio consensual de brasileiros, não havendo filhos menores ou incapazes do casal e observados os requisitos legais quanto aos prazos, devendo constar da respectiva escritura pública as disposições relativas à descrição e à partilha dos bens comuns e à pensão alimentícia e, ainda, ao acordo quanto à retomada pelo cônjuge de seu nome de solteiro ou à manutenção do nome adotado quando se deu o casamento.

§ 2º É indispensável a assistência de advogado, devidamente constituído, que se dará mediante a subscrição de petição, juntamente com ambas as partes, ou com apenas uma delas, caso a outra constitua advogado próprio, não se fazendo necessário que a assinatura do advogado conste da escritura pública.

- *Parágrafos acrescentados pela Lei n. 12.874, 29 de outubro de 2013.*

1. Competência do cônsul e lei reguladora dos atos por ele praticados

Em atenção aos brasileiros, domiciliados ou não no Brasil, que estejam no exterior, dá-se competência às autoridades consulares brasileiras para lhes celebrar matrimônio, para exercer funções de tabelião e de oficial de registro civil em atos a eles alusivos, levados a efeito no estrangeiro. Os cônsules poderão, portanto, redigir atos notariais em Estado alienígena. Os brasileiros que se encontrarem naquela situação poderão, se quiserem, recorrer, nos atos autênticos, à forma vigente no local da celebração do ato, perante os funcionários do país em que se encontrarem, uma vez que os atos civis constituídos no exterior por oficial público local deverão seguir a norma local, ou seja, ao princípio *locus regit actum*, pois o oficial não poderá afastar-se das prescrições legais de seu país. Mas, se preferirem, poderão aqueles brasileiros dirigirem-se aos representantes consulares do Brasil para lhes requererem a lavratura de atos de competência normal de juiz de casamento, de tabelião ou oficial do registro civil, em vez de procurarem as autoridades locais, para que se observe a sua lei nacional, que é a brasileira. Atender-se-ão, então, às formalidades brasileiras, se requerida for a prática de atos notariais por cônsul do Brasil.

Os atos consulares constituirão uma exceção ao princípio *locus regit actum*, pois os cônsules, em exercício de seus cargos no exterior, estão investidos, geralmente, das funções de oficial público ou do registro civil em atos a eles relativos, além dos atinentes à celebração de casamento de brasileiros. Tal fato fará com que sigam a forma prescrita em sua lei nacional, não podendo adotar as formalidades legais do país onde estão a serviço do Brasil, mesmo que os interessados o requeiram.

Tal investidura consular decorre do direito brasileiro, se bem que o exercício das funções do cônsul dependerá das normas do país perante cujo governo está servindo.

O direito internacional reconhece, mediante princípio consuetudinário ou convenção consular, ao cônsul estrangeiro o exercício das funções de notário e de oficial do registro civil, como no caso de assento de nascimento e de óbito (inclusive de filhos de brasileiro nascidos no país da sede do consulado); de celebrar casamento de nacionais de seu país; de receber protestos de letras de câmbio; de registrar hipoteca etc. O cônsul, atuando como tabelião ou oficial de registro, poderá celebrar o ato de sua competência concernente ao nacional, obedecendo às formalidades exigidas pela sua lei, sem considerar as requeridas pelas leis locais, pois seria, como já afirmamos, inadmissível que praticasse ato de forma diversa da prevista em sua própria legislação. Não lhe será, portanto, permitido o uso das formas locais. Tem-se justificado a exceção à *locus regit actum* por meio de recurso à ficção jurídica da extraterritorialidade, mas, na verdade, ela decorre da própria função concedida ao cônsul pelo direito local para atender aos interesses dos Estados. Todavia, o princípio *locus regit actum* tem caráter facultativo, pois as partes poderão, em certos casos, recorrer, em vez de à lei local, à sua lei pessoal, desde que tenham a mesma nacionalidade, e os atos sejam lavrados pelas autoridades consulares de um Estado no exercício de suas funções no exterior. Assim, os brasileiros domiciliados ou não no estrangeiro, ou que aí estejam de passagem, poderão, se quiserem, dirigir-se ao cônsul do Brasil, para requerer a lavratura de atos de competência normal de juiz de casamento ou de notário, segundo as formalidades estabelecidas pela lei brasileira, sendo-lhes, inclusive, permitido fazer testamento público ou cerrado perante autoridade consular brasileira[456].

---

456. Amílcar de Castro, *Direito internacional privado*, cit., v. 2, p. 45-6 e 79; Clóvis Beviláqua, *Princípios elementares*, cit., p. 251; Espínola e Espínola Filho, *A Lei de Introdução*, cit., v. 3, p. 541-58; Diena, *Il diritto internazionale*, cit., p. 244-6; Oscar Tenório, *Direito internacional privado*, cit., v. 2, p. 45-6. Hammars Kjöld, Les imnunités des personnes investies de fonctions internationales, in *Recueil des Cours*, 1936, v. 56; Roberto Malkassian, *El funcionario internacional*, Buenos Aires, Abeledo-Perrot, 1980. Nas legações ou embaixadas, os representantes diplomáticos e consulares do país estão isentos da jurisdição do Estado em que exercem suas funções. Assim o embaixador brasileiro na Inglaterra estará subordinado à jurisdição brasileira. Além disso, os agentes não adquirem domicílio no país onde são acreditados; seu domicílio é o último que tiverem em seu país (CC, art. 77). "Nos termos da Convenção de Viena de 1961, sobre relações diplomáticas, cabe ao Embaixador representar o Estado acreditante perante o Estado acreditado; não ao cônsul, cujas atribuições limitam-se, de regra, aos planos administrativo, comercial e notarial. Não pode o cônsul, pois, outorgar mandato judicial em representação do Estado estrangeiro, visando ajuizar demanda perante a Justiça brasileira. Falta de legitimação para o processo. Aplicação do art. 76 do CPC/2015" (*EJSTJ*, 8:147). Consulte: Constituição Federal de 1988, arts. 12, § 3º, V, 52, IV, e 102, I, c; Decreto de 30 de março de 1998, que delega competência ao ministro de Estado das Relações Exteriores para autorizar casamento de servidor das carreiras do Serviço Exterior com pessoa empregada de governo estrangeiro que dele receba comissão ou pensão.

Instrução Normativa n. 1, de 18 de abril de 2008, do Instituto Nacional de Tecnologia da Informação, aprova a versão 1.0 do DOC-ICP-05.01 — Procedimentos para Identificação de Servidores do Serviço Exterior Brasileiro, em missão permanente no exterior.

Decreto n. 8.125, de 21 de outubro de 2013, altera o Decreto n. 5.294, de 1º de dezembro de 2004, que fixa a lotação dos Adidos, Adjuntos e Auxiliares de Adidos Militares junto às representações diplomáticas no exterior.

Com o objetivo de uniformizar normas e procedimentos para transcrições no Brasil de documentos lavrados em outros países, o Conselho Nacional de Justiça expediu a Resolução n. 155/2012, que dispõe sobre traslado de certidões de registro civil de pessoas naturais emitidas no exterior.

Conforme o art. 1º da Resolução n. 155, o traslado de assentos de nascimento, casamento e óbito de brasileiros em país estrangeiro, tomados por autoridade consular brasileira, nos termos do regulamento consular, ou por autoridade estrangeira competente, a que se refere o *caput* do art. 32 da Lei n. 6.015/73, será efetuado no Livro "E" do 1º Ofício de Registro Civil de Pessoas Naturais da comarca do domicílio do interessado ou do 1º Ofício de Registro Civil de Pessoas Naturais do Distrito Federal, sem a necessidade de autorização judicial. O art. 2º estabelece que os assentos de nascimento, casamento e óbito de brasileiros lavrados por autoridade estrangeira competente, que não tenham sido previamente registrados em repartição consular brasileira, somente poderão ser trasladados no Brasil se estiverem legalizados por autoridade consular brasileira que tenha jurisdição sobre o local em que foram emitidos. Antes de serem trasladados, tais assentos também deverão ser traduzidos por tradutor público juramentado, inscrito em Junta Comercial brasileira.

Pela Resolução, os oficiais de registro civil deverão observar a eventual existência de acordos multilaterais ou bilaterais, de que o Brasil seja parte, que prevejam a dispensa de legalização de documentos públicos originados em um Estado a ser apresentados no território do outro Estado ou a facilitação dos trâmites para a sua legalização.

A Portaria n. 656, de 29 de novembro de 2013, do Ministério de Relações Exteriores, dispõe sobre a atividade de legalização de atos notariais e documentos brasileiros, destinados a

O Corpo Consular poderá aplicar o CPC/2015, art. 733, §§ 1º e 2º, a brasileiros no exterior, promovendo não só separação ou divórcio consensual por meio de escritura pública, bem como inventário e partilha por via administrativa se convocados a receber herança de bens situados no Brasil, desde que, atendidos os requisitos exigidos por aquela lei[457], com exceção dos prazos de carência, por força do § 6º do art. 226 da CF, com a redação da EC n. 66/2010: *a*) não haja nascituro, filhos menores ou incapazes do casal e observados os requisitos legais atinentes a prazos; *b*) conste, em escritura pública, disposições sobre a descrição e partilha dos bens comuns, pensão alimentícia e acordo quanto à retomada pelo ex-cônjuge de seu nome de solteiro ou à manutenção do nome por ele adotado por ocasião das núpcias. Para tanto será imprescindível a assistência de advogado, devidamente constituído, mediante subscrição de petição, por ambas as partes ou por uma delas, hipótese em que a outra far-se-á representar por advogado próprio. Não será necessário que o advogado assine essa escritura pública.

2. Celebração de casamento de brasileiros perante autoridade consular e sua prova

O Brasil admite que seus cônsules celebrem casamento de brasileiros no exterior (*RT, 211*:160). Sendo ambos os nubentes brasileiros, poderão, se estiverem no estrangeiro, contrair matrimônio perante autoridade estrangeira (CC, art. 1.544, 1ª parte) ou, segundo as formalidades legais do Brasil, perante autoridade consular brasileira (Dec. n. 24.113/34, art. 13). Se os nubentes tiverem a mesma nacionalidade da autoridade consular, perante o cônsul se processará a habilitação matrimonial e a celebração do ato nupcial por estar investido da função de oficial de registro civil, embora, na prática, possa designar, mediante portaria, um funcionário de carreira para fazer as vezes de oficial. O cônsul seguirá as normas do Código Civil brasileiro referentes às formalidades da celebração, sendo uma exceção à *lex loci celebrationis*, procedendo como o faria a autoridade celebrante no Brasil,

---

produzir efeitos no exterior, para tramitação junto a Embaixadas e Repartições Consulares estrangeiras no Brasil.

Decreto n. 8.742/2016 dispõe sobre os atos notariais e de registro civil do serviço consular brasileiro e a dispensa de legalização no Brasil das assinaturas e atos emanados das autoridades consulares brasileiras.

Decreto n. 9.134/2017 promulga o Acordo entre o Governo da República Federativa do Brasil e o Governo da República Italiana sobre o Exercício de Atividade Remunerada por parte de Dependentes Residentes do Pessoal Diplomático, Consular e Técnico-Administrativo, firmado em Roma, em 11 de novembro de 2008.

457. *Vide* §§ 1º e 2º do art. 18 da LINDB, acrescentados pela Lei n. 12.874, de 29-10-2013.

registrando-se, para que possa produzir efeitos no nosso país, iguais aos oriundos de núpcias aqui celebradas, o casamento no livro competente, dentro de 180 dias, a contar da volta de um ou de ambos os cônjuges ao Brasil, no Cartório do respectivo domicílio ou, em sua falta, no 1º Ofício da Capital do Estado em que passarem a residir, e, ainda, expedindo, é claro, certidão do assento (CC, art. 1.544). Com esse registro, ter-se-á eficácia *ex tunc* do casamento, pois seus efeitos retroagirão à data de sua celebração. José Russo esclarece que, não havendo cumprimento daquele prazo de 180 dias para assento por parte dos cônjuges ou de um deles, ao voltarem para o Brasil, tal fato não invalida o casamento, mas apenas acarretará a necessidade de nova habilitação em território nacional, retomando-se a possibilidade do registro. No direito brasileiro ter-se-á o requisito da vinculação da nacionalidade dos contraentes à autoridade consular, sob o fundamento de que não se justificaria a aplicação da lei do celebrante à pessoa que não tenha com ela qualquer dependência político-jurídica. Logo, se os nubentes não tiverem a mesma nacionalidade, a cerimônia nupcial somente poderá realizar-se perante a autoridade local, não tendo o cônsul competência para celebrá-la. Não se tolerará casamento perante autoridade consular brasileira de um brasileiro com uma estrangeira ou apátrida. Exige-se que ambos os nubentes (LINDB, art. 18) sejam brasileiros (*AJ, 45*:23 e *48*:21), não sendo imprescindível, atualmente, como logo em seguida veremos, que sejam domiciliados no Brasil, embora ausentes do seu domicílio, e que a lei nacional comum reconheça a competência consular para celebrar casamento.

Portanto, nossa Lei de Introdução, art. 18, com a alteração da Lei n. 3.238/57, art. 3º, permite que brasileiros convolem núpcias, no exterior, perante nosso cônsul. Acrescenta o Decreto n. 24.113/34, art. 13, parágrafo único, que "os cônsules de carreira só poderão celebrar casamentos quando ambos os nubentes forem brasileiros e a legislação local reconhecer efeitos civis aos casamentos assim celebrados". Pelo art. 15, VII, do Decreto n. 23.102/47, o cônsul honorário não pode celebrar núpcias. Todavia, esse casamento, como vimos, deve ser, pelo art. 1.544 do Código Civil e pelo art. 32 da Lei n. 6.015/73, registrado no Brasil. Os assentos de casamento de brasileiros em país estrangeiro serão considerados autênticos, nos termos da lei do lugar em que forem feitos, legalizadas as certidões pelos cônsules ou, quando por estes tomados, nos termos do regulamento consular. Os assentos deverão ser trasladados nos cartórios do 1º Ofício do domicílio do registrado ou no 1º Ofício da Capital do Estado em que passe a residir, em falta de domicílio conhecido, quando tiverem de produzir efeito no país, ou, antes, por meio de segunda via que os cônsules serão obrigados a remeter por intermédio do Ministério das Relações Exteriores. Essas certidões servirão de prova do casamento consular, disciplinando-se quanto à sua admissibilidade pela *lex fori* e quanto ao valor probante das modalidades admitidas pela *lex loci actus*.

Se, porventura, a lei do país em cujo território se realizou o ato nupcial de brasileiros não reconhecer o casamento consular, tal matrimônio terá validade no Brasil, embora não o tenha naquele Estado[458].

3. Subsídios jurisprudenciais

A) *Legalização de certidão de nascimento pelo cônsul*

RF, 99:461 — A prova extraída dos livros do Registro Civil é inoperante em relação à idade das pessoas nascidas fora do Brasil.

RF, 87:703 — Quando o interessado quiser que o feito no estrangeiro produza no país certos efeitos deve requerer a transcrição da certidão. Se o assento é tomado nos termos da lei do lugar a certidão desse assento é que legalizada servirá para a transcrição.

RF, 39:276 — Certidão de registro de nascimento passada em país estrangeiro, para que produza fé, em Juízo, precisa ser competentemente legalizada pelo Cônsul brasileiro.

RF, 99:276 — A transcrição do assento de nascimento ocorrido no estrangeiro é feita uma vez só, no Cartório do 1º Ofício do domicílio do interessado ou do Distrito Federal, e não tantas vezes quantas pretende ele por ter mudado de país.

BAASP — 2815:11 — Constitucional — Registro de nascimento em consulado brasileiro no estrangeiro — Registro civil — Assentamento — Direito adquirido — Brasileiro nato.

1 — A requerente (filha de mãe brasileira) nasceu em 10-9-1999, na Província de Buenos Aires, República Argentina, sendo devidamente regis-

---

458. Meili e Mamelok, *Das internationale Privat-und Zivilprozessrecht auf Grund der Haager Konventionen*, 1911, p. 130; Oscar Tenório, *Direito internacional privado*, cit., v. 2, p. 73-4; Wilson de Souza Campos Batalha, *Tratado*, cit., p. 110-1; M. Helena Diniz, *Curso*, cit., v. 5, p. 84-5; Milton Faria, *Prática consular*, Rio de Janeiro, p. 380. *Vide*, sobre o assunto, Silvio Rodrigues, *Direito civil*, cit., v. 6, p. 57-8; José Russo, Casamento perante autoridade consular, *Revista Brasileira de Direito de Família*, *23*:55 a 65; *RJTJSP, 31*:103, *30*:81, *28*:64; *41*:42 e *40*:49; *RTJ, 71*:241; *RT, 482*:250, *483*:87, *488*:94, *483*:80, *465*:107, *490*:83, *98*:768, *468*:55, *580*:128 e *211*:160; *RF, 269*:464; *RDA, 140*:464; Código Bustamante, art. 42.

Lei n. 12.775/2012, que dispõe sobre a remuneração dos cargos das Carreiras de Oficial de Chancelaria e de Assistente de Chancelaria, de que trata o art. 2º da Lei n. 11.440/2006.

trada perante o Consulado-Geral da República Federativa do Brasil, preenchendo, assim, todos os requisitos exigidos pela redação originária do art. 12, inciso I, alínea *c*, da Constituição Federal (vigente à época). 2 — É certo que a Emenda Constitucional de Revisão n. 3/94 alterou a redação do dispositivo referido, afastando a possibilidade de o simples registro em consulado brasileiro no exterior conferir nacionalidade originária a pessoas nascidas no estrangeiro. Contudo, os nascidos anteriormente à referida emenda constitucional, desde que preenchidos os requisitos à época necessários, têm direito adquirido à nacionalidade originária, prescindindo de qualquer manifestação de opção perante o Judiciário pátrio. 3 — A recorrente, inclusive, já promoveu a transcrição do Registro de Nascimento junto ao Cartório de Registro Civil da Comarca de Passo Fundo-RS, não havendo que se falar em exercício de opção pela nacionalidade brasileira. 4 — Apelação improvida.

B) Legalização de cambial no consulado

RT, 144:740 — As cambiais passadas em país estrangeiro não estão sujeitas para valer em Juízo à legalização pelos cônsules, exigida no art. 140, § 2º, do Regulamento n. 737, de 1850.

C) Casamento de brasileiros perante autoridade do registro civil de país estrangeiro

JB, 130:108 — Casamento de nacionais celebrado perante autoridade do Registro Civil de país estrangeiro. Inadmissibilidade de registro no Brasil. Tratando-se de brasileiros ausentes de seu domicílio no país, são competentes as autoridades consulares brasileiras para lhes celebrar o casamento. Sentença confirmada (TJRS).

Ciência Jurídica, 59:129 — Estão impossibilitados de se unirem em matrimônio, no Exterior, os brasileiros apenas separados judicialmente, sem a conversão da separação em divórcio. O casamento realizado sem as formalidades legais prescritas é ineficaz, não gerando obrigações de direito de família (TJBA).

D) Casamento de estrangeiros no exterior e ulterior naturalização brasileira de ambos

JB, 130:58 — Casamento de estrangeiros no exterior. Posterior naturalização de ambos os cônjuges pela lei brasileira. Transcrição do registro de casamento no Brasil, inclusive para possibilitar averbação de sentença homologatória de separação consensual aqui ocorrida. Recurso extraordinário conhecido e provido para esse fim. Interpretação do § 1º do art. 32 da Lei de Registros Públicos (n. 6.015, de 31-12-73) e do art.

137 do Dec.-lei 941, de 18-10-69 (substituído pelo art. 121 da Lei n. 6.815, de 19-8-80) (STF).

E) Casamento no exterior entre brasileiro e estrangeira

JB, 130:38 — Casamento. Casamento no exterior. Estrangeira e brasileiro naturalizado. Registro civil (averbação). O casamento celebrado no estrangeiro, perante autoridade e segundo a lei do lugar, em que somente um ou ambos os nubentes sejam de nacionalidade brasileira, pode ter a respectiva certidão trasladada no cartório do registro civil nacional competente, quando tiver de produzir efeitos no País (Lei dos Registros Públicos, art. 32 e § 1º). Recurso extraordinário conhecido e provido (STF).

TJSC — Ap. Cível 2002.018547-2 — 2ª Câm. de Direito Civil — rel. Monteiro Rocha — j. 11-9-2003 — Registro Público — Casamento realizado entre brasileira e italiano na Itália — Inserção do sobrenome do marido ao da mulher — Impossibilidade pela legislação italiana — Transcrição do ato nupcial com inserção do sobrenome do cônjuge italiano — Improcedência — Princípio do *locus regit actum* — Retificação do traslado do ato civil praticado no estrangeiro — Ato que não pode ser objeto de qualquer inserção ou suprimento — Pedido improcedente — Sentença mantida — Provimento negado.

Art. 19. Reputam-se válidos todos os atos indicados no artigo anterior e celebrados pelos cônsules brasileiros na vigência do Decreto-lei n. 4.657, de 4 de setembro de 1942, desde que satisfaçam todos os requisitos legais.

• *Artigo acrescentado pela Lei n. 3.238, de 1º de agosto de 1957.*

Parágrafo único. No caso em que a celebração desses atos tiver sido recusada pelas autoridades consulares, com fundamento no art. 18 do mesmo Decreto-lei, ao interessado é facultado renovar o pedido dentre em 90 (noventa) dias contados da data da publicação desta Lei.

• *Parágrafo acrescentado pela Lei n. 3.238, de 1º de agosto de 1957.*

1. Validade de casamento consular de brasileiros não domiciliados no Brasil

O art. 19, ora comentado, tem por finalidade precípua considerar como válido matrimônio, porventura, celebrado por cônsul brasileiro no exterior, não sendo os nubentes domiciliados no Brasil, embora ambos sejam brasileiros. Assim sendo, brasileiros, domiciliados no exterior, cujo ato nupcial foi levado a efeito por cônsul brasileiro, com inobservância do art. 18, tiveram seu matrimônio validado.

2. Renovação de pedido para celebração de casamento consular de nacionais domiciliados no exterior

Se, havendo recusa pelo cônsul para efetivar núpcias de brasileiros domiciliados no estrangeiro, o pedido para sua celebração não for renovado dentro do prazo legal de noventa dias, contado da data da publicação desta lei, a autoridade não poderá celebrar aquele ato. Mas, observa Oscar Tenório, que o sentido literal não poderá prevalecer sobre o objetivo do texto modificador; logo, se deverá entender que, no processo de habilitação, o simples pedido de reconsideração, fundamentado legalmente, obrigaria o cônsul a celebrar as núpcias, deixando de lado a exigência do domicílio no Brasil. Com isso percebe-se que a Lei n. 3.238/57 veio a alterar os arts. 7º, § 2º, e 18 da Lei de Introdução, eliminando a exigência do domicílio, ficando apenas com o elemento de conexão "nacionalidade". Consequentemente, brasileiros, domiciliados ou não no Brasil, poderão, no exterior, convolar casamento perante autoridade consular brasileira[459].

> **Art. 20.** Nas esferas administrativa, controladora e judicial, não se decidirá com base em valores jurídicos abstratos sem que sejam consideradas as consequências práticas da decisão.
>
> **Parágrafo único.** A motivação demonstrará a necessidade e a adequação da medida imposta ou da invalidação de ato, contrato, ajuste, processo ou norma administrativa, inclusive em face das possíveis alternativas.

- *Acrescentado pela Lei n. 13.655/2018.*
- *Decreto n. 9.830/2019, arts. 2º e 3º.*
- Vide *arts. 21 e 22 da LINDB.*
- *Lei n. 9.784/99, art. 2º e parágrafos único.*
- *CPC, arts. 11, 489, §§ 1º a 3º, e 926, § 2º.*
- *CF, arts. 70, parágrafo único, e 93, IX.*

---

459. Oscar Tenório, *Direito internacional privado*, cit., v. 2, p. 69 e 70.

1. Abstenção da justificação de decisões com base em valores jurídicos abstratos

O objetivo deste artigo foi estabelecer que as esferas administrativa, controladora ou judicial não decidam o destino dos envolvidos, tendo por suporte princípios ou valores jurídicos abstratos (p. ex. o da universalização, no caso de telecom), sem que sejam consideradas as consequências práticas (jurídicas e administrativas) que, no exercício diligente de suas atuações consigam vislumbrar diante dos fatos e dos fundamentos jurídicos da decisão. Visa defender o interesse público, privilegiando a realidade fático-econômica e suas consequências e não os valores ou conceitos jurídicos abstratos indeterminados.

Pelo Enunciado n. 1, aprovado em 2019 no Seminário de Direito Administrativo: "A expressão, *esfera administrativa, controladora e judicial*, contida na LINDB, abrange o exercício de todas as funções estatais que envolvam aplicação do ordenamento jurídico".

Consequentemente, os agentes públicos (administrativos, controladores ou judiciários) deverão, ao decidir com base em valores jurídicos, observar os possíveis efeitos práticos sobre bens e direitos alheios, que adviriam de suas decisões e evitar a aplicação de princípios jurídicos ao seu bel-prazer, visto que há vetores sociológicos, econômicos, morais, jurídicos, políticos e ideológicos norteadores dessas decisões.

Se houver uma solução legislativa, o gestor público, controlador ou juiz não poderá deixar de aplicá-la, dando preferência a um princípio, a uma cláusula geral, a um conceito jurídico indeterminado, ou seja, a um valor jurídico abstrato, por conter conteúdo amplo ou indeterminação semântica. A aplicação desse valor jurídico abstrato ou princípio será viável desde que se considerem as consequências práticas, oriundas da decisão tomada. Com isso, reforçar-se-á a responsabilidade decisória da autoridade diante da incidência da norma, cujo conteúdo comporta mais de uma solução, visto que deverá motivar sua deliberação, demonstrando a necessidade da medida imposta ou da nulidade decidida. Consagra-se, assim, o princípio da motivação concreta e a responsabilidade pelos efeitos decisórios.

O tomador de decisão não poderá, tão somente, invocar fórmulas genéricas, como "interesse público", "bem comum", "princípios da economicidade, da moralidade administrativa, dos valores sociais do trabalho e da livre-iniciativa" etc. Deverá, baseado nos dados processuais, analisar previamente as reais consequências práticas que possam advir de sua decisão (p. ex., perda de bens, multa, ressarcimento de dano, suspensão ou destituição de cargo, inabilitação para exercício de cargo em comissão etc.).

Os órgãos administrativos (órgãos de administração direta), controladores (TC, MP, Controladoria interna e outros) e judiciais, deverão, portanto, justificar suas decisões, sem se ater a valores jurídicos abstratos, tendo por base o mundo real e os efeitos práticos.

2. Subjetivismo das locuções "valores jurídicos abstratos" e "consequências práticas da decisão"

A locução "valores jurídicos abstratos" é uma cláusula geral, que contém um conceito genérico não ligado à realidade dos fatos ou ao caso concreto a ser julgado. Alberga, em seu bojo, a ideia de princípios, valores previstos em norma jurídica com alto grau de indeterminação e abstração, conceitos jurídicos indeterminados, valores sociais, éticos ou morais, presunções etc., que deverão ser indicados e justificados na motivação e, além disso, demonstrar sua adequação ao fato em julgamento.

A locução "consequência prática da decisão" contém uma amplitude de significados (p. ex. multa, suspensão ou destituição do cargo, reparação de dano, perda de bens). Qual a *intentio* da lei? Impor ao julgador a consideração de eventuais problemas éticos, sociais, econômicos, socioeconômicos que, no porvir, poderiam decorrer da decisão tomada? Tais consequências seriam alusivas a direitos ou a fatos contidos nos autos processuais? Ou estariam ligadas a efeitos que, ulteriormente, à decisão, atingiriam direitos dos envolvidos na realidade fática? Diriam respeito à preservação, ou não, de direitos garantidos, após o ato decisório?

Fácil é perceber que essas locuções darão margem ao subjetivismo, já que cada autoridade, ao analisar o caso para tomar uma decisão relativa, por exemplo, à análise de custo ambiental, falta de espaço à moradia, geração de tributos etc., terá liberdade para avaliar a consequência prática a seu modo, mesmo que tenha por baliza, por exemplo, a ideia de interesse geral ou proporcionalidade e estará condicionada à sua mundividência ou cosmovisão, à sua concepção de valor social, moral ou ético e ao condicionamento social de suas ideias.

3. Vedação de motivação decisória retórica ou principiológica

O julgador, na motivação de sua decisão, como decorrência do Estado de Direito, deverá expor, clara e objetivamente, os fundamentos de fato e de direito, efetuar sua avaliação, tendo por suporte os elementos idôneos (fáticos ou jurídicos) coligidos no processo administrativo, de controle ou judicial, demonstrando a necessidade (averiguação de resultado) e adequação (idoneidade para atingir o fim almejado) da medida imposta ou da invalidação de ato, contrato, ajuste, processo ou norma administrativa à luz das possíveis alternativas, observados os critérios de adequação, proporcionalidade e de razoabilidade. "A abertura a distintas "possíveis alternativas", prevista no parágrafo único do art. 20, é imposta a todos os destinatários da LINDB. Os controles administrativo e judicial devem considerar o cenário vivenciado pela administração ao tempo da decisão ou opinião, reservando-se a possibilidade de indicação, pelo controlador, sem juízo de invalidação ou reprovação de alternativas administrativas mais adequadas para o futuro" (Enunciado n. 3 aprovado em 2019 no Seminário de Direito Administrativo).

"A motivação exigida pelo parágrafo único do art. 20 da LINDB poderá se dar por remissão a orientações gerais, precedentes administrativos ou atos normativos. A possibilidade de motivação por remissão, contudo, não exime a Administração Pública da análise das particularidades do caso concreto, inclusive para eventual afastamento da orientação geral" (Enunciado n. 2 aprovado em 2019 no Seminário de Direito Administrativo).

Imposto está o ônus de motivar qualificadamente a decisão.

"A decisão será motivada com a contextualização dos fatos, quando cabível, e com a indicação dos fundamentos de mérito e jurídicos.

A motivação da decisão conterá os seus fundamentos e apresentará a congruência entre as normas e os fatos que a embasaram, de forma argumentativa.

A motivação indicará as normas, a interpretação jurídica, a jurisprudência ou a doutrina que a embasaram.

A motivação poderá ser constituída por declaração de concordância com o conteúdo de notas técnicas, pareceres, informações, decisões ou propostas que precederam a decisão" (Decreto n. 9.830/2019, art. 2º, §§ 1º a 3º).

Assim sendo, a decisão, que envolve política pública, sairá do campo da idealização e entrará na órbita da concretização, pois não poderá prolatar decisão fundada em valores jurídicos abstratos ou em princípios, sem considerar o impacto das consequências práticas (jurídicas e administrativas) dela oriundas.

"As consequências práticas" às quais se refere o art. 20 da LINDB devem considerar, entre outros fatores, interferências recíprocas em políticas públicas já existentes.

"A avaliação das consequências práticas jurídicas e administrativas é indispensável às decisões nas esferas administrativa, controladora e judicial, embora não possa ser utilizada como único fundamento da decisão ou opinião" (Enunciados 4 e 5 aprovados no Seminário de Direito Administrativo). "A referência a "valores jurídicos abstratos" na LINDB não se restringe à interpretação e aplicação de princípios abrangendo regras e outras normas que contenham conceitos jurídicos indeterminados" (Enunciado n. 6 aprovado em 2019 no Seminário de Direito Administrativo). Se houver uma solução legislativa, o gestor, controlador ou juiz, não poderá deixar de aplicá-la dando preferência a um princípio, a uma cláusula, ou a um valor jurídico abstrato, por conter conteúdo amplo ou indeterminação semântica.

Com isso reforçar-se-á a responsabilidade decisória de autoridade diante de incidência de norma cujo conteúdo comporta mais de uma solução, uma vez que deverá motivar sua deliberação, demonstrando a necessidade da medida imposta ou da nulidade decidida, por não haver outra alternativa jurídica.

Como poderia o tomador de decisão antecipar as consequências futuras de sua decisão e averiguar as possíveis alternativas decisórias, se apenas tem conhecimento das informações contidas nos autos do processo, apresentadas pelos interessados? Parece-nos que apenas a Administração Pública, por meio de cada órgão, poderia analisar detalhadamente, uma dada realidade e verificar as alternativas possíveis, visto que pela Carta Magna, art. 70, parágrafo único, "prestará contas qualquer pessoa física ou jurídica, pública ou privada que utilize, arrecade, guarde, gerencie ou administre dinheiros, bens e valores jurídicos pelos quais a União responda, ou que em nome desta, assuma obrigações de natureza pecuniária". Logo, o agente público antes de praticar qualquer ato deverá, previamente, verificar fatos, impactos e possíveis alternativas. O art. 20, ao impor o ônus de motivar qualificadamente a decisão, tendo por base a contextualização dos fatos e a indicação dos fundamentos de mérito e jurídicos, inverte o *onus probandi*, que é da alçada do gestor e não do tomador de decisão, vindo a enaltecer o subjetivismo do julgador que deverá apontar justificativas para uma eventual confirmação ou invalidação de ato. Assim sendo, a decisão pública sairá, como dissemos, da seara da idealização e entrará na da concretização. Isso não transformaria a atividade julgadora em administradora, já que o órgão decisório deverá, ao analisar as consequências práticas da decisão, exercer papel de administrador? Pelo art. 20 o julgador, no curso do processo, instruído por pareceres técnicos, por contribuições prévias, audiências públicas, petições de interessados etc., será levado a avaliar, na realidade dos fatos, os efeitos concretos de sua decisão, com isso não haveria uma transferência ao tomador de decisão de uma atividade própria da gestão pública? E se, por falta de experiência técnica lhe for inviável a análise dos efeitos práticos de sua decisão e das possíveis alternativas, que houverem?

É preciso solucionar divergências, eliminar incertezas ou dúvidas sobre atos e contratos, tendo em vista sua regularização, ainda que tenham sido invalidados pelo órgão competente. Urge não olvidar que a decretação da nulidade de atos administrativos, pelos danos que causaria aos administrados e à Administração Pública (p. ex. interrupção de obras, refazimento de processo licitatório etc.) somente deverá ocorrer não havendo outra alternativa jurídica.

Por tal razão, as autoridades não deverão prolatar decisões fundadas em cláusulas gerais e conceitos jurídicos indeterminados sem considerar suas consequências práticas e sem apontar a necessidade ou adequação da medida.

4. Justificação da decisão

Os tomadores de decisões nas esferas administrativa, controladora e judicial não poderão decidir baseados em valores jurídicos abstratos, sem considerar o impacto de suas consequências práticas, logo, pelo art. 20, deverão avaliar as circunstâncias fáticas, os obstáculos e dificuldades reais do gestor público e, ainda, as exigências das políticas públicas de seu cargo (art. 22 da LINDB). Deverá haver uma avaliação fundamentada dos efeitos da decisão que envolva política pública. Contudo, apesar de louvável a intenção da lei, parece-nos que isso conduziria à transformação da atividade decisória em administrativa, uma vez que os tomadores de decisão deverão, ao analisar as consequências práticas da sua decisão, exercer "papel" de administradores. Com isso ter-se-ia uma flexibilização negativa da responsabilidade do Estado, diante da possibilidade de se considerar ao apreciar, no caso "*sub examine*", os "obstáculos e dificuldades reais do gestor e as exigências das políticas públicas a seu cargo" (art. 23 da LINDB).[460]

---

460. M. H. Diniz, Arts. 20 a 30 da LINDB como novos paradigmas hermenêuticos do direito público, voltados à segurança jurídica e à eficiência administrativa, *Revista Argumentum*, v. 19, n. 2 (2018) p. 305-318; Reflexões epistemológicas sobre os artigos 20 a 30 da LINDB, *Argumentum*, v. 21, p. 17 a 38 (2020); Arts. 20 a 30 da LINDB: A questão da segurança jurídica, *Direito em Debate*, São Paulo, Almedina, 2022, v. 3, p. 189 a 210.

Consulte: Processo TCU/CONJUR-TC 012.028/2018-5, p. 13 a 17 – https://dir.adm.br/proposta-de-alteração-da-lindb-projeto349-2015/; Alexandre M. S. Martins. Os valores em Miguel Reale, https://www.senado.leg.br/bdsf/bitstream/handle/id/176575/000860623/pdf?sequence=3, p. 269; Diogo Dias, Novo paradigma do Direito Público – *Jornal Valor Econômico*, dia 18-5-2018; Juliana B. de Palma. Como argumentar pelas consequências no controle da gestão pública? *JOTA*,

Art. 21. A decisão que, nas esferas administrativa, controladora ou judicial, decretar a invalidação de ato, contrato, ajuste, processo ou norma administrativa deverá indicar de modo expresso suas consequências jurídicas e administrativas.

Parágrafo único. A decisão a que se refere o *caput* deste artigo deverá, quando for o caso, indicar as condições para que a regularização ocorra de modo proporcional e equânime e sem prejuízo aos interesses gerais, não se podendo impor aos sujeitos atingidos ônus ou perdas que, em função das peculiaridades do caso, sejam anormais ou excessivos".

- *Acrescentado pela Lei n. 13.655/2018, regulamentada pelo Decreto n. 9.830/2019;*
- Vide *arts. 20 e 22 da LINDB.*
- *CPC, art. 6º.*

1. Decisão de invalidação e o problema de seus efeitos jurídicos

A decisão que, na seara administrativa, controladora ou judicial, invalidar ato, contrato, ajuste, processo ou norma administrativa deverá indicar, expressamente, os seus efeitos futuros, ou seja, suas consequências práticas (jurídicas e administrativas), pois podem: envolver os interessados, causando-lhes prejuízos, ou terceiros de boa-fé; gerar custos para os envolvidos; prejudicar a Administração Pública; agravar determinadas situações; atingir direitos coletivos etc.

Se assim é, o agente público deverá, antes de decretar a nulidade do ato, não só averiguar a incidência da invalidação no mundo fático; os custos que gerará; as pessoas que afetará; o conjunto de circunstâncias imprescindíveis para a existência do ato, mas também como se operará sua regularização, apontando, mediante exame motivado, o que deverá ser feito ou desfeito em decorrência da decretação de invalidade.

16-5-2018 – https://www.jota.info/opinião-e-analise/colunas/controlepúblico/argumentar-controle-gestão-pública; Sancionada LINDB ainda divide opiniões, *Jornal do Advogado* n. 438, 2018; https://www.conjur.br/2018.abril15/polêmicas-mudanças-lindb-aguardam-análisejurisprudencial. Martins, Os valores em Miguel Reale, *Revista de Informação Legislativa*, 45:180, p. 269; *Jornal do Advogado*, n. 438 (2018) – Sancionada LINDB, divide opiniões.

"A locução *equânime*: contida no parágrafo único do art. 21 da LINDB não transmite conceito novo que não esteja previsto no ordenamento jurídico, remetendo às ideias de isonomia, razoabilidade, proporcionalidade, equidade e ponderação dos múltiplos interesses em jogo" (Enunciado n. 8 aprovado no Seminário de Direito Administrativo em 2019). ponderando-se os múltiplos interesses em jogo de forma proporcional, isonômica, razoável e equânime, em decorrência daquela nulidade, sem que haja prejuízo aos interesses gerais, visto que não se poderá, conforme as peculiaridades do caso, impor aos atingidos perdas (dano emergente, lucro cessante, dano moral) ou ônus (obrigação de fazer ou não fazer), anormais ou excessivos, por não serem razoáveis e proporcionais ao caso concreto.

A locução "interesse geral" prevista na LINDB significa "interesse público", conceito que deve ser extraído do ordenamento jurídico (Enunciado n. 9 aprovado no Seminário de Direito Administrativo em 2019).

A expressão "ônus e perdas anormais e excessivos", constante do parágrafo único do art. 21 da LINDB, faz referência à imposição de obrigações de fazer ou não fazer (ônus) e a qualquer tipo de dano, a exemplo dos danos materiais, morais, emergentes e lucros cessantes (perdas), que não se mostrem razoáveis e proporcionais no caso concreto (Enunciado n. 10 aprovado no Seminário de Direito Administrativo em 2019).

Na expressão "regularização", constante no art. 21 da LINDB, estão incluídos os deveres de convalidar, converter ou modular efeitos de atos administrativos eivados de vícios sempre que a invalidação puder causar maiores prejuízos ao interesse público do que a manutenção dos efeitos dos atos (saneamento). As medidas de convalidação, conversão, modulação de efeitos e saneamento são prioritárias à invalidação (Enunciado n. 7 aprovado no Seminário de Direito Administrativo em 2019).

A norma, ora examinada, obriga que se indique, na decisão, as condições para que haja regularização da situação de forma proporcional e equânime, podendo até mesmo sugerir a solução consensual do litígio, por meio da cooperação entre as partes, que possibilitaria dimensionar os impactos provocados pela decisão a ser cumprida, analisar os prejuízos e planejar um cronograma para o cumprimento da sentença.

2. Questão das condições para regularização do ato

Pelas razões acima expostas, o dispositivo *sub examine* requer, quando for o caso, para a proteção do futuro, que se aponte as condições para que a regularização se dê de modo proporcional, equânime e sem dano aos interesses gerais, visto que não se pode, conforme as peculiaridades do caso, impor aos atingidos perdas ou ônus anormais ou excessivos.

Realmente, a anulação de atos, contratos e normas administrativas pode acarretar efeitos nefastos e impactos desproporcionais indesejáveis, provocados pela sua desconstituição.

Na declaração de invalidade de atos, ajustes, processos ou normas administrativas, o decisor poderá, consideradas as consequências jurídicas e administrativas da decisão para a Administração Pública e para o administrado: a) restringir os efeitos da declaração ou b) decidir que sua eficácia se iniciará em momento posteriormente definido. A modulação dos efeitos da decisão buscará a mitigação dos ônus ou das perdas dos administrados ou da Administração Pública que sejam anormais, excessivos em função das peculiaridades do caso (Decreto n. 9.830/2019, art. 4º, §§ 4º e 5º).

Consequentemente, claro está que o agente público (administrador, juiz ou controlador) deverá, portanto, antes de decretar a invalidação, apurar ou sopesar as previsíveis consequências jurídicas e administrativas de sua decisão. Ante a abertura semântica da locução "consequências jurídicas e administrativas", quais seriam tais consequências? Qual o seu alcance? Essa avaliação, que pode ser subjetiva ou objetiva, deve ser condição da validade e da eficácia da decisão, mas conduz, pelo subjetivismo, à insegurança. Deveras, como apontamos alhures, poderia o julgador prever quais seriam as consequências jurídicas e administrativas de sua decisão, se só tem em mãos os relevantes dados constantes nos autos? Tal ônus não deveria ser do agente público, que poderá, mediante análise da realidade fática, averiguar as eventuais consequências do ato praticado e, até mesmo, demonstrar ao se manifestar no processo quais os efeitos danosos que poderiam advir por exemplo da invalidação daquele ato? Ante o art. 6º do CPC que prescreve "todos os sujeitos do processo devem cooperar entre si, para que se obtenha, em tempo razoável, decisão de mérito justa e efetiva", não seria obrigação do administrador cooperar com o tomador de decisão, fornecendo-lhe dados demonstrativos dos efeitos que adviriam da decretação de invalidade do ato?

Como poderia o tomador indicar, na decisão, condições para que haja proporcionalidade e justiça na regularização de ato, sem causar prejuízo aos interesses gerais e sem impor perdas excessivas aos atingidos, se apenas tem como subsídio os dados dos autos? Como poderia o julgador, sem analisar a realidade fática, averiguar quais seriam as condições mais adequadas para regularizar o ato, sem causar ônus anormais aos envolvidos e sem prejudicar o interesse geral? Isso não poderia conduzir à arbitrariedade do julgador? Não seria necessário disciplinar, minudentemente, em prol do critério do *justum* os efeitos da invalidação do ato e as condições para sua regularização?

Convém disciplinar, em prol do critério do *justum*, da proporcionalidade e da razoabilidade, os efeitos da invalidação. Mas nada obsta, p. ex., que se aponte uma "solução consensual" por meio da cooperação entre as partes que possibilitará dimensionar impactos provocados pela decisão a ser cumprida[461].

Art. 22. Na interpretação de normas sobre gestão pública, serão considerados os obstáculos e as dificuldades reais do gestor e as exigências das políticas públicas a seu cargo, sem prejuízo dos direitos dos administrados.

§ 1º Em decisão sobre regularidade de conduta ou validade de ato, contrato, ajuste, processo ou norma administrativa, serão consideradas as circunstâncias práticas que houverem imposto, limitado ou condicionado a ação do agente.

§ 2º Na aplicação de sanções, serão consideradas a natureza e a gravidade da infração cometida, os danos que dela provierem para a Administração Pública, as circunstâncias agravantes ou atenuantes e os antecedentes do agente.

§ 3º As sanções aplicadas ao agentes serão levadas em conta na dosimetria das demais sanções de mesma natureza e relativas ao mesmo fato".

- *Incluído pela Lei n. 13.655/2018.*
- *Arts. 5º, 20 e 21 da LINDB.*
- *Vide Leis n. 8.666/93, 8.112/90, art. 128, e 14.133/2021.*
- *LC n. 101/2000.*
- *CPC, art. 8º.*
- *Lei n. 14.230/2021.*

---

461. Egon B. Moreira, Comentário ao art. 26 do PL 349/2015. *Segurança jurídica e qualidade das decisões públicas* (coord. Flávio H. U. Pereira), Brasília, 2015, p. 33 a 35; Fernando Menegal, A novíssima Lei n. 13.655/2018 e o processo estrutural nos litígios complexos envolvendo a Administração Pública; https://www.direitodoestado.com.br/colunistasfernado-menegal/a-novissimalei-n.13655-2015e-o-processo-estrutural-nos-litígios-complexos-envolvendo-a-administraçãopública; Processo TCU/CONJUR:TC 012.028/2018-5, p.18 a 21, https://direitoadm.com.br/proposta-de-alteração-dalindb-projeto — 349/2015/.

1. Parâmetros decisórios interpretativos

Há quem ache que o art. 22, ora comentado, constitui um avanço suscetível ao aprimoramento da qualidade da decisão e à consolidação de melhores práticas de controle da Administração Pública, já que apresenta parâmetros adicionais:

A) Para a *interpretação e aplicação do direito público*, inclusive na análise sobre a regularidade de conduta ou de validade do ato, contrato, ajuste, processo ou norma administrativa, aperfeiçoando a transparência de órgãos públicos de controle, aumentando sua responsabilidade e trazendo para o direito público a ideia de equidade, uma vez que o operador deverá considerar:

a) o comando legal e os limites constitucionais, sem olvidar do critério da especialidade e do hierárquico em caso de antinomia normativa;

b) os obstáculos e as dificuldades reais do gestor;

c) as exigências para uma eficiente política pública a seu cargo;

d) as finalidades sociais, ou seja, as circunstâncias práticas, que houverem imposto, limitado ou condicionado a ação do agente, atendendo ao objetivo público, devendo tal ação do agente estar condicionada ao atendimento dos interesses da população e do erário, às peculiaridades do caso concreto etc.

A aplicação jurídica deverá atrelar-se à realidade, considerando o bem-estar social e os impactos gerados pela decisão.

É preciso lembrar que "poderá ser celebrado termo de ajustamento de gestão, por meio de decisão motivada, entre os agentes públicos e os órgãos de controle interno da Administração Pública com a finalidade de corrigir falhas apontadas em ações de controle, aprimorar procedimentos, assegurar a continuidade da execução do objeto, sempre que possível, e garantir o atendimento do interesse geral. A decisão de celebrar o termo de ajustamento de gestão será motivada na forma do disposto no art. 2º. Não será celebrado termo de ajustamento de gestão na hipótese de ocorrência de dano ao erário praticado por agentes públicos que agirem com dolo ou erro grosseiro. A assinatura de termo de ajustamento de gestão será comunicada ao órgão central do sistema de controle interno" (Decreto n. 9.830/2019, art. 11, §§ 1º a 3º).

B) Para a aplicação de sanções, que deverá ter por critério:

a) a natureza e a gravidade da infração cometida, inclusive, a atitude dolosa (Lei n. 8.429/92, art. 1º com a redação da Lei n. 14.230/2021);

b) os prejuízos que dela resultarem para a Administração Pública;

c) as circunstâncias agravantes ou atenuantes. "Para efeito do disposto no art. 22 da LINDB, os conceitos do direito penal podem ser usados na aplicação das sanções, subsidiariamente, desde que derivem de um núcleo comum constitucional entre as matérias, lastreado nos princípios gerais do direito sancionados sobretudo quando não houver regulação específica" (Enunciado n. 15 aprovado em 2019 no Seminário de Direito Administrativo);

d) os antecedentes do agente e;

e) a dosimetria das demais sanções de igual natureza e atinentes ao mesmo fato. Pelo Enunciado n. 14 aprovado em 2019 no Seminário de Direito Administrativo: "Em homenagem ao princípio da proporcionalidade, a dosimetria necessária à aplicação das sanções será melhor observada quando as circunstâncias agravantes ou atenuantes aplicáveis ao caso forem positivadas preferencialmente em lei, regulamentos, súmulas ou consultas administrativas".

Urge não olvidar que não se afasta a possibilidade de aplicação de sanções previstas em normas disciplinares, inclusive nos casos de ação ou de omissão culposas de natureza leve (Decreto n. 9.830/2017, art. 17).

2. Dificuldades hermenêuticas

Todavia, na aplicação do artigo *sub examine*, há riscos, pois a abertura interpretativa, provocada pela indeterminação semântica, p. ex. das locuções "os obstáculos e as dificuldades reais do gestor e às exigências das políticas públicas a seu cargo", que são indicativos de plausibilidade da decisão, poderá conduzir à invalidade de atos, gerando insegurança jurídica aos administrados, apesar de ter por suporte os arts. 37 a 70 da CF e o art. 5º da LINDB e, ainda, os princípios da eficiência e da economicidade.

Não haveria uma flexibilização negativa da responsabilidade se considerar, ao apreciar o caso *sub examine*, os obstáculos e dificuldades do gestor e as exigências das políticas públicas a seu cargo? Se assim é, "no exercício da atividade de controle, a análise dos obstáculos e dificuldades reais do gestor, nos termos do art. 22 da LINDB, deve ser feita também mediante a utilização de critérios jurídicos, sem interpretações pautadas em mera subjetividade" (Enunciado n. 12 aprovado em 2019 no Seminário de Direito Administrativo).

Difícil será concretizar a forma dessa interpretação analítica e empírica de "normas de gestão pública", ante o conteúdo aberto, que conduz, a um certo subjetivismo do órgão decisório. "Na locução, *dificuldades reais*, constante do art. 22 da LINDB, estão compreendidas carências materiais, deficiências estruturais, físicas, orçamentárias, temporais, de recursos humanos (incluída a qualificação dos agentes) e as circunstâncias jurídicas complexas, a exemplo da atecnia da legislação, as quais não podem paralisar o gestor" (Enunciado n. 11 aprovado em 2019 no Seminário de Direito Administrativo). Qual o sentido e alcance do art. 22? Quais seriam as "normas sobre gestão pública"? Seriam as alusivas à estrutura da atividade administrativa como p. ex., a LC n. 101/2000 (Lei da Responsabilidade Fiscal) ou das Leis n. 8.666/93 e 14.133/2021 (Leis de Licitações)? Ou abrangeria as normas de direito público de teor administrativo? Como evitar que o agente, ao tomar uma decisão, não cometa ilicitudes, p. ex., ao efetuar uma contratação pública?

A decisão deverá, ao decretar a invalidade de um ato ou contrato administrativo, apontar as condições para sua regularização, de modo proporcional, sem causar dano exorbitante às partes atingidas, procurando sempre acatar o interesse geral e privilegiar a manutenção daquele ato ou contrato que, apesar de invalidado, puder ser regularizado. Isso não seria mais próprio de sistema de *common law*, uma vez que o julgador ficará mais adstrito à análise de circunstâncias fáticas?

O dispositivo ora examinado procura uma relativa proteção contra consequências negativas de decisão administrativa ilegal, mas tal esforço cai por terra por dar margem a uma interpretação casuística, marcada pelo subjetivismo. Como poderia o tomador de decisão, baseado nos autos, apurar obstáculos, dificuldades do gestor, exigências das políticas públicas a seu cargo?

A textura aberta, a ambiguidade ou a vagueza do art. 22 conduz ao subjetivismo e ao casuísmo. Como um juízo baseado em consequências ou em circunstâncias poderia conduzir à segurança jurídica, se envolve não só apreciação valorativa, ética ou sociológica dos resultados, mas também das circunstâncias condicionantes do ato do agente ou das particularidades concretas do caso?

Se esse dispositivo legal, na interpretação de norma sobre gestão pública, requer juízo valorativo sobre conduta do gestor público, como poderia trazer estabilidade na aferição da validade de ato, contrato, ajuste, processo ou norma administrativa ou na averiguação da especificidade dos diversos órgãos?

Se administrar é interpretar normas de gestão pública para aplicá-las a casos concretos, parece-nos que o artigo em comento, deveria ter como destinatário o gestor público, e não o tomador de decisão ou controlador.[462] Realmente, "a competência para dizer qual é a melhor decisão administrativa é do gestor, não do controlador. O ônus argumentativo da ação controladora que imputa irregularidade ou ilegalidade à conduta é do controlador, estabelecendo-se diálogo necessário e completo com as razões aduzidas pelo gestor" (Enunciado 13 aprovado em 2019 no Seminário de Direito Administrativo).

Diante da indeterminação ou amplitude dos conceitos empregados pela lei, se, no caso concreto, a decisão do administrador mostrar-se razoável e conforme o direito, o controlador e o juiz devem respeitá-la, ainda que suas conclusões ou preferências pudessem ser distintas caso estivessem no lugar do gestor (Enunciado n. 16 aprovado em 2019 no Seminário de Direito Administrativo).

Art. 23. A decisão administrativa, controladora ou judicial que estabelecer interpretação ou orientação nova sobre norma de conteúdo indeterminado, impondo novo dever ou novo condicionamento de direito, deverá prever regime de transição quando indispensável para que o novo dever ou condicionamento de direito seja cumprido de modo proporcional, equânime e eficiente e sem prejuízo aos interesses gerais.

Parágrafo único (VETADO).

- *Acrescentado pela Lei n. 13. 655/2018.*
- Vide *art. 24 da LINDB.*
- *CF, art. 71, IX.*

1. Regime jurídico de transição adequado com a modulação de efeitos

Se a decisão administrativa controladora ou judicial vier a estabelecer nova interpretação ou orientação, alterando entendimento anterior consolidado, sobre norma de conteúdo indeterminado, impondo novo dever ou novo condicionamento do direito, gerará instabilidade e, por isso, deverá, em prol da proteção da confiança e do bom senso, na hipótese daquelas mudanças, prever regime jurídico-administrativo de transição se for indis-

---

462. Alexandre Santos de Aragão, Comentário ao art. 21 do PL 349/2015, *Segurança jurídica e qualidade das decisões públicas* (coord. Flávio H. U. Pereira), Brasília, 2015, p. 20 a 22; Processo TCU/CONJUR TC – 012.028/2018-5, p. 21 a 33. <https://direitoadm.com.br/proposta--de-alteração-da-lindb-projeto349/2015/.

pensável para que a novel obrigação ou condicionamento do direito possa ser cumprido, no caso concreto, de modo proporcional, equânime e eficiente e sem prejuízo aos interesses gerais. Por exemplo, se uma decisão determinar que uma família saia de uma área sujeita a risco, o município deverá recolocá-la estabelecendo, com prudência objetiva, um regime de transição, assegurando prazo para tanto. A concessão de prazo, que é feita casuisticamente, conforme as peculiaridades do caso concreto e limites legais, para que as pessoas afetadas ou surpreendidas com a alteração de interpretação e a administração possam se adequar à nova situação, consistiria numa modulação de efeitos, para que o novo dever ou condicionamento de direito possa ser cumprido, evitando instruções processuais protelatórias, reunião informal com o interessado etc. Com isso garantido está que a sujeição às novas exigências se dê de forma equânime, proporcional e eficiente.

2. Papel desse regime

Realmente, mudança de entendimento sobre norma de conteúdo indeterminado, qualquer alteração ou extinção de ato administrativo poderá, p. ex. retirá-lo do cenário jurídico, convalidá-lo ou suprimir efeitos *ex tunc* ou manter os efeitos *ex nunc,* logo a decisão administrativa deverá prever regime de transição, assegurando o direito à uma solução não abrupta, garantindo que as alterações sejam conformes ao ordenamento jurídico, possibilitando aos administrados a identificação de alternativas disponíveis e a extensão de suas consequências, viabilizando a segurança jurídica, ao avaliar, motivadamente, a necessidade de se adotar em cada caso concreto um regime jurídico de transição que seja favorável ao administrado, concedendo-lhe tempo e meios para sua adaptação à nova interpretação ou orientação.

Pelo Enunciado n. 17 aprovado em 2019 no Seminário de Direito Administrativo: "É imprescindível, a partir da ideia de confiança legitíma, considerar a expectativa de direito como juridicamente relevante diante do comportamento inovador da Administração Pública, preservando-se o máximo possível as relações jurídicas em andamento. Neste contexto torna-se obrigatória, sempre para evitar consequências desproporcionais, a criação de regime de transição, com vigência ou modulação para o futuro dos efeitos de novas disposições ou orientações administrativas".

As novas regulações não poderão, segundo o art. 23 da LINDB, dar-se sem um adequado regime de transição. Somente desse modo poder-se-ia conciliar as mudanças com a segurança jurídica, evitando riscos. Lícito é o termo de compromisso para que haja um ajuste consensual de prazo de adaptação, mediante negociação.

Procurar-se-á proteger relação jurídica já constituída e a boa-fé existente entre administrados e poder público, mediante imposição de normas de transição em orientações novas, vedando-se a imprevisibilidade de decisão e modulações de efeitos, sem olvidar da necessidade de se considerar as orientações gerais da época quando a decisão for efetuar a revisão de atos anteriores, acatando-se o princípio da confiança e a irretroatividade de posicionamento. "A decisão administrativa que estabelecer motivadamente interpretação ou orientação nova que altere o entendimento anterior consolidado sobre norma de conteúdo indeterminado e impuser novo dever ou novo condicionamento de direito, preverá regime de transição, quando indispensável para que o novo dever ou o novo condicionamento de direito seja cumprido de modo proporcional, equânime e eficiente e sem prejuízo aos interesses gerais. A motivação considerará as condições e o tempo necessário para o cumprimento proporcional, equânime e eficiente do novo dever ou do novo condicionamento de direito e os eventuais prejuízos ao interesses gerais. Quando cabível, o regime de transição preverá:

a) os órgãos e as entidades da Administração Pública e os terceiros destinatários;

b) as medidas administrativas a serem adotadas para adequação à interpretação ou à nova orientação sobre norma de conteúdo indeterminado; e

c) o prazo e o modo para que o novo dever ou novo condicionamento de direito seja cumprido" (Decreto n. 9.830/2019, arts. 6º e 7º).

Todavia, o art. 71, IX, da Carta Magna, outorga apenas ao TCU a competência para "assinar prazo para que o órgão ou entidade adote as providências necessárias ao exato cumprimento da lei, se verificada a ilegalidade", logo o art. 23 da LINDB estaria eivado de "inconstitucionalidade" por retirar, sendo norma infraconstitucional, tal competência, estendendo-a a outros tomadores de decisão e limitando o dever de estabelecer regime de transição apenas "quando indispensável para que o novo dever ou condicionamento de direito seja cumprido de modo proporcional, equânime e eficiente e sem prejuízo aos interesses gerais? Não se teria aqui uma antinomia real de segundo grau em que uma norma superior-geral (art. 71, IX, da CF) conflita com norma inferior especial (art. 23 da LINDB), provocando conflito entre os critérios hierárquico e o da especialidade, tornando impossível estabelecer uma mater regra geral dando prevalência ao critério hierárquico, ou vice-versa, sem contrariar a adaptabilidade do direito, visto inexistir qualquer predominância de um sobre o outro? Teoricamente, deveria prevalecer o hierárquico, mas na prática, a exigência de se aplicar as normas gerais de uma Constituição a situações novas levaria, às vezes, a aplicação de uma lei especial, ainda que ordinária sobre a Constituição. A supremacia do critério da especialidade só se justificaria, nessa hipótese, a partir do mais alto princípio da justiça: *suum cuique tribuere*, baseado na interpretação de que "o que é igual deve ser tratado como igual e o que é diferente, de maneira diferente". O critério dos critérios para solucionar tal conflito seria o do princípio supremo da justiça: entre duas normas incompatíveis dever-se-á escolher a mais justa (LINDB, arts. 4º e 5º). Poderia norma infralegal "alterar" comando constitucional? Se a norma constitucional é de ordem pública, requer interpretação restritiva, como uma opinião doutrinária poderia interpretá-la extensivamente, se pelo art. 71, IX, da CF somente o TCU teria competência para decidir se assina ou não o prazo para que o autor da conduta cumpra o novo dever jurídico? Quem deverá averiguar a indispensabilidade ou não do regime jurídico de transição? O tomador de decisão? O autor da conduta considerada irregular?[463]

> **Art. 24. A revisão, nas esferas administrativa, controladora ou judicial, quanto à validade de ato, contrato, ajuste, processo ou norma administrativa cuja produção já se houver completado levará em conta as orientações gerais da época, sendo vedado que, com base em mudança posterior de orientação geral, se declarem inválidas situações plenamente constituídas.**
>
> **Parágrafo único. Consideram-se orientações gerais as interpretações e especificações contidas em atos públicos de caráter geral em jurisprudência judicial ou administrativa majoritária, e ainda as adotadas por prática administrativa reiterada e de amplo conhecimento público.**

---

463. Marilda de P. Silveira, Comentário ao art. 22 do PL 349/2015, *Segurança jurídica e qualidade das decisões públicas* (coord. Flávio H. U. Pereira, Brasilia, 2015), p. 23 a 25; Leonardo S. D. Peixoto, Lei que alterou a LINDB criou balizas para a segurança jurídica de atos e decisões, *Revista Consultor Jurídico*, 3/5/2018, https://www.conjur.com.br/2018-mai-03/leonardo-peixoto-lindb-criou-balizas-segurança-jurídica; Processo TCU/CONJUR-TC 012-028/2018-5, p. 33 a 37; M. H. Diniz, *Compêndio de introdução à ciência do Direito*, São Paulo, Saraiva, 2013, p. 509 e 510; Bobbio, Des critéres pour résoudre les antinomies, *Les antinomies in droit*, Bruxelles, Perelman, Bruylant, 1965, p. 253-8.

- Acrescentado pela Lei n. 13.655/2018, regulamentada pelo Decreto n. 9.830/2019.
- CF, art. 5º, XXXVI.
- Lei n. 9.784/99, art. 2º, parágrafo único, XIII.
- STF, Súmulas 346 e 473.

1. Revisão administrativa

Em caso de revisão, no âmbito administrativo, controlador ou judicial, relativa à validade de ato, contrato, ajuste, processo ou norma adminsitrativa cuja produção já se completou, dever-se-á considerar as *orientações gerais* da época, que são suas interpretações e especificações contidas em atos públicos de caráter geral ou em jurisprudência judicial ou administrativa majoritária e ainda as adotadas por prática administrativa reiterada e de amplo conhecimento público, abrangendo leis, precedentes, atos administrativos, pareces de AGU ou de consultorias jurídicas (Decreto n. 9.830/2019, arts. 20 a 24) etc.

2. Repúdio à aplicação retroativa

Conforme norma de direito intertemporal (*tempus regit actum* – o tempo rege o ato), há o dever de, na análise do caso concreto, considerar as orientações gerais vigentes na época em que houve a sua ocorrência, para preservar a relação jurídica existente antes da mudança da norma ou da novel interpretação normativa, em razão de alteração de norma ou de avanços sociais ou tecnológicos.

É proibido declarar inválida situação plenamente constituída devido a mudança posterior de orientação geral.

Vedada está a aplicação retroativa da nova interpretação da validade de ato, contrato, ajuste, processo ou norma administrativa, por haver ofensa à segurança jurídica e à estabilidade das relações jurídicas já consolidadas. Consequentemente, proibida está a invalidação de atos por alteração de orientação e imprescindível será a preservação de situações já constituídas em conformidade com as orientações gerais vigentes ao tempo de sua prática, em casos de revisão judicial, administrativa ou controladora dos atos da Administração Pública.

Esta norma fortalece a irretroatividade do direito, resguardando situação constituída de boa-fé de conformidade com a lei vigente na época.

Protege-se a situação jurídica consolidada, pois o administrado não pode ser surpreendido pela proibição de uma conduta que outrora era permitida. Impede que novas interpretações venham a retroagir alcançando gestor, que se fundamentou em jurisprudência ou doutrina existente na ocasião em que editou o ato. Mas, por outro lado, observa o Ministério Público Federal, em Nota Técnica, amplia casos de convalidação de atos viciados (nulos ou inexistentes), sem fazer ressalva quanto a ilegalidades graves, abrindo espaço para que haja estabilidade de orientações gerais, que não foram contestados à época. Os atos nelas baseados não seriam considerados nulos ou inexistentes *ex tunc*, ferindo o princípio da legalidade.[464]

Art. 25. (VETADO.)

Art. 26. Para eliminar irregularidade, incerteza jurídica ou situação contenciosa na aplicação do direito público, inclusive no caso de expedição da licença, a autoridade administrativa poderá, após oitiva do órgão jurídico e, quando for o caso após realização de consulta pública, e presentes razões de relevante interesse geral, celebrar compromisso com os interessados, observada a legislação aplicável, o qual só produzirá efeitos a partir de sua publicação oficial.

§ 1º O compromisso referido no *caput* **deste artigo:**

I – buscará solução jurídica proporcional, equânime, eficiente e compatível com os interesses gerais;

II – (VETADO);

III – não poderá conferir desoneração permanente de dever ou condicionamento de direito reconhecidos por orientação geral;

IV – deverá prever com clareza as obrigações das partes, o prazo para seu cumprimento e as sanções aplicáveis em caso de descumprimento.

§ 2º (VETADO.)

• *Incluído pela Lei n. 13.655/2018.*

---

464. Adilson A. Dallari, Comentário ao art. 25 do PL 349/2015, *Segurança jurídica e qualidade das decisões públicas* (coord. Flávio H. U. Pereira), Brasília, 2015, p. 31 a 32.

- *LINDB, art. 30.*
- *Lei n. 7.347/85, art. 5º, § 6º.*
- *Decreto n. 8.243/2014 sobre Política e o Sistema Nacional de Participação Social.*
- *Lei n. 13.869/2019 sobre abuso de autoridade.*

1. Importância da oitiva de orgão jurídico ou de consulta pública

Com o escopo de sanar ou eliminar eventual irregularidade, incerteza jurídica ou litígio na aplicação do direito, mesmo na hipótese de expedição de licença, o poder público e interessados (pessoas físicas ou jurídicas de direito privado ou público), após a oitiva do órgão jurídico (AGU, PGM e PGE) ou a obtenção de resposta a consulta pública com caráter vinculante em relação ao órgão emissor ou entidade a que se destina (LINDB, art. 30), para que haja maior transparência, representatividade e segurança, terão possibilidade de celebrar acordo administrativo, que colaboraria para uma cooperação público-privada, possibilitando uma negociação de relevante interesse geral sobre o conteúdo da decisão, evitando que o processo administrativo seja decidido por ato unilateral da autoridade e conduzindo à celebração de um compromisso para resolver contendas ou irregularidades, que produzirá efeitos a partir de sua publicações oficial.

A possibilidade de oitiva de órgão jurídico ou de consulta pública (p. ex. para editar determinado ato), é uma mera permissão legal e não um dever ou obrigação. O art. 26 constitui um estímulo ao uso de consultas públicas.

2. Compromisso administrativo e seus requisitos

Esse compromisso é uma modalidade de acordo administrativo, que visa a substituir o processo (p. ex. para obter autorização ou licença) e deverá preencher alguns requisitos:

a) observância da lei aplicável;

b) obtenção de uma solução jurídica proporcional, equânime, eficiente e compatível com os interesses gerais, considerando-se o benefício que trará à coletividade, o valor envolvido etc.

c) impossibilidade de conferir desoneração permanente de dever ou condicionamento de direito reconhecido por orientações geral. Assim sendo,

p. ex. o dever de manter áreas verdes deverá ser cumprido ou de viabilizar acesso a portadores de necessidades especiais a um serviço público etc.

d) previsão clara das obrigações das partes, do prazo para seu cumprimento e das sanções cabíveis na hipótese de descumprimento.

Consequentemente, há ampla possibilidade de se efetuar esse acordo administrativo, sem que seja necessária uma lei específica para cada setor.

Este dispositivo legal estabelece um regime jurídico geral, para negociação entre Administração Pública e administrado, mediante efetivação de compromisso em situações duvidosas, litigiosas ou incertas para solução de contendas ou de irregularidades.

No artigo em comento, apesar da textura aberta, a administração encontrará parâmetros para celebrar compromisso (termo de ajustamento de conduta) com os interessados, que se encontrarem em situação irregular, incerta ou litigiosa, dando azo à eficiência administrativa, embora não confira força executória àquele compromisso[465].

Na hipótese de a autoridade entender conveniente para eliminar irregularidade, incerteza jurídica ou situações contenciosas na aplicação do direito público, poderá celebrar compromisso com os interessados, observada a legislação aplicável e as seguintes condições: após oitiva do órgão jurídico; após realização de consulta pública, caso seja cabível; e presença de razões de relevante interesse geral.

A decisão de celebrar o compromisso deverá ser motivada e o compromisso: a) buscará solução proporcional, equânime, eficiente e compatível com os interesses gerais; b) não poderá conferir desoneração permanente de dever ou condicionamento de direito reconhecido por orientação geral; e c) preverá: as obrigações das partes; o prazo e o modo para seu cumprimento; a forma de fiscalização quanto a sua observância; os fundamentos de fato e de direito; a sua eficácia de título executivo extrajudicial; e as sanções aplicáveis em caso de descumprimento.

O compromisso firmado somente produzirá efeitos a partir de sua publicação.

O processo que subsidiar a decisão de celebrar o compromisso será instruído com:

---

465. Juliana B. de Palma, Comentário ao art. 23 do PL 349/2015, *Segurança jurídica e qualidade das decisões públicas* (coord. Flávio H. U. Pereira), Brasília, 2015, p. 26 a 28; Leonardo S. D. Peixoto. Lei que alterou a LINDB, criou balizas para a segurança jurídica de atos ou decisões, *Revista Consultor Jurídico*, 3/5/2018, Processo TCU/Conjur:TC – 012.028/2018-5, p. 44 a 49.

a) o parecer técnico conclusivo do órgão competente sobre a viabilidade técnica, operacional e, quando for o caso, sobre as obrigações orçamentário-financeiras a serem assumidas;

b) o parecer conclusivo do órgão jurídico sobre a viabilidade jurídica do compromisso, que conterá a análise da minuta proposta;

c) a minuta do compromisso, que conterá as alterações decorrentes das análises técnicas e jurídicas;

d) e a cópia de outros documentos que possam auxiliar na decisão de celebrar o compromisso.

Se o compromisso depender de autorização do Advogado-Geral da União e de Ministro de Estado, nos termos do disposto no § 4º do art. 1º ou no art. 4º-A da Lei n. 9.469, de 10 de julho de 1997, ou ser firmado pela Advocacia-Geral da União, o processo de que trata o § 3º será acompanhado de manifestação de interesse da autoridade máxima do órgão ou da entidade da Administração Pública na celebração do compromisso. Na hipótese acima, a decisão final quanto à celebração do compromisso será do Advogado-Geral da União, nos termos do disposto no parágrafo único do art. 4º-A da Lei n. 9.469, de 1997 (Decreto n. 9.830/2019, arts. 10 e 11).

Art. 27. A decisão do processo, nas esferas administrativa, controladora ou judicial, poderá impor compensação por benefícios indevidos ou prejuízos anormais ou injustos resultantes do processo ou da conduta dos envolvidos.

§ 1º A decisão sobre a compensação será motivada, ouvidas previamente as partes sobre seu cabimento, sua forma e, se for o caso, seu valor.

§ 2º Para prevenir ou regular a compensação, poderá ser celebrado compromisso processual entre os envolvidos.

• *Acrescentado pela Lei n. 13.655/2018.*

• *Lei n. 7.345/85, art. 5º, § 6º.*

1. Acordo substitutivo como materialização da consensualidade administrativa

O artigo, ora examinado, consagra a consensualidade administrativa ao admitir a celebração de acordo substitutivo, fundado na razão de relevante interesse geral, apesar de já ser permitido no art. 5º, § 6º, da Lei n.

7.345/85. Tal permissão genérica do art. 27, ao prescrever que a decisão processual, nas esferas administrativa, controladora ou judicial, poderá, diretamente, impor ou exigir compensação por benefícios indevidos ou prejuízos anormais ou injustos resultantes do processo (p. ex. demora na tomada de decisão, causando dano à concretização de um direito) ou da conduta dos envolvidos (p. ex. interposição de medidas liminares, procrastinando o julgamento; litigância de má-fé etc.).

O art. 27 possibilitará uma compensação, dentro do processo, por danos anormais ou injustos ou por vantagens indevidas de alguma das partes envolvidas, oriundos do próprio processo ou do comportamento dos interessados, visto que admite que, no andamento do processo, já se solucione, mediante acordo, qualquer pendência, sem que haja necessidade de se abrir outro processo para analisar a compensação de fatos ocorridos no curso do anterior. Logo, o agente público que vier a praticar comportamento ilegal, recebendo benefícios indevidos, causando prejuízos injustos ou anormais, poderá compensar o dano, pecuniariamente ou por meio de prestação de serviços, sem prejuízo de responsabilidade civil, penal ou administrativa, inclusive por ato de improbidade administrativa. Com isso, corrigir-se-ão situações em que o erro é irreversível, pois a compensação seria um modo de alcançar o interesse público, e de evitar que as partes, privadas ou públicas, em processo na esfera administrativa, controladora ou judicial, recebam vantagens, que não lhes são devidas, ou sofram danos inusitados, advindos do referido processo ou de ato dos envolvidos.

Assim, os próprios interessados poderão por meio de *compromisso processual*, prevenir ou solucionar controvérsias ou regular a forma pela qual aquela compensação se dará para sanar irregularidades ou até mesmo acordar sobre prazos para manifestação nos processos sancionadores ou para demonstração de realização de investimentos etc.

Observam Floriano de Azevedo Marques Neto e Rafael Verás de Freitas que: "Nada obstante, temos que, em determinadas hipóteses, a celebração dessa espécie de acordo pode ser a única escolha regulatória possível. Cogite-se, por ex., da hipótese em que: (i) o serviço concedido necessite de investimentos não previstos, originalmente, no contrato; (ii) e para fazer frente a tais investimentos, não seja mais possível se utilizar da variação de prazo (por intermédio do expediente da prorrogação), da redução de obrigações de desempenho dos concessionários (sem prejuízo da adequada prestação do serviço público), nem aumentar a tarifa do serviço concedido (sem prejuízo da modicidade tarifária). Nessa hipótese, a celebração do acordo substitutivo de que trata o dispositivo em comento tratar-se-ia de um poder-dever".

O *acordo substitutivo* não é uma transação privada (CC, art. 840) nem um contrato administrativo, mas um *negócio jurídico processual* (CPC, art. 190), permeado pelo consenso, que deverá seguir os parâmetros do art. 20 da LINDB, que visa compor os interesses das partes, não podendo ser estipulado fora do concerto dos interessados. Pretende evitar procedimentos contenciosos de ressarcimentos de danos. Deveras, pelo CPC, art. 190 "versando o processo sobre direitos que admitam autocomposição, é lícito às partes plenamente capazes, estipular mudanças no procedimento para ajustá-lo às especificidades de causa e convencionar sobre os seus ônus, poderes, faculdades e deveres processuais, antes ou durante o processo", logo tal expediente já poderia ser usado em processo administrativo, conforme o art. 15 do CPC/2015.

2. Motivação da decisão sobre compensação

O julgador deverá, tendo sido realizado o acordo substitutivo, motivar sua decisão sobre a compensação por benefícios indevidos ou por prejuízos injustos, decorrentes do processo ou do comportamento dos envolvidos, ouvindo previamente as partes sobre seu cabimento, sua forma e, se for o caso, seu valor.

A decisão sobre o acordo substitutivo, compondo os interesses das partes, deverá ser objeto de ampla motivação e havendo qualquer ilegalidade em tal acordo, o julgador poderá impedir a produção de seus efeitos.[466]

Art. 28. O agente público responderá pessoalmente por suas decisões ou opiniões técnicas em caso de dolo ou erro grosseiro.

§ 1º (VETADO.)

§ 2º (VETADO.)

§ 3º (VETADO.)

---

466. Floriano de A. Marques Neto e Rafael V. de Freitas, A Lei n. 13.655/2015 e os novos paradigmas para os acordos substitutivos, https://www.conjur.com.br/2018-mai-11/opinião-lindb--paradigmas-acordos-substitutivos; Fernando M. de Almeida, Comentário ao art. 29 do PL 349/2015, *Segurança Jurídica e qualidade das decisões públicas* (coord. Flávio H. U. Pereira) Brasília, 2015, p. 43 a 45); Leonardo S. D. Peixoto, Lei que alterou a LINDB criou balizas para a segurança jurídica de atos e decisões, *Revista Consultor Jurídico*, 3/5/2018 – https://www.conjur.com.br/2018-mai-03/leonardopeixoto-lindb-criou-balizas-segurança-jurídica. "Os arts. 26 e 27 da LINDB constituem cláusulas gerais autorizadoras de termos de ajustamento, acordos substitutivos, compromissos processuais e instrumentos afins, que permitem a solução consensual de controvérsias." (Enunciados n. 21 aprovado em 2019 pelo Seminário de Direito Administrativo).

- *Acrescentado pela Lei n. 13.655/2018.*
- *CF, arts. 37, § 6º, 131 e 133.*
- *Lei n. 8.666/93, art. 38, parágrafo único.*
- *Lei. 14.133/2021.*
- *Estatuto da OAB, art. 1º, II.*
- *Lei n. 14.230/2021 sobre improbidade administrativa.*

1. Responsabilidade subjetiva do agente público

O agente público, inclusive advogado público, deverá responder pessoalmente por suas decisões ou opiniões técnicas (pareceres jurídicos), emitidas, no desempenho de sua função, para apoiar decisão administrativa que envolva p. ex., execução de obras públicas, aposentadoria por invalidez etc.), se agir ou se se omitir dolosamente ou se cometer erro grosseiro (culpa grave – negligência, imperícia ou imprudência graves), em suas ações (STF, MS 24.631/DF – MS 24.073, de 2002), que tragam sérias consequências para a sociedade.

"O agente público somente poderá ser responsabilizado por suas decisões ou opiniões técnicas se agir ou se omitir com dolo, direto ou eventual, ou cometer erro grosseiro, no desempenho de suas funções. Considera-se erro grosseiro aquele manifesto, evidente e inescusável praticado com culpa grave, caracterizado por ação ou omissão com elevado grau de negligência, imprudência ou imperícia. Não será configurado dolo ou erro grosseiro do agente público se não restar comprovada, nos autos do processo de responsabilização, situação ou circunstância fática capaz de caracterizar o dolo ou o erro grosseiro. O mero nexo de causalidade entre a conduta e o resultado danoso não implica responsabilização, exceto se comprovado o dolo ou o erro grosseiro do agente público. A complexidade da matéria e das atribuições exercidas pelo agente público serão consideradas em eventual responsabilização do agente público. O montante do dano ao erário, ainda que expressivo, não poderá, por si só, ser elemento para caracterizar o erro grosseiro ou o dolo. A responsabilização pela opinião técnica não se estende de forma automática ao decisor que a adotou como fundamento de decidir e somente se configurará se estiverem presentes elementos suficientes para o decisor aferir o dolo ou erro grosseiro da opinião técnica ou se houver conluio entre os agentes. No exercício do poder hierárquico, só responderá por culpa *in vigilando* aquele cuja omissão caracterizar erro grosseiro ou dolo. O disposto neste artigo não exime o agente público de atuar de forma diligente e eficiente no cumprimento dos seus deveres constitucionais e legais. A análise da regularidade da decisão não poderá substituir a atribuição do agente público, dos órgãos ou das entidades da Administração Pública no exercício de suas atribuições e competências, inclusive quanto à definição de políticas públicas. A atuação de órgãos de controle privilegiará ações de prevenção antes dos processos sancionadores. A eventual estimativa de prejuízo causado ao erário não poderá ser considerada isolada e exclusivamente como motivação para se concluir pela irregularidade de atos, contratos, ajustes, processos ou normas administrativas." (Decreto n. 9.830/2019, arts. 12 e 13).

Urge esclarecer que erro grosseiro indica culpa grave, p. ex. incúria, falta de cuidado ou desprezo à coisa pública, mediante prática de ato positivo ou negativo. Por ex., se um gestor vier a receber recursos para comprar alimentos, com o escopo de não perder essa verba vem a efetuar aquisição de gêneros alimentícios acima do estoque, provocando deterioração de itens perecíveis em razão de perda de validade.

O órgão judicante passa a ter o ônus de analisar a responsabilidade do gestor público na execução de suas funções ou atividades, averiguando se houve má-fé, dolo ou erro grosseiro, abrindo caminho à impunidade e à redução da responsabilidade do administrador público, inclusive por ato de improbidade, visto que afeta não só a aplicação do art. 10 da Lei da Improbidade, revogando-a, parcialmente, pois prescreve a necessidade da comprovação do dolo ou culpa grave, afastando a ideia de responsabilização por culpa *stricto sensu*, como também a dos arts. 186, 187, 927 e 944 do Código Civil, que impõem a quem causar dano a outrem o dever de reparar conforme a extensão do prejuízo.

O gestor público apenas sofrerá sanções administrativas (inabilitação para o exercício do cargo de confiança, imposição de multa etc.) se houver demonstração da ocorrência de dolo ou erro grosseiro (AIA – 30-AM – rel. Min. Teori Zavascki, Corte Especial – DJ – 28-9-2011 – STF). O STJ, por sua vez se firmou no sentido de que, para haver improbidade administrativa, bastaria a comprovação da culpa simples (AgRg no AREsp 654.406/SE – rel. Herman Benjamin – 2ª T, j. 17-11-2015). Consequentemente, a recomposição do dano causado ao erário nem sequer é cogitada por não se tratar de sanção administrativa. O art. 28 está mais próximo do direito punitivo e não do ressarcitório. Logo, o artigo *sub examine* restringe o *jus puniendi* do Estado, que ficará adstrito ao campo de grave culpabilidade administrativa, visto que se não houver prova de dolo ou erro grosseiro a responsabilidade do agente público estará afastada do âmbito do direito administrativo sancionador, e a recomposição dos prejuízos causados ao tesouro público, sujeitar-se-á à demonstração do dano, da conduta lesiva do agente e do nexo causal entre o comportamento culposo do agente público e o prejuízo.

2. Objetivos do art. 28

Pelo art. 28, a responsabilidade por ato de improbidade (Lei n. 14.230/2021) não ficará na dependência da comprovação de ato doloso ou ato lastreado em erro grosseiro do agente público, por bastar prova de culpa simples, por tal motivo o controlador ou julgador deverá apurar, baseado em provas concretas, se o ato foi praticado com a "intentio" de atingir a probidade administrativa. Contudo, o artigo, ora comentado, poderá contribuir para que o agente público evite que seu ato seja tido como doloso ou considerado como erro grosseiro e também evitar, como ensina Rafael Hamze Issa, que o administrador público fique acuado diante da possibilidade de, a qualquer equívoco, posteriormente constatado por órgão de controle, ser responsabilizado com perda do cargo público, pagamento de multa, bloqueio de bens pessoais etc. Resguarda-se o administrador de boa-fé, que não poderá ser penalizado pessoalmente.

O art. 28 pretende dar uma segurança para que o agente público preste seu serviço, manifeste decisão ou opinião, respondendo subjetivamente, apenas na hipótese de ocorrência de conduta dolosa ou gravemente culposa (erro grosseiro)[467].

O art. 28 é inaplicável ao juiz (CPC, art. 143, I, LC n. 35/79 (Loman), art. 49, I); aos membros do Ministério Público (CPC, art. 181), da Defensoria Pública (CPC, art. 187) e da Advocacia Pública (CPC, art. 187), embora possa atingir, como vimos, advogado público por emissão de parecer (STF, 1ª T, MS 27867 – AGR/CF- rel. Min. Dias Toffoli, 18-9-2012).

Todavia, essa responsabilidade subjetiva do agente público não excluiria a responsabilidade objetiva do Estado, que deverá indenizar a vítima por ato do seu servidor, prevista no art. 37, § 6º, da Carta Magna, que reza: "As pessoas jurídicas de direito público e as de direito privado, prestadoras de serviços públicos responderão pelos danos que seus agentes nessa qualidade, causarem a terceiros, assegurado o direito de regresso contra o res-

---

467. Urge lembrar que a função advocatícia de consultoria e de assessoria refoge ao controle dos órgãos externos (MP e TC), que não poderão censurar *opinio* de advogado público ou privado, que só poderá ser responsabilizado se, ao proferir seu parecer, agiu dolosamente ou cometeu erro grosseiro. Pelo Enunciado n. 18 aprovado em 2019 no Seminário de Direito administrativo: "A LINDB é norma jurídica que impacta todas as regras de direito público, especialmente aquelas que tratam da responsabilização dos agentes públicos que decidam ou emitem opiniões técnicas".

ponsável nos casos de dolo ou culpa", a fim de ressarcir cofres públicos, garantindo o princípio constitucional da eficiência. Pelo Enunciado n. 20 aprovado em 2019 no Seminário de Direito Administrativo: "O art. 28 da LINDB para os casos por ele especificados (decisões e opiniões técnicas) disciplinou o § 6º do art. 37 da Constituição, passando a exigir dolo ou erro grosseiro (culpa grave) também para fins de responsabilidade regressiva do agente público". O Estado responde, objetivamente, pelo dano causado pelo seu agente ao lesado, mas terá ação regressiva contra o lesante para dele cobrar o *quantum* pago. Para tanto, o administrado lesado não poderá demandar diretamente contra o agente público, pois deverá acionar o poder público, que, se for condenado, entrará com ação de regresso contra o servidor (lesante), havendo dolo ou culpa (STF, 1ª T, RE 593-525 – AgR – segundo rel. Min. R. Barroso – j. 9-8-2016), para dele cobrar a quantia paga à vítima a fim de ressarcir o erário.

"No âmbito do Poder Executivo federal, o direito de regresso previsto no § 6º do art. 37 da Constituição somente será exercido na hipótese de o agente público ter agido com dolo ou erro grosseiro em suas decisões ou opiniões técnicas, nos termos do disposto no art. 28 do Decreto-lei n. 4.657, de 1942, e com observância aos princípios constitucionais da proporcionalidade e da razoabilidade. O agente público federal que tiver que se defender, judicial ou extrajudicialmente, por ato ou conduta praticada no exercício regular de suas atribuições institucionais, poderá solicitar à Advocacia-Geral da União que avalie a verossimilhança de suas alegações e a consequente possibilidade de realizar sua defesa, nos termos do disposto no art. 22 da Lei n. 9.028, de 12 de abril de 1995, e nas demais normas de regência" (Decreto n. 9.830/2019, arts. 14 e 15).

Se os agentes públicos só deverão responder por dolo ou erro grosseiro, o art. 28 seria, convém repetir, uma porta aberta à impunidade, porque poderá haver isenção de responsabilidade por culpa simples. A responsabilidade pessoal do agente só se daria mediante comprovação de má-fé, dolo ou erro grosseiro (culpa grave) e isso afetaria, de forma negativa, o sistema de punição de agentes públicos e de reparação de prejuízo ao erário por ato de improbidade administrativa.

O art. 28 visa punir agente público corrupto, desonesto, desprovido de boa-fé etc. Logo, não alcança servidor inábil, que praticar atos errôneos sem gravidade social, mas tão somente o que cometer erros grosseiros ou agir dolosamente.

Pelo art. 28 o magistrado passa a ter o ônus de analisar a responsabilidade do gestor público na execução de sua atividade, verificando se houver má-fé, dolo ou erro grosseiro, abrindo espaço à impunidade é a redução da responsabilidade do administrador por ato de improbidade, afastando a ideia de responsabilização, por culpa *stricto sensu* ou simples. Com isso restringido está o *jus puniendi* do Estado, que ficará adstrito à órbita da grave culpabilidade administrativa, pois se não houver prova de dolo ou ato grosseiro, a responsabilidade do agente público estará afastada, mas por outro lado poderá contribuir para que o agente público evite que seu ato seja tido como doloso ou oriundo de erro grosseiro.

Pelo Enunciado n. 19 aprovado em 2019 no Seminário de Direito Administrativo: "A modalidade culposa de improbidade administrativa não se harmoniza com a Constituição, porque improbidade é ilegalidade qualificada pela intenção desonesta e desleal do agente. Não obstante, analisando-se a legislação infraconstitucional, o art. 10 da Lei de Improbidade Administrativa deve ser interpretado de acordo com o art. 28 da LINDB, afastando-se a possibilidade de configuração da improbidade sem a presença de erro grosseiro do agente (culpa grave)".

Incentiva o artigo *sub examine* a honestidade do agente público, mesmo que faça uso de sua discricionariedade administrativa. Tutela o gestor público honesto, que age de boa-fé, confiando em sua atividade funcional, pois, havendo culpa comum, não será responsabilizado pessoalmente, embora seu ato possa ser corrigido, permitindo que decida conforme sua avaliação técnica, mesmo que inove ou contrarie alguma "opinio" de órgão controlador, desde que o fundamento[468].

Art. 29. Em qualquer órgão ou Poder, a edição de atos normativos por autoridade administrativa, salvo os de mera organização interna, poderá ser precedida de consulta pública para manifestação de interessados, preferencialmente por meio eletrônico, a qual será considerada na decisão.

§ 1º A convocação conterá a minuta do ato normativo e fixará o prazo e demais condições da consulta pública,

---

468. *Vide* Processo TCU/CONJUR: TC – 012.0.28/2018-5- p. 50 a 55; Alcir M. da Cruz e Mauro Borges. *O art. 28 da LINDB e a questão do erro grosseiro*. https://www.conjur.com.br/2018-mai-14/opinião-art. 28-lindb-questão-erro-grosseiro?; Rafael Véras de Freitas, *O art. 28 do PL 7.448/2017 e a responsabildiade administrativa* – https://www.conjur.com.br/2018-ab.18/rafaelfreitas-pl.74482017- responsabilidadeadministrativa; Maria Sylvia Z. Di Pietro, Comentário ao art. 27 do PL 349/2015, *Segurança Jurídica e qualidade das decisões públicas* (coord. Flávio H. U. Pereira), Brasília, 2015, p. 36 a 39; Luciano Ferraz, Alteração da LINDB revoga parcialmente Lei da Improbidade Administrativa, *Revista Consultor Jurídico* – 10.5.2018; Rafael H. Issa, *Aprovação do PL 7448/17 representará uma importante melhoria institucional*, https://www.conjur.com.br/2018-ab.16/rafael-issa-pel.744817-representa-melhora-institucional.

observadas as normas legais e regulamentares específicas, se houver.

§ 2º (VETADO.)

- *Acrescentado pela Lei n. 13.655/2018.*
- *Vide Leis n. 9.472/97, art. 42; n. 11.079/2004, art. 10, VI; n. 11.445/2007, art. 51.*
- *CF, art. 174.*
- *Ec n. 19.*

1. Edição de atos administrativos normativos pela Administração Pública

É função da Administração Pública editar atos normativos sobre condutas gerais e abstratas para atender às exigências da sociedade (p. ex. no setor da saúde pública, do meio ambiente, da economia, da vigilância sanitária etc.) e às limitações do Legislativo, de conformidade com as delegações legislativas específicas, por meio de agências reguladoras (ANVISA, ANTT, ANATEL etc.), tanto nas esferas federais como nas estaduais e municipais de sua competência.

2. Governança participativa e a possibilidade de prévia consulta pública para manifestação dos interessados

Poderá haver participação dos interessados na edição de ato normativo pela autoridade administrativa, com exceção do relativo a mera organização interna, pois há permissão para que seja precedida de consulta pública (instrumento participativo) para manifestação dos interessados, preferencialmente, por meio eletrônico, ou seja, pelo uso da internet. Tal consulta pública não é requisito de validade do ato, visto ser uma mera permissão legal e deverá ser considerada na decisão, pois poderá apresentar sugestões para que a Administração Pública aperfeiçoe seu ato decisório, analisando as contribuições oferecidas. Por essa razão a administração deverá publicar essas considerações participativas juntamente com o ato normativo. Consequentemente, consagrada está a governança participativa, uma vez que a consulta pública permitirá a oitiva de especialistas e administrados pelo administrador, trazendo transparência e previsibilidade à atividade estatal normativa.

3. Convocação para a consulta pública

A convocação deverá conter minuta do ato normativo e fixar, com base no princípio da razoabilidade, o prazo para a realização da consulta, observadas as normas legais e regulamentares específicas se houver.

Marcos Augusto Perez entende que aquele prazo deverá ser fixado conforme a complexibilidade e o grau de inovação das matérias tratadas pelo ato normativo. Logo, quanto mais complexo ou inovador for o assunto, maior será o prazo para a discussão, por meio de consulta pública, das medidas a serem tomadas pela administração[469].

"A edição de atos normativos por autoridade administrativa poderá ser precedida de consulta pública para manifestação de interessados, preferencialmente por meio eletrônico. A decisão pela convocação de consulta pública será motivada na forma do disposto no art. 3º. A convocação de consulta pública conterá a minuta do ato normativo, disponibilizará a motivação do ato e fixará o prazo e as demais condições. A autoridade decisora não será obrigada a comentar ou considerar individualmente as manifestações apresentadas e poderá agrupar manifestações por conexão e eliminar aquelas repetitivas ou de conteúdo não conexo ou irrelevante para a matéria em apreciação. As propostas de consulta pública que envolverem atos normativos sujeitos a despacho presidencial serão formuladas nos termos do disposto no Decreto n. 9.191/2017" (Decretro n. 9.830/2019, art. 18, §§ 1º a 4º).

> **Art. 30. As autoridades públicas devem atuar para aumentar a segurança jurídica na aplicação das normas, inclusive por meio de regulamentos, súmulas administrativas e respostas a consultas.**
>
> **Parágrafo único. Os instrumentos previstos no** *caput* **deste artigo terão caráter vinculante em relação ao órgão ou entidade a que se destinam, até ulterior revisão.**

• *Incluído pela Lei n. 13.655/2018.*

• Vide *art. 26 da LINDB.*

---

469. Marcos A. Perez, Comentário ao art. 28 do PL 349/2015, *Segurança jurídica e qualidade das decisões públicas*, (coord. Flavio H. U. Pereira), Brasília, 2015, p. 40 a 42.

1. Publicação de interpretações administrativas e controladoras como uma obrigação das autoridades públicas

É dever das autoridades públicas atuar para aumentar a segurança jurídica na aplicação das normas inclusive mediante regulamentos, orientações normativas, enunciados, súmulas administrativas, pareceres da AGU ou consultorias jurídicas, e respostas a consultas (Decreto n. 9.830/2019, arts. 19 e 20), que terão caráter vinculante em relação ao órgão ou entidade a que se destinam, até que haja uma revisão posterior, uma vez que uniformizam o entendimento no âmbito dos órgãos administrativos. Logo, tais autoridades (administrativas e controladoras) terão a obrigação de divulgar tais interpretações (administrativas e controladoras), que gerarão precedentes administrativos, cujo teor contém uma expectativa comportamental de terceiros, que precisará ser assegurada para que não haja casuísmo, impondo o dever de observância geral, em razão de força vinculante. Esses precedentes gozam de relativa estabilidade, deixando de vincular se houver mudança de entendimento em ato da mesma ou de hierarquia superior.

2. Questão da força vinculante dos instrumentos previstos no *caput* do art. 30

Dar obrigatoriedade a esses instrumentos não seria colocá-los no mesmo patamar de leis? Não retiraria das autoridades públicas a liberdade de livre apreciação, engessando entendimentos, apesar de haver possibilidade de sua revisão? Com isso não se estaria admitindo a inclusão, no direito brasileiro, de instituto próprio de país de *common law*? Em países de Constituição rígida, como o nosso, exige-se subordinação à lei e aos princípios ético-sociais nela subjacentes; logo, não há que se falar em vinculação de órgão ou entidade, até ulterior decisão a regulamento, a súmulas administrativas e a respostas a consultas, pois a autoridades pública poderá alterar, conforme sua consciência e circunstâncias do caso, uma opinião, anteriormente formulada ao tratar de hipótese similar. O ideal seria que os referidos instrumentos fossem bem delimitados, suscetíveis de revisão, mas com *eficácia vinculante relativa*, de forma que as autoridades públicas pudessem ter discricionariedade e se afastar da vinculação de regulamentos, súmulas administrativas e respostas a consultas públicas, se perceberem a singularidade do fato examinado, que apresenta pontos divergentes daqueles paradigmas, comportando uma outra solução mais justa ou mais adequada ao caso que está sendo apreciado. Será que o regulamento, súmula administrativa ou resposta a consultas deveriam ser aplicados *in continenti* a casos que não são idênticos, embora possam ser análogos, por apresentarem divergências, que requerem interpretação do aplicador? Para que tais instrumentos sejam aplicados, não seria necessário que a autoridade pública, com prudência objetiva, tenha certeza de que o precedente, a resposta à consulta pública ou o regulamento contém uma solução justa para o caso concreto apreciado (LINDB, art. 5º)?[470]

---

470. Juliana B. de Palma. *A proposta de Lei da Segurança Jurídica na gestão e do controle públicos e as pesquisas acadêmicas* – https://www.sbdp.org.br/wp/wp-content/uploads/2018/04/PALMA-juliana-A-proposta-de-lei-da-segurança-%C3%A7a-jur%C3%ADdica.pdf); *Desmistificando o PL 7448/17: Segurança jurídica para construirmos planos*, https://www.conjur.com.br/2018-abr-20/juliana-bonacorsi-pl-744817-segurança-jurídica-novos-planos); M. Helena Diniz, *Compêndio de introdução a ciência do Direito*, São Paulo, Saraiva, 2012, p. 328 e s.; Antonio Carlos Villen e Alexandre de Mello Guerra (coord.), *Direito público contemporâneo* – A nova LINDB e as novas leis de licitações e contratos administrativos e improbidade administrativa, *Escola Paulista da Magistratura*, 2023.

CAPÍTULO III

Importância da Lei de Introdução às Normas do Direito Brasileiro

Ao término desta obra urge salientar a grande importância da Lei de Introdução às Normas do Direito Brasileiro para o mundo jurídico por ser um direito sobre direito, que rege a atuação do ordenamento jurídico, e por conter:

a) normas delimitadoras das dimensões temporais dos preceitos normativos, determinando-lhes a vigência e eficácia (arts. 1º e 2º); adotando o princípio da vigência sincrônica das leis; reconhecendo a necessidade de um lapso temporal entre a data da publicação e o termo final da obrigatoriedade legal na falta de disposição especial sobre sua entrada em vigor; apontando as hipóteses de cessação da vigência normativa e os critérios "revocatórios": cronológico, hierárquico e da especialidade, sem olvidar a questão da repristinação;

b) princípios determinantes da aplicabilidade de outras normas (arts. 3º, 4º, 5º e 6º) atinentes à sua obrigatoriedade, interpretação e aplicação, por fornecer diretrizes hermenêuticas, por estabelecer os meios de constatação e preenchimento de lacunas, por resguardar determinadas situações jurídicas constituídas, servindo de guia a juízes, tribunais e autoridades administrativas, e salientando a natureza teleológica da aplicação jurídica baseada na valoração objetiva;

c) normas de competência internacional da autoridade judiciária brasileira e de competência eventual de tribunal estrangeiro, sem olvidar as relativas ao cumprimento de diligências deprecadas por autoridade competente;

d) disposições normativas idôneas a proporcionar a estabilidade das relações extraterritoriais, que venham a resolver os conflitos oriundos da concorrência de leis no espaço, que possibilitem averiguar qual a mais adequada ao caso concreto em julgamento ao apontar critérios para fixar a competência jurisdicional, ao indicar o elemento de conexão (arts. 7º a 17), que será escalonado pela *lex fori*. Contendo, portanto, normas de direito internacional privado, que são normas jurídicas internas com o escopo não só de obter a qualificação direta de uma dada relação jurídica, ante a possibilidade de conflito de qualificações, decorrente da concorrência de normas substanciais, solucionando a problemática da eleição da norma qualificadora aplicável, mediante a indicação do elemento de conexão, como também de tratar da condição jurídica do estrangeiro e de reconhecer internacionalmente os direitos adquiridos. Estipulando, para tanto, que:

1) o direito de família e o estatuto pessoal (art. 7º) tenham como critério o fundado na *lex domicilii*, admitindo a aplicabilidade de norma estrangeira em território nacional, acatando a doutrina da extraterritorialidade, de maneira que o órgão judicante só obterá a qualificação jurídica daquele estatuto e a do direito de família se analisar a lei do Estado onde a pessoa estiver domiciliada;

2) o casamento sujeita-se à *lex loci celebrationis* relativamente às formalidades de sua celebração, aos impedimentos dirimentes absolutos e às nulidades relativas e à *lex domicilii* quanto à capacidade matrimonial;

3) os estrangeiros podem casar-se perante cônsul do país de ambos os nubentes, segundo a lei do Estado da autoridade celebrante, e os brasileiros que estiverem no exterior, domiciliados ou não no Brasil, poderão convolar núpcias perante autoridade consular brasileira;

4) a invalidade matrimonial rege-se pela lei do domicílio dos nubentes se o tiverem em comum; não o tendo, pela do primeiro domicílio conjugal;

5) os incapazes têm por domicílio o de seus representantes legais;

6) o adômide considera-se domiciliado no local de sua residência ou onde se encontrar;

7) a qualificação dos bens móveis ou imóveis e das relações jurídicas a eles concernentes rege-se pelo princípio da territorialidade, ou seja, pela *lex rei sitae*, sendo que a dos móveis sem localização permanente e a do penhor regula-se pela lei domiciliar de seu titular, seja ele proprietário ou possuidor;

8) a forma extrínseca dos atos e negócios jurídicos segue a *locus regit actum*, exceto nos executados no território nacional, aos quais se aplica a *lex loci solutionis*, quanto aos requisitos intrínsecos, exigindo-se o respeito à forma essencial requerida pela lei brasileira;

9) os contratos *inter absentes* reputam-se constituídos no local em que residir o proponente;

10) a sucessão por morte ou ausência segue a *lex domicilii* do falecido ou desaparecido, vigente ao tempo de sua morte, pouco importando a sua nacionalidade, a natureza e situação dos seus bens e a lei pessoal de seus herdeiros. A lei do domicílio do falecido determinará: a instituição e substituição do herdeiro; a ordem de vocação hereditária; a quota do herdeiro necessário; a medida dos direitos de herdeiros e legatários; os limites da liberdade de testar; as causas de deserdação e da indignidade; a colação e

redução das disposições testamentárias; a partilha dos bens do acervo hereditário e o pagamento dos débitos do espólio;

11) a validade extrínseca do testamento rege-se pela *lex loci actus* e a intrínseca, pela *lex domicilii* do *de cujus*;

12) a ordem de vocação hereditária poderá ser alterada tratando-se de bens existentes no Brasil, pertencentes a *de cujus* estrangeiro aqui domiciliado, casado com brasileira e com filhos brasileiros, se a lei nacional do falecido for mais favorável a estas pessoas do que a do seu domicílio (CF/88, art. 5º, XXXI);

13) a lei do domicílio do herdeiro ou legatário, vigente ao tempo da abertura da sucessão, disciplina sua capacidade para suceder, ou seja, sua aptidão para exercer o direito de suceder reconhecido pela *lex domicilii* do *auctor successionis*;

14) as pessoas jurídicas de direito privado, destinadas à consecução de finalidades de interesse coletivo, disciplinam-se pela lei do Estado em que se constituírem; logo, se, sendo estrangeiras, pretenderem abrir no Brasil agências, filiais ou estabelecimentos, deverão antes obter a aprovação de seus atos constitutivos do governo brasileiro, passando a sujeitar-se à lei brasileira, que regerá as relações jurídicas concernentes às atividades empresariais;

15) as pessoas jurídicas de direito público externo não poderão adquirir imóveis ou bens suscetíveis de desapropriação no Brasil, exceto os necessários ao funcionamento dos serviços diplomáticos e consulares e às sedes dos seus representantes;

16) a prova dos fatos ocorridos no exterior regula-se pelos meios apontados pela lei do lugar onde ocorreram (*lex loci*), mas os modos de produzi-la, em juízo, pela *lex fori*;

17) haverá a inadmissibilidade de prova proibida ou desconhecida pela *lex fori* para manter o princípio da territorialidade da disciplina do processo;

18) a prova do direito alienígena aplicável poderá ser exigida pelo juiz a quem a invocar;

19) a eficácia da decisão judicial será limitada à jurisdição do país de origem, impondo o juízo da delibação para execução de sentença estrangeira no Brasil, desde que revestida das formalidades extrínsecas exigidas pelo seu art. 15, seja, ou não, meramente declaratória do estado da pessoa;

20) haverá proibição do retorno, pois o órgão judicante, ao aplicar lei estrangeira, deverá ater-se ao direito material alienígena e não à norma de direito internacional privado, vigente no outro Estado;

21) se terá limites na aplicação da norma estrangeira no Brasil, que não poderá ofender a soberania nacional, a ordem pública e os bons costumes. A invocação da soberania nacional, da ordem pública e dos bons costumes constitui exceção, pois não nega a norma alienígena, apenas atinge efeitos interiores ao Estado que a invoca, devido à discordância entre as duas ordens jurídicas;

22) será competente o cônsul para o exercício de função de oficial público, ou seja, de tabelião ou oficial de registro civil (art. 18);

23) haverá a validade de atos consulares praticados na vigência do Decreto-lei n. 4.657/42 (art. 19);

24) o direito internacional privado será considerado como direito interno do Estado, discriminando-se as competências legislativas, por ser mais seguro, uma vez que nos dias atuais impossível seria uma unificação do direito substancial, como pretende Eggen[1], e a renúncia de Estados soberanos à atividade legislativa em matéria de direito internacional privado, quer mediante tratados e convenções, quer pela imposição supraestatal, ou seja, pela supraestatalização ou adoção de um só direito internacional privado pela codificação mundial entre Estados[2];

25) a adaptação das pessoas e dos grupos entre si será possível pelo acerto das soluções que indica.

e) normas (arts. 20 a 30, inseridos pela Lei n. 13.655/2018, regulamentada pelo Decreto n. 9.830/2019) que apontam balizas de interpretação e aplicação do direito público, com o escopo de aperfeiçoar o controle e a transparência dos atos dos agentes públicos ao exigir avaliações do impacto da decisão no seio da coletividade em busca de uma maior segurança jurídica e eficiência aos administrados. Tais dispositivos visam melhorar a qualidade da atividade decisória pública, no nível federal, estadual e municipal, e o controle público, protegendo a sociedade contra incertezas, riscos e custos excessivos, pois apresentam critérios voltados não só para a previsibilidade das relações entre administrados e Administração Pública, como também para o aumento da transparência ao permitir a participação do cidadão, consultas públicas antes da edição de atos normativos, ao exigir

---

1. Eggen, *De unificatie van het privatrecht van Belgie, Nederland en Luxemburg*, Leuven, 1933.

2. Pontes de Miranda, *Tratado de direito internacional privado*, t. 2, p. 383-4 e 430

mecanismos de transição e motivação dos atos decisórios relativamente às consequências práticas e ao possibilitar a consensualidade, mediante compromisso. Realmente, nessas normas denota-se preocupação voltada à participação do cidadão na decisão da Administração Pública pois preveem: celebração de compromisso com os interessados; prévia consulta pública para edição de atos normativos, com exceção dos de mera organização; regime jurídico de transição. Os arts. 20 a 30 da LINDB, apesar da louvável "*intentio legis*", dividiram opiniões de especialistas, uns entendendo que poderão trazer maior segurança jurídica, outros que conduzirão à extrapolação de competências da atividade do poder decisório, apesar de ter por objetivo melhorar a qualidade da atividade decisória (administrativa, controladora ou judiciária) e aumentar a eficiência pública.

Analisando o teor desses dispositivos poder-se-á dizer que:

1) atingem, parcialmente, a aplicação da Lei da Improbidade, sendo um fator de insegurança jurídica, ao transferir ao tomador de decisão uma responsabilidade própria do gestor público. A Lei n. 13.655/2018 poderá dificultar ou restringir a atuação dos órgãos de controle. Tal transparência ao julgador de responsabilidade poderá converter os órgãos judiciais controladores em órgãos de consultoria jurídica da administração. Com isso instaurar-se-á um cerceamento dos órgãos controladores e um conflito com alguns dispositivos constitucionais e esvaziar-se-á a Lei de Improbidade Administrativa? A inovação da LINDB constituir-se-á numa fonte de insegurança jurídica e de enfraquecimento do controle externo?

2) apontam critérios para fundamentação decisória, prejudicados pela vagueza dos termos, pelo uso exagerado de cláusulas gerais ou de conceitos vagos e indeterminados que podem conduzir ao subjetivismo e, às vezes, à arbitrariedade. Deveras, a motivação das decisões e fundamentação poderão, em certa medida, levar à arbitrariedade; propiciar o enfraquecimento de instrumentos de controle externo, abrir portas à corrupção, apesar de a intenção dos arts. 20 a 30 da LINDB ser voltada ao exercício e ao controle da atividade administrativa, tendo por parâmetros a transparência, eficiência, segurança e governança pública e o combate à improbidade. Tal ocorre, como já dissemos, pela presença constante de conceitos eivados de indeterminação semântica (p. ex. valores jurídicos abstratos; consequências práticas da decisão; exigências políticas públicas, interesses gerais; orientações gerais da época; orientação nova sobre norma de conteúdo indeterminado; regularização proporcional e equânime; obstáculos e dificuldades reais do gestor etc.), que dá azo a interpretações díspares. Como fórmulas genéricas recheadas de *vaguedad* poderiam gerar segurança jurídica? Como demonstrar que a decisão é a mais adequada ou que não há outra alternativa possí-

vel? A vagueza e a indeterminação semântica dos termos legais poderia ser resolvida, com objetividade, pelo aplicador ao analisar, no caso concreto, as eventuais dificuldades apontadas pelo texto? Diante da *vaguedad* seriam os arts. 20 a 30 da LINDB contrários à arbitrariedade?

Não traz a Lei n. 13.655/2018 segurança na sua aplicação ao direito público, pois as cláusulas gerais e conceitos jurídicos indeterminados, de conteúdo e extensão incertos, dão origem a uma zona de penumbra, conducente a uma significação "sui generis", à ambivalência interpretativa, à valoração do aplicador sob a égide do princípio da legalidade, pois como, acertadamente, diz Karl Engisch[3] "normatividade carece de preenchimento valorativo", fazendo com que haja uma "certa autonomia" em face da lei, dando origem à discricionariedade judicial, ou discricionariedade na apreciação (julgamento), e à discricionariedade administrativa ou na atuação do gestor público, que deverão estar voltadas não só a uma valoração pessoal objetiva, buscando a da generalidade das pessoas, de certos setores ou grupos ou a oriunda de concepções éticas, efetivamente, vigentes ou, ainda, a do critério do *justum*, mas também ao interesse público, que é, em regra, livremente apreciado pelo gestor, segundo seu ponto de vista ou querer, de acordo com seu dever funcional, podendo eleger "A" ou "não A".

Surge uma questão: qualquer parcela de norma poderá ser, ante a ambiguidade, "sede" da discricionariedade livre, ou até mesmo de arbitrariedade? As cláusulas gerais e os conceitos indeterminados dificultariam a interpretação, abrindo um leque de possibilidades de significações, logo o manejo de conceitos empíricos levará ao casuísmo ou ao risco de, provisoriamente, dominar a problemática engendrada pelos arts. 20 a 30 da LINDB? Não seria melhor que se empregassem, nesses dispositivos, conceitos impregnados de critérios valorativos ou interpretativos objetivos? Os arts. 20 a 30 da LINDB não deveriam fazer uso de termos específicos, mais claros e objetivos, que apontassem a atuação de gestor, do administrador, do controlador e do juiz, para que se possa ter estabilidade e previsibilidade nas funções públicas, maior transparência administrativa e aperfeiçoamento da regularização sobre gestão pública?

3) limitam a invalidação e a correção dos atos, e isso poderá favorecer a corrupção, a ilegalidade e o aumento de custos e, consequentemente, a insegurança jurídica. Ora a insegurança jurídica, a ineficiência e a corrupção são questões de gestão, que deverão ser resolvidas pela Administração Pública, e não por órgãos de controle e muito menos por alteração de crité-

---
3. Karl Engisch, *Introdução ao pensamento jurídico*, Coimbra, Calouste Gulbenkian, 1964, cap. VI, p. 174 e s.

rios de interpretação normativa, sopesados em conceitos vagos. Realmente, como responsabilizar o TCU por graves falhas da administração, alusivas à boa governança, à capacitação de gestores públicos, à inexistência de planejamento básico ou de eficiência?

4) apontam mecanismos para possibilitar a participação do cidadão na decisão pública como compromisso, consulta pública prévia. Tais instrumentos seriam suficientes? Protegeriam a estabilidade de direitos nas relações entre administrador e administrados?

5) promovem a responsabilidade subjetiva do agente público em caso de dolo ou erro grosseiro (culpa grave), constituindo um prêmio à ineficiência de gestores públicos, que atuarem culposamente, ou seja, com culpa simples. Daí o fato de a Lei n. 13.655/2018 ser considerada por alguns, como a "Lei da condescendência" ou "da impunidade";

6) pretendem dar maior segurança jurídica nas relações entre Administração Pública e administrados e eficiência à aplicação do direito público, além de tornar a gestão pública mais transparente. A falta de segurança jurídica, parece-nos, não poderá ser solucionada com a entrada em vigor dos arts. 20 a 30 da LINDB, incluídos pela Lei n. 13.655/2018, apesar de conterem subsídios viáveis para aumentar aquela segurança, indispensável para a realização do trabalho dos gestores da Administração Pública e para defesa do interesse público. Isto porque a insegurança jurídica é uma realidade fática, valorada subjetivamente, logo nenhuma norma poderá eliminá-la, apesar de poder, em certa medida, minimizar seus efeitos negativos, pois o direito é um produto cultural, inserido no mundo atual, que sofre constantes alterações advindas da tecnologia, da flutuação mercadológica, de mutações valorativas, sociológicas ou éticas, do meio ambiente etc. Como garantir, mediante uma lei, o aprimoramento da segurança jurídica, a melhoria das decisões públicas, a equânime eficiência de uma gestão pública, voltada ao interesse do povo?

A Lei n. 13.655/2018 poderá, além de dificultar a atuação dos órgãos de controle (TCU e Ministério Público), contribuir para a impunidade no setor público.

Poder-se-á até dizer que a finalidade dos arts. 20 a 30 da LINDB, apesar de terem conteúdo permeado de conceitos indeterminados semanticamente, ambíguos, ou vagos, foi promover uma participação de todos para a obtenção de vantagens particulares ou coletivas; impor à autoridade competente um esforço intelectual, conducente à motivação de sua decisão e à análise de seus efeitos práticos e de outras possíveis alternativas, trazendo, racionalidade às decisões administrativas, judiciais ou de órgãos de controle, adequadas ao caso *sub examine*; apresentar uma proposta aos agentes, que passarão a ter um ônus argumentativo: o da demonstração da análise das peculiaridades, das dificuldades do caso e do diálogo com o gestor público; aprimorar a segurança jurídica na Administração Pública, racionalizando o exercício de suas funções e seu controle interno e externo, que deverá ligar-se à transparência, eficiência e governança pública[4].

Apesar destas observações pode-se dizer que a Lei de Segurança para a Inovação Pública (Lei n. 13.655/2018), introduzindo os arts. 20 a 30 na LINDB, é louvável pois procura: reforçar o ônus de argumentação motivada, baseada em consequência prática, das decisões (arts. 20, 21, 28 e 29), para controlar o tomador, não conduzindo ao constrangimento por permitir diálogo, ajuste de condutas, revisão de atos; fortalecer a segurança jurídica nas relações entre a Administração Pública e administrados (arts. 24 e 26); incrementar a participação da sociedade nas decisões públicas, ao estimular compromisso processual e consultas públicas (art. 26 e 29) para afastar incertezas, irregularidades, situação contenciosa na aplicação do direito público e solucionar divergências em prol do interesse social; aperfeiçoar e racionalizar as funções do tomador de decisão, requerendo não só a consideração dos efeitos práticos (jurídicos e administrativos) de suas atividades decisórias como requisito de validade de decisão voltada à segurança jurídica por ser alusiva à questão de adequação de medida ou de nulidade de ato, contrato, ajuste ou norma administrativa, mas também a interpretação de normas sobre gestão pública, atinente à análise das dificuldades reais do gestor das exigências políticas públicas a seu cargo, sem dano aos interesses gerais.

Se conseguirá atingir tais objetivos, somente o tempo o dirá.

Pela sua importância e temática os arts. 20 a 30 da LINDB deveriam constituir uma norma autônoma ou estar incluídos em lei especial sobre gestão pública, no CPC ou no Estatuto da Magistratura, para que possa haver uma verdadeira política estatal.

---

4. Marco Aurélio de B. Silva, *Lei da empatia e impactos do PL 7448/2017 sobre o controle da administração pública*, https://www.info/opinião-e-analise/artigos/lei-da-empatia-e-impactos--do-pl-7448-2017-sobre-o-controle-da-adminstração-pública-23.04.2018.

ANEXOS

1. Projeto de Lei n. 243, de 2002

Lei de Introdução ao Código Civil Brasileiro

O Congresso Nacional decreta:

Art. 1º Esta lei dispõe sobre vigência, eficácia e aplicação das leis, nos casos que menciona.

Disposição geral

Art. 2º Ninguém se escusa de cumprir a lei alegando desconhecimento.

Da vigência da lei

Art. 3º Salvo disposição contrária, a lei começa a vigorar em todo o país trinta dias depois de oficialmente publicada.

§ 1º Se, antes de entrar a lei em vigor, ocorrer nova publicação de seu texto destinada à correção, o prazo começará a correr da nova publicação.

§ 2º As correções a texto de lei em vigor consideram-se lei nova.

Art. 4º A lei em vigor terá efeito imediato e geral.

§ 1º A lei terá vigor até que outra a modifique ou revogue.

§ 2º A lei posterior revoga a anterior quando expressamente o declare, quando seja com ela incompatível ou quando regule inteiramente a matéria de que tratava a lei anterior.

§ 3º A lei nova, que estabeleça disposições gerais ou especiais a par das existentes, não revoga nem modifica a lei anterior.

§ 4º O conflito de normas resolve-se pela posterioridade e pela especialidade.

§ 5º O conflito aparente de dispositivos, na mesma norma, resolve-se pela especialidade, considerados, preferencialmente, o livro, título, capítulo ou seção a que pertença o tema.

Art. 5º A lei processual nova respeitará os atos praticados antes de sua vigência.

Da eficácia da lei

Art. 6º A lei não prejudicará o direito adquirido, o ato jurídico perfeito e a coisa julgada.

§ 1º Ato jurídico perfeito é o consumado de acordo com a lei vigente ao tempo em que se efetuou.

§ 2º Direito adquirido é o que pode ser exercido por seu titular, ou alguém por ele, com termo prefixado, ou sob condição preestabelecida e inalterável, a arbítrio de outrem.

§ 3º Coisa julgada, ou caso julgado, é a decisão judicial de que não caiba recurso.

Da aplicação da lei

Art. 7º No julgamento dos feitos, cabe ao juiz aplicar as normas legais.

Art. 8º Na aplicação da lei, o juiz atenderá aos fins sociais e às exigências do bem comum.

§ 1º O juiz não se exime de decidir sob a alegação de lacuna ou obscuridade na lei.

§ 2º Quando a lei for omissa, o juiz decidirá de acordo com a analogia, a equidade, os costumes e os princípios gerais de direito.

Art. 9º A lei federal superveniente a normas gerais estaduais suspende-lhes a eficácia no que lhes for contrário.

Art. 10. Aplica-se a lei brasileira ao casamento de brasileiros e estrangeiros realizado no Brasil.

Art. 11. Terão os efeitos permitidos na lei brasileira o casamento de estrangeiros realizado no país de origem, e o realizado no Brasil perante autoridades diplomáticas ou consulares do país de origem de um ou de ambos os nubentes.

Art. 12. Equipara-se ao casamento brasileiro o realizado em país estrangeiro que, público e solene, observe os impedimentos e as condições de habilitação estabelecidos na lei brasileira e, a requerimento dos interessados, seja registrado no ofício civil de casamentos no Brasil.

Do domicílio

Art. 13. A pessoa que não tem domicílio considera-se domiciliada no lugar de sua residência ou no lugar em que se encontre.

Art. 14. O domicílio de um cônjuge, ou companheiro, estende-se ao do outro, e o destes ao dos filhos não emancipados, e o domicílio do tutor ou curador estende-se aos dos incapazes sob sua guarda.

Parágrafo único. Os domicílios das pessoas separadas de direito ou de fato não se estendem de uma à outra.

Art. 15. Para qualificar os bens e regular as relações a eles concernentes, aplicar-se-á a lei do país em que estiverem situados.

Art. 16. Aplicar-se-á a lei do país em que for domiciliado o proprietário, quanto aos bens móveis que ele trouxer ou se destinarem a transporte para outros lugares.

Art. 17. O penhor regula-se pela lei do domicílio que tiver a pessoa, em cuja posse se encontre a coisa apenhada.

Da separação e do divórcio

Art. 18. No processo de separação judicial, o foro será o de domicílio da mulher.

Art. 19. No processo de divórcio, o foro será o da separação judicial, se outro não for escolhido pelas partes.

Art. 20. O divórcio realizado no estrangeiro que tiver sido precedido de separação judicial, se um ou ambos os cônjuges forem brasileiros, será reconhecido no Brasil depois de um ano da data da sentença.

Parágrafo único. Se o divórcio realizado no estrangeiro tiver sido precedido de separação judicial realizada há pelo menos um ano, a homologação produzirá efeitos imediatos, obedecidas as condições estabelecidas para a eficácia das sentenças estrangeiras no país.

Art. 21. Será executada no Brasil a sentença proferida no estrangeiro que reúna os seguintes requisitos:

I — haver sido proferida por juiz competente;

II — terem as partes sido citadas ou ter-se consumado a revelia;

III — ter transitado em julgado e estar revestida das formalidades necessárias para a execução no lugar em que foi proferida;

IV — estar traduzida por intérprete autorizado;

V — ter sido homologada pelo Supremo Tribunal Federal, observada a hipótese do inciso II do art. 23.

§ 1º Não dependem de homologação as sentenças meramente declaratórias do estado das pessoas.

§ 2º O reconhecimento de lei estrangeira limitar-se-á ao seu texto, sem se considerar qualquer remissão por ela feita à outra lei.

§ 3º A sentença de divórcio obtida por procuração em país de que os cônjuges não eram nacionais não será homologada no Brasil.

Art. 22. A morte presumida, declarada judicialmente, permite ao supérstite nova união matrimonial.

Art. 23. O Supremo Tribunal Federal, na forma do seu regimento interno, poderá:

I — reexaminar, a requerimento do interessado, decisões proferidas em pedidos de homologação de sentenças estrangeiras de divórcio de brasileiros, para que passem a produzir todos os efeitos legais;

II — delegar à jurisdição federal, nos Estados, competência para a homologação de sentenças estrangeiras de divórcio.

Do regime de bens

Art. 24. O estrangeiro casado, que se naturalizar brasileiro, pode, mediante expressa anuência de seu cônjuge, requerer ao juiz, no ato de entrega do decreto de naturalização, se apostile nesse decreto o regime de comunhão parcial de bens, respeitados os direitos de terceiros.

Parágrafo único. O apostilamento do regime de bens aperfeiçoa-se com o competente registro.

Art. 25. O regime de bens, legal ou convencional, obedece à lei do país em que os nubentes tiverem domicílio, e, se tiverem domicílios diferentes, à lei do primeiro domicílio conjugal.

Art. 26. No processo de invalidade do casamento, prevalecerá, para os nubentes com domicílios diferentes, o primeiro domicílio conjugal.

Art. 27. A autoridade consular brasileira é competente para celebrar o casamento de brasileiros e os demais atos de registro civil e tabelionato, inclusive o registro de nascimento e de óbito dos filhos de brasileiros nascidos no país da sede do consulado.

Parágrafo único. As correções de registro que se façam necessárias serão realizadas, no próprio consulado ou no ofício do domicílio do interessado, após manifestação judicial, mediante simples requerimento.

Da sucessão

Art. 28. A sucessão por morte ou por ausência obedece à lei do país em que era domiciliado o *de cujus* ou o desaparecido, qualquer que seja a natureza e a situação dos bens.

Art. 29. A sucessão de bens de estrangeiros situados no país será regulada pela lei brasileira em benefício do cônjuge, companheiro ou dos filhos, ou de quem os represente, sempre que não lhes seja mais favorável a lei do país do *de cujus*.

Art. 30. A lei do domicílio do herdeiro ou legatário regula a capacidade para suceder.

Das obrigações

Art. 31. As obrigações serão qualificadas e regidas consoante a lei do país em que se constituírem.

Art. 32. A obrigação a ser executada no Brasil observará, na essência, a lei brasileira, admitidas, quanto à forma, as peculiaridades da lei estrangeira.

Art. 33. A obrigação resultante do contrato reputa-se constituída no lugar em que residir o proponente.

Art. 34. É competente a autoridade judiciária brasileira, quando:

I — o réu, qualquer que seja a sua nacionalidade, estiver domiciliado no Brasil;

II — tiver de ser cumprida a obrigação no Brasil;

III — a ação se originar de fato ocorrido ou de ato praticado no Brasil.

Parágrafo único. Para o fim do disposto no inciso I, reputa-se domiciliada no Brasil a pessoa jurídica estrangeira que aqui tiver agência, filial ou sucursal.

Art. 35. Compete à autoridade judiciária brasileira, com exclusão de qualquer outra:

I — conhecer de ações relativas a imóveis situados no Brasil;

II — proceder a inventário e partilha de bens situados no Brasil, ainda que o autor da herança seja estrangeiro e tenha residido fora do território nacional.

Dos tratados e leis estrangeiras

Art. 36. Os tratados internacionais têm o mesmo nível hierárquico da lei ordinária e a ela se equiparam.

Parágrafo único. A plena eficácia dos tratados internacionais é condicionada à sua aprovação legislativa e ratificação mediante decreto.

Art. 37. A norma legal posterior prevalece sobre tratados, convenções e atos internacionais, nos pontos em que se conflitem.

Art. 38. As leis, atos e sentenças de outro país, bem como quaisquer declarações de vontade, não terão eficácia no Brasil quando ofenderem a soberania nacional, a ordem pública ou os bons costumes.

Art. 39. A ação intentada perante tribunal estrangeiro não induz litispendência, nem obsta a que a autoridade judiciária brasileira conheça da mesma causa e das que lhe são conexas.

Art. 40. A sentença estrangeira, no todo ou em parte contrária às prescrições do art. 35, não será homologada pela justiça brasileira.

Art. 41. A execução do julgado proveniente de país estrangeiro que contrarie o art. 35 não será admitida no território brasileiro.

Art. 42. As organizações destinadas a fins de interesse coletivo, como as sociedades e as fundações, obedecem à lei do Estado em que se constituírem.

§ 1º As organizações destinadas a fins de interesse coletivo, como as sociedades e as fundações, não poderão ter no Brasil filiais, agências ou estabelecimentos antes de serem os atos constitutivos aprovados pelo governo brasileiro, sujeito à lei brasileira.

§ 2º Os governos estrangeiros, bem como as organizações de qualquer natureza que eles tenham constituído, dirijam ou hajam investido de funções públicas, não poderão adquirir no Brasil bens imóveis ou suscetíveis de desapropriação.

§ 3º Sujeitam-se à lei brasileira as organizações destinadas a fins de interesse coletivo, como as sociedades e as fundações, bem como suas filiais, agências e estabelecimentos em atividade no Brasil.

Art. 43. Os governos estrangeiros podem adquirir a propriedade dos prédios necessários à sede dos representantes diplomáticos ou dos agentes consulares.

§ 1º A aquisição dos imóveis dependerá de autorização do Ministério das Relações Exteriores.

§ 2º Os imóveis referidos no *caput* sujeitam-se, para os efeitos civis, ao mesmo regime jurídico da propriedade dos nacionais.

Art. 44. Esta Lei entrará em vigor em 10 de janeiro de 2003.

Art. 45. Fica revogado o Decreto-lei n. 4.657, de 4 de setembro de 1942.

Justificação

Faz-se necessária uma nova Lei de Introdução ao Código Civil, ajustada aos preceitos do novo Código, que passou a vigorar a partir de 10 de janeiro de 2003. Nessa nova Lei de Introdução, versada em lei complementar e não mais em decreto-lei, há de se reduzir o prazo de vigência das normas, de quarenta e cinco para trinta dias, considerados os meios de comunicação e transporte deste século, fatores que em muito superam os de meados do século passado.

Impende, também, incorporar dispositivos dispersos, integrantes de outras normas, para elevá-los hierarquicamente ao *status* de lei complementar, confirmado por recepção constitucional; e agregar a jurisprudência predominante, construída nos Tribunais Superiores a respeito do conhecimento e da obrigatoriedade da lei, da vigência e do domicílio, do estrangeiro, do casamento e do divórcio, tendo por premissa que a interpretação das leis é, antes de tudo, fruto de sabedoria e tem lastro em princípios gerais de direito.

É necessário que a nova Lei de Introdução não se limite a prestigiar a norma posterior em simples desproveito da anterior, nos casos de declaração expressa, por ser com ela incompatível ou quando regule inteiramente a matéria tratada na lei anterior. Mais que isso, é curial enfrentar os efetivos conflitos de normas, pois nem sempre são só aparentes, e resolvê-los em favor da posterior, mas também pela especialidade, notadamente no conflito entre dispositivos pertencentes a uma mesma norma que autorize o exame de especialidade interna e considere o livro a que preferencialmente pertença o tema, além do título, capítulo e seção, para, então, estabelecer-se o texto prevalente.

Da mesma forma, é imperioso assentar que a lei não prejudicará o direito adquirido, o ato jurídico perfeito e a coisa julgada, e, em seguida, esclarecer o que sejam ato jurídico perfeito, direito adquirido e coisa julgada, e reduzir, assim, pelo esclarecer, a necessidade de interpretar.

No julgamento dos feitos, serão mantidos os princípios da aplicação das normas legais para atender aos fins sociais e às exigências do bem comum, defeso ao julgador eximir-se de decidir sob a alegação de lacuna ou obscuridade na lei. Diante de omissão da norma, o juiz decidirá de acordo com a analogia, os costumes e os princípios gerais de direito, conforme preceito de ordem processual. Com isso, restarão sem espaço eventualidades jurídicas como as experimentadas sob o título de direito alternativo, e se cumprirá melhor o disposto no art. 93, inciso IX, da Constituição Federal, que exige a fundamentação de todas as decisões proferidas no Poder Judiciário.

Na seara matrimonial, a lei brasileira será aplicável ao casamento realizado no Brasil entre brasileiros e estrangeiros, e permitirá equiparação, ao casamento brasileiro, do realizado em país estrangeiro que observe as mesmas exigências e impedimentos impostos ao processo de habilitação nacional. Por fim, se requerido pelos interessados, esses casamentos estrangeiros que não discrepem da forma pública e solene, por nós adotada, terão permissão para o registro no ofício civil de casamentos.

A nova Lei de Introdução congregará princípios e normas esparsos sobre a extensão do domicílio aos cônjuges e companheiros, desde que não separados de fato ou de direito, e a do domicílio destes aos filhos não emancipados, assim como a do tutor ou curador aos domicílios dos incapazes sob sua guarda.

No processo de separação judicial, o foro será o de domicílio da mulher, com o que evitará interpretações díspares e se atenderá ao princípio de equilíbrio entre as partes, em sua fase mais sensível, que é quando se finda a união. No processo de divórcio, isto é, passado um ano da separação judicial ou dois anos da separação de fato, o foro será o da separação judicial, se outro não for escolhido pelas partes.

A nova Lei de Introdução inova, ainda, ao reconhecer ao Supremo Tribunal Federal competência para, na forma do seu regimento interno, não apenas reexaminar, a requerimento do interessado, decisões proferidas em pedidos de homologação de sentenças estrangeiras de divórcio de brasileiros, que produzam os efeitos legais, mas também para delegar à jurisdição federal, nos Estados, competência para homologar sentenças estrangeiras de divórcio, pois carece de sentido que brasileiros retornem do exterior para seus Estados de origem e domicílio e necessitem homologar sentenças estrangeiras de divórcio na capital do País, onde tem sede a mais alta Corte de Justiça, e não possam obter essa homologação nos Juízos Federais estaduais em que residem.

O divórcio realizado no estrangeiro, se um ou ambos os cônjuges forem brasileiros, será reconhecido no Brasil depois de um ano da data da sentença, para que se observe o mesmo prazo fixado na Lei n. 6.515, de 1977, que disciplina a separação judicial e o divórcio. O divórcio realizado no estrangeiro, precedido de separação judicial realizada há pelo menos um ano, induzirá, a partir da homologação, efeitos imediatos, desde que observadas as condições exigidas para a eficácia das sentenças estrangeiras no país.

A execução, no Brasil, da sentença proferida no estrangeiro manter-se-á como no texto da Lei de Introdução em vigor, condicionada, porém, a ter sido proferida por juiz competente, com citação válida, ou ter-se operado a revelia, haver transitado em julgado e revestir-se das mesmas formalidades impostas à execução de sentença proferida no Brasil. É preciso, também, ter sido traduzida por intérprete autorizado e homologada pelo Supremo Tribunal Federal, exceto se verificar-se a delegação à Justiça Federal prevista no inciso II do art. 19.

A proposta acolhe a presunção de morte, timidamente sediada no novo Código Civil (art. 1.571, inciso I, e § 1º), para autorizar o cônjuge *supérstite* a contrair nova união matrimonial após dois anos do desaparecimento, pois não se deve manter a atual imposição de extensos lapsos temporais, que somam mais de vinte anos, compreendidos entre o desaparecimento de alguém e a fase, de um ano, correspondente à curadoria do seu patrimônio, seguindo-se mais dez anos, da sucessão provisória, e outros dez, de sucessão definitiva. Se esses períodos já se mostram incompreensíveis e intoleráveis para que se proceda à partilha e destinação dos bens da pessoa presumidamente morta, mais incompreensível ainda é que a lei só libere o *supérstite* para novo casamento se esse *supérstite* ajuizar ação de divórcio, em que, mesmo ciente da morte, tenha que alegar injúria em razão de abandono.

A competência outorgada às autoridades consulares brasileiras, para celebrarem o casamento de brasileiros e os demais atos de registro civil e tabelionato, inclusive o registro de nascimento e de óbito dos filhos de brasileiros nascidos no país da sede do consulado, passa a compreender a de que supervenientes correções de registro se realizem no próprio consulado, na hipótese de a pessoa ainda ter ali o seu domicílio, ou, se já retornou ao Brasil, no domicílio de origem, após breve manifestação judicial, mediante simples requerimento. Atualmente, não raro os tabelionatos exigem que a retificação se realize mediante ação judicial, o que soa exagerado quando se trata de simples alteração de dispositivo legal, grafia imprópria ou fato de mesma expressão.

Quanto às obrigações, não se inovam, eis que permanecerão qualificadas e regidas consoante a lei do país em que se constituírem. *De lege ferenda* limita-se a reunir os dispositivos, hoje insertos em normas diversas. Assim, a obrigação a ser executada no Brasil observará, na essência, a lei brasileira, admitidas, quanto à forma, as peculiaridades da lei estrangeira, e a resultante de contrato reputar-se-á constituída no lugar em que residir o proponente.

Diga-se o mesmo — quanto a não inovar — no que concerne à competência da autoridade judiciária brasileira, com exclusão de qualquer outra, para conhecer de ações relativas a imóveis situados no Brasil e para proceder a inventário e partilha de bens aqui situados, ainda que o autor da herança seja estrangeiro e tenha residido fora do território nacional.

Os tratados, convenções e atos internacionais regulamentados internamente terão o mesmo nível hierárquico da lei ordinária federal, e, extensão, da medida provisória, como depreende da leitura do inciso II do art. 105, da Constituição Federal. Esses atos equiparam-se à lei e, após referendados pelo Congresso Nacional mediante decreto legislativo, alcançarão executoriedade quando promulgados e publicados em decreto do Poder Executivo. Dessa maneira, a eficácia do tratado internacional estará condicionada à sua regulamentação interna, mediante as normas próprias.

Os processos judiciais, por seu turno, continuarão a ter trâmite e decisão independentes dos intentados perante tribunais estrangeiros. Por isso, a ação judicial promovida fora do Brasil não induzirá litispendência nem obstará a que a autoridade judiciária brasileira conheça da mesma causa, e das que lhe são conexas, porque não faria sentido acompanhar, em todos os outros países, eventuais ações para, só então, conhecer as que aqui são ajuizadas.

No tangente às organizações destinadas a fins de interesse coletivo, como as sociedades e as fundações, mantêm-se a obediência à lei do Estado em que se constituírem e reproduz-se o comando do art. 11 do Decreto-lei n. 4.657, de 4 de setembro de 1942 (Lei de Introdução ao Código Civil em vigor até janeiro de 2003).

A aquisição de propriedades que servem a sede de representações diplomáticas ou consulares manter-se-á como na norma atual e dependerá de autorização do Ministério das Relações Exteriores (Lei n. 4.331, de 1º de junho de 1964), sujeita, para os efeitos civis, ao mesmo regime jurídico da propriedade dos imóveis nacionais.

Finalmente, a previsão de vigência, contida no art. 42, coincidirá com a do Código Civil, que entrou em vigor a partir de 10 de janeiro de 2003, e o último dispositivo, consentâneo com as disposições da Lei Complementar n. 95, de 1998, revoga o Decreto-lei n. 4.657, de 4 de setembro de 1942, que substancia a atual Lei de Introdução ao Código Civil.

Sala das Sessões, 5 de novembro de 2002. — Senador Moreira Mendes

2. Projeto de Lei n. 269, de 2004

Dispõe sobre a aplicação das normas jurídicas.

O Congresso Nacional decreta:

Capítulo I
DA NORMA JURÍDICA EM GERAL

Art. 1º **Vigência da Lei** — A lei entra em vigor na data da publicação, salvo se dispuser em contrário, e perdura até que outra a revogue, total ou parcialmente.

§ 1º **Revogação** — A lei posterior revoga a anterior quando expressamente o declare ou quando com ela seja incompatível.

§ 2º **Repristinação** — A vigência da lei revogada só se restaura por disposição expressa.

§ 3º **Republicação** — O texto da lei republicada, inclusive da lei interpretativa, considera-se lei nova.

§ 4º **Regulamentação** — A lei só dependerá de regulamentação quando assim o declare expressamente e estabeleça prazo para sua edição; escoado o prazo sem essa providência, a lei será diretamente aplicável.

Art. 2º **Ignorância da lei** — Ninguém se escusa de cumprir a lei, alegando que não a conhece.

Art. 3º **Dever de decidir** — O juiz não se eximirá de julgar alegando inexistência, lacuna ou obscuridade da lei. Nessa hipótese, em não cabendo a analogia, aplicará os costumes, a jurisprudência, a doutrina e os princípios gerais de direito.

Art. 4º **Aplicação do Direito** — Na aplicação do direito, respeitados os seus fundamentos, serão atendidos os fins sociais a que se dirige, as exigências do bem comum e a equidade.

Capítulo II
DO DIREITO INTERTEMPORAL

Art. 5º **Irretroatividade** — A lei não terá efeito retroativo. Ela não prejudicará o direito adquirido, o ato jurídico perfeito e a coisa julgada.

§ 1º **Direito adquirido** — Direito adquirido é o que resulta da lei, diretamente ou por intermédio de fato idôneo, e passa a integrar o patrimônio material ou moral do sujeito, mesmo que seus efeitos não se tenham produzido antes da lei nova.

§ 2º **Direito a termo ou condição** — Constituem igualmente direito adquirido as consequências da lei ou de fato idôneo, ainda quando dependentes de termo de condição.

§ 3º **Ato jurídico perfeito** — Ato jurídico perfeito é o consumado de acordo com a lei do tempo em que se efetuou.

§ 4º **Coisa julgada** — Coisa julgada é a que resulta de decisão judicial da qual não caiba recurso.

Art. 6º **Efeito imediato** — O efeito imediato da lei não prejudicará os segmentos anteriores, autônomos e já consumados, de fatos pendentes.

Art. 7º **Alteração de prazo** — Quando a nova aquisição de um direito depender de decurso de prazo e este for alterado por lei nova, considerar-se-á válido o tempo já decorrido e se computará o restante por meio de proposição entre o prazo anterior e o novo.

Capítulo III
DIREITO INTERNACIONAL PRIVADO

Seção I

Regras de Conexão

Art. 8º **Estatuto Pessoal** — A personalidade, o nome, a capacidade e os direitos de família são regidos pela lei do domicílio. Ante a inexistência de domicílio ou na impossibilidade de sua localização, aplicar-se-ão, sucessivamente, a lei da residência habitual e a lei da residência atual.

Parágrafo único. As crianças, os adolescentes e os incapazes são regidos pela lei do domicílio de seus pais ou responsáveis; tendo os pais ou responsáveis domicílios diversos, regerá a lei que resulte no melhor interesse da criança, do adolescente ou do incapaz.

Art. 9º **Casamento** — As formalidades de celebração do casamento obedecerão à lei do local de sua realização.

§ 1º As pessoas domiciliadas no Brasil, que se casarem no exterior, atenderão, antes ou depois do casamento, às formalidades para habilitação reguladas no Código Civil Brasileiro, registrando o casamento na forma prevista no seu art. 1.544.

§ 2º As pessoas domiciliadas no exterior que se casarem no Brasil terão sua capacidade matrimonial regida por sua lei pessoal.

§ 3º O casamento entre brasileiros no exterior poderá ser celebrado perante autoridade consular brasileira, cumprindo-se as formalidades de habilitação como previsto no parágrafo anterior. O casamento entre estrangeiros da mesma nacionalidade poderá ser celebrado no Brasil perante a respectiva autoridade diplomática ou consular.

§ 4º A autoridade consular brasileira é competente para lavrar atos de registro civil referentes a brasileiros na jurisdição do consulado, podendo igualmente lavrar atos notariais, atendidos em todos os casos os requisitos da lei brasileira.

§ 5º Se os cônjuges tiverem domicílios ou residências diversos, será aplicada aos efeitos pessoais do casamento a lei que com os mesmos tiver vínculos mais estreitos.

Art. 10. **Regime Matrimonial de Bens** — O regime de bens obedece à lei do país do primeiro domicílio conjugal, ressalvada a aplicação da lei brasileira para os bens situados no País que tenham sido adquiridos após a transferência do domicílio conjugal para o Brasil.

Parágrafo único. Será respeitado o regime de bens fixado por convenção, que tenha atendido à legislação competente, podendo os cônjuges que transferirem seu domicílio para o Brasil adotar, na forma e nas condições do § 2º do art. 1.639 do Código Civil Brasileiro, qualquer dos regimes de bens admitidos no Brasil.

Art. 11. **Bens e Direitos Reais** — Os bens imóveis e os direitos reais a eles relativos são qualificados e regidos pela lei do local de sua situação.

Parágrafo único. Os bens móveis são regidos pela lei do país com o qual tenham vínculos mais estreitos.

Art. 12. **Obrigações Contratuais** — As obrigações contratuais são regidas pela lei escolhida pelas partes. Essa escolha será expressa ou tácita, sendo alterável a qualquer tempo, respeitados os direitos de terceiros.

§ 1º Caso não tenha havido escolha ou se a escolha for ineficaz, o contrato, assim como os atos jurídicos em geral, serão regidos pela lei do país com o qual mantenham os vínculos mais estreitos.

§ 2º Na hipótese do § 1º, se uma parte do contrato for separável do restante, e mantiver conexão mais estreita com a lei de outro país, poderá esta aplicar-se, a critério do Juiz, em caráter excepcional.

§ 3º A forma dos atos e contratos rege-se pela lei do lugar de sua celebração, permitida a adoção de outra forma aceita em direito.

§ 4º Os contratos realizados no exterior sobre bens situados no País, ou direitos a eles relativos, poderão ser efetuados na forma escolhida pelas partes, devendo ser registrados no Brasil de acordo com a legislação brasileira.

Art. 13. **Obrigações por atos ilícitos** — As obrigações resultantes de atos ilícitos serão regidas pela lei que com elas tenha vinculação mais estreita, seja a lei do local da prática do ato, seja a do local onde se verificar o prejuízo, ou outra lei que for considerada mais próxima às partes ou ao ato ilícito.

Art. 14. **Herança** — A sucessão por morte ou ausência é regida pela lei do país do domicílio do falecido à data do óbito, qualquer que seja a natureza e a situação dos bens.

Parágrafo único. A sucessão de bens situados no Brasil será regulada pela lei brasileira em benefício de cônjuge ou dos filhos brasileiros, assim como dos herdeiros domiciliados no País, sempre que não lhes seja mais favorável a lei pessoal do falecido.

Seção II

Aplicação do Direito Estrangeiro

Art. 15. **Lei Estrangeira** — A lei estrangeira indicada pelo Direito Internacional Privado brasileiro será aplicada de ofício; sua aplicação, prova e interpretação far-se-ão em conformidade com o direito estrangeiro.

Parágrafo único. O juiz poderá determinar à parte interessada que colabore na comprovação do texto, da vigência e do sentido da lei estrangeira aplicável.

Art. 16. **Reenvio** — Se a lei estrangeira, indicada pelas regras de conexão da presente Lei, determinar a aplicação da lei brasileira, esta será aplicada.

§ 1º Se, porém, determinar a aplicação da lei de outro país, esta última prevalecerá caso também estabeleça sua competência.

§ 2º Se a lei do terceiro país não estabelecer sua competência, aplicar-se-á a lei estrangeira inicialmente indicada pelas regras de conexão da presente Lei.

Art. 17. **Qualificação** — A qualificação destinada à determinação da lei aplicável será feita de acordo com a lei brasileira.

Art. 18. **Fraude à Lei** — Não será aplicada a lei de um país cuja conexão resultar de vínculo fraudulentamente estabelecido.

Art. 19. **Direitos Adquiridos** — Os direitos adquiridos na conformidade de sistema jurídico estrangeiro serão reconhecidos no Brasil com as ressalvas decorrentes dos artigos 17, 18 e 20.

Art. 20. **Ordem Pública** — As leis, atos públicos e privados, bem como as sentenças de outro país, não terão eficácia no Brasil se forem contrários à ordem pública brasileira.

Seção III

Pessoas Jurídicas

Art. 21. **Pessoas Jurídicas** — As pessoas jurídicas serão regidas pela lei do país em que se tiverem constituído.

Parágrafo único. Para funcionar no Brasil, por meio de quaisquer estabelecimentos, as pessoas jurídicas estrangeiras deverão obter a autorização que se fizer necessária, ficando sujeitas à lei e aos tribunais brasileiros.

Art. 22. **Aquisição de imóveis por pessoas jurídicas de direito público estrangeiras ou internacionais** — As pessoas jurídicas de direito público estrangeiras ou internacionais, bem como as entidades de qualquer natureza por elas constituídas ou dirigidas, não poderão adquirir no Brasil bens imóveis ou direitos reais a eles relativos.

§ 1º Com base no princípio da reciprocidade e mediante prévia e expressa concordância do Governo brasileiro, podem os governos estrangeiros adquirir os prédios urbanos destinados às chancelarias de suas missões diplomáticas e repartições consulares de carreira, bem como os destinados a residências oficiais de seus representantes diplomáticos e agentes consulares nas cidades das respectivas sedes.

§ 2º As organizações internacionais intergovernamentais sediadas no Brasil ou nele representadas poderão adquirir, mediante prévia e expressa concordância do Governo brasileiro, os prédios destinados aos seus escritórios e às residências de seus representantes e funcionários nas cidades das respectivas sedes, nos termos dos acordos pertinentes.

Seção IV

Direito Processual e Cooperação Jurídica Internacional

Art. 23. **Escolha de Jurisdição** — A escolha contratual de determinada jurisdição, nacional ou estrangeira, resultará em sua competência exclusiva.

Art. 24. **Produção de Provas** — A prova dos fatos ocorridos no exterior é produzida em conformidade com a lei que regeu a sua forma.

§ 1º Não serão admitidas nos tribunais brasileiros provas que a lei brasileira desconheça.

§ 2º As provas colhidas no Brasil obedecerão à lei brasileira, admitindo-se a observância de formalidades e procedimentos especiais adicionais a pedido da autoridade judiciária estrangeira, desde que compatíveis com a ordem pública brasileira.

Art. 25. **Homologação de sentença estrangeira** — As sentenças judiciais e atos com força de sentença judicial, oriundos de país estrangeiro, poderão ser executados no Brasil, mediante homologação pelo Supremo Tribunal Federal, atendidos os seguintes requisitos:

I — haverem sido proferidos por autoridade com competência internacional;

II — citado o réu, lhe foi possibilitado o direito de defesa;

III — tratando-se de sentença judicial ou equivalente, ter transitado em julgado nos termos da lei local;

IV — estarem revestidos das formalidades necessárias para serem executados no país de origem;

V — estarem traduzidos por intérprete público ou autorizado;

VI — estarem autenticados pela autoridade consular brasileira.

Art. 26. **Medidas Cautelares** — Poderão ser concedidas, no foro brasileiro competente, medidas cautelares visando a garantir a eficácia, no Brasil, de decisões que venham a ser prolatadas em ações judiciais em curso em país estrangeiro.

Art. 27. **Cooperação Jurídica Internacional** — Serão atendidas as solicitações de autoridades estrangeiras apresentadas por intermédio da autoridade central brasileira designada nos acordos internacionais celebrados pelo País, que serão cumpridas nos termos da lei brasileira.

Art. 28. **Cartas Rogatórias** — Na ausência de acordos de cooperação, serão atendidos os pedidos oriundos de Justiça estrangeira para citar, intimar ou colher provas no País, mediante carta rogatória, observadas as leis do Estado rogante quanto ao objeto das diligências, desde que não atentatórias a princípios fundamentais da lei brasileira. A carta rogatória, oficialmente traduzida, poderá ser apresentada diretamente ao STF para concessão do *exequatur*.

Parágrafo único. Qualquer requisição de documento ou informação, feita por autoridade administrativa ou judiciária residente, domiciliada ou estabelecida no País, deverá ser encaminhada via carta rogatória, sendo defeso à parte fornecê-la diretamente, ressalvado o disposto no artigo anterior.

Art. 29. É revogado o Decreto-lei n. 4.657, de 4 de setembro de 1942.

Art. 30. Esta Lei entra em vigor na data de sua publicação.

3. Lei n. 12.376, de 2010

> Altera a ementa do Decreto-lei n. 4.657, de 4 de setembro de 1942.

O Presidente da República

Faço saber que o Congresso Nacional decreta e eu sanciono a seguinte Lei:

Art. 1º Esta Lei altera a ementa do Decreto-lei n. 4.657, de 4 de setembro de 1942, ampliando o seu campo de aplicação.

Art. 2º A ementa do Decreto-lei n. 4.657, de 4 de setembro de 1942, passa a vigorar com a seguinte redação:

"Lei de Introdução às Normas do Direito Brasileiro."

Art. 3º Esta Lei entra em vigor na data de sua publicação.

Brasília, 30 de dezembro de 2010; 189º da Independência e 122º da República.

LUIZ INÁCIO LULA DA SILVA

4. Lei n. 13.655, de 2018 (Antigo PLS n. 349/2015, posteriormente renumerado para PL n. 7.448/2017)

> *Inclui no Decreto-lei n. 4.657, de 4 de setembro de 1942 (Lei de Introdução às Normas do Direito Brasileiro), disposições sobre segurança jurídica e eficiência na criação e na aplicação do direito público.*

O Presidente da República.

Faço saber que o Congresso Nacional decreta e eu sanciono a seguinte Lei:

Art. 1º O Decreto-lei n. 4.657, de 4 de setembro de 1942 (Lei de Introdução às Normas do Direito Brasileiro), passa a vigorar acrescido dos seguintes artigos:

"Art. 20. Nas esferas administrativa, controladora e judicial, não se decidirá com base em valores jurídicos abstratos sem que sejam consideradas as consequências práticas da decisão.

Parágrafo único. A motivação demonstrará a necessidade e a adequação da medida imposta ou da invalidação de ato, contrato, ajuste, processo ou norma administrativa, inclusive em face das possíveis alternativas."

"Art. 21. A decisão que, nas esferas administrativa, controladora ou judicial, decretar a invalidação de ato, contrato, ajuste, processo ou norma administrativa deverá indicar de modo expresso suas consequências jurídicas e administrativas.

Parágrafo único. A decisão a que se refere o *caput* deste artigo deverá, quando for o caso, indicar as condições para que a regularização ocorra de modo proporcional e equânime e sem prejuízo aos interesses gerais, não se podendo impor aos sujeitos atingidos ônus ou perdas que, em função das peculiaridades do caso, sejam anormais ou excessivos."

"Art. 22. Na interpretação de normas sobre gestão pública, serão considerados os obstáculos e as dificuldades reais do gestor e as exigências das políticas públicas a seu cargo, sem prejuízo dos direitos dos administrados.

§ 1º Em decisão sobre regularidade de conduta ou validade de ato, contrato, ajuste, processo ou norma administrativa, serão consideradas as circunstâncias práticas que houverem imposto, limitado ou condicionado a ação do agente.

§ 2º Na aplicação de sanções, serão consideradas a natureza e a gravidade da infração cometida, os danos que dela provierem para a administração pública, as circunstâncias agravantes ou atenuantes e os antecedentes do agente.

§ 3º As sanções aplicadas ao agente serão levadas em conta na dosimetria das demais sanções de mesma natureza e relativas ao mesmo fato."

"Art. 23. A decisão administrativa, controladora ou judicial que estabelecer interpretação ou orientação nova sobre norma de conteúdo indeterminado, impondo novo dever ou novo condicionamento de direito, deverá prever regime de transição quando indispensável para que o novo dever ou condicionamento de direito seja cumprido de modo proporcional, equânime e eficiente e sem prejuízo aos interesses gerais.

Parágrafo único. (VETADO.)"

"Art. 24. A revisão, nas esferas administrativa, controladora ou judicial, quanto à validade de ato, contrato, ajuste, processo ou norma administrativa cuja produção já se houver completado levará em conta as orientações gerais da época, sendo vedado que, com base em mudança posterior de orientação geral, se declarem inválidas situações plenamente constituídas.

Parágrafo único. Consideram-se orientações gerais as interpretações e especificações contidas em atos públicos de caráter geral ou em jurisprudência judicial ou administrativa majoritária, e ainda as adotadas por prática administrativa reiterada e de amplo conhecimento público."

"Art. 25. (VETADO.)"

"Art. 26. Para eliminar irregularidade, incerteza jurídica ou situação contenciosa na aplicação do direito público, inclusive no caso de expedição de licença, a autoridade administrativa poderá, após oitiva do órgão jurídico e, quando for o caso, após realização de consulta pública, e presentes razões de relevante interesse geral, celebrar compromisso com os interessados, observada a legislação aplicável, o qual só produzirá efeitos a partir de sua publicação oficial.

§ 1º O compromisso referido no *caput* deste artigo:

I — buscará solução jurídica proporcional, equânime, eficiente e compatível com os interesses gerais;

II – (VETADO);

III — não poderá conferir desoneração permanente de dever ou condicionamento de direito reconhecidos por orientação geral;

IV — deverá prever com clareza as obrigações das partes, o prazo para seu cumprimento e as sanções aplicáveis em caso de descumprimento.

§ 2º (VETADO.)"

"Art. 27. A decisão do processo, nas esferas administrativa, controladora ou judicial, poderá impor compensação por benefícios indevidos ou prejuízos anormais ou injustos resultantes do processo ou da conduta dos envolvidos.

§ 1º A decisão sobre a compensação será motivada, ouvidas previamente as partes sobre seu cabimento, sua forma e, se for o caso, seu valor.

§ 2º Para prevenir ou regular a compensação, poderá ser celebrado compromisso processual entre os envolvidos."

"Art. 28. O agente público responderá pessoalmente por suas decisões ou opiniões técnicas em caso de dolo ou erro grosseiro.

§ 1º (VETADO.)

§ 2º (VETADO.)

§ 3º (VETADO.)"

"Art. 29. Em qualquer órgão ou Poder, a edição de atos normativos por autoridade administrativa, salvo os de mera organização interna, poderá ser precedida de consulta pública para manifestação de interessados, preferencialmente por meio eletrônico, a qual será considerada na decisão.

§ 1º A convocação conterá a minuta do ato normativo e fixará o prazo e demais condições da consulta pública, observadas as normas legais e regulamentares específicas, se houver.

§ 2º (VETADO.)"

"Art. 30. As autoridades públicas devem atuar para aumentar a segurança jurídica na aplicação das normas, inclusive por meio de regulamentos, súmulas administrativas e respostas a consultas.

Parágrafo único. Os instrumentos previstos no *caput* deste artigo terão caráter vinculante em relação ao órgão ou entidade a que se destinam, até ulterior revisão."

Art. 2º Esta Lei entra em vigor na data de sua publicação, salvo quanto ao art. 29 acrescido à Lei n. 4.657, de 4 de setembro de 1942 (Lei de Introdução às Normas do Direito Brasileiro), pelo art. 1º desta Lei, que entrará em vigor após decorridos 180 (cento e oitenta) dias de sua publicação oficial.

Brasília, 25 de abril de 2018; 197º da Independência e 130º da República.

MICHEL TEMER

REFERÊNCIAS

ABRAMS. *Les sociétés en droit international privé*. 1957.

ACCIOLI. *Atos internacionais vigentes*. 1937. v. 2.

ADLER, Karl. Die Wirkungen des Rechtsirrthums. *Iherings Jahrbucher*, v. 33, 1894.

_____. *Nationalitätswechsel*. 1931.

AFFOLTER. *Geschichte des intertemporalen Privatrechts*. Leipzig, 1902.

_____. *Das intertemporales Recht*. Leipzig, 1903.

AFTALIÓN, GARCÍA OLANO & VILANOVA. *Introducción al derecho*. 5. ed. Buenos Aires, El Ateneo, 1956. 2 v.

AGO. Règles générales des conflits de lois. In: *Recueil des Cours*. Paris, 1936. t. 58.

_____. *Lezioni di diritto internazionale privato*: parte generale. 1939.

_____. *Teoria del diritto internazionale privato*. 1934.

AGUIAR, Roberto A. R. de. *Direito, poder e opressão*. São Paulo, Alfa--Omega, 1980.

_____. *O que é justiça*: uma abordagem dialética. São Paulo, Alfa--Omega, 1982.

AKEHURST, Michael. *A modern introduction to international law*. London, 1970.

ALBUQUERQUE, Francisco Uchoa de & UCHOA, Fernanda Maria. *Introdução ao estudo do direito*. São Paulo, Saraiva, 1982.

ALBUQUERQUE ROCHA. *Teoria geral do processo*. São Paulo, Saraiva, 1986.

ALCHOURRÓN, Carlos E. & BULYGIN, Eugenio. *Introducción a la metodología de las ciencias jurídicas y sociales*. Buenos Aires, Ed. Astrea, 1974. v. 1.

ALESSANDRI, Arturo & SOMARRIVA, Manuel. *Curso de derecho civil*. 3. ed. Santiago, Ed. Nascimento, 1961. t. 1, v. 1.

ALLORIO. *L'ordinamento nel prisma dell'accertamento giudiziale*. Milano, 1957.

ALMEIDA AMAZONAS, J. A. de. *Da execução das sentenças estrangeiras*.

ALTAMIRA, Rafael. La costumbre en el derecho español. *Revista de la Escuela Nacional de Jurisprudencia*. México, 1952.

ALVES, João Luiz. *Código Civil anotado*. 1917.

ALVES DA SILVA, A. B. *Introdução à ciência do direito*. São Paulo, Salesianas, 1940.

ALVES MOREIRA. *Direito civil português*. 1907. v. 1.

AMARAL SANTOS, Moacyr. *Direito processual civil*. São Paulo, Max Limonad, 1969.

AMERICANO, Jorge. *Estudo teórico e prático da ação rescisória dos julgados no direito brasileiro*. 1936.

AMORIM, Edgar Carlos de. *O juiz e a aplicação das leis*. Rio de Janeiro, Forense, 1992.

AMORIM PEREIRA, José E. *Dos direitos adquiridos em direito internacional privado*. Belo Horizonte, 1965.

ANDERSON, A. R. *The formal analysis of normative systems*. New Haven, 1956.

ANDRADE, Agenor P. de. *Manual de direito internacional privado*. São Paulo, 1987.

_____. *O divórcio no plano internacional e a eficácia no Brasil das sentenças estrangeiras de divórcio*. 1958.

ANTOINE, Charles. *De la succession légitime et testamentaire en droit international privé ou du conflit des lois de différents nations en matière de successions*. Paris, 1876.

ANZILOTTI. *Il diritto internazionale nei giudizi interni*. 1905.

_____. *Corso di diritto internazionale privato*. 1919 e 1933.

_____. Il mutamento di nazionalità delle società commerciali. *Rivista di Diritto Internazionale*, 1912.

_____. La questione del rinvio. In: *Scritti di diritto internazionale privato*. Padova, CEDAM, 1960. v. 3.

ARAGÃO, Egas Dirceu Moniz de. *Sentença e coisa julgada*. 1992.

ARÉVALO. La doctrina de los principios generales del derecho y las lagunas del ordinamiento administrativo. *RAP*, v. 40, 1963.

ARMINJON, Pierre. Nationalité des personnes morales. *Revue de Droit International et de Législation Comparée*, 1902.

_____. L'objet et la méthode du droit international privé. In: *Recueil des Cours*. v. 21.

_____. *Précis de droit international privé*. Paris, Dalloz, 1952. v. 1, 2 e 3.

_____. Les qualifications légales en droit international privé. *Revue de Droit International et de Législation Comparée*, 1923.

_____. La notion des droits acquis en droit international privé. In: *Recueil des Cours*. 1933. v. 44.

_____. Nature, objet et portée des règles de droit international privé. *Revue de Droit International Privé et de Droit Pénal International*, 1920.

ARRUDA, João. Direito civil. *RT*, v. 23, 1927.

ASCARELLI, Tulio. Il problema delle lacune. *Archivo Giuridico*, v. 94, 1925.

ASCOLI. *La giustizia*. Padova, CEDAM, 1930.

ASSER & RIVIER. *Éléments de droit international privé*. Paris, 1884.

AUBRY, J. *Domaine de la loi d'autonomie en droit international privé*. 1896.

AUBRY & RAU. *Cours de droit civil français*. 5. ed. Paris, 1936. v. 1.

AUDINET, Eugène. *Principes élémentaires de droit international privé*. 1906.

_____. Des conflits de lois relatifs aux effets patrimoniaux du mariage. In: *Recueil des Cours*. 1932. t. 40.

_____. Les conflits de lois en matière de mariage et de divorce. In: *Recueil des Cours*. 1926. v. 11.

_____. Règle "locus regit actum". In: *Répertoire de droit international*. Paris, 1931. t. 10.

_____. Domaine et limites de l'autonomie de la volonté dans les contrats à titre onereux. In: *Mélanges Antoine Pillet*. Paris, 1929. v. 1.

_____. Des conséquences et des limites du principe de l'autonomie de la volonté en matière de donations entre vifs. *Revue de Droit International Privé*, 1909.

AZEREDO SANTOS. *Da nacionalidade das sociedades comerciais*. Belo Horizonte, 1957.

AZPEITIA. Los principios generales del derecho como fuente del derecho civil. In: *La reforma legislativa*. Madrid. t. 40.

BADIALI, Giorgio. *Ordine pubblico e diritto straniero*. Milano, Giuffrè, 1963.

BALESTRA. *Derecho internacional privado*. Buenos Aires, Abeledo-Perrot, 1978.

BALLADORE PALLIERI. Il concetto di rinvio formale e il problema del diritto internazionale privato. *Rivista di Diritto Civile*, 1929.

BALLY, L. *Le divorce et la séparation de corps en France et à l'étranger*. Paris, 1910.

BANDEIRA DE MELLO, Celso Antônio. *Discricionariedade e controle jurisdicional*. São Paulo, Ed. Malheiros, 1992.

BANDEIRA DE MELLO, Oswaldo Aranha. *Princípios gerais de direito administrativo*. Rio de Janeiro, Forense, 1969. v. 1.

BARASSI. *Istituzioni di diritto civile*.

BARBOSA LIMA SOBRINHO. *A nacionalidade da pessoa jurídica*. Belo Horizonte, 1963.

BARBOSA MAGALHÃES. La doctrine du domicile en droit international privé. In: *Recueil des Cours de l'Academie de Droit International*. 1928. v. 23.

_____. *Da competência internacional*. Coimbra, 1947.

BARROS MONTEIRO, W. *Curso de direito civil*; parte geral. São Paulo, Saraiva, 1967. 6 v.

BARROSO, Lucas A. Situação atual do art. 4º da Lei de Introdução ao Código Civil. *A realização do Direito Civil*. Curitiba, Juruá, 2011.

BARTHOLINI. *La promulgazione*. Milano, Giuffrè, 1955.

BARTIN, Etienne. *Études de droit international privé*. Paris, 1897.

_____. La doctrine des qualifications. In: *Recueil des Cours*. v. 31.

_____. *La théorie des qualifications en droit international privé*. 1899.

_____. *Principes de droit international privé selon la loi et la jurisprudence française*. 1930. v. 1.

_____. De l'impossibilité d'arriver à la suppression définitive des conflits des lois. *Journal de Droit International Privé*. 1897.

BASTIDI. L'idée de légitimité. *Annales de Philosophie Politique*, 7:17-28, 1967.

BASTOS, Celso. *Direito constitucional*. 1975.

_____. *Comentários à Constituição do Brasil*. São Paulo, Saraiva, 1992. v. 2.

BATEMAN. *O regime matrimonial no direito internacional privado*. São Paulo, 1941.

BATIFFOL, Henri. Les tendances doctrinales actuelles en droit international privé. In: *Recueil des Cours*. 1948. v. 72.

_____. Les conflits des lois en matière de contrats. In: *Recueil des Cours*. 1938.

_____. *Aspects philosophiques du droit international privé*. Paris, Dalloz, 1956.

BAUDRY-LACANTINERIE. *Précis de droit civil*. 9. ed. Paris, 1905. t. 1.

BEALE, Joseph H. *A treatise on the conflict of laws*. Baker, 1935.

BEAUDANT. *Cours de droit civil français*. t. 1.

BECKETT. The question of classification (qualification). In: *Private international law*. 1934.

BENJAMIN, Peter. *Le divorce, la séparation des corps et leurs effets en droit international privé français et anglais*. Paris, 1955.

BENLLOCH. ¿Que debe entenderse por principios generales del derecho? *Revista de los Tribunales*. Madrid, t. 37, 1903.

BENOIST. *Les maladies de la démocratie*.

BENTIVOGLIO, Ludovico. Sulla natura dei criteri di collegamento utilizatti dalla norma di diritto internazionale privato. *Comunicazioni e Studi*, 1957.

BERNIERI, G. Rapporto della costituzione con la leggi anteriori. *Archivio Penale*, nov./dez. 1950.

BEROLZHEIMER. Perigos da jurisprudência sentimental. *Sciencias e Letras*, 1912.

BERRIAT SAINT PRIX. *Manuel de logique juridique*. 2. ed.

BERRÕN, Fausto E. Vallado. *Teoría general del derecho*. México, Universidad Nacional Autónoma de México, 1972.

BETTI, Emilio. *Interpretazione della legge e degli atti giuridici*. Milano, Giuffrè, 1949.

_____. *Teoria geral da interpretação*. 1965.

_____. *Problematica del diritto internazionale privato*. Milano, Giuffrè, 1956.

_____. Autonomia privata e competenza della "lex loci actus". *Rivista di Diritto Internazionale*, 1930.

BEVILÁQUA, Clóvis. *Teoria geral do direito civil*. 4. ed. Ministério da Justiça, 1972.

_____. *Código Civil dos Estados Unidos do Brasil comentado*. Rio de Janeiro, Francisco Alves, 1956. v. 1 e 2.

_____. A Constituição e o Código Civil. *RT*, v. 97.

_____. *Princípios elementares de direito internacional privado*. 1938.

_____. *Trabalhos da Comissão Especial do Senado*. v. 3.

BIANCHI. *Principi generali sulle leggi*. 1888.

_____. *Corso di diritto civile italiano*. 1888. v. 1.

BIGNE DE VILLENEUVE. *La crise du "sens comun" dans les sciences sociales*.

BINDING. *Handbuch des Strafrechts*. Leipzig, 1885. v. 1.

BITTAR, Carlos Alberto. *Teoria geral do direito civil*. São Paulo, Forense Universitária, 1991.

BLONDEAU. Essai sur ce qu'on appelle l'effet retractif des lois. In: *Bibliothèque du barreau*. 1809. v. 2.

BLUNSTSCHLI. *Allgemeines Staatsrecht*. Stuttgart, 1876.

BOBBIO. *Teoria dell'ordinamento giuridico*. Torino, Giappichelli, 1960.

_____. *L'analogia nella logica del diritto.* Torino, Istituto Giuridico, 1938.

_____. *Studi per una teoria generale del diritto.* Torino, Giappichelli, 1970.

_____. Completezza dell'ordinamento giuridico e interpretazione. *RIFD*, 1940.

_____. Des critères pour résoudre les antinomies. In: *Les antinomies en droit.* Coord. Perelman. Bruxelles, Émile Bruylant, 1965.

BOGGIANO. *Derecho internacional privado.* Buenos Aires, Abeledo-Perrot, 1991.

BONNECASE, Julien. *Introduction à l'étude du droit.* 2. ed. Paris, Sirey, 1931.

BORDA, Guillermo A. *Retroactividad de la ley y derechos adquiridos.* Buenos Aires, 1951.

_____. *Error de hecho y de derecho.* 1950.

BORGES CARNEIRO. *Direito civil de Portugal.* v. 1.

BOULANGER. *Le droit privé français au milieu du XX siècle.*

BRIDEL, Louis. *Succession legale comparée.* 1909.

BRIÈRE, Yves de la. *Conceito cristão da cidade.*

BRIERLY, James L. Le fondement du caractère obligatoire du droit international. In: *Recueil des Cours.* v. 23.

BRIGGS. *Cartas rogatórias internacionais.* 1913.

BROCHER. *Cours de droit international privé.* v. 1.

BROSSARD, Paulo. O senado e as leis inconstitucionais. *Revista da Faculdade de Direito da Universidade de Uberlândia*, 6:101-10, 1973.

BROSSET. *Les conflits de lois et le domicile des personnes physiques.* Genève, 1947.

BROWN, Jethro. *The underlying principles of modern legislation.* 1915.

BRUGI e outros. *Il diritto civile italiano secondo la dottrina e la jurisprudenza.* 1925.

BRUNELLI. *Divorzio e nullità di matrimonio negli Stati d'Europa.*

BRUNETTI. Completeza dell'ordinamento giuridico. *RIFD*, 1928.

BRUT. *Die Kunst der Rechtsanwendung.* Berlin, 1907.

BUCH. Conception dialectique des antinomies juridiques. In: *Les antinomies en droit.* Bruxelles, Perelman (publ.), Émile Bruylant, 1965.

BUENO VIDIGAL, L. E. de. *Da ação rescisória dos julgados.* São Paulo, 1948.

BULGARELLI, W. *Contratos mercantis.* São Paulo, Atlas, 1988.

BURDEAU. *Traité de science politique.* Paris, 1949. v. 1.

BURGIN & FLETCHER. *The student conflicts of laws being an introduction to the study of private international law, based on Dicey.* 1937.

BUSTAMANTE Y SIRVEN. *Derecho internacional privado.* 1931. 3 v.

_____. *El orden pública.* Havana, 1893.

BUZZATI. *L'autorità delle leggi stranieri relative alle forme degli atti civile.* Torino, 1894.

_____. *Il rinvio nel diritto internazionale privato.* Milano, 1898.

_____. *Le mariage.* 1911.

CALAMANDREI. *Istituzioni di diritto processuale civile.* 1944.

_____. *Nuovo Digesto Italiano.* Torino, 1938. t. 7.

CALANDRELLI. *Cuestiones de derecho internacional privado.* v. 1.

CALASSO, Francesco. *Storicità del diritto.* Milano, 1966.

CALDARA, E. *Interpretazione delle leggi.* 1908.

CALMON DE PASSOS. Ação rescisória. *Revista da Faculdade de Direito da Universidade da Bahia.* v. 34.

CALOGERO GANGI. *La successione testamentaria nel vigente diritto italiano.* v. 1.

CAMPANINI. *Ragione e volontà nella leggi.* Milano, Giuffrè, s. d.

CAMPBELL BLACK. *Construction and interpretation.*

CAMPOS, Ronaldo Cunha. *Limites objetivos da coisa julgada,* 1988.

CAMPOS BATALHA, Wilson de S. *Lei de Introdução ao Código Civil.* São Paulo, Max Limonad, 1959. v. 1.

_____. *Tratado de direito internacional privado.* São Paulo, Revista dos Tribunais, 1977. v. 1.

_____. *Diretrizes de filosofia jurídica.* 1951.

CANARIS, C. W. De la manière de constater et de combler les lacunes de la loi en droit allemand. In: *Le problème des lacunes en droit.* Bruxelles, Perelman (publ.), Émile Bruylant, 1968.

CANSACCHI. *La funzione del riconoscimiento di sentenze stranieri.* Milano, Giuffrè, 1976.

CAPELLA, Juan-Ramon. *El derecho como lenguaje.* Barcelona, Ed. Ariel, 1968.

CAPITANT. *Introduction à l'étude du droit civil.*

CAPOTORTI. *La nazionalità delle società.* Napoli, 1953.

CAPPELLETTI. *Las sentencias y las normas extranjeras en el proceso civil.* EJEA, 1968.

_____. Premesse e funzioni del diritto internazionale privato. Napoli, 1961.

CARASSO, Maurice. *Des conflits de lois en matière de capacitè civile, spécialement en droit suisse.* 1938.

CARDOZO, Benjamin. *The nature of the judicial process.* Yale University Press, 1921.

CARNELUTTI, F. *Teoría general del derecho.* Madrid, 1955.

_____. *Sistema de diritto processuale civile.* Padova, 1936. v. 1.

_____. *Metodologia del diritto.* Padova, CEDAM, 1939.

_____. *Lezioni di diritto processuale civile.* v. 2.

_____. *Discorsi intorno al diritto.* 1937/1953. v. 1 e 2.

CARRÉ DE MALBERG. *Théorie générale de l'État.* v. 1.

CARRIÓ, Genaro. *Notas sobre derecho y lenguaje.* Buenos Aires, 1973.

_____. *Sobre los limites del lenguaje normativo.* Buenos Aires, 1973.

_____. *Sobre el concepto de deber jurídico.* Buenos Aires, Abeledo-Perrot, 1966.

_____. Principi di diritto e positivismo giuridico. *Rivista di Filosofia*, v. 61, fasc. 127, 1970.

CARVALHO DE MENDONÇA. *Doutrina e prática das obrigações.* 4. ed. 1956. t. 1.

_____. *Tratado de direito comercial brasileiro*. Freitas Bastos, 1953.

CARVALHO SANTOS. *Código Civil brasileiro interpretado*. Rio de Janeiro, 1934. v. 1.

CASSIN, René. La nouvelle conception du domicile dans le réglement des conflits des lois. In: *Recueil des Cours*. 1930. v. 34.

CASTBERG. La méthodologie du droit international public. In: *Recueil des Cours*. 1933. v. 1, t. 43.

CASTRO, Amílcar de. *Das execuções de sentenças estrangeiras no Brasil*. Belo Horizonte, 1939.

_____. *Direito internacional privado*. Rio de Janeiro, Forense, 1968.v. 1 e 2.

CAVAGLIERI. *Lezioni di diritto internazionale privato*. Napoli, 1933.

_____. *Diritto internazionale privato e diritto transitorio*. 1914.

_____. *La cosa giudicata e le questioni di Stato nel diritto internazionale privato*. 1909.

CAVALCANTI FILHO, Teophilo. Ab-rogação da lei por si mesma. In: *Enciclopédia Saraiva do Direito*. v. 1.

CERETI. *Le obbligazione nel diritto internazionale privato italiano*. Torino, 1925.

CHABOT DE L'ALLIER. *Question transitoire sur le Code Napoléon*. 1829.

CHAGAS, W. Da interpretação judicial da lei. *Revista Brasileira de Filosofia*, v. 70, 1968.

CHAILLEY. *La nature juridique des traités internationaux*.

CHARRON, LEWALD, HINKLE, MONSARRAT, TANGER & PATEY. *Succession de l'étranger dans quatre pays différents*. Paris.

CHASSAT. *Traité de l'interprétation des lois*. 1864.

CHAUSSE. Du rôle international du domicile. *Journal de Droit International de Clunet*, v. 24, 1897.

CHAVES, Antônio. Eficácia da lei no tempo. In: *Enciclopédia Saraiva do Direito*. v. 30.

CHESHIRE. *Private international law*. 1938.

CHIOVENDA. *Principii di diritto processuale civile*. 1923.

CHIRONI. *Della non retroattività delle leggi in materia civil*. Siena, 1885.

CHIRONI & ABELLO. *Trattato di diritto civile italiano*. 1904. v. 1.

COCK. Effets de exécution des jugements étrangers. In: *Recueil des Cours de l'Academie de Droit International*. Haia, 1925. v. 10.

COELHO, Luiz Fernando. *Lógica jurídica e interpretação das leis*. Rio de Janeiro, Forense, 1979.

_____. *Teoria da ciência do direito*. São Paulo, Saraiva, 1974.

COGLIOLO, Pietro. *Scritti varii di diritto privato*. Torino, 1970.

_____. *Filosofia do direito privado*. Trad. Henrique Carvalho, 1915.

COHEN. *Des contrats par correspondance*. 1921.

COLAÇO, Isabel de M. *Da qualificação em direito internacional privado*. Lisboa, 1964.

CONSACCHI. Le choix et l'adaptation de la règle étrangère dans le conflit des lois. In: *Recueil des Cours*. 1953. t. 83.

CONSTANT, Charles. *De l'exécution des jugements étrangers dans les divers pays*. Paris, 1890.

CONTE, Amedeo. *Saggio sulla completezza degli ordinamenti giuridici*. Torino, Giappichelli, 1962.

_____. Décision, complétude, clôture. A propos des lacunes en droit. In: *Le problème des lacunes en droit*. Bruxelles, Perelman (publ.), Émile Bruylant, 1968.

CONTUZZI. *Il diritto ereditario internazionale*. Milano, 1908.

_____. *Diritto internazionale privato*. 1905.

COOK. *The logical and legal bases of the conflicts of laws*. 1949.

CORRADO. Extraterritorialità. In: *Nuovo Digesto italiano*. 1938.

COSSIO, Carlos. *La plenitud del ordenamiento jurídico y la interpretación judicial de la ley*. Buenos Aires, 1939.

COSTA Y MARTINEZ. *El problema de la ignorancia del derecho*. Madrid, 1901.

COSTE-FLORET. L'interprétations des lois penales. *Revue de Science Criminelle et de Droit Pénal Comparé*, t. 2, 1937.

COVIELLO, Nicola. *Manuale di diritto civile italiano*; parte generale. 1924.

_____. *Doctrine general del derecho civil*. 4. ed. México, Ed. Hispano--Americana, 1938.

CREMIEU. *Traité élémentaire de droit international privé*. Aix-en-Provence, 1958.

CROME. *System des burgerlichen Rechts*. 1900. v. 1.

CUNHA, Oscar da. *A homologação da sentença estrangeira e o direito judiciário civil brasileiro*. Rio de Janeiro, 1933.

CUNHA GONÇALVES. *Tratado de direito civil*. Ed. bras. São Paulo, Max Limonad. v. 10, t. 2.

_____. *Princípios de direito civil luso-brasileiro*. 1951. v. 1.

_____. *Direito civil português*. v. 1.

DABIN, Jean. *Teoría general del derecho*. Madrid, Ed. Revista de Derecho Privado, 1955.

_____. *Technique de l'élaboration du droit positif*. Bruxelles, 1935.

_____. *La philosophie de l'ordre juridique positif*. Paris, 1929.

DARRAS, Alcides. De la connaissance de l'application et de la preuve de la loi étrangère. *Journal de Clunet*, 1901.

DAVID, Cyrille. *La loi étrangère devant le juge de fond*. 1965.

DE CASTRO. *Derecho civil de España*. 3. ed. Madrid, 1955.

DECOTTIGNIES. L'erreur de droit. *Rev. Trim. Jur.*, 1951.

DE DIEGO, F. Clemente. *La jurisprudencia como fuente del derecho*. Madrid, 1925.

_____. *Apuntes del derecho civil*.

DEFOURNY, M. *La sociologie positiviste — Augusto Comte*. Louvain--Paris, 1902.

DEFROIDMONT, Jean. *La science du droit positif*.

DE GASPERI. *Tratado de las obligaciones*. v. 1.

DEGNI. *L'interpretazione della legge*. Napoli, Jovene, 1909.

DEHOUSSE. *La ratification des traités*; essay sur les rapports des traités et du droit interne.

DE LA PRADELLE. De la délimitation du droit international public et du droit international privé. *Nouvelle Revue*, 1934.

DE LAUME. *L'autonomie de la volonté en droit international privé.* 1950.

DEL PRADO, Victor R. *Manual de derecho internacional privado.* Buenos Aires, 1944.

DEL VECCHIO. *Direito, Estado e filosofia.* Trad. Luiz Luisi. Rio de Janeiro, Ed. Politécnica, 1952.

_____. *Riforma del Codice Civile e principi generali di diritto.* Roma, 1937.

_____. *Il concetto del diritto.* 1906.

_____. *I presupposti filosofici della nozioni del diritto.* Bologna, 1905.

_____. *Il concetto della natura e il principio del diritto.* Torino, 1908.

_____. *A justiça.* São Paulo, Saraiva, 1960.

_____. *Philosophie du droit.* Paris, Dalloz, 1953.

_____. *Los principios generales del derecho.* 3. ed. Barcelona, Bosch, 1971.

_____. *Lezioni di filosofia del diritto.* 13. ed. Milano, Giuffrè, 1965; 9. ed. 1953.

DEMANTE. *Cours analytique de Code Civil.* 1881.

DEMEY, Julien. *De la liquidation et du partage des successions en droit international.* Paris, 1926.

DEMOLOMBE. *Traité de l'absence.* 1881.

DE PAEPE. *Études sur la compétence civile a l'égard des étrangers.* Bruxelles, 1900. t. 1 e 2.

DE PAGE. *Traité élémentaire de droit civil belge.* 1933. v. 1.

DEREUX. Étude critique de l'adage — Nul n'est censé ignorer la loi. *Revue Trimestrielle de Droit Civil*, v. 6, 1907.

DERNBURG. *Pandekten.* 1896. v. 1.

DE ROA. *Del orden público en el derecho positivo.* Buenos Aires, 1925.

DE RUGGIERO. *Istituzioni di diritto civile.* 1934. v. 1.

DESPAGNET. *Précis de droit international privé.* 1909.

_____. Des conflits de lois relatifs à la qualification des relations juridiques. *Journal de Droit International Privé de Clunet*, 1898.

_____. *L'ordre public en droit international privé*. 1889.

DIAS DA SILVA. *Direito processual internacional*. Rio de Janeiro, 1971.

DIAS ROSAS, João. *As qualificações em direito internacional privado*. Lisboa, 1949.

DICKINSON. The problem of the unprovised case. In: *Recueil in honneur de Gény*. v. 2.

_____. Legal rules: their function in the process of decision. *Pennsylvania Law Review*.

DIENA. *Conflitti di legge in materia di diritti reali*. Milano, 1921.

_____. *Principii di diritto internazionale*. 1917.

_____. *Diritto pubblico e diritto privato in una sistemazione del diritto di famiglia*. 1927.

_____. *Il diritto internazionale privato*. 1917.

_____. La sentenza straniera e il giudizio di delibazione. *Rivista di Diritto Internazionale*, 1908.

_____. *Il diritto reali nel diritto internazionale privato*. Torino, 1895.

DIEZ-PICAZO. *Experiencias jurídicas y teoría del derecho*. Barcelona, Ed. Ariel, 1973.

DI MARZO, Salvatore. *Le basi romanistiche del Codice Civile*. 1950.

DINIZ, M. Helena. *Conceito de norma jurídica como problema de essência*. São Paulo, Revista dos Tribunais, 1977.

_____. *A ciência jurídica*. 2. ed. São Paulo, Resenha Universitária, 1982.

_____. *Norma constitucional e seus efeitos*. São Paulo, Saraiva, 1989.

_____. *As lacunas no direito*. São Paulo, Revista dos Tribunais, 1980.

_____. *Curso de direito civil brasileiro*. São Paulo, Saraiva, 1993. 7 v.

_____. *Conflito de normas*. São Paulo, Saraiva, 1987.

_____. Sucessão por morte ou por ausência — Questão da aplicabilidade do art. 10 da Lei de Introdução ao Código Civil. *Ciência Jurídica*, *47*:11-23.

_____. *Compêndio de introdução à ciência do direito*. São Paulo, Saraiva, 1992.

_____. *Tratado teórico e prático dos contratos*. São Paulo, Saraiva, 1993. 5 v.

_____. *Lei de locações de imóveis urbanos comentada*. São Paulo, Saraiva, 1992.

_____. *Comentários ao Código Civil*. São Paulo, Saraiva, 2003. v. 22.

DI VIGNANO. *Note critiche su alcuni recenti saggi in tema di rinvio*. Milano, Giuffrè, 1960.

DOLLE, Hans. De l'application du droit étranger par le juge interne. *Revue Critique*, 1955.

DOMINGUES DE ANDRADE, Manuel A. *Ensaio sobre a teoria da interpretação das leis*. Coimbra, 1987.

DONELLO. *Comment. de Iure Civile*. I, 19, 5.

DOROLLE, Maurice. *Le raisonnement par analogie*. Paris, PUF, 1949.

DREYFUS. *L'acte juridique en droit privé international*. 1904.

DRUKER. La caution judicatum solvi en Allemagne. *Journal Clunet*, 1893.

DUEN BUNNAG. *L'exécuteur testamentaire dans le droit anglais*. Paris, 1930.

DUGUIT, Léon. *Les conflits de législation relatifs à la forme des actes civiles*. Paris, 1882.

DU PASQUIER, Claude. *Introduction à la théorie générale et à la philosophie du droit*. 4. ed. Neuchâtel, Delachaux-Niestlé, 1967.

EGGEN. *De unificatie van het privatrech van Belgie, Nederland en Luxemburg*. Leuven, 1933.

EHRENZWEIG. *Private international law*. 1967.

ELIESCO. *Essai sur les conflits de lois dans l'espace, sans conflits de souveraineté*.

ELTZBACHER. *Die Handlungsfähigkeit*. 1903.

ENGELBERG, Esther. *Contratos internacionais do comércio*. São Paulo, Atlas, 1992.

ENGISCH, Karl. *Introdução ao pensamento jurídico*. 2. ed. Lisboa, Calouste Gulbenkian, 1964.

_____. *La idea de concreción en el derecho y la ciencia jurídica actuales*. Pamplona, Ed. Universidad de Navarra, 1968.

ENNECCERUS, Ludwig. *Tratado de derecho civil*; parte general. Barcelona, Bosch, 1948. v. 1, t. 1.

ENNECCERUS, KIPP & WOLFF. *Tratado de derecho civil*. Barcelona, Bosch, 1934. v. 1.

ESPÍNOLA, Eduardo. O problema da homologação das sentenças estrangeiras de declaração de estado das pessoas. In: *Homenagem de direito a Clóvis Beviláqua*. 1943. v. 20.

_____. *Elementos de direito internacional privado*. 1925.

_____. *Sistema de direito civil brasileiro*. 1938. v. 1.

ESPÍNOLA & ESPÍNOLA FILHO. *A Lei de Introdução ao Código Civil brasileiro comentada*. Rio de Janeiro, Freitas Bastos, 1943. v. 1, 2 e 3.

ESSER, Josef. *Principio y norma en la elaboración jurisprudencial de derecho privado*. Barcelona, Bosch, 1961.

ESTOPPEY. *Les contrats entre absentes*. Lausanne, 1926.

FABREGUETTES. *La logique judiciaire et l'art de juger*. Paris, 1914.

FAGGELLA. *Retroattività delle legge*. Napoli, 1922.

FAHMY. *Les conflits mobiles*. 1951.

FALCO. Sul principio della irretroattività della legge (a proposito dello scritto di D. Donati: Il contenuto del principio della irretroattività della legge). *Rivista di Diritto Commerciale*, ano 15, v. 1, n. 9 e 10, 1971.

FALCONBRIDGE. Le renvoi et la loi du domicile. *Revue Critique*, 1947.

_____. *Characterization in the conflict of laws*. 1937.

FARIA, Bento de. *Aplicação e retroatividade da lei*. Rio de Janeiro, 1934.

FEDOZZI, Prospero. *Gli enti colletivi nel diritto internazionale privato*. Padova, 1897.

_____. Introduzione al diritto internazionale — parte generale. In: *Trattato di diritto internazionale*. 1933.

_____. *Il diritto processuale civile internazionale*. Bologna, 1905.

_____. *Il diritto internazionale privato*. 1935.

FENWICK. *International law*. 3. ed.

FERNANDES, Adaucto. *Teoria geral dos conflitos de leis*. Rio de Janeiro, 1964.

FERNÁNDEZ, Alberto Vicente. *Función creadora del juiz*. Buenos Aires, Abeledo-Perrot, 1980.

FERRARA, *Trattato di diritto civile italiano*. Roma, 1921. v. 1.

_____. *Negócio jurídico*.

_____. *Interpretação e aplicação das leis*. Trad. port.

_____. *Teoria delle persone giuridiche*. 1923.

FERRARI BRAVO. *La prova nel processo internazionale*. Napoli, Jovene, 1958.

FERRAZ JR., Tércio Sampaio. Rigidez ideológica e flexibilidade valorativa. In: *Filosofia-II. Anais do VIII Congresso Interamericano de Filosofia e V da Sociedade Interamericana de Filosofia*.

_____. *Direito, retórica e comunicação*. São Paulo, Saraiva, 1973.

_____. *Introdução ao estudo do direito*. São Paulo, Atlas, 1988.

_____. *Sistema jurídico e teoria geral dos sistemas*. Apostila do Curso de Extensão Universitária em Direito promovido pela Associação dos Advogados de São Paulo, mar./jun. 1973.

_____. A noção de norma jurídica na obra de Miguel Reale. Separata da *Revista Ciência e Cultura*, v. 26, fasc. 11.

_____. *Conceito de sistema no direito*. São Paulo, Revista dos Tribunais, 1976.

_____. *Pressupostos filosóficos para a concepção de sistema no direito, segundo Emil Lask*. São Paulo, 1970.

_____. *Teoria da norma jurídica*. Rio de Janeiro, Forense, 1978.

_____. *A ciência do direito*. São Paulo, Atlas, 1977.

_____. Ciência do direito. In: *Enciclopédia Saraiva do Direito*. v. 14.

_____. *Localização histórica do problema das lacunas*. (Artigo lido em manuscrito.)

_____. *Localização sistemática do problema das lacunas*. (Artigo lido em manuscrito.)

_____. *Constituinte*. São Paulo, Revista dos Tribunais, 1985.

_____. Analogia; aspecto lógico-jurídico: analogia como argumento ou procedimento lógico. In: *Enciclopédia Saraiva do Direito*. v. 6.

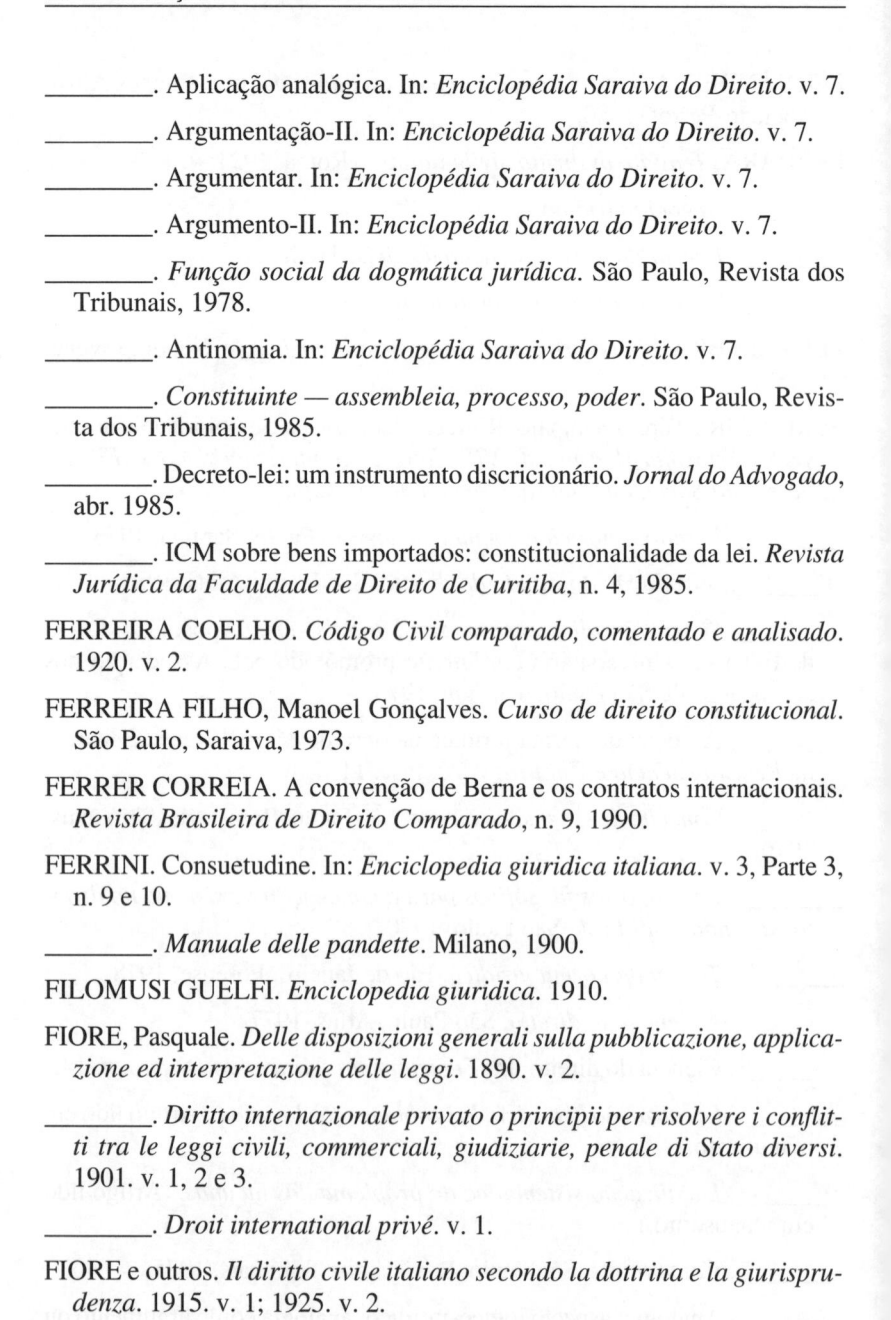

_____. Aplicação analógica. In: *Enciclopédia Saraiva do Direito*. v. 7.

_____. Argumentação-II. In: *Enciclopédia Saraiva do Direito*. v. 7.

_____. Argumentar. In: *Enciclopédia Saraiva do Direito*. v. 7.

_____. Argumento-II. In: *Enciclopédia Saraiva do Direito*. v. 7.

_____. *Função social da dogmática jurídica*. São Paulo, Revista dos Tribunais, 1978.

_____. Antinomia. In: *Enciclopédia Saraiva do Direito*. v. 7.

_____. *Constituinte — assembleia, processo, poder*. São Paulo, Revista dos Tribunais, 1985.

_____. Decreto-lei: um instrumento discricionário. *Jornal do Advogado*, abr. 1985.

_____. ICM sobre bens importados: constitucionalidade da lei. *Revista Jurídica da Faculdade de Direito de Curitiba*, n. 4, 1985.

FERREIRA COELHO. *Código Civil comparado, comentado e analisado*. 1920. v. 2.

FERREIRA FILHO, Manoel Gonçalves. *Curso de direito constitucional*. São Paulo, Saraiva, 1973.

FERRER CORREIA. A convenção de Berna e os contratos internacionais. *Revista Brasileira de Direito Comparado*, n. 9, 1990.

FERRINI. Consuetudine. In: *Enciclopedia giuridica italiana*. v. 3, Parte 3, n. 9 e 10.

_____. *Manuale delle pandette*. Milano, 1900.

FILOMUSI GUELFI. *Enciclopedia giuridica*. 1910.

FIORE, Pasquale. *Delle disposizioni generali sulla pubblicazione, applicazione ed interpretazione delle leggi*. 1890. v. 2.

_____. *Diritto internazionale privato o principii per risolvere i conflitti tra le leggi civili, commerciali, giudiziarie, penale di Stato diversi*. 1901. v. 1, 2 e 3.

_____. *Droit international privé*. v. 1.

FIORE e outros. *Il diritto civile italiano secondo la dottrina e la giurisprudenza*. 1915. v. 1; 1925. v. 2.

FIORI. *Da irretroactividade e interpretação das leis*.

FORIERS. Les antinomies en droit. In: *Les antinomies en droit*. Coord. Perelman. Bruxelles, Émile Bruylant, 1965.

_____. Les lacunes du droit. In: *Le problème des lacunes en droit*. Coord. Perelman. Bruxelles, Émile Bruylant, 1968.

FORTES BARBOSA, Marcelo. Conflito de leis penais. In: *Enciclopédia Saraiva do Direito*. v. 18.

FRAGA, Afonso. *Teoria e prática na execução das sentenças*. 1922.

FRANCESCAKIS. *La théorie du renvoi et les conflits de systèmes en droit international privé*. Paris, 1958.

_____. Le divorce d'époux de nationalité différente. *Revue Critique*, 1954.

FRANCESCHINI, José Inácio. A lei e o foro de eleição em tema de contratos internacionais. In: *Contratos internacionais*. Coord. Rodas. São Paulo, Revista dos Tribunais, 1985.

FRANCO DA FONSECA, J. R. Aplicação da lei no espaço. In: *Enciclopédia Saraiva do Direito*. v. 7.

_____. Conflitos duplos negativos (de leis no espaço). In: *Enciclopédia Saraiva do Direito*. v. 18.

_____. Conflitos duplos positivos (de leis no espaço). In: *Enciclopédia Saraiva do Direito*. v. 18.

_____. *Contra a renúncia e a devolução*. São Paulo, 1967.

FRANKENSTEIN. *Internationales Privatrecht (Grenzrecht)*. 1926. v. 1 a 4.

FRÓES, Adaucto C. Irretroatividade das leis. In: *Repertório enciclopédico do direito brasileiro*. Rio de Janeiro, Borsoi. v. 29.

FUBINI. *La dottrina del errore*. 1902.

FULGÊNCIO, Tito. *Direito internacional privado*. Rio de Janeiro, 1973.

FULLER, Lon L. *American legal realism*. 1934.

_____. *Legal fictions*. Stanford University Press, 1967.

GABBA. *Teoria della retroattività delle leggi*. Pisa, 1898. v. 1.

GALLARDO, R. *La solution des conflits de lois dans le pays de l'Amerique Latine, divorce, separation de corps e de nullitè du mariage*. Paris, 1956.

GALLONI, Giovanni. *La interpretazione delle legge*. Milano, 1955.

GAMA E SILVA, Luis A. *A ordem pública em direito internacional privado*. São Paulo, 1944.

_____. *As qualificações em direito internacional privado*. São Paulo, 1952.

GARCÍA MÁYNEZ, Eduardo. Some considerations on the problem of antinomies in the law. *Archiv fur Rechts und Sozialphilosophie*. 1963. v. 49.

_____. *La definición del derecho*. México, 1950.

_____. *Lógica del raciocinio jurídico*. México, Fondo de Cultura Económica, 1964.

_____. *Introducción al estudio del derecho*. México, Porrúa, 1972.

GARCÍA VALDECASAS. La naturaleza de los principios generales del derecho. In: *Ponencias españolas*. VI Congreso Internacional de Derecho Comparado, 1962.

GARDE CASTILLO, Joaquín. *La "institución desconocida" en derecho internacional privado*. Madrid, 1947.

GARDIOL, Ariel A. *Introducción a una teoría general del derecho*. Buenos Aires, Ed. Astrea, 1975.

GAVALDA, Christian. *Les conflits dans le temps en droit international privé*. Paris, 1955.

GAVAZZI, Giacomo. *Delle antinomie*. Torino, Giappichelli, 1959.

GEMMA. *Appunti di diritto internazionale privado*.

GÉNY, François. *Método de interpretación y fuentes en el derecho privado*. 2. ed. Madrid, Ed. Reus, 1925.

_____. *Science et technique en droit privé positif*. 2. ed. Paris, Sirey, 1924/1930. 4 v.

GEORGAKILAS. *Da eficácia das normas jurídicas*. Dissertação de mestrado apresentada na PUCSP, em 1987.

GHIRARDINI. La comunità internazionale e il suo diritto. *Rivista di Diritto Internazionale*, 1919.

GIANINNI, Massimo S. *Diritto amministrativo*. Milano. v. 1.

GIANTURCO. *Sistema di diritto civile italiano*. 1909. v. 1.

GIL, A. Hernández. *El concepto del derecho civil*. Madrid, Ed. Revista de Derecho Privado.

_____. *Metodología de la ciencia del derecho*. Madrid, 1973.

_____. *Metodología del derecho*. Madrid, 1945.

_____. *Problemas epistemológicos de la ciencia jurídica*. Madrid, Ed. Civitas, 1976.

GIOJA, Ambrosio. *El postulado jurídico de la prohibición*. Buenos Aires, Abeledo-Perrot, 1954.

GIORGI, *Teoria delle obbligazioni*. v. 1.

GIOVANNI. Dal sistema sopra al sistema. *RIFD*, v. 1 e 2, 1965.

GIRAULT. *Contrats par correspondance*. Paris, 1890.

GIULIANI. *La legge*. 1867.

GLASSON, MOREL & TISSIER. *Traité de procédure civile*. v. 4.

GMUR. *Die anwendung des Rechts nach art. 1 des schweizerischen Zivilgesetzbuches*. 1908.

GOEPPERT. Das Prinzip-Gesetze haben Keine ruchwerkende Kraft. *Iherings Jahrbucher*, v. 22, 1882.

GOIRAND. *Étude sur les conditions de validité du testament en droit international privé*. Paris, 1901.

GOLDSCHMIDT, Werner. *Conducta y norma*. Buenos Aires, Abeledo--Perrot, 1955.

_____. *Introducción filosófica al derecho*. 4. ed. Buenos Aires, Depalma, 1973.

_____. *Suma del derecho internacional privado*. Buenos Aires, 1961.

_____. *La consecuencia jurídica de la norma del derecho internacional privado*. Barcelona, Bosch, 1935.

_____. *Derecho internacional privado*. Buenos Aires, Depalma, 1973.

_____. *Sistema e filosofía del derecho internacional privado*. 1945.

GOMES, Orlando. *Introdução ao direito civil*. 3. ed. Rio de Janeiro, Forense, 1971.

_____. *Direito de família*. Rio de Janeiro, Forense, 1978.

GOMES, Oscar Martins. *O domicílio e a nacionalidade no direito internacional privado como princípios determinantes da lei pessoal nos conflitos de leis.* Curitiba, 1951.

GONZALES, Emilio S. *El divorcio ante el derecho internacional privado.* Buenos Aires, 1923.

GOODRICH. *One conflict of laws.*

GOULÉ, P. Mariage. In: *Répertoire de droit international.* Paris, 1931. t. 9.

GRAULICH. *Les conflits de lois en droit international privé.* 1956.

GRAVESON. La récent législation anglaise en matière d'adoption et de filiation légitime et le droit international privé. *Revue Critique*, 1959.

GRECO FILHO, Vicente. *Direito processual civil brasileiro.* São Paulo, Saraiva, 1992. v. 2.

_____. *Homologação de sentença estrangeira.* São Paulo, Saraiva, 1978.

GREGOROWICZ. L'argument "a maiore ad minus", et le problème de la logique et analyse. *Logique et Analyse*, série 5, 1962.

GUGGENHEIM. *Traité de droit international public.* Genève, 1953. t. 1.

GUILLOIS. *Recherches sur l'application dans le temps des lois et règlements.* 1912.

GURVITCH. *Le temps présent et l'idée du droit social.* 1932.

GUSMÃO, Paulo Dourado de. *Introdução à ciência do direito.* Rio de Janeiro, Forense, 1959.

GUYOT, P. Tutelle des mineurs. In: *Répertoire de droit international.* Paris, 1931. t. 10.

HAHN. *Die Eherecht der europäischen Staaten und ihrer Kolonien.* 1904.

HAKKI. *Les conflits des qualifications dans les droits français, anglo-saxon e italien comparées.* Paris, 1934.

HAMMARSKJÖLD. Les immunités des personnes investiés de fonctions internationales. In: *Recueil des Cours.* 1936, v. 56.

HART, Herbert L. A. Positivism and the separation of law and morals. *Harvard Law Review*, v. 71, 1958.

_____. *El concepto del derecho.* 2. ed. Buenos Aires, Abeledo-Perrot, 1968.

HARTMANN, N. *Ethik*. Berlin, 1962.

HAURIOU. Nas fontes do direito. *Cadernos da Nova Jornada*, n. 2, Paris.

_____. *Teoria dell'istituzioni e fondazione*. Milano, Giuffrè, 1963.

_____. *Précis de droit constitutionnel*. 2. ed. 1929.

_____. Aux sources du droit. *Cahiers de la Nouvelle Journée*, n. 23, Paris, 1933.

HEALY, Thomas H. Théorie générale de l'ordre public. In: *Recueil des Cours*. 1925. v. 9.

HEINITZ. *I limitti oggettivi della cosa giudicata*. 1937.

HEINRICH. Recherches sur la problématique du droit coutumier. In: *Recueil d'Études sur les Sources du Droit en l'Honneur de Gény*. v. 2.

HELLER. *Die Souveraenitaet: Beitraege zum auslaendischen off. Recht und Voelkerrecht*. Berlin, 1927.

HERKENHOFF, José Baptista. *Como aplicar o direito*. Rio de Janeiro, Forense, 1995.

HERRENDORF, Daniel D. *El poder de los jueces*. Buenos Aires, Abeledo--Perrot, 1994.

HESSEL, Yntema. Les objectifs du droit international privé. *Revue Critique*, 1959.

HINGST. Application de la loi étrangere. *Revue de Droit International et de Législation Comparée*, t. 13, 1881.

HOLLEY. *De la separación de hecho o separación por autoridad privada de los conyuges*. Chile, 1937.

HOLZENDORF & KOHLER. *Encyklopaedie der Rechtswissenschaft*. v. 1.

HOMBERGER. *Die obligatorischen Verträge im internationalen Privatrecht*. Bern, 1925.

HOSTIE, Jan F. Le transport des marchandises en droit international. In: *Recueil des Cours*. 1951. v. 78.

HOUPIN & BOUVIEUX. *Traité général théorique et pratique des sociétés civiles et commerciales*. 1935. v. 3.

HUBERLANT. Antinomies et recours aux principes généraux. In: *Les antinomies en droit*. Perelman (publ.). Bruxelles, Émile Bruylant, 1965.

_____. Les mécanismes institués pour combler les lacunes de la loi. In: *Le problème des lacunes en droit*. Perelman (publ.). Bruxelles, Émile Bruylant, 1968.

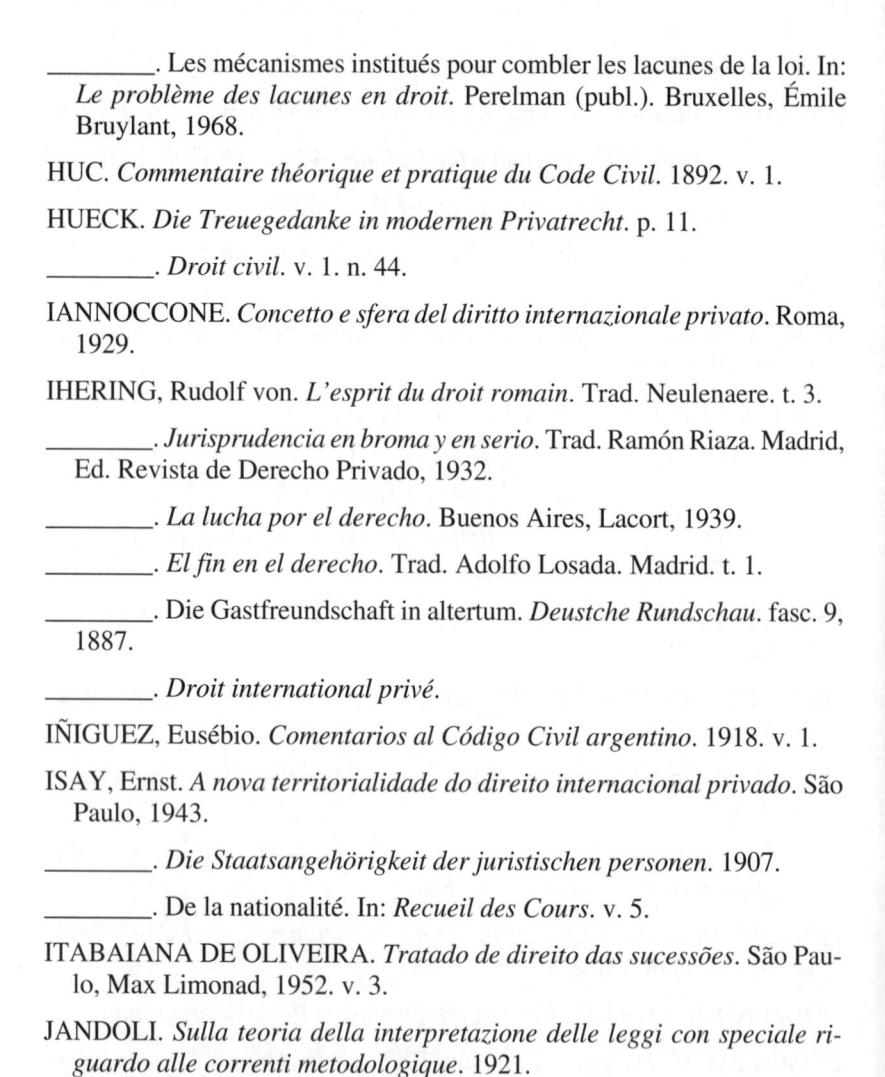

HUC. *Commentaire théorique et pratique du Code Civil*. 1892. v. 1.

HUECK. *Die Treuegedanke in modernen Privatrecht*. p. 11.

_____. *Droit civil*. v. 1. n. 44.

IANNOCCONE. *Concetto e sfera del diritto internazionale privato*. Roma, 1929.

IHERING, Rudolf von. *L'esprit du droit romain*. Trad. Neulenaere. t. 3.

_____. *Jurisprudencia en broma y en serio*. Trad. Ramón Riaza. Madrid, Ed. Revista de Derecho Privado, 1932.

_____. *La lucha por el derecho*. Buenos Aires, Lacort, 1939.

_____. *El fin en el derecho*. Trad. Adolfo Losada. Madrid. t. 1.

_____. Die Gastfreundschaft in altertum. *Deustche Rundschau*. fasc. 9, 1887.

_____. *Droit international privé*.

IÑIGUEZ, Eusébio. *Comentarios al Código Civil argentino*. 1918. v. 1.

ISAY, Ernst. *A nova territorialidade do direito internacional privado*. São Paulo, 1943.

_____. *Die Staatsangehörigkeit der juristischen personen*. 1907.

_____. De la nationalité. In: *Recueil des Cours*. v. 5.

ITABAIANA DE OLIVEIRA. *Tratado de direito das sucessões*. São Paulo, Max Limonad, 1952. v. 3.

JANDOLI. *Sulla teoria della interpretazione delle leggi con speciale riguardo alle correnti metodologique*. 1921.

JEANPRÊTE, Raymond. *Les conflits de lois en matière d'obligations contractuelles selon la jurisprudence et la doctrine aux États-Unis*. Paris, 1936.

JENKS. The conflict of law; making treaties. *British Yearbook of International Law*, v. 30, 1953.

JITTA. *La substance des obligations dans le droit international privé*. Haia, 1906. v. 1.

_____. *La rénovation du droit international sur la base d'une communauté juridique du genre humaine*. Haia, 1919.

_____. *La méthode du droit international privé*. Haye, 1890.

JOHNSTONE JR., Henry W. Argumentation and inconsistency. *Logique et Analyse*, 1961.

JOSSERAND. *De l'esprit des droits et de leur relativité*. 1939.

_____. *Derecho civil*. 1952. t. 1.

JOUVENEL, Bertrand de. *Le pouvoir*. Paris, 1974.

_____. *De la souveraineté à la recherche du bien politique*. Paris, 1955.

KAECKENBEECK, Georges. La protection internationale des droits acquis. In: *Recueil des Cours*. 1937. t. 59.

KAHN. Die lehre vom ordre public (Prohibitivgesetze). *Iherings Jahrbucher*, v. 39, 1938.

_____. Latenten Kollisionen. *Iherings Jahrbucher*, v. 30, 1891.

_____. Die dritte Haager Staaten Konferenz. In: *Zeitschrift fur internationales Privat-und öffentliches Recht*. 1902. v. 2.

KALINOWSKY. Philosophie et logique de l'interprétation en droit. *Archives de Philosophie du Droit*. Paris, t. 17, 1972.

_____. *Théorie des propositions normatives*. 1953.

_____. La logique juridique. *Archives de Philosophie du Droit*. Paris, t. 11, 1966.

_____. Interprétation juridique et logique des propositions normatives. *Logique et Analyse*, série 2, 1959.

_____. *Le logique des normes*. Paris, 1972.

_____. *Querelle de la science normative*. Paris, LGDJ, 1969.

KANTOROWICZ, Hermann. La lucha por la ciencia del derecho. In: *La ciencia del derecho*. Buenos Aires, Ed. Losada, 1949 (vários autores).

KELSEN, Hans. Théorie du droit international public. *Recueil des Cours de l'Academie de Droit International de la Haye*, v. 3, t. 84, 1953.

_____. *Teoria generale delle norme*. Torino, Ed. Einaudi, 1985.

_____. *El método y los conceptos fundamentales de la teoría pura del derecho*.

_____. *Teoría general del derecho y del Estado*. México, Imprensa Universitária, 1950.

_____. *Teoria pura do direito*. 2. ed. Coimbra, Arménio Amado, 1962. v. 1 e 2.

_____. *Teoría general del Estado*. Barcelona, Labor, 1934.

_____. *Das problem der Staat und die theorie des Voelkerrechts*. Tubingen, 1920/1928.

KIRAFLY. *The English legal system*. London, 1967.

KLEIN. *Die Rechtshandlungen in engerem Sinne*. 1912.

KLUG, Ulrich. Observations sur le problème des lacunes en droit. In: *Le problème des lacunes en droit*. Perelman (publ.). Bruxelles, Émile Bruylant, 1968.

_____. *Lógica jurídica*. Trad. García Bacca. Publicaciones de la Facultad de Derecho de la Universidad de Caracas. 1961.

KNAPP, Charles. *De la notion de l'ordre public dans les conflits de lois*. Neuchâtel, 1933.

_____. *Sauveguarde de l'ordre public et la protection des faibles en droit international privé*. Lausanne, 1950.

KOHLER. *Lehrbuch des buergerlichen Rechts*. 1904.

_____. *Lehrbuch des Konkursrechts*, 1891.

KRAUS. Die leitende Grandsätze der Gesetzinterpretation. In: *Grunhut's Zeitschrift*. n. 32.

KRINGS. Les lacunes en droit fiscal. In: *Le problème des lacunes en droit*. Perelman (publ.). Bruxelles, Émile Bruylant, 1968.

KRONHEIM, Kurt. *Les conflits de lois en matière de contrat de travail*. Paris, 1938.

KUHN. *Comparative commentaires on private international law or conflict of laws*. 1935.

LABBÉ. Du conflit et la loi nationale du juge saisi et une loi étrangère relativament à la determination de la loi applicable à la cause. *Journal de Clunet*, 1885.

LACAMBRA. *Filosofía del derecho*. 1953.

LACERDA, Paulo de. *Manual do Código Civil brasileiro*. Rio de Janeiro, 1918. v. 1.

LA COSTE. *De la chose jugée en matière civile, criminelle, disciplinaire et administrativ.* 1914.

LAFON. *La tutelle des mineurs en droit international et la Convention de la Haye du 12 juin 1902.* Bordeaux, 1912.

LAGARDE, Paul. *Recherche sur l'ordre public en droit international privé.* Paris, 1959.

_____. *Le dépeçage dans le droit international privé des contrats. Rivista di Diritto Internazionale Privato e Processuale*, 4:649 e s., 1975.

LAGUARDIA, Jorge M. G. *Las lagunas de la ley y la plenitud hermética del ordenamiento jurídico. Revista de la Universidad de San Carlos*, Guatemala, n. 46, 1958.

LAHR. *Manual de filosofia.* Porto, 1941.

LAINÉ. *Introduction au droit international privé.* 1892. v. 2.

_____. *De la forme du testament privé en droit international privé.* Paris, 1908.

_____. *De l'application des lois étrangères en France et en Belgique. Journal Clunet*, 1896.

LA LOGGIA. *La esecuzione delle sentenze straniera in materia civile.* Torino, 1902.

LANFRANCHI. *Derecho internacional privado del trabajo.*

LARA CAMPOS JR., A. *Princípios gerais de direito processual.* São Paulo, Bushatsky, 1963.

LARENZ. *Metodología de la ciencia del derecho.* Barcelona, Ed. Ariel, 1966.

_____. *Derecho civil*; parte general. v. 1.

LASALA LLANAS. *Sistema español de derecho civil internacional e interregional.* 1933.

LASSALLE. *Théorie der erworbenen Rechte und der collisión der Gesetze.* 1861.

_____. *Théorie systématique des droits acquis.* Paris, 1904. v. 1 e 2.

LAURENT. *Cours élémentaire de droit civil.*

LAUTERPACHT. *Some observations on the prohibition of "non liquet" and the completeness of the law.* Haye, Symbolae Verzije, 1958.

LAZCANO, Carlos. *Las sentencias extranjeras y el exequatur judicial.*

_____. *Derecho internacional privado.* 1965.

_____. Ley que rige la validez y la disolubilidad del matrimonio en el derecho internacional privado. *Anales de la Facultad de Ciencias Jurídicas de la Universidad de La Plata.* 1964.

LEÃO ANDRADE JR., Attila de S. *O capital estrangeiro no sistema jurídico-brasileiro.* Rio de Janeiro, Forense, 1979.

LEFEBVRE D'OVIDIO. *La nazionalità delle società commerciali.* 1939.

LEGAZ Y LACAMBRA. *Filosofía del derecho.* 3. ed. Barcelona, Bosch, 1972.

_____. *Kelsen — Estudio crítico de la teoría pura del derecho y del Estado de la Escuela de Viena.* Barcelona, Bosch, 1933.

_____. La plenitud del orden jurídico. *Revista Crítica del Derecho Inmobiliário,* 1940.

LEGROS, Robert. Considérations sur les lacunes et l'interprétation en droit pénal. In: *Le problème des lacunes en droit.* Bruxelles. Perelman (publ.), Émile Bruylant, 1968.

LEHR. *Le mariage et le divorce et la séparation de corps dans les principaux pays civilisés.* 1899.

LEPAULLE, Pierre. *Le droit international privé.* Paris, 1948.

LEREBOURS & PIGEONNIÈRE. *Précis de droit international privé.* 1962.

_____. Observations sur la question du renvoi. *Journal de Droit International de Clunet,* Paris, 1924.

LESCOT. Les tribunaux en face de la carence du législateur. *JPC,* Ed. GI, 1966, n. 2.007.

LESKE & LOEWENFEID. *Das Eherecht der europäischen Staaten und ihrer Kolonien.* 1904.

_____. *Die Rechtsvergolgung im internationalen Verkehr.* 1897. v. 2.

LEVASSEUR. *Le domicile et la détermination en droit international privé.* Paris, 1931.

LEVEL, Patrice. *Essai sur les conflits des lois dans le temps.* Paris, LGDJ, 1959.

LEVEN. *De la nationalité des sociétés et du régime des sociétés étrangers en France.* 1926.

LEVI, Alessandro. *Istituzioni di teoria generale del diritto*. Padova, CEDAM, 1934. v. 1.

LÉVY-BRUHL. *Introduction à l'étude du droit*. Paris, A. Rousseau, 1951. v. 1.

_____. *La preuve judiciaire. Étude de sociologie juridique*. Paris, 1964.

LEWALD. La théorie du renvoi. In: *Recueil des Cours*. 1929. t. 29.

_____. *Das deutsche internationale Privatrecht auf Grundlage der Rechtsprechung*. Berlin, 1931.

_____. Questions de droit international des successions. In: *Recueil des Cours de l'Académie de Droit International Privé*. 1925. v. 9.

_____. Le contrôle des Cours Suprêmes sur l'application des lois étrangers. In: *Recueil des Cours*. 1936. t. 57.

LIEBMAN. *Eficácia e autoridade da sentença*. Rio de Janeiro, Forense, 1945.

_____. L'azione per la delibazione delle sentenze straniere. In: *Problemi*. Ed. Morano, 1962.

LIGERPOULO & AULAGNON. Fraude à la loi. In: *Répertoire de droit international*. t. 8.

LIMA ANTUNES. O conceito de superdireito. Capítulo preliminar da ciência do direito internacional privado. *Revista da Faculdade de Direito de Pelotas*, ano 1, n. 1, 1956.

_____. Unilateralidade e omnilateralidade da norma de sobredireito. *Revista da Faculdade de Direito de Pelotas*, ano 7, n. 10, 1962.

LIMONGI FRANÇA, Rubens. *Formas e aplicação do direito positivo*. São Paulo, Revista dos Tribunais, 1969.

_____. *Princípios gerais de direito*. 2. ed. São Paulo, Revista dos Tribunais, 1971.

_____. Analogia (Noção). In: *Enciclopédia Saraiva do Direito*, 1978. v. 6.

_____. Da jurisprudência como direito positivo. Separata da *Revista da Faculdade de Direito da USP*, ano 66, 1971.

_____. Aplicação do direito positivo. In: *Enciclopédia Saraiva do Direito*. v. 7.

_____. Aplicação dos princípios gerais de direito. In: *Enciclopédia Saraiva do Direito*, v. 7.

_____. Forma do ato jurídico. In: *Enciclopédia Saraiva do Direito*. v. 38.

_____. Costume. In: *Enciclopédia Saraiva do Direito*. v. 21.

_____. *Direito intertemporal brasileiro*. São Paulo, Revista dos Tribunais, 1968.

_____. Aplicação da lei no tempo. In: *Enciclopédia Saraiva do Direito*. v. 7.

_____. *Instituições de direito civil*. São Paulo, Saraiva, 1988.

_____. *A irretroatividade das leis e o direito adquirido*. São Paulo, Revista dos Tribunais, 1982.

_____. *O direito, a lei e a jurisprudência*. São Paulo, Revista dos Tribunais, 1974.

LLOYD. *Public policy*. London, 1953.

LOISEAU. *Du domicile comme principe de compétence legislative depuis de Code Civil*. 1893.

_____. *Traité de la tutelle des mineurs en droit international*. Paris, 1887.

LOMONACO. *Istituzione di diritto civile*. v. 1.

LORBER. *Les valeurs mobiliéres envisagées au point de vue des conflits de lois*. Paris, 1912.

LORENZEN. *Cases and materials on the conflict of laws*. 1937.

_____. *The theory of qualifications and the conflict of laws*.

LORETO. *Sentencia extranjera de divorcio y solicitud de "exequatur"*. Caracas, 1944.

LOUSSOUARN, Ivon. *Les conflits des lois en matière de sociétés*. Paris, 1949.

LOUSSOUARNE & BREDIN. *Droit du commerce international*. Paris, Sirey, 1969.

LUGO. *Manuale di diritto processuale civile*. Milano. 1958.

LUKAS. *Fehler im Gesetzgebungsverfahren*. 1907.

LUZZATTO. *Sull'asserita completezza dell'ordinamento giuridico*. 1922.

MACEDO, Sílvio de. Fim social. In: *Enciclopédia Saraiva do Direito*. v. 37.

_____. Bons costumes. In: *Enciclopédia Saraiva do Direito*. v. 12.

MACHADO NETO, A. L. *Teoria da ciência jurídica*. São Paulo, Saraiva, 1975.

_____. *Compêndio de introdução à ciência do direito*. 5. ed. São Paulo, Saraiva, 1984.

MACHADO VILLELA. *Tratado elementar (teórico e prático) de direito internacional privado*. 1921. v. 1.

_____. *O direito internacional privado no Código Civil brasileiro*. 1921.

MAILHER DE CHASSAT. *Rétroactivité des lois*. 1845.

MAKAROV. *Précis de droit international privé d'aprés la législation et la doctrine russes*. 1933.

MALAURIE, P. *L'ordre public et le contrat*. Reims, 1953.

MALKASSIAN, Roberto. *El funcionario internacional*. Buenos Aires, Abeledo-Perrot, 1980.

MANCINI. *Rapport a l'Institut de Droit International sur l'utilité de rendre obligatoires pour tous les États un certain nombre de règles generales de droit international privé*. 1874.

MANDY, Georges A. *Les étrangers devant la justice en droit international privé (la "cautio judicatum solvi")*. Paris, 1897.

MANTOVANI. *Concorso e conflitto di norme nel diritto penale*. Bologna, 1966.

MARCUS, Silvio. Traités et accords internationaux aux États-Unis d'Amérique. *Annales de Droit et de Science Politique*, 1959.

MAREK. Les rapports entre le droit international et le droit interne à la lumière de la jurisprudence de la CPJI. *Revue Générale de Droit International Public*, n. 2, 1962.

MARI, Enrique Eduardo. *Neopositivismo e ideologia*. Buenos Aires, 1974.

MARINONI. La natura giuridica del diritto internazionale privato. *Rivista di Diritto Internazionale*, 1913.

MARMION. *Étude sur les lois d'ordre public en droit civil interne*. Paris, 1924.

MARNOCO. *Execução extraterritorial das sentenças*.

MARQUES, José Frederico. *Manual de direito processual civil*. São Paulo, Saraiva, 1987. v. 3.

MARTIN-ACHARD, A. *La nationalité des sociétés anonymes*. Zurich, 1918.

MARTINS, Pedro B. *Comentários ao Código de Processo Civil*. v. 1.

MARZANO, Gabriele. *L'interpretazione delle legge*. 1955.

MATTERN. *Concepts of the State, sovereignty and international law*. Baltimore, 1929.

MATTIROLO. *Istituzioni di diritto processuale civile*. 1939.

_____. *Istituzioni di diritto giudiziario civile italiano*. 1899. v. 6.

MATTOS PEIXOTO. Limite temporal da lei. *Revista Jurídica da Faculdade Nacional de Direito*, 9:9-47.

MAURY, Jacques. Règles générales des conflits des lois. In: *Recueil des Cours*. 1936. t. 57.

_____. *Derecho internacional privado*. 1949.

MAXIMILIANO, Carlos. *Hermenêutica e aplicação do direito*. 8. ed. Rio de Janeiro, Freitas Bastos, 1965.

_____. *Direito intertemporal*. Rio de Janeiro, Freitas Bastos, 1946.

MAY, Gaston. *Introduction à la science du droit*. Paris, Ed. M. Giard, 1932.

MAYER, Max Ernest. *Filosofía del derecho*. Labor, 1933.

MEILI & MAMELOK. *Das internationale Privat-und Zivilprozessrecht auf Grund der Haager Konventionen*. 1911.

MEISSNER. *Vollstândige Darstellung der Lehre vom stills e weigenden Pfandrecht*. 1803.

MELANDRI. *La linea e il circolo: studio logico-filosofico sull'analogia*. Bologna, 1968.

MELCHIOR, George. *Die grundlagen des deutschen internationalen Privatrechts*. 1932.

MELENDO, Santiago Sentis. La sentencia extranjera. *Revista de Derecho Procesal*, t. 2, 1944.

MELO DA SILVA, Wilson. Conflito de leis no tempo. In: *Enciclopédia Saraiva do Direito*. v. 18.

MENDONÇA, Otávio. *Aspectos da ordem pública em direito internacional privado*. Belém, 1951.

MENGER. *Das buergerliche Recht und die besitzlosen Volklassen*. 1890.

MERIGGI, Lea. Saggio critico sulle qualificazioni. *Rivista Italiana di Diritto Internazionale Privato e Procedurale*. 1932.

_____. Les qualifications en droit international privé. *Revue de Droit International Privé*. 1933.

MERKL. Die Rechtseinheidt des Österreichischen Staates. *Archiv des Öffentlichen Rechts*, 3:75, 1977.

MESSINEO, Francesco. *Manual de derecho civil y comercial*. Buenos Aires, EJEA, 1954. t. 1.

MEULEMAERE. Unsere Aufgabe. *Ihering's Jahrbucher fur die Gogmatik*, v. 1, 1857.

MEYER. *Institutiones juris naturalis*.

_____. *Principles sur les questions transitoires*. 1858.

MICELI. I principii generali del diritto. *Rivista di Diritto Civile*, v. 15, 1923.

_____. Il dogma della completezza dell'ordinamento giuridico. *RIFD*, 1925.

_____. Sul principio di equità. In: *Studi in onore di Scialoja*.

MICHOUD. *La théorie de la personnalité morale*. Paris, 1932. v. 1.

MIEDZIANAGORA. Juges, lacunes et idéologie. In: *Logique et Analyse*, 1966.

_____. Juges, lacunes et idéologie. In: *Le problème des lacunes en droit*. Bruxelles. Perelman (publ.), Émile Bruylant.

_____. Droit positif et idéologie. In: *Études de logique juridique*. Bruxelles, Émile Bruylant, 1973.

MIGLIAZZA. La disciplina della forma degli atti di ultima volontà nel diritto internazionale privato. *Comunicazione e Studi*, 1954.

_____. A proposito dei concetti di giurisdizione e di competenza per territorio nel diritto processuale civile internazionale. *Comunicazione e Studi*, 1959.

MIGUEL Y ALONSO, Carlos. *El reconoscimiento de sentencias extranjeras en el derecho procesal español*. 1967.

MIRANDA FREIRE, Carlos C. *Influência da doutrina jurídica nas decisões judiciárias*. João Pessoa, Ed. União, 1977.

MOLDOVAN, Mircea. *L'ordre public en droit international privé*. Paris, 1932.

MONACO, R. *Il giudizio di delibazione*. Padova, 1940.

MONTEJANO, Bernardino. *Ideología, nacionalismo y realidad*. Buenos Aires, Abeledo-Perrot, 1981.

MONTESQUIEU. *De l'esprit des lois*. Liv. I, Cap. III.

MOOR, J. La questione delle lacune del diritto. *RIFD*, 1941.

MOREAU, Felix. *Effets internationaux des jugements en matière civile*. Paris, 1884.

MOREL. *Traité élémentaire de procédure civile*. 1949.

MORELLI. *Elementi di diritto internazionale privato italiano*. Napoli, Jovene, 1955.

_____. *Il diritto processuale civile internazionale*. Padova, 1938.

_____. *Lezioni di diritto internazionale privato*.

MORENTE, Manuel G. *Fundamentos de filosofia*; lições preliminares. Trad. Guillermo de la Cruz Coronado. São Paulo, Mestre Jou, 1970.

MORIN, Gaston. La décadence de l'autorité de la loi. *Revue de Metaphisique et de Morale*, 1925.

_____. Le rôle de la doctrine dans l'élaboration du droit positif. *Annuaire de l'Institute de Philosophie du Droit et de Sociologie Juridique*, Paris, Sirey, 1934.

_____. *La révolte du droit contre le Code*. 1945.

MOUCHET, Carlos & BECÚ, Ricardo Z. *Introducción al derecho*. 7. ed. Buenos Aires, Abeledo-Perrot, 1970.

MOURLON. *Répétitions écrites sur le Code de Napoléon*. 8. ed. Paris. t. 1.

MOUSKELI, Michel. L'équité en droit international moderne. *Revue Générale de Droit International Public*, v. 15, t. 7, 1933.

MUELA, Adolfo M. de la. *Derecho internacional privado*. 1966.

MUHEIM. *Die Principien des internationalen Privatrechts in shweizerischen Privatrecht*. 1887.

MUSACCHIA, Giuseppe. *L'ordre pubblico nel diritto internazionale privato*. Roma, 1938.

NAKAMURA, Muneo. *A comparative study of judicial process*. Waseda University, 1959.

NASCIMENTO E SILVA, Luiz G. Efeito ab-rogativo das Constituições. *RF*, *159*:63-5.

NATTIER, Frank E. Brazil technology transfer: laws and practice in Latin America. *American Bar Association*, 1978.

NAZO, Georgette N. A exceção de litispendência no juízo de delibação. *Revista do Instituto de Pesquisas e Estudos Jurídico-Econômico-Sociais do Instituto Toledo de Ensino*, n. 6, 1967.

_____. Contrato internacional do trabalho e transferência de empregado. *LTr*, *56*:930-2, 1992.

_____. A lei aplicável ao contrato internacional e a ordem pública. *Revista de Direito Civil, Imobiliário, Agrário e Empresarial*, 1986.

_____. Dépeçage. In: *Enciclopédia Saraiva do Direito*. v. 23.

_____. Convenção interamericana sobre conflitos de leis em matéria de adoção de menores. *Revista Trimestral de Jurisprudência dos Estados*, v. 97.

_____. A temática das obrigações internacionais "ex contractus" — As garantias dos créditos na execução — Problemas de jurisdição. *Revista da Academia Paulista de Direito*, n. 5, 1989.

NAZO, Nicolau. *A determinação do domicílio no direito internacional privado brasileiro*. São Paulo, 1952.

_____. *Da aplicação e da prova do direito estrangeiro*. São Paulo, 1941.

_____. *Objeto e método do direito internacional privado*. 1952.

NERY JR., Nelson & NERY, Rosa M. A. *Código de Processo Civil*, São Paulo, Revista dos Tribunais, 1994.

NEUMAYER, Karl. L'autonomie de la volonté et dispositions impératives en droit international privé des obligations. *Revue Critique*, 1957 e 1958.

NEUMEYER. *Internationales Privatrecht*. 1932.

NEUNER. *Der sinn der international privatrechtlichen Norm*. 1932.

NEWMAN, Ralph A. (Ed.). *Equity in the world's legal systems*; a comparative study. Bruxelles, Émile Bruylant, 1973.

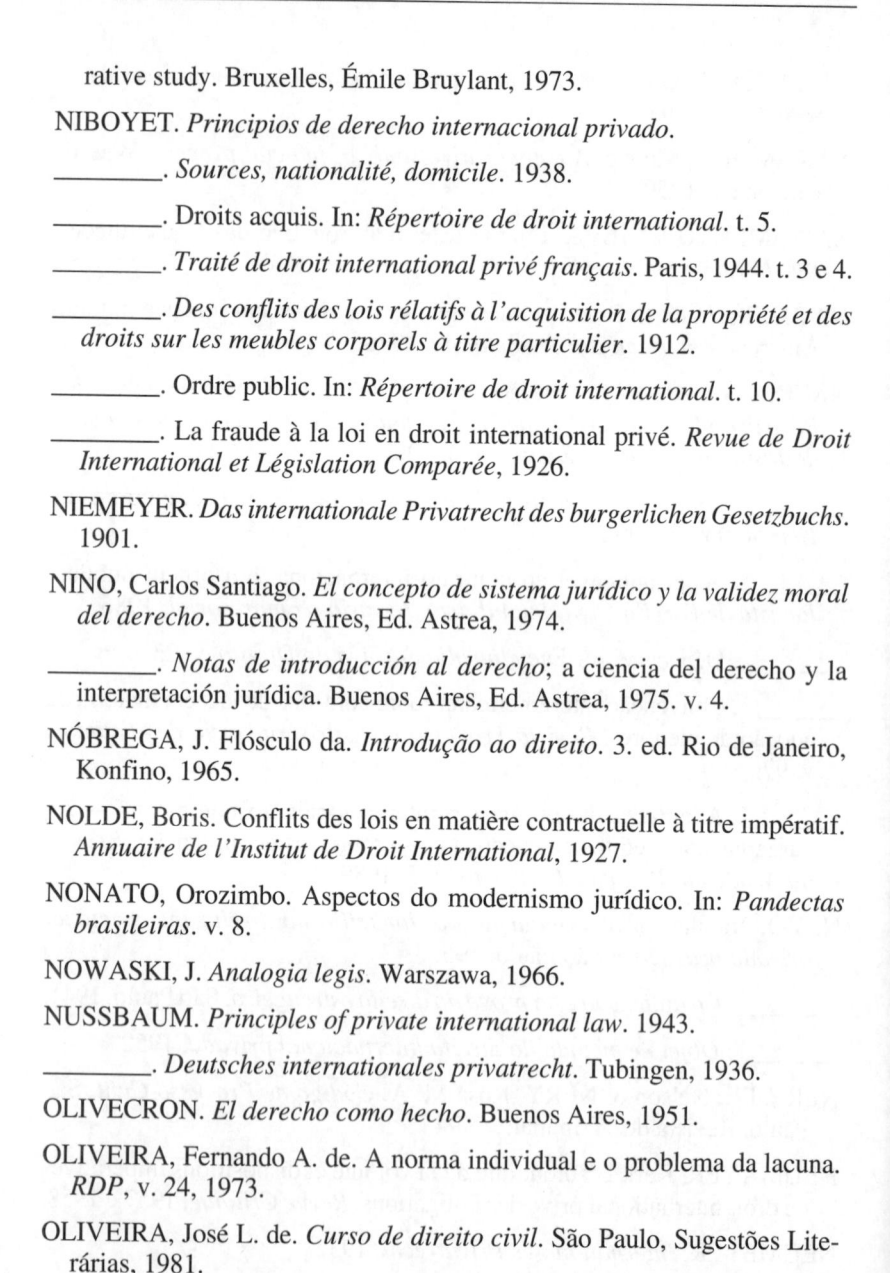

NIBOYET. *Principios de derecho internacional privado*.

_____. *Sources, nationalité, domicile*. 1938.

_____. Droits acquis. In: *Répertoire de droit international*. t. 5.

_____. *Traité de droit international privé français*. Paris, 1944. t. 3 e 4.

_____. *Des conflits des lois rélatifs à l'acquisition de la propriété et des droits sur les meubles corporels à titre particulier*. 1912.

_____. Ordre public. In: *Répertoire de droit international*. t. 10.

_____. La fraude à la loi en droit international privé. *Revue de Droit International et Législation Comparée*, 1926.

NIEMEYER. *Das internationale Privatrecht des burgerlichen Gesetzbuchs*. 1901.

NINO, Carlos Santiago. *El concepto de sistema jurídico y la validez moral del derecho*. Buenos Aires, Ed. Astrea, 1974.

_____. *Notas de introducción al derecho*; a ciencia del derecho y la interpretación jurídica. Buenos Aires, Ed. Astrea, 1975. v. 4.

NÓBREGA, J. Flósculo da. *Introdução ao direito*. 3. ed. Rio de Janeiro, Konfino, 1965.

NOLDE, Boris. Conflits des lois en matière contractuelle à titre impératif. *Annuaire de l'Institut de Droit International*, 1927.

NONATO, Orozimbo. Aspectos do modernismo jurídico. In: *Pandectas brasileiras*. v. 8.

NOWASKI, J. *Analogia legis*. Warszawa, 1966.

NUSSBAUM. *Principles of private international law*. 1943.

_____. *Deutsches internationales privatrecht*. Tubingen, 1936.

OLIVECRON. *El derecho como hecho*. Buenos Aires, 1951.

OLIVEIRA, Fernando A. de. A norma individual e o problema da lacuna. *RDP*, v. 24, 1973.

OLIVEIRA, José L. de. *Curso de direito civil*. São Paulo, Sugestões Literárias, 1981.

OLIVEIRA, Yonne D. de. *A tipicidade no direito tributário brasileiro*. Tese. São Paulo, 1978.

OLIVI. Du conflit des lois en matière d'absence. *Revue Générale du Droit*, 1887.

OPOCHER, Enrico. *Lezioni di filosofia del diritto — Il problema della natura della giurisprudenza*. Padova, CEDAM, 1953.

OPPENHEIM. *International law*. London, 1948.

ORGAZ, Arturo. *Personas individuales*. Buenos Aires, 1961.

_____. *Diccionario elemental de derecho y ciencias sociales*. Córdoba, 1941.

OSILIA. *L'equità nel diritto privato*. Roma, 1923.

OTAVIO, Rodrigo. *O direito positivo e a sociedade internacional*. 1917.

OTTOLENGHI. *Sulla funzione e sull'efficacia delle norme interni di diritto internazionale privato*. Torino, 1913.

OVIEDO, José M. *Formación y aplicación del derecho*. Madrid, Instituto de Estudios Políticos, 1972.

PACCHIONI. *Diritto internazionale privato*. 1935.

PACE. *Il diritto transitorio con particular riguardo al diritto privato*. Milano, 1944.

PACIFICI-MAZZONI. *Istituzioni di diritto civile italiano*. 3. ed. 1903. v. 1.

PALASI, José Villar. *La interpretación y los apotegmas jurídico-lógicos*. Madrid, Technos, 1975.

PALEWSKI. Certificat de coutume. In: *Répertoire de droit international*. Paris, 1929. v. 5.

PASLEY. L'equity en droit anglo-americain. *Revue Internationale du Droit Comparé*, *13*:292 e s., 1961.

PAUPÉRIO. *O conceito polêmico da soberania e a sua revisão contemporânea*. Rio de Janeiro, 1949.

PAWLEY BATE. *Private international law*. 1904.

PEDERNEIRAS, Raul. *Nomantologia — A concorrência de leis no espaço*. Rio de Janeiro, 1933.

PEKELIS. *Il diritto come volontà costante*. Padova, 1930.

PEPY. *La nationalité des sociétés*. 1920.

PERASSI. *Lezioni di diritto internazionale.* 1933. v. 2.

PEREGO. *Dinamica della giustizia.* Milano, Giuffrè, s.d.

PEREIRA, Caio Mário da Silva. *Instituições de direito civil.* 5. ed. Rio de Janeiro, Forense, 1976.

PEREIRA, Lafayette R. *Princípios de direito internacional.* v. 1.

PERELMAN. *Traité de l'argumentation.* Bruxelles, 1970.

_____. *De la justice.* Bruxelles, Émile Bruylant, 1945.

_____. *Justice et raison.* 1963.

_____. A regra jurídica. In: *Estudos jurídicos. Revista da Escola de Direito da Universidade do Vale do Rio dos Sinos.* São Leopoldo, v. 5, n. 12.

_____. Avoir un sens et donner un sens. In: *Logique et Analyse,* n. 20, 1962.

_____. Le problème des lacunes en droit. In: *Le problème des lacunes en droit.* Perelman (publ.). Bruxelles, Émile Bruylant, 1968.

_____. *Les antinomies en droit.* Bruxelles. Perelman (publ.), Émile Bruylant, 1965.

PERELMAN & OLBRECHTS-TYTECA. *Traité de l'argumentation.* Bruxelles, 1970.

PERROUD. Encore la question du renvoi. *Journal du Droit International de Clunet,* v. 64, 1937.

PESCATORE. *La prééminence des traités sur la loi interne selon la jurisprudence luxembourgeoise.* 1953.

_____. *La logica del diritto.* Torino, 1883.

PETIT PIERRE. *La reconnaissance et l'exécution des jugements civiles étrangers en Suisse.* 1924.

PHILONENKO. *La théorie du renvoi en droit comparé.* Paris, 1935.

_____. La théorie du renvoi quant à la loi applicable à la capacité des personnes dans le projet de Code de droit international de l'Amérique Latine. *Journal de Droit International Privé de Clunet,* v. 5, 1928.

_____. La cautio judicatum solvi. *Journal de Droit International Privé de Clunet,* 1929.

PICARD, Edmond. *O direito puro*. Lisboa, Ed. Ibero-Americana, 1942.

PIGEONNIÈRE. *Précis de droit international privé*.

PILLET, Antoine. *Les conventions internationales relatives a la compétence judiciaire et a l'exécution des jugements*. Paris, 1913.

_____. Contre la doctrine du renvoi. In: *Mélanges Antoine Pillet*. Paris, 1929. v. 2.

_____. *De l'ordre public en droit international privé*. 1890.

_____. *Principes de droit international privé*.

_____. *Traité pratique de droit international privé*. Paris, 1923. v. 1, 2 e 7.

_____. *Les personnes morales en droit international privé*. 1941.

_____. La théorie générale des droits acquis. In: *Recueil des Cours*. 1925. v. 8.

PILLET & NIBOYET. *Manuel de droit international privé*. 1924.

PINTO FERREIRA. *Casamento e divórcio no direito civil internacional*. São Paulo, 1924.

_____. Soberania-I. In: *Enciclopédia Saraiva do Direito*. v. 69.

PIOTTI. *El nombre de las personas físicas y su relación con el derecho internacional privado*. 1952.

_____. *El régimen matrimonial de bienes en el derecho internacional privado*. Córdoba, 1948.

PIOTTI FILHO, Celestino. *Unidad estructural del derecho internacional privado*. 1954.

PIOVANI. *Il significato del principio di effettività*. Milano, 1953.

PIRES, Homero. *Do reconhecimento das pessoas jurídicas no direito internacional privado e outros estudos*. Bahia, 1916.

PLANIOL, RIPERT & BOULANGER. *Traité élémentaire de droit civil*. 11. ed. Paris, 1928.

POLLOCK. *Principles of contracts*. 1911.

PONSARD. La reconnaissance et l'exécution en France des décisions étrangères concernant la garde des enfants et l'obligation alimentaire. *Revue Critique*, 1955.

PONTES DE MIRANDA. *Tratado de direito internacional privado*. 1935. v. 2.

_____. *La conception du droit international privé d'aprés la doctrine e la pratique au Brésil*. Paris, Sirey, 1933.

_____. *Tratado dos testamentos*. v. 1.

_____. *Tratado da ação rescisória das sentenças e outras decisões*. Rio de Janeiro, 1957.

_____. *Comentários à Constituição de 1967 com a Emenda n. 1 de 1969*. São Paulo.

POPOLIVIEV. Le droit civil transitoire ou intertemporal. *Revue Trimestrielle de Droit Civil*, 1908. v. 7.

PORCHAT. *Da retroatividade das leis civis*. São Paulo, 1909.

POTU. *La question du renvoi en droit international privé*. Dijon, 1913.

PRADO, Fernando de Albuquerque. *A "res judicata" no plano das relações interjurisdicionais*. 1953.

PUCHTA. *Das Gewohnheitschen*. 1837. v. 2.

PUELMA, Enrique F. *Integración de las lagunas jurídicas en el derecho chileno*. Santiago, Ed. Jurídica de Chile, 1973.

PUIGMARNAU. *Los principios generales del derecho*; repertorio de reglas, máximas y aforismos jurídicos con la jurisprudencia del Tribunal Supremo de Justicia. Barcelona, 1947.

PUIG PEÑA. Los principios generales del derecho como fuente normativa de la decisión judicial. *Revista de Derecho Privado*, Madrid, 1956.

QUADRI, R. *Studi critici di diritto internazionale*. Milano, Giuffrè, 1958. v. 1.

QUEIRÓS, Narcélio. Analogia "in bonam partem" e a Lei de Introdução ao Código Civil. *RF*, v. 100, fasc. 496, 1944.

RAAPE. *Internationalen Privatrecht*. 1931.

_____. Les rapports juridiques entre parents et enfants comme point de départ d'une explication pratique d'anciens et de nouveaux problèmes fondamentaux du droit international privé. In: *Recueil des Cours*. 1934.t. 50.

RABEL. *The conflict of laws. A comparative study*. Chicago, 1945. 3 v.

_____. Das problem der Qualification. In: *Zeitschrift f. ausl. und Intern. Privatrecht*. 1932.

RACCAH. *Mariages et divorces des pays d'Orient en droit international privé*. Paris, 1916.

RADBRUCH. *Einfuhrung in die Rechtsvissenschaft*. Leipzig, 1929.

_____. *Filosofia do direito*. São Paulo, Saraiva, 1937.

RAGGI, Guido. *L'efficacia degli atti stranieri di volontaria giurisdizione*. Milano, 1941.

RAMELLA. *Corrispondenza civile e commerciale*. 1896.

RÁO, Vicente. *O direito e a vida do direito*. São Paulo, Max Limonad, 1952.

RAPISARDI-MIRABELLI. *L'ordine pubblico nel diritto internazionale privato*. Roma, 1938.

RASELLI. *Il potere discrezionale del giudice civile*. 1927. v. 1.

RAVÁ, Adolfo. *Istituzioni di diritto privato*. 1938.

RAY. Des conflits entre principes abstraits et stipulations conventionnelles. In: *Recueil des Cours de l'Académie de Droit International*. 1934. t. 2. v. 48.

RAZ. *The concept of a legal system*. Oxford, 1970.

_____. Legal principles and the limits of law. *The Yale Law Journal*, n. 81, 1972.

_____. Identity of legal systems. *California Law Review*, v. 59, 1971.

REALE JR., Miguel. *Antijuridicidade concreta*. Bushatsky, 1974.

REALE, Miguel. *Filosofia do direito*. 5. ed. São Paulo, Saraiva, 1969. v. 1 e 2.

_____. Eficácia (Filosofia do Direito). In: *Enciclopédia Saraiva do Direito*. v. 30.

_____. *Lições preliminares de direito*. São Paulo, Bushatsky, 1973; Saraiva, 1976.

_____. *Pluralismo e liberdade*. São Paulo, Saraiva, 1963.

_____. *O direito como experiência*: introdução à epistemologia jurídica. São Paulo, Saraiva, 1968.

_____. *Questões de direito*. Sugestões literárias, 1981.

_____. Law and power: their correlation. In: *Essays in honor of Roscoe Pound*. v. 5.

_____. *Sentido do pensar no nosso tempo*. *RBF*, fasc. 100.

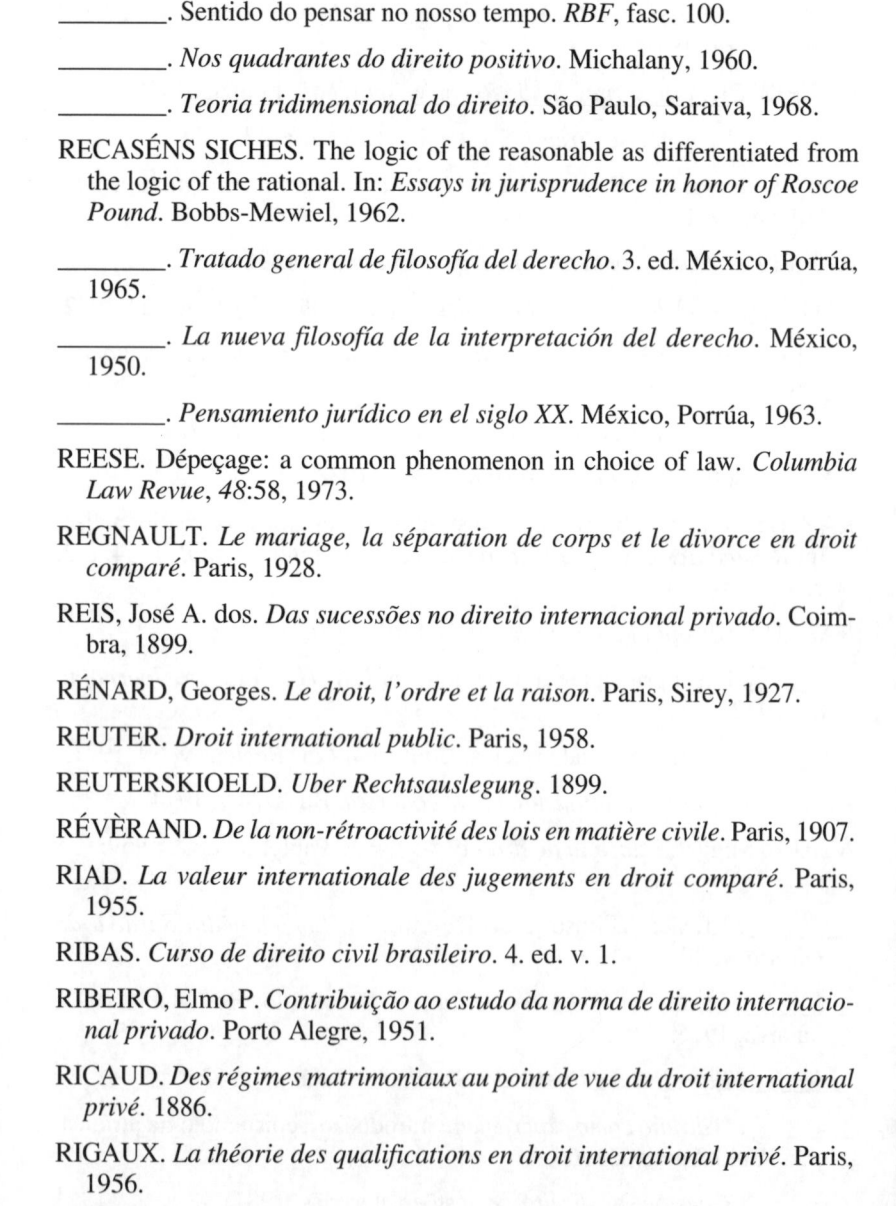

_____. *Nos quadrantes do direito positivo*. Michalany, 1960.

_____. *Teoria tridimensional do direito*. São Paulo, Saraiva, 1968.

RECASÉNS SICHES. The logic of the reasonable as differentiated from the logic of the rational. In: *Essays in jurisprudence in honor of Roscoe Pound*. Bobbs-Mewiel, 1962.

_____. *Tratado general de filosofía del derecho*. 3. ed. México, Porrúa, 1965.

_____. *La nueva filosofía de la interpretación del derecho*. México, 1950.

_____. *Pensamiento jurídico en el siglo XX*. México, Porrúa, 1963.

REESE. Dépeçage: a common phenomenon in choice of law. *Columbia Law Revue*, 48:58, 1973.

REGNAULT. *Le mariage, la séparation de corps et le divorce en droit comparé*. Paris, 1928.

REIS, José A. dos. *Das sucessões no direito internacional privado*. Coimbra, 1899.

RÉNARD, Georges. *Le droit, l'ordre et la raison*. Paris, Sirey, 1927.

REUTER. *Droit international public*. Paris, 1958.

REUTERSKIOELD. *Uber Rechtsauslegung*. 1899.

RÉVÈRAND. *De la non-rétroactivité des lois en matière civile*. Paris, 1907.

RIAD. *La valeur internationale des jugements en droit comparé*. Paris, 1955.

RIBAS. *Curso de direito civil brasileiro*. 4. ed. v. 1.

RIBEIRO, Elmo P. *Contribuição ao estudo da norma de direito internacional privado*. Porto Alegre, 1951.

RICAUD. *Des régimes matrimoniaux au point de vue du droit international privé*. 1886.

RIGAUX. *La théorie des qualifications en droit international privé*. Paris, 1956.

RIPERT. *Traité élémentaire de droit commercial*. Paris, 1951.

_____. *Le régime démocratique et le droit civil moderne*.

RIPERT & BOULANGER. *Traité élémentaire de droit civil.* v. 1.

RIZZI, Sérgio. *Ação rescisória.* São Paulo, Revista dos Tribunais, 1979.

ROBERTSON. *Characterization in the conflict of laws.* 1940.

ROCCO, Ugo. *L'autorità della cosa giudicata i suoi limiti soggettivi.* 1917.

ROCHA, Osiris. Uma interpretação política do direito internacional privado. *Revista Brasileira de Estudos Políticos, 36*:168 e s.

_____. Lei do domicílio-II. In: *Enciclopédia Saraiva do Direito.* v. 49.

_____. *Curso de direito internacional privado.* São Paulo, Saraiva, 1975.

RODAS, João G. Elementos de conexão do direito internacional privado brasileiro relativamente às obrigações contratuais. In: *Contratos internacionais.* São Paulo, Revista dos Tribunais, 1985.

_____. *A publicidade nos tratados internacionais.* São Paulo, Revista dos Tribunais, 1977.

RODRIGUES, M. Stella. Da adoção de criança brasileira por estrangeiros não domiciliados. *JB, 156*:35-46.

RODRIGUES, Silvio. *Dos vícios do consentimento.* São Paulo, Saraiva, 1979.

_____. *Direito civil.* São Paulo, Max Limonad, 1962. v. 1.

ROLAND. *Chose jugée et tierce opposition.* Paris, 1958.

ROLIN. *La force obligatoire des traités dans la jurisprudence belge.* 1953.

_____. *Principes de droit international privé.* v. 1 e 2.

_____. Verso un concetto di ordine pubblico realmente internazionale. *Comunicazione e Studi,* 1960.

ROMANO. *Corso di diritto internazionale.* 1933.

ROMERO, Miguel. Los principios generales del derecho y la doctrina legal como fuentes judiciales en España. *Revista General de Legislación y Jurisprudencia,* Madrid, 1941.

ROSCOE POUND. *Introducción a la filosofía del derecho.* Buenos Aires, TEA, 1962.

_____. The theory of judicial decision. In: *Lectures of legal topics.*

ROSS, Alf. *Sobre el derecho y la justicia.* Buenos Aires, Eudeba, 1963.

_____. *A textbook of international law*. 1949.

ROSSI. *Il divorzio nel rapporti del diritto internazionale*. Milano, 1900.

ROTONDI. Équité et principes généraux du droit. In: *Études sur les sources du droit en l'honneur de François Gény*. 1935. t. 2.

ROUBIER, Paul. *Théorie générale du droit*. 2. ed. Paris, Sirey, 1951.

_____. *Les conflicts des lois dans le temps*. Paris, Sirey, 1929.

_____. *Le droit transitoire*. Paris, 1960.

RUCHELLI, Humberto & FERRER, Horácio C. *La sentencia extranjera*. Buenos Aires, Abeledo-Perrot, 1983.

_____. *El orden público*. Buenos Aires, Abeledo-Perrot, 1991.

RUGGIERO & MAROI. *Istituzioni di diritto privato*. Milano, 1955. v. 1.

RUHLAND. Le problème des personnes morales en droit international privé. In: *Recueil des Cours de l'Académie de Droit International de Haia*. 1933. v. 45.

RUMPF. *Gesetz und Richter*. Berlin, 1906.

RUSSOMANO, Gilda C. M. *Objeto do direito internacional privado*. 1956.

_____. *Direito internacional privado do trabalho*. 2. ed. Rio de Janeiro, Forense.

_____. *Conflitos de leis no espaço*. 1957.

RUSSOMANO, Rosah. Suspensão da executoriedade das leis inconstitucionais no Brasil. *RF*, *173*:68.

SALEILLES, R. *Introduction à l'étude du droit civil allemand*. 1904.

SALMON, Jean. Quelques observations sur les lacunes en droit international public. In: *Le problème des lacunes en droit*. Bruxelles, Perelman (publ.), Émile Bruylant, 1968.

_____. Les antinomies en droit international public. In: *Les antinomies en droit*. Bruxelles, Perelman (publ.), Émile Bruylant, 1965.

SALTELLI. L'analogia i principii generali di diritto in materia penale. *Annali di Diritto e Procedura Penale*, 1935.

SALVAT, Raymundo M. *Tratado de derecho civil argentino*. Buenos Aires, 1947. t. 1.

SAMPAIO, Pedro. Prova do direito estrangeiro. *Ciência Jurídica*, *17*:7.

SANTI ROMANO. *L'ordinamento giuridico*. Firenze, 1951.

_____. *Princípios de direito constitucional geral*. Trad. M. Helena Diniz. São Paulo, Revista dos Tribunais, 1977.

_____. *Osservazioni sulla completezza dell'ordinamento statale*. Módena, 1925.

SANTOS, Marcelo O. F. F. *O comércio exterior e a arbitragem*. São Paulo, 1986.

SAREDO. Abrogazione delle leggi. In: *Digesto Italiano*. 1927. v. 1.

_____. *Trattato delle leggi*. 1886.

SATTA, Salvatore. Gli effecti secondari della sentenza. *Rivista di Diritto Processuale Civile*, 1934.

SAUER, Wilhelm. *Filosofía jurídica y social*. Barcelona, 1933.

SAVATIER. *Cours de droit international privé*. Paris, LGDJ, 1953.

SAVIGNY. *System des heutigen römischen Rechts*. 1849. v. 8.

SCARTEZINI. *Do erro no direito civil*. 1976.

SCERNI. Ordine pubblico. In: *Nuovo Digesto Italiano*. t. 9.

SCHAEFFNER. *Esplicazione del diritto privato internazionale*. Napoli, 1859.

SCHIRMUSTER. *Das buergerliche Recht Engeds*.

SCHKAFF. *Influence de l'erreur, du dol et de la violence sur l'acte juridique*. Lausanne, 1920.

SCHMITT. *Verfassungslehre*. Munchen, Leipzig, 1928.

SCHMITTHOFF, Clive M. *A textbook of the English conflict of laws*. 1948.

SCHNELL. Ueber die Zuständigkeit zum Erlass von Gesetzlichen. In: *Zeitschriff fur Internationalen Privat und Strafrecht*. 1896.

SCHNITZER. La loi applicable aux contrats. *Revue Critique*, 1955.

SCHOENCKE. *Derecho procesal civil*. 1950.

SCHREIER. *Die interpretation du Gesetz und Rechtsgeschäfte*. Leipzig, 1927.

SCHUSTER. *De la paternité et de la filiation en droit international privé*. Paris, 1899.

SCIALOJA, Vittorio. Del diritto positivo e dell'equità. In: *Studi giuridici*. v. 3.

_____. *Negozi giuridici*. 1950.

SCMITZ & WICHMANN. *Das internationale Eheschliessungsrecht*. 1905. v. 2.

SCUTO. *Istituzioni di diritto privato*. v. 1.

SENN. Des origines et du contenu de la notion de bonnes moeurs. In: *Recueil de L'Études sur les Sources du Droit en l'Honneur de François Gény*. t. 1.

SERPA LOPES. *Curso de direito civil*. 2. ed. Freitas Bastos, 1962. v. 1.

_____. *Comentários à Lei de Introdução ao Código Civil*. 1944. v. 1 e 2.

_____. *Comentário teórico e prático da Lei de Introdução ao Código Civil*. 1944. v. 1.

SERTILLANGES. *La philosophie des lois*. 1946.

SILANCE. Quelques exemples d'antinomies et essai de classement. In: *Les antinomies en droit*. Bruxelles, Perelman (publ.), Émile Bruylant, 1965.

SILVA, José Afonso da. *Aplicabilidade das normas constitucionais*. São Paulo, 1968.

SILVA PEREIRA, Caio Mário da. *Instituições de direito civil*. Forense, 1967. v. 1.

SILVEIRA, Alípio. A analogia, os costumes e os princípios gerais de direito na integração das lacunas da lei. *RF*, v. 108, fascs. 521 e 522, 1946.

_____. A interpretação das leis excepcionais e restritivas de direitos em face da nova Lei de Introdução ao Código Civil. *RF*, v. 105, fasc. 511, 1946.

_____. A equidade no direito do trabalho. *Revista do Trabalho*, n. 139, 1945.

_____. Conceito de equidade na obra de Clóvis Beviláqua. In: *Direito, doutrina, legislação e jurisprudência*. Rio de Janeiro, Freitas Bastos, 1943. v. 20.

_____. *O fator político-social na interpretação das leis*. 1946.

_____. *Conceito e funções da equidade em face do direito positivo*. São Paulo, 1943.

_____. A decisão por equidade no Código de Processo. In: *Direito, doutrina, legislação e jurisprudência*. Rio de Janeiro, Freitas Bastos. v. 22.

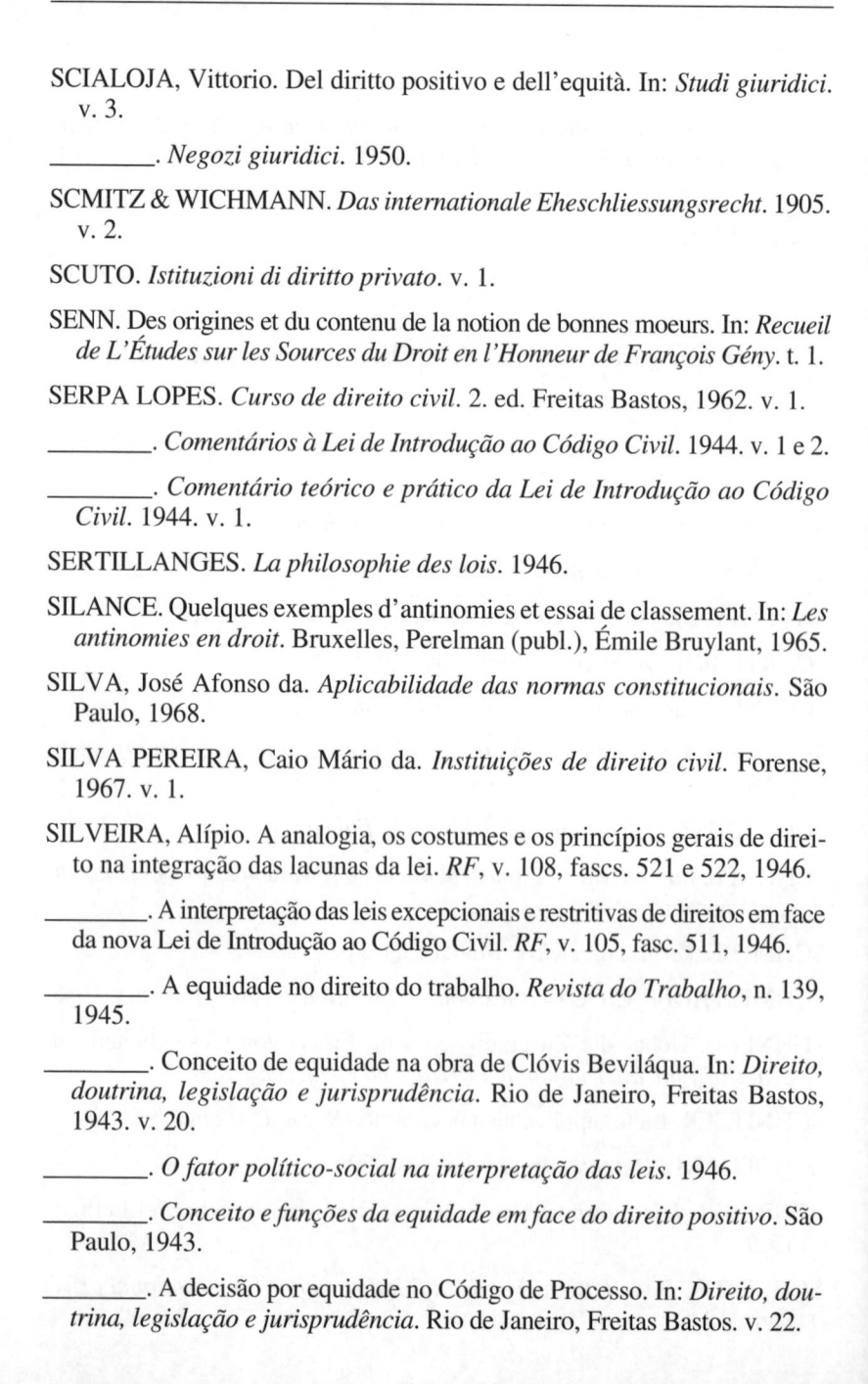

_____. *Hermenêutica no direito brasileiro*. Revista dos Tribunais, 1968. v. 1 e 2.

_____. Sentido e alcance da livre convicção no CPC. *RF*, v. 116, fasc. 538, 1948.

_____. *Método de interpretação e fontes na obra de Clóvis Beviláqua*.

_____. O costume jurídico no direito brasileiro. *RF*, v. 163, fascs. 631 e 632, 1956.

_____. *Da interpretação das leis em face dos vários regimes políticos*. 1941.

SILZ. *Du domaine d'application et la règle "locus regit actum"*. Paris, 1929.

_____. *La notion de forme en droit international privé*. Paris, 1929.

SIMON-DÉPITRE. Droit du travail et conflit des lois. *Revue Critique*, 1958.

SIMONGELLI, Vicenzo. Sui limiti della legge nel tempo. In: *Studi in onore di Vittorio Scialoja*. 1905. v. 1.

SIQUEIROS, José R. *Sínteses del derecho internacional privado*. México, 1971.

SMITT & KEENAN. *English law*. 1982.

SOCINI, R. *L'adequamento degli ordemanti statuali all'ordinamento internazionale*. Milano, 1954.

_____. *La filiazione nel diritto internazionale privato*. Milano, 1958.

SOLBERG & CROSS. *Le droit et la doctrine de la justice*. Paris, 1936.

SOLER. La idea de bien común. *Derecho, filosofía y lenguage. Homenaje a Gioja*. Buenos Aires, Astrea, 1976.

SOTO. *La promulgation des traités*. 1945.

SOUZA NETO, Paulino J. Soares de. *Cadernos de direito civil*. Rio de Janeiro, 1954. v. 1. Introdução.

SPERL. La reconnaissance et l'exécution des jugements étrangers. In: *Recueil des Cours*. 1931. v. 36.

STEINER. VAGTS, *Transnational legal problems*. USA, 1976.

STERNBERG, Theodor. *Introducción a la ciencia del derecho*. Trad. José Rovira y Ermengol. 2. ed. Barcelona, Labor, 1930.

STOLFI. *Diritto civile*; parte generale. 1919. v. 1.

_____. *Il diritto delle successioni*. v. 6.

STRENGER. *Teoria geral do direito internacional privado*. São Paulo, 1973.

_____. *Curso de direito internacional privado*. Rio de Janeiro, Forense, 1978.

STRIVE. *Uber das positive Rechtsgesetz, rucksichtlich seiner Ausdehnung in der Zeit, eder uber die Anwendung neuer Gesetze*. 1831.

SUKIONICKI. *La souveraineté des États en droit international moderne*. Paris, 1927.

SULKOVSKY. Conception du droit international privé d'aprés la doctrine et la pratique en Bologne. In: *Recueil des Cours*. v. 41.

SUONTAUSTA. *La souveraineté des États*. Helsinki, 1955.

SUR, Serge. *L'interprétation en droit international public*. Paris, LGDJ, 1974.

SURVILLE. Du conflit des lois personnelles. *Journal de Clunet*, 1977.

SURVILLE & ARTHUYS. *Cours élémentaire de droit international privé*. 1915.

SWOBODA. Les diverses sources du droit: leur équilibre et leur hierarchie dans les divers systèmes juridiques. *Archives de Philosophie du Droit et de Sociologie Juridique*, n. 12, 1934.

SZASKY, Etiene de. Théorie de l'autonomie dans les obligations en droit international privé. *Revue Critique de Droit International*, 1934.

_____. Les conflits des lois dans le temps. In: *Recueil des Cours*. 1934. t. 47.

TABORDA FERREIRA, V. *A devolução na jurisprudência portuguesa*. Coimbra, 1958.

TAMMELO, Ilmar. On the logical structure of the law field. *Archiv Fuer Rechts und Sozialphilosophie*.

_____. On the logical openess of legal orders. A modal analysis of law with special reference to the logical status of "non liquet" in international law. *The American Journal of Comparative Law*, v. 8, 1958.

TAVARES, José de F. *O Código Civil e a nova Constituição*. Rio de Janeiro, Forense, 1991.

TEDESCHI. *Il contratto nel diritto nord-americano*. Milano, Giuffrè, 1980.

_____. *Del domicilio*. 1936.

_____. *Domicilio nel diritto internazionale privato*. 1933.

TEIXEIRA, Sálvio de Figueiredo. A jurisprudência como fonte do direito. *Revista do Curso de Direito da Universidade Federal de Uberlândia*, v. 11, 1982.

TELLES JR., Goffredo. *Tratado da consequência*. 2. ed. Bushatsky, 1962.

_____. *A criação do direito*. São Paulo, 1953. v. 1 e 2.

_____. *Filosofia do direito*. São Paulo, Max Limonad, 1966. v. 1 e 2.

_____. *O direito quântico*. 5. ed. São Paulo, Max Limonad, 1971.

_____. *Introdução à ciência do direito*. 1972. fascs. 2, 3, 4 e 5. Postilas.

_____. *Iniciação na ciência do direito*. São Paulo, Saraiva, 2001.

_____. *O povo e o poder*. São Paulo, Ed. Malheiros, 2003.

TEMER, Michel. *Elementos de direito constitucional*. São Paulo, Revista dos Tribunais, 1982.

TENÓRIO, Oscar. *Lei de Introdução ao Código Civil brasileiro*. 2. ed. Rio de Janeiro, Borsoi, 1955.

_____. *Direito internacional privado*. Rio de Janeiro, Freitas Bastos, 1967. v. 1 e 2.

_____. *Estudos sobre a substância dos testamentos em direito internacional privado*. Rio de Janeiro, 1936.

TERAN, Juan Manuel. *Filosofía del derecho*. 5. ed. México, Porrúa, 1971.

TERMICOURT, Hayoit de. Le conflit: traité — Loi interne. *Journal des Tribunax*, 1963.

TERRÉ, François. Les lacunes du droit. In: *Le problème des lacunes en droit*. Bruxelles, Perelman (publ.), Émile Bruylant, 1968.

TESTÉ. *La rétroactivité des lois en matière de l'état et de capacité des personnes*. Paris, 1928.

THÉBAULT. *Théorie de l'interprétation logique des lois*.

_____. Successions ("ab intest" et testamentaire). In: *Repertoire de droit international*. Paris, 1931. t. 10.

THEODOSÍADES. *Essai sur la non-rétroactivité des lois*. 1866.

TIMACHEFF. Le droit, l'éthique et le pouvoir; essai d'une théorie sociologique du droit. *Archives de Philosophie du Droit et de Sociologie*, v. 1 e 2, 1936.

TIRAN, André. *Les successions testamentaires en droit international privé*. Paris, 1932.

TIRET. *Essai sur la notion de droit internationalement acquis et sur son domaine d'application*. Aix, 1930.

TOBEÑAS, José Castán. *Teoría de la aplicación e investigación del derecho. Metodología y técnica operatoria en derecho privado positivo*. Madrid, 1947.

_____. *Situaciones jurídicas subjetivas*. Madrid, Ed. Reus, 1963.

TORRÉ, Abelardo. *Introducción al derecho*. 6. ed. Buenos Aires, Abeledo-Perrot, 1972.

TORRENTE, Andrea. *Manuale di diritto privato*. 4. ed. Milano, Giuffrè, 1960.

TOUBIANA, Annie. Le domaine de la loi du contrat en droit international privé. In: *Contrats internationaux et dirigisme étatique*. Dalloz, 1972.

TRABUCCHI. Errore. In: *Nuovo Digesto Italiano*. 1938. v. 5.

TRAVERS, Maurice. La nationalité des sociétés commerciales. In: *Recueil des Cours*. v. 33.

_____. *La convention de la Haye rélative au divorce et à la séparation de corps*. 1909.

TRIEPEL. *Diritto internazionale e diritto interno*. 1913.

TRIGUEIROS. *Aplicación de leyes extrañas*. 1941.

TRINIDAD GARCIA. *Introducción al estudio del derecho*. México, 1935.

TRIPICIONE. L'equità nel diritto. *RIFD*, ano 5, 1925.

TRUJILL. *De los estudios sobre la constitucionalidad de las leyes*. 1970.

TUCCI, Rogério L. Irretroatividade das leis processuais. In: *Enciclopédia Saraiva do Direito*. v. 46.

_____. Homologação de sentença estrangeira. In: *Enciclopédia Saraiva do Direito*. v. 41.

_____. *Sentença e coisa julgada civil.* 1984.

UBERTAZZI. *I rapporti patrimoniali tra coniugi nel diritto internazionale privato.* Milano, 1951.

UDINA. *Elementi di diritto internazionale privato.* 1937.

UNGER, Joseph. The place of classification. In: *Private international law.* 1973.

_____. *System des österreichischen allgemeinen Privatrechts.* Leipzig, 1892. v. 1.

VABRES, Jacques. *L'evolution de la jurisprudence française en matière des lois depuis de début du XX siècle.*

VALÉRY. *Manuel de droit international privé.* 1914.

_____. *Des contrats par correspondance.* Paris, 1895.

VALLADÃO, Haroldo. Direito internacional privado. In: *Enciclopédia Saraiva do Direito.* v. 27.

_____. *Lei nacional e lei do domicílio.* São Paulo, 1942.

_____. Direito intertemporal. In: *Enciclopédia Saraiva do Direito.* v. 27.

_____. *Conflitos de leis nacionais dos cônjuges nas suas relações de ordem pessoal e econômica e no desquite.* São Paulo, Revista dos Tribunais, 1936.

_____. O conflito de leis no espaço. *Revista Jurídica da Faculdade Nacional de Direito,* v. 15, 1967.

_____. *A devolução nos conflitos sobre a lei pessoal.* São Paulo, 1929.

_____. Force exécutoire des jugements étrangers du Bresil. *Journal de Clunet,* 1931.

_____. *Estudos de direito internacional privado.* Rio de Janeiro, Forense, 1956.

_____. Carta de homologação de sentença estrangeira. In: *Enciclopédia Saraiva do Direito.* v. 13.

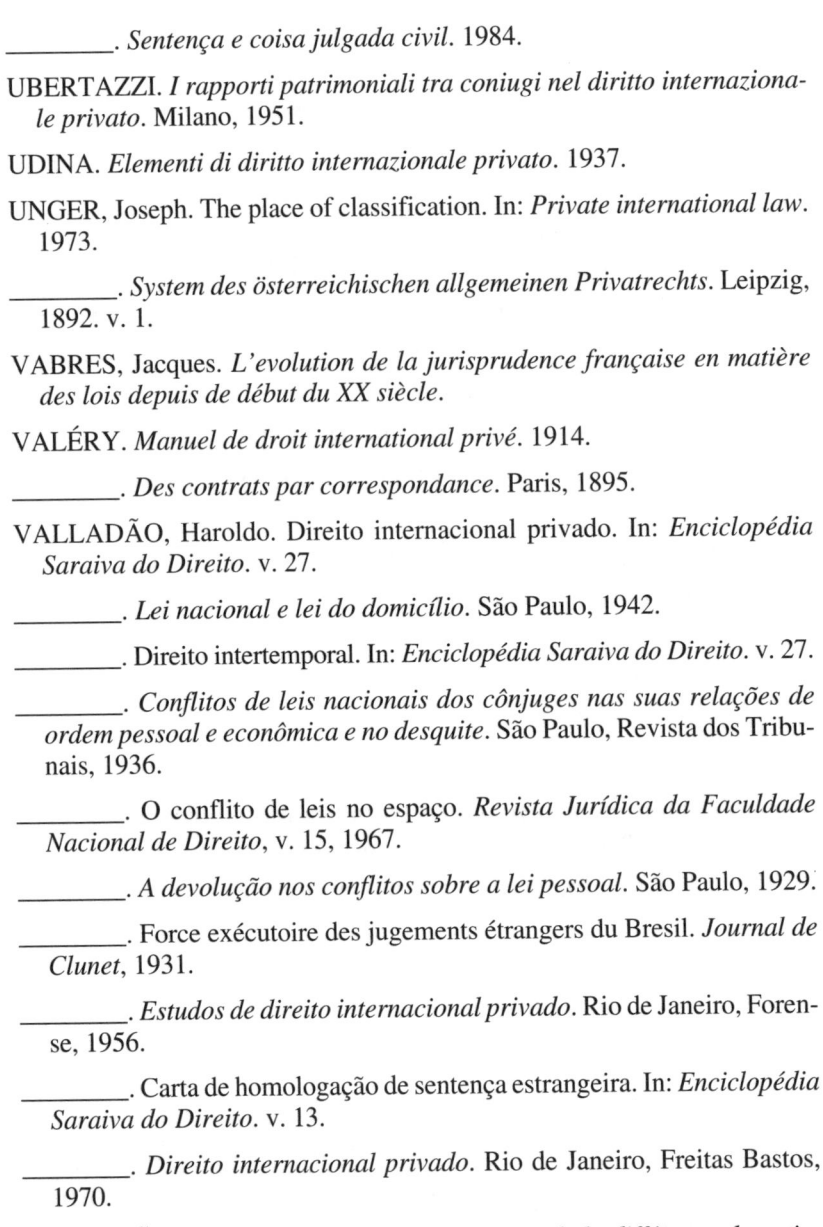

_____. *Direito internacional privado.* Rio de Janeiro, Freitas Bastos, 1970.

VALLADÃO & BATIFFOL. *Les conséquences de la différence de nationalité des époux sur les effects du mariage et les conditions du divorce.* Genève, 1952.

VALTICOS, Nicolas. Conventions internationales du travail et droit interne. *Revue Critique*, 1955.

VALVERDE. *Tratado de derecho civil*. 4. ed. Madrid, 1935. v. 1.

VAN ACKER, Leonardo. Sobre um ensaio de jusnaturalismo fenomenológico-existencial. *Revista Brasileira de Filosofia*, v. 20, fasc. 78.

VANDER ELST. Antinomies en droit international privé. In: *Les antinomies en droit*. Bruxelles, Perelman (publ.), Émile Bruylant, 1965.

VANDER EYCKEN. *Méthode positive de l'interpretation juridique*.

VAREILLES-SOMMIÈRES. *La synthèse du droit international privé*. 1897. v. 1 e 2.

_____. *Les personnes morales en droit international privé*. 1914.

_____. Une théorie nouvelle sur la retroactivité des lois. *Revue Critique de Législation et de Jurisprudence*, 1893.

VASCONCELOS, Arnaldo. *Teoria da norma jurídica*. 1978.

VAUTHIER. *Sens et applications de la règle "locus regit actum"*. Bruxelles, 1926.

VENEZIAN e outros. *Codice Civile annottato*. v. 1.

VERCELLONE, Paolo. As novas famílias. *JB, 156*:53-6.

VERDIER. *Les droits eventuels*. Paris, 1955.

VERNENGO. *Curso de teoría general del derecho*. 2. ed. Buenos Aires, Cooperadora de Derecho y Ciencias Sociales, 1976.

_____. *La interpretación literal de la ley y sus problemas*. Buenos Aires, 1971.

VERÓN, Eliseo. *Conducta, estructura y comunicación*. Buenos Aires, 1972.

_____. *El proceso ideológico*. Buenos Aires, 1971.

VERPLAETSE. *La fraude à la loi en droit international privé*. Paris, 1938.

_____. *Derecho internacional privado*. Madrid, 1954.

VIANA FILHO, Luiz. *Da nacionalidade das sociedades*. Bahia, 1959.

_____. *A lei reguladora da sucessão "ab intestato" no direito internacional privado*. Bahia, 1930.

VIANNA, A. Dias. *Lições de direito processual civil*. Rio de Janeiro, Forense, 1985.

VICEN, Felipe Gonzáles. El positivismo en la filosofía del derecho contemporánea. *Revista de Estudios Políticos*, Madrid, 1950.

VICO. *Curso de derecho internacional privado*. 1934.

VIEHWEG, Theodor. Some considerations concerning legal reasoning. In: *Law, reason and Justice — Essays in legal philosophy*. New York. Ed. Hughes, 1969.

_____. *Tópica y jurisprudencia*. Madrid, Taurus, 1976.

VIEIRA, Manuel Adolfo. *El domicilio en el derecho privado internacional*. Montevideo, 1958.

VIEIRA FERREIRA. Obrigatoriedade das leis. *Revista de Crítica Judiciária*, 1:119.

VILANOVA, José M. *Filosofía del derecho y fenomenología existencial*. Buenos Aires, Cooperadora de Derecho y Ciencias Sociales, 1973.

VILANOVA, Lourival. *Sobre o conceito do direito*. Recife, Imprensa Oficial, 1947.

_____. *Lógica jurídica*. Bushatsky, 1976.

_____. Lógica, ciência do direito e direito. In: *Filosofia-II. Anais do VIII Congresso Interamericano de Filosofia e V da Sociedade Interamericana de Filosofia*.

_____. *Causalidade e relação no direito*. Recife, 1985.

_____. *As estruturas lógicas e o sistema do direito positivo*. São Paulo, Revista dos Tribunais, 1977.

VILLAÇA AZEVEDO, A. Erro-III. In: *Enciclopédia Saraiva do Direito*. v. 32.

VILLELA, J. B. O problema das lacunas do ordenamento jurídico e os métodos para resolvê-lo. *Revista da Faculdade de Direito da Universidade de Minas Gerais*, out. 1961.

VINOGRADOFF, Paul. *Introducción al derecho*. 1952.

VISSCHER, Paul de. *Théories et réalités en droit international public*. 1960.

_____. *De la conclusión des traités internationaux*. Bruxelles, 1943.

VIVIER, Gérard. Le caractère bilateral des règles de conflits des lois. *Revue Critique*, 1953.

VON BAR. *Theorie und praxis des internationalen Privatrechts*. 1889.v. 1 e 2.

_____. *Lehrbuch*.

VON MEHREN. The renvoi and its relations to various approaches to the choice of law problem. In: *XXth Century Comparative and Conflicts of Law*.

VON TUHR. *Derecho civil*. Buenos Aires, Depalma, 1946. v. 1 e 2.

VON WRIGHT. *Norm and action. A logical enquiry*. London, 1963.

_____. *Logical studies*. London, 1965.

_____. An essay in deontic logic and the general theory of action. In: *Acta philosophica fennica XXI*. Amsterdan, 1968.

VOS, Léopold de. *Le problème des conflits de lois*. Bruxelles, Émile Bruylant, 1947. v. 1.

WACH. *Handbuch des deutschen Zivilprozessrechte*. 1885. v. 1.

WACHTER. Della analogia legale e giuridica nel diritto penale. In: *Scritti germani*. v. 2.

WALD, Arnoldo. Validade das convenções sobre foro do contrato. In: *Estudos e pareceres de direito comercial*. São Paulo, Revista dos Tribunais, 1972.

WALKER. *Internationales Privatrecht*. 1926.

WARAT, Luís Alberto. A procura de uma semiologia do poder. *IV Encontro Anual da Associação Nacional de Pós-Graduação e Pesquisa em Ciências Sociais*.

_____. *A definição jurídica — Suas técnicas, texto programado*. Porto Alegre, Atrium, 1977.

_____. *O direito e sua linguagem*. Santa Catarina, 1983 (Curso de pós-graduação).

_____. *El derecho y su lenguaje*. Buenos Aires, 1976.

_____. *Mitos e teoria na interpretação da lei*. Porto Alegre, Síntese, 1979.

_____. El sentido común teórico de los juristas. *Contradogmáticas*, n. 1, 1981.

_____. *Abuso del derecho y lagunas de la ley*. Buenos Aires, Abeledo-Perrot.

WEISS, A. *Manuel de droit international privé*. 1920.

_____. *Traité théorique et pratique de droit international privé*. Paris, 1907/1913. t. 1 a 6.

WENGLER. *Réflexions sur la téchnique des qualifications en droit international privé*. *Revue Critique*, 1954.

WERNER, Alain. *Contribution à l'étude de l'application de la loi dans le temps en droit public*. *RDP*, 1982.

WIGNY & BROCKELBANK. *Exposé du droit international privé americain*.

WILBERFORCE. *Draft report for New Delhi Conference*. 1975.

WINDSCHEID. *Lehrbuch des Pandektenrechts*. 1882. v. 1.

_____. *Diritto delle pandette*.

WOLFF. *Private international law*.

ZANOBINI. *La publicazione delle leggi*.

ZEBALLOS. *Justicia internacional positiva*. Madrid, s. d.

ZERBOGLIO, Adolfo. *Delitti contro l'ordine pubblico*. Milano, s. d.

ZICCAROI. Oggetto delle qualificazioni. *Comunicazioni e studio*. 1955.

ZIEMBINSKY. "Analogia legis" et interprétation extensive. In: *La logique juridique*. Travaux du II Coloque de Philosophie du Droit Comparé. Paris, Ed. Pedone, 1967.

_____. Les lacunes de la loi dans le système juridique polonais contemporaine et les méthodes utilisées pour les combler. In: *Le problème des lacunes en droit*. Perelman (publ.), Émile Bruylant, 1968.

ZITELMANN. Las lagunas del derecho. *Revista General de Legislación y Jurisprudencia*, España, 1922.

_____. Las lagunas del derecho. In: *La ciencia jurídica*. Buenos Aires, Ed. Losada, 1949.

_____. *Internationales Privatrecht*. 1912 e 1928. v. 1 e 2.

_____. Die möglichkeit einer Wetrechts. *Allgemeine österreichische Gerichtszeitung*. t. 39. 1888.

ZUMBACH. *Le domicile en droit civil comparé*. 1927.

ZWEIGERT. *Studium generale*. 1954.